健康保险系列译丛
HEALTH INSURANCE TRANSLATION SERIES

编委会主任　宋福兴

Brackenridge's Medical Selection of Life Risks
(5th edition)

人身风险的医学选择
（第5版）

[英] R. D. C. 布拉肯里奇（R. D. C. Brackenridge）博士
[英] 理查德·克罗克森（Richard S. Croxson）博士　编著
[加] 罗斯·麦肯齐（Ross Mackenzie）博士

张　晓　等译

中国金融出版社

责任编辑：王效端　张菊香
责任校对：李俊英
责任印制：张也男

First published in English under the title Brackenridge's Medical Selection of Life Risks (5th Edition)
edited by R. D. C. Brackenridge, R. Croxson and Ross Mackenzie.
Copyright © in editorial matter, selection and updates to Chapters 5, 10, 12, 19, 32, 34, 35, to editors 2006
© in original version of Chapter 8, Palgrave Macmillan, a division of Macmillan Publishers Limited, 1998
© in all other chapters, Palgrave Macmillan, a division of Macmillan Publishers Limited, 2006
This edition has been translated and published under licence from Springer Nature Limited.
Springer Nature Limited takes no responsibility and shall not be made liable for the accuracy of the translation.
北京版权合同登记图字 01－2018－7215
《人身风险的医学选择》一书中文简体字版专有出版权属中国金融出版社所有，不得翻印。

图书在版编目（CIP）数据

人身风险的医学选择：第5版/（英）R. D. C. 布拉肯里奇，（英）理查德·克罗克森，（加）罗斯·麦肯齐编著；张晓等译. —北京：中国金融出版社，2019.6
（健康保险系列译丛）
书名原名：Brackenridge's Medical Selection of Life Risks（5th edition）
ISBN 978－7－5220－0136－4

Ⅰ.①人… Ⅱ.①R…②理…③罗…④张… Ⅲ.①健康保险—基本知识 Ⅳ.①F840.625

中国版本图书馆 CIP 数据核字（2019）第 119490 号

人身风险的医学选择
Renshen Fengxian de Yixue Xuanze

出版
发行　中国金融出版社
社址　北京市丰台区益泽路2号
市场开发部　（010）63266347，63805472，63439533（传真）
网上书店　http：//www.chinafph.com
　　　　　（010）63286832，63365686（传真）
读者服务部　（010）66070833，62568380
邮编　100071
经销　新华书店
印刷　北京市松源印刷有限公司
尺寸　185毫米×260毫米
印张　47
字数　920千
版次　2019年6月第1版
印次　2019年6月第1次印刷
定价　142.00元
ISBN 978－7－5220－0136－4
如出现印装错误本社负责调换　联系电话（010）63263947

《健康保险系列译丛》
编委会

主　任：宋福兴

副主任：董清秀　冯祥英　高兴华　伍立平　胡占民
　　　　　黄本尧　李晓峰　徐伟成　陈龙清

学术顾问：（按姓氏笔画为序）
于保荣　马海涛　王　欢　王　桥　王　稳　王国军
王绪瑾　朱俊生　朱恒鹏　朱铭来　孙　洁　孙祁祥
李　玲　李秀芳　李保仁　李晓林　杨燕绥　余　晖
张　晓　卓　志　郑　伟　郑秉文　赵尚梅　郝演苏
庹国柱　曹建海　董朝晖　魏华林

编务统筹：蔡皖伶　范娟娟　赵静怡　袁　芳

总 序

改革开放40周年，我国保险业发生了深刻变化。近十余年来，健康保险业发展强劲，深度参与国家治理，成为构建多层次医疗保障体系的重要力量，为保障和改善民生作出了贡献。习近平总书记在党的十九大报告中指出："要完善国民健康政策，为人民群众提供全方位全周期健康服务。"健康保险作为国家健康服务产业中的关键环节，肩负着光荣而艰巨的使命，必须要着力解决人民不断升级的健康保险需求与不平衡不充分的健康保险供给之间的矛盾。

当前，正处在推动构建人类命运共同体的宏大时代背景下，要用中国智慧推动健康保险发展，为解决医改这一世界性难题提供中国方案。这既需要从本国实践中总结经验与教训，也需要从他国实践中获取借鉴与启迪。现代健康保险源于西方发达国家，有近200年发展史。相较于中国的起步探索，它们走了更长的路，积累了更为丰富的理论认知与实践经验，形成了较为系统成熟的健康保险经济学理论体系及实际运营模式，对我国健康行业发展有重要的借鉴价值。在这个学习借鉴过程中，无论是其理念层面的价值确立，还是制度层面的架构搭建，乃至运营层面的实务操作，都需要借助一定的载体和介质。经典著作，就是其最为重要的媒介。翻译出版这些经典著作，无疑是借鉴国外经验最为有效、最为便捷的手段与方法。

改革开放以来，我国引进翻译了大量国外保险经典著作，但健康保险专业领域的经典著作译介却是一片空白。近20年来，医疗体制改革在全球范围内广受关注，健康保险遂逐渐成为西方保险理论的研究热点，Amy Finkelstein、Michael A. Morrisey、R. D. C. Brackenridge、Leiyu Shi（石磊玉）等学者，因健康保险研究领域的突出成就，跃居闻名全球的经济学家。其经典著作有些是历久弥新的理论认知升华，有些则是丰富的运营经验结晶。这些升华与结晶，虽然研究的是西方发达国家的健康保险，归纳出的许多认知反映的却是行业的普遍行为。我们理应将这些经典著作，视为全人类的共同财富，虚心学习和借鉴，以促进我国健康保险业快速发展，造福中国人民。

中国人民健康保险股份有限公司组织翻译《健康保险系列译丛》，就是希望借助西方经济学名家的视角，对这个发源并蓬勃发展于西方国家的行业进行一次近距离、全方位、深层次的探究，祈愿会同之前组织编著的《健康保险系列丛书》，融合东西方行业辛勤积累的认知精华，从东西方不同的角度，相互映衬、相互补充，共同构建起健康保险行业的理论框架，更好地为我国健康保险又好又快发展提供坚实的理论基础。

"看似寻常最奇崛，成如容易却艰辛。"《健康保险系列译丛》的创造性和难度系数丝毫不亚于《健康保险系列丛书》，"译什么"成为摆在面前亟需解决的关键问题。中国人民健康保险股份有限公司党委书记、总裁宋福兴同志亲自挂帅，组建了以公司高管为成员的高规格编委会，邀请李保仁、王稳、卓志、孙祁祥、杨燕绥、王国军、朱铭来、李秀芳、王桥、张晓等来自保险、财税、公共管理、社会保障、医疗卫生等领域的著名专家组建学术顾问团，开展了多轮学术研讨，多角度论证、反复斟酌，从健康保险领域理论体系构建的完整性、国外健康保险研究焦点和趋势、候选书目的权威性和经典性以及对国内健康保险实践发展的借鉴性等角度明确了选版原则、选版方向和选版范围，确定了译丛翻译框架，为译丛的翻译出版奠定了扎实基础。

《健康保险系列译丛》兼具学术理论指导性和实践操作借鉴性，分为基础学理研究、焦点技术研究、国别借鉴研究等三类。基础学理研究类，侧重翻译基础性、经典型、学术型专著；焦点技术研究类，侧重翻译健康保险领域的焦点、难点、趋势技术研究等专著；国别借鉴研究类，侧重翻译西方发达国家及其健康保险市场发达地区的研究专著与重要报告。

《健康保险系列译丛》首次出版发行五本分册。其中基础学理研究类两本，分别是 *What Is Health Insurance (Good) For?* 和 *Health Insurance*；焦点技术研究类一本，为 *Brackenridge's Medical Selection of Life Risks*；国别借鉴研究类两本，分别是 *Delivering Health Care in America* 和 *Voluntary Health Insurance in Europe*。

What Is Health Insurance (Good) For? 中译名为《简明健康保险经济学》，由德国斯普林格（Springer – Verlag）出版社于2016年出版。Springer出版社是世界上最大的科技出版社之一，有着170多年的发展历史，以出版学术性出版物而闻名于世。该书的作者 Robert D. Lieberthal 博士，学术研究经历相当丰富，在普华永道纽约事务所从事保险精算方面的研究咨询工作多年，目前在田纳西大学（University of Tennessee）教授健康金融学、健康经济学和健康保险方面的课程。

Health Insurance 中译名为《健康保险》（第2版），原书作者 Michael A. Morrisey 教授，是美国亚拉巴马大学（UAB）公共卫生学院教授，教授健康保险学的时间已有25年之久。在 UAB 任教之前，他已是美国医院协会（AHA）的资深经济学家。此次选译的版本为该书2014年第二版。

Brackenridge's Medical Selection of Life Risks 中译名为《人身风险的医学选择》（第5版），主编 Brackenridge 博士为美国人寿保险医疗主任协会（ALIMDA）、美国保险医学学会（AAIM）资深会员。该书是 Brackenridge 博士耗时50载的力作，第一版为1977年出版的《人身风险的医学选择》，向前可追溯至1962年刊印的《人寿保险的医学》。为适应医学专业和人身保险的发展，该书保持了平均8年再版一次的频率。为确保专业性和权威性，

Brackenridge 博士都会邀请行业重量级专家来负责相应章节的撰写。至第 5 版封山之作，已汇集了 37 位专家的鼎力之作。

Delivering Health Care in America 中译名为《美国医疗卫生服务体系》（第 7 版），该书作者 Leiyu Shi（石磊玉）教授目前在霍普金斯执教，专注于卫生政策和卫生服务领域的研究，出版过 10 多本教科书，发表过 200 多篇学术论文，以诺贝尔奖预测闻名的汤森路透（Thomson Reuters Corporation）评价石磊玉为"近 10 年世界最有影响的、被引用最多的科学家"。

Voluntary Health Insurance in Europe 中译名为《欧洲自愿健康保险》，是世界卫生组织（WHO）2016 年的一项力作。WHO 动用了 34 个国家 45 位知名专家参与编著，对欧洲自愿健康保险进行了全方位梳理总结，是迄今为止介绍欧洲自愿健康保险最为详尽的一本著作。

值此改革开放 40 周年之际，《健康保险系列译丛》既是对行业知识理论体系框架构建的创举，也是向伟大祖国强国复兴之路的献礼。首发出版仅仅是开始，未来，我们将不断丰富译丛书目，更多引进对行业发展有借鉴指导价值的经典著作。"雄关漫道真如铁，而今迈步从头越。"我们愿意与健康保险行业的全体同仁一道，共同为健康中国战略和国家多层次医疗保障体系建设贡献力量。

译者序

东南大学自1995年开始招收第一届医疗保险本科专业学生以来，一直以我国医疗保险制度改革与发展为航标，尤其特别关注商业健康保险的经营与管理实践，对此一直在追寻和追踪国外健康保险专业的教学与经营管理。2002年，我们在国家图书馆中发现了本书的第4版，立即对该书进行了系统学习和分析解读，这极大促进了我们对人寿与健康保险中医疗管理风险知识的认识和推广，特别在健康和人寿保险经营中，对医疗风险的识别、判断、测量和处理有着重要的意义。我们把相关的内容不仅纳入研究生教学，也纳入本科生教学中，这对专业发展和人才的培养起到了积极的作用。

2009年医改以来，特别是党的十九大召开后，新时代、新目标、新背景下，国家社会经济呈现了崭新的面貌，在国家医改的整体改革与发展中，中国人民健康保险股份有限公司在健康保险供给侧改革中进行了大量探索和实践，并着力推动我国健康保险理论体系的构建。在推出《健康保险系列丛书》后，中国人保健康希望对海外健康保险经典著作进行译介。为此，我很高兴承担了《人身风险的医学选择》（第5版）译作的协调工作。

本书作者来自美国、英国、加拿大、新西兰、新加坡、德国、澳大利亚、瑞士等八个国家，作者众多，达38位，职业岗位不同，写作风格各异，一些作者的表述方式较独特，故在翻译时没有刻意去改变其英文表达的形式，加之翻译者的水平各不相同，难以统一，如要保持风格一致的话，一定会涉及较大的修改。另外，由于医学知识本身的专业特点，翻译以尽量忠实原文为主，有些语句可能显得较为生硬。审校时也尽可能保留作者原著的特点。

本书原内容分共38章，分为两个部分。第一部分从第1章到第14章，主要介绍了健康和人寿保险理论与实践中所面临的一些特定的基本问题，这些问题包括人身保险的演变历史，保单种类，风险选择与分类，人身保险中生命表的应用，投保标准体的评级，遗传、老年、儿童、失能和长期护理保险，残疾年金，保险的结构性和解和信息技术运用等。第二部分则主要是对涉及医学内容的风险进行专业的分析和介绍，是从医学的角度进行保险风险的解读和承保的分析。基于专业性和适用性原则，我们选取了第5版的26章进行翻译。

由于本书体量宏大，专业性极强，在本书的翻译过程中，我们尽量寻找了具有相关专业背景的专业人员参与翻译。在这一过程中，翻译的原则，一是尽量保证翻译的专业准确性，最大限度地降低了翻译时引入新的错误；二是进行认真的校对，对于原书中明显的笔误，翻译时直接进行改正，未予明确标注和注释；三是在翻译时，尽量以简朴的语言准确传达原著的意思。所以，绝大部分术语的翻译都是标准的。为了方便读者对一些术语进行查询和了解，我们在书后列出术语，在不同的语境下，一些术语表达的意思不同，有些作者的用语与中文习惯有出入。对于仍有疑问的术语或者容易引起误解的术语，我们在后面标注了术语对照表。

承担本书章节选译的译者分别是：第1章人身保险发展的历史（张晓）；第2章人寿和健康保险的类型（段明妍）；第3章风险选择与分类原则（高博）；第4章生命表在风险评估中的应用（张晓、段明妍、余小金）；第5章次标准体人寿保险的评级（于川）；第6章遗传疾病承保（段明妍）；第7章老年承保（李玉、陶慧文）；第8章儿童保险：儿童死亡率风险评估（丁文雅、陶慧文）；第9章失能保险原理：福利与承保（陶慧文、杨柳青);第 10 章长期照护的承保(刘丹萍);第 11 章生命损失年金保险(魏超、张晓);第 12 章结构性和解(赵心怡);第 13 章保险申请与处理(魏超);第 14 章人寿保险和信息技术(魏超);第 15 章健康与疾病的概念(任晓晖);第 16 章医学体检(阚超杰);第 17 章查体(阚超杰);第 18 章血压(汪圳、刘蓉);第 19 章糖尿病(汪圳、张晓);第 20 章冠心病(王柯、张晓);第 21 章心电图描记法(王丽);第 22 章肿瘤(高杰);第 23 章血液系统疾病(倪明、樊馥荔);第 24 章传染病(张华、汪圳);第 25 章妊娠与女性生殖障碍(徐春雨);第 26 章各种类型的损伤(徐春雨)。

  由于本书作者多,译者也多,加上第 5 版在许多章节上是全新的内容,全书翻译历时大半年,翻译过程较艰辛。尽管审校已非常谨慎,力求将误差压到最低,但由于水平有限,疏漏在所难免。诚如本书主编之一的 R.D.C. 布拉肯里奇博士所言,该书花费了他 50 年心血,几经改进,最后成书。为了使本书不断完善,不辜负作者穷 50 年的执著和期望,如果读者发现有误,请及时与我联系,联系邮箱为:zhangxiao@seu.edu.cn。

张　晓
2019 年 6 月

致 谢

我们要感谢那些帮助出版了《人身风险的医学选择》（第5版）的人们。

首先，也是最重要的是，我们在临床和保险医学的同事为各自的章节贡献了他/她们新的修订和更新；感谢他们的专业知识、时间和努力，感谢他们给我们编辑他们的工作带来的快乐。

狄安娜·哈丁（Diana Harding）后来成为项目协调员，她在保险业的丰富经验使她成为完成这项艰巨任务的理想人选，她坚持收集和整理来自北美、澳大利亚和欧洲的各个章节。

瑞士再保险公司慷慨地允许我们使用文秘、复印和通信设备，如果没有这些，我们的工作就会困难得多。

瑞士再保险精算部门的露西·斯托科（Lucie Stokoe）以适当的格式提供了生命表。

也感谢我们的出版商在过去2~3年的合作和理解。

最后，特别感谢我们长期受苦的秘书和家庭，感谢他们在整个项目期间的忍耐。

R. D. C. 布拉肯里奇
R. S. 克罗克森
R. 麦肯齐

序

BRACKENRIDGE'S MEDICAL
SELECTION OF LIFE RISKS

伦敦卫报保险公司（Guardian Assurance in London）首席营销官丹尼尔·戴维斯爵士（Sir Daniel Davies）来找我距今已有50年了。他当时问我是否有兴趣写一本小册子，为寿险公司日常工作提供指导，并帮助医生发布有关保险申请人的报告。

我说我很感兴趣，并准备了一份计划草案，尽管它比原计划要广泛得多，但还是获得了批准。因此，原计划的一本小册子最终在1962年以480页的名为《人寿保险的医学》精装书的形式出版了。虽然本书在美国也出版了，但主要还是受英国当地的欢迎。

在这本书获得区域的成功后，有人建议，如果要出版后续的书，最好延展到包括北美，因为北美拥有世界上最大的保险基地。考虑到这一点，有人建议出版本书的另一卷，书被重新命名为《人身风险的医学选择》，并于1977年出版，后来就被称为本书的第一版。作为作者，我有幸受到人寿保险行业一些杰出领袖的鼓励，如伦敦商业和通用再保险公司的亚瑟·斯蒂德 FIA（Arthur Steeds FIA）、纽约北美再保险的医疗主任哈利·昂格莱德（Harry Ungerleider）和老前辈的承销商查理·威尔（Charlie Will）。当我成为美国人寿保险医疗主任协会（ALIMDA）的会员后，我的事业也得到了很大的帮助，后来我也成为了美国保险医学学会（AAIM）的成员。

该书第二版出版于1985年，是该书历史上的一个重要里程碑。在此之前，尽管得到各位同行的鼓励和协助，但我一直是该书的唯一作者。然而，随着医学学科的日益专业化，以及人寿保险的扩大，将失能和重疾等其他市场纳入其中，这项任务超出了一位作者的能力范围。因此，我和出版商同意，未来的任何版本的编辑，都应邀请保险行业和保险医学专家撰写章节。因此，我邀请我的朋友兼同事W. 约翰·埃尔德（W. John Elder）医学博士加入我的行列，共同编辑这本书的第三版。作为《保险医学杂志》（*Journal of Insurance Medicine*）的编辑，约翰从北美招募了一些撰稿人，而我则从英国和其他地方招募了一些撰稿人。

现在我们已经出版了第五版。随着时间的推移，编辑和撰稿人都发生了变化。在这个版本中，有几个章节完全由新编者重新编写，并有新的特点。还对其他章节进行了必要修订。所有这些编者都在本书以外的其他地方得到了认可，我对此表示感谢。

作为资深编辑，由于视力的衰退，我对这个版本的投入受到了严重的限制，主要是进行咨询。我不得不把严肃的编辑工作留给我在多伦多和伦敦的合作编辑。

回顾过去50年，我必须说，撰写和编辑《人身风险的医学选择》的工作是具有挑战性的，但最终是值得的。

现在是我退出的时候了，把本书未来的发展留给别人。就我而言，我将非常满足于退居二线，观察事态的发展，同时保持一种善意的存在。

R. D. C. 布拉肯里奇
R. D. C. Brackenridge

编 者

撰稿人是以个人身份提交的,并不一定反映作者所在组织的观点。

R. D. C. 布拉肯里奇(R. D. C. Brackenridge) 医学博士,皇家内科医师学会会员(FRCP)(Glasg),瑞士人寿和健康再保险公司(Swiss Re Life & Health)医学咨询官,伦敦,英国

理查德·E. 布劳恩(Richard E. Braun) 医学博士,莱内萨市 Labone 有限公司高级副总裁兼医学总监,堪萨斯州,美国

加里·布托克(Gary Bundock) FCII DMU(AMS),瑞士人寿和健康再保险公司部门承保顾问,伦敦,英国

尚克林·B. 加农(Shanklin B. Cannon) 医学博士,西北互助人寿保险公司医疗总监,密尔沃基市,威斯康星州,美国

迈克尔·克拉克(Michael Clark) 医学博士,瑞士人寿和健康再保险公司高级副总裁兼首席医疗总监,阿蒙克,纽约,美国

理查德·S. 克罗克森(Richard S. Croxson) 医学硕士,皇家内科医师学会会员(FRACP),心脏病专家,首席医疗官,瑞士人寿和健康再保险公司,伦敦,英国

戈登 Cumming(Gordon Cumming) 医学博士,皇家内科医师学会会员(FRACP)(C)美国心脏病学院院士(FACC),加拿大马尼托巴省温尼伯,大西人寿保险公司(The Great West Life Assurance Company)副总裁兼医疗总监

丹尼尔·C. 艾略特（Daniel C. Elliott） 医学博士，长期护理保险顾问

马丁·L. 英格曼（Martin L. Engman） 医学博士，国际医疗风险咨询公司，韦恩堡，印第安纳州，美国

波利·加尔布雷斯（Polly Galbraith） 医学博士，副总裁和首席医疗总监，安信龙员工福利保险公司（Assurant Employee Benefits），堪萨斯城，美国

琳达·古德温（Linda Goodwin） 医学博士，美国内科医师学会会员（FACP），内科医生，老年病学专家，康科德创意风险分析股份有限公司（Creative Risks Analysis, Inc.）总裁，北卡罗来纳州，美国

罗杰·哈尔滨（Roger Harbin），联邦安全署（FSA），SAFECO 人寿保险公司首席运营官，西雅图，华盛顿州，美国

大卫·E. 霍金森（David E. Hodkinson） BSc（Hons）DMU（AMS），瑞士再保险生命与健康执行顾问，伦敦，英国

迈克尔·W. 基塔（Michael W. Kita）（已故） 医学博士，UNUM 人寿保险公司副总裁兼高级医疗总监，波特兰，缅因州，美国

罗斯·劳伦森（Ross Lawrenson） 医学博士，皇家全科医学院院士（MRCGP），MFPHM，FAPHM 初级护理教授与新西兰奥克兰大学怀卡托临床学院（the Waikato Clinical School, University of Auckland）院长

约翰·洛卡西欧（John LoCascio） 副总裁和高级医疗主任，UNUM 远见公司，波特兰，缅因州，美国

J. 亚历山大·洛登（J. Alexander Lowden） 医学博士，皇家内科医师学会会员（FRCP）（C），FCCMG，Lab One 公司高级副总裁兼医学总监，莱内萨市，堪萨斯州，美国

罗斯·麦肯齐（Ross MacKenzie） 医学博士，皇家内科医师学会会员（FRCP）（C），美国心脏病学院院士（FACC），心脏病专家，多伦多综合医

院，多伦多，安大略省，加拿大

彼得·C. 梅纳德（Peter C. Maynard） FCll, SelectX 有限公司董事，里斯伯勒王子城，雄鹿，英国

霍华德·L. 米努克（Howard L. Minuk） 医学博士，皇家内科医师学会会员（FRCP）（C），美国内科医学会（ABIM），瑞士人寿和健康再保险公司首席医疗顾问，多伦多，安大略省，加拿大

简·冯·奥韦尔贝克（Jan von Overbeck） 医学博士，理科硕士，内科

法甲·S. 佩西（Fajah S. Peshi） 医学博士，新加坡 Re Life Health 地区医疗主任

罗德尼·C. 里奇（Rodney C. Richie） 医学博士，胸内科医师学会会员（FCCP），得州韦科人寿保险公司；美国得克萨斯州韦科市专业医疗服务公司医疗主任

杰弗里·H. 罗伯（Geoffrey H. Robb） 医学硕士，皇家内科医师学会会员（FRCP），Epsom 综合医院糖尿病咨询专家，首席医疗官，朋友公积金，养老金年金友好协会，英国 RGA（英国）有限公司，英国

F. 克利福德·若斯（F. Clifford Rose） 医学硕士，皇家内科医师学会会员（FRCP），伦敦神经病学中心主任，伦敦，英国

埃米利奥·鲁比（Emilio Rubi）（已故） 医学博士，顾问，长期护理技术总监，保险业，美国加州通用金融保险公司长期护理部

詹姆斯·小瑞安（James A. Ryan Jr）（已故） FACP，医疗顾问，泛美人寿保险公司，洛杉矶，加利福尼亚州，美国

理查德·B. 辛格（Richard B. Singer） 医学博士，美国保险医学会顾问；曾任美国马萨诸塞州波士顿新英格兰人寿保险公司副总裁兼医学研究主任

帕特里克·D. 斯诺（Patrick D. Snow） 医学博士，副总裁兼首席医

疗总监，为美国威斯康星州阿普尔顿的路德会金融中心工作

凯文·萨默维尔（Kevin Somerville） DM，皇家内科医师学会会员（FRCP），FRACP，全球医疗官员，瑞士再保险生命健康，伦敦，英国

麦克斯韦·E. C. 索普（Maxwell E. C. Thorpe） 医学博士，FRACP，胃肠病学顾问，威尔士亲王医院，悉尼；瑞士人寿和健康再保险公司首席医疗官，澳大利亚

安东尼·D. 托夫特爵士（Anthony D. Toft CBE） 医学博士，皇家内科医师学会会员（FRCP），顾问医生和内分泌学家，皇家医院，爱丁堡；首席医疗官，全球保险集团，爱丁堡，英国

厄休拉·万德（Ursula Wandl） 医学博士，医学主任，瑞士再保险德国公司，慕尼黑，德国

罗伯特·W. 沃森（Robert W. Watson） 医学博士，美国寿险管理师（FLMI），北美安联人寿保险公司副总裁兼首席医疗官，明尼阿波利斯市，明尼苏达州，美国

理查德·维特斯（Richard Willets） 文学硕士，FFA 咨询精算师

哈利·A. 沃德（Harry A. Woodman） 金融服务局（FSA），FALU 财务顾问，精算顾问

安雷丽丝·S. 辛克玛格（Annelies S. Zinkemagel） 医学博士，瑞士苏黎世大学医院

目 录

BRACKENRIDGE'S MEDICAL SELECTION OF LIFE RISKS

第一部分

第 1 章　人身保险发展的历史／3

第 2 章　人寿和健康保险的类型／25

第 3 章　风险选择与分类原则／41

第 4 章　生命表在风险评估中的应用／55

第 5 章　次标准体人寿保险的评级／81

第 6 章　遗传疾病承保／115

第 7 章　老年承保／136

第 8 章　儿童保险：儿童死亡率风险评估／159

第 9 章　失能保险原理：福利与承保／175

第 10 章　长期照护的承保／200

第 11 章　生命损失年金保险／221

第 12 章　结构性和解／229

第 13 章　保险申请与处理／237

第 14 章　人寿保险和信息技术／243

第二部分

第 15 章　健康与疾病的概念／259

第 16 章　医学体检 / 275

第 17 章　查体 / 298

第 18 章　血压 / 323

第 19 章　糖尿病 / 343

第 20 章　冠心病 / 381

第 21 章　心电图描记法 / 514

第 22 章　肿瘤 / 535

第 23 章　血液系统疾病 / 582

第 24 章　传染病 / 634

第 25 章　妊娠与女性生殖障碍 / 680

第 26 章　各种类型的损伤 / 694

附录：　术语对照表 / 714

缩略语 / 715

总后记 / 726

第一部分

第一章

第1章 人身保险发展的历史

R. D. C. 布拉肯里奇（R. D. C. Brackenridge）

- 早期的生命表
- 产业保险
- 团体保险
- 医学精算调查
- 人寿保险：未来会怎样？
- 其他市场
- 其他国家的人身保险
- 参考文献

每当意外发生时，最经济的办法就是与他人联合起来筹资，每个人可能有一点小损失，但任何人都不致遭受重大损失。如果没有遭受意外，他可能拿不回他的钱，他也不会从这笔钱中得到任何看得见的或感觉得到的好处，但他能得到免于毁灭的保障和随之而来的心灵的安宁。当意外真的发生时，他就会获得可能已经丧失的财富和金钱，得以维持原本已经遭受毁灭性打击的生活。

选自民众家庭委员会，1825

▶▶ 早期的生命表

最早的保险形式主要是对船舶及其货物的保险，英国和欧洲大陆在中世纪就确立了这一行业。已知的第一份人寿险保单是1583年颁布的，其严格遵循海上保险的条款规定，但直到17世纪末期，人们才开始真正致力于满足日益增长的人寿保险需求的业务。

当时，在唐提式养老金制度（tontine）系统下，各类社会组织都实施了担保。

唐提式养老金制度是由一群人组合起来实施的。他们联合起来为自己的遗孀和孩子提供生活保障。每个成员都支付了一笔入门费和一笔年费，用来设立一项基金以满足群体内人员的死亡索赔要求，该基金的一部分被拨备用于支付该计划的费用，只有非常年轻和非常老的人才被排除在外。有记录显示，这一制度主要由寡妇和孤儿协会所使用，梅尔特斯的公司赞助了一项类似的保险计划，以为牧师的遗孀们提供养老金。

在那段时间，发生了许多与人寿保险滥用有关的事件，其中较为严重的一种就是在不知情的情况下为他人投保。这使社会上那些无道德的成员们去赌别人的生活，而这些人的生活其实也不很健全，而且许多保险在财务上也都是失败的。

很明显，这些早期的失败主要是由于缺乏对成员的科学选择。由于大多数客户都是劣质客户，致使利润如此之小，以致没有新的成员加入，老客户也留不住。因此，由查理士·波文（Charles Povey）于1706年创立的交易商保险机构只持续了4年。另一家也是成立于1706年的公司经营要更完善些，它就是友善社会永久保险公司，是皇家特许经营的第一家公司，但参保规定需要得到准入，应付保费和可用于解决索赔的金额都很严格，参保人的数量有限。这个机构一直持续经营到1866年才被诺威治联合人寿保险公司（the Norwich Union Life Insurance Society）合并。

在这一时期，另外被授权开展人寿保险交易的机构是皇家交易所保险公司和伦敦保险公司，它们都成立于1721年，然而客户的选择仍然很原始，也没有建立科学的基础。1725年，伦敦保险公司的代理人接到指示，要亲自面试申请人，并让他证明自己的身份，可保利益要被审查，申请人要回答他是否患有天花等问题，保险费率是根据这些要求来确定的。但是即便如此，这种保险交易依然只是一场赌博。

首次认真尝试建立人口死亡率的是约翰·格朗特（John Graunt），他是伦敦一位布商的儿子。利用业余时间，他分析了伦敦市每周洗礼和埋葬的记录，这些记录成为1603年瘟疫流行以来的一种惯例。1662年，格朗特出版了一本名为《自然与政治观察》的书，这本书是关于死亡率的，从这些信息中，他编纂了一张"幸存者表格"，这是后来的生命表原型。格朗特的努力虽然粗糙，但对于没有受过什么特别训练的人来说是值得称赞的。

几年后，埃德蒙·哈雷（Edmund Halley），一位皇家天文学家完成了一个自1584年以来定期保存在西里西亚布雷斯劳关于出生和死亡记录的研究。1693年，他发表了一篇文章名为《源于布雷斯劳城市的出生和葬礼表格的人类死亡程度估计》。哈雷的生命表（见表1.1）不能被认为是准确的，但这是一位能干的科学家第一次合理的最新统计研究。

第1章 人身保险发展的历史

表 1.1　　　　　　　　　　　　　哈雷的生命表[a]

年龄段（岁）	预期寿命（岁）	年龄段（岁）	预期寿命（岁）
0	33.50	45	19.22
5	41.55	50	16.81
10	39.99	55	14.51
15	36.86	60	12.09
20	33.61	65	9.73
25	30.38	70	7.53
30	27.35	75	5.99
35	24.51	80	5.74
40	21.78		

[a] 基于布雷斯劳1687—1991年的死亡情况。

虽然哈雷及其同时代数学家牛顿（Newton）和德·莫弗（De Moivre）的工作奠定了精算科学的基础，但直到下一代，德·莫弗的学生詹姆斯·道森（James Dodson）才表明，保险是切实可行的，保险费用是按年龄分等的。道森是英国最著名的数学家，1755年因其最著名的著作《数学宝库》被选为英国皇家学会会员，但他很快就将精力转向了人寿保险的数学研究。

在那些日子里，仅有的一种人寿保险是由租船公司每年给予的保障，以及"老友善"公司提供的小的、可变的死亡保障利益。道森意识到这样的险种是不能令人满意的，应该更好。所以，1756年道森发表了一篇题为《保险第一讲》的文章。同年3月，他邀请所有对此感兴趣的人到伦敦市女王总部帕特洛斯特街与他会面，向他们解释人寿保险科学运行的原理。在几次这样的会议上，道森阐述了他的理论：如何计算保险费，如何根据各种假设来计算寿险基金。经过小组讨论，这些原则最终获得通过，并为1762年成立的生命和生存公平保险公司（the Society for Equitable Assurances on Lives and Survivorships）铺平了道路，公平人寿保险组织一直存在到今天，这是第一个真正基于精算的人寿保险事务所，而今天在世界各地的人寿保险事务中，最初的相互人寿保险的概念仍然很盛行。不幸的是，道森1757年逝世，他没能活着见证该公司的成立。

最初的保险费水平是道森根据1728—1750年伦敦的死亡率计算得出的。理查德·普莱斯（Richard Price）于1771年将其首次出版，后来，在1781年，对北安普顿寿命表进行了修改以用于协会的计算。理查德·普莱斯于1723年出生于格拉摩根郡的布里真德，后成为一名神学博士，他从1758年就住在伦敦的纽顿格林，在那里他担任英国长老会教堂的牧师。1765年，他被选为皇家学会会员。普莱斯的侄子威廉·摩根（William Morgan）在1774年被任命为公平法院的助理精算师，第二年被任命为精算师。

在尼古拉斯·莱恩（Nicholas Lane）筹备生命和生存者公平保障协会（Society for Equality Guarantee on Lives and Survivorships）的第一个办事处期间，六次董事会议每隔一周在康西尔的白狮酒馆（White Lion Tavern）举行，最初的 27 项提议在这里被接受。人们已经清楚地知道，英国皇家学会的办公室是尼古拉斯巷圣尼古拉斯·艾克森（St Nicholas Acons）的废弃牧师住宅，就在墓地的北面。伦敦金融城公司（City of London）现在在那里放置了一块牌匾，以表明人寿保险就是从这里开始的。这个地方现在被国家威斯敏斯特银行的朗伯德街办事处占用。

当时，人寿保险正处于一个新的时代，在这个时代，精算数学已经取代了偶然的机遇。1774 年，英国国会通过的《人寿保险法》进一步巩固了这一制度。这消除了许多旧的弊端，如那些对别人生活没有真正兴趣的人的投机行为。

前面提到的北安普顿寿命表对统计的演变有着特殊的历史意义。已出版了该表的各种版本，第一个版本是在 1771 年出版的基于 1735—1770 年所有圣徒教区的死亡率的记录。第四个版本是 1783 年出版的，通常被称为北安普敦寿命表，该版本是基于 1735—1780 年的类似数据。该寿命表的两个版本都被保险公司用来计算保险费率。但到 1843 年，北安普顿寿命表在计算保费时基本上被废弃了。

寿命表的两个版本基本上是在相同的基础上计算的。基本数据是在此期间登记出生的人数和死亡的人数。人口假定是静止的，但为了考虑到人口迁徙的影响作了调整。由于许多新生儿没有登记，人口被低估，因此造成的死亡率被夸大。

几年后的 1837 年，英格兰就对出生、婚姻和死亡进行强制登记，并授权给综合登记处的摘要编辑威廉法尔进行数据积累，以开发一个重要的国家统计系统。1843 年，在综合登记处的第五份年度报告中，他公布了第一个官方的英国生命表。

美国人寿保险的发展方式与英国类似。由于美国独立战争，当伦敦的劳埃德（Lloyds）停止向美国船只提供服务时，美国人开始涉足火灾险和海上保险。于是，北美保险公司（the Insurance Company of North America）于 1794 年在费城注册成立，填补了这一空缺，它是美国历史最悠久的货物财产保险公司，也是第一家在美国销售人寿保险的公司，当时它签发了六份负责国际海上重要货物运输船长的人寿保险临时保单。即便如此，由于是海上保险的附带业务，这种业务也受到严格限制。

直到 1809 年的费城，宾夕法尼亚保险和年金公司（the Pennsylvania Company for Insurance and Granting of Annuities）才开始以严格的商业要求销售人寿保险。由于公司在承保实践中进行了创新而具有重要的历史意义，其中一些做法仍沿用至今，如明确的申请条件要求或建议，以及医学体检。所收取的保险费也是根据申请人的年龄而定。后来，在 1823 年，波士顿的马萨诸塞州医院人寿保险公司（Massachusetts Hospital Life Insurance Company）推出了一套费率手册。

穆尔黑德（Moorhead）在他的《北美精算职业的历史》一书中，[1]介绍了伊莱泽·赖特（Elizur Wright）在保险中引入了"公平"的保险规则，比如那些关于退保（放弃）价值的规则。赖特在1844年拜访了英国的精算师们。他是发明了"数学计"（一种简化计算工作的装置）的精算师，马萨诸塞州的保险专员，也是马萨诸塞州医院人寿保险公司（the Massachusetts Hospital Life Insurance Company）和新英格兰共同人寿保险公司（the New England Mutual Life Insurance Company）的精算师。事实上，在那个时候，来自英国和美国的精算师进行了几次互访，像查尔斯·吉尔（Charles Gill），他是一位数学家和精算师，1831年从英国来到美国，1851年又回到英国。最后，赖特在1861年提交了美国的人寿保险经验表。伊莱泽·赖特（Elizur Wright）于1885年去世，作为一位保险精算师、州保险监管者和作家，他在人寿保险行业工作了40年。

然而，19世纪初的人寿业务主要是通过提供信用基础上的金融来促进商业发展，因此只有小部分社会特权阶层的需求能得到满足。直到19世纪40年代，人寿保险的基础才终于得到拓宽，使保险业获得了奇迹般的发展。

这种灵感来自相互保险的概念。相互保险自1762年以来一直在英格兰的生命和生存公平保险公司中实践，1843年又有两家新的人寿保险公司——纽约相互人寿保险公司（the Mutual Life Insurance Company of New York）和波士顿新英格兰相互人寿保险公司（the New England Mutual Life Insurance Company of Boston）开始办理相互保险业务交易。事实上，1843年是美国人寿保险史上的一个里程碑，它的显著标志就是许多新公司的成立和大量新业务的开展。1843年后，有超过五家保险公司开始销售合伙（多人共同参与）保险公司的人寿保险保单，分别是1844年曼彻斯特的美国伍斯特州相互人寿保险公司（the State Mutual Life Assurance Company of America in Worcester）、1845年的纽约人寿保险公司（the New York Life Insurance Company）和纽瓦克相互人寿保险公司（the Mutual Benefit Life Insurance Company of Newark）、1847年的哈特福德的康涅狄格相互人寿保险公司（the Connecticut Mutual Life Insurance Company）和费城的佩恩相互人寿保险公司（the Penn Mutual Life Insurance Company）。所有这七家公司都实力强劲且存在至今。[2]

数十年间，随着人口的快速增长，人寿保险业务也出现了巨大的增长。现在人们已经意识到了人寿保险的好处，它将随着国家经济在农业和工业方面的发展而高涨。

1847年，加拿大人寿保险公司（the Canada Life Assurance Company）是第一家在加拿大开展人寿保险业务的公司，该公司1849年被合并。1867年，当加拿大开始自治时，加拿大人寿保险公司仍然是加拿大开展人寿保险业务唯一的本土公司，尽管英国和美国的几家分公司都在加拿大境内销售了人寿保单。

1800—1870 年，英国人寿保险公司的业务有一个稳定的增长，但是不受控制的增长使许多公司不得不关门。1855 年开业的 192 家公司，到 1870 年就只剩下 100 家了。

1815 年，苏格兰创立的第一家人寿保险公司是苏格兰寡妇基金（Scottish widow' Fund）。有记录显示，大约在 1809 年，一家办理火灾保险公司开设了人寿保险部门，但由于缺乏业务，这个部门很快就倒闭了。紧随其后的是 1823 年的爱丁堡人寿保险公司（the Edinburgh Life Assurance Company）、1825 年的标准人寿保险公司（the Standard Life Assurance Company）和 1826 年的苏格兰友好人寿保险公司（the Scottish Amicable Life Assurance Society）。

▶▶ 产业保险

尽管人寿保险对人们有明显的好处，但在 19 世纪中期，人寿保险还是一种奢侈品，只有相对富裕的人才能负担得起。由于需要付年保费，甚至每 3 个月就要支付一次，因此，几乎不可能为领周薪工资的工人提供保险。1854 年，英国议会委员会对此进行了调查，建议保险公司应提供科学可靠的保险，通过调整保费来满足工薪阶层的需要。1854 年就诞生了"工业保险"，当时伦敦的保诚保险公司（Prudential Assurance Company）开启了一项人寿保险计划，该计划要求每周支付一小笔保险费，由公司的代理人通过电话向被保险人收取。

这项计划吸引了工薪阶层参保。在英国，产业工人的人寿保险发展成为了人寿保险一个重大的分支。它提供了用于支付家庭成员死亡的丧葬费用、人寿保单到期时的现金，对许多产业投保人来说，它是他们唯一的储蓄形式。此外，它还鼓励了工薪阶层群体的节俭精神和独立精神，特别是在英格兰北部。

英国产业工人人寿保险公司的成功在美国受到了保险公司的密切关注。起初人们对此并不感兴趣，在对此事的利弊进行了长时间的争论之后，产业工人的人寿保险最终在 1875 年由保德信友好协会建立起来，后来成为美国保德信保险公司（the Prudential Insurance Company of America）。纽约大都会人寿保险公司（Metropolitan Life Insurance Company of New York）和波士顿约翰·汉考克相互人寿保险公司（John Hancock Mutual Life Insurance Company of Boston）很快也采取了保诚的这一举措，此后，其业务便如滚雪球般越滚越大。

由于其内在的性质——高的职业和分类死亡率，加上相对于小额保险而言的行政费用高——产业保险是一种昂贵的人寿保险形式。因此，在 20 世纪早期，人们努力设计出对劳动人口更好的保障方法。

►► 团体保险

这些情况导致了一种新的重要的人寿保险形式的产生——团体人寿保险。第一个团体保险计划是美国公平人寿保险公司（the Equitable Life Assurance Society of the United States）在1911年实施的。团体人寿保险是美国人寿保险的一个重大发展，它完全是美国的创新。今天，通过某些修改，它仍然在全世界针对劳动人口的保险中占有重要地位。团体保险的原则是：它保障的是公司或产业组织的所有雇员，他们无须提供健康证明，除非在计划之初他们就是保险的受益者。团体保险的行政费用比个人或普通人寿保险的费用要少得多，而节约则要多得多，可以补偿团体保险计划中稍高的死亡率。

随着人寿保险业务的扩大，对经验丰富的精算师的需求也随之增加，1848年成立了精算师学会，目的是培养精算师和制定标准。1884年皇家宪章授权给精算师学院时，精算师的地位得到了提升。苏格兰相同类型的精算师学院成立于1856年，并于1868年获得皇家特许。据说，由于皇家政策激励作用，许多研究人员和学院教师从英国移居到了美国，美国精算师协会成立于1889年，20年后的1909年又成立了一个类似的机构——美国精算师学会。这两个专业协会在1949年合并成为精算师协会。

在人寿保险的早期，董事会可以通过对申请人外表的观察来评估他的健康状况。有时会邀请医生给董事们出谋划策，但随着人寿保险业务量的增加，申请人的健康状况对选择变得更加重要，并逐渐形成了一套医学检查制度。这种做法似乎是始于1809年宾夕法尼亚保险公司，但直到20世纪中叶之前的一段时间才在英国建立。

鉴于在医学选择中涉及特殊的技术，对人寿保险医学有特殊兴趣的医生最终组成了各种专业协会和学会，以便讨论和交流与他们专业有关的申请者的医疗精算方面的问题。其中，成立于1889年12月6日的美国人寿保险协会（AUMDA）可能是最重要和最有影响力的组织。该组织从1889年代表27家公司的34名医疗主任的组织，到1990年发展为代表363家公司和46家分支机构的606名医疗主任的组织，其中包括来自加拿大和美国以外国家的医生。自1990年以来，由于公司为寻求最有效的保险业务经营方式进行了合并和缩减规模，北美医疗董事和代表公司的数量也有所减少。在1991年10月的第100次年会上，AUMDA决定将其名称改为美国保险医学学会（AAIM），以强调其教育的使命，并将"人寿"从名称中删除，以反映近几十年来保险医学更广泛的领域。经过这一次年会，保险医学的论文被临床和保险领域杰出的演讲者所解读，AAIM众多委员会和分委会委员的存在是为了处理影响成员的各种各样的问题，包括了专业和公共关系，教育、死亡率和发病率的研究，以及和风险选择相关的医疗过程。年会的报告每年都会结集出版并分发给会员。在 20 世纪 60 年代，ALIMDA 最初的"时事通讯"如今已发展成为广受尊重、内容丰富的《保险医学杂志》（Journal of Insurance Medicine），1992 年以来，该杂志就将年会的报告进行了汇编。

美国人寿保险公约组织（The American Life Convention）成立于 1906 年，是美国和加拿大三省最古老的国际寿险公司协会。1973 年，它与美国人寿保险协会合并，成为美国人寿保险协会，这两个机构多年来的目标和宗旨是一致的。1976 年，该行业的公共关系部门——人寿保险协会（Institute of Life Insurance）与美国人寿保险协会（ACLI）进一步合并，成立了美国人寿保险委员会（American Council of Life Insurance）。其医学部每年在北美的不同地点举行会议，在会议上宣读与人寿保险医学有关的论文，并每年发表会议记录。它还设有委员会，主要处理与保险业有关的行业和监管问题。在过去十年中，他们特别注意到艾滋病和基因检测对保险的影响。

作为一种正规的医学专业，保险医学需要制定标准，涵盖那些执业者所需要的知识和经验。在 20 世纪 60 年代，ALIMDA 通过成立保险医学委员会（BIM）来解决这一问题，以建立认证要求。董事会认证要求医生至少花 4 年时间为一家保险公司工作，并通过涵盖保险、医药和医疗保险的三部分考试，包括死亡率和发病率方法。现在大多数在美国工作的高级医务主任都期望获得 BIM 认证。

为了帮助培训那些从事保险医学的人，BIM 已经举办了近 30 年的三年期课程培训，最近一次是在 2003 年 2 月，课程持续一星期，以研讨为主，深入讨论这一主题，部分以讲座形式进行。在研讨班上，除了医生，参与者一般包括一些承保人员和其他涉及保险医学的人员。在过去的十年里，BIM 已经为最近加入该行业的医生提供了一门保险医学的入门课程。该课程每年举行一次或两次培训，并与北美的保险医学会议一起举行。此外，在过去的 20 年里，由于 AAIM 和 ACLI 医学部门年会改进了项目内容，保险医学知识也得到提升。在过去的几年里，有三次由两个组织共同赞助了关于肿瘤标志物、癌症和遗传学的特别会议。

在英国，1893 年成立的"保险医学学会"（the Assurance Medical Society,）每年在伦敦举行三次晚间会议，邀请演讲者来报告有关人寿和健康保险的论文。1985 年以来，该学会与精算师学会在伦敦联合举行了每两年一次、为期一天的医学精算会议，邀请来自两种专业领域的演讲者向研究人员和成员演讲。为了与省属协会会员保持更紧密的联系，每年在英国重要的保险场所举行为期一天的区域会议，会议由主席主持，通常由当地保险公司或分公司主办。演讲者通常是当地的医生和首席医疗官。所有这些会议的记录每年都进行汇编和公布，并分发给学会成员。

1899年，在布鲁塞尔举行了一次人寿保险医学的国际会议，之后又在欧洲的不同地方举行了三次。1931年，有人提议设立一个常设的国际委员会和主席团，组织今后的会议。这促成了1935年7月在伦敦举行的第一次国际人寿保险医学大会（ICLAM），这次会议是与英国国家保险医学学会合作进行的，主要以国际代表大会的形式进行，大会的宗旨是促进保险业的国际发展与合作。该组织由执行小组、主席团、8名成员组成，委员会由来自世界各地26个国家的代表组成。1989年在海牙举行的大会决定将委员会扩大到失能和医疗保险。在欧洲以外的地方举行了五次大会，分别是：特拉维夫、墨西哥城、东京、华盛顿和悉尼。1992年，第三次大会在伦敦举行，最近一次会议于2004年在威尼斯举行。

国际保险合作组织（COINTRA）成立于1927年，是一个由来自不同欧洲国家的保险和再保险公司组成的组织，它的设立是为了交换关于人寿保险和永久健康保险接受不合格风险经验的想法和信息。每3～5年在欧洲的不同地点举行一次会议，在会议上，由会员公司和保险界的知名人士分别提交与保险精算有关的论文。这些会议的资料汇编将出版并分发给成员。

▶▶ 医学精算调查

自从这些专业协会和其他专业组织成立以来，人身风险选择中重要的特征有了更多的一致意见，从申请人的医学检查中列出临床数据的制度也逐渐形成。最初的"主观判断的承保"变成了基于可靠的精算数据的科学承保。第一个结果就是来自简单人口研究和所谓的"团体调查"，进而，这迅速发展为大规模的职业和医学损害研究。第一批医学数据的收集是那些最容易获得的，与尿液分析有关的数据。19世纪末引入的人寿保险申请人日常尿液检测被认为是如此重要，以至于蛋白质和糖检测技术得以迅速发展。事实上，正是在这个领域，人寿保险对当时的临床医学作出了宝贵的贡献。

在那些年里，结核病、肺炎、梅毒等传染病，以及像流感和淋巴腺鼠疫等流行病是人们最关心的问题。然而，人们最初的兴趣还是集中在这些疾病在身构造上的一种预测指标身体构造上，并在1897年和1906年完成了与年龄和性别有关的身高和体重的研究。除了这些，还有发表在1909—1912年的《医疗精算死亡率调查》中的补充内容。[3]对人体多年的几项研究，在1979年达到了顶峰。[4]

20世纪早期，血压计的引入是一个具有同样重要性的里程碑。第一个血压计是根据弹簧原理制作的，相当不可靠，但是从这些血压计中，纽约人寿保险公司的医疗主管O. H. 罗杰斯博士（O. H. Rogers）研发出了一个更精确的无液血压计，他的模型就是现在使用的泰科（Tycos）血压计的原型。

第一次世界大战后，在人寿保险实践中记录血压的惯例就已确立下来。很明显，血压水平与死亡率有直接关系，一组人的血压越高，死亡率就越高。1925—1979年在北美进行的几项大规模的医学精算研究充分证实了这一发现。

这些公司间的医疗精算调查始于1909年，多年来成效卓著，除了体格和血压之外，还涵盖了1951年和1983年伤残研究中涉及的许多其他主要疾病。1990年出版了《医疗风险：按年龄和时间划分的死亡率趋势》第二版[5]。这项重要的工作分析了从世界各国的保险、流行病学和临床文献中收集到的跟踪研究结果，并以适合寿险行业需求的形式呈现。1994年又出版了关于死亡率和发病率方法的最新文章和一些摘要，作为《医疗风险——1991年死亡率和发病率综合报告》出版。[6]

尽管不合标准的保险发展缓慢，但它鼓励了纽约人寿保险公司的奥斯卡·H.罗杰斯（Oscar H. Rogers）医疗主任和亚瑟·亨特（Arthur Hunter）精算师的工作，他们设计了一个名为数值评分系统的风险评价方法，1919年，他们在给ALIMDA和美国精算学会的一篇论文中描述了这一点。这种测量风险的方法现在普遍使用，它的应用可以在本书的医学章节中看到。罗杰斯在发展医疗信息局（MIB）方面也起了重要作用，1902年到1932年他是该局的主管。北美的大多数寿险公司都对MIB进行了捐助，并将不符合标准的申请人的真实信息输入该系统。该系统高度保密，并保护会员公司免受欺诈和隐瞒重要信息之苦。

在过去的半个世纪里，医学精算除了调查和死亡率研究之外，在新保险产品的营销方面也做了许多工作。从20世纪50年代开始，这些产品数量就以革命性的方式增加，包括了诸如团体保险计划，疾病和意外保单，大疾病合同（CIC）和长期护理（LTC）保单，保费分担计划，按不同性别和吸烟习惯区分保险费率，根据保单大小实行差异成本，结构性和解和其他产品。

1870年以来，随着国家立法的巩固，人寿保险业务稳步发展，适应了社会当前的需要，直到今天，它仍是一个在世界范围内处理巨额资金的重要行业。在西方国家，人寿保险已成为一个巨大的个人储蓄业务，它所提供的资金可以帮助金融产业发展，建设新的工厂、政府和市政项目，以及促进国内经济和发展中国家无数新的发展。一个国家人民的生活水准都可以从中直接受益。

人们希望未来的岁月会同样充满冒险精神，尤其是从健康和长寿的角度来看。过去的几年，美国中年以上人员主要的心血管疾病死亡率已经急剧下降，在这个年龄组中，治疗领域令人激动的进展有望改善许多其他疾病的死亡率，从而进一步延长预期寿命。尽管人类的寿命仍然与圣经时代相同，但活到80~90岁的人数必然会增加，随之而来的是与年龄相关的失能的社会影响和生活质量的降低。与提高寿命的这些努力相关的将是伦理和立法问题，这些问题必须引起所有人的关注，它们也必须仔细审议，尤其是在遗传学和保密领域。

▶▶ 人寿保险：未来会怎样？

不断变化的人寿保险市场

北美

自 1998 年《人身风险的医疗选择》第四版出版以来，北美保险业格局的变化就在不断加快和强化。这些变化是由下面将要讨论的一些因素所引起的。

由于人们活得更久，更担心退休后的钱花光，许多北美人要么不买人寿保险，要么少买一点。相反，他们一直在向互助基金和可变年金上投入大量资金，希望这些投资能让他们安享晚年。

尽管这种态度的转变多年来一直在逐步形成，但最近已达到一个关键阶段，使得人寿保险销售大幅下滑，导致保险公司经营方式发生了变化。

多数大型保险公司仍提供一篮子的人寿保险产品选择，但它们预计，大部分的增长将来自满足新一代的青少年和年青人的投资需求。为应对新的形势，寿险行业正逐步转型，发展最快的公司正在演变为金融服务公司，它们的经营更像金融产品超市，许多公司甚至将"保险"一词从公司的名称中去掉了。

对新业务和不同业务的竞争促使保险公司削减成本，重组业务，寻找并购对象。这种金融服务的融合，导致保险公司和银行等金融机构之间的区别变得模糊起来。

北美寿险市场虽然已经成熟，但仍然庞大，约有 1 500 家公司仍在竞争。它也是一个分散的市场，排名前 25 位的公司控制着略少于 60% 的新业务。因此，我们可以预期，随着企业寻求利用规模效益的机遇，以抢占更大的国内市场份额，并进行国际扩张，将出现进一步的并购。筹集大量资金，以及推动保险公司转向金融服务，已对相互寿险公司的基本结构产生了影响，这导致了保险公司从传统的结构向股份制公司的转变。这种转换开始缓慢，但很快就获得了发展的势头，这包括了许多北美最大的互助保险公司——公平、纽约相互保险、约翰·汉考克、大都会人寿、保诚保险、宏利和太阳人寿。

在北美，终身寿险的销售也受到影响，因为数以百万计的保险客户提起了法律诉讼，他们坚称自己在保险的实际成本方面受到了代理商的误导。

2001年"9·11"恐怖袭击一年后,保险损失估计约为492亿美元。其中7%为人寿保险索赔。恐怖主义对社会来说是一种严重的新风险,为应对这种风险,保险公司刚刚开始修订它们的风险管理措施和产品。

北美再保险行业也出现了整合,只有12家再保险公司的市场份额从1995年的18%下降到现在的2%甚至更多。如今,前六名占市场份额的81%,前六名再保险公司中只有一家为美国所有。人寿再保险一直是并将继续是一个高速增长的业务,这是因为,尽管约60%的新业务正在接受再保险,但在所有正规业务中,只有约25%的业务得到了再保险,而且企业仍在继续对更大比例的业务进行再保险。这种再保险风险集中在少数几家公司已经引起了医疗主管的关注。特别是当考虑到预期的未来死亡率改善可能无法实现时,一些公司可能会低估其产品的价格,以保持竞争力。

承保的新时代

分销、技术进步和进入全球市场的替代方法正在深刻地影响着风险评估过程。在北美,通信、服务递送和分销正在发生着变化。这在一定程度上是由银行、零售商和资产管理公司等寿险行业新进入者的出现推动的。新进入者不受基础设施、遗留体制和官僚作风的拖累。传统的人寿保险公司正被迫简化流程,以便在转型和服务方面展开竞争。承保部门面临着增加非医疗限制、降低证据成本、加快工作速度和接受更多业务的压力。

随着承保业务在销售过程中成为更加具有竞争力的瓶颈,像医学证据的收集,包括医学检查,正在被重新评估。保险公司正在向使用可替代的、更便宜的、更快捷的方法来收集信息转变,并能更准确地根据年龄、性别、产品以及癌症和心脏病等主要死亡原因来确定证据。但是,这些传统的风险评估正在被电话承保等方式所取代,即可通过保险人用个人史调查(PHI)问卷对申请者进行电话采访。这种销售形式正在更加新的互联网网站和笔记本电脑环境中使用。也越来越多地使用从药房管理人员数据库中获得的处方药物的信息。尽管机动车报告、医事辅助资料和实验室文档的数量仍在不断增加,但胸部X光检查、脑电图、压力测试和体格检查等要求的使用似乎在减少。血检依然占据主导地位,但越来越多的年轻人开始使用唾液和尿液等替代液体进行检查。

产品开发方面的创新,如优先风险的保障,正在改变着北美的保险业。20世纪80年代中期开始的实验项目中,作为吸烟者/非吸烟者研究计划的一个结果,在过去几年里,随着公司开始改进和他们多样化的风险偏好的方法,这些项目已经有了显著的发展。有些人通过更加严格的标准,增加了几个等级的首选状态,以符合更高的级别。另一些人则根据这一主题做了一些尝试,比如"首选吸烟者"。只要这些药物在一段时间内对被保险人有一定的益处,一些人甚至开始将优先风险资格的适用范围扩大到选择服用抗高血压或降胆固醇药物的人,伴随这些发展,营销部门的销售力量不断施压。将申请者挤入首选类别,这危及了定价假设和死亡率经验。

立法和监管问题

北美保险业继续受到越来越多的立法和监管措施的挑战,这些措施旨在保护消费者,规范市场以控制销售行为。承保自由继续受到挑战,如果被认为遭受"不公平"的歧视或侵犯隐私或数据保护立法,那么保险公司就会越来越多地被禁止在真实可靠的基础上定价或选择人寿保险风险。

▶▶ 其他市场

世界其他发达市场的地位在许多方面与北美是相似的。在许多国家,人寿保险公司之间的市场整合是先进的,新进入者正在挑战支撑该行业几十年的传统流程和分销方式。基于算法的承销系统支持的互联网或呼叫中心销售开始在大多数市场获得稳固的立足点。一些基于互联网的分销商开始利用传统保险公司作为制造商,展示自己的实力,推动产品差异化。

市场行为问题也困扰着许多因不当销售投资产品而受到影响的市场,英国养老金和养老抵押贷款问题就证明了这一点。从 2000 年到 2003 年,股票价值的急剧下跌进一步损害了消费者对投资相关产品的信心。

就像在北美一样,大量保单持有人声称在保单条款和条件上被代理人误导,并对保险公司提起了代价高昂的法律诉讼。这些举措既有助于推动合并进程,也阻碍了整合进程,因为企业希望退出市场,出售自己的保险。但由于相关的潜在市场行为问题可能会伴随业务而来,被询问的价格往往对潜在买家没有吸引力。

重大疾病(CI)产品在某些市场的成功是值得关注的。大量的重大疾病产品是被作为附加品或单独产品出售的。这些产品的承销变得越来越精细。但随着人们对定价、利率担保和当前产品结构定义的持续怀疑,如今它们的前景却笼罩着一层阴影。

失能保险业务的盈利能力是许多市场仍然存在问题,随着失能保险公司数量在减少,只剩下那些具有重要使命的公司,它们愿意建立专门的承保和索赔机构,去维持这项业务。

在许多成熟的市场中,风险选择面临法律挑战,残疾人和其他少数群体的社会权利与承保过程直接冲突。风险选择的本质是通过挑选不符合健康标准风险的申请人以区别对待。这些挑战要求评级标准所依据的数据必须是最新的，并且要求所使用的方法能够经受住严格的审查。

基因时代已经来临，这将带来优势和挑战。社会将决定谁可以获得可预测的遗传信息，以及如何使用这些信息。如果所做的决定不能保持保险公司和申请人之间信息的平衡，那么现代保险市场的整体结构就将受到破坏，一些产品线的生存能力也将受到威胁。

▶▶ 其他国家的人身保险

斯堪的纳维亚（半岛）

汉斯·沙丘（Hans Duner）

1842年丹麦首次引入人寿保险，并在哥本哈根建立了一个名为"Livsforsikring"的公司。在挪威，人寿保险是通过1844年成立的 Norske Liv 引入的。在瑞典是通过1855年成立的 Skandia 建立的。1874年的芬兰，则是通过 Kaleva 创立。

起初，对投保人体检并不是必要条件。其原则是只要明显健康、身体状况良好的人就会被批准。投保人须亲自到公司总经理面前进行检查。然而，逐渐有了对医疗风险更专业的评估，并涉及医务人员。随着人寿保险公司数量的增加，它们之间需要更多的联系和合作。1885年在斯堪的纳维亚的斯德哥尔摩举行第一次寿险大会，1893年在克里斯蒂亚尼亚（现在被称为奥斯陆）举行了另一次大会，1904年又在哥本哈根举行了一次。瑞典1906年成立了寿险医疗官员协会（The Swedish Association of Medical Officers of Life Insurance Medicine）。在斯堪的纳维亚国家，医疗风险评估高度协调。事实上，在瑞典，所有的人寿保险公司在1990年7月之前都使用了相同的寿险保单。在斯堪的纳维亚，人寿保险行业的竞争在其他方面也受到限制，但变革正在进行，例如，经纪人体系现在很普遍。此外，以前对银行和保险业务有严格限制，现在传统的业务重心也在转移。保险产品，如相关联的产品1990年底也在瑞典推出了。

荷兰

H. K. 德·若特德（H. K. de Raadt）

第一家在荷兰成立的保险公司是 De Hollandsche Societeit van Levensverzekeringen，成立于 1807 年。最初这家公司只为上层社会的人提供保险。因此，它的年增长率约为 4%。1810 年的保险总额约为 100 万荷兰盾，1860 年约 700 万荷兰盾。那时的公司几乎不关注年龄和健康状况。直到 19 世纪下半叶，人们才开始了解保险精算技术，这导致了所谓的捐赠和社会保险的引入。保险公司的数量稳步增长。1890 年已有 70 家人寿保险公司投保总额达 6.27 亿荷兰盾。14% 的年增长率也吸引了外国公司，到 1900 年就有 51 家营业。

在 20 世纪，大型保险公司越来越多地将自己的业务应用到富人身上，而把社会保险留给其他人。保费的差别越来越大，不仅根据被保险人的年龄和类型，而且也根据健康状况。医学顾问也受到了重视，并于 1910 年成立了协会，他们向保险公司明确表示，只要他们能够获得足够的数据来计算风险，几乎所有人都可以投保。

1923 年，医学顾问协会加入了荷兰促进寿险系统协会（Vereniging ter Bevordering van het Levensverzekeringswezen），1925 年数学家也加入了该协会。然而，这两个协会在 1942 年悄悄从这个协调性的协会中消失了，因为它们的意见越来越偏离保险公司的意见，基于精算和医学理由计算增加的保费，与纯粹商业运营公司的思维方式不相符合。

与此同时，非寿险公司的医学顾问们在 1971 年组织了起来。许多顾问都是这两个组织的成员，这导致了 1980 年的合并。协会现有 155 名会员，他们每年至少召开四次会议讨论测试的案例。每次会议都由一家保险公司主持。该协会还组织了一个为期一天以上的继续教育课程项目，1991 年第一次组织了一个为期 10 天的基本课程。该组织正在努力进一步专业化，以在未来能获得官方的认可。

在过去的几年中，协会越来越强调其独特的特点，以作为政府和保险公司在艾滋病问题和基因问题上的对话伙伴。

比利时

P. 洛华兹（P. Lauwers）

比利时最早的一些人寿保险记录可以追溯到 12 世纪。然而，众所周知的人寿保险却是在 19 世纪才开始发展的。

团体保险始于 1920 年左右，但真正的繁荣始于 1940 年至 1945 年，当时税收优惠的引入极大地鼓励了团体保险的发展。几年后，税收优惠也被应用到某些形式的个人人寿保险中，从那时起，比利时人寿保险市场就不断发展。

目前，比利时境内约有 130 家保险公司或公司集团，其中大约一半被授权人寿保险经营。在比利时，混合经营的保险公司是被允许的。

传统上，寿险市场是基于税率（表）的，以保证大多数产品统一费率，只有少数公司提供更低的费率，且主要是在团体保险领域。然而，自1991年以来开始了自由化的进程。纯粹的风险产品，如个人定期保险已经大量涌现，并受到激烈的价格竞争的影响，这在很大程度上受到了利用欧盟服务自由指令的"外国"公司的推动。

20世纪90年代中期，欧洲货币联盟为了抑制通货膨胀和减少预算赤字，实施了工资冻结，阻碍了团体保险企业的发展，这也导致了所有与保险相关的员工福利的价格竞争。

人寿保险仍然在国家经济中扮演着重要的角色，尤其是因为迄今为止所产生的巨大的保单储备。粗略地说，代表这些储备的资产被投资：三分之一用于政府贷款，三分之一用于房地产和抵押贷款，三分之一用于股票、债券和其他有价证券。

人寿保险保费收入约为1 000亿法郎，这大约是比利时保险市场整体保费收入的40%。

德国

奥赛德·纳斯普（Othard Raestrup）

德国的保险业分为公共部门和私营部门。社会保险和私人保险一直是分开的，但也相互补充。它们之间现在形成了一种有意义的共存：基本医疗是由强制性年金保险提供的，通过公司养老金计划来扩充，私人保险是通过个人人寿保险的形式来补充。

虽然法律规定的保险类别的成员资格是强制性的，其结构也反映了一般人群的情况，但人寿保险是自愿的，这可能意味着，在预期寿命减少的情况下，更多患病的人将享受人寿保险。这就是19世纪末德国引入风险分类的原因，风险分类是公司医务人员的责任。

1903年德国保险研究协会成立了一个保险部门。这次成功举办的年会的主席是著名的和经验丰富的弗洛思齐兹（Florschiitz）教授，他开创性的研究为德国的寿险医学奠定了基础。数值评级系统是作为风险评估的基础而发展起来的。在第二次世界大战期间，所有的工作都停止了，直到1950年才重新建立了该部门。考威尔（Kaewel）博士研究的主要领域是在由寿险公司协会的中央统计办公室收集的疾病、疾病组和组合保险医学资料分析的基础上，去改进风险的评估。在德国再保险公司的帮助下，他开发了一种单独的风险评估方法，这种方法关注医学科学的所有诊断、治疗、预后和流行病学进展，至今仍在不断改进。这些研究由人寿保险公司协会（Association of Life Insurance Companies）资助，《黄连素》（Versicherungsmedizin）杂志为医生提供最新信息，该杂志也在保险业之外被广泛阅读。

瑞士

卡尔·维纶（Karl Werlen）

与其他欧洲国家相比，人寿保险在瑞士的发展相对较晚。在以农业经济和宗法制度为主的社会环境中，生活在小城镇和乡村，遵循大家庭、工匠团体和行业协会的原则，在社区承担风险的情况下，可以实现对安全的自然要求。而正是这些社区首先产生了具有互助性或自救性质的组织。

19世纪上半叶，随着瑞士工业革命的爆发，对个人保险产品的需求不断增长，但第一次尝试成立人寿保险公司的两家公司都失败了：一家是成立于1840年的Allgemeine Schweizerische，其为受抚养人、寡妇和退休金服务；另一家是成立于1841年的Schweizerische vorsichtskasse，其提供公积金服务。然而，需求在不断增长，因此，约有20家德国、英国和法国人寿保险公司对此提供了满意的服务。

1848年的瑞士宪法为瑞士经济的全面繁荣奠定了基础。一个由各州组成的相对松散的联邦被一个紧密联系的联邦所取代，统一的货币，统一的措施，统一的邮政系统，废除各个国家之间的关税，发展铁路网，这些为经济的积极发展创造了必要的条件。

1857年，Schweizerische Lebensversicherungs – und Rentenanstalt（在英语中称为"瑞士生活"）创立，目前它仍然是瑞士最大的人寿保险公司。随后出现了大量新的公司：拉瑞斯（1858年）、拉巴洛瓦兹（1864年）、拉热内瓦兹（1872年）、派克斯（1876年）和帕特里亚（1881年）。1886年，第一部《保险监察法》生效，该法律为欧洲大陆其他国家树立了典范。

由于德国发生的恶性通货膨胀，导致了一些德国保险公司的瑞士人寿投资组合崩溃后，又有一些当地的寿险公司成立，例如1922年的VITA和1923年的温特瑟尔人寿（Winterthur life），这两家公司都是意外事故责任保险公司的子公司。

到1991年，23家本地注册的私人人寿保险公司（其中有一部分或全部为外资）正在积极地开展业务，他们的保费收入占瑞士私人保险行业保费收入的57%。

日本

博冈本（Hiroshi Okamoto）

日本寿险行业的发展是在历史大趋势的背景下进行的。日本第一家人寿保险公司成立于1881年，是日本进入明治维新时代后的第14年。在此期间，日本进行了快速的现代化。需要注意的是，从一开始公司就雇佣医生，这样才能由合格的医生进行体检，这在日本保险医学的发展中发挥了重要的作用。第一位医务主任 G. Indoh 为其后的发展奠定了基础。然而，这是一个没有足够死亡率统计数据的时代，因此所面临的困难是巨大的。1901 年，日本人寿保险医学会（ALIMJA）成立，它的第一任主席是中浜（T. Nakahama），他留下了许多伟大的成就。此后，日本保险业虽然受到 1929 年全球经济动荡的严重影响，但仍继续稳步发展。从经济和文化上看，日本的根基似乎牢固，但不久日本就陷入了一场灾难性的战争。

第二次世界大战后，日本再次进入发展时期，但战争的创伤太大，以至于直到 1950 年，日本寿险医学大会上只开展了 10 次讲座。1950 年，核保手册出版了，这是数字核保的一大进步。同年出版了《体检手册》。从 1952 年开始的战后时期，日本参加了国际人寿保险医学大会（ICLAM）。

大约从 1955 年开始，日本经济开始快速增长，这给寿险行业带来了快速增长，也增加了人寿保险医学会与其他科研机构的互动。

从 1976 年到 1979 年，人寿保险医学会与日本国家铁路公司（现在被称为 JR）联合研究了血压。自 1980 年以来，也与东京女子医学院（Tokyo Women's Medical College）联合对糖尿病进行了研究，最近也对缺血性心脏病进行了研究。近十年来，人类寿命预测的研究进展神速，1986 年 ICLAM 在东京举行。事实上，日本、美国和欧洲以及许多其他国家之间存在着许多互动。

1991 年 ALIMJA 举行了其成立的 90 周年庆，这也标志着授权的医师制度的引进，这使得医生在经过 5 年的专业学习后，可以获得保险医学的证书。同时还出版了一本日语的保险医学新教材。自 1981 年以来，ALIMJA 一直是日本医学大会的成员，随着授权文凭制度的引入，协会在声誉和实际人员方面都越来越受到重视。1990 年会员人数超过 1 000 人，日本寿险医学会杂志定期出版。这个行业确实很幸运，随着经济规模的增长，日本的经济规模从未像现在这样大。然而，据预测，日本社会的老龄化速度将越来越快，因此未来仍将面临许多挑战。

法国

雅克·邱迪和肖恩·罗（Jacques Chouty and Sean Roe）

1787 年，皇家保险公司（Compagnie Royale d'Assurance）通过皇家法令成立，有效地创建了法国的人寿保险公司。到目前为止，将生命等同于经济补偿的原则被认为是不道德的，因而这类业务是非法的。艾摩根（Emerigon）对司法观点进行了很好的总结，他宣称"人是无价的，把死亡看成是商业投机的事情是可恶的"。在建立了司法基础之后，商业活动开始于 1788 年，但在 1789 年的革命中受到限制。在随后动荡的岁月里，在拿破仑皇帝统治的整个时期里，皇家保险公司一直处于休眠状态。

拿破仑三世的到来重新激起了人们对人身安全保障的热情，在 1819 年和 1820 年，人寿保险合同再次合法化。这导致了几家人寿保险公司的创立，其中最重要的是 La Nationale、La Compagnie d'assure Generales、L'Union、Le Phenix 和 La Paternale。早期提供的保单主要是期限保险和终身合同，整个 19 世纪这个行业都在不断发展壮大。

随着 20 世纪的到来，"集团"保单经营开始了，最初只涉及工伤。第一次世界大战后，Le Phenix 开发了第一个团体合同，很快就受到了其他寿险公司的欢迎。这项业务非常成功，并且在今天的法国仍然非常重要，尤其是欧普集团（Open Group）认为，这是一种针对大量有普通保险需求的人开展业务的机制，集团提供了各种财政和行政支持。

在早期的风险选择中，较差的医疗信息质量确保了被接受的唯一风险是那些以"标准费率"评估的风险。在第二次世界大战之前，这种情况一直在稳步改善，这与医学科学的进步，特别是诊断和预测技术的进步有关。战争及其后果使人们对受损生命生存的理解急剧增加，战后也出现了许多重要的医学发现，在疾病控制方面也取得了巨大的进步。

因此，医疗选择变得越来越复杂，越来越多的不合格的风险被认为是可以接受的。将医学上的进步转化为更严格的承保在很大程度上要归功于当时的医生委员会（首席医疗官），尤其是凯斯中心再保险公司（Caisse Centrale de assure）的查尔斯·吉格奈格斯（Charles Gignoux）博士，他是战后改革这一过程的第一批人之一。这个时代见证了医学组织委员会的发展，在 20 世纪 50 年代，他们在大多数寿险公司设立了专门的承保部门。最近，"人寿保险协会"（AMCAP）成立了，为在人寿保险各个领域工作的医务人员提供信息论坛。

今天，法国的保险市场是世界第五大保险市场，过去几年经历了一段扩张时期，尤其是在欧洲。这是国际主义在寿险行业的体现，有 160 家外国和法国公司提供寿险业务，创造了一个竞争非常激烈的市场。

匈牙利

伊姆蕾·霍瓦特（Imre Horvath）

匈牙利的第一家保险公司是在 19 世纪初由外国企业创立的。传说中的第一家匈牙利通用保险公司成立于 1857 年，1864 年它的第一个医疗主管盖茨·哈拉斯（Geza Halasz）博士在科学院发表了关于人寿保险医学的首次讲座。这一事件被视为匈牙利人寿保险的诞生，该报告被出版并被用作匈牙利第一本关于医疗风险选择的承保手册。

两次世界大战期间，匈牙利有40多家保险公司在经营，在20世纪30年代，其中9家公司成功地开展了疾病保险。

20世纪50年代初，匈牙利保险业的发展因二战后的国有化而停滞。在近40年的垄断控制期间，匈牙利保险业成为国家预算的行政管理部分，尽管历史上存在困难，但仍出版了承保手册。

1986年，在后来的政治变革之前，匈牙利保险业进行了基本的改革。政府取消了保险业的垄断，新的规章制度帮助形成了给予外国投资者优惠待遇的保险业法律环境。

欧洲和跨国保险公司（安联保险公司、科洛尼亚保险公司、忠利保险公司、国家保险公司等）再次进入了匈牙利市场。近年来，已有14家保险公司成立，主要是20世纪90年代成立的，其中13家是国有控股公司（或无国有控股），并拥有自己的医疗董事，第14家公司只经营国家（责任）保险。

重生的匈牙利保险市场的参与者成立了匈牙利保险公司协会，由专业委员会组成，包括由有关公司的医务主任组成的医疗委员会。该协会出版的《保险评论》（*Biztositasi Szemle*）也包含临床医学文章。医疗委员会与匈牙利研究生医科大学合作，于1993年举办了保险医学专家资格课程，并于1994年和其后的几年举办了类似的课程。关于培训课程的文章可以在匈牙利医学杂志（*Biztositasi Szemle* and in the *Orvosi Hetilap*）上看到。

为庆祝成立130周年的人寿保险行业，匈牙利保险公司出版了一个新版本的医疗风险选择手册，1995年又出版了580页的专家著作和29章题为寿险医学的专著。

1994年匈牙利成立了人寿保险医学学会，以促进医学风险选择的理论基础。该协会已成功组织了两次国际参与的全国代表大会，最重要的成就是于1998年在布达佩斯举行的第19届ICLAM，以表彰匈牙利人寿保险医学领域积极开展的工作。

澳大利亚

约翰·莱顿（John Leydon）

1827年，鹰保险公司在悉尼开设了一家代理处，1883年，英国与外国人寿保险和火灾公司联盟在悉尼和霍巴特开设了代理处。

第一家澳大利亚保险公司——澳大利亚消防和生命公司于1836年在悉尼成立。1838年，德温特和塔玛保险公司（the Derwent and Tamar Assurance Company）成为澳大利亚成立的第二家人寿保险公司，但其董事们在1845年决定停止人寿业务，并回购了保单。

互助协会的建立是澳大利亚人寿保险行业的一项重大发展,1849年澳大利亚互助公积金协会(AMP)成立,至今仍是澳大利亚最大的人寿保险公司。

在19世纪的最后25年,澳大利亚在人均人寿保险和保单管理自由化方面居于世界领先地位。

澳大利亚的《人寿保险法》于1945年出台,为长期稳定和保守的贸易奠定了基础。这六大保险公司(AMP,澳大拉西亚国家互助保险公司,MLC,TG互助保险公司,殖民地互助保险公司和城市互助保险公司)总共拥有约70%的市场份额,而且由于它们在各自固定代理领域的主导地位,它们暂时不会面临新的竞争。

从1975年开始,在随后的十年里,澳大利亚的人寿保险行业发生了重大的变化。随着合同的解除,出现了一种从传统保单(终身寿险和养老保险)转向新型保单的趋势,如投资挂钩和投资账户业务。政府保单和退休金、收入和资产的变化鼓励了创新和新产品设计。六大保险公司的强势地位随着多主体代理商的出现而瓦解,分销方式也发生了变化。

20世纪80年代,许多公司竞相争夺市场份额,竞争加剧,1983年银行部门放松监管。80年代末,一些有问题的做法导致了更为严格的行业监管,最终,1995年出台了新修订的《人寿保险法》。

南非

伊万·洛克(Ivan Lockyer)

随着1820年英国殖民者的到来,南非人寿保险业在开普敦有了小小的开端。1829年,两家英国保险公司——联合帝国和大陆人寿以及联合英国外国火灾和人寿保险公司开始在开普敦殖民地开展业务。五年后成立了第一家地方公司——南莫里卡人寿保险公司(South Mrican Life)。

南非相互人寿保险协会(South African Mutual Life Assurance Society)是唯一成立于19世纪、目前仍在运作的寿险公司。该公司成立于1845年,通常被称为老相互人寿保险公司(Old Mutual),现已成为非洲最大的寿险公司。第二大寿险公司是成立于1918年的Suid-Afrikaanse Nasionale Lewensadj-maatskapy(SANLAM)公司。

该行业稳步增长,到1926年,在南非有9家当地寿险公司和25家外国寿险公司。1935年,人寿保险协会(LOA)成立,其在推动行业发展、维护人寿保险和保单持有人的利益等方面发挥了重要作用。20世纪50年代,南非的政治和社会影响限制了南部非洲边界以外的工业增长,阻碍了向其他大陆的扩张。但这一切都在1992年发生了变化,当时,南非广泛的政治、社会和经济变化对人寿保险行业产生了有利的影响。国际社会取消了对该国的限制,该行业抓住了这个新机会,在国际上进行了扩张和多元化，从而打开了新的市场和投资机会。如今，有大约37家人寿保险公司，包括6家再保险公司，在南非开展业务。

南非作为一个新兴国家，在努力促进和提高人口的同时，正面临着许多经济和发展挑战。

艾滋病病毒的出现带来了一些戏剧性的经济、法律、社会和心理方面的影响。这一问题对保险业及其在产品开发、市场预测和为预期寿命缩短的客户提供保险，以及对管理的影响和寻求解决方案等方面都提出了挑战。

南非的人寿保险业在金融服务业中占主导地位，并具有高度的创新，其引入了一些概念，如重大疾病保险、绝症保险、HIV阳性患者人寿保险和成熟的优先承保方法等。该行业已证明的弹性、灵活性和专业精神对未来大有裨益，并增强了其在不断变化的全球环境中蓬勃发展的能力。

▶▶ 参考文献

[1] Moorhead E. J. *Our Yesterdays*: *The History of the Actuarial Profession in North America*, 1809 – 1979. Schaumburg, IL: Society of Actuaries, 1989.

[2] Singer R. B. Life insurance medicine: our heritage. *Trans Assoc Life Ins Med Dirs Am* 1989; 73: 214 – 218.

[3] *Medico – Actuarial Mortality Investigation* 1909 – 1912. New York: Actuarial Society of America/Association of Life Insurance Medical Directors of America, 1913.

[4] *Build Study* 1979. New York: Society of Actuaries/ Association of Life Insurance Medical Directors of America, 1980.

[5] Lew E. A., Gajewski J. (eds). *Medical Risks*: *Trends in Mortality by Age and Time Elapsed*, vols 1 and 2. New York: Praeger, 1990.

[6] Singer R. E., Kita M. W., Avery J. R. (eds). *Medical Risks*: 1991 *Compend of Mortality and Morbidity*. New York: Praeger, 1994.

第 2 章　人寿和健康保险的类型

彼得·梅纳德（Peter Maynard）

- 定期人寿保险
- 终身或万能寿险
- 普遍和灵活的人寿保险
- 养老和其他储蓄计划
- 投资基金和人寿保险
- 重疾保险
- 附加福利计划
- 优先生存计划
- 保证保险
- 失能收入保险
- 许可证损失保险（LOL）
- 长期护理保险（LTC）
- 贸易保护保险
- 团体保险
- 年金
- 结构性和解

本章旨在简要说明在人寿及健康保险中所遇到的各类保单。在这种情况下，"健康保险"一般是指在无法工作或诊断出可能危及生命的严重疾病时，提供收入或一次性支付费用的保单，是以支付医疗保健特定费用为目的的保单（如由主治医生或家庭医生提供的初级保健或医院治疗，及其他的专科护理），这称为"医疗保险"。医疗保险承保是一门通常有别于用于评估其他生命和健康风险的专业技能，故不在本书的主要关注范围之内。

其他类型的保险范围被称为"附加条款"。这些条款补充了基本人身保险，提供了更多的福利，例如，在无法工作期间的保费豁免，或在某些情况下提前支付保险金等。随着寿险公司为了使其产品更具灵活性和吸引力，以及消费者及其财务顾问能更好地接受其价值，这种附加条款越来越受欢迎。

虽然几乎所有保险公司的产品都包含了这里所描述的基本保险要素，但它们不太可能在营销材料中提及。保险公司力求它们的产品与众不同，与其他市场一样，品牌名称通常适用于包含多种不同产品类型的个别产品或系列产品。例如，在英国，一些公司使用菜单方法，让申请人可以在一份保单下选择人寿保险、重病保险和伤残失能保险在内的多种保险，以及一系列附加福利。任何评估人身或健康风险的人都需要确保拟参保的人准确理解了他们所申请的保险。

即使是最基本的保险品种，也可能因市场的不同而有不同的名称，在适当的地方也可能给出不同的别名。一些细微的差别是根据市场是在英国还是在美国的影响下发展起来而产生的。在美国是指人寿保险，而不是英国的"人寿保证保险"。保险金额是"面额"，而不是"保额"。虽然这里使用的是美国术语，但实际上"保险"和"保证"是可以互换的。此外，在英国，保险申请通常被称为"建议书"，投保人或建议保险人被称为"要保人"或"人寿建议人"。

▶▶ 定期人寿保险

定期保险是最简单的人寿保险形式。作为每月或每年支付的保险费或一系列保险费的回报，如果被保险人在保单期限或期限内去世，寿险公司将支付保险金。如果被保险人幸存下来，则该保单即告终止，不予支付。定期保险是最便宜和最纯粹的生活保障形式，它只有死亡风险得到承保，并且只有在被保险人死亡时才能支付。因此，它代表物有所值，并且在死亡风险较低时的年轻阶段特别具有吸引力，可以通过适度的月度支出购买大量保险。

定期人寿保险的性质使得它对于希望逆向选择甚至骗保的申请人有吸引力。人寿保险承保过程主要是为了确保保单适用的保险期限和保额是合理的。虽然此测试适用于每个申请人，但是定期寿险计划可能需要额外的审查，特别是保险金额特别高和/或持续时间短的情形，如果买保险的原因是为了家庭或个人保护，为什么选择这个价值和期限？如果申请保险的原因是为了支付贷款，为保护家庭核心雇员或其他某种形式的业务交易，那么保险公司可能希望核实情况并向其再确认该金额是合理的。不为人知的是保险行业会有被保险人因保单收益被谋杀，或者被保险人显然已经消失，留下共犯来收取保险金额这种情况。

定期保险有以下几种类型。

定额定期寿险

保险金额在整个保单期限内保持不变。

定减定期保险

保险金额按照规定的时间表在承保过程中逐步减少，比较适合支付抵押贷款或其他贷款。

可转换定期保险

可转换期限允许被保险人将保单转换为另一种类型的保单，通常是某种带有人寿保障的储蓄计划，可能持续时间更长，甚至整个生命周期。

可续定期保险

可续定期保险的有效期相对较短，比如说五年，在保单期限快结束时，被保险人可以选择在同一期限内续保，尽管新的保险费率将反映被保险人的续保年龄，但续保条件是一开始就适用的，以保证被保险人的续保能力。然而，如续保选择不获接纳，保单便会终止，而恢复承保则须重新申请及重新承保。

年续定期保险

年续定期保险是可续保险的旗舰版。这项保险是一系列可续期定期保险（如上所述），为期一年。这个概念很有吸引力，因为它是根据需求买卖的，如果客户的情况和需求有变化，可以随时终止保单而不会有任何经济损失。另一个优点是保费是根据未来一年的风险程度而定的，在更小的年龄和开始之后几年中，价格与传统的定期保险以及保费一致，具有很强的竞争力。当然，随着年龄的增长，死亡率风险逐年急剧上升，因此保费也会相应增加。

如此严重的成本增加可能是难以承受的以至于导致失误。其风险在于，失误往往发生在那些身体状况较差的人（更差的风险状况）保持他们的保险单生效。这种"选择性摊销"现象是所有保单定价模型中需要考虑的因素，但可续定期寿险的内在风险，尤其是年续的类型，比正常情况更高。

家庭收入保险

家庭收入保险是一项已经过时的计划。该保险指定，在被保险人在保险到期前死亡时每年向被保险人家庭成员支付一定的金额。实际上，它是一种保险金额分期支付定期减少的保险。

▶▶ 终身或万能寿险

终身寿险的保险期间从保单生效开始持续到被保险人死亡结束。保险费可以在整个期间支付，或者可以限制在特定的年龄，例如65岁或85岁支付。由于终身寿险仅在死亡时支付，因此它们是有效的开放式期限保证保险。然而，因为保证支付是不可避免的，被保险人往往会获得现金或退保价值，而这些价值会逐步增加，并且如果需要的话，可以在任何时候变现金价值（一些寿险公司提供了对保单贷款的能力）。由于这一特点，整个人寿保险计划通常与某种投资媒介联系在一起，无论是寿险公司的利润基金还是一个统一基金，见下文。

▶▶ 普遍和灵活的人寿保险

这些保险比较复杂，它将投资和人身保险的要素结合起来，具有高度的灵活性。从本质上讲，它们提供了在一定限度内改变生活保障水平的能力，通常支付一系列额外的分红。从每笔保费中，提取一定数额用于支付人寿保险，其余金额则用于投资（通常用于单一基金）。根据被保险人的年龄，人寿保险的费用每年会有所不同。这个保险险种的想法是：随着时间的推移，投资增长涵盖了未来几年的死亡率累积增长，并保持了生命期的保障水平，并且希望有盈余。

在任何情况下，相对死亡率和投资分配都不是固定的，因此保单可以设计为具有生活保障的投资计划，另一方面，作为一个保障计划，它的保费是由投资增长提供的。该计划会不时进行审查，重新评估维持所需投资组合和风险覆盖所需的保费，以便根据支付的保费评估其能力，以维持原有生活保障的水平。如果在下一次审查期间发现，现有保费无法维持原有的保障水平，则被保险人可以选择增加保费，或者减少保险金额。

▶▶ 养老和其他储蓄计划

养老保险是更公开的投资计划。它们在指定的到期日或被保险人的早期死亡中一次性支付。与终身保单一样,养老保险通常与寿险公司的盈利基金或股权基金挂钩。固定期限的一次性投资称为债券,这些投资也可能涉及人寿保险。

投资计划的设计和可销售性在很大程度上取决于现行税制以及它对个人和寿险公司的影响。在许多国家,银行、建筑协会、抵押贷款公司和共同基金销售的其他储蓄产品都形成了很大的竞争,因此保险产品的设计和普及程度因市场而异。

▶▶ 投资基金和人寿保险

大多数终身寿险、所有养老储蓄,以及其他公开储蓄计划都与某种投资媒介相关联。这可能是寿险公司的盈利基金,其中被保险人享有寿险公司的盈利和投资财富。分红每年都会增加,通常在保单到期或被保险人死亡时才发放所谓的红利,这种方法的好处是具有稳定绩效和安全性——一旦分红完成,他们的权益就不会被剥夺。

然而,与股票市场(或股权)投资相比,盈利计划的稳定性和安全性意味着它们收益表现不佳,尤其是长期表现(对分红计划持批评态度的人也会辩称,确定红利分配的方法晦涩难懂,而且受制于公司精算师的奇想)。因此,现代投资联结计划是透明和灵活的,因为它们给客户一个可能在任何时候选择资金以及在基金之间转换部分或全部投资的能力。投资基金通常以股权为基础,不过也可能有选择投资于低风险,收益也较低的国债或政府债券。

另一种可能性是能够选择"单位盈利"基金。这是一项基于寿险公司盈利基金投资组合的基金。但是,分配的不是奖金,而是基金中的保费购买基金单位,这些基金的单位价值根据相关投资的表现而波动;客户可以从广泛的投资中获益(帮助降低投资风险),并且当市场有利时,有可能获得比传统分红更高的回报。

这些建立在统一基金基础上的现代的、灵活的计划具有获得高收益的潜力,但它们将投资风险放在持有者身上。例如 2002—2003 年不时发生的股市暴跌,意味着该计划的价值也同样急剧下滑。另一方面,有盈利的计划及其提供的保障是建立在分红基础之上的,这些红利一旦分配,就永远不会被收回,他们的价值是永远不会下降的。

许多因素导致人寿保险与投资之间的关系发生变化。股权投资快速增长的受欢迎程度在某种程度上是以寿险公司盈利基金为代价的。来自其他金融服务产品及其提供者（如共同基金）的投资资金竞争已大大增加。一些普遍或可变寿险产品因为太复杂以至于消费者不能完全理解它们，无法使用它们，并且完全受益于它们。在一些市场中，税收制度已不再支持基于人寿保险的投资计划。

无论根本原因是什么，都存在一种将人寿保险和储蓄/投资分开（或"分拆"）的趋势。在金融服务高度发达且消费者相对成熟的国家，保障市场和投资市场非常不同。但现代金融服务公司往往提供各种产品，从人寿保险到银行贷款、抵押贷款，使消费者能够进入多种市场。

▶▶ 重疾保险

重大疾病（CI）保险有时仍被称为"重大疾病"或"生活"保证保险或"创伤"保险。它起源于南非，旨在帮助冠心病、癌症、中风和肾衰竭等严重疾病的个人为特殊治疗费用提供资金，并提供新的手术，费用支持如冠状动脉旁路移植术和器官移植。它于1986年被引入英国，并在那里发展成为一个规模庞大且竞争激烈的市场：2003年，约130万份包含重疾保险内容的保单被售出。近年来，重疾保险已渗透到亚太、加拿大和美国等其他市场。

当然，在新市场中，重疾保险与其作为高度专业化的补充医疗保险形式的原始角色完全不同。它作为一份保单出售，可以一次性支付，用于减轻严重疾病对财务的影响，代替收入损失、偿还债务和帮助被保险人应对物理残疾的影响。例如，在英国，绝大多数重疾保险福利都是基本人寿保单的"附加条款"，通常是某种类别的定期保险，与房屋购买的抵押贷款相关。合并后的保单只会赔付一次，无论是在被保险人死亡时还是在有效的重疾事件发生时。

与残疾保险相比，这样的重疾保险的支付用于某种重大疾病的诊断，或者某项手术的进行。通常也包括严重的身体或感官上的损失，确切地说：完全和永久地失能，即不能从事任何或某个人的职业，例如瘫痪或失明。在涉及诊断或手术时，没有必要证明其是否残疾、经济是否困难。尽管保险金额必须符合被保险人的财务状况，再保险人（通常承担其中的大部分以及所有其他人身和残疾风险）会对保险金额设定一个总体上限。

在英国，已经形成了一套被市场视为"核心"覆盖的疾病：
- 癌症
- 冠状动脉搭桥手术

- 心脏病
- 肾功能衰竭
- 主要器官移植
- 多发性硬化症
- 中风

常见的附加疾病还包括：
- 主动脉移植手术
- 良性脑瘤
- 失明
- 昏迷
- 耳聋
- 心脏瓣膜置换或修复·截肢
- 失语
- 运动神经元疾病
- 多发性硬化症
- 麻痹/截瘫
- 帕金森病
- 三度烧伤

此外，如果被保险人被认为在一段时期内存活概率极低，还有"完全和永久性失能"和"绝症"条款，见下文。本条款可能也包括其他条件，例如：意外感染艾滋病毒；心肌病；肝功能衰竭；类风湿关节炎和阿尔茨海默病。有时也包括一些罕见情况，如重大头部创伤，再生障碍性贫血和克雅病。

将罕见疾病和其他长期疾病包括在重疾保险内，如"瘫痪"或"完全和永久失能"，是重大疾病保险运营的困难之一。对保险代理人和被保险人来说，省略指定条件意味着拒保。因此，许多产品增加新的疾病。另一个困难是随着医学的进步，预期寿命和生存质量进一步提高，某些疾病不再等同于死刑。一直以来，疾病严重程度和其他有利的预后特征意味着一个相对良性的结果。因此，重疾保险支付额越来越多，这是产品开发带来的意外结果。因此，很多被保险人买重大疾病保险，就是为了获得赔付金额（或许会越来越多）——意外之财。

由于医学科学的进步和消费者态度和行为的不断变化，人们对重疾保险的未来产生担忧。它的主要问题是它通常是作为长期产品设计的，因此条款持续时间很长（可能长达40年）。许多早期的保单都是在保证保费率下解决的，但大多数再保险公司目前不愿意提供利率担保。此外，有证据表明此项保险的逆向选择程度很高（被保险人购买保险，然后向他们的家庭医生咨询有关恶性肿瘤或心脏病的症状）

和隐瞒健康信息。因此，坊间对重疾保险的发展以及未来的产品设计和定价存在大量猜测。评论员认为，一些重疾保险投资组合是定时炸弹。

重疾是与人寿保险截然不同的产品，它的承保过程是该产品风险管理成功的关键。因此它需要新型的风险信息及收集风险信息的新方法。心脏病和血管疾病的危险因素（特别是存在并发症）需要谨慎处理。是否吸烟也是一项非常重要的判别因素。必须根据可能出现并发症的危重疾病的情况来评估医疗条件，仅仅是确诊就可以索赔。另外，还需要仔细评估微不足道的症状，例如，经常有保险商被明显非特异性的神经症状所吸引，然而这是多发性硬化症的先兆。

▶▶ 附加福利计划

附加福利是保单中核心利益的"附加条款"，它以某种方式提高保险范围，存在和出现频率因市场而异，但更常见的例子如下。

意外死亡抚恤金（ADB）

如果被保险人因意外事故而死亡，意外死亡条款（ADB）将保单条款下的应付金额增加了倍数，通常情况下为两倍。在这种情况下增加保险金额没有合乎逻辑的理由，但是增加的保险费用很便宜，销售顾问认为是物有所值。但如果涉及大额保险金，则应考虑"道德风险"的可能性，为获得保单收益而策划或伪造事故并非没有先例。

保费豁免（WP）

如果被保险人失业，则保费豁免条款（WP）可以允许被保险人暂停保费缴纳。它的运作方式与残疾保险大致相同，基本上具有相同的承保原则（见后文）。但是，由于涉及的金额以及整体风险通常要低得多，因此销售方法趋于简化。

全面和永久性残疾条款（TPD）

全面和永久性残疾条款（TPD）通常是重疾险的核心要素（见上文），也可能是其他保单的附加条款。如果被保险人目前完全无法履职（或者他/她无法根据经验或培训适用于任何职业），或者永远无法重返工作岗位，TPD 允许提前支付保险金额。这个严格的索赔条件也说明了任何申请它的人都可能患有严重的疾病，例如，早期的赔付可以代替收入或支付护理费用的损失。

绝症条款

如果被保险人被确诊患有"绝症"，则绝症条款允许被保险人提前支取人寿或重疾保险金，被保险人及他们抚养的亲属都能够申请保险金，保险金可用于特殊护理需求。有些保单只支付票面金额的一部分，以确保受益人和被保险人获得一些遗产利益。显然，如果保单涉及贷款，则需要谨慎使用绝症保险金的支出。索赔资格的条件可能因保单而异，但预期寿命低于一年的预后是常见的条件，通常在保单到期前 18 个月就终止了。

▶▶ 优先生存计划

在一些人寿保险市场，特别是北美及其他地方，正常风险根据"优先"和其他类别进行分层的。优先类别的人群可能比其他群组的死亡率更低。以这种方式对生命及其相关风险进行分类的做法起源于美国，给予非吸烟者/非烟草使用者的折扣保险费率这一趋势开始于 20 世纪 70 年代，并在 20 世纪 80 年代扩散到几乎整个市场。对烟草使用不披露的检测也几乎变得普遍，这一方面是由于人们对逆向选择的担忧，另一方面是由于尼古丁的主要代谢物可替宁（cotinine）可以通过尿液或唾液检测，且价格低廉。

消费者对这种差异风险定价的接受，导致了其他可量化的风险因素被考虑在内，包括如今成熟的优先寿险承保方法。这通常涉及两种类型的"优先计划"（"优先"和"超级优先"或"优先+"），以及第三种类型"优先吸烟者"（有些人可能会认为这用词不当）。不同的公司决定各自的承保标准——表 2.1 显示这样的例子。

表 2.1　　　　　　　　　　　　　标准表

	优先 +	优先
家族病史	父母双方在 60 岁前无癌症或心血管疾病死亡	在 60 岁之前，父母中不会有超过一例癌症或心血管死亡
烟草	在过去的三年里没有使用烟草或尼古丁产品	在过去的三年里没有使用烟草或尼古丁产品。评估有烟草偏好
血压	140/85 或更低	150/90 或更低

续表

	优先 +	优先
血清胆固醇	210mg/dl（5.4mmol/l）以下，无治疗；或更低的胆固醇/高密度脂蛋白比率5.5	240mg/dl（6.2mmol/l）以下，无治疗；或更低的胆固醇/高密度脂蛋白比率6.5
酒精/消遣性药物	无酒精或药物滥用史	无酒精或药物滥用史
医疗史	无重大健康病史	无重大健康病史
驾驶记录	在过去的三年里，不超过两起驾驶违规事件；无酒后驾驶或鲁莽驾驶记录	在过去的三年里，不超过两起驾驶违规事件；在过去的五年里没有酒后驾驶或鲁莽驾驶的记录

这种风险分类的方法，就其性质而言，最适合于对血液、尿液、唾液等进行体检和实验室检测的市场，并且以相对较低的门槛进行。在传统上大多数业务都以申请表为基础，并在必要时由私人医生出具报告加以补充，优先人寿定价策略并没有取得明显的销售成功。

但在初级市场中，由于酒精、消遣性药物、艾滋病毒、肝炎、肥胖症的日益流行及其伴随的后果等风险因素的重要性不断变化，重大疾病的发病率日益提高，对风险进行一定程度的筛查正变得越来越不合适。在高度发达的社会中，对生命和健康保险进行风险筛查需要足够严谨，并且必须将重点放在预期的风险因素上。它指出重新定义"标准"风险，或许还包括区别风险定价，与经典的"优先生命"方法相比，存在更广泛的正面和负面风险因素。

▶▶ 保证保险

上述可转换定期保险是一种以"保证可保险性"为特征的保单。例如，它使某人能够选择十年甚至更短的保单，并在任何时候将其转换为整个人寿保险，这显然是一个期限更长的保险。保险公司保证被保险人能够在没有任何健康证据的情况下投保。我们可以合理地假设，有相当多的健康受损的人会选择转换。因为根据他们现在的死亡风险的严重程度，希望在原计划到期后维持人身保障的被保险人可能会无法获得延长，或延长保险期限的费用会大大增加。

可续期计划还具有保证可保性，可续期，每次到期日进行选择等特征。定期保险计划也可能包含增加保险金额的选项，无论是偶尔还是在特定事件发生时，如结婚或孩子出生时。增加的可选规模被严格限制，使其逆选择最小化。保险金额的周期性增长通常与一些特定的指标相联系，比如生活费用或平均收入，同时一些相关事件的增加会使他们往往更不在意，理论上，那些结婚或有新的孩子的人们往往比一般健康的人更慷慨。保证可保选择需要纳入承保决策。虽然它们不会影响按正常条款接受或以某种形式收取保费的决定，但需要考虑允许选择的可取性。医疗损伤或其他风险因素的存在可能会增加风险，使与选择相关的逆选择风险变得太大，或根本无法量化。在这种情况下，保险人可以选择完全拒绝选择权，或者在被保险人行使选择权时限制其权利。举例来说，可修改转换选项，规定新保单的有效期不得超过某一年龄。这将是一项有效的措施，因为在这种情况下，健康逐渐受到损害，预期将在未来造成严重的死亡率。

▶▶ 失能收入保险

失能收入（DI）保险可以被称为长期残疾（LTD）、收入保护（IP）或收入替代保险。其目的是取代被保险人因疾病或受伤无法工作而损失的收入。通常情况下等待期为 1～12 个月，大约为一个月的收入。等待期确保被保险人自己的收入停止后，保险单开始支付——雇员可以在有限的时间内享受病假工资。等待期也是保单价格的重要决定因素；等待期越长，价格越便宜。

这项保险通常一直持续到退休年龄直到保单到期，被保险人死亡或他（她）重返工作岗位，以较早者为准。保险公司无法取消保单，保单一旦生效，保险费和保险金额保持原始条款，而不管投保人提出的索赔数量，尽管保险公司有可能根据索赔经验，改变整体残疾收入组合的保费水平。

残障保险的风险评估可能是一件复杂的事情。申请人的健康状况和生活方式，以及保单的等待期和有效期，都会对风险产生强烈的影响。职业状况是一项重要影响因素，不仅与健康和事故危险有关，也与疾病对被保险人履行其职责的能力的影响有关；例如，肌肉骨骼疾病对从事相对体力工作的人的影响可能比办公室工作人员的影响更大。但是态度因素非常重要，尤其是工作满意度和工作积极性，某些行业和职业在这方面的记录不佳。经验表明，这些因素有助于促成索赔或大大推迟重返工作岗位。事实上，在许多长期索赔中，仔细调查往往会发现一些工作、社会或家庭问题与索赔的原由无关。

社会文化趋势和国民经济表现与残疾保险实践有相关性，特别是在老年人中，不断上升的失业率和提前退休的趋势可以增加索赔的频率和持续时间。其他对残疾保险重要的影响是社会文化的性质：工作态度的宏观趋势，"工作—生活平衡"和应对疾病。发达社会所特有的现代、复杂生活的压力意味着精神疾病是越来越普遍的索赔理由。由于这些复杂性，盈利能力建立在良好的基础产品设计、精心设计和措辞的条款、深思熟虑的索赔管理，以及至关重要的谨慎承销之上。然而，保险公司发现很难将有效的风险管理与对目标市场有吸引力的有意义的、可负担得起的利益结合起来。

许多残疾保险索赔的原因是肌肉骨骼疾病或精神疾病，特别是慢性焦虑抑郁症，这说明残疾发病率风险与死亡率具有不同性质。对于发病率而言，很小的死亡风险和相对较小的疾病潜在并发症对发病率的影响可能非常重要。除了关注确诊病例外，保险公司还特别关注病史，包括经常为小病和非特异性症状进行医生咨询、长期或频繁缺勤、焦虑或压力发作等，并仔细考虑健康、职业和社会环境的相互作用。

▶▶ 许可证损失保险（LOL）

许可证损失保险（LOL）是一种特殊的失能保险，适用于那些需要高标准的健康要求和严格的医疗标准的职业。商业飞行员和机组人员就是这样一种职业，因为高水平的身体和精神健康对飞机的安全操作至关重要。然而，如此高的健康标准意味着相对较小的疾病，如轻微的视力衰退，不会对从事其他职业产生影响，但可能会导致吊销飞行执照。许可证损失保险对这种风险进行保障，并提供了一个防止收入损失或下降的财务安全网。从本质上讲，这是一种高度专业化的保险形式，只有少量保险公司提供这种保险。大部分业务是在"团队"的基础上进行的（参见下面关于团队计划的一节）。

许可证损失保险的承保理念与残疾保险相同，但许可证损失保险保障的风险更高且经验数据更为有限——个别保险公司的风险敞口相对较小，往往集中在少数几个职业中，每个职业都有自己独特的承保方式。因此，承保时往往非常谨慎，通常拒绝投保。然而，参加许可证损失保险的申请人很少有任何重大的医疗健康问题：他们的健康和身体状况在他们持有执照或在职业中工作的时候是不言而喻的。

▶▶ 长期护理保险（LTC）

长期护理（LTC）保险提供保险服务以满足个人照顾或护理照顾费用，主要是在老年时。像这样的保健成本是巨大的，长期护理保险不仅能确保可以为他们提供资金，而且还能保护财产和保障对他人的继承权。

美国的长期护理保险市场是世界上最大最发达的，但许多其他国家，如加拿大、日本和欧洲国家包括英国、法国、德国、荷兰、瑞典和丹麦，都有长期护理计划，与国家的社会保险有不同程度的整合。保单设计因市场而异，有些人遵循美国模式，如果被保险人无法执行特定的"日常生活活动"（ADL）或需要持续的照顾和监督精神条件（通常排除非器质性精神疾病），该计划每月将支付一笔金额。ADL 列表通常包含以下项目：

- 穿衣、脱衣
- 洗漱、洗澡
- 使用浴室或卫生间
- 自制
- 进入或离开床或椅子——通常被称为"转移"
- 吃或喂

这些 ADLs 作为索赔标准应用的方式因保单而异。保险公司可能要求被保险人索赔时需要达到不能执行给定的几项项目，从 2 到 4 个不等。一些结构性索赔是根据索赔是在被保险人恢复或死亡之前支付的，但在实际中，大多数索赔是由死亡终止的。正如在残障保险中，被保险人可以多次索赔而不影响保单条款。

其他类型的 LTC 保险包括附加于整个生命计划的附加福利，以及一种扩展形式的危重疾病，其中对总和永久性残疾的定义基于 ADLs。另一种形式是 LTC 债券，一种一次性投资计划，在该计划中，长期护理保险风险的费用将从资本价值中扣除；如果投资业绩足够强劲，它就可以为风险费用提供资金，同时还能增加资本总额。在一些市场，有可能购买"立即付款"的长期护理保险计划，销售目标是有护理需要的老年人。它由一个单一的保费条款组成，为一系列项目每月定期支付资金，实质上是一种年金。它的优势是保证支付医疗费用的收入流，避免在每一个照顾者存活超过预期的情况下耗尽可用资金的风险。

LTC 承保是一项复杂的事件，不仅包括过去和现在的健康状况，还包括投保态度、社会和其他环境因素。传统的人寿保险和伤残保险的筛选过程不适合评估长期护理保险风险，因为被推荐的被保险人通常是在 60 岁或以上。预期寿命的估计以未来几个月而不是几年作为评估单位，对即时支付计划的评估是一项真正的挑战。如果总体承保决定是错误的，也有可能造成重大损失，尽管失败的证据变得显而易见，但是可以迅速采取补救措施。

▶▶ 贸易保护保险

此项条款考虑采取措施保护公司免受关键人员因死亡或残疾造成的财务不利影响，往往代表着良好的商业计划。关键员工的死亡或长期缺勤，丧失基本技能（可能是产品开发的关键）或失去战略方向而降低竞争力，可能意味着销售额大幅下降。无论原因是什么，结果都可能是利润损失和现金流中断。

在关键员工死亡或长期缺勤的情况下，人寿和残疾保险可以通过一次性支付或分期付款来帮助减轻经济损失；在某些情况下，他们帮助公司在困难时期生存下来。商业保护保险的其他申请人是私人公司，允许剩下的股东购买已经死亡的一方的股份，以及在合伙人死亡的情况下进行类似的合作安排。

这种保险计划意味着保险金额很高，承保，尤其是保额的确定需要谨慎进行。这是一种业务类型，在这种业务中，保险公司、代理人、经纪人和保险顾问会积累专业技能。中介机构需要与财务总监、会计师和律师一起工作，深入了解公司的复杂情况，以便确定正确的保险类型和保险金额。同样，如果要充分评估此类风险，保险人也需要类似的深入了解。经验表明，大量的保险投保可能与道德风险（包括欺诈）有关，并很有可能造成重大损失。

大多数商业保护保险都是短期定期保险，重疾保险也一样；然而，重疾保险的覆盖范围一般限制在相当有限的数量以减少逆向选择。伤残收入保险的形式可以偶尔使用，但期限短，给付期限有限。案例的高度个性化和经验数据的缺乏使得许多保险公司竭力避免这种投机业务。一些保险公司为单独的购买者提供修改过的传统的伤残保险计划，旨在支付在关键员工因疾病或受伤而缺勤期间保持业务发展的成本。

▶▶ 团体保险

团体保险是指在一个共同保单下为一群人提供保险或养恤金的安排。通常这个群体是公司的雇员——或者是某个部门的劳动力——但也可能是某种亲密的群体。除了养老金计划之外，最常见的群体安排是人寿保险、伤残收入保险（旨在无工作能力期间继续支付员工一部分工资），以及医疗保险，包括员工的住院和其他医疗费用，通常还包括他们的家人。

该方法的优点在于简化了管理、风险评估和保费收集的流程。如果团体保险的成员是强制性进入的，并且根据与工资等相关的规定时间表确定福利，那么就不存在逆向选择的风险，个人风险的承保需求也可以最小化或完全取消。例如，员工参加集体人寿保险的条件可能是他们在从加入公司那天起积极工作。这项规定的效果是，至少暂时排除了一些身体不健康的员工。

不要求提供健康和其他风险因素证据的保险被称为"免费保险"，而"免费保险限额"指的是获取某种风险信息的点，这些信息可能是针对高级、高薪员工的，超过这个数额，这种保险的核保要求可能仅仅包括一份"健康声明"，但可以获得主治医生或独立体检医师提供的免费保险水平报告或专家调查的福利方式。以这种方式承保且被发现不符合标准的风险，仍可按计划的正常条款享有"免费保险"。免费保险的数额取决于投保的个人总数、投保金额的分配情况，以及符合资格参加计划的人士的最低百分比。

▶▶ 年金

年金是以购买价格作为回报的合同，保险公司按月或每年分期付款，极少数赔付可能会被限制在指定的年限（但不会因被保险人的早期死亡而停止），或者可以保证一段时间内支付而不管被保险人是否生存。年金的赔付可以在购买后立即开始，可以在指定期限（延期年金）之后开始，也可以在年金持有人去世后继续支付，以便保证其配偶或伴侣在其有生之年的利益。

年金最常用于提供与个人或团体保单有关的退休养恤金；在英国等一些国家，养老金立法坚称，享受税收优惠的养老金产品持有者用到期计划的收益购买年金。个人也可以购买年金，以保证未来，特别是在老年时期收入的稳定和保障；在人们寿命不断延长的今天，活得太久、财务状况太糟糕，可能和过早死亡一样是个问题。

传统上，承保年金是不寻常的：分期付款的规模受购买价格、被保险人的年龄和性别决定。但近年来，越来越多的人认识到，高风险人群的预期寿命缩短了，保险公司根据吸烟状况、邮政/邮政编码、社会经济阶层和健康史等因素，对保险条款进行了调整。年金保险在某种程度上是反向的人寿保险，但在此基础上进行年金保险就过于简单了。购买保险的背景很重要。从表面上看，强制购买，或与即将到期的养老金计划结合起来，并不会造成逆向选择，而自愿购买则可能包含逆向选择——健康状况不佳的人往往不会在年金上花一大笔钱。但即使涉及强制年金，保险公司也不会为吸烟者或那些有其他不利风险因素的人提供更好的保险条款，健康状况良好的人却会选择年金保险。此外，风险评估要求对死亡率采取不同的方法，也就是说，从额外风险的影响和死亡率曲线的急剧上升来看，老年人群体构成了典型的目标市场。

▶▶ 结构性和解

一直以来，结构性和解赔付常见于美国，现在在英国也越来越频繁地得到使用，它是指在原告因事故或伤害而导致严重残疾，或正在起诉他人非正常死亡的法律损害索赔中所使用的财务安排。与一次性支付相比，他们是一种更有效的结算方式，即提供一次性支付和终生提供现金相结合。它可以根据被保险人的需要安排支付，以应对通货膨胀的影响，以及与受害者的健康相关的特殊需要。

结构性和解的受益人是原告，但如果赔偿责任在数年内分摊，则对保险公司也有帮助，从而避免或减少对大额一次性索赔付款的需要。不过，年金可能是提供收入来源的一种切实有效的方式，对这些风险的评估可能涉及高度失能，这对大多数寿险公司来说是相对陌生的，这是该领域的专家们的专长。

第3章　风险选择与分类原则

哈利·伍德曼（Harry A. Woodman）

- 风险分类过程
- 可保权益
- 风险分类目标
- 选择的影响
- 逆选择
- 残疾免付保费（WP）和意外死亡抚恤金（ADB）
- 承保要求
- 死因
- 监管和法律制约
- 差别对待

　　本章是从美国的角度编写的，大多数在美国适用的原则和做法，也适用于加拿大。尽管在其他国家存在不同之处，但大多数做法仍可让读者受益，因为一般性的原则是相通的。

　　承保的目的之一应该是以标准费率接受尽可能多的投保人，仅余小部分低于标准的人来根据其所存在的特定损伤的风险进行评级。因此，会被彻底拒绝的投保很少。确定公司可接受的个人风险称为风险选择；将各类保险风险划分为标准类别以及不符合标准的程度称为风险分类。公司的保险政策制定者决定风险类别，而保险商将每个风险归于相应的级别。

　　风险选择过程始于代理人，代理人有责任也有自己的利益，只向需要并可能有资格获得保险的人提出申请。保险商通过获取足以确定风险是否可接受的信息来继续选择过程。

▶▶ 风险分类过程

在完成选择过程后，保险商通过精算师、医疗主管和保险人的合作努力，将风险分配给预先确定的某一个风险等级。在第4章中已描述了基于不同来源的死亡率研究确定风险等级的方法。风险类别包括一个或多个标准类（标准类可细分为首选风险和其他类），以及几个不合格的类（根据公司的营销策略，从3个或4个到10个或12个不等）。随后按每一类别确定保险费，并将按该保险费规定的水平预计发生死亡的各类风险列入该类别。最后，保险商根据精算师—医疗主管—保险人团队针对每项损伤制定的等级确定每个人的类别。

有一些特定的风险特征会影响死亡率水平，并由此确定基本保费。多年来，用于确定每位被保险者的基本保费的唯一特征是年龄。随着年龄的增长，年死亡率增加，预期寿命（平均生存年数）下降。近年来，性别和吸烟习惯也被用来确定每位被保险人的基本保费。女性比男性活得长，而非吸烟者比吸烟者活得更长（见表3.1）。

表3.1　男性和女性预期寿命比较（基于1975—1980年最大（≥16个保单年）

人寿保险表和1979—1981年美国人口寿命表），

以及男性吸烟者和非吸烟者预期寿命比较（基于1980年CSO表）

（见表5.9a、表5.9b和下面的"注"）

年龄（岁）	1975—1980年最大		1979—1981年人口		1980年CSO（男性）		
	男性	女性	男性	女性	合计	吸烟者	非吸烟者
5			66.29	70.53			
15	60.57	65.92	56.52	60.72	56.93	53.47	58.83
25	51.25	56.21	47.37	54.16	47.84	44.51	49.68
35	41.80	46.50	38.20	41.71	38.61	35.38	40.35
45	32.39	37.03	29.22	32.76	29.62	26.57	31.15
55	23.58	28.03	21.08	24.65	21.29	18.68	22.44
65	15.83	19.72	14.21	17.60	14.04	12.13	14.70
75	9.66	12.31	8.90	11.67	8.31	7.26	8.58
85	5.35	6.73	5.13	7.18	4.46	4.16	4.51

注：最大人寿保险表和美国人口寿命表均没有细分吸烟者和非吸烟者数据。因而1980年CSO表是用来说明男性吸烟者和非吸烟者的预期寿命。1980年CSO表中的预期寿命和1979—1981年人口寿命表中的预期寿命大致相同（1980年CSO表是一个保守的人寿保险表，常用于估价；不应将其视为综合人寿保险经验的代表）。

预期寿命是根据既往经验用以衡量风险人群平均生存年数的一种较好的方法。它不是个体生存的预测因素，因为有很多因素会影响人们的寿命。

在每个年龄—性别—吸烟习惯类别中，标准风险的死亡率范围至少是这一类别平均水平的85%到125%。高风险是指那些具有强风险特征的人，特别是在动脉血管疾病和意外事故中。低风险是指那些具有低风险特征的人，或有轻微的身体缺陷或病史。如果一个公司在标准风险的分类中不使用性别和吸烟习惯，那么死亡率的范围将是每个年龄组死亡率的50%到200%不等；最低的百分比适用于不吸烟的女性，其风险状况良好，而最高的百分比适用于那些风险状况较差的男性吸烟者。

有些公司通过引入优先风险分类来划分标准类别，这种优先的风险分类可替代或者不包括非吸烟类别。如果使用优先风险替代非吸烟者，那么不吸烟是优先风险的几个标准之一。如果在非吸烟者之外使用优先风险，那么选择高于平均风险率的非吸烟者为首选。这种优先风险分类可能只适用于那些高于某一最低限度的情况，因为只有这样才有足够的承保信息来确定高于平均风险的准确分类。

根据年龄、性别和吸烟习惯进行分类后，风险分类的下一步是为那些预期死亡率超出极限的风险提供超额的死亡率标准。在采取这一步骤时，必须记住，尽管某些风险高于平均死亡率，但这种超额死亡率并不足以将其归类为不合格的程度。如平均体重和血压的适度偏离是标准可以接受的，因为其对机体的作用时间相对较短还不足以引起身体的损害。这一分类决定是由先前提到的将大多数人划分为标准并且很少拒保的目标所决定的。大约90%的申请者被归类为标准，大约6%~7%的不合格，仅有3%~4%的人被拒。然而，标准、不合格、被拒的百分比因年龄而不同：30岁以下者标准、不合格和被拒的百分比分别为98%、1%和1%；30岁以上者则分别约为60%、20%和20%。这些百分比在性别和吸烟习惯上也有差异。

影响风险分类的医疗因素

对非标准风险进行分类的主要因素是健康状况。在不合格或者被拒的风险类别中，医疗损伤占了绝大多数，特别是在较年长的年龄段。保险商的任务就是评估预期的超额死亡率，并确保其风险与具有相同预期死亡率的其他风险相同。根据以往公司间死亡率的研究成果、结合公司自己的经验研究和已发表的相关医学文献，以及基于医疗和外科手术的发展对预后的最新临床观点，可以得出适当的损伤评估。

除了获得病史和当前的健康等信息外，公司利用体格测量（身高、体重、血压、脉搏）和医学检测，以确定在明显无症状个体中是否存在可能影响其预期寿命的潜在问题。这些检测包括血液、唾液、尿液等实验室检查以及心电图和胸部 X 线检查。对艾滋病的关注，大大扩大了实验室检测的使用。增加使用血液、唾液和尿液检测结果也有助于完善医疗选择。

与风险的总体医疗评估相关的另一个因素是家族史，尤其是退行性心脏病。虽然很少有公司仅仅根据家族史来对个人进行分类，但它往往是与病史、健康状况或医疗检查有关的因素。

本书的主要目的是讨论在风险选择中很重要的医疗缺陷。第二部分主要围绕这个目的。但在风险分类中也要考虑许多其他的因素。

影响风险分类的其他因素

在医学风险分类中使用的相同原则也适用于其他因素，即死亡风险略有增加仍属于标准类别，不会被纳入不合格类别中，除非其风险与特定的病史相关联。例如，作为一名私人飞行员的航空活动可能是不可评定的，但如果有心脏病或癫痫病史，则可能导致拒保或使用航空险除外责任条款。

职业

二战以前，职业是核保的主要因素。此后，安全方面的技术进步和工作条件的改善使大多数职业可按标准费率投保。

被视为危险的，且能被评估的职业，包括太平洋海岸区伐木工人、深海捕鱼和潜水者，或在近海钻探的工人，以及高空作业工人、起重机操作员、拆迁工人、石棉加工工人和在有严重辐射危险的地区工作的工人。从事有健康或生命危险职业的人需要特殊的医疗承保要求，以确保危险的影响还没有表现出来。也有一些职业会带来生活方式的危害，例如酒保和其他以酒类为主要收入来源的机构的雇员。某些职业运动员和演艺人员也存在生活方式的危害，应谨慎选择这些风险。

某些职业（比如神职人员和某些专职人员及商业人士）的预期寿命高于平均水平。一些公司在确定优先风险时对这些职业给予了肯定。

危险的运动

参加最危险运动的运动员通常需要额外的保险费，无论是业余选手还是职业选手。这些运动包括方程式赛车、摩托车竞赛、跳伞、滑翔、潜水深度超过 50 英尺，以及登山。

航空

定期航班的飞行员和机组人员，以及为娱乐而飞行的私人飞行员通常被视为标准风险。其他的专业民用飞行员、军事飞行员和机组人员，一般要缴纳额外费用。航空除外条款主要用于军事训练中可能成为军事飞行员的人。

住宅

人们居住，或者经常旅行至不发达国家，可能会因卫生条件差、某些疾病的流行以及获得医疗的机会不足等而需缴纳额外的保费。计划前往或居住在有政治动乱国家中的人可能会被拒保。

同一国家不同地理区域之间的死亡率差异一般不会影响保费差异。

吸烟

吸烟已成为标准风险分类中的主要因素之一。吸烟是导致许多损伤的病因或者危险因素，尤其是冠状动脉疾病、肺癌、慢性阻塞性肺病（COPD）和周围血管疾病。必须仔细考虑那些继续吸烟的受损风险的分类，因为在标准保费中不吸烟者/吸烟者的差别可能不足以支付超额死亡率所引起的费用。

生活方式

过度使用酒精和药物依赖是其他的生活方式因素，这些因素通常被认为是医疗风险评估的一部分。较差的酒精风险和当前的吸毒人群通常被拒保。

使用机动车可能是一个重大的风险隐患；最近有一两次以上违规行为的人通常会根据违规行为的性质被评估或拒保。记录在案的违规行为数量通常只占未被发现的违规行为数量的一小部分。因此，有不良汽车记录和酗酒问题的人肯定会被拒保。

组合危害

本章建议，实施医疗风险选择必须考虑整体风险。对于某些损伤，除医疗之外的其他危险造成的死亡率可能与医疗损伤的死亡率无关。然而，在许多情况下，这种组合使人无法投保，或至少建议评级大于各部分风险的总和。

▶▶ 可保权益

为确保人寿保险合同是合理的，从收益中受益的人必须对被保险人的继续生存有真正的利益。这种利益越强，实际死亡率可能性就越小。此外，保险合同项下的应付款项不应超过实际的金融利息。可保利益的评估通常不是由医疗主管负责。然而，医疗主管应了解任何可疑的可保利益情况，以帮助保险商进行全面评估。

人寿保险通常是为特定目的而购买：为被抚养人提供持续的收入；支付住房抵押贷款或其他债务；减轻沉重的遗产税的影响；保护企业免受关键人员的损失；使商业伙伴能够购买已故合作伙伴的份额。当保险的原因不明确时，保险商必须警惕，特别是如果申请的金额较大，保险商应在投保之前了解详情。法律上禁止签发没有保险利益的保险单，但只有当一个人购买另一个人的生命保险时，这些规定才适用。关键问题不是交易是否合法，而在于交易是否合理。

即使在基本前提合理的情况下，保险金额也必须与投保人的财务状况有合理的关系。如果保险有可能使投保人在合同期间的死亡比存活更有价值，那么就必须怀疑投保动机。

▶▶ 风险分类目标

风险分类的目的是通过降低最严重的风险来保护保险公司和控制实际死亡率（如那些预期死亡的人可能需要额外的保险费才能鼓励逆选择，而大多数人将因其太高而不能接受），并对可保但不符合标准的风险收取与预期的超额死亡率相称的额外保险费。每个人必须按风险比例支付保费，以便在所有保单持有人之间保持公平。

在风险分类过程中，每一个公司均要确定拒保的风险级别、指定额外保费的保险类别或标准保险类别。这些风险类别根据公司自身的经验和目标而有所不同。例如，一家公司可能广泛地考虑向尽可能多的人发放标准费率的保险，而另一家公司则可能更具选择性，从而获得更低的实际死亡率，并能在定价上更具竞争力。一般来说，一家公司不能过分挑剔而不鼓励其代理人的努力，因为他们急于向大多数客户提供合理的保险费。

虽然风险分类非常重要且必要，但它绝不是影响一个公司的实际死亡率的唯一决定因素。选择风险有助于控制逆选择，但在公司运营市场中，它并不能控制人们的社会经济和生活方式特征。

风险分类也不能控制代理人和经纪人为公司提供可靠保护的程度,无论是在实地选择还是提供明确、完整和准确的信息方面(包括申请书本身和申请所附补充信息)。

因此,公司必须提供适合于其代理人和经纪人经营的产品,并必须对外勤人员进行培训,同时鼓励他们忠诚。公司预算政策必须提供足够的资金,以获得足够的承保信息,并给予保险人足够的时间对信息进行适当的评估。如果没有完成充分的承保评估,承保控制将会削弱,逆选择会被鼓励,并将支付沉重的超额死亡引起的费用。

►► 选择的影响

由于选择的影响,风险被确定为标准组的死亡率比同龄人群的平均死亡率低得多。这一过程将具有中等程度超额死亡率的人确定为次标准风险,并剔除那些高额外死亡率的人群。选择的影响在政策初期最为明显,但随着最初符合标准保险条件的被保险者逐渐成为亚标准或不可保,这种影响逐渐消失。然而,由于最初的选择过程,承保的死亡率风险从未达到人口死亡率的平均水平。

保险公司在定价时考虑了选择期内死亡率较低的因素,因此,被保险人的保险费比没有选择程序的情况下要低得多。在较年轻的年龄段,很少人会被排除在标准组之外,大约十年后,选择的影响基本消失。而在较大的年龄段,选择的影响几乎从未消失。

出于实践的目的,公司假定一个 15 年或 20 年的选择期。在选择期内,实际死亡率是根据投保的年龄和持续时间来衡量的。例如,现年 45 岁的被保险人在 10 年前(35 岁)投保,较之 5 年前(40 岁)投保的同龄人可能拥有更高的死亡率。由于投保的时间(选择的时间)较长,35 岁组中的大部分人已经退化甚至比 40 岁年龄组的人更不符合标准或无法投保。

经过 15 年或 20 年的选择期,所有被保险人都按照达到的年龄分组;这一组的实际死亡率被推断为最终死亡率。这意味着,在前面的例子中,当 35 岁的被保险人和 40 岁的被保险人年满 60 岁时,他们被组合在一起决定最终的实际死亡率,基于选择的影响的假设已经基本消失了。

表 3.2 摘自第 4 章的较为全面的表 4.9,说明了选择的巨大作用。即使是最终的实际死亡率,即在选择的主要影响已经消失后的死亡率,也大大低于人口平均死亡率。

除被保险人的年龄外，选择期的长短取决于选择的程度。如果选择标准是最低的，因为他们是在较年轻的年龄（特别是对于较小的数额），则选择和最终近似合并之前的时间可能非常短。因此，在选择最小的死亡率时，公司可以使用很短的选择期或无选择期。

表 3.2　　1975—1980 年在选择期（第 1、第 6 和第 11 个保单年）、最终（第 16 个保单年以上）的男性死亡率（‰）与 1979—1981 年美国白人男性人口死亡率（‰）比较（见表 4.9）

年龄（年）	1975—1980 年选择期，投保年			1975—1980 年最终（第 16 年及以上）	1979—1981 年美国白人
	第 1 年	第 2 年	第 3 年		
22	0.73	1.14	1.32	1.41	1.9
32	0.63	0.80	0.90	1.12	1.7
42	0.97	1.86	1.94	1.97	3.2
52	1.99	4.3	4.8	5.7	8.5
62	3.7	8.9	12.2	15.3	21.2
72	9.4	22.8	24.7	39.8	49.0

逆选择

"逆选择"一词描述了阻碍公司按照前述方式选择风险的因素。在没有选择的情况下，实际死亡率将大大超过人口死亡率平均水平，因为低风险承保的比例将会失衡。

如果一家公司的风险类别过于宽泛，或者承保要求过于宽松，那些认为自己能达成协议的人往往会利用这家公司。例如，一个由于血压升高而略微低于标准的人可能会寻找一个标准限制较为广泛的公司，或者不需要进行医疗检查的公司。另一方面，过于狭窄的风险类别会使公司减少许多风险，但也会限制其业务量。

另一种常见的逆选择形式是不公开病史或者误导性公开。这可能是有意的，也可能是下意识的，特别是如果代理商或审查者询问申请问题不全面的时候。即使需要进行医学检查，这种情况也可能是在检查时无法检测到的。公司对"重大失实陈述"（不可争辩的条款）有一定的保护。然而，在美国，这一条款将诉讼限制在投保之后的头两年（英国的可争辩期是没有限制的）。

对大量保险和定期保险而言，逆选择的动机最大，在这种情况下，投入的保费越多，获得收益的机会越大。一个人也可以针对几家公司进行选择，方法是在每一家公司中申请在非医疗范围内的金额，或者在可能检测到逆选择的其他要求的范围内进行选择。

自上一次出版这本书（1998 年）以来，遗传学和疾病的研究取得了很大进展。一些基因突变预测未来疾病或疾病易感性的能力，目前不仅成为卫生专业人员，而且也成为政治家、保险公司甚至保险大众的关注重点。逆选择的潜力是显而易见的，保险公司正在努力解决这一问题。第 6 章更详细地讨论了遗传学和承保的问题。

▸▸ 残疾免付保费（WP）和意外死亡抚恤金（ADB）

在许多情况下，对人寿保险的分类决定 WP 和 ADB 的分类。一般情况下，较低的不符合标准类别的损伤须额外收取一半或全部免赔保险费。大部分额外费用与损伤所引起的附加风险有关，但有部分则需要放弃更高的保费总额。对于较高的不符合标准类别的受损者，WP 可能被拒。对于某些残疾风险高的损伤，则需要更高的费用，即使最低的人寿保险费率也可能导致 WP 被拒。承保关注的只是长期残疾，因为典型的 WP 抚恤金只在完全残疾 6 个月后才支付。

对于较低的不符合标准类别中的大多数损伤，额外的意外死亡危险很小，不需要额外的费用。对于中等程度而言，要额外收费一倍；对于那些最高级别的损伤，ADB 则是被拒的。有些损伤会带来更大的意外死亡风险，要么是因为突发事件可能导致事故，要么是因为个人的虚弱状况而引起意外死亡，而相对健康的人在这种情况下存活的概率要大得多。

非医疗因素的 WP 和 ADB 分类过程相似。然而，残疾和意外死亡的可能性越大引起的关注可能越高。因此，需要额外地收取数倍费用，或者直接拒保，非医疗因素的津贴赔付比医疗损伤发生得更频繁。

▸▸ 承保要求

根据年龄和数额常规获得的信息的范围是以成本/收益研究为基础的。这些研究将获得和处理需求的成本与使用该项要求所造成的死亡率节约的现值进行比较。因此信息的范围可能会有所不同，从少数几个关于年轻时的疾病史问题的少量信息，到非常广泛的信息——包括全面的医疗检查（在某些情况下是两次检查）、血液和尿液检查、心电图和胸部 X 光检查等——特别是老年人。在许多情况下，来自被保险人的医生的声明也是常规要求的。

在20世纪20年代，不经体检接受保险的做法（如非医疗）在英国建立，并最终传播到北美。多年来，非医疗手段（由代理而非医生询问病史问题）仅限于少量的年龄在40岁及以下的群体，但由于良好的经验，在20世纪80年代初期数量明显增大。超过40岁的目前则较少，是由于其实际死亡率较之年轻时偏高。在20世纪70年代初，许多公司开始用训练有素的技术人员（准医务人员）代替医生开展检查。获取病史和体格测量（包括身高和体重、血压和脉搏率）的技术人员也能够收集血液和尿液样本，并在需要时使用便携式心电图设备。辅助医疗的实际死亡率估计对于60岁以内的非吸烟者、45岁以内的吸烟者一直是有效的，但不适用于年龄更老的人。对于老年人，需要医生的检查才能发现心脏和脉搏节律的异常以及其他技术人员不太清楚的损伤迹象。

除了基于年龄和数量的常规要求外，病史或体检结果也表明了承保的要求。医务主管的判断往往决定需要多大程度的进一步信息。在承销商的决定中，考虑到了这一判断，即额外承保要求的成本和所涉延迟是否有可能达成更有利的决定，并增加保单的机会。这往往是一项困难的决定，特别是对数额适中的保单而言，在这种情况下，成本往往超过附加要求的利益；对于数额较大的保单，如果没有重大拖延，获得进一步资料的决定几乎总是合理的。是否需要额外的承保要求也将受到最终承保行动可能改变的程度的影响。如果额外的信息导致拒保的可能性很小，则获取这些信息的目的主要是基于保护的原因。

主治医师的声明（APS）

APS是承保评估中最有用的单一文件。然而，由于许多主治医生不给予保险公司的请求高度优先权，在获取信息方面往往会有较大的延误。大多数公司都尽量选择将APS的请求保留给那些最有用的人。因此，在没有主治医生提供信息的情况下，有时使用病史采取最终的承保行为，条件是金额不高，且病史也比较合理。在其他情况下，承保行为可能完全基于主治医生提供的信息。在这些情况下，信息的来源受到保护，不披露评级的具体原因，而是向被保险人指定的医生提供这一信息。

申请人对APS的授权被包含在申请表中：未经授权，该申请不被处理。

医护人员报告（MAR）

医护人员的报告在英国相当于APS。在英国，它尤其有价值，因为英国国家卫生服务体系有独特的病人病历系统：一个人的医疗档案，包括专科医生和其他报告,每当他搬到英国的另一个地方并向新医生重新注册时,就会自动从一名医生转移到另一名医生。由于保存了医疗记录的连续性,很明显,MAR 是承保信息的一个非常宝贵的来源,它被英国人寿保险公司广泛使用。

医疗信息局(MIB)

MIB 自 21 世纪以来一直为美国和加拿大的保险公司服务。其目的是防止欺诈和隐瞒重要的承保信息。

大多数公司都是 MIB 会员,所有会员公司必须向 MIB 报告病人的承保信息,包括是否存在严重的损伤或病史,以及有利和不利的测试结果,但不包括公司采取的承保行为。成员们询问 MIB,作为承保过程的一部分,以确定是否有相关记录。这些信息可用于协助承保调查,不得用做不利于承保行为的依据。

作为申请程序的一部分,由投保人签署表格授权保险公司,除其他事项外,使用 MIB。该表格还描述了投保人如何能够在 MIB 文件中获得有关他的个人信息。

其他信息来源

信息也可从非医疗资源获得。在美国,此类信息的主要来源是消费者调查报告(检查报告)。保险公司聘请一名服务人员来面试申请人(以及朋友、邻居、商业伙伴和财务证明人),并检查法院和机动车记录。其目的是收集资料,以协助投保人的医疗、生活方式和财务评价。美国联邦公平信用报告法案(FCRA)包含该用于获取信息和保护其机密性的程序。

检查报告通常只在较大数额下获得。它们特别有助于评估保险的财务需要。它们也有利于开发病史信息,或获得以前未透露的主治医生的名字。保险商也可以要求较小金额的检查报告,以增大承保过程中所获得的信息。

在某些情况下,信息完全是通过与申请人的电话访谈获得的。电话访谈员可受雇于保险公司或独立服务机构。虽然医学问题可能是重复的,但这常常会影响记忆或良知,并产生从应用程序中遗漏的信息。

▶▶ 死因

死因仅作为承保过程中出现损伤的相对频率和死亡率的一个指标而引起医疗主管的关注。表 3.3 显示了死因的相对频率。

表 3.3　　死亡原因的相对频率[a]，保单 16 年及以上的
美国标准人寿保险经验（23 家公司），1978—1983 年

年龄 （年）	癌症 男（%）	癌症 女（%）	脑血管病 男（%）	脑血管病 女（%）	心血管疾病 男（%）	心血管疾病 女（%）	意外和凶杀 男（%）	意外和凶杀 女（%）	自杀 男（%）	自杀 女（%）	其他 男（%）	其他 女（%）
15~24	5.8	10.8	1.3	0.4	3.7	5.0	56.6	49.3	12.9	7.7	19.7	26.3
25~39	12.2	30.6	1.3	3.2	16.0	9.0	29.3	18.6	11.0	2.5	30.2	31.1
40~49	21.6	40.2	2.5	3.8	34.0	13.6	11.5	5.8	4.8	4.3	25.6	36.3
50~59	26.7	40.7	2.5	3.4	40.1	16.5	4.8	3.7	2.3	1.8	23.6	33.9
60~69	27.4	36.7	3.5	4.6	41.6	25.6	2.4	2.6	1.0	0.7	24.1	29.8
70~79	22.0	22.0	5.6	7.0	42.1	39.0	1.4	1.2	0.8	0.1	29.1	30.7
80+	14.3	10.6	4.3	11.9	45.0	46.2	1.6	1.1	0.3	0.1	29.5	29.1
合计	22.6	25.8	5.1	7.0	41.5	32.9	3.1	2.6	1.3	0.8	26.4	30.9

[a] 六种死因的百分比显示，每种性别水平增至 100%。

死因的使用可能具有误导性，因为对保险商具有主要意义的根本原因也许没有记录在死亡证明上。两年的可争辩期后，死亡证明是唯一常规获得的死因信息来源（英国的可争辩期是没有限制的）。

在确定艾滋病为死亡原因时，这一点尤其令人关注。在许多情况下，死亡证明上没有确认艾滋病，原因是担心可能的耻辱，或因为艾滋病被忽视或被认为是潜在病因。

事故，特别是机动车，是年轻人死亡的主要原因。采用风险选择来限制意外死亡几乎是不可能的，除了那些显而易见的情况，如危险的嗜好和职业、不良的驾驶记录以及酗酒和其他受管制物质的滥用。因此，绝大多数（约 98%）的青年申请者获得了标准保险。由于艾滋病病毒感染的检测，近年来这一比例略有下降。

在老年人中，心血管疾病和癌症是死亡的主要原因。心血管疾病的相对频率正在下降，癌症在增加，但心血管疾病仍然是老年投保人群死亡的主要原因。此外，心血管疾病的症状和体征比癌症多，这可以使医疗主管降低因这一原因而死亡的风险。

▶▶ 监管和法律制约

直到 20 世纪 70 年代，保险商基本上能够在不受政府干预的情况下运作。虽然大多数公司没有滥用这一特权，但公众关注的是公司如何使用在承保过程中收集到的信息及其保密问题。

美国示范隐私权法

《美国示范隐私权法》是在 20 世纪 80 年代初制定的，大约有四分之一的州通过了该法，尽管大多数保险公司在所有州都遵守该法的要求。该法要求保险公司向拟议的被保险人（或其医生，如果信息是机密的话），告知影响他们的任何不利承保行动的原因，并应要求向他们提供决定所依据的信息。它还规定，任何保险公司不得仅凭先前的不利承保决定而作出不利的承保决定。

保险公司还必须准备应对国家保险部门提出的申诉，以及对被保险人和索赔人提出的诉讼做出答复。基于这些原因，保存一份完整准确的文件，列明承保过程的时间顺序和采取承保行动的原因是非常重要的。这种性质的文件比没有根据的解释要好得多，也更加合理。承保时的文件也迫使保险商为他们自己的行为提供具体的理由，从而避免采取不符合逻辑和合理解释的行动。

医疗报告法（AMRA）

这一重要立法于 1989 年 1 月在英国生效（北爱尔兰除外）。该法规定，个人有权查阅医务人员为其就业或保险目的所作的相关报告。根据该法的含义，医生是负责或曾经负责个人临床服务的人；因此，该法仅指 MARS，而不是指由独立医生编写的体检报告，或指辅助医疗检查报告。

简言之，如果申请人希望行使该法规定的权利，必须通知医务人员。然后，申请人有 21 天的时间与医生联系，以便检查报告，并在必要时要求修改申请人认为是错误或误导的报告的任何部分。医生既可以同意这样的要求，也可以拒绝；如果他拒绝，则个人有权以书面形式对有争议的条目提出自己的意见，并将其附在报告中。如果申请人通知他们不想看医生的报告，可以立即发送到保险公司。

对于一些希望尽快完成业务的申请者来说，该法所固有的延迟是一个决定性的不利因素，据发现，只有 1%~2% 的申请者行使获得"MAR"的权利。

▶▶ 差别对待

风险分类是一种差别对待的过程，在此过程中，根据预期死亡率将个人列入不同的风险类别。在每一个类别中，人们的预期死亡率是一致的，而不同的类别具有不同的预期死亡率。这样，每个人都付出了公平的份额，实现了公平。

重要的是，风险分类要根据死亡率的实际差异而定。也就是说，基于无法证实的差异而进行分类的不公平辨别不会发生。

大多数州的法律禁止基于性别、婚姻状况、种族、宗教和民族血统的差别对待。许多州还禁止基于性取向的差别对待，禁止公司利用基于性取向的受益人或邮递区号作为要求进行艾滋病病毒检测的依据。许多国家还禁止（1）拒绝，（2）限制保险范围，或（3）仅基于身体或精神损害的比率差异，除非此种行动是基于健全的精算原则或实际或合理的预期经验。即使法律没有规定，在风险分类中只采用公平的差别对待做法也是合理的。如果不行使公平和公正，将使公众、代理人和保险商对风险分类程序，特别是对一般人寿保险制度失去信任。

第4章 生命表在风险评估中的应用

理查德·B. 辛格（Richard B. Singer）

- 生命表的方法学
- 连续生命表计算
- 主要人口及保险生命表
- 按时间计算的比较死亡率生命表
- 按年龄或严重程度划分的比较死亡率表
- 平均年龄和估计平均死亡率
- 将死亡率换算成数值等级
- 预期寿命和结构性和解
- 泊松检验
- 结论
- 参考文献

本章的目的是对下列问题提供一个高度概括的描述：
- 在随访研究中使用生命表的方法
- 生命表的主要类型，用作比较死亡率的标准或尺度
- 随访研究案例，从中可以导出根据死亡时间比较死亡率和生存指标，其中可以平均过去多年的死亡率
- 年龄跨度大的队列人群的平均年龄和平均预期死亡率的估计
- 死亡率的数值等级转换，以及超额死亡率（EDR）和定额额外保费间的关系
- 法医学工作和结构赔付的预期寿命
- 估计统计显著性

对于风险选择专家［无论是医学主任（MD）、职业保险人、保险精算师还是其他专家］来说，能够自如地分析和运用生命表数据是很重要的。

本章试图提供生命表必需的基本知识，但只有当读者在阅读本书其他章节，以

及将各种类型的死亡率研究结果应用到日常工作中时，才会有所帮助。关于生命表方法论基础的其他描述可以在1976年的《医疗风险卷》[1]、《死亡率和其他精算统计分析》《人口统计学的方法和资料》[2-3]、生命表法在生存曲线分析中的最大化应用[4]和保险医学委员会的课程材料中找到。

▶▶ 生命表的方法学

生命表是以逻辑顺序显示，对进入随访研究之后连续时间间隔开始和结束时研究对象存活数量的观察，观察每个随访间隔期间发生的事件（如死亡）以及每个间隔的死亡率和生存率。准确的计数是所有随访研究的基本要素。除预期寿命数据之外，在比较死亡率和生存率的完整表格中需考虑30个变量，每个变量都有一个独特的符号。虽然变量的符号和数值对不熟悉的人来说可能比较复杂，但这些变量具有简单而有序的数学关系，可以很容易地学会。此外，对比较死亡率表中使用的格式已做了很大的改进，以便使这些符号易于使用和记忆。担心自己缺乏数学天赋的读者们，请记住：你可以掌握生命表的方法，并将其用于自己的风险选择工作。

生命表方法中的基本概念可概括如下。随访观察的任一年称为第 i 年，如果所有在开始被随访（l_i）的人都被追踪到年底，那么该组年末的状态可以通过两种方式确定：年内死亡（d_i）或年底幸存者，$l_{i+1} = l_i - d_i$。第 i 年的结束是下一个连续或第（$i+1$）年的开始。如果随访开始的时间由符号 t（经过的时间）指定，则第 i 年的开始是持续时间或时间 t_i，并且第（$i+1$）年开始的时间是 t_{i+1}，起始点为 $t = 0$。随访观察使用较短或较长的间隔都可以，但年份是长期随访研究的最常见时间单位。随访间隔可以由一组连续数字 i 指定，但是该数字应该与持续时间 t 清楚地区分开，因为每个间隔具有开始和结束时间，时间与间隔的长度相差 Δt。该间隔是随访观察的基本单位，其中死亡率计算为 $q = d/l$（如果在该间隔期间没有受试者随访或从随访观察中退出）。最后，q 是不能超过1（或100%）的小数，如果被随访者在间隔期间没有死亡，它可能具有最小值0。死亡和生存是互补状态，$q + p = 1$。因此，如果任何区间的死亡率 q 都已知，则相应的存活率是已知的，因为 $p = 1 - q$，反之亦然，$q = 1 - p$。累积存活率是连续间隔存活率的连续乘积：$P = (p_1)(p_2)(p_3)\cdots$。累积死亡率推导为 $Q = 1 - P$。有必要将 Q 作为 P 的补充，因为没有数学关系可以直接从年度或区间率 Q 中推导出来。这些是生命表中观测数据的基本关系，没有计算预期寿命。

为了说明生命表方法的基本原理，扩展表分为四个较短的表，每个表都涵盖了涉及上述 30 个变量的一个方面的计算。这些数据来自 1976 年《医学风险卷》的 312 份摘要，[1] 该研究调查了杜邦公司 25～44 岁的男性员工在急性心肌梗死（MI）后的情况。早期死亡已包括在这些表格中。在早期死亡率非常高的情况下，通常排除早期死亡，并在"早期"间隔结束时开始长期随访（急性心肌梗死患者通常为 30 天），但在本例中，所有随访间隔（包括第一次）都保持 1 年的持续时间。每个列中变量的导出说明在表下给出，列在四个连续编号的表中。读者最好能准备带有特定列标题的空白表，去完成所有的计数。

▶▶ 连续生命表计算

1956—1961 年，杜邦公司 25～44 岁患急性心肌梗死的男性员工

观测表 4.1 中的数据列在 1～5 栏，风险单位 E 是推导出来的。在本章和使用这种方法的死亡率摘要中，E 的单位须用人年，以便它们在一个以上的时间区间内加成。如果采用更短或不相等的区间，则必须考虑将暴露于风险的区间数（NER）转换为人年。例如，如果以 E 为人月计算，则 NER 必须除以 12。

如果使用的间隔时间少于一年，E 的值会有所降低。较短的区间间隔对于迅速变化的死亡率或生存模式来说是理想的，如急性缺血或中风发生，然而，对于大多数慢性病来说，一年时间进行随访观测是合适的。正如我们将在后面看到的那样，为了在每年死亡人数较少的情况下（如每年五人或更少）得出平均结果，最好将几年时间合并起来，形成更长的区间间隔，如 5 年。大多数的随访研究都与这个例子相似，如在杜邦公司的研究中，几乎所有的观察期都要进行整 5 年。

要求所有研究对象在同一时点进入，如 $t=0$ 为 MI 发作，就可以获得一个较宽的随访时间区间，如随访时间从少于 1 年到不超过 5 年。如此，即使研究对象没有失访，w 将是每年进入随访的受试人员的一大部分，而且每年的 E 将小于 l_0。这就是所谓的双减量生命表。重要的是，需将这些研究与一组小得多的随访研究区分开来，在这些随访研究中，所有的研究对象都将被跟踪到死亡，或者被跟踪到一个相同的最小生存区间，如 5 年或 10 年。在这些研究中，每个区间 $w=0$，则生命表被称为单减量生命表，累积死亡率和生存率的计算就简单了。

表 4.1 观测数据及暴露计算

区间编号	区间开始—结束	期初生存数	退出数	期内死亡数	暴露（病人-年）	期末存活数
i	t 到 $t+\Delta t$	l	w	d	$E = l - 0.5w$	$l - (w+d)$
1	2	3a	4	5	6	3b
1	0~1 年	252	39	70	232.5	143
2	1~2 年	143	32	4	127.0	107
3	2~3 年	107	31	6	91.5	70

关键列：

1 区间编号。

2 开始和结束时间（t）的区间。

3a 患者数量（受试者），l，期初存活人数。

4 在本区间退出随访的人数（因为随访结束或失访）。

5 期内死亡人数，d，期内死亡人数。

6 暴露，以患者年（人年）为单位，为在此期间暴露于风险的平均人年数。从 l 中减去 w 的一半。精算数学要求所有的死亡都要有一个完全的风险暴露期（$0.5d$ 不从 l 中减去）。

3b 在区间结束时存活的人数。生命表中省略了这一列，因为它等于下一个区间的期初存活数（比较一下 3a 和 3b 列）。

表 4.2 计算观察死亡率和生存率

区间编号	区间开始—结束	来源于表 4.1 中 5 列、6 列的数据	干预		累计率	
			死亡	生存	死亡	生存
i	t 到 $t+\Delta t$	d/E	$q = d/E$	$P = 1-q$	$P = (p_1)(p_2)\cdots$	$Q = 1-P$
1	2	7	8	9	10	11
1	0~1 年	70/232.5	0.301	0.699	0.699	0.301
2	1~2 年	4/127.0	0.031	0.969	0.677	0.323
3	2~3 年	6/91.5	0.066	0.934	0.633	0.367

关键列：

1、2 如表 4.1 所示。

7 来自表 4.1 死亡率 d（第 5 列）和风险单位 E（第 6 列）的数据。

8 年死亡率（或区间死亡率）$q = d/E$，是 0~1 的小数。

9 年生存率（或区间存活率）$p = 1-q$，是 0~1 的小数。

10 累计生存率 $P = (p_1)(p_2)(p_3)\cdots$，0~1 的小数。

11 累计死亡率 $Q = 1-P$，0~1 的小数，注意累计率是大写的 q 和 p。

注意，表 4.2 中所有区间的率都是年率。如果将第一个月的早期死亡排除在外，那么长期随访的起点应该是 1 个月（在 MI 之后），第一个间隔的持续时间应该是 11 个月或 0.917 年，而不是 1 年。如果 l 和 w 这个时间区间被用来推导 NER，这将是两个月的间隔。列标题中的符号 E 仅在单位为人－年时使用。在这种情况下，时间区间为 11 个月，可以计算为 $E = (0.917) NER$。然后年 $q = d/E$，而区间 $q_i = d/(NER)$。区间率适合用来计算持续时间 $t = 1$ 个月的累积生存率，这是长期随访的起点，但不包括第一个月的情况。然而，超额死亡率指数 EDR 的计算需要年死亡率的数据。因此，必须非常小心地将列标题精确地标记出来，输入正确的值，E 或 NER，以及它们的概率。

选择生命表的预期概率是很重要的，对于观察组是最合适的，这一点将在下文讨论。在年龄、性别和时间区间确定的任何观察子组中，d' 与 d 匹配值的推导是一种具有历史意义的保险死亡率的研究方法。它是由 Rogers 和 Hunter 在第一次世界大战的时候精心制定的。[6]

如前所述，第 3b 列是多余的。表 4.2 和表 4.4 中的其他冗余列分别是编号为 7、17 和 20 的列，为了说明方便才插入到这一系列表中。用不同的列表格式要根据发表文章中的资料格式和结果的组织来调整。

表 4.3　　　　　　　　预期死亡率、生存率和预期死亡率（d'）

区间编号	区间开始—结束	间隔率		累计率		预期死亡
		死亡	生存	生存	死亡	
i	t 到 $t+\Delta t$	q'	$p' = 1-q'$	$P' = (p_1')(p_2')\cdots$	$Q' = 1-P'$	$d' = (q')(E)$
1	2	12	13	14	15	16
1	0~1 年	0.0033	0.9967	0.9967	0.0033	0.77
2	1~2 年	0.0036	0.9964	0.9931	0.0069	0.46
3	2~3 年	0.0040	0.9960	0.9891	0.0109	0.37

关键列：

1、2 如表 4.1 所示。上撇号用于区分与其死亡率与预期生存率。

12 预期年死亡率。1959—1961 年美国白人男性生命表。

13 预期的年生存率，与 q' 值互相补充。

14 累计预期生存率，P' 值的连续乘积。

15 累计预期死亡率，与 P' 值相互补充。

16 预期死亡。风险单位 E（表 4.1 第 6 列）和预期死亡率 q' 的乘积。这给出了对应于观测区间 d 的年龄/性别匹配值 d'。注意，E，d 和 d' 是随访数据的相加值（两个或更多个区间）。

表 4.4　　　　　　　　　比较死亡率和存活率的计算

区间编号	区间开始—结束	观察/预期死亡	死亡率	超额死亡率	观察/预期累计生存	生存率
i	t 到 $t+\Delta t$	d/d'	$100d/d'$	$1\,000(d/d')/E$	P/P'	$100P/P'$
1	2	17	18	19	20	21
1	0~1 年	70/0.77	9 100%	298	0.699/0.9967	70.1%
2	1~2 年	4/0.46	870%	28	0.677/0.9931	68.2%
3	2~3 年	6/0.37	1 620%	62	0.633/0.9891	64.0%
1~3	0~3 年	80/1.60	5 000%	174	0.633/0.9891	64.0%

关键列：

1、2 如表 4.1 所示。

17 表 4.1 第 5 列死亡率 d 的数据和表 4.3 第 16 列的预期死亡率 d' 的比。

18 区间死亡率，$MR=100d/d'$。3 年总平均死亡率，$MR=\sum d/\sum d'=5\,000\%$，如底栏所示。死亡率是四舍五入的。

19 区间超额死亡率，每年每千人额外死亡，$EDR=1\,000(d-d')/E$。3 年总平均值为 $EDR=1\,000(\sum d-\sum d')/E$，如底栏所示。

20 观察到的累计生存率（表 4.2 第 10 列）和预期累计生存率（表 4.3 第 14 列）。

21 累计生存率，$SR=100P/P'$。请注意，表 4.4 中未显示累计死亡率为 $100Q/Q'$ 间隔生存率（$100p/p'$）。第 3 年的累计生存率和生存比率与 1~3 年区间生存率相同。

生命表的变量如下：

观察数据（7 个变量）：i，t，t，l，w，d 及其外生的 E 和 NER。

死亡率（5 个变量）：q（年度），q_i（区间），$\bar{q}$（年总平均），$\check{q}$（年几何平均，$1-p$），Q（累积）。

生存率（5 个变量）：p（年），P_i（区间），$\check{q}=(P_i)^{1/t}$（年几何平均），$\bar{p}=1-\bar{q}$（年总平均），P（累积）。

预期死亡率（10 个变量）：q'，q'_i，$\bar{q}'$，$\check{q}'$，Q'，p'，p'_i，$\bar{p}'$，$\check{p}'$ 和 P'。

比较指标（3 个变量）：死亡率比（MR），超额死亡率（EDR）和生存率比（SR）（不考虑不同的推导方法）。

▶ 主要人口及保险生命表

美国和英国每十年都会详细公布一次生命表。威廉·法尔（William Farr）是一位在生命统计方面有非凡天赋的医生，1839 年议会法通过后不久（见第 1 章），他建立了第一个可靠的国家生命表。英国的第 14 号生命表包含 1970—1972 年的数据,而在美国,自1790年起每十年就进行一次全国性的人口普查,但是美国的生命表是到1900年才公布,1936年前都是基于不完整的死亡数据,因为48个州到1936年才被列入死亡登记区域(死亡登记一直是州而不是联邦的责任)。

在大多数已发表的随访研究文章(不包括随机临床试验)中,观察到的死亡率和生存结果并没有参考任何标准死亡率。如果认为所观察的群体确是一般人口的随机样本,那就应选择国家或区域的生命表来得出种族、年龄和性别相匹配的预期死亡率和生存率。如果有任何程度的选择性获取样本,则使用低于一般人群死亡率的生命表(见第5章表5.8至表5.10)更为准确。表4.7包含了1979—1981年美国的生命表的摘录内容。

十年期的生命表主要在两个方面与《美国人口统计》这一美国大型生命统计年鉴中公布的生命表不同。年度表是基于一年内的死亡人数,而除了人口普查年,是根据普查后的人口估计数编制的。如标题所示,十年期的生命表利用了以人口普查年为中心的三年期间的死亡人数。每一组生命表分别提供了人口总数、男性和女性的数据、按种族划分的四组数据:白人、非白人、黑人和总人口。年龄、x 和表4.7的前三列变量前一节已经讨论过。$_tL_x$ 是在每个年龄区间内存活人数的平均数,而 T_x 则是这个平均数在当前及随后年龄组生命年数($_tL_x$)的总和。对期望寿命 $\dot{e}_x$ 用人数除以 l_x 来计算。显然,预期寿命的推导是一个烦琐的过程,其中包括将生命表计算到表中所列最高年龄以外的年龄(109~110岁),其中有7名白人男性幸存者,$\dot{e}_x$ 为1.97岁。然而,在导言中,预期寿命(或平均寿命)被认为是长寿的衡量标准。有时采用的另一种方法是计算累积生存期为0.5年的年数(来自 l_x 列),即"可能生存期",即平均寿命。

新生儿出生第一年的死亡率(0.01231)比9~10岁的死亡率(0.00024)高出500倍。就短期而言,新生儿死亡率在第一天非常高,在随后的几天和几周迅速下降,如表4.7所示。

注意区间 Q 值来自不等长的区间,从1到337天(刚好超过48周)不等,但所有的生命表计算仍然统一进行。

如果生命第一年的死亡率在整个365天不变,那么第一年的死亡率将为0.201(而不是0.01231),这是白人男性要到91岁才达到的年死亡率。最低死亡率出现在青春期前,这一比率在青少年时期上升得相当快,特别是在16~18岁(大多数州开始发放驾照的年龄),在23岁时上升到0.00193,然后在31岁时略微下降,到0.00165,之后随着年龄的增长呈持续增长。年轻人死亡率曲线上的这个"峰"是因为车祸死亡率高的原因,年轻女性的死亡率远低于男性。在40~85岁的年龄范围内,男性和女性死亡率 q 的年增长率约为10%。然后以比10%慢得多的速度增长,在92岁时达到0.305,在109岁时仍然低于0.400。在其他类型的生命表中也

可以看到类似的 q 随年龄增长的变化，如保费选择表和基本生命表。

按种族和性别交叉分列的死亡率的差异明显（见表4.5），以1979年至1981年美国生命表中的50岁为例，性别差异在各个年龄段都存在，但在年龄较大的人群中，种族差异要比50岁时小得多。

表4.5　美国1970—1981年50岁死亡率和预期寿命按种族和性别交叉列表比较

种族与性别	死亡率 q	预期寿命 $\dot{e}$（年）
白人男性	0.00706	25.26
白人女性	0.00376	30.96
非白人男性	0.01323	22.92
非白人女性	0.00688	28.59
黑人男性	0.01488	22.03
黑人女性	0.00765	27.84
男性总计	0.00775	25.00
女性总计	0.00416	30.69
人口总计	0.00589	27.94

工业化国家之间生命表死亡率的差异往往比性别差异小得多（见表4.6）。但是，较不发达国家的死亡率可能大大高于表4.6中的数字。自二战结束以来，日本的死亡率有了稳步而显著的改善，目前是世界上死亡率最低的国家之一。

表4.6　各国选定年龄、性别分列的每千人死亡率

国家/年龄	女性年龄					男性年龄				
	0	10	30	50	70	0	10	30	50	70
美国1969—1971年	20.1	0.3	1.7	8.9	49.2	17.5	0.3	1.0	5.2	26.3
英国(13)1970—1972年	19.8	0.3	1.0	7.4	55.5	13.2	0.2	0.6	4.5	27.8
法国1973—1977年	15.3	0.4	1.6	8.8	45.4	11.7	0.2	0.7	3.8	21.3
瑞士1968—1973年	16.9	0.3	1.2	6.2	45.0	13.0	0.3	0.6	3.5	24.8
挪威1964年	18.4	0.4	1.3	5.7	38.1	14.9	0.2	0.6	3.0	29.3
苏联[a]1967—1968年	NA	0.8	3.6	10.2	46.0	NA	0.5	1.3	4.4	26.0
澳大利亚[a]1977年	14.1	0.4	1.4	7.0	46.0	12.9	0.2	0.7	3.9	22.0
新西兰[a]1978年	16.0	0.4	1.4	6.9	46.0	11.1	0.2	0.6	4.5	24.0
日本1980年	8.3	0.2	0.9	4.6	35.0	6.6	0.1	0.6	2.5	19.3

NA = 无有效值。

[a] 根据五年平均值估算的费率，0~1岁除外。

第4章 生命表在风险评估中的应用

表 4.7 摘自 1979—1981 年美国生命表的表 5（白人男性）

年龄区间	死亡比例	100 000 活产婴儿		固定人口		期望剩余寿命
两个年龄之间的生命期	年龄区间开始时存活的人在区间内死亡的比例	年龄区间开始时生存的人数	期间死亡人数	当前年龄区间	在当前和之后的年龄区间	年龄区间开始时的期望寿命
1	2	3	4	5	6	7
x 到 $x+t$	q_x	l_x	d_x	$_tL_x$	T_x	$\overset{\circ}{e}_x$
天						
0~1	0.00438	100 000	438	273	7 081 671	70.82
1~7	0.00256	99 562	255	1 635	7 081 398	71.13
7~28	0.00139	99 307	138	5 709	7 079 763	71.29
28~365	0.00403	99 169	400	91 378	7 074 054	71.33
年						
0~1	0.01231	100 000	1 231	98 995	7 081 671	70.82
1~2	0.00092	98 769	90	98 724	6 982 676	70.70
2~3	0.00066	98 679	65	98 646	6 883 952	67.76
3~4	0.00053	98 614	52	98 588	6 785 306	67.81
4~5	0.00043	98 562	43	98 540	6 686 718	67.81
5~6	0.00039	98 519	39	98 499	6 588 178	66.87
6~7	0.00037	98 480	36	98 462	6 489 679	65.90
7~8	0.00034	98 444	34	98 428	6 391 217	64.92
8~9	0.00030	98 410	29	98 395	6 292 789	63.94
9~10	0.00024	98 381	24	98 369	6 194 394	62.96
…	…	…	…	…	…	…
50~51	0.00706	90 105	636	89 787	2 275 898	25.26
51~52	0.00775	89 469	693	89 122	2 186 111	24.43
52~53	0.00850	88 776	755	88 398	2 096 989	23.62
53~54	0.00934	88 021	823	87 610	2 008 591	22.82
54~55	0.01027	87 198	895	86 750	1 920 981	22.03
55~56	0.01125	86 303	971	85 818	1 834 231	21.25
56~57	0.01227	85 332	1 047	84 808	1 748 413	20.49
57~58	0.01338	84 285	1 128	83 722	1 663 605	19.74
58~59	0.01464	83 157	1 217	82 548	1 579 883	19.00
59~60	0.01605	81 940	1 315	81 283	1 497 335	18.27

资料来源：美国 1979—1981 年发布的十年期生命表，第 1 卷，卫生与公众服务第 85-1150-1 号。

美国白人男性在1940—1980年期间的长期死亡率变化如表4.8所示。总死亡率可能不能完全反映心血管疾病死亡率在40岁以上的显著下降。

这种下降在美国和澳大利亚尤为明显，但在英国和许多欧洲国家，这种下降程度却远不及美国和澳大利亚。大约在第二次世界大战期间，抗生素开发和使用之后，由于传染性疾病，包括肺叶肺炎、肺结核和梅毒等导致的死亡人数大幅减少。这种影响在各个年龄段都可以看到，尤其在年轻人中更为明显。

表4.8　　　　美国白人男性1940—1980年选定年龄的每千人死亡率

年	年龄					
	0	10	30	50	70	90
1940	48.1	1.0	2.8	11.6	54.5	249
1950	30.7	0.6	1.8	10.1	50.3	229
1960	25.9	0.4	1.6	9.6	48.7	236
1970	20.1	0.3	1.7	8.9	49.2	213
1980	12.3	0.2	1.7	7.1	41.5	191

作为对特定死亡率概念的介绍，我们可以将任何随机抽样的普通人口的死亡率视为合并死亡率，即一系列群体的加权平均数，其中大部分人身体健康，而较小部分的人由于患急性（如心脏病发作）或慢性疾病（如高血压）而具有逐渐增加的超额死亡风险。

因此，任何一年（或一年中的一天）的死亡都包括意外死亡，在某种程度上，也包括了因慢性或急性风险因素的可预期死亡。在人寿保险承保过程中，许多这些风险因素很容易被发现，对风险最大的申请人可以拒绝承保。尽管可拒绝承保的群体在申请者或一般人群中所占比例很小，但这一甄选过程可在若干年内显著降低按年龄和性别分组的死亡率。在选择和保单签订后的第一年，减幅最高，选择率与达到恒定年龄时的最终率之间的差额将随着选择间隔（保单期限）而逐渐缩小。美国和加拿大寿险公司的做法是，在最初15年的保单期内，每年使用特定的死亡率表。所有超过15年期限的保单，将按生命表中年龄的基本费率报告。

表4.9显示了美国和加拿大联合公司1975—1980年按年龄分组的基本生命表的死亡率，并与美国白人人口死亡率进行了比较。

表 4.9 1975—1980 年每千人保险选择和最终死亡率公司间（美国和加拿大）与 1979—1991 年美国白人人口的死亡率的比较（分性别）

保单持续年限		选择死亡率			最终死亡率	
		第 1 年	第 6 年	第 11 年	大于 16 年	美国白人人口
达到年龄组	X	（与达到年龄相关的进入年龄）			X—15 年以上	X
		X	X—5	X—10		
男性						
20～24	22	0.73	1.14	1.32	1.41	1.9
25～29	27	0.68	0.77	1.03	1.22	1.7
30～34	32	0.63	0.80	0.90	1.12	1.7
35～39	37	0.70	1.15	1.15	1.32	2.1
40～44	42	0.97	1.86	1.94	1.97	3.2
45～49	47	1.44	2.8	3.2	3.4	5.1
50～54	52	1.99	4.3	4.8	5.7	8.5
55～59	57	2.9	5.7	7.3	9.3	13.4
60～64	62	3.7	8.9	12.2	15.3	21.2
65～69	67	6.2	12.9	18.7	24.8	32.2
70 以上	72	9.4	22.8	24.7	39.8	49.0
—	77	—	26.8	39.8	62.9	71.8
—	82	—	—	54.1	98.2	107
—	87	—	—	—	150	157
—	92	—	—	—	218	219
—	97	—	—	—	297	293
女性						
20～24	22	0.32	0.42	0.53	0.53	0.6
25～29	27	0.31	0.42	0.54	0.53	0.6
30～34	32	0.39	0.58	0.64	0.63	0.7
35～39	37	0.50	0.91	1.00	0.98	1.1
40～44	42	0.73	1.43	1.70	1.71	1.7
45～49	47	0.98	2.2	2.5	2.6	2.8
50～54	52	1.23	2.8	3.5	3.9	4.5
55～59	57	1.57	3.8	5.1	6.0	6.8
60～64	62	2.2	5.2	6.9	9.0	10.7
65～69	67	3.0	7.1	9.5	13.5	16.0
70 以上	72	5.1	9.5	14.6	21.1	25.2
—	77	—	15.8	22.6	33.9	40.2
—	82	—	—	34.4	65.7	69.5
—	87	—	—	—	108	115
—	92	—	—	—	164	177
—	97	—	—	—	234	252

所公布的生命表使用的都是初始进入年龄,但表 4.9 使用的是达到年龄,因此,每一行的死亡率可直接与同一达到年龄的率进行比较。例如,52 岁男性(进入组为 50~54 岁)的死亡率为 1.99‰,仅为 6 年组男性(45~49 岁组)的 46%,11 年组(男性 40~44 岁组)的 41% 和最终组(男性 35~39 岁组或以下)的 35%。在随后的观察期内,白人男性的最终死亡率为 5.7‰,仅为白人男性总体率的 67%。这些比较表明了选择对降低死亡率的影响,特别是在选择后的头几年。表 4.9 显示,这种影响持续到精算师协会选择的任意 15 年期限之后,即在同样的到达年龄,从 15 岁到最终年龄,死亡率将不成比例地增加。这是因为最终的死亡率是基于所有保单有效期为 16 年及以上的保单持有人的死亡率。然而,在北美以外使用标准死亡率来与受损风险中的死亡率进行比较的精算做法并不能提供选择期如此长的表格。英国精算学会负责监督 5 年期的公司间生命表的准备工作。欧洲的保险公司似乎使用了公司总的死亡率(基于同一年龄的所有投保人的死亡率,不论保单期限长短),甚至是人群死亡率。可以假定,在这种情况下,精算师、医学博士和保险商在一定程度上考虑到了样本选择导致死亡率低于表面上使用的标准。团体人寿保险的死亡率也低于一般人口死亡率,因为拥有有收入的工作(有团体人寿保险福利)的能力本身就是一种选择,尽管没有保险公司试图以个人保险的方式进行筛选。

当风险较低的人有机会以较小的风险为代价获利时,就会出现"逆选择"。这可能导致在某些情况下纳入(而不是排除)非常高风险的病例。例如,合同将团体保险改为个人保险。表 4.10 和表 4.11 显示了这一点,它们摘自一篇关于选择的有趣文章。[8]

表 4.10   保险选择对死亡率的影响(1955—1960 年的男性被保险人)[8],a

年龄组	1959—1961 年美国白人男性人口(每千人死亡率[b])	第 1 保单年		第 16 保单年		1960 年主要男性人口		1959—1967 年男性群体转换	
		每千人死亡率[b]	美国人口死亡率(%)	每千人死亡率[b]	美国人口死亡率(%)	每千人死亡率[b]	美国人口死亡率(%)	每千人死亡率[b]	美国人口死亡率(%)
30~34	1.7	0.6	32	1.3	76	1.3	76	12.7	747
35~39	2.5	0.9	36	1.6	64	1.8	72	15.1	604
40~44	4.1	1.5	37	2.7	66	3.1	76	19.9	485
45~49	6.9	2.2	32	5.1	74	5.3	77	28.5	413
50~54	11.6	3.2	28	8.3	72	8.6	74	43.4	374
55~59	17.3	4.3	25	13.3	77	13.9	80	67.8	392
60~64	26.9	6.7	25	21.6	80	21.3	79	93.1	346
65~69	39.3	10.2	26	33.0	84	32.8	83	119.9	305
70~74	56.2	14.8	26	50.0	89	50.5	90		
75~79	82.7			75.1	91	74.2	90		

a 基本数据来源:国家卫生统计中心和精算师协会的出版物。

b 千人率是指每千人一年内死亡的概率。

表 4.11　保险选择对死亡率的影响（1955—1960 年的女性被保险人）。[8],a

年龄组	1959—1961 年美国白人女性人口（每千人死亡率[b]）	第 1 保单年		第 16 保单年		1959—1967 年女性群体转换	
		（每千人死亡率[b]）	美国人口死亡率（%）	每千人死亡率[b]	美国人口死亡率（%）	每千人死亡率[b]	美国人口死亡率（%）
30~34	1.0	0.5	50	0.9	90	17.1	1 710
35~39	1.5	0.5	33	1.3	87	20.4	1 360
40~44	2.3	0.7	30	1.7	74	24.8	1 078
45~49	3.6	1.2	33	2.9	81	31.1	864
50~54	5.6	1.4	25	4.5	80	41.3	738
55~59	8.1	2.2	27	6.7	83	57.2	706
60~64	13.3	3.2	24	10.0	75	70.8	532
65~69	21.0	5.1	24	16.8	80	81.0	386
70~74	34.6	7.4	21	33.4	97		
75~79	58.3			49.4	85		

a 基本数据来源：国家卫生统计中心和精算师协会的出版物。
b 千人率是指每千人一年内死亡的概率。

表 4.12　杜邦公司 45~54 岁男性员工 1956—1961 年首次心肌梗死后一段时间内的比较死亡率和存活率（排除 30 天内死亡的人群）

区间序号	开始—结束	初始生存	风险单位（患者年）	死亡数量		死亡率	每年每千人额外死亡[b]	累计生存	
				观察值	期望值[a]			率	比率
i	t 到 $t+\Delta t$	l	E	d	d'	$100d/d'$	EDR	P	$100P/P'$
1	30 天到 1 年	434	359.8	43	3.34	1 290%	110	0.890	89.8
2	1~2 年	308	274.0	12	2.84	430%	34	0.851	86.7
3	2~3 年	224	196.5	9	2.24	400%	34	0.812	83.7
4	3~4 年	160	129.5	7	1.61	435%	42	0.768	80.2
5	4~5 年	92	69.5	4	0.93	430%	44	0.723	76.5
2~5	1~5 年	308	667.5	32	7.58	420%	37	0.723	76.5
1~5	30 天到 5 年	434	1 027.3	75	10.92	685%	62	0.723	76.5

a 预期死亡的依据：1959—1961 年美国生命表（白人男性）。
b $EDR = 1\,000\,(d-d')/E$，每年每千人额外死亡。

表 4.13　杜邦男性员工 1956—1961 年的心肌梗死后年龄比较死亡率（30 天到 1 年和 1～5 年）

进入年龄	初始生存	风险单位（患者年）	死亡数量 观察值	死亡数量 期望值[a]	死亡比率	每千人年平均死亡率 观察值	每千人年平均死亡率 期望值	每千人年平均死亡率 增量
x	l	E	d	d'	$100d/d'$	$\bar{q}$	$\bar{q}'$	$(\bar{q}-\bar{q}')\%$
30 天到 1 年								
25～44	190	156.7	9	0.51	1 760%	57	3.3	54
45～54	434	359.8	43	3.34	1 290%	120	9.3	111
55～64	305	249.3	28	5.11	550%	112	20.0	92
总计	929	765.8	80	8.96	895%	104	11.7	92
1～5 年								
25～44	143	317.5	13	1.29	1 010%	41	4.1	37
45～54	308	667.5	32	7.58	420%	48	11.4	37
55～64	211	470.5	26	11.60	225%	55	25.0	30
总计	662	1 455.5	71	20.47	345%	49	14.1	35

[a] 预期死亡的依据：1959—1961 年美国生命表（白人男性）。

表 4.14　全年龄段有高血压和超重的杜邦男性员工心肌梗死后平均 30 天至 5 年的比较死亡率和生存率

严重程度分类[a]	30 天生存数	累计生存率 观察值	累计生存率 期望值[b]	生存率	每千人平均年死亡率 观察值	每千人平均年死亡率 期望值	每千人平均年死亡率 增量	死亡率 年度	死亡率 累积
	l	P	P'	$100P/P'$（%）	$\bar{q}$	$\bar{q}'$	$\bar{q}-\bar{q}'$	$100\bar{q}/\bar{q}'$（%）	$100Q/Q'$（%）
所有案例	932	0.736	0.932	78.90	60	14	46	430	390
$BP<150/94$	666	0.780	0.933	83.6	49	14	35	350	330
$BP>150/94$	265	0.631	0.928	68.0	89	15	74	595	510
正常体重	633	0.752	0.930	80.9	56	15	41	375	355
超重	298	0.705	0.933	75.6	69	14	55	495	440

[a] 高血压定义为两年或多年测量读数大于 150/90。超重被定义为去年体检中体重超过理想体重的 20%。
[b] 预期生存的基础：1959 年至 1981 年美国生命表（白人男性）。

表 4.15　根据杜邦公司 45～54 岁的心肌梗死后男性雇员的选择率原始数据推导的死亡率（见表 4.12）

区间数[a]	开始—结束	风险单位（患者年）	死亡数量		每千人年平均死亡率			死亡率
			观察值 d	预期值 d'	观察值	期望值	超额死亡	
i	t 到 $t+\Delta t$	E	d	d'	$q_s = 1\,000d/E'$	q'	$EDR = q - q'$	$100q/q'$
美国生命表率的比较死亡率[b]								
1	30 天到 1 年	359.8	43	3.34	119	9	110	1 220
2	1～2 年	272.0	12	2.80	44	10	34	440
3	2～3 年	196.5	9	2.24	46	12	34	385
保险选择表率的比较死亡率[c]								
					$q_s = EDR + q_s'$	q_s'	$same EDR$	$100q_s/q_s'$
1	30 天到 1 年	—	—	—	113	2.5	110	4 500
2	1～2 年	—	—	—	38	3.7	34	1 020
3	2～3 年	—	—	—	39	4.8	34	810

[a] 与表 4.12 中的数据有任何差异可归因于四舍五入。
[b] 1959—1961 年美国生命表（白人男性）。
[c] 1965—1970 年基本选择生命表（男性）。

对群体转换保单中高死亡率的解释是，很少有健康的员工利用这个机会在他们的工作终止时，在期限内转换他们的团体人寿保险。有些人觉得没有必要继续投保，另一些人则选择提交可保的证据来不选择转换，以获得在团体转换中无法获得的额外保险金额或保险类型，或仅仅是出于对其代理人的忠诚，后者得不到转换保单的佣金。另一方面，有一种强有力的激励机制促使死亡风险高的雇员离职，以进行这种转换，因为他们知道通过个人申请获得人寿保险是困难和昂贵的。团体转换保单几乎 100% 的存在风险的增加，通常是非常高的风险，如晚期癌症或充血性心力衰竭。在此基础上，很容易理解表 4.10 和表 4.11 右边两栏的高死亡率和比率。

▶▶ 按时间计算的比较死亡率生命表

表 4.12 和其他一些示例表格都来自杜邦男性员工第一次心肌梗死发作的经验（1976 年《医疗风险卷》中的摘要 312）。但是，也使用了其他年龄和严重程度的团体的资料，并且将排除早期死亡人数，使用心梗后 30 天延长至 5 年的长期死亡率。这种格式比一些发表的生命表格式要简洁，并与目前的做法保持一致，是为了减少生命表中所显示的数据量。退保不会显示，但是会被用于推导出 E 和 NER。观察结果显示，25～44 岁的 252 名男性中有 61 人在发生心肌梗死后的头 30 天死亡，616

名 45~54 岁男性中有 178 人死亡，463 名 55~64 岁男性中有 160 人死亡（30 天死亡率分别为 24.2%、28.9% 和 34.6%）。因此，从 30 天到 1 年的死亡率比表 4.2 所示的第一年的死亡率要低得多。

尽管排除了早期死亡，但第一年的死亡率仍然高于随后的几年。在第一个区间中，NER = 434 − 0.5（83）= 392.5（表 4.12 未显示退保）。然而，这是从 30 天到 365 天，或 0.917 年的间隔区间，所以 NER 必须乘以 0.917 才能获得风险单位 E，359.8 个患者年，如表 4.12 所示。退保的数据 w 在摘要表中给出，但是为了节省空间，表 4.12 中省略了这些数据。目前已经给出了两种加权均数：一种持续时间为 1~5 年，另一种持续时间为总期限。基于这些区间加和得到 E、d 和 d′ 的数据并计算总的平均死亡率。由于第一年的差异，2~5 年（持续 2~5 年）的平均值比总体平均值更有代表性。EDR 是每年 37‰，MR 是每年 420%，但总的 EDR 是每年 62‰，MR 是 685%，因为这些方法主要是由第一年的高死亡率所决定。

▶▶ 按年龄或严重程度划分的比较死亡率表

这些表用于所有区间组合，或组合区间。这些比率的首选方法是综合均值，但通常需要从累积生存率、P 和 P′ 或超过一年的区间率中计算出结果，然后再导出 $\check{P}$ 和 $\check{q}$ 的几何平均值。表 4.13 分别列出了基于杜邦试验中各年龄组的综合均数的例子，分别为第一个区间（30 天至 1 年），然后是 1~5 年期间。45~54 岁男子的数据与表 4.12 相同。表 4.13 中省略了比较生存率，以便为死亡率的总平均年率 $\bar{q}$ 和 $\bar{q}'$ 留出空间（分别为 $\sum d/\sum E$ 和 $\sum d'/\sum E$）。

杜邦公司男性雇员的结果也被用来说明使用累积生存率来推导几何年平均率，首先是为了生存，然后是其补集，即年死亡率。严重程度分组和总队列的结果可参见表 4.14。

心肌梗死后 30 天的幸存者的累积生存率是通过生命表法的年度数据得出的。如果随访时间为 5 年，5 年生存率的年几何平均值 P5 为 $\sqrt[5]{P5}$ = $(P5)^{1/5}$ = $(P5)^{0.2}$。所有病例的几何平均值应该是 $(0.736)^{0.2}$ 或 0.941。由此可得出年平均死亡率 $\check{q}$ = 1 − 0.941 = 0.059，或每年每千人 59 例死亡（这个计算很容易用袖珍计算器完成，它有一个函数键，可计算任意幂，小于 1 的指数就可以计算根值）。

但是，随访期实际上是 5 年差一个月，也就是 4.92 年。因此，几何均值的真实指数为 1/4.92，或 0.203，这个比率就是 $(0.736)^{0.203}$ = 0.940。如表 4.14 所示，年死亡率的几何平均为 60‰。表 4.14 显示了两组死亡率比：一组来自年死亡率，另一组来自累积死亡率。在表 4.14 中没有给出累积死亡率，不过可以很容易地用公式 $Q = 1 - P$ 和 $Q' = 1 - P'$ 导出。注意，当观察到的死亡率过高时，无论几何均值还是算术均值，Q/Q' 的比率总是低于平均年死亡率 q 值的计算比值。这是由于高估了预期的年度风险暴露和死亡情况，而预期的队列是独立于观察队列来处理的原因。

因此，当得到平均死亡率时，死亡率是基于平均死亡率，而不是基于累积死亡率。表 4.14 中的最后一列是通常会省略的，在任何表中，结果都是由累积率计算的。还应当指出的是，每年总死亡率和几何平均死亡率通常是不同，因为每一种方法的加权过程（年值）不同，这在 1976 年的《医疗风险卷》中讨论过。

▶▶ 平均年龄和估计平均死亡率

因为队列较小时不适合进行年龄分组，所以，随访研究中的临床病人组经常会报告所有年龄合并的结果。如果只给出平均年龄和年龄范围，而不给出任何年龄分布，那么在计算年龄和性别匹配的预期死亡率时就会出现两个问题：（1）随访年龄平均 q' 的估计值；（2）q' 随时间的变化。其原因在于大多数此类研究中所遇到的年龄范围（例如平均年龄 55 岁，年龄范围从 35 岁到 75 岁）会较宽。我们已经看到，1 岁以上儿童死亡率和年轻人死亡率非常低，对包括许多老年人在内的群体的平均死亡率 q' 值的贡献相对来说较小。由于死亡率 q' 在 35 岁到 85 岁每年增长 9%~11%，高于平均年龄人口的死亡率会比低于平均年龄人口的死亡率对 q' 值的贡献更大。结果是，平均死亡率 q' 总是偏向比表中平均年龄对应的 q' 更高的值，偏度大小取决于群体的年龄分布，包括平均年龄和年龄范围。在平均年龄 55 岁 ± 20 岁的范围内，平均死亡率 q' 可以通过 58 岁进入生命表进行估计，这比实际的平均年龄高 3 岁。然而，如果年龄范围较窄，如十岁年龄组，则可以从中值年龄或平均年龄提取非常接近基于每岁一组的加权死亡率 q'。因此，大的年龄范围至关重要。

随着幸存者年龄分布的变化，q' 将随随访时间的推移而变化。当生存者进入每一随访年初时，他们确实比前一年大了一岁。然而，在观察组中，老年死亡率较高，因此，老年幸存者相对较少。因此，每个随访年幸存者平均年龄并没有增加整整一年，增加的量取决于观察队列的死亡率的年龄分布。在冠状动脉搭桥手术后的 6 组患者中，q' 值的年增幅从 5% 到预期死亡率表中的每年 11% 不等。在心肌梗死后患者中，q' 的年增幅较小，每年约从 3.5% 到 7.5%。这些结果是根据 1990 年版《医疗风险卷》的 642 份摘要和其他文献中对冠状动脉心脏病患者的系列分析得出的。来自国家癌症研究所未发表的关于结肠癌患者数据的类似分析，在第 4 项研究结果中发现，不管癌症分期如何，平均年龄和平均 q' 在第二个随访年实际上都有所下降。随后的增长相对缓慢。因此，在地区癌症随访研究中，男性的平均进入年龄为 66.1 岁，在第一年结束时（第二年开始时）为 65.2 岁，在观察第五年结束时仍为 68.2 岁（而不是 66.1＋5.0，即 71.1 岁）。如果所有生存时间为 5 年的男子在进入时为 66.1 年，平均值 q' 的相应数值在进入时为 0.0501，第二年为 0.0480，在经过 5 年的观察之后为 0.0565。因此，癌症的平均 q' 的时依模式与冠心病的时依模式有很大的不同。这种关系的证据还不足以设计出一个估计 q' 随时间变化的一般方法。

▶▶ 将死亡率换算成数值等级

根据临床随访研究得出的大多数死亡率摘要给出了"预期"死亡率的比较 b 标准，其依据是普通人群的死亡率，或者非美国和加拿大保险公司使用的特定生命表以外的一些其他生命表。如果给定公司的经验死亡率与联合公司选择生命表（见表 4.9）中所示的相同，那么基于适当选择率的死亡率比与以百分比表示的亚标准评级分类（标准为 100%）具有数字对应关系。然而，使用预期死亡率较高的人口或其他表格计算 q'、d' 和相应的死亡率比时，情况并非如此。基于选择的率将这种率比转换为死亡率比的方法已有详细描述，其基本思想是假设所观察到的 EDR 是恒定的，而不管使用的预期死亡率如何。如果这两种率比以相同的单位（十进制或每年每千人死亡人数）表示，则可以很容易得出"调整后观察到的"比率 qs，$qs = EDR + qs'$。已知 qs，可以计算得到死亡率（MRs）为 $100q/qs'$。表 4.15 说明了以杜邦 45~54 岁男子为例的方法和结果（与美国人口率比较的死亡率和生存率，见表 4.14），表的上部包含原始数据，q 和 d' 来自 1959—1961 年的美国生命表，下部保留了上部的 EDR，但将选择的 qs' 替换为 q'，表示调整后"观察的" qs 作为 EDR 和 qs' 的总和，选择的 MRs 为 $100qs/qs'$。注意使用更小死亡率的影响：死亡率相应地变得更大，使用人口预期死亡率将导致严重低估对死亡率的适当评级，尤其是在 50 岁以下的人群中，死亡率比对预期 q' 值差异的敏感度要远远高于死亡率。

正如选择死亡率可以被认为等同于表评级一样，EDR 也可以被认为等同于每年 1 000 美元保险的单位额外保险费。同时也很容易开发出一种综合的表格评级，通常用于对有冠心病病史的申请者进行评级。然而，如果额外保费是基于公司的死亡率经验计算的，如果公司的死亡率经验与公司间基本选择表中的死亡率有重大差异，则应进行调整。此外，这种简单化的描述只是一种近似值，在设定一个适当的评级时，精算师必须考虑（除了超额死亡率之外）其他因素，如费用、滞后期率、贴现率和利率，以及预期的未来死亡率。这种改进超出了本章讨论的范围。

▶▶ 预期寿命和结构性和解

在过去的十年中，北美的人寿保险行业见证了单一保费年金需求的显著增长，以提供给那些死亡率极高（如严重残疾的病人——那些由于不可逆脑损伤而处于持续植物性昏迷状态的人）但没有任何额外风险（例如，因疏忽而死亡）的人。一般来说，保险费是在侵权案件中一次性解决后支付的。1989年估计有100多家公司接受这类业务，专业经纪人向其中许多公司提出了多项申请。因此竞争激烈，保单的签发率很低。由于通常规定每年需增加年金津贴，以应付高于目前水平的医疗和个人护理费用的通货膨胀，"结构性和解"一词（见第12章）适用于这些诉讼案件。[14]

很少有文章报道适合这些年金的单一保险费估算中涉及的许多复杂问题，但罗杰·布茨（Roger Butz）博士在1989年美国人寿保险医学主任协会（Association of Life Insurance Medical Directors of America）会议结束后，安排了一场关于结构性和解的选修研讨会。[11]布茨博士和他的小组成员共发表了五篇论文，有三篇论文为读者推荐了一家保险公司来提供结构性和解年金，从而更好地了解这项业务有趣但又困难的地方。确定保险费的精算问题很多：预测利率、经济通货膨胀的影响、死亡率和费用（包括佣金和未来所得税）。医疗保险商只关心超额死亡率。虽然这可能是在发行超额寿险时所考虑的超额风险领域，但参与此类承保的医学博士往往面临着完全超出可保限额的高风险领域。这在医疗保险领域是一个全新的"讨论范围"。

脊髓损伤和严重脑损伤的病例似乎占申请者的一半以上。其中许多都导致每年每千人额外死亡100人以上的超额死亡率，这一水平可能维持10年或更长时间。这样的超额死亡率与死亡率比相关，确实是天文数字——儿童和年轻人的死亡率高达10 000%。在预期寿命的法医学应用中，$\dot{e}_x$被用来衡量超额死亡率，它可以转化为等价的死亡率常数或更高的实际年龄，两者都允许计算保费成本贴现的死亡率部分。

精算师必须选择是否使用年金领取者、投保人、保险客户或人口的预期死亡率资料，一旦做出选择，精算表就允许预期寿命转换到等效死亡率或提前的实际年龄。死亡率常数必须受限制，因为某些年龄，死亡率比会高得超过1 000%，这是不可能的结果。例如，如果死亡率比为1 000%，在81岁以上的白人男性中，死亡率将超过1.000，在这一年龄，生命表中死亡率为0.0989（1979—1981年美国生命表)。高危人群的死亡率模式总是随着年龄的增长而减少[12],而假设死亡率比长期不变要比假设 EDR 长期不变更不现实。在一些较高年龄的人群中,无论使用何种预期寿命表,都有必要把表中的高死亡率降至100%。限于篇幅本章不可能详述精算或承保方法。然而,在一个简单的示例生命表中,可以显示假定每年0.3的极高的常数死亡率时,期望寿命 $\dot{e}_x$ 的计算结果。这是最近一份基于国家智障患者登记册的报告中所描述的严重智障患者(卧床不起,需要用管子喂养)的比率顺序。[13] 预期寿命表见表4.16。

表 4.16 高恒定死亡率(每年 0.3)群体 10~30 岁的近似预期寿命[13]

年龄 X	初始生存 l_x	初始死亡 d_x	x 年龄平均生存 L_x^a	累计年生存, $P=0$ T_x^b	预期寿命(年) $\dot{e}_x^c$	累计生存(年终) P_x
10~11	1 000.0	300.0	850.0	2 831.0	2.8	0.700
11~12	700.0	210.0	595.0	1 981.0	2.8	0.490
12~13	490.0	147.0	416.0	1 386.0	2.8	0.343
13~14	343.0	103.0	292.0	970.0	2.8	0.240
14~15	240.0	72.0	204.0	678.0	2.8	0.168
15~16	168.0	50.0	143.0	474.0	2.8	0.118
16~17	118.0	36.0	100.0	331.0	2.8	0.082
17~18	82.0	25.0	70.0	231.0	2.8	0.057
18~19	57.0	17.0	48.0	161.0	2.8	0.040
19~20	40.0	12.0	34.0	113.0	2.8	0.028
20~21	28.0	8.0	24.0	79.0	2.8	0.020
21~22	20.0	6.0	17.0	55.0	2.8	0.014
22~23	14.0	4.0	12.0	38.0	2.7	0.010
23~24	10.0	3.0	8.0	26.0	2.6	0.007
24~25	7.0	2.0	6.0	18.0	2.6	0.005
25~26	5.0	1.5	4.2	(12.0)	(2.4)	0.0035
26~27	3.5	1.0	3.0	(7.8)	(2.2)	0.0025
27~28	2.5	0.8	2.1	(4.8)	(1.9)	0.0017
28~29	1.7	0.5	1.4	(2.7)	(1.6)	0.0012
29~30	1.2	0.4	1.0	(1.3)	(1.1)	0.0008
30 以上	(0.8)	(0.8)	(—)	(—)	(—)	0.0000
			总计:L = 2 831			

a $L_x = 0.5 \ (l_x + l_{x+1})$。

b $T_x = L_x + sum$(所有后续 L_x 值的和)。

c $\dot{e}_x = T_x/l_x$(该表中 T_x 和 e_x 的年龄超过24岁时不可信)。

注意，表 4.16 中的总 L_x 略为低估了 T_x，因为应该计算持续到 30 岁以后的数值。但是，除了对 25 岁以上的 $\dot{e}_x$ 的影响外，估计误差很小。超额死亡率或死亡率越低，计算寿命表需达到的年龄就越高。然而，在高风险情况下，大多数准确估计 $\dot{e}_x$ 的方法是增加了超额死亡率的价值，从可获得的，开始于当前年龄的随访研究中，可得到逐年的 q' 值和 q 值，由此推导出完整的生命表（见表 4.16）。此外，每年的死亡率可按 $100q/q'$ 计算。这在案件仍处于诉讼期间的情况是实际可行的，但对医疗保险商来说则并非如此，因为承保需要迅速评级。

在这类高死亡率案例中，$\dot{e}_x$ 的一个有趣特性是其相对于年龄增长的独立性，正如前面提到的残疾患者[13]的研究（表 4.17 总结了一些结果）所示。预期寿命不会随着年龄的增长而减少（直到幸存者非常少），因为假设的很高死亡率保持了不变。

注意死亡率和预期寿命在 29 岁以上的相对稳定性，该年龄范围内这两个变量实际上与年龄是无关的。第一组有 1 500 例，第二组为 4 513 例，第三组是 997 例（各年龄组）。第三组的死亡数在 40 以下。所有这些患者都是残疾人，完全依赖他人进行个人护理，但在这三个严重级别上，死亡率和预期寿命相差很大。相比之下，在确诊为转移性结肠癌后的前 2 年，死亡率平均为每年 0.67（来自医疗风险表 157d，结果研究报告 4）。这一比例是所有年龄的男性和女性患者的总和。在 2~5 年，平均每年死亡率为 0.28，在 5~10 年，平均年死亡率为 0.11。在最初的 5 年或 6 年里，平均年增长率稳步下降，然后稳定在与表 4.17 中第 2 组患者相似的水平。

关于与预期寿命[14-16]、结构性和解承保[17]和结构性和解死亡率[18]的主题发表了多篇详细的文章。

表 4.17　三个不同严重程度的智力障碍残疾患者 1~30 岁的预期寿命[14]

组[a]	年死亡率		预期寿命（年）		到 30 岁时的累计生存率
	均值	范围[a]	均值	范围[a]	
	q		$\dot{e}_x$		P
1 最严重的	0.228	0.20~0.27	4.7	4.1~5.4	0.0007
2 中等程度	0.127	0.11~0.14	8.8	8.1~10.8	0.027
3 最不严重的	0.037	0.02~0.06	21.3	18.8~23.4	0.323

[a] 所有患者都无法行走。第 1 组：不能动，需要喂食。第 2 组：不能动，但可以进食。第 3 组：一些自主性的行动，并能够从他人那里获取食物。

泊松检验

保险医学研究中长期使用的统计检验是基于适用于观察死亡人数的泊松分布。表 4.18 给出了从 3 到 100 的死亡人数的 95% 和 90% 置信区间的上限和下限。置信限或置信区间定义了观察到的死亡人数的数值范围：如果预期死亡数 d' 在这个区间之外，与 d 的差异在指定的水平上被认为是显著的或有统计学意义，但如果 d' 在区间内，则认为差异"不显著"或无统计学意义。例如，假设观察死亡数为 10 例和预期死亡数为 5.0 例，死亡率比为 200%，那么观察死亡数对应的 95% 置信区间将为 4.8~18.4（观察到的死亡）。那么对应的死亡率的 95% 下限和上限分别为 96%（100×4.8/5.0）至 368%（100×18.4/5.0）。由于预期死亡人数 5.0 超过 4.8 的下限，96% 的死亡率为 <100%，在 95% 的置信水平上，超额死亡率并不显著。然而，从表 4.18 所示的 90% 置信限值来看，观察到的死亡率是显著的：从 5.4 到 17.0，相应的死亡率为 108% 到 340%。为了达到给定 d 的统计意义，预期 d' 必须小于表中给出的置信下限，死亡率必须超过 100%。

表 4.18　　基于观察死亡数的泊松分布置信区间[ab]

观察到的死亡人数 d	死亡人数 d 的置信区间				死亡率的置信区间			
	95% 置信区间		90% 置信区间		95% 置信区间		90% 置信区间	
	低值	高值	低值	高值	低值	高值	低值	高值
	LL	UL	LL	UL	LL	UL	LL	UL
3	0.6	8.8	0.8	7.8	0.21	2.93	0.27	2.60
4	1.1	10.2	1.4	9.2	0.27	2.56	0.34	2.29
5	1.6	11.7	2.0	10.5	0.32	2.33	0.39	2.10
6	2.2	13.1	2.6	11.8	0.37	2.18	0.44	1.97
7	2.8	14.4	3.3	13.1	0.40	2.06	0.47	1.88
8	3.5	15.8	4.0	14.4	0.43	1.97	0.50	1.80
9	4.1	17.1	4.7	15.7	0.46	1.90	0.52	1.74
10	4.8	18.4	5.4	17.0	0.48	1.84	0.54	1.70
11	5.5	19.7	6.2	18.2	0.50	1.79	0.56	1.66
12	6.2	21.0	6.9	19.4	0.52	1.75	0.58	1.62
13	6.9	22.2	7.7	20.7	0.53	1.71	0.59	1.59
14	7.7	23.5	8.5	21.9	0.55	1.68	0.61	1.56
15	8.4	24.7	9.2	23.1	0.56	1.65	0.62	1.54
16	9.1	26.0	10.0	24.3	0.57	1.62	0.63	1.52

续表

观察到的死亡人数 d	死亡人数 d 的置信区间				死亡率的置信区间			
	95%置信区间		90%置信区间		95%置信区间		90%置信区间	
	低值 LL	高值 UL	低值 LL	高值 UL	低值 LL	高值 UL	低值 LL	高值 UL
17	9.9	27.2	10.8	25.5	0.58	1.60	0.64	1.50
18	10.7	28.4	11.6	26.7	0.59	1.58	0.64	1.48
19	11.4	29.7	12.4	27.9	0.60	1.56	0.65	1.47
20	12.2	30.9	13.3	29.1	0.61	1.54	0.66	1.46
22	13.8	33.3	14.9	31.4	0.63	1.51	0.68	1.43
24	15.4	35.7	16.5	33.8	0.64	1.49	0.69	1.41
26	17.0	38.1	18.2	36.1	0.65	1.47	0.70	1.39
28	18.6	40.5	19.9	38.4	0.66	1.45	0.71	1.37
30	20.2	42.8	21.6	40.7	0.67	1.43	0.72	1.36
32	21.9	45.2	23.3	43.0	0.68	1.41	0.73	1.34
34	23.5	47.5	25.0	45.3	0.69	1.40	0.74	1.33
36	25.2	49.8	26.7	47.5	0.70	1.38	0.74	1.32
38	26.9	52.2	28.5	49.8	0.71	1.37	0.75	1.31
40	28.6	54.5	30.2	52.1	0.72	1.36	0.76	1.30
45	32.8	60.2	34.6	57.7	0.73	1.34	0.77	1.28
50	37.1	65.9	39.0	63.3	0.74	1.32	0.78	1.27
55	41.4	71.6	43.4	68.9	0.75	1.30	0.79	1.25
60	45.8	77.2	47.9	74.4	0.76	1.29	0.80	1.24
65	50.2	82.8	52.3	79.9	0.77	1.27	0.80	1.23
70	54.6	88.4	56.8	85.4	0.78	1.26	0.81	1.22
75	59.0	94.0	61.3	90.9	0.79	1.25	0.82	1.21
80	63.4	99.6	65.9	96.4	0.79	1.24	0.82	1.20
85	67.9	105.1	70.4	101.8	0.80	1.24	0.83	1.20
90	72.4	110.6	75.0	107.2	0.80	1.23	0.83	1.19
95	76.9	116.1	79.6	112.7	0.81	1.22	0.84	1.19
100	81.4	121.6	84.1	118.1	0.81	1.22	0.84	1.18

[a] CLs 是根据泊松分布的置信区间的传统公式和定义计算的,如统计分布、离散分布中所述(感谢 Robert A Lew 博士在编写本表时提供的帮助)。当 d 超过 100 时,通过假设正态分布可以得到令人满意的大多数 CL 的近似值。公式为:95%置信区间 $= d \pm 1.96\sqrt{d}$,90%置信区间 $= d \pm 1.65\sqrt{d}$。

[b] 为了使死亡比率 MR 或死亡率 q 获得较低的 CL、LL,将 MR 或 q 乘以表格右边的适当的 LL 因子。对于 MR 或 q 的上 CL、UL,同样可以通过将 MR 或 q 乘以表右边适当的 UL 因子来计算。

[c] 经 LexingtonBooks 许可转载。

另一种评估显著性或统计学意义的方法是用一个 p 值，即获得随机差异的概率。对于95%置信限值 $p=0.05$，对于90%置信限值 $p=0.10$。表4.18的脚注说明了两套置信区间死亡率和率比的关系。通常选择 $p=0.05$ 为显著性水平作为死亡率（或任何其他类型指标）之间的随机差异与显著性差异之间的判别界值。范斯坦深入地讨论了这个问题。[19] 为了描述当前使用的其他复杂的统计检验，读者应该参考相关的标准文本。在大多数死亡率研究中，可以使用泊松检验直接比较观察 d 与预期的 d'。

▶▶ 结论

如果这一章在某种程度上成功地解释了生命表方法是如何被医学的承保人应用于死亡风险的分类，我们应该理解的是，这个主题是非常广泛的，而这个报告的范围是有限的。许多主题被省略或描述得不够充分。在这本书的其他章节，读者将会发现无数的随访研究结果的例子被用来为承保选择和风险分类提供一个合理的基础。此外，1990年出版了一本新的死亡率参考专著，取代了原来的《医疗风险卷》。由美国人寿保险医疗董事协会和精算师协会联合赞助，由 MIB 公司的医疗精算统计中心提供技术和其他支持，这本新书出版了两卷，是原来的两倍，有近400篇摘要。为了进一步讨论在设计、实施和分析等后续研究中所使用的技术，读者应参考美国癌症协会主办的1983年研讨会上发表的论文集。这包含了大量关于本章中省略的主题和术语的材料，如世代研究、病例对照研究、临床试验、偏差、回归分析、多元分析、生命表精算开发等主题。在这一章中，我们忽略了生存模型和许多统计术语。这类题材的一个很好的来源是精算师协会的研究报告。

生命表方法可用于除死亡以外的结局。任何可以明确定义的病态事件都可能是和死亡类似的结局定义。然后死亡率就变成了发病率或病态事件率，而生存意味着"没有新的病态事件"。在用于比较时，死亡率比变成发病率比，超额死亡率（EDR）成为超额事件率。[22,23]

▶▶ 参考文献

[1] Singer RB, Levinson L (eds). *Medical Risks: Patterns of Mortality and Survival.* Lexington, MA: Lexington Books, 1976; chapters 2 and 3.

[2] Benjamin B, Haycocks HW. *The Analysis of Mortality and Other Actuarial Statistics.*

Cambridge, England: University Press, 1970.

[3] Shryock HS et al. *The Methods and Materials of Demography*. New York: Academic Press, 1976.

[4] Cutler SJ, Ederer F. Maximum utilization of the life table method in analyzing survival curves. *J Chron Dis* 1958; 8: 699.

[5] Pokorski RJ. Mortality methodology and analysis seminar – text. *J Insur Med* 1988; 20 (4): 20.

[6] Rogers OH, Hunter A. The numerical method of determining the value of risks for life insurance. *Proc Assoc Life Insur Med Dir Am* 1919; 7: 99.

[7] Society of Acmaries. 1975 – 1980 Basic Tables. 1982 *Reports of Mortality and Morbidity*. Chicago: Society of Acmaries, 1985; 55.

[8] Metropolitan Life Insurance Co. Effects of selection on mortality. *Stat Bull* June 1971; 51: 9.

[9] Lew EA, Gajewski J (eds). *Medical Risks: Patterns of Mortality by Age and Time Elapsed*. New York: Praeger, 1990.

[10] Singer RB. The conversion of mortality ratios to a numerical rating classification for life insurance underwriting. *J Insur Med* 1988; 20 (2): 54.

[11] Butz R et al. Strucmred settlement workshop. *J Insur Med* 1990; 22: 133.

[12] Singer RB. Mortality follow – up studies and risk selection – retrospect and prospect. *Trans Assoc Life Insur Med Dir Am* 1978; 62: 215.

[13] Eyman RK et al. The life expectancy of profoundly handicapped people with mental retardation. *N Engl J Med* 1990; 323: 584.

[14] Singer RB. A method of relating life expectancy in the USA population life table to excess mortality. *J Insur Med* 1992; 24 (1): 32 – 41.

[15] Singer RB. The impact of excess mortality on life expectancy: tables based on levels of EDR (excess death rates) and rates in the U.S. Decennial Life tables for 1989 – 1991 (white population). *J Insur Med* 1998; 30: 138.

[16] Singer RB. How to prepare a life expectancy report for an atrorney in a tort case. *J Insur Med* 2005; 37: 42.

[17] Schmidt C, Singer RB. Structured settlement annuities, Part 1: Overview and the underwriting process. *J Insur Med* 2000; 32: 131.

[18] Singer RB, Schnudt C. Structured settlement annuities, Part 2: Mortality experience 1967 – 1995 and the estimation oflife expectancy in the Presence of excess mortality. *J Insur Med* 2000; 32S: 137.

[19] Feinstein AR. *Clinical Epidemiology*. Philadelphia: WB Saunders Co., 1985.

[20] National Cancer Institute Monograph 67. *Selection, Follow – up and Analysis in Prospective Studies*. Bethesda, MD: NIH Publication No. 85 – 2713, 1985.

[21] London D. *Survival Models and their Estimation*, 2nd edn. Winsted and New Britain, CT: ACTEX Publications, 1988.

[22] Singer RB. Comparative morbidity – what are the prospects? *J Insur Med* 1988; 20 (3): 47.

[23] Singer RB. Morbidity abstract – recurrent MI in post – MI patients: the Framingham experience. *J Insur Med* 1988; 20 (3): 54.

第 5 章 次标准体人寿保险的评级

迈克尔·W. 基塔（Michael W. Kita）

- 风险分类
- 风险
- 总结
- 附录
- 参考文献
- 英国、美国和日本的寿命表

当你不能衡量（你所描述的东西），当你不能用数字来表达它时，你的知识是贫乏的、不能令人满意的。[1]

——开尔文爵士

奥斯卡·罗杰斯（Oscar Rogers）和亚瑟·亨特（Arthur Hunter）在1919年发表他们的"确定保险风险价值的数值方法"时无疑是赞同他们的科学同辈开尔文爵士（Lord Kelvin）上述信念的。有关实际死亡率数据的需求，他们甚至说"如果一个被要求对风险价值作出专家意见的人员没有评定所涉及的特殊危险分级需要的基础数据的话，那么他是无论如何也无法给出专家意见的"。[2]或许这是一个大胆的声明，但罗杰斯和亨特是人寿保险定量风险评估广泛应用的积极推动者。

▶▶ 风险分类

在数字评级系统发展之前，人寿保险几乎只考虑接受符合"标准"风险的申请人并拒绝有其他风险的申请人。但是随着世纪之交大规模医学损伤研究的出现，其主要考量则变成了衡量受损（次标准体）寿命所造成的超额死亡率，以及将其与精算经验和医疗预期死亡率及预期寿命在数学上联系起来。显然，只要次标准体所支付的费用能够代表保险公司估计的所需承担的额外死亡风险，他们就可以被接受投保。因此，"评级"（与所包含的超额死亡风险相对应的额外保费）构成了核保的基础，使得保险公司不仅可以对风险（可接受/不可接受）进行描述，而且还可以对其进行量化（不符合标准的程度）。在这样做的过程中，保险公司从最简单的风险分类形式（可接受/不可接受）转变为更复杂的形式（次标准体等级）。如果保险公司能避免投保人的逆选择，并且对风险进行适当分类，那么他们可以在更广的保险市场上盈利，并且这一更广覆盖带来的好处可惠及更多的人，而不仅是符合条件的人。

数字评级系统

罗杰斯和亨特所做的数字评级系统开创了以定量方式规范化风险评估的思维过程。他们认识到，核保决定虽然并不总能（或容易地）简化为数字，但也不是奇迹或独特而不可思议的结果。相反，这样的决定代表了通过综合经验和判断，系统地权衡某些有利和不利的风险变量，从而对风险进行的总结评估。这些因素及其权重可以进行赋值，然后根据一定的规则进行组合。这些方法的应用保证了在可确定关键风险变量和可测量或估计死亡风险的情况下，核保决定能够有更好的一致性和更快的决策速度。

简单来说，标准风险的赋值为100%（即一个风险单位）。将预期可能会产生超额死亡风险的不利危险因素、条件或损伤加入该基准风险中。例如，如果一个人有两个独立的损伤A和B，且每一个损伤与标准寿命相比已知死亡危险度增加50%，则预期总死亡风险为100%的基准（标准）风险增加+100%的评级（即标准风险的两倍，或200%）。也就是说：

例1：
基准（标准）风险
损伤A相关的额外死亡风险　　+50%
损伤B相关的额外死亡风险　　+50%
总（最终）死亡风险　　　　　200%

需要注意的是，每个损伤评级为+50，相当于保障预期超额死亡成本所需的额外保费的金额。每个评级之前都有一个加号，表明增加是一个超额死亡率，但由于这将带来额外的保险费，因而+50实际上构成了申请人的加费。同样，如果该申请人具有与罕见长寿相关的特征，则可以考虑减费（例如-25或"减二十五"），并将其作为因素纳入算数评价中。本书的后续章节描述了如何量化特殊的身体状况以确定适当的评级。

如果这些损伤如 A 和 B，不是独立的，则评级需要考虑其他的方法，而不是简单的加法。例如，如果损伤随着时间的推移以某种共病或协同的方式相互作用，则它们的等级需要比两个评级的简单总和更高。另一方面，如果损伤以某种方式相互关联（相互依赖），则净评级需要降低到小于两者总和的级别等级。精算经验和临床判断决定了大多数的解决方案组合，但评级相加至少可以计算初始核保考虑的合适评级。

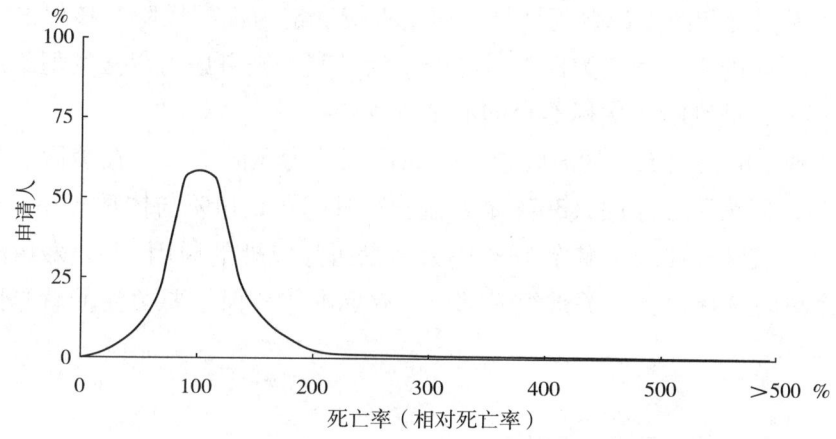

图 5.1　人寿保险申请人的死亡风险分布

使用表进行评级

在例 1 中，最终死亡风险评级为 200%，但是死亡风险是一个连续体（见图 5.1），评级可以是任意值。从理论上讲，也可能存在最终评级为 201% 和 199%。然而，实际上评级不可能精确到这个程度，并且已经归类为分类或"表"。一个常见的方案是以 +25% 的增量建立风险等级，例如：

$$
\begin{aligned}
表 A &= +25\% \ (125\%) \\
表 B &= +50\% \ (150\%) \\
表 C &= +75\% \ (175\%) \\
表 D &= +100\% \ (200\%) \\
&\cdots \\
表 P &= +400\% \ (500\%)
\end{aligned}
$$

根据这样的排列，例 1 中的假定申请人将对应于表 D（评级为 +100 或"第四个表"）。不同的公司会选择使用不同的次标准风险等级，一些有 16 个表（如 A 到 P），而其他只有其中少数几个（如 +50，+100，+150，+200，+300，+400）。

还有另一些公司使用的分组则不是基于 +25 的倍数。有关其他方法的进一步探讨可以在本章"表评级法"中找到。

在表单范围上限的许多风险（例如超过 +400）被认为是投机风险。根据不同公司的风险承受能力，这些高风险的申请人可能会被拒保，也可能被转交给专门的风险承担人，给予有限制的或试验性的保险项目，或有再保险人参与风险的保险项目。

在美国，绝大多数（93%～94%）的人寿保险申请被接受为标准风险。[3] 大多数申请人都无须复杂的借记费用计算，而是直接确定为标准风险。核保的主要目的是关注 6%～7% 的未被确定为标准风险的申请：其中被考虑可以接受但最终被拒绝的有 2%～3%，被判断为次标准合同的则有 4%～5%。

图 5.2 展示的是图 5.1 的风险连续体如何划分为风险等级。在美国，次标准问题中有 82% 是因为医疗原因（36% 是心血管肾脏问题，14% 与体重相关，32% 是其他医疗原因）被额外评级，剩余 18% 则大多是医疗以外的原因。[3] 人寿风险的医疗选择是整个风险选择过程的关键组成部分，次标准体核保主要关注的就是医学上的次标准风险。

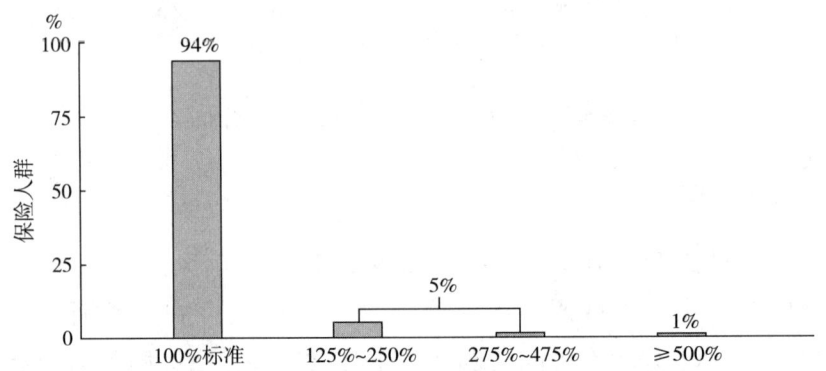

图 5.2　人寿保险申请人的评级分布

标准的范围

由于次标准风险的定义和量化与标准风险相关，因此有必要对"标准"的一些细节有清楚的认知。另外，标准风险是基本单位风险或 100%，因此它被理解为标准分类的绝对核心风险。标准分类是死亡率小于 100%（标准的 80% 或 90%）和死亡率大于 100%（例如标准的 110% 或 120%）的各种风险的混合（见图 5.3）。

标准分类有多宽的范围且还能符合标准精算定价假设，是每个公司需要决定的重要内容（参见表 5.4 假设的例子）。由于女性和男性、非吸烟者和吸烟者的死亡

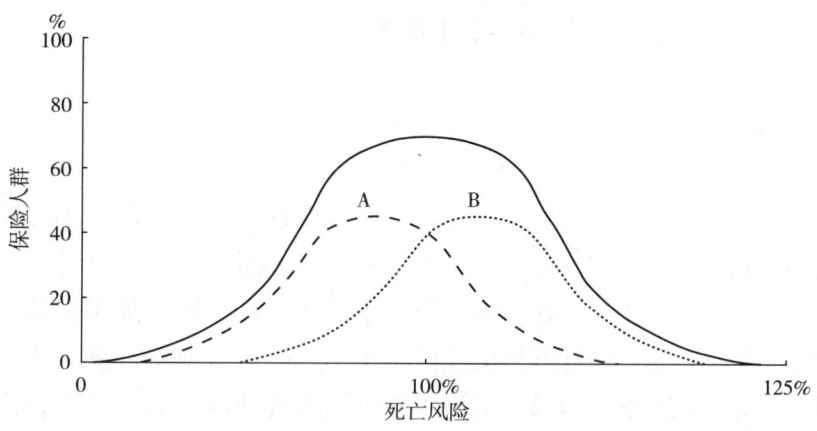

图 5.3　标准组

率分布有很大差别，公司会将其范围较宽的标准分类分为多个标准组。图 5.3 中的虚线和点线说明的是一个以 100% 为中心的单一"标准"人群的复合曲线。实际上，这一曲线是由两个因特定因素而风险略有不同的重叠人群构成：女性与男性，或不吸烟者与吸烟者。这些单独的群体（如标准男性、标准女性）中每一个都具有其特定的基本费率，任何额外的次标准等级都能适用。进一步来说，一家公司可能有四个标准人群：男性吸烟者、男性不吸烟者、女性吸烟者和女性不吸烟者。

另外一种处理图中邻近标准区域中风险的方法是将明显优于标准的预期死亡认为是"优良"风险。这种风险可能包括女性非吸烟者或拥有基准利率 100% 的死亡获益的人。有些公司会给这样的个人提供优惠（超标准）的费率。但需要注意的是如果这样的寿命被剔除标准寿命分类之外，那么在该类别中剩下的寿命分布的平均权重将会比之前更偏向于次标准，而这在定价假设中也需要考虑到。

在保险用语中，"标准"是指申请人具有可接受的正常或平均的死亡风险特征：健康史、危险因素、家族史、业余爱好等。决定这一标准的准则在工业人寿保险与普通人寿保险、个人（长期）人寿保险与团体（定期）人寿保险方面是不同的：产品和它们的预期市场存在不同，评级必然也会随着它们标准的概念而不同。

所以，标准可以有多个含义（正如"正常"可以有多个不同的含义）：[4]（1）可以按照保险产品的标准保费费率接受投保；（2）满足承保部门的合格标准；（3）经验或预期显示具有与其他标准分类的成员相似的死亡风险；（4）无条件可接受（即适用）。不同年龄和不同类型保单应付的标准保险费率是根据核保时使用的基本死亡率表计算的。有时候，保单可能会因为其标准保费费率而被称为标准，但实际上它发放的是减少的保险金，或者受到一些追加保单限制并不符合典型的标准保单。相反，保单可能因股息和非没收价值而被视为标准，但在价格上不符合标准

（例如，进行暂时的"固定额外保费"的评级）。

次标准体

次标准体有时被称为受损生命，尽管有问题的损伤可能目前并不影响健康或出现降低机体功能的情况。一些损伤（高胆固醇、家族史、高血压）作为危险因素，可能导致一些人过早死亡，但并不能预测每个人的最终风险。如果在核保时存在这些因素，代表的是特定的和可测量的风险考量，及具有相对概率的未来损伤，但并不是即将发生或不可避免的后果。风险可能因为各种原因成为医学上的次标准。为了避免投保人的逆选择且将额外保费的适当数额和期限与不合标准的程度相匹配，需要对风险进行识别和分类。

在特定的时间点以及特定的保险产品方面，需要根据现有关于未来（死亡率）风险的医学知识，在申请人所披露的健康状况基础上做出风险决策。对于个人人寿保险，风险决策是最终的一次性决定（禁止失效、复效或可争议性等）。对于团体人寿保险，其决定的条款可在每次续期时重新审查。但影响人寿保险决策的关键因素是死亡风险，并且次标准业务的补充评级主要反映与特定损伤相关的死亡率成本。因而量化超额死亡率及其调节因素，以及预测死亡率随着时间推移的模式（损失分布），是次标准人寿评级的主要内容。

比较死亡率

次标准体的承保是使用比较死亡率判断次标准风险。简单地说，一种情况被视为不合标准，那么有这种情况的人的实际死亡率必须大于预期死亡率。为了了解预期的死亡率，必须要有可参考的经验死亡率。

有关预期死亡率的信息在许多临床和保险研究中都以图形和表格形式存在。图形数据通常可以转换为寿命表的形式。虽然寿命表在概念上都是相似的，但并不是所有的寿命表都是相同的。有些表是某一特定年，其他则可能会覆盖五年或十年的时间。有些表使用直接（固定间隔）或精算方法，其他则使用 Kaplan–Meier（可变间隔）方法。有些是完整（单衰减）的表，其他则是以双重衰减的方式说明删失的寿命（失效或撤回）。有些表格是原始的或基本经验，其他则是平缓或逐渐消失的，甚至可能是包含边际或负载的（如精算师的估值表）。总之，表可以是综合性的，也可以是以不同形式简化的。

尽管表5.1并未列全所有内容，但它提示了可用作比较死亡率的各种寿命表数据。第4章讨论了许多进行死亡率比较的细节，另外通过对《医疗风险卷》[5,6]的快速浏览可以使感兴趣的读者快速了解诸多可以用于比较死亡率的资源。

表 5.1　　　　　　　描述比较死亡率的寿命表数据特征的术语

常规使用的死亡率	预期死亡率参考人群	表的类型
年龄死亡率	美国人口	年度
年龄—性别—死亡率	队列	时间段（如每十年）
损伤特异性	个人保险寿命	选择
未治疗	标准	终极
治疗	次标准	合计
	团体人寿	简化
		估价

从根本上讲，保险公司感兴趣的死亡率比较是投保人寿的额外死亡率的比较。被保险人需要通过一个对死亡风险筛选的选择过程。即使是团体险也表现出"选择效应"，因为在核保时是否在工作是重要的健康状态筛查指标。个人人寿保险的筛选过程更加全面彻底，导致选择寿命的标准经验死亡率远低于一般人群，甚至是低于团体死亡率。

表 5.2 中的死亡率来自辛格和伍德曼[7]（见第 3 章），是 42 岁男性的预期死亡率。这些预期死亡率是根据四个内容不同但大致同时代的寿命表（c 1980）得到的年死亡率（每千人）。进入年龄与人寿保险已生效（生效期限）时的达到年龄（42 岁）不同。在没有保单（如美国男性人口）或刚刚通过保单（保单期限等于零）的情况下，进入年龄等于达到年龄。"选择"和"终极"是指被选为个人人寿保险标准风险的人在选择阶段和最终阶段的死亡率。"团体寿命"指的是被选为团体人寿保险标准风险的人群的死亡率。"美国人口"是指未选择人群的死亡率。

表 5.2　　　　　　　42 岁男性的预期死亡率（显示选择效应）

	个人寿命				团体寿命[c]	美国人口[d]
	选择[a]		终极[b]			
进入年龄	42	40	37	27	42	42
保单期限	0	+2	+5	+15	0	—
达到年龄	42	42	42	42	42	42
死亡率[e]	1.0	1.6	1.9	2.0	2.2	3.6

[a] 1975—1980 年基础选择个人人寿。

[b] 1975—1980 年基础终极个人人寿。

[c] 1975—1979 年团体人寿。

[d] 1979—1981 年美国人口。

[e] 每年每 1 000 人。

表 5.2 说明了以下几点：（1）这些死亡率中的任何一种都可以被认为是"预期"死亡率，但这些率显然是不同的，并且在描述超额死亡率时，必须注意确保它

是与相关的"预期"死亡率进行比较；（2）由于选择效应，人寿险被保险人（无论个人还是团体）的死亡率都低于一般人群；（3）选择效应随时间逐渐减少（参见较高的保单期限的选择率），但即使终极率也显示出一些残留效应。

区分损伤特异性死亡率

为了评估次标准死亡风险的严重程度，与健康状况相关的损伤特异性死亡率需要从预期基线死亡率中区别或分离出来。简单来说，有两种方法可以做到这一点。

一种方法是直接比较法。在由保险人寿组成的人群中，可以测量损伤的死亡率效应，并可直接与没有损伤的相似人群的死亡率进行比较。理想的情况是这些人群除损伤以外在各个方面都是相似的。这种方法的一个实例是人寿保险的行业研究（例如公司间研究）。

测量效应的另一种方法是间接法。在一般人群如临床研究中可能观察到死亡率效应，调整这样的一般人群预期死亡率（没有所述损伤时的死亡率）后，则可区分出与人寿保险的人群损伤特异性死亡率。

无论哪种方式，区分出的死亡率效应都是增量风险的度量。

增量风险

增量风险可以通过两种基本形式表示：（1）作为增量差异，或（2）作为比例变化。[8] 在保险术语中，这些被分别称为超额死亡率（EDR）和死亡比例（MR）。

假设 q 和 q' 分别表示实际和预期的死亡率——实际的有损伤（I）和预期的无损伤的死亡率。进一步假设 q 和 q' 所在的群体是相似的人寿保险人群，除存在或不存在损伤外，在所有重要方面都是相似的。那么差异（$q - q'$）将等于损伤特异性超额死亡率（称为 q_1），并且可通过上述直接比较法得出。

现在假设另一对死亡率 q_{US} 和 q'_{US} 代表有上述相同损伤（I）的美国人群的实际死亡率，以及无损伤的美国人群的预期死亡率。其差异（$q_{US} - q'_{US}$）是和前述方法相同的 q_1，只是这是间接得出的，是根据保险以外的人群得到的。然而，如果 q_1 加到被保险人的人寿 q' 中，则会得到相当于在一组被保险人中研究损伤时观察到的死亡率 q。

因此，无论如何推导得出，损伤特异性死亡率是评估以 MR 或 EDR 中表示的次标准风险（增量死亡率）的基础。从数学角度而言，这些风险的测量可以表示如下：

$$EDR = [q - q']1\,000 = [(q' + q_1) - q']1\,000$$
$$= q_1(1\,000)$$

$$\text{MR} = [q/q']100 = [(q'+q_1)/q']100\%$$
$$= \text{损伤特异性额外死亡率}$$
$$= 100\% + (q_1/q')100\%$$
$$= \text{标准} + \text{损伤评级}$$

由于死亡率通常是以千为单位报告的,所以 EDR 是通过取率的差值并乘以一千来计算的。类似地,由于比例通常是以小数表示,因此 MRs 是通常计算两个死亡率的比值并乘以一百,从而得到一个整数(表示为百分比)。

如果保险申请人有多个损伤,则损伤将是不止一个 q_1,且损伤不符合标准的程度表示总超额死亡风险。总超额死亡风险可根据所含各种风险的独立性,运用数学方法或其他方法进行合并。

其他需要说明的问题包括:

(1)持续时间和时间跨度多长(5 年、10 年或更长)时,q、q' 和 q_1 的估计准确或有意义?

(2)何时可以使用年率,以及何时需要或更应该使用合计或几何平均年率?

感兴趣的读者可参考其他有关方法学问题的资源。[9]

风险

之前的段落中已经使用了术语"风险",虽然其意思不言自明,但还是有必要进行一些讨论。当保险公司从事风险分类及风险选择时,主要是试图将标准死亡风险与超额风险区分开,并对后者的可保性进行分层。[10,11,12] 广义上讲,风险等于债务或暴露:如果一项保单支付 1 000 万美元的死亡保险金,那么从根本上讲这笔金额是在做出最终核保决定时面临的风险。风险分类产生包含各种相似死亡率(即所有被评估为 + 100 的风险,无论其是心脏的损伤、神经系统的损伤或背负债务,都被认为有两倍标准死亡风险)的风险等级。如果标准风险在未来 n 年内有一定的死亡可能性或概率,那么 + 100 风险就是这些概率的两倍。因而风险选择(即核保)包括审核投保风险(有死亡风险的申请人和濒于险境时的死亡保险金),确定所含死亡风险的性质和严重程度,以及评估适当的风险等级和保费。

率和概率

"风险"有时候似乎可交替使用死亡率或死亡概率表示,然而这可能会带来一些混淆。有些率的确表示概率。每年的死亡率 q 是一个真正的率,因为每年都有死亡。但在数学上也是一个概率估计，表示在特定时间范围内（1年）发生某事件（死亡）的可能性，并在0到1的范围内取值。然而，由于不是所有的率都是概率，并且由于某些率的取值可能是0到无穷大的任何值，所以区分率和概率尤其重要。严格来讲，率是测量到的每单位时间事件的发生情况，概率则是在特定时间范围内事件发生的可能性。根据经验确定的年死亡率是预测类似队列的预期年死亡概率的基础。

在死亡率相关内容中，需要特别说明的是瞬时死亡率 μ_x，也被称为死亡强度。通过微积分，它是某个时点评估的生存曲线的一阶导数或极限值。而 q_x 是下一个年度间隔（x 至 $x+1$）中的死亡风险，μ_x 是在 x 岁时的瞬时死亡率。μ_x 不是概率，但作为瞬时率，它可以取 >1 的值。由于它独立于任意年龄间隔，所以 μ_x 被认为是比 q_x 更基本的死亡率测量。它是传统生存曲线如冈珀茨方程和梅卡姆定律的一个关键变量。通过这些理论曲线可将原始数据拟合为死亡率模式。已有从 q_x 估计 μ_x 的有效方法，并在精算资源中有详细介绍。[13,14]

死亡强度

从根本上讲，死亡强度是死亡模式，是随时间变化的死亡分布（有多少发生在早期或不成熟阶段，以及发生在晚期）。这是人寿保险试图建模的内容，建模从而得以对其保单、标准以及评级进行正确定价。长期以来，死亡一直被认为主要是年龄上升的一种结果，在最初的婴儿高死亡率阶段过去后，随着年龄增大，死亡风险也随之增高。对于任意一个大人群，如果以生存率百分比（y 轴）和自出生以来的年数（x 轴）作图，绘制出的生存曲线大致形状如图 5.4 所示。

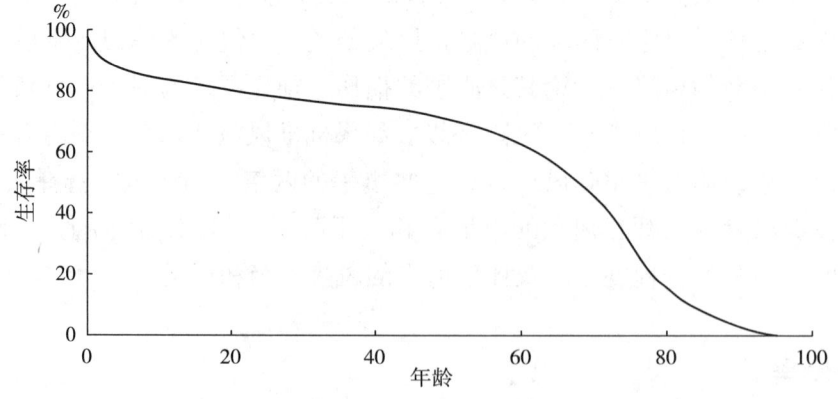

图 5.4　典型冈珀茨生存曲线

生存率百分比从100%到0取值，并且在数学上等同于概率；自出生的年数是自变量，即年龄（x轴）。

这个冈珀茨的经典生存曲线形状，以数学家本杰明·冈珀茨（Benjamin Gompertz）命名。[15]他在1825年提出了一个与人口生存函数极为近似的公式。他认为μ_x是对一个人死亡可能性的衡量指标，并提出该指标会随着年龄增长呈几何级数增加。1860年，威廉·梅卡姆（William Makeham）对冈珀茨的公式进行了改进，使理论模型更接近于实际人口生存曲线。这个叫做梅卡姆定律的函数是一个复杂的公式，其中μ_x是e的指数（标准精算课本对这个内容进行了详细讨论），它的形式是$\mu_x = A + Bc^x$。尽管μ_x被称为死亡力，但梅卡姆函数提示μ_x本身是由分力组成。大致来说，死亡率的"A、B、Cs"是在任意年龄x赋予意外事故、行为风险（环境和公共卫生因素，如吸烟、获得性疾病、可控或可纠正的危险因素）和细胞衰老的权重。次标准人寿的评级主要与"B"因素相关死亡风险的量化有关。这些"B"因素（风险暴露、健康状况及重要合并症）被认为会加速老龄化或过早死亡。

尤其需要注意的是，可以构建一般人群的曲线、保险人寿的曲线以及不同类型损伤子集的曲线的生存曲线簇。临床医生使用的累积生存曲线是精算师使用的累积死亡率曲线的补充。将寿命与死亡联系起来的生存函数，使得人们可以推断预期的死亡（死亡率）和预期剩余的寿命（预期寿命）。任意两条生存曲线，或他们的相关部分都是可比的；或者他们的寿命表（曲线的表格形式）也是可比的。所以，并不奇怪，借记超额（过早的）死亡通常有如下几种方式：通过表评级的均数、固定额外保费以及债务/留置权（使用比较死亡率）或年龄校正（使用比较期望寿命）进行评级。

死亡率模式

常见的死亡率模式（与预期保险人寿标准死亡率不同的死亡率）是什么？典型的超额死亡水平和发生率的模式如表5.3所示。伍德曼贡献了表5.3和本节中的许多想法。[16]

表5.3　　　　　　　　　　　　　　　额外死亡的模式

模式	实例
额外死亡的级别编号	职业/嗜好相关的意外事故
额外死亡的百分比级别	呼吸系统疾病
百分比递减	癌症；近期重大手术
缓慢百分比递减	心肌梗死
缓慢百分比递增	心脏杂音；糖尿病；超重

理论上是可以根据适用于损伤的评级（死亡率）表来确定任意损伤的额外保费。如果扩展足够广，这样的表是可以进行所有年龄的个体化评级。但由于这么做需要大量的定价等级，并且很难获得足够数据来定义所有年龄的所有损伤的精确模式，所以这种做法是不切实际的。

为保证定价级别和评级表的适宜数量，保险公司通常使用两个主要系统来处理一系列额外的死亡率：

1. 反映标准死亡率水平或缓慢百分比递增的有多个表级别的系统（例如，如前所述的表 A－P）。大多数医学损伤以及其他评估因素的额外死亡率在大多数年龄都是标准死亡率相对固定的百分比，都可以包含在这些多个表的额外保费中。

2. 具有多个级别的固定额外保费系统，例如，保单面额的（即每千保单单位的货币单位）2.5‰～20‰。这反映的是每千额外死亡人数的固定数量或标准死亡率下降的百分比。有时，固定额外保费被应用于痊愈后具有高短期初始死亡率的医学损伤，相对而言这是暂时的（例如 5～10 年）。或者，固定额外保费可用于支付某些职业或嗜好的危险活动，在这种情况下，这一费用可能是终身的，或至少在危险终止之前一直适用。

虽然使用这些系统且不对其进行改进可能已足以解决许多风险，但仍有几个改进是值得考虑的。第一个是增减型方法：固定额外保费或表评级初始很高，但随着年龄或保单持续时间增长而逐渐减少，通常最终会达到标准费率。例如，不是固定数额（如5‰）而是固定期限（如 5 年）的固定额外保费可能就是逐渐变化的（如开始的 2 年为 5‰，之后的 2 年为 3‰，再之后则为标准费率）。同样地，表格评级可以是在年龄较小、刚痊愈或最近一次患病后较高，然后随着时间变化而降低。时间增减型（评级随着时间变化而衰减）可以避免所评等级的周期性再审议。

另一个改进是将确定固定额外保费与多表评级相结合。例如，某些心脏损伤可能有较多的急性死亡率和较少的长期死亡率。而这一混合风险可以通过在固定或减额表评级法中增加临时或逐渐减少的固定额外保费来妥善解决。

固定额外保费法和表评级法本身是基于比较死亡率的相关指标，分别为 EDR 和 MR。固定额外保费法（临时或终身）和表评级法（固定或可变）无论单独使用或同时使用，都直接涵盖了大多数风险。他们为申请人提供公平的服务，可在风险等级的死亡数据支持的情况下进行个性化评级，同时为保险公司提供灵活性，避免需要排序的表或决策树出现无法管理的数量。

另外两个寿险核保人适用的风险管理方案是年龄调整和债务或留置权。这是处理不常见的客户需求或业务情况的合理方法，不过这一方法是以间接方式处理死亡风险。这些将在后面的段落中进一步讨论。

表评级法

正如本章前面所讨论的,表评级法的基础是损伤的实际死亡率与"没有损伤"的预期死亡率相关的死亡比率理论 [MR = 100 (q/q')]。表评级法较多用于具有标准死亡率水平或标准死亡率缓慢百分比递增的损伤(见表5.5)。表评级也与暂时的固定额外保费协同用于某些缓慢百分比递减的损伤。

表 5.4　　　　　　　　　三个假定公司的评价等级(等级可接受范围)

A 公司	B 公司	C 公司			
		<30	30~39	40~49	50+
100%(85~120)	100%(80~125)	100%(达140)	(达135)	(达130)	(达125)
125%(125~145)	140%(130~150)	150%(达185)	(达175)	(达170)	(达165)
150%(145~160)	170%(155~185)	200%(高达250)			
175%(165~185)	210%(190~235)	300%(高达350)			
200%(190~210)	270%(240~300)	450%(高达500)			
225%(215~235)	350%(305~400)	600%(高达750)			
250%(240~275)	450%(405~500)				
300%(280~325)	750%(505~1 000)				
350%(330~375)					
400%(380~450)					
500%(455~550)					

不同的公司根据它们的产品、市场、经验及风险承受能力建立它们自己的表评级。表5.4展示了三个假定的公司,它们拥有不同的次标准等级计划。其中,A公司有10个超过标准的次标准等级。其标准为-15至+20(85%~120%),并且等级范围为不同等级表评级的中间值。A公司可接受风险最高为550%。

B公司则将标准定为-20至+25(80%~125%),接受案例风险最高可为1 000%。它使用750%作为其最高评级表,并且评级等级不是25%的倍数。C公司有5个次标准等级。其标准风险可达140%,但仅针对30岁以下申请人。根据申请人的年龄范围,该公司对标准的上限有不同的定义。同样地,其第一次标准等级150%(+50)也根据申请人的年龄具有不同的上限。但其余的次标准等级都是相同的取值范围。该公司承保的最高风险可达表评级为600%。

后续章节中的大多数表评级法都是25%的倍数,因为这是一个常见惯例。偶尔,损伤评级可以是一个范围(+50%至+100%),并且一般来说,以下情况适用较高评级:拟被保险人年龄较小(如35岁以下)、有高负债、或风险严重程度为范围上限;或者自疾病发生、治疗或痊愈以来的时间按先后顺序更接近下一个更高评级类别。

虽然表评级为200%可能是标准评级100%的两倍，但是最终保费并不等于标准毛保费的两倍。[12]这是因为死亡成本不是收取保费的唯一要素。评级为200%确实意味着死亡风险是标准组预期死亡风险的两倍，并且也的确表明死亡成本是标准组净死亡成本的两倍。然而，收取的毛次标准保费的最终数额一般反映的是次标准合同缔结、维护、重新估价、失效和再保险约定所需的不同成本或增量成本。对于定期保险，次标准保费和标准保费的关系更接近于百分比评级，因为保险公司没有必要持有大量准备金以应对将来的索赔。

固定额外保费法

另一个解决次标准风险的主要途径是固定额外保费平均值。如前所述，固定额外保费是基于超额死亡率理论 [$EDR = (q - q') 1\,000$]。这一类方法主要应用于一定水平超额死亡数的损伤（例如固定EDR）或超额死亡率快速百分比递减的损伤。固定额外保费也与多个表评级结合用于某些缓慢百分比递增的损伤（见表5.5）。

表5.5　　　　　　　　　　与特定超额死亡率模式理论一致的评级方法

死亡率模式/风险情况	评级方法
额外死亡的等级编号	终身固定额外保费
等级百分比	多表评级
百分比递减	临时固定额外保费
缓慢百分比递减	多个表评级加临时固定额外保费
缓慢百分比递增	表评级，加随年龄或逐渐死亡保险赔付额
重度早期风险或衰退的替代	负债/留置权评级

固定额外保费可能是暂时的，如最初高风险随时间降低的情况（例如经治疗的癌症、心肌梗死、自杀未遂以及经手术治疗的消化性溃疡疾病）。如果损伤具有极高的初始死亡率（例如大多数癌症），则保险延期1年或更长时间，然后提供固定额外保费。固定额外保费一直应用到死亡率水平趋于稳定并大致接近标准被保险人的预期生存期。

如果风险是稳定的或持续的，如发生与所选择的职业或嗜好有关的意外事故的情况下，固定额外保费可能是终身的。然而，当不再有风险暴露，固定额外保费也可终止。除非是一些毒素暴露，依然会残留有剩余风险需要处理。

作为固定额外保费基础的EDR相比MR对年龄的变化较不敏感。辛格通过图5.5已经很好地展示了年龄对MR和EDR的影响[7]。由于死亡率自然地随着年龄的增长而增加，所以MR的分母和EDR的减数不断增大，但对MR的影响更为明显

（因为它是比率）。一个简单的经验法则是进入年龄为30、40、50及60岁的男性被保险人，其被保险人寿在初始五年选择期的预期年死亡率（q'）对应为（每年）1‰、2‰、5‰和10‰。可以发现，30岁时EDR为4对应的死亡率为500%［(4 + 1)／1］，但50岁时相同的EDR对应的死亡率为180%［(4 + 5)／5］。因此，固定额外保费通常是有损伤老年人寿（65岁以上）选择的评级方法。

虽然公司间的做法有所不同，但普遍使用的近似值都是认为EDR每增加1（每1 000）大约相当于额外1‰（保险面额）作为固定额外保费。在一些教科书中，这被称为固定额外保费为1／mil（mil是拉丁语中千的缩写）。例如，如果固定额外保费因为EDR相关的死亡率模式（终身或暂时）优于表评级，那么固定额外评级为5／mil可能表明DER为5。

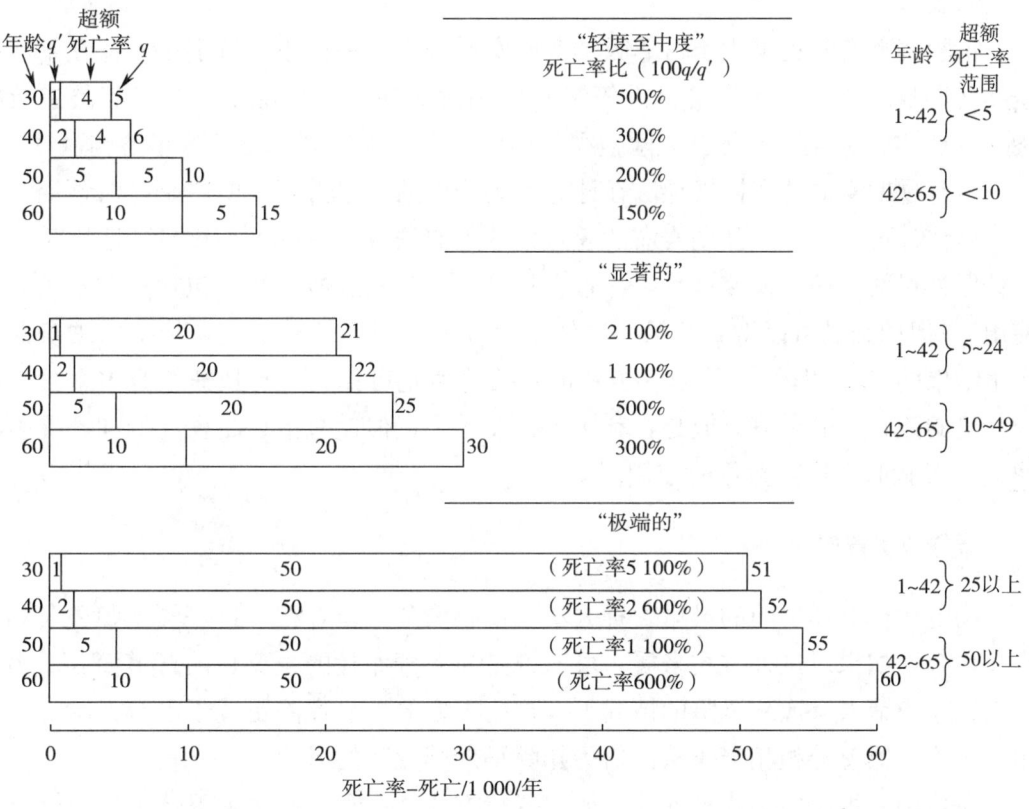

图5.5 超额死亡的程度：经作者和《保险医学杂志》许可转载

年龄调整

由于在生存曲线或生存函数中死亡率与预期寿命成反比关系，因此两者存在对应关系：年龄为x的人有已知的超额死亡率，那么这个人与年龄为$x + n$的人有相同的预期寿命。因此，一个40岁、死亡率与标准的比率为250%的人与49岁、健康（标准）人有相同的预期寿命（29岁）。这个40岁的人则可能会被考虑以49岁的标准费率承保。这并不是说任何一个人的寿命本身都是可以预测的，但只有基于大数定律才能预计平均预期寿命。年龄调整（年龄增加岁数）在历史上是英国受损寿命的评级方法。这一方法对随持续时间缓慢增加的风险最为有效，或者在经验数据不足以进行数字评级时可作为受损老年人寿保险固定额外保费的替代方案。

这种方法现在依然在有限地使用。并且由于预期寿命的估计是和残疾保险公司和其他机构的结构赔付一起进行的，因此在附录（见表5.6）中列出了结合年龄和次标准程度（MR%）的平均预期寿命。这些是精算协会1967/1970终极死亡表的更新，并且它们与1980年CSO基本表极为一致。这些都不是年金表，而是源自基本生命表。

年龄调整有时也可用于对非吸烟者或女性进行信用评级，特别是不存在基准率差异（即这些差异有各自的标准等级）的情况。在这些情况下，是对年龄进行减法，并且"超标准"或优良风险被视为他们比实际年龄更年轻（"年龄倒退法"）。

尽管预期寿命的表格推导法在计算上是严格的，但需要说明的是，对预期寿命的粗略估计可以基于对预期寿命的递减指数近似法（DEALE）。DEALE适用于一些以核保为目的的简易快速计算。尽管它只是做出某些近似估计（包括μ_x与q_x可互换使用），但的确是可以得到结果，即使是年轻人，得到的结果也在传统冈珀茨曲线产生结果的12%以内。[17,18]这一方法的主要价值是可作为一种快速组合多个独立医学状况的死亡率的手段，或是在利用生存曲线为近似递减指数曲线（例如癌症生存曲线）形状的人群q_x数据时使用。

债务或留置权

确定次标准体要约的最后一种方法是征收债务或留置权。这等同于归还公司部分死亡金。如果以这种方式来看，可以说是与人寿保险的主要目的背道而驰。另一方面，在申请人有递减风险的情况下，这些类型的人身保险更优于没有保险。这些申请人可能愿意分担相当于从面值中扣除早期减免额的风险。

在美国，很少使用或批准债务或留置权方法，尽管一些个人退休金信托计划采用了这种方法。在英国，一些养老金保险法是使用这种方法的。债务或留置权通常是保单面值的固定比例，按照债务金额减少应付保险给付金。债务通常在合同期内均匀减少，产生一种类似等级保险给付金。计算债务的常用公式是$100K/100 + K$，其中K = 应用的表评级。例如，+50的评级产生（100）（50）/（100 + 50） = 5 000/150 = 33%的债务。因此，在第一年只支付67%的面额。如果这是一个10年的养老保险合约，那么债务可能以每年3.3%的比例减少，最终在合约结束时应支付全部保险金。

这个方案的一个变化类型经常用于不需要核保的邮寄承保的人寿保险。双方同意，合同开始几年的赔偿金仅限于退还保险费，在这之后才是保险金的面额。

方法比较

四种方法如何比较？一个假定 40 岁、评级为 +150（250%）的人，使用死亡比（表评级）作为评估额外保险费的基本原则，则可能会被评为六个表（150%）。假设产生 250% 评级的相关死亡率分别为 5‰ 和 2‰（q 和 q'），则 EDR 为 3 以及固定额外保费为一段时间的 3／mil。使用附录中的表 5.7，一个风险评级为 250% 且 40 岁的人有相当于一个 100%（标准）评级的 49 岁的人相当的预期寿命（29 岁），则可能提供给他的保险方案是一个 49 岁年龄的标准费率。增加的年龄为 9 岁。同时，债务或留置权可能会评估为 (100)(150)／(100+150) = 60%，并在合同期内均匀减少到零。

失能

尽管本章的主题是人寿保险，但也应对失能进行一下说明。因为有的人寿保险保单中有失能免缴保费，甚至偶尔还有可支付一部分失能保险金的条款。评估损伤的死亡率的方法在某些方面与评价残疾（发病率）风险不同。大多数寿命的结局也有残疾的可能，但是有些很少或根本就没有人寿保险后果的情况，如脊髓疾病和焦虑障碍，仍然可能有明显失能。并且，死亡是永久性事件，失能则可能有痊愈甚至复发，因此会有更多逆选择的可能。此外，不同公司的完全失能的定义可能存在差异。最后，虽然死亡率数据相当丰富，但发病率数据却较为缺乏。并且因为失能通常与职业相关，疾病状态可能对一些职业而言是失能，但对其他职业则不是。

简单地说，人寿保单中失能部分的核保与死亡风险的核保有重要差别，尽管他们在数据收集和分析过程中有许多相似之处。保险公司可仅在标准业务中提供保费免缴（WP）附加条款，但理论上公司是可以在基础保单（人寿）具有可接受的小的表评级或固定额外保费时，提供评定（次标准）的保费免缴附加条款，或提供失能承保自身的保费免缴附加条款。

保险医学与临床医学

保险医学是一个不断发展的学科，由于其涉及预期的医疗精算风险，因此主要是基于对医学数据的解释。在第4章中被翻译为医疗主任或核保人的观点有时可能与执业临床医师不同。例如，临床医生在报告医疗或手术研究的长期结果时通常是报告生存率或生存百分比。而在保险医学中，则是使用死亡率和死亡比作为人寿保险成本估算的基础。观点的差异可以用下面的例子说明。如果一项临床研究显示某一疾病状态有95%的5年生存率，那么临床医生将认为这一疾病状态是低风险和预后良好的。95%的5年生存率可转化为5%的5年死亡率，或每1 000个暴露于风险的人中有50人死亡。5年50/‰的死亡率可粗略地估算为约每年10/‰。如果研究的人群是由40岁男性组成的，那么标准选择保险风险的预期死亡率约为每年仅2/‰。因此，尽管统计数字"95%的5年生存率"似乎是对该疾病状态有利的陈述，但其死亡比（10/2 = 500%）是高度不符合标准的。

每年2/‰的死亡率意味着5年内将死亡10人。因而累积死亡率为1%，该人群的5年生存率为99%。95%和99%之间的差异似乎很小（只有4%的差异），但是死亡比却是很大的（500%）。因而，重要的是在判断预期风险时将统计信息与适用的事实和背景相结合，并将风险分析尽可能清楚地告知临床医师和其他最初参考值范围可能不相同的人员。

次标准的动态概念

伍德曼十分清晰地阐释了构成次标准案例的核保思想体系演变过程的商业寓意。[19]血液、尿液和心电图检查的出现，逐步重新定义及分配了在总体死亡率改善的长期趋势下新业务的标准、次标准以及下降的比例。[20]HIV病毒阳性对死亡风险的影响对保险公司有重要意核保的不同方式在历史上是相当成功的，如麦克拉肯·戴维斯的报告以及1983年医学损伤研究的结果所建议的。[21]

▶▶ 总结

在总结本章时，很难对R. D. C. 布拉肯里奇在他这本书的第二版中总结的文字进行改进：

次标准群体中的个人在过往、家族史或目前健康状况方面都有一些可能会缩短寿命的损害，并且通常是需要医疗的损伤。核保人的任务就是评估可能预期的额外死亡程度，并确定这些风险被分配到具有相同预期死亡率的类似人群组中。对各种损伤的适当评级可以从以下几个途径估计得到：过去对这些损伤的死亡率研究的结果；公司关心的个人寿命的经验；或根据治疗技术的发展，目前有关损伤发展的临床意见倾向。[22]

次标准承保使用寿命表法和生存分析得出死亡率并量化超额死亡率。这些被用作表评级、固定额外保费、年龄调整以及征收债务或留置权等四种制定次标准报价的基本方法的基础。通过科学系统地应用这些原则，核保人可做出能解释并可销售的决定。并且这些决定对其公司是切实可行的，对其客户是有价值的。

本章的最后列出了三个预期寿命和死亡率表：表5.8来自英国，表5.9来自美国，表5.10来自日本。

▶▶ 附录

预期寿命与MR或EDR之间不是简单的关系，因此，将年龄与次标准递增程度相关联的预期寿命表对MD很有用。《寿命风险的医疗选择》第二版中的表12对估计结构赔付目的和第二生命寿险的预期寿命有价值。[22]

本附录提供了两个表。表5.6是第二版表12的扩展和更新版本。表5.7是一个类似的表格，给出了逐步增高的EDR的每五岁预期寿命。有时更喜欢使用EDR而不是MR制表的原因在这两篇文章中有进行阐释。[23,24]

在表5.6和表5.7中，预期寿命均已经四舍五入到最接近的整数。精算协会终极是一个以5年为单位的终极表。表5.6和表5.7都不是年金表，并且两者均基于男性死亡率假设。用于其他假设（如女性、吸烟者等）时需要使用者对预期寿命进行上调或下调。

感谢瑞士再保险伦敦公司的露西·斯托科制作表5.6至表5.10。

表5.6 基于增量MR的预期寿命

20～100岁不同固定MR（死亡百分比）每五岁的平均预期寿命，标准为100%[a]

年龄	100%	150%	200%	250%	300%	400%	500%	1 000%
20	59	55	52	50	48	46	43	37
25	54	50	48	45	44	41	39	33
30	49	45	43	41	39	37	35	29
35	44	41	38	36	34	32	30	24
40	40	36	33	31	30	27	26	20
45	35	31	29	27	25	23	21	16
50	30	27	24	22	21	19	17	13
55	26	22	20	18	17	15	13	9

续表

年龄	100%	150%	200%	250%	300%	400%	500%	1 000%
60	21	18	16	14	13	11	10	7
65	17	14	12	11	10	8	7	4
70	14	11	9	8	7	6	5	3
75	10	8	7	6	5	4	3	2
80	8	6	5	4	3	3	2	1
85	6	4	3	3	2	2	1	<1
90	4	3	2	2	1	1	1	<1
95	3	2	1	1	1	<1	<1	<1
100	2	1	1	1	<1	<1	<1	<1

[a] 标准死亡率的基础是精算协会1992年保险男性（5年）终极死亡表［LoA AM92（5）］。

表 5.7　　　　　　　基于增量 MR 的预期寿命

20～100 岁不同固定 EDRs（超额死亡率，表示为每千死亡人数）

每五岁的平均预期寿命，标准为 EDR = 0[a]

年龄	EDR = 0	1	2	5	10	20	50
20	58	57	55	50	43	33	18
25	54	52	51	47	41	32	17
30	49	47	46	43	38	30	17
35	44	43	42	39	35	28	17
40	39	38	37	35	32	26	16
45	34	34	33	31	28	24	15
50	30	29	29	27	25	21	14
55	25	25	24	23	22	19	13
60	21	20	20	19	18	16	11
65	17	16	16	16	15	13	10
70	13	13	13	12	12	11	8
75	10	10	10	9	9	8	7
80	7	7	7	7	7	6	5
85	5	5	5	5	5	5	4
90	4	4	4	3	3	3	3
95	2	2	2	2	2	2	2
100	2	2	2	2	2	1	1

[a] 标准死亡率的基础是精算协会1992年保险男性（5年）终极死亡表［LoA AM92（5）］。

英国、美国和日本的寿命表

表 5.8　　英国年龄别死亡率[a]及预期寿命（完整年龄）

年龄	被保险人				年龄	一般人群			
	男性		女性			男性		女性	
	死亡率(‰)	预期寿命(岁)	死亡率(‰)	预期寿命(岁)		死亡率(‰)	预期寿命(岁)	死亡率(‰)	预期寿命(岁)
17	0.600	61.34	0.17	66.67	0	8.14	73.41	6.32	78.96
18	0.594	60.38	0.18	65.68	1	0.63	73.02	0.55	78.46
19	0.587	59.41	0.19	64.69	2	0.38	72.06	0.30	77.51
20	0.582	58.45	0.19	63.71	3	0.30	71.09	0.22	76.53
21	0.577	57.48	0.20	62.72	4	0.24	70.11	0.18	75.55
22	0.572	56.51	0.21	61.73	5	0.22	69.13	0.15	74.56
23	0.569	55.55	0.22	60.74	6	0.20	68.14	0.15	73.57
24	0.567	54.58	0.24	59.76	7	0.18	67.16	0.14	72.58
25	0.566	53.61	0.25	58.77	8	0.19	66.17	0.14	71.59
26	0.567	52.64	0.26	57.79	9	0.18	65.18	0.13	70.60
27	0.570	51.67	0.28	56.80	10	0.18	64.20	0.13	69.61
28	0.574	50.70	0.30	55.82	11	0.18	63.21	0.14	68.62
29	0.580	49.73	0.32	54.83	12	0.19	62.22	0.14	67.63
30	0.590	48.76	0.34	53.85	13	0.23	61.23	0.15	66.64
31	0.602	47.79	0.36	52.87	14	0.29	60.24	0.18	65.65
32	0.617	46.81	0.39	51.89	15	0.39	59.26	0.21	64.66
33	0.636	45.84	0.42	50.91	16	0.53	58.28	0.26	63.67
34	0.660	44.87	0.46	49.93	17	0.75	57.32	0.31	62.69
35	0.689	43.90	0.49	48.95	18	0.87	56.36	0.31	61.71
36	0.724	42.93	0.53	47.98	19	0.82	55.41	0.32	60.73
37	0.765	41.96	0.58	47.00	20	0.84	54.45	0.31	59.75
38	0.813	41.00	0.63	46.03	21	0.86	53.50	0.32	58.77
39	0.870	40.03	0.69	45.06	22	0.88	52.54	0.32	57.79
40	0.937	39.06	0.75	44.09	23	0.89	51.59	0.33	56.80
41	1.014	38.10	0.82	43.12	24	0.89	50.63	0.32	55.82
42	1.104	37.14	0.89	42.16	25	0.86	49.68	0.34	54.84
43	1.208	36.18	0.98	41.20	26	0.85	48.72	0.34	53.86
44	1.327	35.22	1.07	40.24	27	0.85	47.76	0.35	52.88
45	1.465	34.27	1.17	39.28	28	0.87	46.80	0.39	51.90
46	1.622	33.32	1.29	38.33	29	0.89	45.84	0.40	50.92
47	1.802	32.37	1.42	37.37	30	0.91	44.88	0.44	49.94
48	2.008	31.43	1.56	36.43	31	0.93	43.92	0.47	48.96

续表

年龄	被保险人				年龄	一般人群			
	男性		女性			男性		女性	
	死亡率(‰)	预期寿命(岁)	死亡率(‰)	预期寿命(岁)		死亡率(‰)	预期寿命(岁)	死亡率(‰)	预期寿命(岁)
49	2.241	30.50	1.71	35.48	32	0.97	42.96	0.52	47.98
50	2.508	29.57	1.89	34.55	33	1.00	42.01	0.58	47.01
51	2.809	28.64	2.08	33.61	34	1.06	41.05	0.62	46.03
52	3.152	27.72	2.29	32.68	35	1.16	40.09	0.69	45.06
53	3.539	26.81	2.53	31.76	36	1.28	39.14	0.75	44.09
54	3.976	25.9	2.79	30.84	37	1.37	38.19	0.82	43.12
55	4.469	25.01	3.08	29.92	38	1.5	37.24	0.9	42.16
56	5.025	24.12	3.4	29.01	39	1.6	36.29	0.98	41.20
57	5.65	23.24	3.75	28.11	40	1.72	35.35	1.07	40.24
58	6.352	22.37	4.14	27.22	41	1.86	34.41	1.17	39.28
59	7.14	21.52	4.58	26.33	42	2.02	33.47	1.29	38.32
60	8.022	20.67	5.06	25.45	43	2.19	32.54	1.41	37.37
61	9.009	19.84	5.59	24.58	44	2.4	31.61	1.58	36.43
62	10.112	19.02	6.18	23.72	45	2.67	30.68	1.78	35.48
63	11.344	18.21	6.84	22.87	46	2.97	29.77	1.98	34.54
64	12.716	17.42	7.56	22.03	47	3.32	28.85	2.19	33.61
65	14.243	16.65	8.37	21.19	48	3.72	27.95	2.42	32.68
66	15.94	15.89	9.25	20.37	49	4.15	27.05	2.66	31.76
67	17.824	15.14	10.24	19.56	50	4.64	26.16	2.94	30.85
68	19.913	14.42	11.33	18.77	51	5.19	25.28	3.25	29.94
69	22.226	13.71	12.53	17.98	52	5.77	24.41	3.58	29.03
70	24.783	13.02	13.87	17.21	53	6.42	23.55	3.90	28.13
71	27.606	12.35	15.34	16.45	54	7.14	22.70	4.28	27.24
72	30.718	11.70	16.98	15.71	55	7.97	21.86	4.76	26.36
73	34.144	11.08	18.78	14.98	56	8.91	21.03	5.30	25.48
74	37.911	10.47	20.78	14.26	57	9.95	20.21	5.92	24.61
75	42.046	9.88	22.99	13.57	58	11.12	19.41	6.60	23.76
76	46.578	9.31	25.44	12.89	59	12.43	18.62	7.39	22.91
77	51.538	8.77	28.14	12.22	60	13.92	17.85	8.30	22.08
78	56.956	8.24	31.12	11.58	61	15.60	17.1	9.22	21.26
79	62.867	7.74	34.42	10.95	62	17.49	16.36	10.15	20.45
80	69.303	7.26	38.06	10.34	63	19.65	15.64	11.29	19.66
81	76.300	6.80	42.08	9.75	64	21.99	14.94	12.66	18.88
82	83.893	6.36	46.51	9.18	65	24.47	14.27	13.99	18.11
83	92.117	5.95	51.40	8.62	66	27.11	13.61	15.23	17.36
84	101.007	5.55	56.79	8.09	67	29.96	12.98	16.76	16.62
85	110.600	5.17	62.72	7.58	68	32.92	12.37	18.44	15.9

续表

年龄	被保险人				年龄	一般人群			
	男性		女性			男性		女性	
	死亡率(‰)	预期寿命(岁)	死亡率(‰)	预期寿命(岁)		死亡率(‰)	预期寿命(岁)	死亡率(‰)	预期寿命(岁)
86	120.929	4.82	69.25	7.09	69	36.02	11.77	20.18	15.19
87	132.028	4.48	76.44	6.61	70	39.29	11.19	21.9	14.49
88	143.929	4.16	84.34	6.16	71	43.12	10.63	23.98	13.8
89	156.66	3.86	93.02	5.73	72	47.46	10.08	26.93	13.13
90	170.247	3.58	102.53	5.32	73	52.17	9.56	30.14	12.48
91	184.714	3.31	112.96	4.92	74	56.97	9.06	32.84	11.85
92	200.079	3.06	124.38	4.55	75	61.97	8.58	35.69	11.24
93	216.354	2.83	136.86	4.20	76	67.77	8.11	39.20	10.63
94	233.548	2.61	150.49	3.86	77	74.18	7.66	43.56	10.05
95	251.662	2.40	165.33	3.55	78	81.02	7.24	48.32	9.48
96	270.688	2.21	181.48	3.25	79	88.37	6.83	53.74	8.94
97	290.613	2.04	199.01	2.97	80	96.16	6.45	59.60	8.42
98	311.414	1.87	218.00	2.70	81	104.12	6.08	65.69	7.92
99	333.058	1.71	238.52	2.46	82	112.81	5.73	72.17	7.44
100	355.505	1.57	260.63	2.23	83	122.33	5.39	79.33	6.98
101	378.702	1.44	284.38	2.02	84	132.71	5.07	87.57	6.54
102	402.588	1.31	309.81	1.82	85	143.70	4.77	97.32	6.12
103	427.09	1.20	336.94	1.63	86	155.88	4.49	108.33	5.72
104	452.127	1.09	365.76	1.46	87	168.49	4.23	118.56	5.36
105	477.608	0.99	396.24	1.30	88	180.56	3.98	128.62	5.01
106	503.432	0.90	428.30	1.16	89	192.50	3.75	141.45	4.68
107	529.493	0.82	461.85	1.02	90	204.66	3.53	155.50	4.37
108	555.674	0.74	496.73	0.90	91	219.08	3.30	170.07	4.08
109	581.857	0.67	532.76	0.79	92	236.48	3.09	185.73	3.81
110	607.918	0.61	569.67	0.69	93	255.77	2.89	201.21	3.57
111	633.731	0.55	607.18	0.59	94	274.79	2.72	217.93	3.34
112	659.171	0.49	644.94	0.51	95	293.39	2.56	236.19	3.13
113	684.114	0.44	682.56	0.43	96	311.05	2.41	253.45	2.95
114	708.442	0.39	719.62	0.37					
115	732.042	0.35	755.65	0.31					
116	754.809	0.31	790.19	0.25					
117	776.648	0.28	822.80	0.21					
118	797.477	0.24	853.05	0.16					
119	817.225	0.18	880.58	0.12					
120	1 000	0.00	1 000.00	0.00					

[a] 死亡率的基础：被保险人来源于精算协会 1992 年保险男性/女性终极表；一般人群来源于英国 15 号人寿表。

表 5.9a 基于 1990—1995 年终极表及 1991 年美国人口死亡率表的预期寿命（岁）

年龄	基于终极表（1990—1995 年）的预期寿命（岁）		基于美国人口死亡率表（1991 年）的预期寿命（岁）		年龄
	男性	女性	男性、非白人	男性、白人	
15	62.32	66.88	65.96	71.33	0
16	61.37	65.91	66.07	70.92	1
17	60.43	64.94	65.15	69.97	2
18	59.48	63.96	64.20	69.00	3
19	58.53	62.99	63.24	68.03	4
20	57.59	62.01	62.27	67.05	5
21	56.64	61.03	61.29	66.06	6
22	55.68	60.05	60.31	65.08	7
23	54.72	59.07	59.34	64.09	8
24	53.75	58.09	58.35	63.11	9
25	52.77	57.10	57.37	62.12	10
26	51.82	56.12	56.37	61.13	11
27	50.87	55.15	55.38	60.14	12
28	49.92	54.17	54.40	59.15	13
29	48.98	53.20	53.43	58.17	14
30	48.05	52.22	52.48	57.21	15
31	47.11	51.25	51.55	56.25	16
32	46.18	50.28	50.64	55.31	17
33	45.25	49.31	49.74	54.38	18
34	44.33	48.34	48.85	53.45	19
35	43.41	47.38	47.97	52.52	20
36	42.49	46.42	47.09	51.59	21
37	41.57	45.46	46.22	50.66	22
38	40.65	44.50	45.34	49.73	23
39	39.74	43.54	44.47	48.80	24
40	38.82	42.58	43.60	47.88	25
41	37.91	41.62	42.73	46.95	26
42	36.99	40.67	41.86	46.02	27
43	36.07	39.71	40.99	45.09	28
44	35.15	38.76	40.12	44.16	29
45	34.23	37.81	39.25	43.23	30
46	33.31	36.86	38.39	42.31	31
47	32.40	35.92	37.53	41.39	32
48	31.48	34.98	36.67	40.47	33
49	30.57	34.05	35.82	39.55	34
50	29.67	33.13	34.97	38.64	35

续表

年龄	基于终极表（1990—1995 年）的预期寿命（岁）		基于美国人口死亡率表（1991 年）的预期寿命（岁）		年龄
	男性	女性	男性、非白人	男性、白人	
51	28.76	32.21	34.13	37.72	36
52	27.87	31.30	33.29	36.81	37
53	26.98	30.39	32.46	35.90	38
54	26.10	29.50	31.63	34.99	39
55	25.24	28.61	30.81	34.08	40
56	24.38	27.74	29.98	33.17	41
57	23.54	26.87	29.16	32.27	42
58	22.71	26.01	28.34	31.36	43
59	21.89	25.16	27.53	30.46	44
60	21.08	24.32	26.72	29.57	45
61	20.27	23.49	25.92	28.68	46
62	19.49	22.67	25.13	27.80	47
63	18.72	21.86	24.34	26.92	48
64	17.96	21.06	23.56	26.05	49
65	17.23	20.26	22.79	25.18	50
66	16.51	19.47	22.03	24.32	51
67	15.81	18.70	21.27	23.47	52
68	15.12	17.95	20.52	22.62	53
69	14.45	17.20	19.78	21.79	54
70	13.78	16.46	19.05	20.96	55
71	13.13	15.73	18.34	20.15	56
72	12.49	15.02	17.65	19.35	57
73	11.87	14.32	16.97	18.57	58
74	11.27	13.64	16.30	17.80	59
75	10.68	12.98	15.63	17.04	60
76	10.10	12.33	14.98	16.29	61
77	9.55	11.69	14.34	15.56	62
78	9.01	11.05	13.71	14.84	63
79	8.50	10.43	13.08	14.13	64
80	8.01	9.83	12.47	13.43	65
81	7.54	9.24	11.87	12.74	66
82	7.09	8.69	11.28	12.06	67
83	6.66	8.16	10.70	11.39	68
84	6.24	7.64	10.13	10.74	69
85	5.84	7.15	9.56	10.09	70
86	5.46	6.68	9.00	9.45	71

续表

年龄	基于终极表（1990—1995 年）的预期寿命（岁）		基于美国人口死亡率表（1991 年）的预期寿命（岁）		年龄
	男性	女性	男性、非白人	男性、白人	
87	5.11	6.23	8.44	8.82	72
88	4.79	5.82	7.88	8.19	73
89	4.48	5.44	7.32	7.57	74
90	4.20	5.08	6.75	6.95	75
91	3.92	4.73	6.18	6.33	76
92	3.66	4.38	5.60	5.71	77
93	3.42	4.04	5.00	5.09	78
94	3.21	3.71	4.39	4.45	79
95	3.05	3.41	3.76	3.80	80
96	2.91	3.15	3.10	3.13	81
97	2.78	2.96	2.41	2.43	82
98	2.64	2.81	1.67	1.69	83
99	2.47	2.62	0.88	0.88	84
100	2.27	2.41			
101	2.08	2.21			
102	1.89	2.01			
103	1.70	1.82			
104	1.52	1.64			
105	1.35	1.46			
106	1.17	1.29			
107	1.01	1.12			
108	0.86	0.95			
109	0.73	0.80			
110	0.65	0.66			
111	0.60	0.59			
112	0.57	0.56			
113	0.55	0.54			
114	0.53	0.53			
115	0.52	0.53			
116	0.52	0.52			
117	0.51	0.52			
118	0.51	0.51			
119	0.50	0.51			
120	0.50	0.50			

表 5.9b 基于 1990—1995 年终极表及 1991 年美国人口死亡率表的年死亡率（‰）

年龄	基于终极表（1990—1995 年）的年死亡率		基于美国人口死亡率表（1991 年）的年死亡率		年龄
	男性	女性	男性、非白人	男性、白人	
15	0.93	0.41	16.54	8.24	0
16	0.91	0.40	1.12	0.67	1
17	0.90	0.39	0.79	0.48	2
18	0.89	0.38	0.58	0.36	3
19	0.88	0.36	0.47	0.29	4
20	0.86	0.34	0.41	0.26	5
21	0.80	0.33	0.38	0.24	6
22	0.72	0.32	0.35	0.23	7
23	0.47	0.28	0.29	0.21	8
24	0.39	0.27	0.22	0.18	9
25	0.95	0.41	0.16	0.16	10
26	1.00	0.42	0.17	0.16	11
27	1.07	0.44	0.29	0.23	12
28	1.18	0.47	0.55	0.37	13
29	1.35	0.48	0.92	0.58	14
30	1.42	0.51	1.33	0.80	15
31	1.51	0.56	1.72	1.01	16
32	1.57	0.63	2.04	1.18	17
33	1.65	0.70	2.25	1.27	18
34	1.75	0.77	2.39	1.32	19
35	1.86	0.83	2.50	1.35	20
36	1.94	0.88	2.63	1.40	21
37	2.06	0.93	2.74	1.43	22
38	2.12	0.96	2.83	1.45	23
39	2.20	0.96	2.90	1.47	24
40	2.23	0.96	2.96	1.49	25
41	2.21	1.00	3.03	1.50	26
42	2.18	1.07	3.10	1.53	27
43	2.20	1.19	3.19	1.60	28
44	2.29	1.32	3.32	1.67	29
45	2.42	1.45	3.45	1.77	30
46	2.58	1.62	3.59	1.86	31
47	2.75	1.80	3.75	1.95	32
48	2.89	2.00	3.97	2.04	33
49	3.06	2.22	4.22	2.13	34
50	3.32	2.47	4.51	2.22	35

续表

年龄	基于终极表（1990—1995 年）的年死亡率		基于美国人口死亡率表（1991 年）的年死亡率		年龄
	男性	女性	男性、非白人	男性、白人	
51	3.66	2.77	4.81	2.33	36
52	4.08	3.13	5.06	2.43	37
53	4.59	3.52	5.27	2.51	38
54	5.18	3.93	5.47	2.59	39
55	5.87	4.37	5.65	2.68	40
56	6.58	4.85	5.88	2.80	41
57	7.34	5.36	6.17	2.96	42
58	7.96	5.92	6.53	3.18	43
59	8.67	6.52	6.96	3.43	44
60	9.53	7.09	7.45	3.74	45
61	10.62	7.71	7.97	4.07	46
62	11.96	8.38	8.50	4.41	47
63	13.45	9.07	9.02	4.76	48
64	15.01	9.81	9.57	5.11	49
65	16.65	10.74	10.15	5.51	50
66	18.27	11.90	10.79	5.97	51
67	19.90	13.14	11.60	6.53	52
68	21.66	14.27	12.60	7.24	53
69	23.44	15.50	13.76	8.04	54
70	25.57	16.86	15.02	8.94	55
71	27.95	18.42	16.34	9.89	56
72	30.63	20.31	17.68	10.93	57
73	33.57	22.62	19.02	12.09	58
74	36.81	25.11	20.37	13.34	59
75	40.15	27.34	21.76	14.68	60
76	44.09	29.24	23.28	16.13	61
77	48.83	31.52	24.96	17.64	62
78	54.07	34.59	26.84	19.23	63
79	59.95	38.51	28.89	20.92	64
80	66.19	42.93	31.08	22.70	65
81	72.84	48.18	33.38	24.64	66
82	79.43	54.05	35.78	26.75	67
83	86.24	59.90	38.28	29.11	68
84	94.36	66.35	40.89	31.71	69
85	104.01	73.52	43.71	34.51	70
86	115.70	82.63	46.70	37.50	71

续表

年龄	基于终极表（1990—1995年）的年死亡率		基于美国人口死亡率表（1991年）的年死亡率		年龄
	男性	女性	男性、非白人	男性、白人	
87	127.97	92.83	49.78	40.72	72
88	140.20	103.50	52.85	44.22	73
89	151.99	114.82	56.03	48.01	74
90	163.71	124.90	59.38	52.14	75
91	177.82	133.78	63.08	56.61	76
92	193.53	143.97	67.21	61.52	77
93	213.45	159.42	71.96	66.92	78
94	234.23	179.17	77.38	72.88	79
95	252.53	204.16	83.67	79.50	80
96	267.09	232.94	90.85	86.92	81
97	272.42	257.77	99.22	95.32	82
98	280.31	259.91	109.04	104.89	83
99	289.67	272.42	120.56	115.99	84
100	312.84	294.21			
101	339.44	319.22			
102	369.98	347.95			
103	405.13	381.01			
104	445.65	419.11			
105	494.67	463.11			
106	554.03	514.06			
107	626.05	575.74			
108	707.44	650.59			
109	799.40	741.67			
110	863.36	852.92			
111	906.52	912.15			
112	933.72	939.52			
113	952.39	958.31			
114	966.68	967.89			
115	976.35	972.73			
116	981.23	977.60			
117	986.14	982.48			
118	991.07	987.40			
119	996.02	992.33			
120	1 000.00	1 000.00			

表 5.10　基于 1996 年日本经验表 6 的标准体人寿的警察死亡率表

年龄	男性		女性	
	男性死亡率（‰）	预期寿命（岁）	女性死亡率（‰）	预期寿命（岁）
0	1.10	76.24	0.94	82.45
1	0.76	75.32	0.69	81.52
2	0.50	74.38	0.48	80.58
3	0.33	73.42	0.31	79.62
4	0.24	72.44	0.20	78.64
5	0.22	71.46	0.14	77.66
6	0.22	70.47	0.13	76.67
7	0.21	69.49	0.13	75.68
8	0.19	68.50	0.13	74.69
9	0.17	67.52	0.12	73.70
10	0.15	66.53	0.11	72.71
11	0.14	65.54	0.10	71.72
12	0.15	64.55	0.10	70.72
13	0.22	63.56	0.13	69.73
14	0.34	62.57	0.17	68.74
15	0.52	61.59	0.21	67.75
16	0.73	60.62	0.25	66.77
17	0.94	59.67	0.29	65.78
18	1.09	58.72	0.31	64.80
19	1.15	57.79	0.32	63.82
20	1.14	56.86	0.33	62.84
21	1.07	55.92	0.33	61.86
22	0.99	54.98	0.34	60.88
23	0.92	54.03	0.36	59.90
24	0.88	53.08	0.37	58.93
25	0.86	52.13	0.38	57.95
26	0.85	51.18	0.39	56.97
27	0.85	50.22	0.40	55.99
28	0.84	49.26	0.42	55.01
29	0.84	48.30	0.44	54.04
30	0.84	47.34	0.46	53.06
31	0.85	46.38	0.49	52.09
32	0.88	45.42	0.53	51.11
33	0.92	44.46	0.57	50.14
34	0.98	43.50	0.63	49.17
35	1.05	42.55	0.69	48.20
36	1.13	41.59	0.76	47.23

续表

年龄	男性		女性	
	男性死亡率（‰）	预期寿命（岁）	女性死亡率（‰）	预期寿命（岁）
37	1.22	40.64	0.83	46.27
38	1.33	39.69	0.90	45.31
39	1.44	38.74	0.97	44.35
40	1.56	37.80	1.05	43.39
41	1.71	36.86	1.14	42.44
42	1.88	35.92	1.24	41.48
43	2.08	34.99	1.34	40.54
44	2.29	34.06	1.46	39.59
45	2.51	33.14	1.58	38.65
46	2.73	32.22	1.69	37.71
47	2.96	31.31	1.83	36.77
48	3.21	30.40	1.99	35.84
49	3.48	29.50	2.15	34.91
50	3.79	28.60	2.33	33.99
51	4.15	27.71	2.52	33.07
52	4.57	26.83	2.70	32.15
53	5.07	25.95	2.87	31.24
54	5.64	25.08	3.06	30.33
55	6.30	24.23	3.28	29.42
56	7.03	23.38	3.53	28.52
57	7.81	22.54	3.78	27.62
58	8.64	21.72	4.07	26.72
59	9.51	20.91	4.38	25.83
60	10.22	20.11	4.69	24.95
61	11.01	19.32	5.03	24.06
62	12.04	18.53	5.37	23.18
63	13.19	17.76	5.88	22.31
64	14.31	17.00	6.45	21.44
65	15.42	16.24	7.10	20.58
66	16.94	15.50	7.84	19.73
67	18.64	14.77	8.69	18.88
68	20.54	14.05	9.66	18.05
69	22.67	13.34	10.76	17.23
70	25.06	12.65	12.02	16.41
71	27.73	11.98	13.45	15.61
72	30.72	11.32	15.08	14.83
73	34.06	10.68	16.94	14.05

续表

年龄	男性		女性	
	男性死亡率（‰）	预期寿命（岁）	女性死亡率（‰）	预期寿命（岁）
74	37.79	10.05	19.06	13.29
75	41.97	9.45	21.47	12.55
76	46.63	8.86	24.21	11.83
77	51.84	8.29	27.33	11.12
78	57.64	7.75	30.88	10.43
79	64.11	7.22	34.91	9.77
80	71.32	6.72	39.49	9.12
81	79.35	6.23	44.69	8.49
82	88.27	5.77	50.59	7.89
83	98.17	5.33	57.27	7.31
84	109.16	4.91	64.84	6.76
85	121.33	4.51	73.41	6.23
86	134.79	4.13	83.09	5.72
87	149.65	3.78	94.01	5.24
88	166.01	3.44	106.31	4.78
89	184.00	3.13	120.15	4.35
90	203.72	2.83	135.67	3.94
91	225.28	2.56	153.05	3.56
92	248.78	2.30	172.46	3.21
93	274.31	2.06	194.06	2.87
94	301.91	1.84	218.02	2.56
95	331.64	1.64	244.49	2.28
96	363.49	1.45	273.61	2.02
97	397.43	1.28	305.46	1.78
98	433.36	1.12	340.10	1.56
99	471.13	0.98	376.37	1.36
100	510.52	0.84	414.34	1.19
101	551.24	0.73	454.59	1.03
102	592.91	0.62	496.88	0.88
103	635.08	0.52	540.85	0.75
104	677.22	0.41	586.06	0.63
105	718.74	0.28	631.95	0.53
106	1 000.00		677.83	0.43
107			722.97	0.34
108			766.52	0.23
109			1 000.00	0.00

参考文献

[1] Thomson W (Lord Kelvin). In: Bartlett's *Familiar Quotations*. Boston: Little Brown, 1980; 594.

[2] Rogers OH, Hunter A. *Trans Soc Actuaries* 1991; 20 (2): 277.

[3] *Life Insurance Fact Book*: American Council of Life Insurance 1990. Washington DC; 113 – 14.

[4] Murphy EA. *The Logic of Medicine*. Baltimore: Johns Hopkins Press, 1976.

[5] Lew EA, Gajewski J (eds). *Medical Risks: Trends in Mortality by Age and Rime elapsed*. New York: Praeger, 1990.

[6] Singer RB, Levinson L (eds). *Medical Risks: Ptterns of Mortality and Survival*. Lexington, MA: Heath, 1976.

[7] Singer RB. The conversion of mortality ratios to a numerical rating classification for life insurance underwriting. *J Insur Med* 1988; 20 (2): 54 –61.

[8] Feinstein A. *Clinical Epidemiology: the Architecture of Clinical Research*. Philadelphia: Saunders, 1985; 126.

[9] Singer RB, Kita MW. Guidelines for the evaluation of follow – up articles and preparation of mortality abstracts. *J Insur Med* 1991; 23 (1): 21 –9.

[10] Shepherd P, Webster AC. *Selection of Risks*. Chicago: Society of Actuaries, 1957.

[11] Black K, SRipper H. *Life Insurance*. Englewood Cliffs, NJ: Prentice Hall, 1987.

[12] Cummins JD et al. *Risk Classification in Life Insurance*. Boston: Kluwer – Nijhoff Publ, 1983.

[13] Marx A. A life insurer's interpretation of survival rates. *Annals of Life Ins Med* 1967; 3: 4.

[14] Bowers NL et al. *Actuarial Mathematics*. Chicago: Society of Actuaries, 1986.

[15] Jordan CW. *Life Contingencies*. Chicago: Society of Actuaries 1982; 1 – 2.

[16] Woodman HA. *Life insurance extra premiums for substandard risks*. Study notes for the Society of Actuaries, 1988.

[17] Beck JR et al. A convenient approximation of life expectancy (The "DEALE"). *Am J Med* 1982; 73: 883 – 888.

[18] Pauker SG, Kassirer JP. Decision analysis. *N Engl J Med* 1987; 316: 255.

[19] Woodman HA. Are all Substandard Risks Still Substandard? *On the Risk* 1988; 5 (1): 23 –4.

[20] McCracken BH, Davis EE. Mortality in substandard life insurance. *J Insur Med* 1991; 23 (1): 8 – 11.

[21] *Medical Impairment Study* 1983. Vol 1. Boston Society of Actuaries and Association of Life Insurance Medical Directors of America, 1986.

[22] Brackenridge RDC. *Medical Selection of Life Risks: A Comprehensive Guide to Life Expectancy for Underwriters and Clinicians*, 2nd ed. New York: Nature Press, 1985; 18.

[23] Singer RB. A method of relating life expectancy in the USA population life tables to excess mortality. *J Insur Med* 1992; 24 (1): 32 – 41.

[24] Kita MW. Life expectancy. *J Insur Med* 1992; 24 (1): 47 – 9.

第6章 遗传疾病承保

亚历山大·洛登（J. Alexander Lowden）

- 什么是基因测试？
- 遗传学基础和遗传学术语回顾
- 基因诊断
- 新技术带来的问题
- 面对技术的发展，保险公司能做些什么？
- 如何应对新的或未知的遗传风险
- 信息来源
- 参考文献

2001年，由商业和学术机构共同发表的确定人类基因组序列的国际性成果，永远改变了我们对人类遗传学的理解。[1,2]先前的估计表明，人类的发育和功能依赖于约10万个位于30亿核苷酸序列中的基因，但人类基因组计划（Human Genome Project）却显示只有30~35 000个独特基因。长期以来认为一个基因编码一个蛋白质的观点也被证明是错误的。有些基因不止一种蛋白质。通过一种被称为选择性剪接的方法[3]，有超过100 000个蛋白质是由这一小部分基因决定的。虽然对单个基因的研究发现了数百种突变的基因，但现在很清楚的是，基因组包含了数百万个单核苷酸多态性（SNPs），其中许多可能导致疾病。此外，越来越明显的是，大多数疾病是由遗传和后天的几种突变相互作用造成的。正在开发新的模式来检查这些综合遗传网络。基因组学和蛋白质组学将成为需要攻克的新领域。[4]简单的基因测试虽然在阐明某些家族罕见疾病方面很重要，但现在却证明了它们在解释常见病的病理生理学方面的价值，而不是在鉴定大多数基因相关疾病的风险个体方面的价值。

目前，国际上已经开发了一套新的诊断工具。它们不仅可以用来识别某些遗传性疾病，还可以用来预测几十年后可能不会出现的疾病。保险公司已经开始关注这一科学。一方面，它可以使生命风险评估更加精确；另一方面，它可能为那些想要逆向选择的人打开一扇大门。的确,在某些人的头脑中,基因、基因组和蛋白质的测试可以改变我们做生意的方式。

现在清楚的是基因不能独立工作,只能在基因网络中发挥作用。一种新的研究基因相互作用的科学被称为基因组学[4,5],现在已经从对人类基因组序列的学术和商业努力中发展出来。药物基因组学在个体对药物不同反应中所起的作用,是近年来基因组学的一个重要的发展[6]。许多新的基因组企业及其药物合作伙伴的努力将极大地改变疾病的管理方式。再过几年,它可能会改变我们治疗高血压等常见疾病的方式。这一领域将继续取得进展,其重要性将远超过一些基因测试。保险公司必须密切关注这些发展,因为它们在未来十年将给风险评估带来重大的科学变化。

今天我们刚开始使用来自人类基因组计划(HGP)的知识进行治疗,基因检测也尚未普及。本章探讨了在保险承保中使用基因检测的一些障碍,并试图消除保险公司和投保人的担忧,即异常的基因测试将导致承保成功率自动下降。多年来,投保人和承销商都没有意识到遗传风险,承保了携带早期死亡高危基因的人,可保性评估只建立在过去的疾病和家庭史上。新技术可能会改变这一局面并提供预测测试,但这将付出一定的代价。一个常规的基因测试项目的影响很难预测,然而,许多生物伦理学家、遗传学家和社会科学家对此表示了关注。[7,8]但他们提出的担忧仍停留在理论层面,主要是为了防止有严重基因突变的人在未来的就业、保险和其他非医疗情况中出现问题。

基因检测并不新鲜。几十年来,基因检测一直是基于代谢产物或基因产物,而不是基因本身。[9-11]例如,针对家族黑蒙性白痴病、戈谢病和地中海贫血病携带者的广泛筛查项目已在高危人群中成功地用于帮助人们进行计划生育。这些疾病的携带者没有增加生命危险,因此他们的检测结果对保险承保人没有意义。新生儿筛查可治疗的先天性代谢异常,如苯丙酮尿症和半乳糖血症,也取得了类似的成功。这些测试能够识别受影响的婴儿,并引导他们接受治疗,使他们能够过上正常的生活。[12,13]筛查项目之所以成功,是因为检测成本低但可靠,因为突变的频率相对较高,而且这些被发现的基因可以为他们的新知识提供一些治疗或使用。

当进行测试以确定健康且未知其遗传风险的个体中成人发病的风险时,就会出现问题。在这种情况下,测试不符合上述条件。它们很昂贵,阳性测试结果并不总是表明未来的疾病,人群中突变的频率很低,测试对象可能对信息的影响很小。乳腺癌、卵巢癌的BRCA基因突变和遗传性阿尔茨海默病的载脂蛋白E基因突变是典型的例子。

公众对基因检验结果意义的理解已被许多人研究过。例如,瓦西坡特(Wachbroit)指出人们普遍认为基因测试可以用还原论,决定论和宿命论来定义。[14]根据这些概念，所有疾病的病因可以归结为单个基因突变；所有的突变都必然导致（或决定）疾病，所有的遗传疾病都必然导致不可避免的死亡。显然，这些信息是错误的，但这些信息提供了一些善意的焦虑，他们试图保护一个不懂科学的公众，使其免受与这些测试相关的假定风险。

公众对侵犯个人隐私的担忧已经持续多年，现在的基因检测可能会揭露基因里新的隐藏秘密或不受欢迎的信息。许多国家试图通过立法限制保险公司和其他人使用基因检测来保护他们的公民。[15] 但随着保险公司努力保护其承保权，更多的博弈也即将到来。由于这些政治压力基于对未知未来的恐惧，而不是基于事实或过去的经验，因此保险公司必须谨慎使用遗传信息时，避免给申请人和投保人带来不公平的负担。

基因学的知识库正以指数级的速度增长，这使得该领域以外的人不可能了解所有最新发现。本章我们回顾了一些基本的遗传学原理，并举例说明它们如何应用于某些承保情况下。然而，如果测试结果令人困惑或导致风险的不确定性，保险公司与遗传学专家讨论之后再做出决定，因为并非所有的突变都会导致死亡率或发病率的增加。

基于印刷版本的指导方针进行承保的日子将很快消失。近年来，我们使用精算数据的能力已经变得微乎其微，因为现代治疗方法的进步已经改变了许多疾病患者的预后。基因技术的发展很快就会加重这个问题，例如，乳腺癌不是一种单一的疾病，而是许多不同的疾病，有不同的原因和不同的预后。对其他癌症、心脏病和高血压的类似分类，不仅将彻底改变诊断和治疗方法，而且还将彻底改变保险承保。虽然今天我们了解了新的基因测试，想知道它们在风险评估中的作用，但不久之后，我们将考虑用分子而不是组织学术语来进行疾病分类，我们目前的许多评估方法都将过时。

▶▶ 什么是基因测试？

基因测试的定义具有一种新技术所能预料到的所有变化。这个术语可以指对特定的 DNA 序列（识别"正常"基因组中的变异）、基因产物或代谢物的分析。基因检测通常意味着简单的谱系分析。除了临床诊断或风险预测之外，DNA 检验还可用于许多其他目的，包括个体微生物的鉴定，以及法医鉴定。

美国能源部/美国卫生研究所人类基因组计划，伦理、法律和社会影响基因检测工作组（ELSI）将基因检测定义为：[16]

对人类 DNA、RNA、染色体、蛋白质或其他基因产品进行分析，以检测与疾病相关的基因型、突变、表型或核型。检测目的包括预测疾病风险、识别携带者、监测、诊断或预后以及建立基因识别，但不包括纯粹用于研究的试验。虽然家族史是一种非常重要的筛查工具，可以确定是否需要进行基因检测，但家族史并不包括在定义中。如果基因检测没有正确地进行，可能会导致严重的错误。

这个宽泛的定义不仅包括 DNA 分析，还包括所有含有遗传成分的测试。工作组被要求对广泛的测试方法进行重新评价，以保护个人免受不适当的测试、不适当的方法、未经培训的技术人员或遗传学专业人员以及第三方不当使用结果可能造成的伤害。工作组成员没有把他们的责任局限于 DNA 检测，而是选择了一个宽泛的定义，因为他们的职责是政策建议而不是制定规则。许多州已经考虑过限制使用基因测试结果的规定，并且通常在考虑了保险行业倡导者提出的论据之后，会采用相对狭窄的定义。例如，马里兰州将基因测试定义为"人类染色体或 DNA 的实验室测试，用于识别与疾病相关的遗传物质中是否存在遗传或先天性改变。"[17] 这一措辞侧重于基因，避免了今天用于风险评估的基因产物、代谢物和其他分析物。

钱伯斯（Chambers）回顾了这个问题，认为基因测试应该根据它们提供的信息类型进行分类。[18] 杂合子识别显然与现有疾病的诊断测试的内涵不同。对保险公司来说，在未来特定时期使人容易患某种疾病的基因也具有独特的意义。钱伯斯开发了一种矩阵方法，在这种方法中建立了六类遗传测试。有些是诊断性的，有些是预后性的。有些类别显然不存在披露问题，有些则存在。诊断测试可以识别杂合子（表现出很少或没有生命危险的人），以识别已经受到他认为没有争议的疾病影响的人。遗传检验结果的使用困难出现在人们考虑那些表明疾病倾向或显然是预先诊断的因素时。易诱发基因是指那些低外显率的基因，可能会也可能不会导致明显的临床症状。诊断前的基因就像亨廷顿基因一样，几乎总是会导致疾病。他建议，通过更好地定义基因检测的类型及其可能的意义，可以开发出一种更好的策略，以满足那些试图规范这项技术使用的人。

现在，一套新技术将在定义上进一步混淆这些努力。旧的基因测试通过探针或核苷酸序列数据研究 DNA 或 RNA，而新的测试则着眼于基因表达。当从核苷酸序列转换成氨基酸序列时，基因中的信息就会被表达出来——从核酸到肽或蛋白质。此外，新的测试着眼于影响病理生理学（基因组学）的许多不同基因的序列，或这些基因网络的输出，如肽或蛋白质组学。大多数遗传疾病不是由单一的基因突变引起的，是由许多不同的基因相互作用引起的，而这些基因突变是"老式"基因测试的主要依据。人类基因组计划（HGP）已经开始提供更多的信息技术。基因组学和蛋白质组学使用复杂的模式识别来代替单个基因测试结果，以确定可能的结果、对治疗的反应以及最终的死亡风险。

遗传学基础和遗传学术语回顾

要了解基因测试结果或与遗传学专业人士交流，必须熟悉该学科的术语。关于这一主题有许多优秀的文本（例如埃默里和里莫因的《医学遗传学原理和实践》[19]），但是本章的这一节只打算确定几个重要的原则。

人类有大约 30 000 到 35 000 对基因[1,2]（分别来自父母）位于 22 对常染色体和 1 对性染色体中：XX（雌性）或 XY（雄性）。每对染色体中的其中一条从母亲那里获得，另一条是从父亲那里获得的。所有的染色体都是由蛋白质和核苷酸——腺苷酸（A）、胸苷酸（T）、鸟嘌呤（G）和胞嘧啶（C）——组成的，它们以特定的序列排列。特定序列的三联体核苷酸携带一个氨基酸密码。这些相邻的三胞胎携带着蛋白质中氨基酸序列的信息。

染色体核苷酸链以双螺旋结构排列；一个链包含三重码（sense），而成对的链包含一个互补的核苷酸序列（反义）。这两个链被氢键结合成一种联系模式，其中核苷酸总是排列在一起，所以一个链上的 A 与成对链上的 T 结合，就像 C 与互补链上的 G 结合一样。加热可以破坏氢键的结合，但冷却时，由于它们互补的 A:T 和 C:G 序列，链总是在相同的位置重新结合（见图 6.1）。

染色体通常是在细胞分裂过程中结构清晰的时候被研究的。典型的照片（被称为核型）是在染色体收缩和容易区分的情况下使用分裂细胞制造的。它们在电脑屏幕上被选择、染色，并按长度排列。一个基于长度的任意编号系统被应用到染色体上，最长的一对标记为 1，最短的标记为 22。每条染色体都有两条从着丝粒发出的臂。其中一只臂 q 比另一只 p 更长。染色鉴定了染色体上的条带，这些条带被编号，用来将基因映射到染色体上的区域。因此，血色素沉着症（HFE）的基因位于第 21.3 条 6 号染色体的短臂 p 上，其位置代码为 6p21.3。多囊性肾病的基因并不局限于局部，编码在 4q21–23，这意味着它位于 4 号染色体长臂上的 21~23 条。在染色体上发现一个基因的地方叫做基因座。

在基因中发现的染色体核苷酸不到 2%。大多数序列是非编码或非基因。核苷酸代码的改变或突变可能改变蛋白质中的氨基酸序列，并可能改变其结构和（或）功能。基因通常包含数千个核苷酸，但只有那些链中的一些序列携带了蛋白质的编码，被称为外显子。许多核苷酸序列位于编码区域之间，部分称为内含子或中间序列。基因通常有 6~20 个外显子，虽然它们可能包含 2 万~3 万个核苷酸，但只有 1 000 个左右的外显子携带蛋白质编码。虽然大多数基因突变往往发生在一个基因的几个常见位点上，但一个基因中可能有数百个突变。

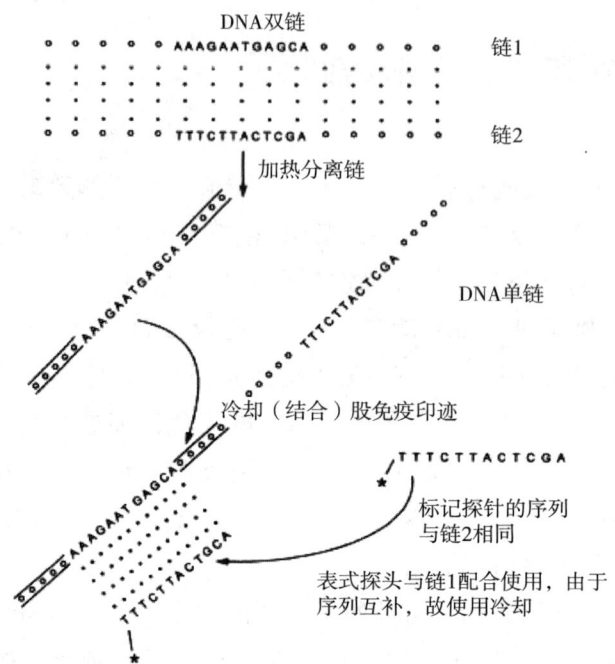

图6.1 互补与探索。用限制性内切酶将双链DNA切割成较短的片段，并通过加热分离成单链。用互补序列（A为T和G为C）标记探测器并与单链混合并冷却混合物。在冷却时，链1与链2或探测器结合，两者都与链1互补。如果探测序列与链1种不匹配（因为有突变），它将不会与链1合并。探测器上的标签用于识别组合。

基因的直接产物是氨基酸链，称为多肽，通常被称为基因产物。合成后，多肽通过剪断末端或加入碳水化合物或磷酸盐的侧链进行修饰。这一步被称为加工，最终得到蛋白质。有时非遗传因素会干扰加工。唾液酸转铁蛋白，或碳水化合物缺乏的转铁蛋白（CDT），这是一种复合保险商在怀疑酗酒时测量的，是一种加工不当的蛋白质。这个基因是正常的，但是酒精会干扰基因产物的处理。

有些蛋白质含有不止一个多肽链，因此编码在两个或多个基因上。球蛋白是多种形式的血红蛋白中的一种蛋白质，它由四种多肽的不同组合组成，编码在不同但相关的基因上。

许多基因的突变不会引起疾病，但会产生使每个人独一无二的差异。它们被称为多态性。已知超过1 000个单个人类基因的病理学突变会引起疾病，但许多基因在序列中的数百个位点具有突变。同一基因中的这些不同突变称为不同的等位基因。理论上疾病可能是由任何基因的某些突变引起的。虽然某些疾病仅由单个基因的突变引起，但大多数疾病是由基因组合的改变引起的。这些更复杂的遗传模式，在成人发病的疾病中比在儿童期更常见，被称为多因素。

在常染色体中，基因是成对遗传的，分别来自父母。所有人都在单个染色体上遗传10~15个致命的基因突变。除非一对染色体中的两个匹配基因都被改变，否则突变就不会被表现出来——不会导致疾病。携带一对突变体和一个正常基因的人被称为杂合子。他们可能有一些疾病的迹象，但很少发病。例如，对地中海贫血病杂合的个体，可能有轻度贫血和一些红细胞形态异常，但他们不会有严重的贫血，不会发展成肝病，也不会增加生命风险。这些杂合个体通常被称为携带者，或者被认为具有小地中海贫血病或地中海贫血病特征。常染色体隐性疾病的受影响个体被称为纯合子，他们已经受到了来自他们的父母两个基因的突变复制。

有时，一对染色体中只有一个基因突变会导致疾病。这种传播形式被称为常染色体显性。与隐性疾病不同的是，父母一方携带突变基因，但是携带突变基因的父母通常会表现出明显的疾病迹象。一些常染色体显性疾病的个体的父母都是正常的，受影响的孩子被认为是从带有新突变的配子进化而来的。其他具有显性疾病的人可能有一个没有表现基因突变的父母。例如，BRCA基因突变的人可能没有疾病，但由于外显率的差异，他们有一个受影响的孩子。

许多常染色体显性疾病直到成年后才会突变。亨廷顿病和多囊肾病就是例子。症状和体征通常出现在第四或第五十年。延迟发作的一种解释是杂合性丧失（LOH）。受影响的个体有一个突变基因，遗传自父母其中一方，一个正常基因遗传自父母其他一方。儿童出生多年后，正常的基因会被受影响组织中的体细胞突变所改变。两个基因拷贝都发生突变的组织就会发展成疾病的病理。同一个人的其他组织只会在一个染色体上有一个突变的基因，并且没有疾病。[20]

因为男性只有一个X染色体，该染色体上的基因突变可能导致疾病。从母体X染色体中获得的疾病称为X连锁的疾病。而母亲如果只有一条X染色体有突变的话是不受影响的。

虽然大多数基因存在于细胞核的染色体上，但也有少数位于线粒体中的一条染色体上。这些亚细胞器负责能量产生（氧化磷酸化）。[21]线粒体存在于细胞原生质中。卵子比精子具有更多的原生质，因此线粒体疾病通常以母系模式传播。

从父母遗传的核苷酸序列的突变称为种系突变。然而，基因中的核苷酸序列不断地断裂和被修复，但单个核苷酸的顺序保持不变，并由螺旋中互补链上的代码维持。大多数影响保险客户的成年发病都是在受精后的正常基因中产生的，这些疾病来自正常基因分解和修复过程中发生的突变。这些所谓的体细胞突变是修复过程中环境或其他有害作用的结果，通常局限于单个组织或一组细胞。例如，吸烟可能会改变肿瘤抑制基因的核苷酸，并使支气管（支气管生成癌）内的细胞不受控制地生长。这些后天的或体细胞突变不会在其他身体组织中发现，因此不易用于测试。

一些病理性突变的个体没有出现预期疾病的迹象。基因在携带突变的人群中引起疾病的频率称为突变的外显率。并非所有 BRCA1 基因突变的女性都会患上乳腺癌。有 BRCA1 突变的 50 岁女性中，不到一半的人患有乳腺癌，外显率 <50%。外显率的变化表明，疾病的部分原因是其他基因或非遗传因素。外显率显然是风险评估中最重要的因素。

有时，基因突变会在不同的个体中产生不同的严重程度或不同的体征和症状。因此，一个 BRCA1 突变的女性可能同时患有乳腺癌和卵巢癌，而另一个具有相同突变的女性可能只有乳腺癌。这些变化被称为疾病表现上的差异。

▶▶ 基因诊断

和其他医学领域一样，遗传学也面临诊断难题，这可能会对保险公司造成困扰。在根据所谓的遗传诊断确定承保决定之前，应特别注意确定诊断方法，或制定方法以及是否可以进行验证。由于目前政治和社会对滥用基因数据的关注，[8,15] 在申请之前或使用保险公司进行特定的诊断基因测试时，使用错误的信息是不明智的。对于那些因为有风险而进行基因检测的申请者来说，主治医生的报告、检测结果是重要的要求。

基因诊断是通过临床检查进行的，临床检查描述疾病的症状和体征（表型），实验室化验确定生化或分子缺陷（基因型）。

临床基因诊断

临床遗传学是一项非常吸引人的技能，训练有素的临床医生能够识别出个体独特的身体特征，并能将这些特征组合成具有可预测的预期寿命结果的综合征。在某些情况下，表型诊断可通过特定的实验室化验加以证实。许多遗传缺陷具有指示性而非诊断性的表型。在承保此类案件时，必须审查所有诊断信息。

思考影响承保考虑因素的身材矮小综合征。软骨发育不全很容易通过经典的临床体征来识别，但综合征与早期死亡率无关。另一方面，亨特综合征具有许多相似的表型特征：大头，短肢，前额侧凸起，但由于心脏瓣膜功能不全和肺纤维化，其死亡率更高。标准申请表很少提供有关这些临床差异的信息，受过训练的专家的临床评估报告需要承保的绝对要求，不仅是身材矮小的综合体征，而是所有遗传疾病。

大多数成人发病的遗传疾病几乎没有表型特征。此外，由于同一基因突变的患者之间的临床过程可能存在很大差异，因此实验室检测的作用变得更为重要。

实验室诊断

遗传病的实验室诊断通过以下方法进行：
- 染色体核型
- 基因产物（由特定基因表达的蛋白质）
- 当基因产物不能有效发挥作用时积累的代谢物
- 特定基因中的 DNA
- 各种形式的基因组或蛋白质组模式识别

这些检测的敏感性和特异性差异很大。在解释实验室分析时，在遗传学上与在临床化学中的考虑因素没有区别——查看完整的图片，而不仅仅是测试结果。

核型

当一个患有唐氏综合征的个体的核型清楚地表明有一个额外的 21 号染色体存在时，染色体中的小缺失可能不会那么容易被发现，诊断可能会被遗漏。在成人医学中，很少有新的诊断是基于核型检查的，因为大多数染色体异常（非整倍体）的疾病都可以通过临床检查来预测，如果没有被诊断出来的话，大多数在儿童时期就被证实了。然而，许多淋巴瘤和白血病是由于染色体片段的小缺失或转置造成的，因此核型报告可能出现在一些主治医师陈述的报告中。

基因产物和代谢物

基因产物的检测以确定氨基酸代谢紊乱已经进行了超过 100 年。例如，早期的测试发现同相性酸（尿黑酸尿）或苯甲酮排泄升高。这些测试最初是在不了解相关特定基因的情况下进行的，它们只是将发生在具有某些临床症状的人身上的尿中成分的内翻联系起来。代谢物的测定由于不稳定、尿液浓度和人为因素的影响而存在不确定性。高剂量的维生素 c 会降低同型半胱氨酸水平，过量摄入叶酸则会降低同型半胱氨酸水平。胆固醇水平可以被许多遗传因素和非遗传因素改变。与基因决定的胆固醇升高有关的生命风险与过度摄入导致的升高有很大不同。

通常用免疫测试来分析基因产物以确定特定蛋白的存在。一些对突变基因产品的免疫分析将识别缺乏生物活性或功能的蛋白质。这种蛋白质是由突变基因形成的，但不起作用。许多基因产物是酶，酶活性的测定已被用来鉴别遗传性疾病的患者。这些化验有时也被其他药理或生理情况所混淆。在对泰 - 萨氏病携带者的检测中，我们发现服用口服避孕药的女性血清中氨基己糖酶 A 和 B 的相对浓度发生了改变，因此许多非携带者被检测为该疾病的携带者。[22]

DNA 测试

DNA 测试可以通过使用一种被称为聚合链式反应（PCR）的扩增技术来对来自少数细胞的材料进行，在这种扩增技术中，一对短的 DNA 引物被用来刺激将几股感兴趣的序列复制成数百万份。然后可以通过分析实际序列或通过研究副本与补充探头的结合来研究副本。

为了进行一项典型的 DNA 测试，基因用独特的细菌酶（称为限制性内切酶）被切割成可管理的片段，这种酶只在特定的核苷酸序列上分裂基因。加热会破坏这些限制性片段的螺旋结构，并通过聚合链式反应扩增所选择的序列。包含互补序列的标记探头（A 表示 T，G 表示 C 等）然后用于识别所需序列的存在。如果一个核苷酸改变了，丢失了一个小序列，或者在目标的序列中有其他的扰动，探头就不能有效与副本结合识别突变。对于大多数基因长度不一，需要准备许多探头来识别所有可能的突变。

微阵列允许使用邮票大小的芯片在一次测试中进行成百上千的检测。单个的 RNA 或 DNA 探头排成一排，在芯片上形成一个矩阵。通过聚合链反应制备的短链核苷酸（寡核苷酸）可以与芯片上的互补序列结合，并通过荧光检测。这种技术的发展使遗传学家可以在单个芯片上检查数百个限制片段。尽管这可能意味着很快可以对许多疾病进行全面同时筛查，但应该注意的是，大多数基因都有数百种突变，最多也只有少数几个基因可以在一个芯片上检测到。

基因组和蛋白质组分析

微阵列技术的发展带来了许多理解遗传疾病的新方法。通常这些技术结合了许多不同基因在网络中的作用。[4]由于大多数疾病都是许多基因相互作用的结果，而且由于这些基因都与特定的代谢途径没有直接联系，科学家们开始怀疑模式识别是否能提供比单一基因突变更多的信息。在一个典型的例子中，Vande Vijver 等人从超过 25 000 个候选者中选择了 70 个信息基因。[23]他们在 295 个连续的乳腺肿瘤中研究了这些序列的表达（蛋白质或多肽生产）的图谱，并确定在其"表达特征"的基础上，癌可分为两组。其中一组基因表达过量蛋白，预后较好，而另一组基因表达预后较差。这项研究很有趣，因为候选基因的选择不是因为它们与乳腺癌的关系，而是因为它们的表达能力。作者认为，他们的表达特征比诊断肿瘤大小、分化、血管淋巴结浸润或患者年龄的任何常规工具都是诊断后十年预后更好的预测指标。虽然这是一个具有许多漏洞的初步继承研究，但它证明了在实际机制或病理生理学未知的情况下同时测试许多基因的能力。

模式识别的概念已经扩展到另一个叫做蛋白质组学的新领域。每个细胞都含有成千上万的蛋白质，这些蛋白质是它们激活基因的产物。癌细胞存活是因为它们的基因改变产生了选择性的蛋白质网络。Rosenblatt 等人利用质谱（MS）分离肽和酶切蛋白，检测了癌症患者的血清蛋白网络。[24] 他们记录了质量和浓度，却不知道任何肽的结构，更不用说肽的确切的作用。他们推断，与正常细胞相比，乳腺中的癌细胞会释放出不同的肽或蛋白质。此外，他们发现，合成的 MS 色谱含有大量的峰，对峰型的分析可以区分癌性组织和非癌性组织，这可以识别对某些治疗有反应的组织，并对生存进行预测。他们认为，对这些模式进行适当的分析将有助于更好的管理和结果决策。

基因组学和蛋白质组学是人类基因组学发展的新领域。它们还没有提供风险评估的工具，但随着时间的推移，它们将对过去十年我们担心的单基因诊断测试的风险评估产生更大的影响。

对 DNA 测试结果的解释可能比较困难，在决定其预后价值之前最好先向进行测试的遗传学家寻求指导。

保险公司不应在承保时要求进行基因检测，因为预测值不确定，申请人可能不愿承担伴随阳性检测结果而来的思想负担。越来越多的申请者因为直系亲属被发现患有遗传性疾病而进行了基因检测，他们想确定自己的风险。测试信息应该是投保材料的一部分。无论测试结果是阳性还是阴性，在高危家庭中进行的测试的预测值远大于随机筛选中进行的测试，因为在这样的家庭中突变的患病率将高于一般公众。

▶▶ 新技术带来的问题

基因测试，无论是前瞻性地评估疾病易感性，还是回顾性地进行诊断都不是没有问题的。新技术通常会带来很高的期望，但只有在广泛应用之后才开始显现缺点。基因检测很可能和其他诊断工具一样被现实修正。测试开发人员的浮夸声明将根据实际使用经验进行修改。虽然大多数基因测试将揭示突变的存在与否，但很少有突变具有完全的外显率，并且较少的突变将以最致命的形式表达。此外，其他基因对靶基因表达的影响将会改变结果。

第一次检查时，基因测试的外观是要么全有要么全无。令人感兴趣的基因要么是正常的，要么是突变的。如果它发生突变，这种趋势可能是对风险做出可怕的预测，也许在保险条款上不利于承保。人们应该警惕这种做法，记住 Wachbroit 的论点。[14] 大多数基因突变与病理无关，而在这些基因中，突变的外显率和表达率有很大的差异。不是每个有致命突变的人都会死于这种疾病。我们对这些风险的理解随着科学的更新发展和对特定测试的更丰富经验而改变。继续教育是无可替代的。

从保险公司的角度来看，基因检测的问题可分为五大主题：

1. 成本/效益
2. 解释说明
3. 公众关注
4. 逆向选择
5. 立法限制

成本/效益

今天，大多数基因测试需要花费数百甚至数千美元才能完成。它们不适合广泛的筛查计划，只应用于检查在其他家庭成员中表达的具有疾病风险的特定个体。

有限的基因筛选已经证明了这一点。例如，在黑蒙性白痴[9]疾病的怀孕前咨询或新生儿筛查中发现和治疗婴儿苯丙酮尿症。[12]然而，关于筛查准父母或新生儿的囊性纤维化基因突变（CFTR）仍存在争议。[25]大约25个白种人中就有1个是杂合的CFTR，有效的筛选计划可以提供类似于黑蒙性白痴病筛选的好处，但是他们有明显的区别。CFTR基因中已经描述了超过500个突变，虽然绝大多数病例都有一小组突变，但筛查程序很可能只识别一对夫妇中的一个载体而另一个伴侣中缺少新的或罕见的突变。然后，遗传咨询师可能会不恰当地建议这对夫妇他们没有风险，尽管他们的风险实际上与两个人都有更常见的CFTR突变的风险相同。也许更重要的是，患有囊性纤维化的患者的治疗正在改善，并且许多人已经生存到第四个十年。黑蒙性白痴病是无法治愈的。最后是成本差异。虽然测试的咨询方面在两种疾病中都是一样的，但是黑蒙性白痴病测试的实验室方面只花了几美元。CFTR突变测试花费数百美元，类似的论点也支持苯丙酮尿测试。

总有一天，用于基因测试的实验室工作的每项测试的费用可能会降到几美元，就像我们今天所做的临床化学测试一样。然后就会出现新的问题——基因测试需要哪些适当的测试？对特定保险人群死亡原因的回顾显示，很少有死亡是由单个基因缺陷造成的，大多数是多因素的；很多都是体细胞性的突变而不是生殖细胞突变，所有这些都将在同一个位点发生多种突变。如果20个高危基因被选为所有申请人的测试列表，对每个基因的五个最常见突变进行分析，每次测试3美元，投保人的增量成本至少会增加300美元，或许比承保的总成本还多一些。一般来说，一个特定突变在普通人群中的概率只有二百五十分之一，因此找到一个具有该突变基因的个体需要花费大约75 000美元。多因素疾病传播很可能对任何候选基因的预测价值都为 < 50%，有效地将每个"hit"的成本增加一倍，达到15万美元。如今，3美元的基因检测还没有出现。欧洲的Gendia实验室（www.gendia.net/tests_tabl.html）提供超过450种不同的化验，包括一些600欧元的筛选测试。广泛的筛查测试对胆固醇的效果更好。

即使特定的 DNA 测试可用于高危家庭的个体，其中疾病频率的增加增加了预测价值，但该过程变得比我们目前的测试配置成本高得多。ELSI 基因测试工作小组建议，只有在适当的遗传咨询支持下才能提供基因测试。[16]当临床化学测试结果异常时，主治医生会为投保人提供咨询，但还需要很多年才能在普通医生办公室提供必要的遗传咨询技能。遗传咨询需要花钱并且咨询服务供不应求。保险公司无法以可负担的成本满足遗传咨询工作组的要求。

解释说明

尽管每次测试的成本在下降，人们对基因测试重要性的认识也在上升，但要将可靠的精算原则应用于与基因突变相关的预期风险还需要很多年的时间。在某种程度上，这与大多数成人发病疾病的多因素性质有关，也与这些测试的前瞻性性质有关。如果一个人的 PCKDl（多囊性肾脏疾病的基因）发生了突变，那么可以预测该疾病的发病年龄将在 40 岁左右。有些突变的个体不会发展成肾功能衰竭，有些直到生命后期才会发展成肾功能衰竭。这些数据对于一些有风险的家庭来说是相当不错的，但对于保险公司来说就不算好消息。例如，通过对随机人群的 DNA 检测，确定 1 000 名 25 岁的申请者有患多囊性 1 型肾病的风险，但没有精确的数据来预测有多少人会患上肾功能衰竭，保险公司必须等待 20 年才能收集到这些数据。

那些我们不太了解的疾病呢？阿尔茨海默病的 APP 基因突变就是一个例子。圣·乔治-希斯洛普（St George – Hyslop）最初描述这个突变发生在一个有几个受影响成员的家庭中。[26]他们的平均发病年龄为 47.6 岁，但有一例 50 岁以上的男性在临床上和在 CT 或 MRI 扫描上都没有受到影响。如何在这个测试的基础上进行承保？这个问题在一定程度上得到了解决，当同一组人证明所有受影响的家庭成员都有一个载脂蛋白 e4 基因型，而未受影响的人是 3 型。这一幸运的联系被注意到是由于研究人员积极参与研究阿尔茨海默病的病因。许多类似的情况目前被认为是表达的变化而没有已知的原因。

对于保险公司来说，谁来解释这些测试结果？在没有普遍接受的精算数据的情况下，谁将决定一个已知突变个体的预期结果？持续的教育仍然是最重要的，但是人类遗传学的领域是广阔的，知识的增长使得任何一个人，无论是专业的遗传学家还是担保人，都不可能跟上所有的进步。

公众关注

购买保险的公众很清楚意识到这个有争议的问题，有关承销过程的公共舆论多年来是一直下降的。现在有一种隐私威胁，即保险公司将增加基因测试以预测未来的健康，而不仅仅是当前或过去的健康问题。公众质疑保险公司是否有权知道申请人不知道的医疗信息，质疑保险公司做基因测试的权利，这些测试可能会提供公众不想要的信息。他们质疑保险公司保密测试结果的能力，担心"糟糕"的结果将意味着丧失可保性或就业能力。这些都是合理的担忧，它们触及了承保过程的核心，在审查遗传数据时必须时刻牢记这一点。[7]

人们提出了许多理由，要求保险公司不得获得基因检测数据。[7,8]其中最重要的是他们携带突变基因不是个人的错，因此他们不应该被更高的保险费或拒绝保险所惩罚。公众不认识风险定价的概念。事实上，有大量的生物伦理学家和消费者活动人士提出了一种"无过错"保险，没有承保来保护那些因遗传风险而增加保费的人。[27]如果保险购买是强制性的，而保险池包括有或没有基因突变的人，那么这种权利主张可能是合理的；但是如果没有强制投保要求，那些高风险人群的成本将很快被排除在市场之外。

逆向选择

保险的出售是为了以防有意外损失。如果预测基因测试能够识别出那些未来有患病风险的人，那么预测就变成了预期，可能索赔就变成了绝对索赔。尽管所有的承保都可能被认为是为了避免逆向选择，但这个问题在遗传学中具有双重重要性。基因测试通常是独立于主治家庭医生进行的，例如，在一项与患有遗传疾病的患者有关的谱系研究中。申请人很容易隐瞒或不报告基因测试的结果，因此应特别注意申请表上家族史的细节。

重大疾病产品在英国、澳大利亚和加拿大有巨大市场潜力，是逆向选择的最大的风险之一。如果未来的基因检测变得普遍，投保人知道他们携带突变基因，并知道他们一生中罹患某些疾病的风险。他们极易在不告知保险公司的情况下购买这类产品。他们有能力这样做，并有能力避免在两年的可竞争期内撤保。保险公司在承保重大疾病产品时，应仔细检查家族病史。

立法限制

立法者被选举来保护他们的选民。这些选民有权在取得或使用社区的商品和服务时免受侵犯其隐私或不公平歧视的侵害。有大量的法律保护保险消费者免受不公平行为的影响，对许多人来说，调查投保人的基因构成是不公平的，应该被禁止。一些欧洲国家已开始立法，限制人寿保险公司使用基因检测、基因检测结果，甚至更广泛地限制使用基因信息。[27,28]在撰写本文时，几乎没有投保人进行过基因检测，这些立法举措对该行业影响不大，但它们可能会带来严重问题。如果对基因测试的广义定义或遗传信息进行限制，使用目前的工具进行承保将变得困难或不可能。

▶▶ 面对技术的发展，保险公司能做些什么？

所有的新技术最初都是作为实现目标的绝对和最终的方法。如果目标是基因诊断或识别遗传风险，通常开发人员声称他们的测试将明显地将高风险人群和低风险人群区分开来。随着时间的推移，在进行了许多测试之后，通常会发现测试结果仍有问题，高低风险人群有重叠。这就是承销的本质，它将适用于基因测试，就像它适用于所有用于做出评级决定的其他数据一样。

大多数成人发病的疾病不是由单个基因缺陷引起的，而是由生物级链中许多相关基因的改变引起的。例如，我们现在知道了一些导致乳腺癌的基因突变（BRCA1、BRCA2、TP53、PTEN和CHEK2），但没有一个是完全渗透的。[29]此外，它们只占所有乳腺癌的2%~3%。所有的癌症都是由基因突变引起的，但只有一小部分是遗传的或种系的，大多数是体细胞变化的结果。因此，在预测乳腺癌的风险时，并不是所有BRCA1突变的女性都会患上癌症，许多BRCA1中没有突变的女性也会因为其他基因突变而患上乳腺癌。[30]

因此，基因测试似乎是令人畏惧的，但不需要比我们今天信心十足的临床化学测试更具问题性。要从基因测试基地进入承销的新世界，有四条简单的规则：

1. 了解情况——遗传知识库的增长正在阻止除了全职专业人员之外的其他人跟踪所有发展，但是可以从数据库搜索中获得关于特定主题的当前信息。印刷的旧的教科书和承保指南会在很多地方过时。

2. 建立遗传联络人——大多数保险公司都位于学术遗传部门的范围内。咨询那里的人并请他们解释你的问题，大多数人都乐意分享他们目前的知识。

3. 避免基于缺乏知识的不恰当决定——不要猜测。如果允许保险公司使用基因检测结果，他们必须基于合理预期的结果做出决定。对申请人公平是最重要的。比林斯在一些案件中发现了一些不知情的人做出的决定中的错误，并在州议员面前使用这些错误。[8]这个行业承受不起这种负面宣传。

4. 与地方立法机构的程序保持联系——在行业之外，很少有人（包括许多立法者）了解风险评估的过程。更少有人理解通过支持允许消费者在作出承保决定时隐藏可能很重要的信息的立法来保护消费者尝试所带来的良好影响。

▶▶ 如何应对新的或未知的遗传风险

申请人在承保时已表明携带基因突变时，有一些普适的指导方针。

携带者或杂合子

常染色体隐性疾病的杂合子或携带者通常是标准风险。例如，一个人有一个地中海贫血病的突变基因（THA1 小杂合子，THL 性状杂合子或地中海贫血病杂合体），他可能在血液涂片上有轻度贫血和一些畸形红细胞，但不会因为突变而增加生命危险。杂合子很少会出现其他风险。携带运动失调性毛细血管扩张基因（AT）的人患癌症的风险增加了 4～5 倍，[31] 但没有出现癌症迹象。

外显率的变化

大多数遗传性疾病没有表现出完全的外显率。并不是所有携带这种突变的人都会患上这种疾病。有些人会死于这种疾病，但有些人会患上这种疾病，死于其他疾病。外显率的变化可能是由于其他基因的影响或环境的影响。膀胱癌在 Rb 基因突变的男性中很常见（这与儿童视网膜母细胞瘤有关），但所有携带 Rb 突变的男性都不会得癌症。吸烟的人患膀胱癌的风险很高。

表达的变化

基因可能在其核苷酸序列的许多位点发生突变。有些是病态的，有些则不会。CFTR 是在囊性纤维化中突变的基因，已知有超过 500 个突变，但并不是所有的突变都导致囊性纤维化。有些似乎与成人生活中的轻度至中度慢性阻塞性肺病有关；其他原因导致输精管先天性缺陷。[25] 因此，在每个案例中要做出的承保决策是完全不同的。

治疗的影响

遗传疾病的治疗是不断变化的，精算经验有限，预测结果比较困难，但是如果可以预期从申请时起的 20 年生存期，考虑适度的评级而不是拒绝保险具有合理性——在未来的几年里，有效地改善健康管理或遗传研究预期的结果可能会影响治疗。

血色素沉着病是影响成人的最常见的常染色体隐性疾病之一。这些患者体内的铁过多会导致肝硬化、肝细胞癌、肾上腺机能不全、心肌病、糖尿病和皮肤烫伤。通过测定血清转铁蛋白饱和度或肝铁可以对其进行诊断。如果不加以治疗，一部分携带者不会患上这种疾病，而另一些则会死亡。通过简单的去血来降低铁的储存则可以避免所有的并发症。血红蛋白病患者如果没有肝病证据并且正在进行常规静脉切开术，则是标准风险。

改善监督

了解一个人携带的突变基因可能会提高对高危人群的监督，降低死亡率。遗传性非息肉性结直肠癌（HNPCC）就是一个例子。[32]这种疾病是由至少四种不同基因中的一种突变引起的。它作为常染色体显性疾病传播给患者的后代50%的机会携带同样的突变。遗传性非息肉性结直肠肿瘤通常局限于上升（右侧）结肠，病情严重前不会出现临床症状。这些家庭的基因筛查将提醒高危人群，并应加强监测、早期诊断并取得成功。如果及早发现，这是一种可治愈的癌症。对于那些有定期结肠镜检查并认识到肿瘤发生时需要切除结肠的原发性肝癌患者，应将其视为标准风险。

对BRCA突变携带者的研究提供了一个有趣的观察，即改进的监测与乳房自我检查和乳房X光检查相结合如何降低死亡风险。[29]更重要的是，过去生育的女性携带者的预防性乳房切除术和输卵管卵巢切除术已被证明可降低死亡风险。[33]一旦他们在50年左右停止激素替代治疗，Wooster和Weber就会在所有携带者中推荐他莫昔芬治疗。[29]

疾病自然史

病人的年龄和患病的时间。如果一个15岁的男孩的父母患有多囊性肾病（PCKD），我们知道他有50%的风险携带该基因。如果他携带该基因，他的发病期为20~25年，他到达终末期肾脏疾病之前可能是35年。如果没有基因检测，他可以享受每毫升5美元的保险。如果他做了检测，但被发现没有携带该基因，他的额外保险费可以被取消。如果他的检测结果是阳性，需要交纳额外保费。保单应在无福利的情况下承保（未来增加选择权、伤残豁免等）。这些数额可能因公司经验、失效率等而有所不同，但队列中只有不到一半的被测者会出现肾功能衰竭，而平均这些被测者至少能存活20年。

如果一个人的年龄更接近于症状通常出现的年龄，则应增加额外的保费；大约

35岁时，未经检验PCKD风险的申请人将无法获得保险。在接下来的几年里，他要么会患上这种疾病，继续无法投保，要么就不会患上这种疾病。在后一种情况下，如果他在50岁时没有疾病，他将再次获得保险。

同样，乳腺癌的阳性基因检测也不应该导致保险被拒绝。至少有一半的BRCA1突变的女性在50岁以上才会患上乳腺癌，只有大约25%的感染者会死亡。到60岁时，BRCA1阳性的女性死于其他原因的可能性要大于死于乳腺癌。[34]

▶▶ 信息来源

有关特定遗传疾病和与异常基因检测结果相关的生命风险的信息在质量和数量上是可变的。对于非遗传学家来说，这一领域的专业人士使用的大部分词汇都是可以理解的，但也有可能找到一些来源。

本地的遗传学界

遗传学系通常有临床和研究单位。临床组可能包括医生、遗传咨询师和许多其他专业人员。去见你的当地遗传学研究团体，了解你正在考虑的疾病谁可以提供通俗易懂的描述。他们中大多数人对保险不太了解，而且会关心保护他们的客户，可以与他们建立对话并且这些知识渊博的专业人士是当前信息的最佳来源。

图书馆

医学文献经常为大量具有特定突变的个体提供良好的研究。在Medline数据库（关键词：PubMed）或类似搜索系统中搜索很简单，并允许搜索者查找评论文章或其他综合数据库。

互联网

三十多年前，人类遗传学先驱之一的维克多·麦克库西克（Victor McKusick）首次发表了题为"人类孟德尔遗传"的遗传病概要。这本书编录了所有已知的遗传性疾病，随着知识和技术的增加，它频繁再版。今天可以在线获得孟德尔遗传数据库（关键词：OMIM）。该网站可以同时搜索疾病的名称和显著的体征或症状。特定的疾病条目会定期更新，并包含广泛的参考资料，这些资料都有超文本链接到

Medline 数据库以方便访问。不幸的是，承销商不会定期提供死亡率数据，但优秀的参考资料通常会方便人们获得正确的信息。

遗传学是新的学科，在某种程度上与其他检测不同。它以更好的诊断、更好地理解疾病过程以及可能更及时有效的治疗方式为医学带来了巨大的希望。很多吹捧言辞已经撒向这门科学的新领域，但是当它应用到现实，我们将看到这是一种获取更好信息的新技术。它比我们今天使用的实验室信息更有效，不应该因为害怕它会伤害我们的客户或我们的决策过程而规避它。1989 年，霍尔兹曼出版了一本名为《谨慎行事》的专著，其中他建议所有执行、解释或使用遗传测试结果的人要小心。[35] 使用任何新测试的任何人都可以获得相同的消息。作为承销商必须谨慎，不要对异常的基因检测做出过度反应。每个人都携带几个突变基因。大多数突变不会显著改变携带特定等位基因的群体的平均预期寿命。我们生活在一个快速变化的世界中，大多数的病理突变迟早会被管理或治愈。遗传学只是另一种用它来做出有效的承保决定技术。

▶▶ 参考文献

[1] Lander ES *et al*. Initial sequencing and analysis of the human genome. *Nature* 2001; 409: 860 – 921.

[2] Venter JC *et al*. The sequence of the human genome. *Science* 2001; 291: 1304 – 51.

[3] Gravely BR. Alternative splicing: increased diversity in the proteomic world. *Trends Genet* 2001; 17: 100 – 7.

[4] Guttmacher AE, Collins FS. Genomic medicine – a primer. *N Engl J Med* 2002; 347: 1512 – 20.

[5] Cohen J. The genomics gamble. *Science* 1997; 275: 767 – 72.

[6] Rothstein MA (ed). *Pharmacogenomics: Social, Ethical and Clinical Dimensions*. Hoboken: John Wiley and Sons, 2003.

[7] Rothstein MA (ed). *Genetics and Life Insurance: Medical Underwriting and Social Policy*. Boston: MIT Press, 2004.

[8] Billings PR *et al*. Discrimination as a consequence of genetic screening. *Am J Hum Genet* 1992; 50: 476 – 82.

[9] Kaback MM. Heterozygote screening and prenatal diagnosis in Tay – Sachs disease: a worldwide up – date. In: Callahan J, Lowden JA (eds). *Lysosomes and Lysosomal Storage Diseases*. New York: Raven, 1981; 331.

[10] Beutler E, Grabowski GA. Gaucher disease. In: Scriver CR, Beaudet AL, Sly WS, Valle D (eds). *The Metabolic and Molecular Bases of Inherited Disease*. New York: McGraw-Hill, 1995; 2641-70.

[11] Cao A et al. Thalassemias in Sardinia: molecular pathology, phenotype-genotype correlation and prevention. *Am J Pediatr Hematol Oncol* 1991; 13: 179-88.

[12] Scriver CR, Clow CL. Phenylketonuria: epitome of human biochemical genetics. *N Engl J Med* 1980; 303: 1336-42, 1394-400.

[13] Waisbren SE, Read CY, Ampola M et al. Newborn screening compared to clinical identification of biochemical genetic disorders. *J Inherit Metab Dis* 2002; 25: 599-600.

[14] Wachbroit R. Genetic determinism, genetic reductionism, and genetic essentialism. In: Murray TH, Mehlman MJ (eds). *Encyclopedia of Ethical, Legal, and Policy Issues in Biotechnology*, Vol. 1. New York: John Wiley & Sons, Inc. 2000.

[15] Meyer RB. The insurance perspective. In: Rothstein MA (ed). *Genetics and Life Insurance: Medical Underwriting and Social Policy*. Boston: MIT Press. 2004; 27-48.

[16] Task Force on Genetic Testing of the Ethical, Legal and Social Implications Working Group of the NIH/DOE Human Genome Project. Interim Report 1996 N A Holtzman, M Watson (chairs).

[17] State of Maryland House Bill (1997) Confidentiality and genetic disclosure. HB 776.

[18] Chambers D. On defining the genetic test. *J Insr Med* 1996; 27: 198-203.

[19] Rimoin DL, Connor JM, Pyeritz RE (eds). *Emory and Rimoin's Principles and Practice of Medical Genetics*, 3rd edn. Secaucus: Churchill Livingstone, 1996.

[20] Osario A et al. Loss of heterozygosity analysis at the BRCA loci in tumor samples from patients with familial breast cancer. *Int J Cancer* 2002; 99: 305-9.

[21] Wallace DC. Mitochondrial diseases in man and mouse. *Science* 1999; 283: 1482-488.

[22] Lowden JA. Serum beta-hexosaminidases in pregnancy. *Clin Chim Acta*. 1979; 93: 409-17.

[23] van de Vijver MJ et al. A gene-expression signature as a predictor of survival in breast cancer. *N Engl J Med* 2002; 347: 1999-2009.

[24] Rosenblatt KP et al. Serum proteomics in cancer diagnosis and management. *Annu Rev Med* 2004; 55: 97-112.

[25] Beaudet AL. Carrier screening for cystic fibrosis. *Am J Hum Genet* 1990; 47: 603-5.

[26] St George-Hyslop PH et al. Alzheimer's disease and possible gene interaction.

Science 1994; 263: 537.

[27] Knoppers BM, Goddard B, Joly Y. In: Rothstein MA (ed). *Genetics and Life Insurance: Medical Underwriting and Social Policy.* MIT Press. Boston 2004; 173 – 92.

[28] Chuffart A. Genetic testing in Europe. *J Insr Med* 1996; 28: 125 – 35.

[29] Wooster R, Weber BL. Breast and ovarian cancer. *New Engl J Med* 2003; 348: 2339 – 47.

[30] Whittemore AS, Gong G, Itnyre J. Prevalence and contribution of BRCAI mutations in breast cancer and ovarian cancer: Results from three USA population – based case – control studies of ovarian cancer. *Am J Hum Genet* 1997; 60: 496 – 504.

[31] Swift M *et al.* Incidence of cancer in 161 families affected by ataxia – telangiectasia. *N Engl J Med* 1991; 325: 1831 – 6.

[32] Lynch HT, de la Chapelle A Hereditary colorectal cancer. *N Engl J Med* 2003; 348: 919 – 32.

[33] Kauff ND *et al.* Risk – reducing salpingo – oophorectomy in women with a BRCA1 or BRCA2 mutation. *N Engl J Med* 2002; 346: 1609 – 15.

[34] Lowden JA. Underwriting dominantly inherited disease. *J Insur Med* 1996; 27: 228 – 34.

[35] Holtzman NA. *Proceed with Caution: predicting genetic risks in the recombinant DNA era.* Baltimore: Johns Hopkins University Press, 1989.

第7章 老年承保

琳达·古德温（Linda Goodwin）

- 简介
- 老年人的概念定义和人口统计学
- 老年人风险评估
- 死亡率的趋势和死因
- 合并病症
- 老年人的发病率趋势
- 发病率压缩理论
- 老年人的亚临床与临床疾病——一个潜在的承保隐患
- 正常衰老与成功老化的对比
- "正常"衰老的变化
- 成功老化
- 正常但不足
- 老年人的实验室检测
- 老年综合征
- 病史与现状
- 医疗保健与健康行为
- 参考文献

▶▶ 简介

在世界许多地区，老年人数量正在增长，在可预见的未来，这一趋势将持续下去，越来越多的老年人成为各种保险产品的客户。医疗技术的进步使老年人的寿命延长了，因此了解老年人的"正常"风险与受损风险的关系，对老年人的承保来说至关重要。

关于老年人生存、治疗结果和黄金治疗标准的循证研究常常很难找到。在许多重要的医学研究中老年人被排除在外。最近有专为65岁以上老人而设计的大样本研究方案。鼓励医疗主管和承保人进行医学文献分析，熟悉一些更大型的、长期的、前瞻性的老年人研究计划，如心血管健康研究、麦克阿瑟健康老龄化研究，以及老年人群流行病学研究（EPESE）等。

▶▶ 老年人的概念定义和人口统计学

基于美国医疗保险计划（Medicare）和退休的定义，几十年来，"老人"这个词一直被认为是从65岁开始的。

老年病学专家通常把65~75岁的人称为"年轻的老人"，75~80岁或85岁的人称为"老年人"，85岁或85岁以上的人则为"老的老年人"。然而，基于以下一个或多个因素：生理、认知和心理健康；慢性疾病的数量和严重程度；独立或依赖程度；社交网络的力量和多样性；日常活动类型；运动水平；生活方式和习惯。一般来说，生理年龄比年龄更能预测老年人的预后。

1900年，65岁及以上的人口占美国总人口的4%，现在约占13%（见图7.1）。预计2030年，占比将增加到20%。在许多工业化国家，65岁及以上人口比例已经占了约15%。85岁以上老年人是美国人口增长最快的一部分，这些趋势将对社会、医疗和退休政策产生深远影响。就像"婴儿潮"已经成为巨大的经济和市场力量，

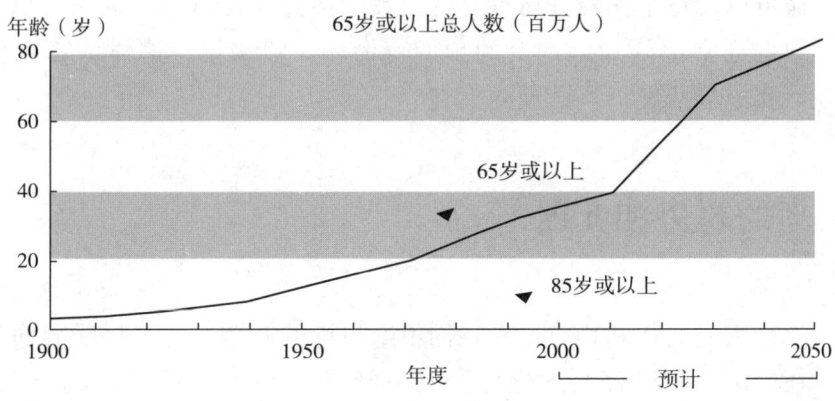

2000年至2050年的数据是对人口的中期预测。参考人口：常住人口。
资料来源：美国人口普查局，十年人口普查数据和人口预测。

图7.1　1900—2050年美国人口增长

在各个方面都将持续影响许多领域的消费和产品开发，包括：医疗技术和医药产业的发展、住房、退休服务、金融服务和保险（生活、长期照护、生活福利等）。

▶▶ 老年人风险评估

传统的风险评估方法应用于老年人时往往会失去一些参考价值。死亡比率（MR）是通过某一组人群的死亡率除以该组预期死亡率来确定的。与年轻人相比，老年人（特别是80岁以上）的预期死亡率非常高，因此，对于大多数老年损伤来说，相应的死亡比率通常相对较低。研究中大量的特定损伤致死案例显著地增加了老年投保人的死亡率。这主要是因为这个年龄段因心血管疾病和癌症导致的死亡率中有相当一部分来自老年人自身带有的"可预期的"死亡风险。精算师很清楚这一现象，并据此相应地为老年人产品定价。然而，传统的承保做法一般不考虑这一点，高估老年人的死亡率（而不是死亡风险）仍然是很常见的。

在老年人中使用定额附加保费（见第5章）也很困难。由于老年人口的潜在死亡率很高，在老年阶段的保险定价相对也比较昂贵。例如，通常用于癌症风险的保险，每千美元保险费将增加5~10美元，对向老年人提供保险的公司来说，几乎不会增加额外的财务保障。对于80岁或以上的申请人来说，使用永久性的保险而不是临时的保险，或者通过收取标准死亡率的一小部分额外费用（即更高的死亡率），癌症的剩余风险可能会得到更好的定价。

也许在老年时分配风险的更好方法是确定与特定损害相关的剩余预期寿命。剩余的预期寿命可以用每个保险公司特有的精算表换算或计算。在医学文献中，老年人的死亡率数据通常被认为是剩余的预期寿命。一般来说，这样估算死亡率更准确，因为在某些极端情况下寿命预测失真。

▶▶ 死亡率的趋势和死因

老年人死亡率的变化和趋势是专家们不断讨论的问题，也是保险公司非常感兴趣的问题。在美国，大约75%的死亡发生在65岁及以上（见图7.2）。[1] 必须认识到，老年人的死亡证明往往不准确或不完整，因为许多老年人有多重损伤，在某种程度上导致了他们的死亡。依靠死亡证明信息的调查和研究存在固有的缺陷。它们很少包括所有与死亡有关的因素，而且它们可能误判或高估心脏或呼吸停止作为真正死亡原因的作用。

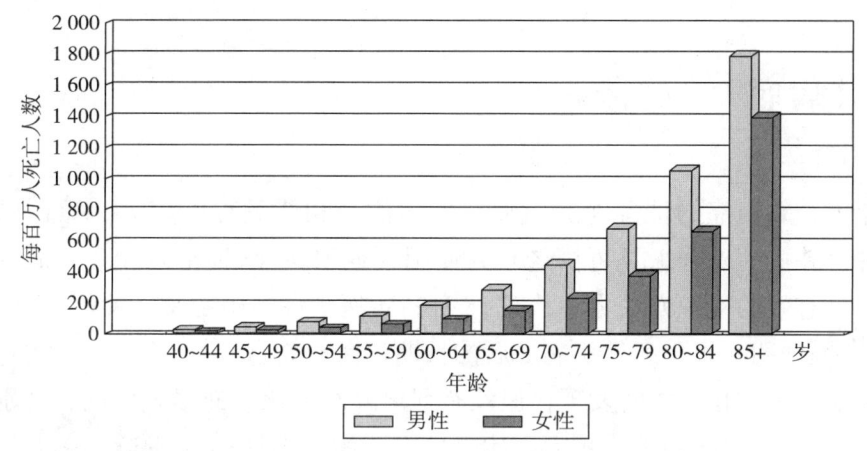

图7.2 美国按性别和年龄计算的死亡率（1987年）

在20世纪下半叶，慢性病取代传染病成为死亡的主要原因。在过去的二十年中，心脏病占了三分之一以上，而癌症占老年人死亡的四分之一。其他重要的死亡原因包括中风和脑血管疾病、慢性阻塞性肺病（COPD）、糖尿病、肺炎和流感。在不同年龄、不同种族和不同性别的人群中，这些疾病在死亡原因排名上略有差异，但均高于65。[1]阿尔茨海默病（AD）也是一种重要的死亡原因，是占65岁以上的老年人前5到10位的死因。然而，大多数AD患者死于肺炎或其他感染，因此阿尔茨海默病和其他形式的痴呆成为老年死亡原因的真实影响不容易量化。主要由于跌倒和机动车事故造成的意外伤害也是65岁以上人群的重要死亡原因。

慢性疾病很大程度上是由于生活方式和习惯造成的，其次是遗传和衰老本身。因此，制药、技术、特别是生活方式的改变在理论上可以使死亡率得到重大改善。作为一个值得注意的例子，20世纪后半叶心血管疾病的发病率急剧下降，在教育、饮食和锻炼方面的持续改进，吸烟率的降低以及医疗保健的可及性和医学科学的发展，可以延长所有年龄段的预期寿命，包括老年人。另一方面，年轻人肥胖的急剧增加，伴随着糖尿病、心脏病和相关疾病的早期发病以及全球污染水平的不断提高以及恐怖主义可能产生的大规模影响，可能会使预期寿命的持续改善变得不明显。作为一个老年群体，更容易受到传染病流行的影响，未来全球潜在流行病可能会影响老年人群预期寿命延长。

有些人假设了人类潜在寿命的上限。然而，另一些人指出，在日本，一些人口的老年死亡率持续提高。[2-4]美国的改善并不显著，但这可能与人口中更多的种族、教育、社会经济、地理和生活方式多样性有关。目前还不清楚是否存在人类寿命的上限，如果确实存在，那么这个限制可能是什么。但是，流行的生存曲线已经被严重质疑。[5]

▶▶ 合并病症

老年人合并病症的情况尤其重要。疾病数量和严重程度越大，死亡风险就越大。各种合并症的评分工具可供老年人使用。查尔森（Charlson）合并症率指数是最常用和最有效的检查方法之一，对 18 种特定医学诊断中的每一种都给出了 1 至 6 的分数，[6]被证明与多种急性疾病之后的长期存活有关。

有些疾病常常在死亡时发现，但没有列出或确定死亡的根本原因，特别是在老年人中。[1]认识到这些因素很重要，其中最主要的是糖尿病（DM），在老年人中几乎总是 2 型糖尿病（尽管个体在疾病期间可能需要胰岛素治疗）。在老年人的死亡证明中，糖尿病被列为共病大约是其他疾病的 3.3 倍。在国家卫生统计中心 1996 年的一次审查中，[1]所有死亡的老年糖尿病患者中约 70% 患有心脏病，其中约一半的死亡病例中，心脏病被列为死亡的根本原因。

慢性阻塞性肺病很有可能被列为合并症，其可能性大约是死亡主要原因的两倍。在 1996 年的审查中，[1]超过 200 000 名患有慢性阻塞性肺病的老年人患有心脏病或癌症，被认为是死亡的根本原因。

▶▶ 老年人的发病率趋势

由于预期寿命在持续增加，可能会出现年龄更大、更虚弱和失能的人口。同时也将给新的老人群体带来更大的医疗、社会和财政资源的压力。然而，有证据显示，在西方国家，教育水平和观念的提高使人们对健康和预防性医疗保健的需求更高。这些变化可能意味着未来的老年人失能人数将减少。虽然关于老年人失能是否增多还是减少的争论仍在继续，但一些研究却预示了一个美好的未来。

▶▶ 发病率压缩理论

"发病率压缩" 概念是 1980 年由弗里斯（Fries）所提出的[7]，其声称越来越多的人积极地参与健康的生活方式将会使人们残疾的时间更长，而一旦发生了失能，则生命的末期将会被压缩成短暂的时期。弗里斯进行了一项回顾性和一项前瞻性的纵向研究，通过社区控制，发现定期锻炼能显著降低致残率、死亡率和医疗保险费用。[8] 自那时以来，其他一些精心设计的研究也提供了有力证据。在过去 25 年里，居住在社区和机构中的老年人的失能状况都有所下降。老年人死亡率每年下降约 1%，而老年人发病率每年下降约 2%。[9,10]

然而，尽管有证据显示，老年人越来越健康，失能人口越来越少，但在未来 50 年中，由于老年人口数量庞大，将会产生一个非常大的失能人口。整体的失能比例可能较低，但失能老人的绝对数量将是史无前例的，因为老年人的绝对数量将是前所未有的。这将对失能老人的生活辅助、康复、医疗和住房需求，以及长期护理、重大疾病、创新性的"有益的生活"保险产品等的财务将产生很大影响。

▶▶ 老年人的亚临床与临床疾病——一个潜在的承保隐患

心血管疾病占美国 65 岁以上患者死因的一半以上，其中至少 30% 的死亡是由冠心病（CHD）导致的。尸检研究表明，大约 70% 的 70 岁老年人在死亡时患有严重的冠心病，但这些人中只有一半的人有临床症状，即死亡前就有明显的病史或已知的症状或有明显的体检发现。近一半的冠心病病例是亚临床的，即只能通过如压力测试等检查才能进行诊断。

在保险问卷和检查报告中，以及在医生的检查中，老年人可以否认有冠心病的任何常见症状，如胸痛或呼吸困难。然而，老年申请人没有这些症状并不一定令人放心，特别是无明显的身体活动的老年人。为避免体力消耗和运动后心肺输出量增加导致的不舒服感觉（如心绞痛），老年人可能选择久坐不动。由于心血管疾病在老年人中很常见，并且是一种常见的死亡原因，保险公司应认真考虑获取任何与刺激性心脏筛查测试相关的信息。药物（即非运动）、压力测试已被证明对老年人具有高敏感性、特异性和阳性预测的价值。

▶▶ 正常衰老与成功老化的对比

为了评估老年人的死亡风险，保险业许多人都强调要了解什么样的变化与"正常老龄化"有关。然而，"正常老化"是很难定义的。在医学研究中，老年人常见的变化一般被认为就是"正常老化"。而这类被研究的群体往往不像一般的老年人，也很难像一般的（或至少是理想的）老年保险申请人。往好了说，这导致了错误的假设，认为衰老与疾病和衰退本身有关，往坏了说，它对保险业者产生了误导和对研究结果的不知所措。

也许更好的方法是使用"成功老化"的概念。近年来关于成功老化的研究已经很多，与成功老化相关的可测量标识和结果对保险公司应具有吸引力和实用性。下面将讨论其中的一些问题。

▶▶ "正常"衰老的变化

增加异质性

随着年龄的增长，由于习惯、生活方式选择、职业和环境暴露、气质和遗传因素。1 000 名 1 岁大的儿童比 1 000 名 80 岁的老人同质性更大，异质性的增加常常使老年人的承保困难增加。当一些老年人仍在经营公司或跑马拉松时，还有一些却是疗养院的植物人。那什么构成了高年龄段的"标准风险"？

老年人之间的异质性增加了承保的条件。详细具体的信息包括：旅行（在哪里，以何种方式，多长时间）；就业（职业种类，每周工作小时数）；生活情况（自己的家或公寓，有没有家属的辅助生活，重要的其他外部援助）；锻炼习惯（类型，频率，生活方式）；爱好；社会和宗教参与；等等。这些有助于更好地定义老年申请人，而不是通过常用于年轻人的简单健康问卷。保险公司应该尝试在较高的年龄段制定承保要求，以高效识别健康申请人的信息，并能准确地描述不健康的申请人。

器官功能丧失

随着年龄的增长，即使是身体非常活跃的人也会存在某种程度的器官功能下降，如肾、肺、肝等脏器功能就会随年龄的增长有一定程度的下降。在健康的老年人中，损失可能是最小的，但在有共病、身体虚弱或不健康生活方式的情况下，就会增加他们的风险（吸烟、久坐不动），即使是器官功能小幅下降也足以引发死亡。一些看似轻微的跌倒、上呼吸道、泌尿道或皮肤感染，或预期的药物作用等可能对年轻人和健康的人无关紧要，但是，对老人而言可能是致命的，因为他们身体功能下降，无法进行正常的防御。

肺功能丧失

到 70 岁时，约有 30% 的正常成人肺功能丧失。多项研究显示，最大呼气量（FEV1）是老年人死亡率的重要预测指标。其他肺部感染和慢性肺部疾病正在成为老年人死亡的原因。因此，保险公司应密切关注老年人呼吸道症状、使用呼吸药物或吸烟的状况（即使在高龄时仍存在死亡风险）。[11]

系统免疫力随着年龄的增长而下降，这可能是老年人癌症发病率高得多的原因之一，所以即使是轻微感染他们也没有能力抵抗。承保人应该非常谨慎地评估在过去两年中得过肺炎的申请人的风险，特别是需要住院或肺炎复发的可能。

肌肉功能丧失与心脏舒张功能紊乱

肌肉减少症，或肌肉质量下降，主要发生在骨骼肌和平滑肌。随着年龄的增长，肌肉通常被脂肪和纤维组织所取代。在心脏和血管系统中，这种变化导致顺应性和弹性下降、动脉壁变硬、后负荷增加、动脉高血压（在非常晚期几乎普遍）。在心脏本身，增加的僵硬度和降低的依从性（以及伴随的高血压）会导致更慢和更低效的肌肉放松，尤其是左心室。这种情况会导致舒张功能障碍，进而导致舒张性心力衰竭。75 岁以后，舒张期衰竭引起充血性心力衰竭（CHF）的比例增加，并超过收缩功能障碍，成为老年 CHF 的原因。舒张功能障碍是 CHF 的一个原因，在女性、高血压患者和潜在的房颤患者中更常见。舒张功能障碍导致的 CHF 的死亡率为 200%~300%，通常比收缩功能障碍导致的死亡率要低得多。[12,13]

认知能力丧失

正常老化导致认知所需的时间延长，包括复述单词、解决算术问题和完成试题测试所需的时间。还有证据表明与年龄有关的视觉空间能力丧失，视力受损原因不明。

尽管非常轻微的记忆障碍似乎是正常衰老过程的一部分，但是诸如"良性衰老"和"笼状关联记忆障碍"等术语已经过时并且不准确，应该被丢弃。研究表明自我感知记忆与客观记忆测试之间的相关性较差。经常抱怨"记忆力减退"，但在测试中没有缺陷，也没有功能障碍，但配偶或家庭有问题的老年人更容易在考试中得分很低。

成功老化

麦克阿瑟成功老龄化研究（MacArthur Studies on Successful Aging）得出了许多有价值的研究成果。这是一项对美国三个不同地点的社区健康老年人的前瞻性纵向研究。该研究组的参与者是70岁以上老年人，这些参与者在身体和认知功能测试方面的得分是最高的前三分之一，被描述为功能极好的老年人。这项研究有效果，值得跟进，因为这些功能极好的老年人似乎是标准或优先风险模型的样本。

成功老化的风险因子

该组研究了传统和非传统风险因素。例如，一些研究常常发现低胆固醇水平可以预测老年人的较高死亡率，但其原因尚不清楚。[14-16]有人认为低胆固醇和高死亡率之间的联系可能会局限于老年人，尤其是病情较重的老年人，低胆固醇并不是健康老人死亡的独立危险因素。

在麦克阿瑟成功衰老研究中[17-19]，低血清胆固醇（<169mg/dl）与死亡率增加相关，但不是作为独立指标。当对其他心脏危险因素进行调整时，低胆固醇水平与高死亡率无显著相关性。然而，男性、吸烟、炎症（由高C-反应蛋白和高白介素-6水平证明）、未降糖（如低白蛋白和低BMI证明）似乎解释了在低血清胆固醇的老年人中增加的死亡率的原因。

这组功能极好的老年人的其他发现也可能适用于承保老年申请人。[18-20]与死亡率和发病率下降相关的因素包括高水平的体力活动、低水平炎症标志物和随着年龄增长FEV-1下降速度减慢。麦克阿瑟研究以及其他许多研究表明，总胆固醇水平较高，特别是没有心血管疾病和80岁以上的老年人，其死亡风险较低。

自我控制与情感活力

高水平的自我效能或自我掌握也与成功的老龄化有关。自我效能表明个人对生活的满意度以及对生活中发生的事件施加控制和影响的能力。自我掌控情绪，抑郁、焦虑以及快乐。在对1 002名65岁及以上（平均年龄78.3岁）中度至严重残疾的社区居住女性进行的一项研究中，随访3年，情绪与发病率和死亡率结果显著相关。对于那些情绪至关重要的人来说，日常基本活动额外伤残的相对风险（RR）下降为0.81，无法行走的风险为0.73，无法举物的风险为0.77。与情绪不重要的组相比，相对死亡风险为0.56。[21]

功能评估

由于发病率与老年人的死亡率结果密切相关，所以了解功能能力的作用和确定它的方法非常重要。功能能力是指身体、认知、社会、心理等功能方面能够进行各种活动和保持独立性的能力。

在申请人的医疗记录中寻找功能能力证据很重要，尽管这些信息往往不易获得。表明身体高水平机能的活动包括经常出差（国外和国内）、持续就业、有规律的锻炼、志愿活动、体能要求高的爱好（跑马拉松、园艺、跳舞等）。表明高认知功能和健康的活动包括：频繁旅行、愉快的工作、个人财务管理、接受教育以及其他爱好，如阅读打牌等。

老年病综合评估

老年病评估是一项详细的、深入的、协调的评估，参与者应受过医学训练，其中包括：老年护理、精神病学、社会工作、药剂学、放射学和老年医学。这些检查通常包括：一系列神经测试、脑成像或其他成像研究、家庭访谈、药品审查、广泛的实验室检测，为期两天或以上。然而这样的评估比较昂贵，通常在大学医疗中心完成。很少会做老年人的筛查试验，通常是针对复杂的病例，以及明显的身体或认知衰退以及多种并发病症的病史。如果申请人已经接受了这样的评估，那么获得完整的评估结果在承保时应该考虑使用。

日常生活能力

这套工具通常用于识别不同程度的复杂性或功能损害。根据个人是否能独立执行或是否需要协助而将活动分级。[22]

- 日常生活基本活动（ADLs）。这些都是必不可少的自我保健活动，包括：洗澡、洗浴、室内走动，穿衣和自我喂养，步行、卫生和美容有时也包括在内。
- 工具生活活动（IADLs）。这些是帮助个人融入社区的更复杂的活动，包括：使用电话的能力，处理财务，正确地服用药物，准备食物，购物，使用交通工具，做家务。
- 高级日常生活活动（AADLs）。这些活动提高了一个人的生活质量，包括：在家里做重活，走半英里，出去参加社交活动，参加更剧烈的体育锻炼。

▶▶ 正常但不足

在观察老年人功能测试的结果时，许多经过验证的检测是为临床应用而开发的，通常用于诊断现有疾病。然而，在承保方面，考虑的不仅是确定已经患有疾病（痴呆脆弱等）的申请人，更重要的是要确定那些有可能在短期内出现疾病或身体功能衰退的申请人。

研究表明，社区居住的健康非失能老年人中，那些在功能测试中"正常"得分最低的四分之一的人，在1~4年的后续测试中，有运动能力和ADLs能力的人发展为失能的风险要高出四倍。[23]承保准则和要求需要考虑到这一点，对老年申请者，保险"正常"的界定应该更高。

测试结果通常以某种数字形式给出。当临床试验提高"正常"下限时，它可以防止边缘病例被计入疾病类别，这可以提高测试的特异性和对"异常"范围内得分的人明确具有所述疾病或状况的可能性。但是，这也增加了假阴性率，一些得低分的正常人将会有早期阶段或临床前疾病。因此，正如保险公司所认为的，对于一些筛查和功能测试，正常的下限可能需要向上调整，以符合正常的长期死亡率和发病风险的概率。

躯体功能

身体功能的下降，包括力量、耐力、柔韧性和平衡等，这在许多研究中与老年人失能和死亡密切相关。在临床老年医学中，有多种用于检测身体功能的工具，例如，测试手的协调性和灵巧性、站立平衡和起跳测试（能够从椅子上升起而不使用臂部支撑，走一段距离后返回）。

这些测试用于临床，但可能难以适用于购买保险的人群。某些试验可能需要特殊设备。对测试结果的评分通常有严格的要求，这通常基于完成任务所需的时间，对性能和功能的检测须做出细微的区分。辅助检查者可以在训练时简单观察步态和平衡情况，但必须注意解释非临床环境下的测试结果报告。应特别注意受试者是否需要辅助装置（手杖、助行器、轮椅、扶手、栏杆或检查者的手臂）进行走动。

认知功能

承保（或照顾）老年人最困难的方面之一是记忆丧失和认知能力方面。区分由正常老化引起的早期或中度痴呆引起的变化是临床的一个挑战，对保险公司更困难的是，在医疗记录、简短的辅助检查和电话查询中究竟依赖哪一个。

开发旨在筛查和诊断痴呆的临床工具十分重要。在承保方面，更紧迫的任务是确定在短时间内发生痴呆症的风险。因此，在保险设置中，轻度异常测试分数不太重要。很少向测试结果明显异常的申请人提供保险。但是，测试结果是正常值的低值，可能还不够承保意义上的正常。

认知障碍通常被认为等同于记忆丧失，但是心理过程的几个不同的、不同的领域构成认知能力。以下是神经心理学测试中通常评估的一些重要的认知功能领域：

- 记忆和学习能力
- 执行功能（设定目标管理时间和参与有目的、有组织、自我指导的行为的能力——这对于社区或社会的独立性和功能性参与至关重要，执行功能的丧失会使个体受伤、疏忽用药错误和死亡）
- 判断能力
- 抽象
- 注意力
- 计算能力
- 语言能力
- 视觉空间能力

许多工具，可以分别测试这些领域，也有许多不同的工具，可以筛选在多个认知领域的异常，并相对容易和快速管理。其中一些是：

- 简短便携式心理状况问卷（SPMSQ）
- 认知能力筛选测试（CAST）
- East Boston 记忆测试（EBMT）
- 常识—记忆力—注意力测试（BIMC）
- 7分钟筛检
- 认知状态的电话面试（TICS）
- 简易精神状态测试（MMSE）
- 钟图测试
- Mini-Cog测试、三件物品召回和时钟绘图的结合测试
- 延迟单词记忆
- 跟踪测试
- 威斯康星卡片分类测试

简易精神状态测试（MMSE）被广泛使用，快速且易于管理，测试多个认知领域，但是预测早期痴呆能力不强。得分范围从 0~30（完美分数），但高度依赖于

年龄和教育水平。24 分被认为是正常的，但在 85 岁小学教育的人中，22 分或 23 分的分数是可以接受的，70 岁的博士生的分数是 26。

MMSE 的三项延迟回忆部分被认为是早期痴呆测试中最敏感的部分。在延迟五分钟后回忆三项中至少两项被认为是临床上正常的。但是，出于保险目的，最少回忆三个项目可能更合适。

钟图测试是一种视觉空间能力的测量。它对早期痴呆症很敏感，几乎可以普遍地用于测试，不受教育背景、种族或语言的影响。但是，评分系统很细微，医疗辅助人员使用时可能难以准确应用。

Mini-Cog 测试不像其他几个那样依赖于语言或教育水平。它对早期痴呆具有极好的敏感性和特异性，测试时间少于 7 分钟。

延迟单词记忆测试评估语言学习和记忆，快速并且容易应用，但不评估其他方面的认知能力。

跟踪测试和威斯康星卡片分类测试被用来衡量执行功能。

轻度认知障碍（MCI）

MCI 被用于描述记忆测试中得分在异常范围（年龄和教育程度比预期更差）的人，但他们保留了一般的认知功能，并且没有日常基本活动或工具生活活动的功能损害。正常老年人以每年 1%~2% 的速度进展到阿尔茨海默病（AD）。MCI 患者每年临床可能的 AD 转化率为 10%~15%，即远高于正常水平。[24]

MCI 仍然是一个近期确定的病症，其中一些人可能正常，有些显然有阿尔茨海默病早期症状。在记忆力测试中，MCI 患者以年龄和教育匹配的控制变量中，标准偏差 1.5。[25,26]

痴呆

痴呆被定义为一种临床综合征，其特征是认知能力和情绪能力的受损严重到干扰日常功能和生活质量。已经确定了 60 多种已知的痴呆原因，其中只有不到 10% 是可逆的。虽然基本上所有类型都可以在一定程度上用较新的药理学和行为心理学模式进行治疗，但在降低死亡率方面没有明显的改善。

阿尔茨海默病（AD）

1907 年首次描述了阿尔茨海默病（AD）。这是工业化国家痴呆最常见的原因。AD 的组织学特征为：

- 大量的神经和突触丢失，特别是在海马（大脑中与学习和记忆有关的区域）和新皮质的关联区域（涉及记忆储存和巩固）。

- 神经纤维缠结（神经元细胞骨架和成对螺旋纤维的异常元素积累）。
- 老年斑块（营养不良的神经仪式和胶质元素，有或没有中心淀粉样蛋白核心）。

β 淀粉样蛋白似乎参与 AD 的发病机制中，但其机制尚未完全确定。AD 是一种潜在的多因素疾病，至少在疾病的早期阶段，先损害短期而不是长期记忆。在 AD 临床期前几年变得明显，PET 扫描可能检测到代谢活动变化。[27,28]

AD 诊断结果为可能（临床综合征与 AD 一致，但存在可能导致痴呆的其他并发症）、很有可能（临床综合征与 AD 一致，没有其他可能引起痴呆症状的共病症）、或确定的（通过活检或尸检需要脑组织）。诊断通常延迟 2 至 3 年，女性多于男性。

除记忆力减退外，AD 患者普遍会迷失时间感和方向感。语言是突出障碍，包括找词难度、使用常用短语困难（在常见社会场合）和失范。个体的视觉能力通常会受影响，难以识别熟悉的物体和面孔，失用症和算术问题也很常见。

在认知改变之前，性格和行为可能会发生变化，包括敌意、被动、情绪表达减少、固执和猜忌。50% 病例会出现妄想症，预示病情迅速恶化。25% 病例出现幻觉，抑郁和焦虑占 40%。抑郁症状可能先于其他症状，并且使诊断变得模糊[29]。30% 患者出现僵硬和姿势不稳，这预示可能出现帕金森病。

AD 的危险因素包括年龄、性别、遗传易感性（载脂蛋白 E ε4 基因型等）、引起意识丧失的头部损伤史。可能的保护因素包括 APOE ε2 基因型、适度饮酒、更高的智力或教育水平，以及包括持续精神刺激的生活方式等因素。他汀类药物对 AD 的发展和一般的痴呆有保护作用，但证据并不确凿。

AD 患者的平均生存期为 8~9 年，但这一变化很大，可能在 2~20 年。死亡通常是由于伴随的其他疾病，特别是肺炎，当表现为迅速和严重的认知衰退的情况下，生存期缩短：失禁、走神、跌倒、行为或精神问题、失语症和严重的语言缺陷、严重的共病、疾病恶化或功能衰退。

AD 很少在出现症状后 5 年内死亡。保险申请人，尤其是年龄超过 80 岁的男性，当最近发作 AD 或病情缓慢进展，就会轻微增加死亡率。在 75 岁之前出现 AD 的女性，由于其固有的预期寿命预期更长，因此作为一个群体的死亡率要高得多。

血管性痴呆（VaD）

有时被称为多发梗死性痴呆。在美国，VaD 是仅次于 AD 成为痴呆的原因，并且它在高龄人群中引起的痴呆比例更大。高血压和既往中风（腔隙性脑梗死）的临床病史很常见，身体检查结果经常显示局灶性神经系统异常（与 AD 不同），通常逐步下降，其次是停滞期突然下降。这与 AD 中逐渐恶化形成对比。

VaD 的临床病程受潜在脑血管疾病的严重程度、个体对高血压治疗和心血管危险因子改变的反应的影响。

一般而言，与 AD 相比，VaD 的存活率更低，因为中风、心肌梗死和心源性猝死的心血管风险增加。VaD 发病后的平均预期寿命为 5~8 年。

心脏危险因素与痴呆

一个人是否会患痴呆症以及发病年龄取决于许多因素。至少在某种程度上，生活方式选择和心血管危险因素起作用。只有大脑累积损伤达到阈值之后，痴呆症才会出现症状或临床可检测到，这个过程似乎需要数年甚至数十年。尽量减少或消除大脑损伤，将损害保持在临界阈值或以下，可以避免痴呆风险。

在尸检研究痴呆患者的脑组织学时，AD 和 VaD 经常共存。至少在中年及以后控制对动脉粥样硬化疾病的各种风险因素可以显著降低 VaD 的负担，并且可以延迟或预防某些部分人群的 AD 发病。[30,31]

其他痴呆

其他一些不太常见的症状可能会导致老年痴呆症。额颞叶痴呆（FTD）的发病一般在 65 岁之前，性格改变、情绪怪异的行为和动机缺陷占主导地位。这种疾病的进展缓慢且均匀，FTD 缺乏 AD 的组织病理学特征。

弥漫性路易体病（DLBD）以轻度记忆丧失、意识模糊和锥体外征象为特征。它可能是帕金森病（PD）的一种形式。它是由特殊的神经病理学标记，称为路易体和缺乏 AD 标志物。PD 患者的 10%~30% 发展为痴呆，与非痴呆 PD 患者相比，其生存率下降。在继续发展痴呆的 PD 患者中，痴呆发作前的运动症状的平均持续时间约为 10 年。尸检研究表明，PD 的痴呆主要与 AD 共存，而不是 DLBD。

进行性核上性麻痹（PSP），也称为 Steele Richardson Olszewski 综合征，其特征是早期和姿势不稳定和跌倒、垂直凝视麻痹、对称性运动迟缓（不同于 PD，通常是不对称的）、额叶释放迹象（冷漠、抑郁），语言、思维、坚持性和吞咽出现困难。发病年龄介于 45 岁至 75 岁（平均年龄 63 岁），中位生存期为 6 年。PSP 通常被误诊为帕金森病，但 PSP 患者对左旋多巴治疗几乎没有反应。死亡的主要原因是吸入性肺炎（由于吞咽困难），并且早期跌倒（第一年）、早期吞咽困难或失禁。

▶▶ 老年人的实验室检测

大多数实验室测试的老年人正常值与年轻人相同。但是，有一些重要的例外。

肌酐是一种蛋白质副产物，释放到血液中并被肾脏清除，提供相对肌肉质量和肾功能的量度。肌酐的正常上限为 0.9~1.0mg/dl，对于患有肌肉减少症（肌肉质量非常低）的老年女性，肌酐水平为 1.3~1.5（许多实验室的正常上限），这可能反映体弱的老年妇女的肾功能不全。

肌酐清除率，总体上反映肾功能随着年龄的下降。到 70 岁时，肾功能从正常成人水平下降了多达 40%。用肌氨酸酐单独评估老年人肾功能并不是一个好方法。以下公式可用于估计年龄较大的肌酐清除率（女性乘以 0.85）。[32]

肌酐清除率（ml/min）= [140 - 年龄（年）] ×体重（kg）/72 × 血清肌酐（mg/dl）

红细胞沉降率（ESR）与老年人的炎症反应密切相关，原因不明。健康的长者是正常水平的两倍。然而，持续升高的沉积速率也可能代表潜在的疾病，包括关节炎、癌症和单克隆丙种球蛋白病。

表 7.1　　　　　　　　一些可能受老化影响的实验室测试[32]

增加	减少
碱性磷酸酶	钙（血清）
铁蛋白	白细胞介素 -1（IL -1）
白细胞介素 -6（IL -6）	铁，血清（最低限度）
甲状旁腺激素	三碘甲状腺原氨酸（T3）
尿酸	

许多医生主张接受老年人血红蛋白和红细胞压积试验正常上限的较低值。然而，由于潜在的急性和慢性疾病在老年人中很常见，并且低于正常水平的血红蛋白也与虚弱有关，除非血红蛋白或血细胞比容的降低是轻微的、稳定的，并且已经被充分评估，否则应将其视为潜在疾病的警示标志。

随着年龄的增长，肾的葡萄糖阈值逐渐下降。当血糖水平显著低于 200mg/dl 时，可以在老年人尿中发现葡萄糖。餐后血糖随空腹血糖水平的增加而增加，尽管值仍在非糖尿病范围内，但葡萄糖耐量一般随年龄的增长而逐渐降低[32]。

由于饮食摄入不足，老年人白蛋白水平可能较低，但低白蛋白水平是潜在疾病的敏感指标。在多项研究中，白蛋白被认为是死亡、残疾和虚弱的独立危险因素。即使是轻度抑郁老人的白蛋白水平，在老年人的承保时也应慎重考虑。

总胆固醇水平随着年龄的增长而增加，甘油三酯也是如此。总胆固醇是中年成人动脉粥样硬化性心脏病的一个众所周知的危险因素。总胆固醇与高密度脂蛋白（HDL）的比率是心脏病强有力的预测指标，特别是在某些亚组中，如女性和糖尿病患者。然而，老年人的总胆固醇和胆固醇比率的影响不太清楚。

莱顿85-Plus对724名老年人进行了10年的研究。[33]该组中有一半的死亡是由于心脏病。这只能通过在该年龄组中已知高缺血性心脏病患病率来预测。然而，总胆固醇水平并不能预测谁会死于心脏病。事实上，总胆固醇每增加1mmol/L，死亡率就会降低15%。低胆固醇水平确实有助于预测死于癌症和感染的人，利用胆固醇评估老年人风险的重要区别在于，较高胆固醇水平与延长寿命有关，而不是死亡率，特别是在高龄中。一些研究表明了这种相关性。在没有降胆固醇药物的情况下，总胆固醇水平<150应该促使人们寻找其他疾病或虚弱的证据。

▶▶ 老年综合征

老年人的发病率与死亡率比年轻人更密切相关。功能下降可能导致死亡的情况，包括跌倒、认知障碍、失禁、抑郁和虚弱等，这些通常被称为老年综合征，其中一个或多个可能是申请人在医疗记录中发现的主诉。

传统的医学公理，即多种症状都由一种可识别的疾病引起，在老年人中经常被颠倒，其中许多不同的过程趋向于一个主要的"问题"，如跌倒或老人困惑。造成这种情况的原因包括正常老化所带来的变化以及更多慢性疾病的趋势，这些疾病可能会随着时间的推移而产生累积效应。老年人服用更多的药物，药物相互作用和副作用的风险更大。他们面临其年龄组的主要疾病，如骨关节炎、痴呆、心脏病和癌症。

他们经常由于听觉和视力丧失而降低感官功能。所有这些因素共同作用会导致下文综述的一种或多种老年综合征发作和身体功能下降。

跌倒骨折

意外伤害是65岁以上死亡的主要原因，其中大部分是由于跌倒造成的。在美国，每年大约有30%的65岁以上的人会摔倒，其中一半以上的人会摔倒多次。在这些跌倒中，10%~15%导致骨折或其他严重损伤，如内脏或闭合性头部损伤；4%~6%导致骨折，其中25%为髋部骨折。髋部骨折术后1年内死亡风险为14%~36%。超过一年，死亡率风险的变化率接近年龄和性别匹配控制的变化率，但仍然高于非骨折人群。老年人髋部骨折后，男性精神病患者、控制不良或多种病症并存的患者更容易死亡。[34]分段老年人的许多与年龄相关的变化和常见的病理状况容易使他们跌倒。视觉障碍（白内障、黄斑变性、青光眼、对比度知觉减少）是很大原因，膀胱功能障碍（夜尿症、尿失禁、尿频）和认知功能障碍（痴呆、抑郁、焦虑）也会导致跌倒，跌倒也和各种形式的下肢损伤（关节炎、周围神经病变、肌肉无力、足部问题）有关。步态和平衡问题（与年龄相关的右旋反射、帕金森病、中风残余、小脑疾病、甲状腺功能减退）、心血管疾病（充血性心力衰竭、体位性低血压、心律失常）和许多其他原因增加跌倒的风险。药物是一个常见的促成因素，特别是长效苯二氮卓类药物、抗抑郁药、巴比妥类药物和抗精神病药。抗高血压药尤其是噻嗪类利尿剂，可能是一个危险因素，但这一点一直备受争议。酒精的使用也会导致跌倒。其他危险因素包括急性疾病，尤其是肺炎，以及近期的住院治疗。

老年抑郁症

在这个年龄段和诊断不足的人群中，抑郁症常被错误地归咎于"正常衰老"。5%~15%的社区老年人有抑郁症状，3%有抑郁症。住院老年人的比例为10%~50%，阿尔茨海默病患者的抑郁率为20%~85%，发病率为每年1%~4%，复发率为40%。迟发性抑郁症的危险因素是身体疾病或残疾、重大损失，如丧亲或其他应激性生活事件、贫困和社会隔离。

抑郁的老年人不太可能抱怨悲伤，更可能表达无助、绝望、依赖、焦虑、记忆抱怨，没有客观证据表明认知损害和各种躯体疾病。

老年人的自杀率几乎是整个人口的两倍，独居的男性老年白人，由于社会孤立，健康状况不佳，风险最高。在老年人中，与抑郁症相关的所有原因死亡率似乎也增加，这与潜在的慢性疾病无关。[35]

抑郁症对老年人心脏病有特殊的影响。在阿姆斯特丹纵向老龄化研究中，对2 847名社区居住地老年人（平均年龄70.5岁）前瞻性随访4年，其中450人患有心脏病。在已知心脏病患者中，轻度抑郁症死亡的相对危险度（RR）为1.6，重度抑郁症 RR 为3；在无心脏病史的患者中，轻度抑郁症死亡的相对危险度为1.5，重度抑郁症 RR 为3.9。[36]

在老年人承保抑郁症时应注意的红色标志包括：心血管或冠心病病史、酒精或其他成瘾物质（如苯二氮卓类）、在过去一到两年内（配偶、朋友、工作、家庭、宠物）的重大损失、功能障碍、多次躯体不佳情况，包括负面情况、焦虑或社会孤立。

尿失禁

这种情况对老年人来说是一个巨大的经济和社会问题，也是老年人家庭为他们寻找疗养院的常见原因。因此，它代表了长期护理和家庭医疗保健福利费用的重大风险。尿失禁会导致跌倒和骨折、尿路感染和褥疮溃疡的频率增加，以及与死亡相关的败血症和社会隔离等增加死亡风险。失禁也可能是额叶功能障碍的征兆。当它在老年人突然发生时，应该进行大脑成像研究，以排除肿块占位病变。当尿失禁发生在三联症状，以及步态不稳和记忆力减退时，应考虑正常压力性脑积水。

虚弱

虚弱也就是丧失了维持预期功能水平的能力，在患有慢性病的老年人中，这可能表现为一种依赖性逐渐增加。虚弱常发生在疗养院安置和死亡之前。它的特点是 ADL 和 IADL 性能下降、认知和身体损害、尿失禁、社会隔离、营养不良或体重减轻、抑郁症可能单独或组合出现，作为虚弱增加的症状。

高血压

高血压对老年人来说是常见的。在工业化国家的 60 岁以上的人中大约有一半。高血压增加了左心室肥厚、心房颤动、舒张功能障碍和随后的舒张性充血性心力衰竭、中风、肾功能不全和肾功能衰竭、冠心病和死亡的风险。随着年龄的增长，血压逐渐升高，特别是收缩压，在男性和女性中都被观察到，并且被认为部分是由于心血管组织中的顺应性和反冲的丧失，因为更多的弹性组织被僵硬的纤维组织替代。

一些研究发现，与最年长的老年人的收缩压相关的呈 J 形曲线略有不同，在血压相对较高的人中，85 岁以后死亡率明显。这一现象没有得到充分解释，是持续讨论的根源。

体格

由体重指数（BMI）测量的最佳体重与最低死亡率风险相关，随着年龄的增长，最佳体重似乎逐渐升高。在其他健康的长者中，极度肥胖症继续构成风险，而在年龄较大的情况下，仍然存在一个"J"的死亡率曲线，但与年轻和中年人相比，它变得更浅，并且向右移，原因尚不清楚，但它可能反映了在面临感染或疾病情况下的储备改善。[37] 然而，在患有冠心病、糖尿病和高血压等其他并发症的老年人中，仍应谨慎地承保极度肥胖。

相对而言，老年人也会关注体重不足的状况。多项研究已经发现，低体重指数是增加死亡率的危险因素，即使在没有最近体重减轻的老年人中也是如此。BMI <

24 值得关注，而 BMI＜22 应该被认为太低。BMI 的计算方法是将体重（kg）除以身高（cm）的平方。关于老年人的体重减轻，在五年的时间内，即使是 5%～10% 的下降，也应谨慎考虑承保。

▶▶ 病史与现状

与年轻人相比，老年申请人的病史通常更为复杂，部分原因是因为他们活得更长。可能很难权衡过去医疗诊断和治疗的优势与申请人在承保时的出现方式。

心血管健康研究对超过 5 000 名社区健康老年人进行了为期 5 年的研究。[38] 该研究发现，疾病和当前健康状况的客观的、量化的指标比疾病的临床病史更能预测死亡率，其中一个重要例外——充血性心力衰竭（CHF）。

在评估的 78 个变量中，以下因素与死亡风险增加相关：年龄、男性性别、每年收入低于 50 000 美元、体重轻（女性＜115 磅，男性＜142 磅，不论身高）、缺乏适度运动或剧烈运动、每年超过 50 包的吸烟史、高血压（肱动脉收缩压＞169mm/Hg）无高血压或充血性心力衰竭疾病的人使用利尿剂、认知功能低下、空腹血糖（＞130mg/dl）、白蛋白水平低（＜37gm/L）、肌酐（≥1.2mg/dl）、低肺活量（＜2.06 升）、主要心电图异常、主动脉瓣狭窄（中度或重度）和左心室功能异常、颈内动脉狭窄，以及任何具有日常生活活动能力的困难（IADLS）。

▶▶ 医疗保健与健康行为

定期预防性保健已被证明是老年人死亡率和发病风险的一个重要因素，在承保过程中应考虑到这一点。对 1 300 多名 65 岁及以上的社区老人的研究发现，接受定期医疗检查（血压测量、癌症筛查等）的人，如果在 60 岁之前开始健康检查，死亡风险是未接受检查老年人的一半。即使是那些在 60 岁或以上开始接受定期照料的老年人，死亡率也比没有定期健康检查的人群低 25% 左右。[39]

同样的研究发现，保持良好的日常健康行为的老年人（例如，保持健康饮食和运动水平、使用安全带）同样具有更低的死亡率风险。在 60 岁之前开始维持健康的日常习惯的人群对死亡率的影响更为显著。死亡率仍然低于那些没有实践的老年人。

这些都是老年人承保方面的重点。通常在承保者或医生的指导下，评估没有私人医生和多年没有看过医生的老年申请者的风险时，应谨慎地看待这些情况。如前所述，亚临床疾病变得更常见，随着年龄的增长，特别是亚临床心血管疾病。高血压和各种不同类型的癌症在老年人中也很常见。除非个人定期接受这些病症的筛查，否则他们很有可能患有未检测到的疾病，这些疾病对该年龄组的常见死亡原因有很大影响。

参考文献

［1］Sahyoun NR et al. *Trends in causes of death among the elderly.* Centers for disease control and prevention, National Center for Health Statistics, March2001：1 – 9.

［2］Cutler D, Meara E. Changes in the age distribution of mortality over the 20th century. National Bureau of Economic Research. Working Paper No. W8556, October 2001.

［3］Tuljapurkar S, Li N, Boe C. A universal pattern of mortality decline in the G7 countries. *Nature* 2000；405：789 – 792.

［4］Horiuchi S. Demography：Greater lifetime expectations. *Nature* 2000；405：744 – 5.

［5］Wilmoth JR, Horiuchi S. Rectangularization revisited：variability of age at death within human populations. *Demography* 1999；36：475 – 95.

［6］Charlson ME et al. A new method of classifying prognostic comorbidity in longitudinal studies：development and validation. *J Chronic Dis* 1987；40：373 – 83.

［7］Fries J. Aging, natural death, and the compression of morbidity. *N Engl J Med* 1980；303：130 – 5.

［8］Fries J et al. Aging, health risks and cumulative disability. *N Engl J Med* 1998；338：1035 – 41.

［9］Freedman VA, Martin LG, Schoeni RF. Recent trends in disability and functioning among older adults in the United States：a systematic review. *J AMA* 2002；288：3164 – 6.

［10］Manton KG, Gu X. Changes in the prevalence of chronic disability in the United States black and nonblack population above age 65 from 1982 to 1999. *Proc Natl Acad Sci USA* 2001；98：6354 – 9.

［11］Meyer KC. The role of immunity in susceptibility to respiratory infection in the aging lung. *Respir Rhysiol* 2001；128：23 – 31.

［12］Goff DC et al. Congestive heart failure in the United States：is there more than meets the I（CD code）? The Corpus Christi Heart Project. *Arch Intern Med* 2000；160：197 – 202.

[13] Rich MW. Epidemiology, pathophysiology, and etiology of congestive heart failure in older adults. *J Am Geriatr Soc* 1997; 46: 968-74.

[14] Verdery RB, Goldberg AP. Hypocholesterolemia as a predictor of death: a prospective study of nursing home residents. *J Gerontol* 1991; 46: 84-90.

[15] Inbarren C et al. Low serum cholesterol and mortality: Which is the cause and which is the effect? *Circulation* 1995; 92: 2396-2403.

[16] Kronmal RA et al. Total serum cholesterol levels and mortality risk as a function of age. *Arch Intern Med* 1993; 153: 1065-73.

[17] Hu P et al. Does inflammation or undernutrition explain the low cholesterol-mortality association in high-functioning older persons? MacArthur Studies of Successful Aging. *J Am Geriatr Soc* 2003; 51: 80-4.

[18] Reuben DB et al. The predictive value of combined hypoalbuminemia and hypocholesterolemia in high functioning community-dwelling older persons. MacArthur Studies of Successful Aging. *J Am Geriatr Soc* 1999; 47: 402-6.

[19] Karlamangla AS et al. Increases in serum non-high density lipoprotein cholesterol may be beneficial in some high-functioning older adults. Mac Arthur Studies of Successful Aging. *J Am Geriatr Soc* 2004; 52: 487-94.

[20] Reuben DB et al. Peripheral blood markers of inflammation predict mortality and functional decline in high-functioning community-dwelling older persons. *J Am Geriatr Soc* 2002; 50: 638-44.

[21] Penninx BW et al. The Protective effect of emotional vitality on adverse health outcomes in disabled older women. *J Am Geriatr Soc* 2000; 48: 1359-66.

[22] Williams M. Clinical management of the elderly patient. *Principles of Geriatric Medicine and Gerontology*. 3rd edn, McGraw-Hill, 1994: 208-9.

[23] Gill TM, Williams CS, Tinetti ME. Assessing risk for the onset of functional dependence among older adults: the role of physical performance. *J Am Geriatr Soc* 1995; 43: 1172-9.

[24] Knopman DS, Boeve BF, Petersen RC. Essentials of the proper diagnoses of mild cognitive impairment, dementia, and major subtypes of dementia. *Mayo Clin Proc* 2003; 78: 1290-1308.

[25] Shah Y, Tangalos EG, Petersen RC. Mild cognitive impairment: when is it a precursor to Alzheimer's Disease? *Geriatrics* 2000; 55: 65-8.

[26] Wold H et al. The prognosis of mild cognitive impairment in the elderly. *J Neural Transm Suppl* 1998; 54: 31-50.

[27] Small GW et al. Cerebral metabolic and cognitive decline in persons at genetic risk

for Alzheimer's disease. *Proc Natl Acad Sci USA* 2000; 97: 6037 – 42.

[28] Reiman EM *et al*. Preclinical evidence of Alzheimer's disease in persons homozygous for the epsilon 4 allele for apolipoptotin E. *N Engl J Med* 1996; 334: 752 – 8.

[29] Reifler BV *et al*. Coexistence of cognitive impairment and depression in geriatric outpatients. *Am J Psychiatry* 1982; 139: 623.

[30] Korf ES *et al*. Midlife blood pressure and the risk of hippocampal atrophy: the Honolulu Asia Aging Study. *Hypertension* 2004; 44: 29 – 34.

[31] Majeski EI, Widener CE, Basile J. Hypertension and dementia: does blood pressure control favorably affect cognition? *Curr Hypertens Rep* 2004; 5: 357 – 62.

[32] The Merck Manual of Geriatrics, *App. I, Laboratory Values* 2005.

[33] Weverling – Rijnsburger A *et al*. Total cholesterol and risk of mortality in the oldest old. *Lancet* 1997; 350: 1119 – 23.

[34] Poor G *et al*. Determinants of reduced survival following hip fractures in men. *Clin Orthop* 1995; 319: 260 – 5.

[35] Ernst C, Angst J. Depression in old age; Is there a real decrease in prevalence: A review. *Eur Arch Psychiatry Clin Neurosci* 1995; 245: 272 – 87.

[36] Penninx BW *et al*. Depression and cardiac mortality: results from a community – based longitudinal study. *Arch Gen Psychiatry* 2001; 58: 221 – 7.

[37] Stevens J *et al*. The effect of age on the association between body mass index and mortality. *N Engl J Med* 1998; 338: 1 – 7.

[38] Fried LP *et al*. Risk factors for 5 – year mortality in older adults: the Cardiovascular Health Study. *J AMA* 1998; 279: 585 – 92.

[39] Nakanishi N *et al*. Relationships of disability, health management and psychosocial conditions to cause – specific mortality among a community residing elderly people. *J Epidemiol* 1998; 8: 195 – 202.

第8章 儿童保险：儿童死亡率风险评估

帕特里克·D. 斯诺（Patrick D. Snow）

- 与成人死亡率风险评估的差异
- 与成年人生理的区别
- 死亡的主要原因
- 人寿保险保额
- 与特定条件相关的死亡率
- 儿童时期的冠状动脉危险因素
- 参考文献

本章探讨了未满17周岁人群死亡风险的评估。除了儿童年龄组特有或主要特定疾病相关的死亡风险之外，还会对一般性的原则进行评估。其他的儿科疾病，如先天性心脏病和癌症，会在其他章节中介绍。

儿童和成人死亡风险评估存在重要差异。了解这些差异对于进行适当的儿童死亡风险评估至关重要。

▶▶ 与成人死亡率风险评估的差异

更低的死亡率

儿童组的平均死亡率远低于年长的群组，特别是在一岁以后。这有几个推论：
1. 在儿童（出生的第一年后）中，每千名中预计的死亡人数要比在以后的生活中少得多。这一点在图8.1中得到了说明。图8.1根据2001年CSO男性综合数据绘制了以代表性年龄标准死亡率的不同倍数计算的每千名预期超额死亡人数，例如，在60岁时，一种死亡率为500%的疾病预计会导致每年每1 000人死亡15.35人。相比之下，10岁时死亡率为500%的情况，每年的死亡率仅为1.0/1 000，每年的超额死亡率为0.8/1 000。在60岁时，每年每1 000人额外死亡0.8人，反映的死亡率只有126%。500%的死亡率可能会让父母们感到担忧。解释这种儿童时期的比率实际上反映的是每年每1 000人死亡的人数非常少是恰当的。

2. 因为儿童出生第一年之后，危及生命的疾病的发生率非常低，常规的医学筛查会显示相关的儿童死亡风险比例要低于成人。

3. 对大多数个体而言，童年中后期是一段健康较好的时期，因此在该时间段内医疗记录中经常缺乏可用信息。

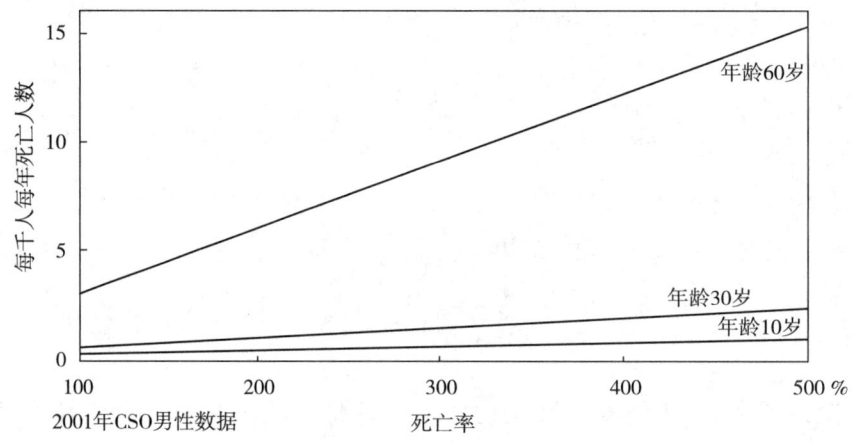

资料来源：作者。

图8.1　给定死亡率的每千人超额死亡预测

▶▶ 与成年人生理的区别

生理上，儿童不是"小的成人"。儿童和成人之间许多生理参数的正常范围不同。不同年龄的儿童之间还有其他差异。例如，大多数儿童的骨骼生长与血清中碱性磷酸酶水平显著高于正常成人。正常范围随孩子的年龄而变化。应参考特定的儿科参考文献以确定儿童年龄组的正常检测结果范围。

▶▶ 死亡的主要原因

在生命的第一年（婴儿期），死亡率远远高于童年的其他时间。表8.1[1]列出了婴儿期最常见的死亡原因和相对死亡比例。许多死亡发生在生命的最初4周（新生儿期），经常是因为妊娠和分娩的直接并发症、严重生殖器畸形或明显的早产所致。

新生儿期（生命的头4周）婴儿死亡率的主要原因不同于新生儿后期（生后头4周后的婴儿期）。这两个区间的死亡率也大不相同。对于人寿保险评估报告，产后数据通常比婴儿死亡率数据相关性更强。在产后期间，婴儿猝死综合征（SIDS）传统上是导致死亡人数最多的原因。然而，由于婴儿推荐睡眠姿势的变化，包括美国和英国在内的许多国家SIDS死亡率有所下降。

表8.1　　美国婴儿死亡率，2002年，初期数和主要原因：每10万人活产率

	率	%
总计所有原因	696.1	
先天性畸形、畸形和染色体异常	140.7	20.2
与短期妊娠和低出生体重相关的疾病，不在其他分类中	114.4	16.4
婴儿猝死综合征	50.6	7.3
新生儿受孕产妇并发症的影响	42.9	6.2
受胎盘、脐带和胎膜并发症影响的新生儿	25.3	3.6
新生儿呼吸窘迫	23.8	3.4
意外（意外伤害）	22.2	3.2
新生儿细菌性败血症	18.3	2.6
循环系统疾病	16.1	2.3
宫内缺氧和出生窒息	14.4	2.1

资料来源：国家卫生统计中心对婴儿死亡率近期趋势的补充分析。

2001年英国新生儿后期死亡的百分比是由以下类别造成的：

- 先天性异常（34%）
- 婴儿猝死综合征（18%）
- 婴儿期相关（15%）
- 感染（14%）
- 外部（6%）[2]

在美国，2001年最常见的新生儿死亡类别是：

- 婴儿猝死综合征（22%）
- 先天性畸形和染色体异常（18%）
- 意外（9%）
- 循环系统疾病（4%）
- 败血症（4%）[3]

1980年至2001年，美国婴儿死亡率下降了40%以上，新生儿和新生儿后期的死亡率都下降了相似的程度。[4]然而，2002年美国婴儿死亡率上升到每1 000名活产婴儿7.0人死亡（初步数据）。[1]这是晚期胎儿死亡率也有所下降的原因，表明更多受损的婴儿可能存活到出生的时候，但可能在出生后的第一年就死亡了。与出生体重超过2 500克的婴儿相比，出生体重低于2 500克，尤其是低于500克的婴儿死亡率几乎没有改善。

表8.2[5]列举了2001年美国1~14岁死因的死亡率。与20世纪90年代初相比，人们注意到14岁以下的死亡率普遍下降了。

如表8.2所示[5]，意外是导致1~4岁、5~9岁和10~14岁死亡的最大单一原因。交通事故主要发生在年龄较大的孩子身上，也导致了许多年龄较小的孩子的死亡。溺水和火灾导致许多年幼儿童的意外死亡。此外，先天性畸形也是1~4岁年龄组死亡的重要原因。

虽然先进的医疗技术降低了相关的死亡率，但恶性肿瘤仍然是儿童死亡的主要原因。对19岁以下的年轻人来说，恶性肿瘤已成为女性死亡的第二大原因，而男性则是第四大死亡原因。最常引起女性儿童死亡的恶性肿瘤包括：

- 白血病（32%）
- 神经系统肿瘤（26%）
- 内分泌肿瘤（8%）
- 骨和关节肿瘤（8%）
- 软组织肿瘤（6%）

表8.2　　2001年，美国1~4岁、5~9岁和10~14岁儿童每10万人的死亡和死亡率：包括男女

死亡原因（ICDM代码，第10）	总死亡人数	死亡率（%）
1~4岁		
意外（意外伤害）（V01－X59，Y85－Y86）	33.6	11.2
先天性畸形，变形和染色体异常（Q00－Q99）	10.9	3.6
恶性肿瘤（C00－C97）	8.2	2.7
事故（自杀）	8.1	2.7
心脏疾病（I00－I09，111，113，120－151）	4.4	1.5
流感和肺炎（J10－J18）	2.2	0.7
败血症（A40－A41）	2.1	0.7
起源于围产期的某些情况（P00－P96）	1.4	0.5
原位肿瘤、良性肿瘤和不确定或不明的肿瘤（000－048）	1.1	0.4
脑血管病（I60－I69）	1.1	0.4

续表

死亡原因（ICDM 代码，第10）	总死亡人数	死亡率（%）
5~9 岁		
意外（意外伤害）（V01-X59，Y85-Y86）	41.5	6.4
恶性肿瘤（C00-C97）	15.9	2.4
先天性畸形，变形和染色体异常（Q00-Q99）	5.9	0.9
袭击（杀人）	4.4	0.7
心脏疾病（I00-I09，111，113，120-151）	3.2	0.5
原位肿瘤，良性肿瘤和肿瘤不确定或未知的行为（D00-D48）	1.7	0.3
流感和肺炎（J10-J18）	1.5	0.2
慢性下呼吸道疾病（J40-J47）	1.4	0.2
脑血管疾病（I60-I69）	1.2	0.2
败血症（A40-A41）	0.9	0.1
10~14 岁		
事故（无意伤害）（V01-X59，Y85-Y86）	38.8	7.4
恶性肿瘤（C00-C97）	12.9	2.5
故意的自我伤害（自杀）	6.8	1.3
先天性畸形，变形和染色体异常（Q00-Q99）	4.8	0.9
袭击（杀人）	4.7	0.9
心脏疾病（I00-I09，111，113，120-151）	4.3	0.8
慢性下呼吸道疾病（J40-J47）	1.5	0.3
原位肿瘤，良性肿瘤和肿瘤不确定或未知的行为（D00-D48）	1.3	0.3
流感和肺炎（J10-J18）	1.1	0.2
脑血管疾病（I60-I69）	1.0	0.2

资料来源：2003 年国家人口统计报告；52（9）：13。

对于男性来说，这个比例基本是相似的：

- 白血病（33%）
- 神经系统肿瘤（22%）
- 骨和关节肿瘤（9%）
- 内分泌肿瘤（8%）
- 软组织肿瘤（7%）[6]

▶ 人寿保险保额

儿童人寿保险的保险额通常比成年人少。有时，儿童人寿保险的申请可能包括在未来几年以标准费率购买更多保险的权利，而不管未来的健康状况如何。相对较低的承保范围和相对较低的死亡率使其难以证明其与成人申请相同水平的承保要求是合理的。直接从父母那里获得的信息具有很大的意义。

▶▶ 与特定条件相关的死亡率

低出生体重婴儿

尽管近几十年来医学的进步已经普遍提高了低出生体重婴儿的存活率，但近年来由于早产导致的死亡人数有所增加。这可能是由于在过去几年里，非常小的婴儿在出生前就已经死亡，但在新生儿期死亡的风险很高，因此活产的可能性增加。

通常，低出生体重婴儿的死亡率新生儿期比婴幼儿期高得多。新生儿出生体重降至 3 500 克以下，尤其是低于 2 500 克时，婴幼儿死亡率逐渐上升。从 3 000 克到 1 500 克，新生儿出生体重每减少 500 克，婴幼儿死亡率就会增加一倍，低于 1 500 克时还会大大增加。婴幼儿的死亡统计见表 8.3。[7]

表 8.3　　　　　　　　　　　2001 年美国婴儿死亡率

出生体重		活产儿	死亡婴儿	新生儿总数	新生儿早期	新生儿晚期	新生期后婴儿
<500g	死亡数	6 450	5 515	5 406	5 231	175	110
	死亡率		855.1	838.1	810.9	27.2	17.0
500~749g	死亡数	11 081	5 283	4 555	3 736	818	729
	死亡率		476.8	411.0	337.2	73.8	65.8
750~999g	死亡数	11 847	1 826	1 373	950	422	454
	死亡率		154.2	115.9	80.2	35.6	38.3
1 000~1 249g	死亡数	13 572	1 001	679	489	190	322
	死亡率		73.8	50.0	36.0	14.0	23.7
1 250~1 499g	死亡数	15 752	719	535	406	130	183
	死亡率		45.6	34.0	25.8	8.2	11.6
1 500~1 999g	死亡数	60 858	1 658	1 058	817	242	600
	死亡率		27.2	17.4	13.4	4.0	9.9
2 000~2 499g	死亡数	190 200	2 148	1 146	784	362	1 002
	死亡率		11.3	6.0	4.1	1.9	5.3
2 500~2 999g	死亡数	680 813	3 042	1 184	725	459	1 858
	死亡率		4.5	1.7	1.1	0.7	2.7

续表

出生体重		活产儿	死亡婴儿	新生儿总数	新生儿早期	新生儿晚期	新生期后婴儿
3 000~3 499 g	死亡数	1 515 531	3 434	1 167	651	516	2 267
	死亡率		2.3	0.8	0.4	0.3	1.5
3 500~3 999 g	死亡数	1 139 550	1 902	576	331	246	1 326
	死亡率		1.7	0.5	0.3	0.2	1.2
4 000~4 499 g	死亡数	322 426	474	160	94	65	314
	死亡率		1.5	0.5	0.3	0.2	1.0
4 500~4 999 g	死亡数	51 145	102	55	49	6	47
	死亡率		2.0	1.1	1.0	*	0.9
>5 000 g	死亡数	5 500	35	22	13	9	13
	死亡率		6.4	4.0	*	*	*

注：死亡率表示为每1 000活产死亡人数。

婴儿指0~1岁。新生儿指出生到生后28天内的婴儿；早期新生儿，0~6天；晚期新生儿，7~27天；新生期后婴儿，出生后28天至11个月。

资料来源：美国疾病控制与预防中心。

与正常出生体重相比，极低出生体重的婴儿（<1 500克出生时），跟踪到20岁时发现，其感觉神经的损伤，特别是脑瘫的风险增加了十倍，平均智商也较低。[8]

对极低出生体重（ELBW）婴儿（500~999克）的随访研究表明，脑瘫和发育迟缓的发生率相当高。[9]加拿大的一项研究还发现30%~50%的ELBW幸存者青少年正在接受治疗援助，并且/或成绩不及格。[10]此外，与对照组相比，ELBW患者的癫痫发作率增加了7倍。[11]

低出生体重的婴儿有时会在整个童年时期的体重图表中保持在较低的百分位数。一般认为，体重在相同或更高百分比曲线上稳步增长且没有慢性医疗问题的人，两岁后的死亡率接近人口平均水平。

支气管肺发育不良是一种慢性肺部疾病，一些新生儿需接受补充氧或通气支持。怀孕36周的氧依赖性、呼吸窘迫和异常X射线胸透是其特征。肺纤维化、肺气肿肺泡和反应性气道是典型的表现。有些病例出现肺动脉高压和右心室肥厚，并进展为肺心病。

新生儿慢性肺病

支气管肺发育不良

支气管肺发育不良是在接受补充氧气或通气支持的一些新生儿中发展的慢性肺

疾病。特征在于36周后矫正的氧依赖性，呼吸窘迫和异常胸部X射线。通常存在肺纤维化，肺气肿性肺泡和高反应性气道。在某些情况下，肺动脉高压和右心室肥大发展为肺心病。

出生时体重较轻，通气时间较长是婴幼儿慢性肺疾病发病的重要前兆。[12] 婴儿出生体重下降到1 500克以下时，慢性肺病的发病率普遍较高。近年来，婴儿慢性肺病的发病率和总体严重程度近年来普遍下降。表面活性剂治疗的引入和非侵入性治疗方法在透明膜疾病的广泛应用可能是这种改善的部分原因。

在出生的最初两年里，病毒性和细菌性肺炎的高发率通常发生在患有支气管肺发育不良的儿童身上。

与没有支气管肺发育不良的早产儿相比，他们在出生后的1~2年中再住院率增加了一倍。[13,14] 某些程度的生长问题是常见的[3]，追赶性生长突增可能与肺功能的显著改善相对应。

在出生的第一年，患支气管肺发育不良婴儿的死亡率远远高于平均水平。这些死亡最常发生在出院之前，通常与进行性的呼吸衰竭有关。正如预期的那样，这些典型的低出生体重儿，大脑疾病和婴儿猝死综合征也是死亡的常见原因。[15]

虽然支气管肺发育不良的进展常发生在儿童早期，但肺部疾病可能持续存在：许多幸存者已经出现反应性气道疾病[16]和气道阻塞[14]。然而，在一项对159名患有支气管肺发育不良的儿童长达8年的随访研究中发现，他们在出生后第二年没有死亡。[17]

2岁以上支气管肺发育不良病史的儿童，没有出现频繁呼吸道感染或其他呼吸困难症状，预计其剩余时间内的死亡率接近人口平均水平。那些持续存在肺部问题的患者的长期预后不确定，并可能在成年后进一步恶化。

新生儿黄疸

新生儿黄疸非常常见，并且在大多数情况下是良性生理变化。然而，对于某些新生儿黄疸病例存在死亡风险增加的担忧：
- 如果存在与死亡率增加相关的基础疾病，如早产、宫内感染或囊性纤维化。
- 当黄疸超出预期的生理持续时间并且没有确定良性病因时。
- 当胆红素水平高到足以引起人们的中枢神经系统损伤（核黄疸）可能发展的担忧时。

健康足月婴儿的生理性黄疸通常出现在生命的第2天，在第4天达到高峰，并迅速消失，在生命的第7天到第10天，胆红素水平下降到2mg/dl（34umol/l）以下。与足月婴儿相比，早产儿的胆红素水平通常更高，消退速度也更慢。黄疸持续到生命的第二个星期后,表明除了简单的生理黄疸外,还有一种病因。脑内未结合的胆红素的沉积可导致瘢痕疙瘩。核黄疸的表现在一些病例中是轻微的,但在其他病例中可能导致耳聋、痉挛、角弓反张、癫痫或死亡。大多数患有严重神经系统症状的核黄疸的婴儿不能存活很长时间。足月婴儿与核黄疸相关的胆红素水平通常为25ml/dl 或更高,然而,胆红素的安全水平很难确定。胆红素水平在出生体重较轻时逐渐下降可能与核黄疸相关。

婴儿猝死综合征（SIDS）

在1990年至2001年期间,美国的婴儿猝死综合征发病率下降了一半以上。这在很大程度上归因于睡眠姿势的改变。尽管如此,在新生儿后期,婴儿猝死综合征仍然是主要的死亡原因。根据定义,婴儿猝死综合征限于生命的第一年。这是一种排斥诊断方法。在足月婴儿中,婴儿猝死的高峰期出现在12周左右。早产儿死亡的年龄分布稍微偏大。绝大多数婴儿猝死综合征的死亡发生在6个月大的时候。

未能茁壮成长

在婴儿期或幼儿期不能正常生长可能是由许多潜在的病因造成的。预后也取决于病因。本文不对此作详细的讨论。美国国家健康统计中心儿童正常生长参考图可在 www.cdc.gov/growthcharts 找到。[18] 婴儿的身高或体重（经根据任何早产儿调整后）低于年龄的第三百分位数,除非确定了良性病因,否则预后不确定。如果婴儿的身高或体重百分位数不断下降,并在生长图上越过两大百分位数线,除非有良性的原因,否则其预后也不确定。

高热惊厥

大约3%的儿童经历了高热惊厥。高热惊厥一般首先发生在6个月至3岁,在生命的第二年是发病高峰期。他们在5岁以后很少发生。绝大多数病例都有家族性高热惊厥史,通常无癫痫家族史。

在绝大多数发热性癫痫发作的病例中,结果是良性的。在一个较早的研究系列（1978年）中,超过1 700名有发热性癫痫发作史的儿童被跟踪到7岁,没有发现直接由癫痫发作引起的死亡。该系列中唯一的死亡病例发生在两名儿童中,他们在癫痫发作之前患有四肢瘫痪和严重弱智,在最后一次高热惊厥数月后死亡。[19]

高热惊厥通常持续10分钟或更少。绝大多数是一般的癫痫发作。另一些是复杂的：局灶性或部分性，持续时间超过 15~30 分钟或在同一天内多次发作。[20,21] 癫痫持续状态可能由发热性癫痫发作引起，但在没有急性中枢神经系统损伤或进行性神经紊乱的情况下，由癫痫持续状态伴随儿童期发热性癫痫发作而死亡是罕见的。[22]

约 1/3 的患有高热惊厥的婴儿会有额外的热性惊厥。如果第一次发作后 18 个月内没有再发生癫痫，额外癫痫发作的风险大大降低。[21]

少数发热性癫痫发作的儿童会发展成癫痫。一项研究发现，在 7 岁前出现热性惊厥的患者中，约有 40% 在第一次热性惊厥发作后 1 年内发生癫痫，第二年另有 20%，在第三至第五年再增加 35%。[20] 下列因素增加了有发热性癫痫发作史的儿童患癫痫的可能性：长期癫痫发作，发热性癫痫发作在 24 小时内复发，局灶性癫痫发作[23]，前神经或发育异常。英国的一项研究表明，在神经学和发育正常的有发热性惊厥病史的儿童中，只有 1% 的儿童在 10 岁时发生癫痫。[24] 与单纯的发热惊厥相比，局灶性、多次（每次发热发作不止一次）或超过 15 分钟的高热惊厥与未来癫痫发作的风险更高，局灶性惊厥相关性最强。

另一项英国研究发现，在癫痫持续状态伴随高热癫痫发作而存活下来的儿童中，有 82% 在 10 岁时患上癫痫。[25]

在 1~5 岁时没有任何神经系统异常和无癫痫家族史的儿童中，有少数单纯发热性癫痫发作的死亡率预计接近人群平均水平。如果发热性癫痫发作是局灶性的，在 24 小时内反复发作，或延长到几分钟或更长时间，就会增加患癫痫的可能性，特别是当有癫痫持续状态或局灶性癫痫发作的病史时。无癫痫发作间隔 1~2 年后，癫痫发生的可能性逐渐下降，在 5 年无癫痫发作间隔后，癫痫发生的可能性接近人群平均年龄。

注意力缺陷多动障碍（ADHD）

注意力缺陷多动障碍（ADHD）是一种常见的诊断，尤其是男性儿童。各国报告的 ADHD 患病率差别很大。多动症最早可在 3 岁时就被诊断出来，但许多病例在入学后不久就被确诊并得到治疗。药物治疗在改善注意力持续时间和减少经常相关的过度运动活动方面通常是有效的。许多人在 21 岁时注意力缺陷多动障碍就会得到缓解或改善，而另一些人则在成年后继续表现出症状。诊断 ADHD 的标准随着时间而改变。

与没有ADHD的儿童相比，ADHD患儿被诊断为抑郁症的可能性是前者的四倍多，被诊断为行为障碍的可能性是后者的五倍多，被诊断为躁郁症的可能性是后者的 7 倍多。[26]

在多动症患者中，由事故引起的身体伤害的风险升高。研究发现，患有注意力缺陷多动症的年轻人的机动车撞车率和"有责任故障"的撞车率都增加了70%。[27] 患有注意力缺陷多动症的受伤儿童在走路或骑自行车时受重伤的比例总体上有所上升，[28]但与对照组相比，运动损伤的比例较低。发现患有多动症的儿童住院治疗的比例要高出50%。[29]

青少年药物滥用被发现在未经治疗的ADHD患者中比在对照组中更为常见。然而，如果ADHD接受过药物治疗，与药物滥用的联系就会消失。[30]

与对照组相比，ADHD青少年和成年患者吸烟的发生率是普通人群的两倍，青少年吸烟与注意力不集中症有密切联系。[31]

与人口平均水平相比，轻度ADHD病例的死亡率可能几乎或根本没有增加，特别是在有充分治疗的情况下。更严重的病例，包括那些有多次事故、抑郁或品行障碍病史的人，死亡率预计会高于其年龄和性别的平均水平。

意外死亡

在美国和其他许多国家，意外死亡率近年来有所下降。然而，在大多数发达国家，事故仍然是1~14岁儿童死亡的主要原因。最近，10个发达地区的儿童意外死亡率从每年的5.6%降至每年的14.8‰，而在美国则为13.3/10万。[32]

汽车事故占儿童意外死亡人数的1/4到1/2，因国家而异。使用适当的安全限制许多机动车辆的死亡可以避免。

家庭中是否有枪支与5~14岁的枪支死亡率以及暴力死亡率有关[33]。一项来自26个发达国家的统计数据比较发现，与所有其他国家的总和相比，美国因枪支死亡的比率高出12倍。在0~14岁儿童中，与枪支有关的死亡比例最高的是美国，其次是芬兰、北爱尔兰、以色列和加拿大。[34]关于非意外死亡，一项针对美国青少年自杀的研究显示[35]，在拥有手枪的家庭中自杀的概率为9.4。幸运的是，从1993年到2000年，美国儿童枪支死亡的比率下降了50%以上。[36]

在0~14岁的时候，溺水事件占了相当大的意外死亡人数。火灾也是这个年龄组意外死亡的主要原因。[36,37]

▶▶ 儿童时期的冠状动脉危险因素

冠状动脉疾病仍然是美国和其他一些西方国家的头号死亡原因。到20世纪40年代末的男性和20世纪50年代末的女性，冠状动脉疾病的死亡率不超过1‰，但之后迅速增加。尸检表明，冠状动脉粥样硬化的过程常常发生在儿童时期。成人冠状动脉疾病的危险因素有时会发现在儿童时期，包括高血脂、高血压和肥胖。

高脂血症

童年和成人胆固醇水平之间存在一些相关性。因此，许多医生对有高脂血症或有早期心肌梗死家庭史的儿童进行高脂血症测试。胆固醇水平在90%以上的儿童中，43%的人在20岁~30岁继续保持在90%以上。[38]第20章讨论了与高脂血症相关死亡风险的增加。

高血压

儿童时期高血压患病率远低于成年人。然而近年来，儿童的平均血压一直在上升，部分原因是超重的患病率增加。[39]由于儿童和成人之间的正常血压不同，儿童高血压的定义也与成人不同。儿童高血压的一种定义是平均收缩压或平均舒张压大于或等于年龄，身高和性别的第95个百分位，并且至少测量三次。医学文献中提供了年龄性别和身高百分位数的血压表。[40]仔细关注每个孩子的适当血压袖带尺寸是很必要的，因为尺寸不合适的袖带会导致不准确的血液压力读数。儿童时期高血压百分比的平均值与发生成人高血压的风险增加相关。儿童时期高血压平均水平较高，与成人高血压的风险增加有关。在对吸烟等个别变量进行调整后，学龄儿童的血压与成年人的血压显示出接近0.5的跟踪相关性。[41]

儿童继发性高血压占儿童高血压诊断的比例高于成人。它最常见于低龄儿童和高度高血压患者。肾实质疾病，主动脉缩窄和肾动脉狭窄是该年龄组继发性高血压的重要原因。

肥胖和超重

儿童超重和肥胖的定义是不相同的。然而，在20世纪80年代和90年代，美国儿童肥胖症的发病率明显上升。相较20世纪70年代初期的调查结果，1999—2002年美国全国健康和营养状况调查（NHANES）显示，所有年龄段的儿童的平均BMI都显著增加。根据20世纪70年代早期的生长曲线图，美国6~19岁的人群中，大约有15%最近BMI指数超过了第95个百分位。[42]美国国家健康统计中心儿童时期体重和身体质量指数参考图表可在www.cdc.gov/growthcharts找到。[18]

成人心血管疾病的许多危险因素可能开始于儿童时期，许多与肥胖有关。这些症状包括高血压、高脂血症,尤其是年龄较大的儿童高血糖。对 48 例 BMI >40kg/m² 的患儿进行研究,发现多数患儿存在严重的躯体充血、高胰岛素血症和血脂异常,17%存在左心室肥厚。[43]儿童肥胖与儿童胆结石、脂肪性肝炎、假性脑瘤、睡眠呼吸暂停和 2 型糖尿病呈正相关。[44] 44 名肥胖青少年被发现有患上代谢综合征的风险。[45]

大约一半的肥胖儿童已被发现成长为肥胖的成年人。然而,青少年与成人肥胖的关系比年幼的儿童更强。已经发现,对于 10~14 岁的肥胖者来说,35 岁时肥胖的优势比更高,而对于肥胖的 15~18 岁儿童则更高。[46]

博加卢萨(Bogalusa)心脏队列研究从 1973 年到 1994 年跟踪了一群儿童。除了发现超重儿童很有可能成为肥胖的成年人之外,研究还发现,在童年期超重与冠状动脉危险因素的不利水平有关,尤其是甘油三酯、胰岛素水平和糖尿病。这种联系可能主要是由于体重状况从童年到成年的持续存在。[47]

总的来说,儿童时期超重/肥胖与成人死亡率的相对危险增加相关[44]。随着成年后肥胖青少年男性死亡率从 50 岁开始增加,达 180%。然而,女性青春期肥胖与成人死亡率之间并没有显著的相关性。

▶ 参考文献

[1] Kochanek KD et al. Supplemental analysis of recent trends in infant mortality. *National Center for Health Statistics – Health Stats.* 2004;1–13. www.cdc.gov/nchs.

[2] Deaths 2001:Childhood, infant and perinatal mortality:Live births, stillbirths and linked infant deaths by ONS cause groups and age of mother. www.statistics.gov.uk/stabase 3/31/03;1–4.

[3] *Deaths and percentage of total deaths for the 10 leading causes of neonatal and postneonatal deaths:United States*, 2001. Centers for Disease Control and Prevention, National Center for Health Statistics, National Vital Statistics Reports 2003;52:11.

[4] Arias E et al. Annual Summary of Vital Statistics, 2002. Pediatrics 2003;112:1215–30.

[5] *Deaths, percentage of total deaths, and death rates for the 10 leading causes of death in selected age groups, by race and sex:United States*, 2001. Centers for Disease Control and Prevention, National Center for Health Statistics, National Vital Statistics Reports 2003;52:13.

[6] Jemal A et al. Cancer Statistics, 2004. *CA Cancer J Clin* 2004;54:8–29.

[7] *Live births by state of residence race of mother, and birthweight; and infant deaths, and infant mortality rates by state of residence, race of mother, birthweight, and age at death: United States, 2001 period data.* Centers for Disease Control and Prevention, 2004. www.cdc.gov.

[8] Hack MB et al. Outcomes in young adulthood for very – low – birth – weight infants. N *Engl J Med* 2002; 346: 149 –57.

[9] Doyle LW et al. Outcome at 14 years of extremely lowbirthweight infants: a regional study. *Arch Dis Child Fetal Neonatal Ed* 2001; 85: 159 – 64.

[10] Saigal S. Follow – up of very low birthweight babies to adolescence. *Semin Neonatol* 2000; 5: 107 – 18.

[11] Saigal S et al. Physical growth and current health status of infants who were of extremely low birth weight and controls at adolescence. *Pediatrics* 2001; 108: 1 – 17.

[12] Rich W et al. Ten – year trends in neonatal assisted ventilation of very low – birth-weight infants. *J Perinatol* 2003; 23: 660 – 3.

[13] Smith VC et al. Rehospitalization in the first year of life among infants with bronchopulmonary dysplasia. *J Pediatr* 2004; 144: 799 – 803.

[14] Gross SJ et al. Effect of preterm birth on pulmonary function at school age: A prospective controlled study. *J Pediatr* 1998; 133: 188 – 92.

[15] Fiascone JM et al. Bronchopulmonary dysplasia: a review for the pediatrician. *Curr Probl Pediatr* 1989; 19: 169 – 227.

[16] Northway WH et al. Late pulmonary sequelae of bronchopulmonary dysplasia. *N Engl J Med* 1990; 323: 1793 – 9.

[17] Sauve RS, Singhal N. Long term morbidity of infants with brochopulmonary dysplasia. *Pediatrics* 1985; 76: 725 – 33.

[18] *CDC Growth Charts: United States.* National Center for Health Statistics in Collaboration with the National Center for Chronic Disease Prevention and Health Promotion, 2000. Centers for Disease Control and Prevention. www.cdc.gov.

[19] Nelson KA, Ellenberg JH. Prognosis in children with febrile seizures. *Pediatrics* 1978; 61: 720 – 7.

[20] Nelson KB, Ellenberg JH. Predictors of epilepsy in children who have experienced febrile seizures. *N Engl J Med* 1976; 295: 1029 – 3.

[21] Ofifringa et al. Risk factors for seizure recurrence in children with febrile seizures: a pooled analysis of individual patient data from five studies. *J Pediatr* 1994; 124: 574 – 84.

[22] Gross – Tsur V, Shinnar S. Convulsive status epilepticus in children. *Epilepsia* 1993; 34 (supp 1): s12 – 20.

[23] National Institute of Neurological Disorders and Stroke. National Institutes of Health. Febrile *seizures fact sheet*, 2004. www. ninds. nih. gov.

[24] Verity CM et al. Risk of epilepsy after febrile convulsions: a national cohort study. *BMJ* 1991; 303: 1373 – 6.

[25] Verity CM. Outcome of childhood status epilepticus and lengthy febrile convulsions: findings of national cohort study. *BMJ* 1993; 307: 225 – 8.

[26] Guevara J et al. Psychotropic medication use in a population of children who have attention – deficit/ hyperactivity disorder. *Pediatrics* 2002; 109: 733 – 9.

[27] Barkley RA et al. Motor vehicle driving competencies in teens and young adults with attention deficit hyperactivity disorder. *Pediatrics* 1996; 98: 1089 – 1095.

[28] DiScala C et al. Injuries to children with attention deficit hyperactivity disorder, *Pediatrics* 1998; 102; 1415 – 21.

[29] Leibson CL et al. Use and cost of medical care for children and adolescents with and without attention – deficit/hyperactivity disorder. *JAMA* 2001; 285: 60 – 6.

[30] Biederman J et al. Pharmacotherapy of attention – deficit/hyperactivity disorder reduces risk for substance abuse disorder. *Pediatrics* 1999; 104: e 20 PMID: 10429138.

[31] Tercyak KP et al. Association of attention – deficit/hyperactivity disorder symptoms with levels of cigarette smoking in a community sample of adolescents. *J Am Acad Child Adolesc Psychiatry* 2002; 41: 799 – 805.

[32] *Australian Social Trends* 1996. Health – Causes of Death: Accidental death of children. Australian Bureau of Statistics. http://www. abs. gov. au/Ausstaks/abs% 40. nsf/94713ad444ffl425ca25682000192af2/657c06acd6e70a17ca2569d000164375! open Document.

[33] Child firearm deaths tied to gun availability. *News from Harvard Medical, Dental and Public Health Schools* 2002; March 8.

[34] *Research summary*. Canadian firearms centre. Department of Justice Canada. 1997; Feb. 27.

[35] Brent DA et al. Firearms and adolescent suicide a community case – control study. *A J DC* 1993; 147: 1066 – 71.

[36] Eber GB et al. Nonfatal and fatal firearm – related injuries among children aged 14 years and younger: United States, 1993 – 2000. *Pediatrics* 2004; 113: 1686 – 92.

[37] 2000 *United States unintentional injuries*. Center for Disease Control, National Center for Injury Prevention and Control.

[38] Lauer RM et al. Factors affecting the relationship between childhood and adult cholesterol levels: the Muscatine study. *Pediatrics* 1988; 82: 309 – 18.

[39] Compton WM et al. Trends in blood pressure among children and adolescents. *JAMA* 2004; 291: 2107 – 13.

[40] The fourth report on the diagnosis, evaluation and treatment of high blood pressure in children and adolescents. *Pediatrics* 2004; 114: 555 – 76.

[41] Gillman MW et al. Identifying children at risk for the development of essential hypertension. *J Pediatr* 1993; 122: 837 – 46.

[42] Policy statement. Prevention of pediatric overweight and obesity. *Pediatrics* 2003; 112: 424 – 30.

[43] Gidding SS et al. Severe obesity associated with cardiovascular deconditioning, high prevalence of cardiovascular risk factors, diabetes mellitus/hyper – insulinemia andrespiratory compromise. *J Pediatr* 2004; 144: 766 – 9.

[44] Must A et al. Risks and consequences of childhood and adolescent obesity. International Journal of Obesity, 199; 23 (supp 2): S2 – S11.

[45] Goodman E et al. Contrasting prevalence of and demographic disparities in the world health organization and national cholesterol education program adult treatment panel III definitions of metabolic syndrome among adolescents. *J Pediatr* 2004; 145: 445 – 51.

[46] Dietz WH. Health consequences of obesity in youth: childhood predictors of adult disease. *Pediatrics* 1998; 101: 518 – 25.

[47] Freedman DS et al. Relationship of childhood obesity to coronary heart disease risk factors in adulthood: the Bogalusa heart study. *Pediatrics* 2001; 108: 712 – 18.

[48] Must A et al. Long – term morbidity and mortality of overweight adolescents. *N Engl J Med* 1992; 327: 1350 – 5.

第9章　失能保险原理：福利与承保[i]

约翰·洛卡西欧（John Locascio）

- 前言
- 目的
- 可保风险
- 失能保险简史
- 失能的概念
- 职业性失能
- 供应/需求的确定
- 客观医疗数据
- 主观医疗数据
- 客观及主观数据的评估
- 失能索赔数据
- 生物—心理—社会模型
- 失能的悖论
- 失能数据和承保
- 团体保险
- 个人保险
- 医疗申请资料
- 承保工具
- 承保和主观索赔的风险
- 结论
- 注释
- 参考文献

对我们而言，贫困通常分为三类：第一类是因无能而贫穷，如被判定为无法医治的病人；第二类是因意外而贫穷……像受伤的士兵；第三类就是那些挥霍无度的人，他们就像消耗光所有资源的暴徒……

对于前两种……这些人的确是穷人，我们有义务为他们提供些日常的供应，所以全国各地的教区都有责任，每周都应帮他们做些食物类的收集工作……

威廉·哈里森，《英格兰描述》，1587[1]

如果被保险人一过等待期，我们将从任何一个月开始支付失能保障金，只要被保险人是因疾病而持续性完全失能，我们将一直给付，直至被保险人到65岁时保单到期。如果被保险人符合等待期条款，我们也将从任何一个月开始支付终身事故保险金，只要被保险人是因意外而持续性完全失能，我们将在发生的意外事故之前一直给付，直至被保险人年龄到65岁时保单到期。

改编自现代个人失能保单

前言

失能是保险医学的一个分支。正如哈里森（Harrison）所指出的那样，它的根源可以在伊丽莎白时代英国的土壤深处找到。在哈里森去世之后不久，ii 开创性的承保人签署了我们现在所承认的一份保险合同。但是，一项独立的失能保险合同却是在250年之后才出现。

目的

本书的第1~5章详细回顾了医疗保险的历史、原则和方法。一般来说，读者可以假定这些基本原则适用于失能的人，除非另有说明。

本章的目的是：
- 说明保险工具和概念如何应用于失能医学的现代理论和实践
- 回顾失能合同的历史和类型
- 概述功能概念和思维
- 将相关的利益问题作为承保考虑的背景
- 解决承保工具和方法

由于一些显而易见的原因，失能者福利的管理和承保密不可分，读者必须理解其中的一个，才能理解另一个。最理想的是，读者也会了解他们历史的深度和他们所处社会的广度。虽然这一章是从美国的角度来写的，但它所包含的原则适用于任何已经建立了商业或政府失能保险市场的社会。一旦获得，这些工具将帮助您掌握失能保险的原则。然而，只有专家才能判断如何在特定的合同、监管、法律或社会环境中最好地应用它们。

可保风险

值得注意的是，死亡率的方法学最初是精确地应用于人寿保险的，正是因为死亡风险是我们现在所说的"可保风险"的一个经典例子。也就是说，风险人群一定要大，发生率低，损失明确，难以预测或控制。[iii]但矛盾的是，同样的特质使死亡成为不可预测的个人行为，也使它成为高度可预测的群体行为。从这一观点，保险精算和保险业开发、发展，以及作为死亡风险（"生命人寿"）应用于新产品，是区别于资本损失风险（"财产很意外"），收入（"失能"，或英国的"永久健康保险"），医疗照护成本（健康的）[2]，等等。

然而，随着1850年[3]以后越来越复杂的死亡率方法学的开发，它显然变得不太容易应用于后来出现的产品，如失能和健康保险产品年，这在很大程度上是因为这些产品不太接近传统的、可保险的风险。

失能保险简史

失能保险的历史已经在其他章节描述过，[4]但是这些资料通常很难获得。[iv]

美国内战后不久，第一个可辨认的失能保险合同条款出现了[5]，其通常是附属于人寿保单的附加条款。早期的保单仅限于"意外"。在随后的50年里，分开（即"独立"）的失能合同变得越来越普遍，但保障很低，保障期限也很短（如两年），通常限制在家中。在这种情况下，失能风险较现代保单更接近于传统的可保风险，因为其回报较低，而且居家限制的社会成本较高。此外，居家限制也很容易查证。

20世纪初，失能保险的产品出现了"繁荣"，保障利益增加了，条款定义变得更加自由。1916年推出了第一个"不可取消和可再保障"的保单[v]。20世纪30年代大萧条导致了失能保险市场的全面萎缩，但这种循环周期在二战后经济繁荣时又再现了。在这段时间里，越来越多的专业人士购买了"不能"和"自主—偶然"[vi]

保单。这些特点促使人们对失能保险的看法发生了变化:"从收入的持续到生活方式的继续"[6],更高的利益和更自由的保单条款,增加了投保的回报,降低了投保的障碍。

失能保险最近的"破产"与20世纪80年代末和20世纪90年代初低迷的经济同步[7],加上宽泛的保单条款,导致专业职业类失能津贴申请激增,而以前的补偿申请是很低的(见第21章Soule[5]),而且这些新条款已经成为目标,并被大力推销。

与此同时,新的医疗承保的定义仅需很少经典的临床发现(如纤维肌痛症)。[8]在一些病例中,对经典的临床表现完全忽略了(如慢性疲劳综合征)。[9]最后,作为失能保险的基础,大多数西欧国家的管制和法律环境日益接受了这些条件。

因此,短期福利、低水平福利、需要居家让位给了即使没有客观损害或正式精神疾病的诊断,也能至少可达到职业收入的60%,且一直到65岁。尽管许多公司在20世纪90年代中期停止了提供不可终止的保单,但获得利益的频率和持续的时间都在飙升,这些套款的性质使其获得的利益一直持续到今天。

▶▶ 失能的概念

1980年,世界卫生组织(WHO)出版了第二版《国际损伤、失能和残障分类:与疾病后果有关的分类手册》(ICIDH)。[10]虽然最初的目的是作为一种收集数据的工具,用于"对慢性疾病的合理管理",它正式确定了失能的概念,这些概念仍然是失能思维和写作的核心。

- 损伤(Impairment)是心理、生理或解剖结构或功能的任何损失或异常。注意,损害不是失能,这是一种功能相对于前一个功能级别(一个"形态基准")的丧失,与"规范"无关。它描述了一个人和同一个人在两个时间点的关系。
- 失能(Disability)是指以人类认为正常的方式或在一定范围内进行活动的能力的任何限制或缺乏(由损害引起)。注意,失能描述的是特定个体与特定功能能力或任务之间的关系。
- 残障(Handicap)是一个特定个体的缺陷,它是由损伤或失能引起的,它限制或阻碍了该个体正常角色的发挥(取决于年龄、性别、社会和文化因素)。注意,残障也不是失能,它描述了一个特定的个体和社会期望之间的关系。

1990年,美国政府颁布了《美国失能法》(ADA)。[11]立法将失能定义为:

严重限制一项或多项主要生活活动的身体或精神损害;或有此类损伤记录,或即使不存在损伤，损伤也没有明确的实质性限制结果，或者这种损伤只是因为别人的态度而受到了很大的限制，都可视为失能。

这个提法令人困惑，因为它结合了 ICIDH 关于损伤、失能和残障定义的元素。就我们的目的而言，最重要的是要注意，《美国失能法》正确地认识到其他人的态度"即使不存在任何损伤，也可能有实质上的限制"，这是残障的声明，因为它描述了个人与社会之间的互动。在考虑本章前面讨论的监管和法律态度的变化时，必须记住这种混乱。

2001 年，世界卫生组织用《国际功能、失能和健康分类》（ICF）[12]取代了《国际损伤、失能和残障分类：与疾病后果有关的分类手册》（ICIDH）。ICF 的目标是用"健康的组成部分"取代"疾病的概念"。除此之外，它修订或删除了 ICIDH 定义，并试图量化正常的功能。不幸的是，ICF 的概念可能更难以使用，而且常常与 ICIDH 的术语不太一致。

由于 ICIDH 的定义在商业性的失能合同中很好地建立了起来，在 ICF 公布之前，立法和法规就已生效，所以本章中将使用 ICIDH 的定义。

▶▶ 职业性失能

根据世界卫生组织的目标和政府项目的广泛需要，ICIDH 定义适用于社会中的所有人。然而，在本章的早些时候，失能常与收入损失有关。这种联系把这个术语限制在那些有收入的、曾经有收入的或者能够有收入的人群。这个失能的概念，适用于失能保险的承保和福利。

例如，美国医学会（American Medical Association）关于永久性损害评估的指南[13]将失能定义为：

因损害而改变个人满足个人、社会或职业要求或法定或法规要求的能力……

美国社会失能保障的失能的定义是：

……由于任何可在医学上确定的生理或心理缺陷而无法从事任何实质性的有报酬的活动，这些缺陷可能导致死亡，或已经或可能持续至少 12 个月。[14]

美国商业失能保险公司将失能定义为：

使被保险人无法从事其正常职业的身体和实质性工作的伤害或疾病。vii

▶▶ 供应/需求的决定

所有这些定义的统一概念是，失能是一种供求的决定，在这种情况下，供给是对从事一种或多种已定义功能能力合理的医学评估，而需求是执行这些活动或任务的一种或多种需求。

需求的决定

在职业环境中，需求是根据特定的职业或职业类别来定义的。在商业合同中，职业被这样定义（例如，"你失能时的职业"）。然后可以通过咨询职业专家或资源来确定职业的构成。常用的文本有好几种[viii]，其中最常见的是职业名称词典（DOT）[15]和 O*NET。[16]

在政府计划中，需求的定义可能隐藏在法案或实施法案的法规中。请注意美国社会保障协会对失能的定义中提到的"任何有实质利益的活动"。无能力津贴（IB，美国 SSDI 最接近英国）使用的术语是"一切工作"。这些都是所谓的"一般劳动力市场"。通常情况下，这些工作都是具有高中学历的人，由雇主雇佣和培训，而且通常都是体力劳动的重要组成部分。

在制定这两个方案的标准时，要求医疗专业人员被要求提供各种医疗类别的例子（案例情景），这些例子（案例场景）很可能会妨碍人们可靠地参与一般的劳动力市场。在社会保障方面，这些例子是根据诊断进行整理的，重点是医学上可客观接受的损伤证据，它们最终将以检查和实验室发现的清单的形式出现。在 IB 的案例中，行业的专业人员首先被要求识别与一般劳动力市场相关的常见活动，然后医学专业人员被要求评估排除这些活动损伤的严重程度。因此，IB 的医学评估采取了"所有工作检测"（现在称为"个人能力评估"）的形式，要求医生评估申请人执行这些活动的能力，而不管诊断或诊查。

这条规则的一个例外是美国工人的补偿。该系统在 50 个州中分别独立管理，其中 48 个州使用了 AMA 指南中的损伤评级。该系统并不试图去定义与一般劳动力市场或任何特定职业相关的功能能力。它假设损伤的增加与功能能力的降低有关，并对类似的损伤进行数值评级，然后将其转换并组合为"全人"评级。这使得各州可以根据损伤的严重程度对申请者进行"强制排名"，因而每个州都可以根据特定的损伤水平分配可用的资金。然而，即使在这个系统中，基本的假设是，就业障碍随着损伤的增加而增加。

供给的决定

正如我们已经看到的，在商业性失能（福利管理）中，对特定功能能力供给的合理估计必须以失能保险合同规定的方式和职业对相同能力的需求进行比较。这种能力评估必须由医疗部门根据现有的医疗数据提供给保险公司。

失能决定的医学方面取决于两种功能能力的估计：一种是由照顾患者的医生（主治医师或 A/P）提供的，另一种是保险公司的医疗顾问向失能决策者（福利管理员）提供建议。

任何此类分析都应首先了解与残疾评估有关的基本概念和功能分析术语。这一点已在其他地方审查过。其中 17 个概念包括：

任何此类分析都应首先了解与残疾评估有关的基本概念和功能分析术语。这已在其他地方讨论过。[17]这些概念包括：

诊断（diagnosis）
- 损伤（impairment）
- 限度（limitation）
- 限制（restriction）
- 功能（functional capacity）

读者可以通过咨询 Cocchiarella 和其他人，找到关于这些术语及其实际申请的更多信息。[18]

▶▶ 客观医疗数据

限制和限度（R/Ls），以及由此造成的具体功能能力的任何降低，必须首先根据其与现有客观医疗数据的比例进行评估。如果保险公司的医疗部门同意，主治医师对功能大小的估计（R/Ls）与这一客观数据一致（也就是说，在大多数有类似客观结果的病人中，它们可能存在），则被认为这些数据在客观上支持他们。

在这种情况下，通常不需要额外的医疗调查。如果至少有一种相关能力不符合职业要求，而且合同中所有其他非医疗要求均已满足，则通常通过失能决策者来确定失能。该福利一直持续到被保险人恢复足以工作或达到合同规定的保险限额为止。

基于客观数据，当主治医生的功能估计值明显低于保险公司的医疗资源所作的估计值，而该估计值又不符合合约条款所规定的重返职业的情况时，保险公司将进一步分析这一差异的基础。[x]这种意见分歧可能发生在最初评估时，也可能发生在恢复期间。在这种情况下，保险公司在其医疗部门的帮助下，为获得与有关职能问题有关的所有医疗数据，或者获得这些数据，或者证明这些数据不可用或不存在，会作出合理的努力。

▶▶ 主观医疗数据

当出现不同的估计时，它们通常与一个或多个额外的主观因素有关，如超出了生理体征[xi]、实验室数据或影像学资料所提供损伤的客观证据。

在这些情况下最常见的主观因素包括：精神因素，限制活动，或超出了可查范围的症状。

精神病学因素包括了与规范的精神病学诊断相关的损害。[xii]然而，即使没有精神疾病诊断，每个人的行为和交流模式都可能超出或低估与报告症状相关的损害。这些因素包括躯体化和症状放大。

限制活动是建议避免某一特定的活动，不是基于身体的无能，而是基于与该活动相关的感知的医疗风险。这样的建议常常是在没有客观损害的情况下（例如，癫痫发作恢复后，建议病人不要开车）提出的，并且特别依赖医疗判断。

症状多于发现是指报告缺乏或明显超过客观医学数据。根据定义，其取决于病人的病史。因此，对这些症状功能影响的合理评估取决于：对患者行为和沟通模式的评估：结果的生理一致性；病史和观察行为的一致性。

超过发现的症状是指在缺乏或明显超过客观医学数据的情况下报告的症状。根据定义，它们取决于病人的病史。因此，对这些症状的功能影响的合理评估取决于：对患者的行为和沟通模式的评估；研究结果的生理一致性；和/或病史和观察的行为一致性。

▶▶ 客观及主观数据的评估

客观数据与主观数据在性质上是不同的，评估两者的方法也不相同。

如果某些功能可以客观量化，那么它就可以通过测量或以其他客观的方法进行测试，这是我们熟悉的临床方式。病理生理可通过实验室检测、临床影像学，甚至摄影记录。心脏和肺是两个可以直接测量其功能的器官。然而，更细小的损伤至少可以通过一些特殊测试来测量，比如神经认知测试、肌电图学和神经传导研究（EMGINCS），或者正规的功能评估（FCE）。[xiii]

主观问题是一个更复杂的分析。精神病学诊断和特征在本质上是高度主观的，但可以参照标准化诊断准则（DSM–IV–TR）和一大群接受使用这些药物训练的行为健康专家。

限制是比较困难的，因为大多数熟悉的临床限制（例如，腰椎椎板切除术后不要过度承重，膝关节置换术后不要在负重过大情况下下楼梯）常常是获得共识的，并且也得到科学数据的完好量化和支持，[xiv]但是超出检查范围的疼痛和其他症状不能直接测量，他们必须通过行为一致性来评估（见 Cocchiarella[13]第 582 页和 Talmage[17]第 124 页）。[xv]并聚焦于患者症状报告的特征。就症状报告而言，MMPI－II 是一种有用的心理测量工具，尤其是当症状严重，持续时间长，难以治疗，以至于导致长期失能的情况。

然而，当时间的推移和重复评估无法产生足够的客观支持报告的症状，最好进行一个主观的分析（即行为一致性的分析、生理一致性和症状报告）。

在功能评估中一个常见的错误是 R/Ls 是否是基于主观数据常无法识别。科学的临床思维方式就是反复地使用体检、MRI、EMG/NCS 等。然而，通过时间的推移和重复的评估无法产生足够的客观支持报告的症状，最好进行一个主观的分析（即行为一致性的分析、生理一致性和症状报告的分析）。

▶▶ 失能索赔数据

20 世纪 80 年代末和 20 世纪 90 年代发生的各种力量的汇集就体现在商业个人失能保险合同范围。但是，在所有商业失能保险项目（个人、团体、长期和短期）以及类似的政府方案（美国的社会保障和工人补偿、英国的丧失工作能力津贴和法定病假工资）中，赔偿率都有所提高。

由于死亡率不是周期性的，人寿保险也不是一个高度周期性的产品[xvii]，但其他产品系列是典型的周期性产品。例如，财产和意外险的价格与经济状况有关，因为在不断扩张的经济中，企业越来越多地争夺有限的覆盖范围，从而推高了价格和利润，但经济紧缩逆转了这一周期。

理论上，像人寿保险不是周期性的一样，失能保险也不应该是周期性的。但健康趋势是长期的，也就是说，即使有了现代技术，它们也会随着时间慢慢改变。所以，失能保险是一个周期性的产品。

图 9.1 显示了单个产品（群体长期失能）提交索赔发生率与消费者信心之间的周期性关系。这些数据由美国一家大型商业失能保险公司提供，时间为 1988 年至 2003 年。

图 9.2 显示了 2001 年各地方当局的就业率与无工作能力福利受惠者的患病率之间的关系。[19]请注意，这些数据不是跨越时间的，因此在本质上既不是周期性的，也不是长期的。它们说明了在某一特定时期内，个人的 IB 和不同地理区域的

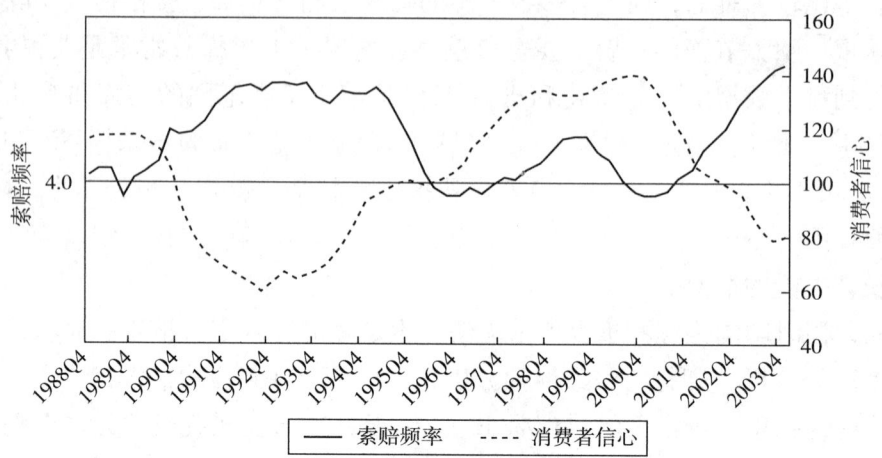

注：由于特定原因，左边的刻度被保留了，然而在这段时间内数据的相关性是 -0.69。

数据来源：Unum Provident 长期索赔频率和美国大型企业联合会消费者信心指数。

图 9.1　美国消费者信心与商业长期失能率的关系

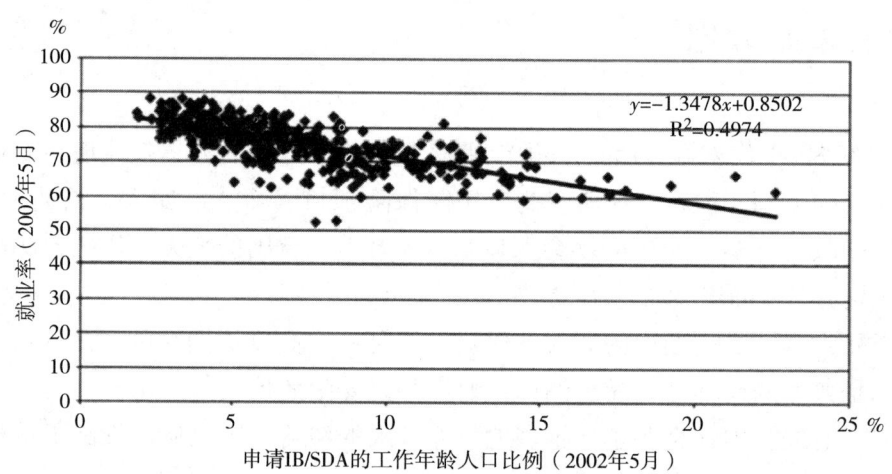

图 9.2　就业率与无工作能力受益（IB）的受助率之间的关系

就业率间存在着联系。[xviii]

还要记住，流行率（周期流行率）是发病率乘以持续时间减去承保案例的函数。[xix]不幸的是，虽然这些数据在理论上可以从某些来源获得，但事实证明是无法获得的。最常见的假设是，经济和社会发展导致了失能发生率的增加，也导致了失能持续时间的增加，从而降低了承保的案例。

还应注意的是，由于国民保健服务（NHS）的使命是在全英国普及统一标准的医护服务，因此应尽量减少由此造成的扭曲。所以，这种趋势的主要驱动因素是经济因素（即就业率）的可能性增加了，就业率不太可能成为另一个潜在驱动因素

（如疾病）的标志。

图 9.1 和图 9.2 支持经验的观察，即经济条件影响失能申请和赔偿的周期性。这种联系的强度增加了，因为这种趋势跨越了多个变量：公共/私人产品、时间、地理和文化。图 9.3 显示 1985 年至 2003 年期间，与工作年龄人口（18~64 岁）的增长相比，SSDI 奖励的长期增长是不成比例的。数据来自 www.census.gov 和 www.ssa.gov。关于 2003 年的人口预测，请参见第 20 节。[20]

虽然美国 SSDI 对失能的基本定义在 1985 年至 2003 年期间没有改变，但这些数据必须谨慎解读。除了已经讨论过的社会、监管和法律问题，与此同时出现的长期趋势（如美国人口老龄化）和周期性趋势（如 20 世纪 90 年代末的"失业型复苏"）可能会导致判决的显著增加。不幸的是，目前还没有直接处理这些影响的相对程度的数据。然而，我们看到：

- 失能是指医疗损伤；
- 经济趋势影响不同时间的失能率（见图 9.1）；
- 经济趋势影响着整个地区的失能率，即使人口和医疗标准都是统一的（见图 9.2）。

问题是，影响是"如何"发生的？

▶▶ 生物—心理—社会模型

1910 年，弗莱克斯纳（Flexner）对医学实践进行了革命性改革的报告[21]，要求医学教育要以科学的原则为基础，并在经过认证的大学进行教学。采用这种模式确保了医学是建立在科学基础上的实践。这使得公共卫生、医学、外科手术和行为健康方面都取得了明显的进步。

在接下来的 50 年里，江湖骗子和传统医学的不足得到了缓解或控制，但意想不到的问题暴露了出来，患者不愿参加规定的治疗，拒绝承认诸如癌症、精神疾病或药物滥用等诊断，意味着诊断被推迟，疗法没有得到应用，或明显成功的干预措施没有达到预期的康复效果。

恩格尔（Engel）认识到，一旦病理问题得到解决，病人的知觉、反应和行为，以及对病人的互动就成为临床结果的重要承保因素。[22,23]

在 20 世纪 60 年代和 70 年代，恩格尔认识到传统生物医学模型的成功是有限的，他提出了健康和疾病的生物—心理—社会模型。

用他的话说：

医生们如何对待病人和他们所提出的问题，很大程度上受到了他们知识结构概念模型的影响。

恩格尔的重点是临床，把医学科学理论运用到医学实践中，就可克服行为障碍。现在，弗莱克斯纳报告中体现的原则可以让医生解决病人和病人互动时出现的行为障碍。

生物心理社会模式改善了临床护理的方方面面，但它的用途并不局限于临床决策。它还阐明了失能保险和福利的管理。

▶▶ 失能的悖论

索尔·莱文（Sol Levine）最初用"失能悖论"一词来描述这样一种观察现象：许多严重失能的人往往认为他们的生活质量比周围人预期的要好。[24]

以基于主观为基础的福利申请反映了这一现象的镜像：一些申请人报告说，由于很少伴随或根本没有客观损伤证据的症状，生活质量明显下降。

正如本书其他章节所表明的那样，几乎每一个医学分支都可以吹嘘几十年来的改进诊断和治疗，从而延长了预期寿命，降低了人寿保险的比率。由于恢复时间较短，[25]人们现在过着更健康、更有功能的生活。这将增加人口中功能能力的"供给"。

与此同时，工作场所安全、工作设计和人体工程学也得到了改善。虽然一些职业的认知需求可能增加了，但几乎所有职业的生理需求都减少了。这应该会减少全社会的平均职业需求，即使没有提到《美国失能法》（ADA）要求的"合理住宿"，或者1995年英国《失能歧视法》（Disability Discrimination Act）所要求的"合理调整"。[26]

功能供应的增加，加上职业需求的减少，应导致失能申请和判给的减少。正如图9.3所示，美国的社会保障失能赔偿金的增长速度远远快于符合条件的人口。英国和几乎所有其他西方国家的数据都是相似的。[27,28]

沃德尔（Waddell）等人将这种长期趋势归因于主观健康问题。某些诊断组被非常清楚地确定为，与涉及主观健康问题相关的申请是不成比例增加的。[29]其中最广为人知的是肌肉骨骼疾病，主要是背部疼痛。这与毕高思（Bigos）等人在他们对产业背景索赔的经典研究中观察到的结果是一致的。[30]

然而，主观性并不仅限于背痛问题，或某些诊断，如慢性疲劳综合征或纤维肌痛症。所有的精神病诊断，就其性质而言，都是主观的。主观性可以成为任何诊断的重要因素，甚至是那些通常与大量生理数据相关的诊断。例如，在心脏索赔中，如果客观的证明文件与报告的症状不成比例，就可能引入诸如"压力"等主观因素。

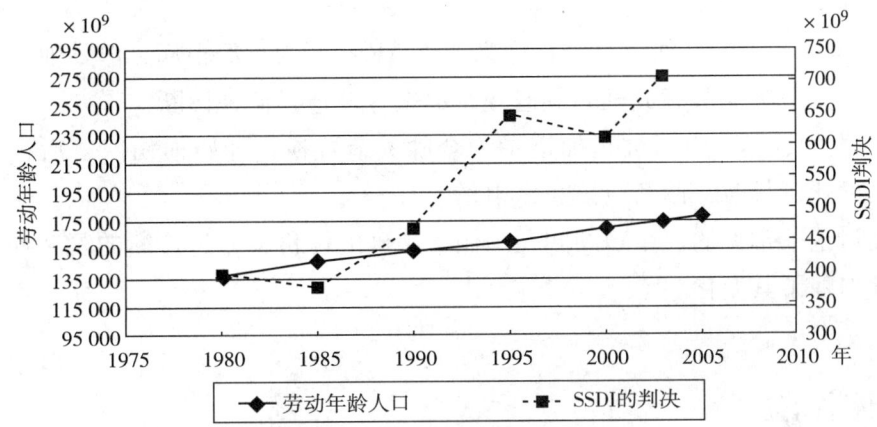

图9.3 美国社会保障残疾（SSDI）角色的增长与劳动年龄人口的关系
（SSDI的接受者年龄在65岁以下）

因此，这些数据表明，过去二十年中发生的长期和周期性的失能索赔增加，不是由于日益增加的医疗损害原因，也不是由于工作设计。这些增长最可能是由于：
- 扩展失能的定义
- 作为功能丧失的证据，医学、监管和社会对症状的接受程度超出了调查结果
- 患者对不利经济条件的反应

失能数据和承保

从医学角度看，失能保险不能重复生命承保的数学严谨性。这并不是由于缺乏工具，因为正如辛格（Singer）很久以前所观察到的那样，人寿保险方法可以很容易地适应于失能承保。[31]至少有一篇文章论述了这一问题[32]，并提供了统计程序来模拟失能的持续时间和概率。[33,34]然而，关于失能风险的其他科研文章就很少发表了（有关失能保险所涉因素的额外考虑，请参阅Brown和Brown[35]）。

限制因素是可用的数据，这有几个原因。实际上，一个案例的诊断是主治医生在申请时提供的诊断。然而，即使在最佳情况下，症状与任何具体诊断之间的联系也远没有统计数据显示得那么清楚。[36]考虑以下：
- 多重诊断：如果在糖尿病、高血压、吸烟和先前的脑血管意外的情况下发生心肌梗死，则不一定清楚哪些诊断是无效的。在某些情况下，不止一个诊断可能导致损伤。如果是，应分配给每个国家的比例是多少？纤维肌痛症和抑郁症也常伴

有其他诊断。

- 有争议的诊断：如果一个背痛患者被 NF 诊断为神经根病，但其他 NFs 认为疼痛是由于关节突关节病或椎间盘退变，那么应该选择何种诊断？
- 并发的诊断：申请被正确记录为全膝关节置换，开始损伤恢复后很长一段时间被脑梗死延长时，诊断应该怎么申请？

上面讨论了常见的、主观的问题，做了精确的评价，通过诊断的复杂性和挑战性，持续追踪了其变化。

▶▶ 团体保险

失能团体保险在很大程度上依赖于经验评级。也就是说，通过用历史数据来计算利率，以确定未来索赔的风险。与人寿保险中的死亡率类似，发病率（任何具体诊断的发生率及其后果）可以假设在一个大群体中自我调整。然而，很少有大公司能做到这一点。因此，参照的团体通常是职业类别、雇主所在行业或具有类似职业要求和经验的一类行业。在这些计划中，个人承销通常只发生在特定情况下，如后期进入者和"收购"。[xx]

▶▶ 个人保险

个人失能保险（个人失能保单申请人）采用与其他个人承保的保险产品相同的风险选择原则。[xxi]也就是说，将可保风险分为与具体失能产品一致的风险类别。失能承保手册是根据诊断和严重程度提供产品的具体标准，并根据发病率和持续时间的历史趋势进行调整。

与人寿保险一样，起点是一个大群人的经验，通常是一个职业阶层。根据数据库的大小及其组织，可以使用子组。如申请人有一项或多项诊断，可更改该评估。

再看看图 9.1 和图 9.2。请注意患病率或发病率是如何变化的，但无论在时间上还是在地理上都不会降为零，这反映了两个亚种群的存在：

- 一个具有明确的病理生理学诊断和相称的症状（客观损害），其特征是相当稳定的发病率和可预测的恢复时间；另一个有更主观的损害，与更可变的发病率和恢复有关。[xxii]

在申请时作出诊断，使承保人能够预测特定承保手册所界定的一组类似申请人的未来目标损害风险。由于其与个人特征、社会和法规影响的关系比与某一特定诊断的存在或不存在的关系更为密切，因此难以预测未来症状性损害的风险。换句话说，医疗承保可以给残疾发生率和持续时间设定一个下限，而不是上限。

然而，准确地预测这一下限对于失能保险公司的成功至关重要，因为承保的成功不是用绝对标准来衡量的，而是相对标准。相对于竞争对手，对承保标准的解释过于宽松，会使保险公司面临额外的福利支出；过于保守的解释使公司在销售上处于劣势。在理想的情况下，承保医务主任应在所有申请人中尽可能一致地应用承保标准，同时确定没有特殊的临床和技术技能可能错过的例外情况，避免一些专业保险人可能接受的风险，允许承保可能被拒绝的条件（低于标准的报价）。

▶▶ 医疗申请资料

失能保险的申请通常包括以下方面的信息：
- 当前的 A/P、症状、诊断和药物
- 缺病史资料和当前的 R/Ls
- 体格和生命特征
- 吸烟和饮酒
- 使用其他药物
- 器官系统的病史
- 特殊的测试或诊断
- 对过去任何其他疾病的最后调查

有些申请要求有护理提供者、症状、日期和诊断的综合病史。

有必要考虑以下几点：
- 医疗资源按组织器官系统条件反射式地整理疾病。这种方法是全面的，并向申请人提供提醒。根据目前的诊断，这类信息在预测未来、客观损害方面非常有用。
- 非医疗申请人更常见的是由医疗服务提供者提供病史，还可提供关于提供者的数量和类型，以及他们提出或确认的诊断的历史信息。

这类信息在定义申请人与医疗和社会环境的交互方式方面最有用。

显然，这两种类型的信息对失能保险商都很有用。然而，失能申请的设计者和使用者必须平衡综合信息的有用性和申请人知识与合作的实际限度。承保医疗主任和其他医疗资源可以帮助保险公司平衡公司提供的具体产品和具体市场的竞争优先权。

根据这些数据，可能还需要或开发更多的数据。然后，承保的医疗主任必须全面了解目前的诊断和潜在的未来风险在申请时是如何相互作用的，或可能在今后的相互作用以考虑到可保风险的定义，必须认识到，某些医疗活动模式可能表明某种医疗或精神疾病尚未出现，但在未来可能会出现。

▶▶ 承保工具

承保医务主任的主要职能是处理承保过程中发现的低于标准的风险。在进一步评估之后，一些案例可能被认为是标准的，但大多数将以某种方式被确认为低于标准。然后，根据每个个案的具体情况以及公司的产品和目标，承保的医务主任必须协助非医务人员作出适当的反应。

以下操作或工具通常可用。可以单独使用，也可以根据特定的承销指南或个人保险的保单在任何组合中使用。

接受、拒绝或推迟

承保手册是结合个别承保部门政策制定的标准准则。标准准则具体明确了针对一个机构的定价、风险假设、监管文件、市场和产品格式。各机构可界定"优先"或"超级优先"风险的标准（即申请人认为风险低于标准）。对一个机构来说是标准，但对另一个机构来说则就不是标准了，等等。

不可保险的风险是通过类似的过程确定的。此类风险的定义可能是由于已定义的诊断或诊断的特征，或由于存在表明未诊断或未定义的疾病的合理可能性的医学症状、发现或诊断或治疗活动，其风险无法合理量化。

不可保风险（拒绝）是通过类似的过程确定的。这种风险是由于明确的诊断或诊查的特点定义的，或由于明显的医学症状、检查发现，或诊断和治疗方式定义的，它表明了那些风险无法合理量化的未诊断或未定义疾病的合理概率。

如果认为风险是不可保的，但有理由相信情况可能在短时间内发生变化（例如，因为正在进行诊断工作），则可以将决定推迟一段确定的时间，而不完全拒绝申请。

除外责任

除外责任（也称为免责条款或附加条款）是申请人失能保单的附加条款，也是保单本身的一部分。通常情况下，除外责任包括承保时不会导致工作能力下降，但有潜在可能的健康状况。

除外责任的条款措辞应明确，因上述健康状况造成的任何失能将不包括在该保单之内。条款还应排除可从首要健康状况预测到的次要健康状况。然而，除外责任也需要尽可能地缩小范围，以使涵盖范围尽可能吸引所有申请人。

显然，为了达到这些相互冲突的目的，承保的医疗主任在措辞上应当有尽可能多的自由。然而，太多的自由会导致后勤方面的困难，因为没有两个附加条款是相同的，解释不统一，人员培训也会受到影响。必须寻求折中的方案，同时铭记公司的目标和产品、承保手册的结构和监管环境。一些公司通过成立委员会来解决这些问题，该委员会的职责是平衡这些相互竞争的优先事项。

除外责任的例子：

本保单不包括因以下原因而导致的任何失能：

A. 颈椎退行性椎间盘突出症

B. 颈椎退行性椎间盘疾病或由该病或该病治疗引起的任何并发症

C. 颈椎的任何状况

D. 颈椎的任何情况或因这种情况或这种情况的治疗而引起的任何并发症

E. 结肠腺癌

F. 结肠腺癌和腺癌，原发部位不详

G. 任何类型的癌症

H. 何杰金氏病

I. 何杰金氏病或任何息肉、肿瘤或肿块

J. 何杰金氏病，或任何类型的癌症；何杰金氏病或何杰金氏病治疗引起的任何并发症

- 例 A 的范围很窄，可能无法保护保险人避免因脊柱其他部分如骨、关节的退化或神经组织的压缩而引起的颈椎疼痛的复发。
- 例 B 为保险人提供了更多的保护，但也包含了一些与示例 A 相同的弱点。
- 例 C 涵盖颈椎的所有组成部分，但不涉及其他可预见的治疗并发症，如感染。示例 D 中对此进行了说明。
- 例 E 与例 A 相似。
- 例 F 预期肿瘤复发，但可能在组织学上无法识别。
- 例 G 从保险公司的角度来看，显示会更安全，但如果肿瘤后来被诊断出来，但显然与承保时确定的情况无关，则可能处罚申请人。
- 例 H 范围很窄。
- 例 I 合理预测了肿瘤是治疗的晚期并发症。
- 例 J 关注何杰金氏病，包括肿瘤和心脏疾病作为治疗并发症。从医学角度

看，这也许是最好的平衡。

有关附加条款的更多讨论，请参阅 Soule[5]，第 11 章。

等待期

在大多数失能保险中，被保险人必须连续失能一段时间，才有资格领取失能抚恤金。这个时期被称为等待期（EP）。EP 的长短因产品类型而异。团体短期失能（STD）保单通常是以零（如果失能是由意外造成的）至数周（如果失能是由疾病造成的）的天数来衡量。

长期失能（LTD）保单的 EP 有更多的变化。EP 的长度通常由保单所要满足的需求来决定。如办公室管理费保单是为了向被保险人提供业务资金的支持业务，一般有 30 天的等待期；个人收入保护保单通常提供了各种选择，从 30~180 天不等；团体失能（LTD）保单的等待期有 90 天、180 天或 360 天，可以在结构上与团体失能保单无缝结合，这样就不会有超出短期保单受益期的失能覆盖范围的空白。

从医学角度来看，较长的 EPs 是一种工具，可用于治疗慢性疾病，这些慢性疾病很容易获得损害的客观证据，并以短时间的恶化和缓解（如哮喘）为特征。

保单条款

在开发失能产品时，可以通过具体的保单条款来解决人群中共同的风险。这些条款是基本合同的一部分，并涉及处理可能导致失能的某些事件，通常，这些条款也包括限制或排除因指定事件的发生而导致失能的福利。它们不同于附加在特定失能政策中的排除条款，因为它们也是所有保单的一部分。例如，如果失能是由于精神疾病、战争行为、故意自残伤害、特殊嗜好或非法行为造成的，则基本风险保护保单是包括了福利的期限的。

受益期

一份失能合同提供了一段固定时间的福利，即福利期限（BP）。短期保单通常将福利期限限制在 6~12 个月。过去，团体失能保单通常提供 65 岁的福利，也就是美国通常开始提供的社会保障的退休福利。为了弥补美国法定退休年龄的增加，现代保险保单可以覆盖到 67 岁。个人失能保险要么向特定年龄提供福利，要么提供终生福利，这意味着，如果被保险人被认为是连续的失能，那么保险金将持续给付到死亡。

在个人承保中，可以显著缩短受益期，例如 2～5 年。受益期限的限制可以限于指定的状况，或全部应用于整个保单，以便被保险人只在规定的一段时间内获得收益，而不考虑失能原因。后者在风险无法更狭义的界定（例如，体检或不明确的诊断时）就可以进行。

有些失能保单对某一特定状况或团体情况的福利期限是有限制的。传统上，这些限制一直是团体保单的一部分。然而，它们也开始成为个人保单的一部分。或许最常见的限制是团体失能保单中对精神疾病导致的失能规定的 2 年期限。在这种情况下，缩短受益期的目的是为了解决精神疾病索赔的主观内容增加和典型的更长时间所带来的额外费用。虽然这种做法在美国仍然存在，但在其他国家，这种除外责任已被消除或严重减少。

评级

当确定了发病率过高的风险，但却无法确定具体的发病率类型（因此也无法更严格地处理）时，就可以应用发病率评级。申请人评级的优点是，承保范围适用于所有风险。典型的例子如体格和高血压的评级。评级的目的不是为了弥补承保具体个人的超额风险成本，而是针对个人所属的类似风险的群体。

在寿险承保中，超额死亡率评级通常以小幅度增加（如 +25 或 +50 记入借方），这是一种适用于肥胖症和高血压等疾病发病率分级的做法。然而，在诊断和治疗活动的模式表明尚未诊断或未定义风险的可能性的情况下，可能会收取较高的发病率评级（如 +100 至 +200 借方），以避免直接下降。然而，诊断模式和治疗行为表明，在可能存在尚未诊断或未界定风险的情况下，较高的发病率评级（如 +100 至 +200 记入借方）可能要收费，以避免彻底的衰退。

在已知且有显著风险的情况下，发病率评级可能结合除外责任和改变的 EPs 和 BPs，但这种情况不太常见。

▶ 承保和主观索赔的风险

正如我们所看到的，失能承保的传统方法（经验评级和对已知条件的承保工具的应用）可以为失能发生率和持续时间奠定坚实的基础。承保是否也能解决利益分析中的上限问题，即以更加主观的失能索赔表现出的周期性模式？

在这方面，失能数据库的作用有限，因为在对某一特定诊断准确地确定主观发病率方面存在巨大障碍。从另一个角度来看，很多疾病的主观损伤的风险都是存在的，它更接近于像肥胖或高血压等疾病所带来的风险，一般通过经典的评级方法处理。因此，假如费率的增加与主观索赔的发生率成正比，则应涵盖相关风险。然而，即使假设有一个精准的数据库，也是说起来容易做起来难的事情。主观索赔的成本难以量化，且都是在承保多年后才会发生。市场通过施加竞争压力以尽量减少加息。理想的解决办法是为那些主观索赔风险较高的非标准申请人群体确定一个医疗标识，而这种标识已经存在。由于主观索赔因素在介绍时与患者的病史和行为有很大的关系，影响患者对症状的感知、报告和反应方式的疾病，预计会影响到今后主观索赔的发生。这种情况最常见的例子是抑郁疾病和在 DSM－Ⅳ－TR 中定义的任何一种躯体化（精神经验及状态变为躯体症状）障碍。

如果申请人在承保期间被诊断为这些疾病之一，可以使用现有的承保工具。[xxiii]然而，剩余风险存在于那些拥有或处于较高风险的申请人中，和那些罹患疾病或具有部分疾病特征的或亚临床症状的申请人。

目前，还不能得出明确的承保结论，但正在进行的研究是耐人寻味的。选定的例子包括：

• 1987 年，马尼（Magni）回顾了有关"不确定疼痛"患者的文献。[37]他的结论是，与抑郁症家族史或抑郁症生物标记物的相关性表明，"这些患者中有一个亚组，他们的疼痛机制可能与抑郁症的机制有关，尽管可能没有找到正式的抑郁症状"。

• 1998 年，霍托普夫（Hotopf）等人在英国调查了 5 000 多名年龄在 36 岁至 43 岁的人的精神疾病与身体症状之间的纵向关系。[38]他们发现，精神疾病使报告症状的概率增加了 3～7 倍。当结果被定义为患有多种症状时，这种关系就会加强。

• 麦克白（McBeth）等人在 2001 年得出的结论是，"没有慢性大面积疼痛的受测者，如果他们表现出躯体化过程的其他方面，未来发展的风险就会增加"。[39]在这项研究中，"慢性大面积疼痛"的定义使用的是美国风湿病学院（ACR）的纤维肌痛症的标准，即两个对侧象限和持续超过 3 个月的轴向骨骼的疼痛（见 Wolfe 等人）。

• Applegate 等人[40]在 2005 年发现，在接受 MMPI 治疗 30 年后，2 332 名受试人群中，MMPI 量表测量到的抑郁症和歇斯底里症[xxiv]升高与随访研究的慢性疼痛状况的报告之间存在微小但显著的关系。

总而言之，主观索赔的风险在所有诊断中都有存在，它被现行承保程序的经验评级部分涵盖，也被与症状报告特征改变相关的经鉴定的精神疾病的评级部分涵盖。现有的研究也许有一天能够对这种风险进行更准确的评估。

▶▶ 结论

在第 1 章，布拉肯里奇（Brackenridge）和布朗（Brown）写道：在许多市场中，失能保险的盈利能力仍然存在问题，失能保险公司的数量减少，只有那些拥有大量客户的公司愿意创建专业的承保和索赔部门，才能成功地开发这条产品线。

在这一章中，我们看到失能医学是保险医学的一个真正的分支专业，[xxx]因为：
- 分享保险和医疗风险选择的基本原则和概念；
- 在保险申请中它面临着特殊的挑战；
- 承保要求了解索赔裁定，反之亦然。

最后，正如对人寿保险历史的了解可以让我们对人寿保险的原则有更深入的了解一样，对失能保险史的回顾也能让学习失能的学员受益。

除了机械地应用承保手册外，失能承保的高级技能是基于对失能数据库的充分了解。然而，与更具"医学"性质的死亡率数据不同，对发病率数据的解释需要了解和理解功能分析的原则、失能津贴管理以及收集这些数据的法律和社会环境。

具备基本的承保原则和工具是失能医疗保险承保人必须具备的条件。在失能承保中处理特殊和复杂风险分析的专门知识要求以新的和创造性的方式，应用更广泛的知识，以适应产生这些知识的特定商业或政府组织。

▶▶ 注释

i. 本章的分析、意见、发现和结论完全是作者本人的意见，并不一定反映联大公积金公司（包括其附属公司和联属公司）的意见和做法，也不能以任何方式归因于该公司。

ii. 我们的先辈更接近所属的盎格鲁—撒克逊人。即使在今天，德语动词"to sign"（unterschreiben）的字面意思也是"写在下面"。

iii. 更多关于可保风险的信息可以在 www.insurancefoundation.org/glossary157.html 上找到（有关"可保利益"的相关概念，请参阅本文第三章）。

iv. 对于那些感兴趣的人，《保险医学杂志》（JIM）的档案最近被转移到纽约市圣约翰大学的凯瑟琳和谢尔比·卡尔伦·戴维斯图书馆。可从 http://new.stjohns.edu/academicsllibraries 上读取。

v. （见 See Soule[5]第 2 页）"不可取消保单"本质上保证了保单持有人可以在保单

周年日以相同的保费续保至特定年龄（通常为 65 岁）。

vi. 个人、"自有职业"保单将根据投保人在残疾之日从事的具体职业来界定失能的职业（或"需求"）。因此，即使被保险人恢复到可以从事另一职业的程度，仍可领取保险金，通常可到 65 岁。团体保单有时会为"自有职业"支付一段有限的时间（通常是 2 年），之后的标准通常是满足某些标准的"任何职业"。

vii. 1990 年，Unum 人寿保险公司，Customax ® Policy。

viii. 在这两篇参考文献中，DOT 上一次更新是在 1991 年，由美国劳工部（Department of Labor）发布。它在 20 世纪 90 年代末被 O*NET 取代，O*NET 是一种以不同方式组织起来的在线资源。然而，就像 ICIDH 一样，DOT 也证明具有用户的友好性，并在研究、协议、立法和监管方面非常强大，以至于在 2001 年将两者结合起来，出版了一本商业出版物《职业名称网络词典》。

ix. 请注意，失能的决策者不是医生，因为决策不仅需要医学知识，还需要行业知识和合同知识。

x. 接下来对"主观医学数据"的讨论就是针对这种类型的分析。然而，请注意，这种分析的需要并不限于商业产品。在美国的 SSDI 中，具有较高主观内容的争议案件被提交给行政法官（AJL），IB 将此类案件提交上诉法庭审理；AMA 指南在第 18 章"疼痛"中运用了类似的原则来解决这些问题。

xi. 作者使用"硬"体征一词来指代在没有病人配合和基本临床技能情况下得出的检查结果，例子包括：创伤，严重衰退，明显的反射变化，或显著的病理反应。而"软"体征则需要患者配合与依靠先进的临床技能，或两者兼而有之。例如，敏感的肌肉测试、细微的反射变化、压痛和活动范围下降。"硬"体征的发现从一个检查者带领一个检查这是一样的结果，而"软"体征则可能会非常不一样。

xii. DSM – IV – TR 提供了一个"5 轴"系统来描述精神病诊断的各个方面。5 轴（功能大体评价定量表或 GAF）特别有价值，因为它提供了一个基于常见活动的损伤标准化测定。

xiii. 有关 FCEs 的更多信息，请参阅 Demeter 和 Talmage。

xiv. 癫痫发作后禁止开车是医学限制的典范，是几乎所有司法管辖区都制定的一项医学限制。然而，不管这些指导方针多么有用，它们更多的是基于常识，而不是科学研究。

xv. 必须表明行为在时间、活动和观察者之间是一致的。历史的单独重复本身并不能建立起行为的一致性。

xvi. 像 MMPI（明尼苏达多项人格测验）这样的"心理测量"评估工具不应该与"神经精神病学"评估工具相混淆或被替代。

xvii. 这里的"周期性"指的是几个月到几年的重复趋势。

xviii. 更多信息请访问 www.dwp.gov.uk/medical。

xix. 决议＝医疗恢复＋死亡。

xx. 后人者指的是那些在首次申请时被拒保但后来申请的雇员。在某些集团计划的特定情况下，可允许"全购"附加保险。

xxi. 除非另有规定，本章以下章节适用于个别承保实务。

xxii. 与 CFS 一样，在这最后的人群中，相对较少的人是"纯粹"的主观索赔，大多数人都是"混合"的索赔，其中包含一些客观损伤的基础，以及值得注意的主观损害基础。

xxiii. 在索赔裁决方面，可以用现有的工具对有这种诊断的病人进行管理，因为可以识别出精神病诊断和损害，制订治疗方案，并将病情对症状报告的影响纳入 R/Ls 评估中。

xxiv. 在某种程度上，MMPI–II 是有用的，因为它源远流长。然而，这也导致了旧术语的保留。"疑病症"最好对应于躯体化，"歇斯底里"对应于症状放大。

xxv. 在英国，失能评估医学研究生文凭（DDAM）是由伦敦皇家医师学院职业医学学院管理的。

▶▶ 参考文献

［1］Holinshed's *Chronicle*. London. 1887（available at：http：lneehrsn. 50megs. com）

［2］Singer RB. Comparative morbidity – What Are the Prospects? *J Insur Med* 1988；20（3）：47–50.

［3］Brown AB. The Association of Life Insurance Medical Directors of America：100 Years of Progress. *J Insur Med* 1989；21：156–63.

［4］Baker WJ. Disability income insurance：an odyssey. *J Insur Med* 1992；24：278–9.

［5］Soule, CE. *Disability Insurance – The Unique Risk*, 2nd edn. Homewood, Illinois. Business One Irwin, 1989.

［6］Weida BJ. The ABCs of Medically Underwriting Individual Disability Income. *J Insur Med* 1988；20：30–4.

［7］Scarlett, DE. Disability Insurance Overview. *J Insur Med* 1995；27（2）：91–6.

［8］Wolfe F, Smythe HA et al. The American College of Rheumatology 1990 Criteria for the classification of Fibromyalgia. *Arthitis Rheum* 1990；33：160–72.

［9］Holmes GP, Kaplan IE et al. Chronic Fatigue Syndrome：a working case definition. *Ann Intern Med* 1988；108：387–9.

［10］World Health Organization. *International Classification of Impairments, Disabilities and Handicaps*. Geneva, Switzerland. 1980.

[11] US Department of Justice. *Americans with Disabilities Act of* 1990. (available at www.usdoj.gov/crt/adalstatute.html).

[12] World Health Organization. *International Classification of Functioning, Disability and Health (ICF)*. Geneva, Switzerland. 2001 (available at http://www3.who.int/icf/onlinebrowser/icf.cfm).

[13] Cocciarella L, Andersson GBJ, eds. *Guides to the Evaluation of Permanent Impairment*, 5th edn. Chicago, IL. AMA Press. 2001.

[14] US Department of Health and Human Services, Social Security Administration, *Disability Evaluation Under Social Security*, SSA Publication No. 65-039, September, 1994. (www.ssa.gov/disability/professionals/bluebook/).

[15] United States Department of Labor, *Dictionary of Occupational Titles*, 4th edn (revised). Washington, DC. US Government Printing Office. 1991.

[16] US Department of Labor. *O*NET*, (available at http://online.onetcenter.org).

[17] Talmage JB, Melhorn JM, eds. *A Physician's Guide to Return to Work*, Chicago, Ill. AMA Press. 2005; Chapter 9.

[18] Demeter SL, Andersson GBJ, eds. *Disability Evaluation*. Chicago, Ill. AMA Press. 2003.

[19] Aylward M, Chief Medical Advisor, Department for Work and Pensions, UK. Personal Communication.

[20] Day JC. *Population Projections of the United States by Age, Sex, Race, and Hispanic Origin: 1995 to 2050, U.S. Bureau of the Census, Current Population Reports*. Washington, DC. U.S. Government Printing Office. 1996.

[21] Flexner A. *Medical Education in the United States and Canada: A Report to the Carnegie Foundation for the Advancement of Teaching*, Bulletin 4. Boston. Updyke. 1910. (http://www.carnegiefoundation.org/eLibrary/docs/flexner_eport.pdf).

[22] Engel, GL. A unified concept of health and disease. *Perspect Bioi Med* 1960; 3: 459-85.

[23] Engel GL. The Clinical Application of the Biopsychosocial Model. *Am J Psychiatry* 137 (5): 535-544.

[24] Albrecht GL, Devlieger PJ. The disability Paradox: high quality of life against all odds. *Soc Sci Med* 2000; 50 (6): 757-9 and 761-2.

[25] Reed P, ed. *The Medical Disability Advisor: Workplace Guidelines for Disability Duration*, 4th edn. Boulder, CO. Reed Group Ltd. 2001.

[26] Act of Parliament. Disability Discrimination Act 1995. (http://

www. hmso. gov. uklacts/acts 1995/ 1995050. htm).

[27] Aylward M and LoCascio J. Problems in the Assessment of Psychosomatic Conditions in Social Security Benefits and Related Commercial Schemes. *J. Psychosomatic Research* 39 (6): 755 –65.

[28] Waddell G, Aylward M, Sawney P, eds. *Back pain, incapacity for work and Social Security Benefits: an international literature review and analysis.* Royal Society of Medicine Press, London, 2002: 21 and 101 –12.

[29] Waddel G. *Models of Disability Using Low Back Pain as an Example.* London. The Royal Society of Medicine Press, 2002.

[30] Bigos SJ et al. A Longitudinal, Prospective Study of Industrial Back Injury Reporting. *Clin Orthop* 1992 (June); 279: 21 –34.

[31] Singer RB. Comparative morbidity – what are the prospects? *J Insur Med* 1988; 20: 47 –50.

[32] Weida BJ. *The ABC of medically underwriting individual disability income.* *J Insur Med* 1988; 20: 30 –4.

[33] Kita MW. Morbidity and disability. *J Insur Med* 1992; 24: 268 –74.

[34] Braun RE. A probabilistic approach to underwriting suspected alcohol abuse. *J Insur Med* 1989; 21: 255 –60.

[35] Foxberger Brown B, Lightcap Brown J, eds. *Underwriting.* Life Office Management Association (LOMA) 1998.

[36] Kita MW. Morbidity and disability. *J Insur Med* 1992; 24: 268 –74.

[37] Magni, G. On the relationship between chronic pain and depression when there is no organic lesion. *Pain* 1987; 31: 1 –21.

[38] Hotopf M et al. Temporal relationships between physical symptoms and psychiatric disorder. *Brit Jour Psychiatry* 1998; 173: 255 –61.

[39] McBeth J et al. Features of somatization predict the onset of chronic widespread pain. *Arthritis & Rheumatism* 2001; 44 (4): 940 –6.

[40] Applegate KL et al. Does personality at college entry predict number of reported pain conditions at mid –life? A longitudinal study. *Jour of Pain* 2005; 6 (2): 92 –7.

第 10 章 长期照护的承保

丹尼尔·C. 艾略特（Daniel C. Elliott）
埃米利奥 卢比（Emilio Rubi）

- 历史回顾
- 个人长期护理（LTC）的承保
- 具体的承保记录
- 参考文献

▶▶ 历史回顾

从历史上看，对中产阶级老人经济独立的最大威胁一直是在专门的护理机构中长期居住所花费的灾难性支出。为了应对这种威胁，1974 年出售了第一个长期护理（Long－Term Care，LTC）保险。保险行业确信，用于支付长期护理费用的私人保险产品存在合理的需求。这种产品用于提供如下内容：

- 有意义的待遇；
- 无须资格或限制的待遇，否则就会产生对获得待遇支付资格的不确定性；
- 风险选择标准以及承保流程，可以减少或消除使用解除合同作为防范的需要；
- 有效的索赔管理和简单的协议丢失证明。

这种产品只有在具有明确可保利益的人（即退休财产的损失或消耗），以及事件（长期居住养老院）被推定为不良的或者可怕的条件下才有效。产品当时在设计时包括了大约三分之二的符合医疗保险资质的人口，且明确排除以下人群：

- 符合医疗补助计划条件的个人；
- 财务上贫穷的个人；
- 财务上依赖他人的个人；
- 连续性照护退休社区的居民以及其他已接受类似护理的个人；
- 为类似护理制定规定的人。

产品

最初的长期护理产品是基于赔偿金的,每天从 20 美元到 70 美元不等,被保险人仅限于在国家许可的养老院机构养老。当时的最长受益期限为单次 4 年、终生最长 5 年。居住满 3 个月,以及预先存在 12 个月的除外责任的情况,就无法获取保费收益。这些产品的等待期为 20 天或 100 天,并且对于初次确诊的申请人包含精神/神经健康筛查项目。大多数早期保单规定了住院之前需等待 3 天的要求。受益的产生仅基于被保险人的主治医师定义的医疗必要性。第一代产品上市后销售给符合老年保健医疗制度(Medicare)标准的人群,被保险人的平均年龄为 75 岁。

在过去的几年里,LTC 产品已经有所发展,增加了覆盖范围,提高了待遇水平。目前的覆盖范围是以"美元银行"概念为基础的报销,并提供高达每日 300 美元的收益、零等待期和终身受益限额。发行年龄现在已达到 85 岁。大多数保单都包括了各级护理服务(如养老院监护、家庭保健、辅助生活住宿、家务服务和成人日间护理)。护理协调福利和医疗保健协调是保单规定的组成部分。受益的产生目前基于功能损失(即两种或多种日常生活活动(Activity of Daily Living, ADL)能力缺陷)或认知缺陷。

1996 年,克林顿总统签署了可能对长期护理保险行业产生重大影响的健康保险立法。这项立法规定了对 LTC 投保人有利的所得税待遇。具体来说,从 1997 年的税收年度开始,"税收合格"的 LTC 计划的保险费与其他医疗保险费一样,可以列入医疗费用的起付线中。此外,这些保单支付的利益不包括在应税收入中。

税收合格的 LTC 计划包括联邦政府规定的具体标准。若要符合受益资格,投保人必须(1)在没有其他人实质协助的情况下无法完成日常活动,并且缺乏六种认可的日常生活活动能力(ADL)中的至少两项(不包括行动/移动);或(2)由于认知障碍需要实质监护。此外,保单持有人的医师或其他认证的护理提供者必须确认上述条件预计持续至少 90 天。并且,税收合格保单中必须包含关于不能没收的待遇的规定,其中一个例子是"减免付款"选项。如果保单失效,这个选项允许在减少受益的限制下继续提供保单利益。联邦承认 LTC 保险的有效性预计将对未来的行业增长和产品优化产生积极影响。

承保

LTC 承保的起源可以追溯到 20 世纪 70 年代初,当时有几家公司开始提供覆盖养老院养老的保险。最初的承保过程很基本,通过对有限、简短的申请中提供的健康状况声明进行审查来完成。在大多数情况下，没有获得医疗记录。有时候，主治医师会被问到一些关于一般功能的选择问题。这种简化的方法产生的损失率大于100%，显然需要更复杂的医疗承保。后来要求单页的医生总结，包括医疗诊断、治疗和完成 ADL 的能力。然而，这种方法很快经证明在评估功能损失和专业护理需求方面是不够的。

20 世纪 80 年代中后期，第一批长期护理保险手册编制完成，其应用范围扩大到包括医疗情况、ADL／工具性日常生活活动（Instrumental Activity of Daily Living，IADL）功能、社会／工作活动以及医疗设备的使用等有关的具体问题。使用主治医师声明（Attending Physician Statement，APS）作为承保工具，扩大到包括所有年龄的申请人。然而，承保人开始意识到，由医生提供的医学概要缺乏正确分析眼前风险所需的客观性，因此行业从医生的总结转移到申请人的实际医疗记录副本。医疗记录中除临床诊断外，包括临床进展记录，也包括可能是最重要的医疗信息：功能。其中涵盖继发于医疗情况的功能缺陷的细节，或者是功能完整性的证据。

20 世纪 90 年代初，保险公司加强了对其经验的分析。受益触发因素从医疗必要性转向 ADL 缺陷。现在，承保要求包括由社会工作者或护士进行的健康面试，测量申请人的功能和认知能力的各个方面。这个新工具包含了对每个 ADL 和 IADL 的具体问题，提供了从"独立"（不需要实际操作或监督的帮助）到"完全依赖"（需要人力帮助）的得分范围。健康面试认知筛查通常包括延迟单词回忆测试（DWR）[1]和／或简短便携式心理状态问卷（SPMSQ）。[2]

▶▶ 个人长期护理（LTC）的承保

本节概述 LTC 承保的所有参考和讨论适用于养老院和／或家庭护理（HHC）的个人保险。LTC 保险为在机构或家庭的功能缺陷老年人提供了一系列福利。虽然养老院和家庭护理之间存在的显著差异足以证明不同的承保标准是合理的，但迄今为止，这二者之间的分界线尚不明确。投保的事件，即长期丧失功能独立性，不仅受身体状况的影响，还可能受到态度特征、财务状况、非正式护理支持系统的可及性、自我形象、生活方式偏好以及其他还有待确定因素的极大影响（可能加速、延迟甚至可能永久推迟）。

一般承保标准

据说，意外、健康和生命的承保都是艺术与科学的结合。在这个发展阶段，

LTC 的承保已经颇具艺术，而在科学上还有所欠缺。然而，随着行业的发展，已经获得了一些索赔经验，并促进了承保风险分类的持续改进。

个人的风险状况是基于病史和当前的功能和认知能力。此外，还有其他相关因素（如 65~85 岁年龄组的申请人出现的会加速死亡和发病的因素）也在评估 LTC 可保性方面发挥作用。所有承保评估都必须考虑到 1983 年开发的预期寿命表。[3]该表与预期死亡率表相似或者可说是其一部分，并以 5 年为间隔测量剩余独立生活的平均年数，如：65~69 岁年龄组的平均活跃期望寿命为 10 年，而 80~84 岁年龄组的期望寿命为 4.7 年。独立生活和预期寿命表在年龄组的多种医疗条件的相互作用下会进一步调整。

除了少数例外，对会导致 ADL 丧失或限制风险增加的具体医疗情况的鉴定仅仅是风险选择过程的起点。在疾病的发生时间和进展程度上倾注同样多的注意力是至关重要的。也许 LTC 保险承保中最重要的因素是任何特定医疗情况影响或限制个人的程度。LTC 风险评估涉及态度、环境和身体因素的多变量评估。承保人的工作是衡量与个人申请人的资料相关的所有因素，从而作出公平、平衡的决定。个人能够处理困境和保持优质生活方式的程度对准确的承保至关重要。

由于可导致发病风险的医疗条件的存在，并非所有申请人都有资格获得承保。不考虑当前状态或时间因素，有一些情况是不可保的。以下是可称为"自动拒绝"条件的部分列举：

- 获得性免疫缺陷综合征（AIDS）；
- ADL 受限；
- 阿尔茨海默病；
- 由于疾病导致截肢（如糖尿病或动脉粥样硬化）；
- 肌萎缩性脊髓侧索硬化症（ALS，Lou Gehrig 病）；
- 慢性记忆丧失；
- 痴呆；
- 由于糖尿病或外周血管疾病导致的坏疽；
- 亨廷顿舞蹈症，或其他形式的舞蹈症；
- 多发性硬化（MS）；
- 肌肉萎缩症（MD）；
- 器质性脑综合征（OBS）；
- 麻痹/截瘫；
- 帕金森病；
- 中风。

承保分类

目前大多数公司将其申请人分为五类：优先、标准、标准—修订、次标准、拒保。

优先

要符合本类资格，申请人必须达到以下条件：体格正常、近期没有住院、日常生活能力独立、不使用机械设备、不吸烟、无"自动拒保"病伤史。这种分类的申请人保费会降低。平均接受率为5%。

标准

要符合本类的要求，申请人的诊断结果及其严重性、稳定性都必须是承保标准中明确的、可接受的。平均接受率为70%。

标准—修订

当出现低等至中等严重程度的医疗情形时，申请人就被归为这个分类。平均接受率为3%～5%。有三种修订的基本类型：

（1）增加等待期：增加福利待遇支付之前的期限，允许接受通常恢复期较短（90天内）的医疗情况。

（2）减少福利期限：在某些条件下，减少受益时间将作为某些特定情况的"守门员"。通过限制受益期限，期望被保险人不会过早或不必要地获得福利。

（3）减少日常收益金额。

次标准

当中等至高严重程度的医疗情况存在时，申请人就被划分为这个类别。这种分类带有永久性费率附加费。平均接受率为5%。

拒保

当危险因素预测指标表明申请人即将失去功能或需要家庭护理或进入专业护理机构（SNF）时，申请人将被列入此类。平均拒保率为15%。各年龄组别的平均拒保率见表10.1。

表 10.1　　　　　　　　　年龄组别的平均拒保率分布

年龄（岁）	平均拒保率（%）
40~59	8.9
60~71	13.7
72~75	20.9
76~79	28.5
80+	39.9

健康访谈组成部分

申请人平均年龄为 68 岁。三分之一的申请人年龄介于 72~85 岁。一般来说，LTC 保险申请人的年龄分布如表 10.2 所示。

表 10.2　　　　　　　　　LTC 保险申请人的年龄分布

年龄	构成比（%）
40~59	9.5
60~71	56.6
72~75	15.8
76~79	11.0
80~84	7.1

虽然预期 60 岁的申请人在功能上完好无损且身体不受损害，但同样的期望对于年龄更大的申请人而言并不现实。因此，对选择程序产生不利影响的危险因素的综合评估来说，测量功能的工具至关重要。健康访谈必须提供可衡量的信息。数据可以是积极的、中性的或消极的，并开发能够支持以下内容的信息：

- 活动水平提供有关爱好、志愿活动和驾驶的信息。最近这些活动的中止可能与风险相关。
- 住房类型（家庭、公寓或退休社区的独立/辅助生活单元）提供有关个人独立程度的信息。配偶或亲属的住所提供现有支持系统的信息。
- 全面的医疗问卷提供有关医疗史、用药和医生咨询的信息，这补充了申请程序信息。
- 功能（见下文）。
- 认知（见下文）。

功能筛查

日常生活活动（ADLs）
Katz 将 ADLs 定义为能够维持独立生活状态的日常生活基本功能。[4] 公认的

ADLs 是：
- 洗澡：清洗身体各部位的能力；到浴缸、淋浴或水槽；进出浴缸/淋浴；用毛巾擦干。
- 穿衣：穿衣服的能力；系好纽扣和拉链。
- 转移：上下床或从椅子中起、坐的能力。
- 如厕：进出厕所和完成个人卫生的能力。
- 大小便控制：能够进入浴室，且不失控。
- 进食：饭准备好后放在桌上能够自己吃饭。

这些活动是分级排序的，使得损失（和恢复）可以依次发生。申请人无法执行任何一项活动都可能是长期护理服务未来需求的预测因素。

评估员在评估执行 ADLs 的能力时，确定申请人属于以下哪一类：
- 能独立完成。
- 能够使用设备或仪器。
- 能够执行但不能完成。
- 通过提示、他人协助或物理辅助完成部分活动。
- 不能执行任何活动。

工具性日常生活活动（IADLs）

IADLs 也是功能指标，[5]尤其是用于预测在社区中维持独立生活方式的能力。公认的 IADLs 为：
- 服药：管理药物的能力，包括能够正确剂量、按时服药；
- 电话：使用电话的能力，包括接听或打电话，查找号码并拨打的能力；
- 财务：管理涉及金钱的事宜，包括支付账单、开支票、结算支票簿的能力；
- 家务：进行日常家务，包括洗碗、整理床铺、除尘和清洁地板的能力；
- 洗衣服：将衣物放入洗衣机/烘干机/晾衣绳，并整理衣物的能力；
- 交通：自己开车或安排交通，包括到达和离开站点、进出车辆的能力；
- 购物：自行去商店，获取、购买、拿回家并整理物品的能力；
- 准备三餐：计划、准备、烹饪的能力；
- 室内/室外移动或行走：使用或不使用仪器、他人的支撑或帮助行走的能力。

一些研究表明[6-9]，一种或多种 IADL 的丧失是最终需要长期护理服务的预测因素。一种 IADL 或多种 IADL 损失的承保必须清楚地考虑到潜在的病因或病症。即使是相同的 IADL 缺陷，疾病的病程或长期性也可能影响承保方式。例如，一个从小就失明的个人对某些功能的损失或全部 IADL 丧失是可理解的。由于他有时间适应这种损害，他可能是完全可保的。相反，近期发生视力丧失的相似年龄的申请人可能没有足够的时间进行适应，因而由于功能上的限制而不可保。

认知筛查

由于认知缺陷引发的长期护理索赔损失在频率和时间方面是最昂贵的,因此值得讨论两个基本的认知筛查。

延迟单词回忆(DWR)是一项专门用来区分正常老年人与早期阿尔茨海默型老年痴呆症患者的测试。测试采用一个编码过程、一个延迟时间间隔和一个自由回忆以评估即时记忆的测试阶段。DWR 使用双重编码程序列出 10 个单词。插入 5~15 分钟的延迟间隔,然后测试自由回忆。测试由以下步骤完成:

- 向申请人展示 10 个词,让他在一个句子中重复并使用每个单词;
- 使用相同的单词列表重复该过程,并要求重复单词、重复造句;
- 休息 5~15 分钟;
- 要求申请人背诵他从列表中记下的任何单词。

常用名词的例子包括:烟囱、盐、竖琴、按钮、草地、火车、花、手指、地毯和书。

延迟单词回忆的优点:

- 操作时间为 5~15 分钟;
- 模仿雷伊听觉言语学习测试,因此在神经心理学测试领域内具有可信度;
- 在教育程度上不存在偏倚。

简短便携式心理状态调查表(SPMSQ)由 10 个条目组成,用于测试方向、短期记忆、长期记忆和小系列数学计算的能力。测试包括以下问题和计算:

- 今天的日期?
- 今天是星期几?
- 这地方叫什么名字?
- 你的手机号码是多少?
- 你多大年纪了?
- 你的出生日期是?
- 美国总统是谁?
- 在他之前的总统是谁?
- 你母亲的娘家姓是什么?
- 20 减 3 再减 3 一直减下去。

简短便携式心理状态调查表(SPMSQ)的优点:

- 操作简单快捷;
- 问题不具有威胁性;
- 历史记录及接受都有记载;
- 不因年龄和性别而产生偏倚。

健康访谈不良承保风险因素

- 严重的医疗情况：应用承保准则，并通过其他来源验证（如医疗记录）。
- 重要的医疗设备：助行器、轮椅、四脚拐杖、医院病床、电梯、氧气设备（因睡眠呼吸暂停使用除外）、电动车。目前如在使用，通常可以拒保。
- ADLs：ADL部分或完全需要协助通常可以拒保。
- IADL：两种或多种IADL部分或完全需要协助通常可以拒保。
- DWR：单词正确3个或以下的通常可以拒保。
- SPMSQ：正确回答6个或以下的通常可以拒保。

其他资源与工具

除了健康访谈外，长期护理保险承保人使用的主要工具是申请本身和医师的医疗记录。承保过程中使用的其他资源和工具如下：

训练有素的代理人

通过公司设计的方案，代理人在现场承保过程中进行了深入的培训。他们熟练掌握了公司的医疗资质标准，能够筛选潜在客户。此外，代理人还提供简易承保指导和承保部门编制的综合性现场承保手册。该指南列出了不可接受的条件；手册提供了最常见的医疗情况、治疗方式和资格变量的概述。还鼓励代理人与承保人员建立密切关系，以在筛选过程中讨论复杂的医疗情况。

个人史采访

经培训、具有丰富电话采访技巧经验的承保部门人员联系申请人或医师，厘清申请、医疗记录或健康访谈等信息。该资源加快了信息收集和承保过程。

医疗顾问

医疗顾问（MD）在承保过程中的积极参与是重要的资源。医疗顾问可以参与的一些方面包括：

- 每天咨询个人承保商，回答有关风险评估的即时问题。
- 每天与承保人委员会会面，研究复杂而具有挑战性的案例。
- 每年开展多次教育研讨会，为承保人员更新医疗信息。
- 扩充和完善承保手册。

经验系统

经验体系是承保过程和公司底线的关键资源。该系统根据人口统计特征和身体状况的多个变量,跟踪实际成本到预期成本、住院时间和频率。

▶▶ 具体的承保记录

本节中回顾了导致需要长期护理的前 10 种医疗情况,并给出了影响承保决策的不利因素。这些医疗情况是:
- 痴呆;
- 糖尿病;
- 骨折;
- 慢性阻塞性肺疾病(COPD);
- 高血压;
- 中风(CVA);
- 骨和关节疾病;
- 充血性心力衰竭(CHF);
- 癌症;
- 心律失常/心房纤颤。

以下是承保商应考虑的几种具体的历史和主要风险因素。这些描述仅用于为承保流程提供指导。

痴呆

从索赔的发生率和持续时间来看,阿尔茨海默型和其他类型的痴呆占到了长期护理索赔的很大一部分。对于认知缺陷的历史,长期护理承保商面临的最大挑战就是将渐进性痴呆与短暂性痴呆区分开来。

短暂性或可治愈的痴呆原因

痴呆症的潜在可逆原因可能导致高达 10% 的痴呆症状。[10] 以下是医疗干预通常可成功消除其中导致痴呆根本原因的常见情况的部分列表:
- 系统性疾病和感染。
- 药物反应和毒素。

- 缺乏状态，特别是缺乏维生素 B12。
- 代谢状况（甲状腺功能减退，肾功能衰竭）。
- 颅内病：
  - 正常压力脑积水；
  - 脑脓肿；
  - 脑肿瘤；
  - 中风；
  - TIA 短暂性脑缺血；
  - 硬膜下血肿。
- 神经精神病学情况。
- 抑郁。
- 适应障碍。

识别和纠正这些情况的承保方法通常是等待一段时间，使认知功能稳定并恢复正常。治疗、消除致病因子或疾病，通常 1~3 年的时间是足够的。公司应该无偿提供神经心理学测试（Wechsler、Rey 或加州语言学习测试），因为筛选测试可能不足以排除持续的不易察觉的认知缺陷。

渐进性的痴呆类型

阿尔茨海默型老年痴呆症（SDAT）是迄今为止最常见的渐进性痴呆症。据估计，有 200 万美国人患有阿尔茨海默病，每年有 10 万人因此而死亡。[11]阿尔茨海默病在 60 岁以下是非常罕见的。这种疾病在男性与女性中一样普遍。开始时的症状通常包括情绪低落、社交能力降低和冷漠、抑郁。智力衰退后通常会发生的行为变化往往由家庭成员和同事首先发现。早期，患者可能对这些症状有足够的洞察力，所以会感到非常焦虑。最早的记忆损失是新信息的损失。后来，最近发生的事件就被遗忘了。最终会全面遗忘。随着皮层功能逐渐衰退，失语症、失认症和失用症会经常发生。除了容易识别的认知缺陷外，还伴随 IADL 和 ADL 功能的丧失。因此，不仅需要加强 ADL 功能的护理，还要加强个人的监督和安全方面的护理。

痴呆的其他进行性原因包括皮克病、多发性梗死性痴呆、正常压力性脑积水、帕金森病和亨廷顿氏舞蹈病：

- 皮克病是一种不易与阿尔茨海默病区分的痴呆症形式。除了认知问题之外，患者往往有更多的局限性神经功能缺陷。经常在尸检中才作出诊断，并且没有有效的治疗方法。
- 多发性梗死性痴呆，脑血流量显著降低，往往比阿尔茨海默病的发病更加突然，并且在病程中，它的波动性更大。这是与阿尔茨海默病比较而言，因后者能维持正常的脑血流量。

- 各种类型的脑积水可能或不可能治疗。在大多数情况下，通过插入心室分流可以帮助正常压力性脑积水引起的认知症状。
- 基底神经节疾病，包括帕金森氏病和亨廷顿氏舞蹈病，是众所周知的痴呆原因。不仅运动功能明显受到与这两种疾病相关的多种症状的影响，而且还存在进行性的认知衰退，这显然使得这些病情不可保。

其他可能与痴呆相关的疾病包括：

- 多发性硬化；
- 亚急性硬化性全脑炎；
- 进行性多灶性脑白质病；
- 克雅氏病。

诊断的任何痴呆症或近期/目前的认知缺陷史都是不可保的。此外，健忘、记忆丧失和混乱等迹象或症状均提醒承保人存在潜在的认知缺陷的可能性，应采取非常保守的承保方式。

不良的承保风险因素

- 申请人在过去3年内存在认知障碍的任何疾病，不包括暂时性完全性遗忘（TGA）和可逆/暂时性情况。3年后，进行适当的认知筛查。
- 申请人具有多种或进行性的认知疾病。
- 家庭成员或主治医师提及认知问题。
- 过去3年内诊断有"良性"记忆丧失。
- 最近的神经心理学测试的不良结果。
- 目前或以前不明原因地使用氢化麦角碱或二氢麦角碱，或将其用于改善记忆或中枢神经系统循环。
- 目前或以前使用过四氢氨基吖啶（THA）、他克林或康耐视。
- 明确诊断OBS、阿尔茨海默病、Binswanger氏病、皮克病或任何形式的痴呆症。
- 没有通过延迟单词测试或简单便携式心理状态调查表测试，随访神经心理学测试不佳。
- 申请人仅仅患有记忆丧失（推迟3年，然后进行适当的认知筛查）。

糖尿病

糖尿病是由于胰腺无法分泌足量的胰岛素，或是人体组织无法利用胰腺分泌的胰岛素而导致的一种代谢性的慢性疾病。以上任何一种情况都会导致高血糖。这种疾病的特点是血糖水平的异常升高以及多种末梢组织器官的并发症，如肾病、视网膜病变、神经性病变及加速进展的动脉粥样硬化。尽管血糖的稳定及控制对承保该疾病来说十分重要，然而糖尿病并发症的存在和严重程度对于确定糖尿病申请者的发病风险也是至关重要的。

并发症

糖尿病的急性并发症包括症状性高血糖症、高渗状态和糖尿病酮症酸中毒。在严重的情况下，可能会导致癫痫发作、谵妄、昏迷或死亡。也可能发生症状性低血糖症，通常反映胰岛素或降血糖药物摄入过多或热量摄入不足。这些急性事件的发生频率和严重程度将为长期护理承保人提供有关申请人日常疾病管理的稳定性的重要信息，并将有助于衡量导致长期残疾并需要长期护理服务的急性风险。

与糖尿病相关的慢性并发症被认为与疾病持续时间和血糖控制程度直接相关。这些并发症包括：大小动脉的加速性粥样硬化、视网膜病变、肾脏疾病、神经病变、脚部问题和对感染性疾病的更强易感性。对于长期护理承保而言，疾病的持续时间以及各种慢性并发症的存在和严重程度在预测未来残疾的风险中非常重要。对每位提供糖尿病诊断的申请人都应通过仔细细致的承保评估来评定：

- 过去血糖控制的程度；
- 任何共存疾病以及这些疾病的程度和并发症；
- 其他生活方式因素（如肥胖、运动和吸烟）；
- 任何糖尿病并发症的存在和严重程度；
- 糖尿病并发症对申请人独立性的影响。

不良的承保风险因素

- 每日胰岛素需求量。
- 在过去12个月内进行过冠状动脉搭桥手术、经皮冠状动脉腔内成形术或外周血管手术。
- 麻醉剂或抗癫痫药（例如在过去24个月内使用苯妥英或替加乐酚治疗神经性疼痛）。
- 自主功能障碍。
- 过去24个月内糖尿病酮症酸中毒（DKA）的任何病史。
- 过去24个月内间歇性跛行。
- 糖尿病继发性截肢。
- 任何中风或短暂性脑缺血史。

- 过去 12 个月内因高血糖或低血糖症急诊或就诊。
- 过去 24 个月内皮肤破裂，腿部和足部溃疡。
- 糖尿病失明。
- 过去 24 个月内因糖尿病并发症住院治疗。

骨折

以作者的索赔经验来看，骨折是进入长期护理机构的主要原因。妇女骨折比男性更频繁，可能是由于绝经后妇女骨质疏松症的发病率增加以及妇女的预期寿命增加。许多因素容易诱发摔倒和骨折，包括头晕、晕厥、感觉器官缺损、关节炎和药物副作用。大约 6% 的摔倒与骨折有关。骨质疏松症在脊柱、髋关节和手腕中最突出，并且往往是决定跌倒是否会导致骨折的关键因素。导致长期护理的最常见的骨折部位是臀部、骨盆、肩膀、手腕和椎体。

髋骨骨折

髋骨骨折是我们长期护理索赔经验中遇到的最常见的骨折类型。在所有髋关节骨折中，25% 会导致长期护理时间的延长，以及更大比例的短期养老院护理和/或居家照护。髋部骨折修复手术后并发症包括愈合部位对位不良、骨骼愈合失败、股骨头无血管性坏死。严重患病关节的全髋关节置换可减少股骨骨折术后并发症。

椎体压缩性骨折是我们索赔经验中的第二常见的骨折。轻度创伤后胸椎或上腰椎的前椎体压缩在老年人中很常见，一般与骨质疏松有关。治疗是用紧身胸衣或支架 3~6 周，在此期间鼓励行走。然而，由于与这些骨折相关的疼痛的慢性特征，可能会导致进行性的不可移动和对疼痛药物的依赖性增加。脊柱压迫性骨折也可能由于脊柱侧凸或脊柱后凸而复杂化。相关的脊髓或脊髓神经损伤可能另外导致感觉或运动缺陷，或两者兼而有之。在最严重的情况下，可能由于广泛的脊髓损伤而导致大小便失禁。

骨盆骨折是一个严重的事件，因为需要长时间的卧床休息才能充分愈合。不同于其他骨折，开放性复位手术可能可行，并且允许早期行走，而骨盆骨折不适合手术，通常只能长期卧床休息。长期卧床休息可能会引起静脉淤滞、血栓性静脉炎、甚至肺栓塞而使病情进一步复杂化。同时，长时间的卧床休息也增加了褥疮性溃疡的风险。

肩部骨折通常是上肱骨头和/或肩胛骨锁骨关节破裂后摔倒的结果。这不仅是一个非常痛苦的骨折，需要长时间的麻醉药使用，而且愈合缓慢。重大的日常生活活动能力损失实质上是上肢骨折的后果。

老年人所有骨折的承保当然应该考虑到诸如骨质疏松症、潜在关节炎和慢性药物使用（容易诱发摔倒的类固醇或镇静药物）等易感条件。骨折的类型、恢复时间以及恢复完全日常生活活动独立性的能力在长期护理承保中非常重要。任何由于佩吉特病、严重晚期骨质疏松症、转移性肿瘤或多发性骨髓瘤引起的病理性骨折的证据都会导致任何长期护理险产品的拒保。

在考虑承保风险之前，建议通过进行健康访谈以评估申请人的 IADL 和 ADL 状态。

不良的承保危险因素

- 由于骨质疏松症或佩吉特病引起的多个椎体压缩性骨折。
- 过去 3 个月内股骨干或胫骨骨折。
- 过去 3 个月内椎体骨折。
- 过去 12 个月内骨盆骨折。
- 需要辅助或需要轮椅或步行器的任何骨折。
- 脊柱后凸和/或脊柱侧凸导致中度至重度肺功能损害。
- 日常或经常使用麻醉性止痛药如德马尔、吗啡、塔尔文或佩尔孔丹。
- 病理性骨折。
- 髋关节坏死。
- 过去 3 个月内由于骨折进行全髋关节置换术。

慢性阻塞性肺病（COPD）

应该强调的是，COPD 是一组相关疾病集合的术语，包括慢性支气管炎、肺气肿和哮喘。吸烟与 COPD 的关系已经确立。不幸的是，许多形式的 COPD 是渐进的和不可逆转的。治疗旨在缓解症状，减少并发症的影响。显然，戒烟是减缓或预防这一组疾病进展的一个因素。通常使用支气管扩张剂，特别是当有哮喘时，而类固醇用于严重的持续性疾病。慢性氧疗适用于严重疾病者，间歇性使用机械呼吸机是严重的预后指标。无论是使用氧气还是使用类固醇，或需要使用呼吸器，LTC 保险对申请人都是不可保的。

这组疾病的表现非常多变，对于 LTC 承保人来说，重要的是通过使用药物的类型、个体感染或支气管痉挛性发作的频率和严重程度，以及个人因呼吸状况导致的日常活动受限来衡量疾病的严重程度。当轻度疾病患者缓解时，其测量的肺功能应该只有极小的异常状况。

COPD 是美国残疾和死亡的主要原因，是导致残疾的主要原因中仅次于心脏病的第二位病因。据估计，COPD 影响了超过 15% 的 65 岁以上的个体。COPD 有罕见的遗传性或后天习得性，绝大多数患者的病情明显与吸烟有关。因此，吸烟史越长，损伤越大，预后越差。虽然慢性阻塞性肺病的恶化率是相当多变的，但有症状的个体往往会有进行性呼吸短促、疲劳增加和运动耐力不足。共存的肺部感染通常会加速肺功能的恶化。随着疾病的进展，可能发生氧合作用退化和肺动脉高压，最终导致右心衰竭和肺心病。

残疾的预后因个体而异，取决于病程的进展、当前的吸烟状况和对保守治疗的反应。在这种疾病的承保中还有其他重要因素：

- 需要住院治疗的活动性疾病、频繁的急诊，以及多疗程的抗生素和/或类固醇治疗，这些对保险风险来说是不可接受的。
- 必须从最近的恶化中恢复。肺功能或临床状态的任何恶化（由APS审查确定）或功能的丧失，需要推迟甚至完全拒保。

不良的承保危险因素

- 充血性心衰的共存诊断。
- 目前吸烟。
- 任何原因的肺切除史。
- 症状恶化的证据（疲劳、气短）。
- 不良的身高/体重比。
- 每日或间歇使用氧气或间歇正压给氧治疗。
- 呼吸储备不良导致的限制活动。
- 在过去6个月内因呼吸系统问题入院。
- 过去12个月内有两次以上的因呼吸系统症状的急诊史。
- 过去12个月内任何家庭呼吸治疗。
- 任何肺心病史。

高血压

高血压患病率随着年龄的增长而上升，据估计，65岁以上人口中有近35%患有某种形式的高血压。此外，高血压是冠状动脉疾病、缺血性脑血管病、脑出血、主动脉瘤、充血性心力衰竭和外周血管疾病独立和重要的危险因素。因此，高血压的盛行及发病和导致残疾的潜力使其成为长期护理承保人的重要承保考虑因素。

原发性高血压与家族史、高盐摄入、肥胖症、心理压力、吸烟和过量饮酒等因素相关。继发性高血压是因为内分泌肿瘤如嗜铬细胞瘤、主动脉缩窄和使用口服避孕药导致，也已经得到确认。鉴于慢性高血压的多器官效应，无论其病因如何，长期护理承保人必须认真注意现有的共病条件和生活方式。应从APS收集关于血压的信息，并应根据达到正常血压状态所用药物的类型和剂量来估算病情的严重程度。

不良的承保风险因素

- 在服药或未服药状态下，平均收缩压 > 200，舒张压 > 110。
- 过去 24 个月内"高血压危机"史。
- 肾脏血管疾病引起的继发性高血压。
- 过去 24 个月内，充血性心衰的急诊史或高血压就诊史。
- 肾功能不全（肌酐 > 2.5）。
- 中风史。
- 过去 5 年的短暂性脑缺血发作史。

中风（CVA）

中风是由于脑组织发生缺血性或出血性损伤，造成神经系统缺损持续时间超过 24 小时导致的。长期护理保险关于有中风史人士的经验很少；因此，除非进行全面的调查后显示不太可能发生中风的原因（例如心脏瓣膜植入物栓塞，随后手术插入人工瓣膜），否则他们会被拒保。

不良的承保风险因素

之前有过中风史一般是不可接受的。

骨和关节疾病

骨关节炎（OA，DJD）

不良的承保风险因素

- 共存类风湿关节炎。
- 过去 3 个月内主要承重关节置换手术。
- 计划进行主要承重关节置换手术。
- 日常或定期使用麻醉性止痛药，如杜冷丁、吗啡、镇痛新或羟考酮。
- 计划进行手术治疗脊髓管狭窄或脊髓神经根压迫。

类风湿性关节炎（RA）

不良的承保风险因素

- 影响任何主要承重关节的类风湿性关节炎病史。

- 共存骨关节炎。
- 过去 24 个月内的活动性类风湿性关节炎疾病，对治疗无反应，需要多次调整药物，伴有进行性症状和/或功能限制。
- 每日或定期使用麻醉性止痛药，如杜冷丁、吗啡、镇痛新或羟考酮。
- 继发于类风湿性关节炎的任何关节置换史。

充血性心力衰竭（CHF）

不良的承保风险因素

- 三次或更多次充血性心力衰竭发作（急性）。
- 活动性心肌炎。
- 过去 12 个月内有症状的充血性心力衰竭。
- ECHO 标记的室间隔肥大。
- 活动性心绞痛控制不良。
- 肺心病。
- 中度至严重的左心室功能障碍（射血分数≤40%）。
- 过去 24 个月内伴有心肌病或瓣膜性心脏病的症状性 CHF。
- 肾功能不全（肌酐 > 2.5）。
- 过去 24 个月内发生房颤。
- 并发以下任何一种疾病：
    - 心绞痛；
    - 心肌梗死；
    - 血管成形术；
    - 心脏手术；
    - COPD/肺气肿；
    - 哮喘/慢性支气管炎；
    - 肺结核；
    - 糖尿病。

癌症

肺癌

不良的承保风险因素

- 在 3 年内完成 T1 或 T2 治疗。

- 任何阶段的小细胞肺癌（燕麦细胞）。
- II 期、IIIA 期、IIIB 期、IV 期，任何细胞类型。
- 任何转移，腹水，胸腔积液，持续体重下降，骨或肝脏受累的病史。
- 严重心肌病或肺纤维化的证据。
- 异常骨扫描或胸部 X 线诊断转移。
- 原发肿瘤复发。

乳腺癌

不良的承保风险因素
- 3 个以上的区域性淋巴结。
- 过去一年诊断为 1 期并接受了手术治疗；在过去 3 年中，细胞类型不良或未分化。
- 在过去 3 年内诊断为 2 期并且完成治疗。
- 3 期、4 期。
- 炎性癌。
- 一直需要化疗（诺瓦得士和醋酸甲地孕酮除外）。
- 癌症复发。
- 过去三年内因癌症或其治疗并发症住院。
- 异常骨扫描转移诊断。
- CEA > 10。
- 远端转移的证据。

前列腺癌

不良的承保风险因素
- 1 年内诊断为 B、B1、B2 期。
- C 期、C1 期诊断后不到 3 年。
- 4 年内诊断为 C2 期，仅侵袭膀胱颈或精囊。
- C2 期，晚期，骨盆壁固定或入侵相邻结构。
- D 期。
- 二甲基己烯雌酚（DES）、戈舍瑞林（Zoladex）、亮丙瑞林（Lupron）或氟他胺（Eulexin）用于治疗晚期 C2 期或 D 期。
- 治疗晚期 C2 期或 D 期的睾丸切除术史。
- 过去 12 个月内因阻塞性尿路病或其他治疗相关并发症住院（如血栓栓塞、感染）。

- 目前需要放射治疗。
- 升高的酸性磷酸酶或前列腺特异性抗原（PSA） > 10。
- 骨转移证据。
- 放射性肠炎史，过去 12 个月内活跃。
- 格里森的得分为 8 及以上。

结肠癌

不良的承保风险因素

- 一年内 A 期。
- 过去 18 个月内 B 期。
- 过去 5 年内 C1 期（1~4 个癌症阳性淋巴结）。
- C2 期（>4 个癌症阳性淋巴结）。
- D 期。
- 目前需要化疗或在过去 12 个月内进行过化疗。
- 放射性肠炎病史，过去 12 个月内活跃。
- 肝酶异常。
- 异常骨扫描或胸部 X 线显示转移。
- 升高的 CEA >10。
- 任何复发或转移。

心律失常/心房纤颤

不良的承保风险因素

- 过去 24 个月内症状性的充血性心衰。
- 过去 12 个月内下肢栓塞。
- 中风史。
- 过去 5 年内短暂性脑缺血发作史。
- 过去 6 个月内急诊或住院治疗（包括心脏复律）。
- 射血分数 >40%。
- 肾功能不全的证据（肌酐 > 2.5）。
- 过去 12 个月内由于房颤引起的晕厥和/或跌倒史。
- 过去 12 个月内继发于使用抗凝血剂的出血史。
- 6 个月内发生心房颤动或扑动；在过去 12 个月内发生瓣膜性心脏病。

参考文献

[1] Knopman D. A verbal memory test with a high predictive accuracy. *Arch Neurol* 1989; 46: 141 - 5.

[2] Pfeiffer E. A short portable mental status questionnaire. *J Am Geriatr soc* 1975; 23: 433 - 41.

[3] Katz S et al. Active life expectancy. *N Engl J Med* 1983; 309 (20): 1218 - 24.

[4] Katz S. A standardized measure of biological and psychosocial function. *J AMA* 1963; 185 (12): 914 - 19.

[5] Lawton MP, Brody EM. Self maintaining and instrumental activities of daily living. *Gerontology* 1969; 9 (1/9).

[6] Branch LG, Jette AM. A prospective study of long term care institutionalization among the aged. *Am J Public Health* 1983; 72 (12): 1373 - 9.

[7] Fillenbaum GG. Screening the elderly: a brief instrumental activities of daily living measure. *J Am Geriatr Soc* 1985; 32 (10): 698 - 706.

[8] Morris JN, Sherwood S, Gutkin CE. Inst - Risk II: an approach to forecasting relative risk of future institutional placement. *Health Serv Res* 1988; 23 (4): 511 - 36.

[9] Pannill FC III. A patient - completed screening instrument for functional disability in the elderly. *Am J Med* 1991; 90: 320 - 27.

[10] Smith JS, Kiloh LG. The investigation of demen - tia: results in 200 consecutive admissions. *Lancet* 1981; 1: 824.

[11] Katzman R. Alzheimer's disease. *N Engl J Med* 1986; 314: 964.

第11章 生命损失年金保险

杰弗里·H. 罗伯（Geoffrey H. Robb）
理查德·威利特（Richard Willets）

- 简介
- 生命损失年金市场的历史
- 保险精算的注意事项
- 医学方面的注意事项
- 具体疾病的承保
- 神经系统疾病
- 为老年人承保的其他注意事项
- 参考文献

简介

近年来，年金产品的业务一直在稳步增长。与寿险产品相比，这是一个非常不同的命题。人寿保险是为预防过早死亡风险提供保障，而年金则是为预防不会很快死亡风险提供的保障。因此，许多正常的承保规则都被颠倒了。一个谨慎的决定是保单持有人被认为是健康的。应当假定，信息缺失表明的是健康状况，而非健康状况不佳，申请人可能倾向于夸大而不是隐瞒不健康的行为，例如酗酒和吸烟。

最基础的年金产品是保单持有人在其剩余寿命中获得有保证的正常收入的产品。此类产品的定价关键因素是申请人的预期寿命和相关资产的可实现利率。随着近几年利率下降，预期寿命的重要性相对增加。直接的结果是，人们对了解不同个体预期寿命的巨大差异越来越感兴趣。

有很多影响预期寿命的风险因素。最主要的是年龄，其他包括性别，社会经济地位，财富，地理位置，职业，香烟和酒精消费以及健康状况[1-3]。理查兹（Richards）和琼斯（Jones）分析了2002年大量年金组合的死亡率经验[3]。在375 000名年金持有人中有近 11 000 人死亡。表 11.1 使用广义线性模型拟合的方法说明了影响年金死亡率的六个主要风险因素的相对显著性。

表 11.1　　　　　　以性别为基准的死亡率风险因素的相对显著性

风险因素	相对强度
年龄	2 095%
性别	100%
生活方式	51%
保单期限	25%
年金金额	8%
地理位置	8%

资料来源：理查兹和琼斯。[4]

表 11.1 显示了年龄在决定死亡率模式方面的压倒性优势。它还表明性别比其他四个危险因素的影响累计在一起更重要。第三个重要的因素是生活方式，与社会经济阶层这一概念类似。

然而，在实践中，许多年金产品仅使用有限数量的评级因素，通常只是年龄和性别，有时由于监管限制，仅仅是年龄。然而，很显然，即使是年龄和性别都相同的人群中也存在很大的异质性。例如，65 岁的非吸烟男性身体健康状况可能将持续 25 年左右。然而，同龄的男性自成年后大量吸烟，并患有糖尿病和心脏病，那他可能只有不到一半的预期寿命。特别是在英国，"生命损失"年金市场的出现是在定价中反映这些差异的愿望的结果。

▶▶ 生命损失年金市场的历史

在英国，两种截然不同的生命损失年金市场已经发展起来。首先，有些人在退休时购买年金（即年龄通常为 55~75 岁），年金会为他们提供终身收入。其次，有更多的老年人需要全职护理。第二组通常年龄在 80~95 岁，由在养老院接受照顾的个人组成。这些年金的收入通常直接支付给护理院。

首个专为退休生活受损人士设计的年金产品是在 20 世纪 90 年代中期为英国市场开发的[1]。有一种产品专门针对吸烟者，为过去 10 年每天至少吸食 10 支香烟的人提供更高的费率。另一个关注的对象是患有癌症和心脏病等严重疾病的人，提供的费率取决于病情的严重程度。进一步的发展是推出了一种产品，该产品为英国特定地理区域（苏格兰和英格兰北部）从事手工职业的客户提供了优惠条件，这些地区的死亡率被认为较高。

到 21 世纪初，出现了两种主要的年金承保方法。第一种，在每个案例下都会对可能的预期寿命进行主观的医学评估。第二种，改进的条款是基于客观评分系统，主要利用吸烟状况、身体质量指数和血压等风险因素。有时，第一组产品被称为生命损失年金，第二组则被称为增强年金。

实际上，一些公司开始混合使用这两种系统。一种方法是使用客观评分系统进行指示性说明，但对最终报价采用主观承保。另一种方法是针对健康状况较差的申请人采用自动化方法，但对于健康状况更为严重的申请人则采用全额承保。

长期护理年金市场也采用了同样的两种方法。

目前，英国大多数年金公司不提供减值或增强年金。相反，他们继续使用有限范围的评级因素，通常是年龄、性别和购买价格（即他们假设保费较高的客户将活得更长）。

针对预期寿命低于均值的客户，少数主要的专业公司会出售受损或增强利率的年金。

一些专家认为，市场可能会向这种区别并不那么明显的方向转变。所有公司都会引入更广泛的评级因素（例如社会经济地位、吸烟状况、身体质量指数（BMI）等），为 90% 左右没有严重医疗问题的客户提供差别定价。因此，定价将转向广泛用于其他保险产品的系统，如汽车和家庭保险。在这些保险中，保险人试图设定保险费率，以反映每个年金的个人特点。

▶▶ 保险精算的注意事项

从精算角度考虑的一个关键点是，年金和养老金领取者的标准死亡率表往往是基于健康和不健康（或受损）个体的死亡率经验。因此，任何额外的死亡负荷都不适用于这种标准的死亡率表，因为这会引入双重计数的因素。相反，死亡负荷应该适用于标准死亡率表的调整版本，并适当考虑到人口中存在受损生命的影响。换句话说，必须构建健康年金或可能健康的非吸烟者年金的基本死亡率表。

为了反映患有严重医疗问题的年金持有者的额外死亡率，可以加入基础死亡率表。负荷的形态，即它随着年龄或持续时间的增加而变化的方式，将根据疾病的类型和严重程度而有所不同。对于许多癌症患者来说，适当的负荷会随着时间的推移而减少，因为额外的死亡率往往会随着一个人在诊断后存活时间的延长而减少。例如，英格兰和威尔士 1996—1999 年诊断为肺癌的 1 年（粗）生存概率为 22%[4]。

这意味着诊断后一年的平均死亡率为78%。相应的5年存活率为5%。这意味着在诊断后的12~60个月期间，平均死亡率约为30%，大大低于前12个月的死亡率。

随着年龄的增长，许多疾病造成的额外死亡率将会增加。在某些情况下，在人寿保险承保中常用的乘积死亡率负荷可能是恰当的。

通常情况下，承保人不需要详细说明额外死亡负荷的确切水平，以及它是如何随着年龄的增加而变化的。相反，该假设是承保人间接地从其他（更高级别）信息中获得的。例如，可以要求承保人提供潜在的年金预期寿命，以及"最大"的可能寿命（通常是90%的人可能死亡的时间）。从这两条信息中，精算师可以根据年龄建立死亡率增加的时间表。类似的方法要求保险公司规定一种衡量标准（比如预期寿命）以及死亡率增加的一般形式（例如不变、递减或递增）。再次，精算师可以使用这两个信息来构建完整的死亡率补充表。

在某些情况下，要求承保人估计申请人能够存活5年的可能性，可能是更适合评估死亡风险的方法。这尤其适用于癌症病例，因为医学研究通常以存活5年时间作为研究结果。

在生命损失年金定价时需要考虑的另一个因素是竞争市场中逆选择的风险。如果许多不同的保险公司为每个潜在客户报价，那么承保这种风险的保险公司就有可能获得胜利。但这种风险比一般保险更为极端，因为长寿风险是在相对较长的时间内投保的。应对这种风险的最佳方法是定期审查实际死亡率，以确保其符合预期经验，并比竞争对手更准确地评估案例。

▶▶ 医学方面的注意事项

承保人无论有无医学知识与经验，都必须在充分了解了有关客户的所有相关医疗信息的情况下才能准确地履行职责。这需要参考年金申请者完成的标准表格，其记录了他们的病史，以及接受的治疗和当前的药物使用情况。但这还不够，因为在某些情况下，申请人的记忆有差错，或者更常见的是他们不了解某些检查的结果。例如，"心脏病发作"的内容，可以从轻微的心肌梗死，甚至是严重心绞痛的发作，到严重的心肌梗死，其心肌受到严重破坏，射血分数低。显然，每个病例的预后都不一样，只有一个完整的全科医生报告（GPR）才会给出完整的信息。

随着电子医疗记录的发展，获得完整公开的医疗记录信息显然是比较困难的。最有价值的信息来源往往是医院或专家报告的副本。测试结果通常包括在内，专家的意见也是保险人可以参考的。承保人可以根据这些意见做出决定。但这些专家报告越来越多地不被包含在医疗报告中，因为它们涉及"第三方"，在这种情况下，承保人必须更加谨慎，因为这可能对已承保的年金造成危害。

▶▶ 具体疾病的承保

癌症

在生命受损年金承保中，不同肿瘤的表现尤为重要。许多癌症的生存曲线都可以构造出来，其形状可能影响到产品的价格。在图 11.1 中，曲线 A 可能代表支气管癌或胃癌的生存率，而曲线 B 则显示前列腺癌和某些淋巴瘤的生存率。在每种情况下，10 年的存活率为 10%。然而，对于曲线 A，癌症患者的总年金支出远低于曲线 B 的支出。随着许多癌症的早期诊断，诊断时的预后将不可避免地得到改善，而癌症医学的真正进展之一是对不同癌症的筛查。例如，前列腺特异性抗原（PSA）现在是大多数 50 岁以上男性筛查方案的一部分，而问题是在无症状男性体内发现适度高的前列腺特异性抗原时如何处理？随着免疫学和遗传标记的发展，早期癌症的筛查可能变得更加的简单。

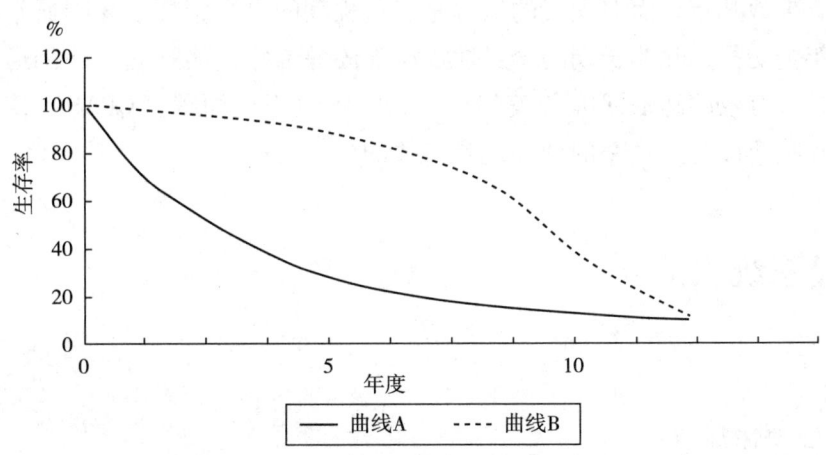

图 11.1　生存曲线

有些癌症如果在疾病早期就被发现是可以治愈的，例如结直肠癌和乳腺癌。只有在有证据表明存在扩散转移的情况下，才可以合理地提供受损的生命年金。预后正在改善，尤其是激素依赖型癌症，如一些乳腺和前列腺肿瘤，并有可能进一步改善。用化疗药物更精确地瞄准恶性肿瘤是否成功还有待观察。

冠状动脉疾病

随着介入技术的发展，冠状动脉疾病患者的治疗前景大大改善。首先是冠状动脉手术，然后是经皮球囊血管成形术，最近还将血管成形术与药物洗脱支架结合起来。主要的预后因素不是疾病的程度或干预的数量，而是左心室的整体状态，以弹射分数表示。心脏衰竭，即40%以下的射血分数仍然是导致过早死亡的常见原因；只有在这种情况下，才能真正支持年金的显著增长。冠心病的发病率和心脏病的死亡率都在下降，特别是在发达国家。这要归功于预防措施，如：遏制吸烟；通过生活方式措施和他汀类药物治疗降低血脂；更好地控制高血压和糖尿病；并了解适度体育锻炼的重要性。对于治疗过的高血压或高脂血症，或有心肌梗死史而不损害左心室功能的患者，通常不应提供生命损失年金。

胸部疾病

阻塞性气道疾病和肺气肿将降低预期寿命，这通常是因为复发性感染难以控制，会造成进一步的肺损伤。就实际用途而言，那些接受家庭氧气治疗的患者的预期寿命只有少数几年，而对氧气的依赖是严重程度的可靠指标。哮喘通常不会使患者的生命年金受损，除非长期的全身性皮质类固醇治疗，而且此类病例通常会反复住院。尽管有有效的睡眠研究和夜间持续的呼吸道正压面罩（CPAP）使用，但阻塞性睡眠呼吸暂停与死亡率的增加还是有关的。

▶▶ 神经系统疾病

多发性硬化症

多发性硬化症很常见，在中年可导致失能，其可能会导致健康不佳，从而提前退休以及使用养老基金购买年金。这是否会加强取决于疾病的类型和严重程度。良性状态仅包含感觉症状；复发缓解型，在复发期间症状完全消退，预后良好；而进行状态则会导致过早死亡。不管怎样，在承保所有多发性硬化症的案例时需要谨慎，因为一流的护理中，从重大失能开始到死亡之间可能有很长的时间间隔。

帕金森病

帕金森病在申请生命损失年金的患者中也很常见。死亡通常是由于后期的呼吸道感染所致。药物治疗的新方法已经出台,但现在判断预期寿命是否会改善还为时过早。手术的结果令人失望。作为一般规则,死亡发生在疾病确诊后 20~25 年,但出现并发症或并发症严重的患者可能会更早死亡。

运动神经元疾病

运动神经元疾病仍然是病因不明的疾病,并在相对较少的年数内不可避免地发展到死亡。像多发性硬化症一样,它可能在中年时期就产生失能,并随后使用养老金。在那些伴有延髓症状(由舌和咽软弱引起的窒息,吞咽困难和发音困难)的患者中,5 年生存率约为 5%。在其他情况下,15% 可能存活 5 年,但中位生存期约为 2.5 年。少数病例存活多年,所以如果在承保之前发病超过 5 年,或者进展缓慢,则应该给出相当长的可能的预期寿命。

脑血管疾病和中风

脑血管疾病和中风应与其他大血管疾病一起承保。一个小的血栓栓塞性中风伴强的危险因素管理可能有一个接近正常的预后。提供的报价应取决于永久性失能的程度,这可能需要从所需的护理水平来推断。那些居家中的人必须要有活动能力(必要时加上艾滋病),部分是自我照顾,而养老院则需要更高的护理水平,因此失能程度更大,预后就更差。那些不能吞咽的人可能会进行经皮内窥镜胃造瘘术(PEG)喂养。这是一个缓和的过程(治标不治本),超过 2 年的生存是罕见的。脑血管疾病引起的死亡是由于并发感染,进一步损伤脑或引发其他大血管疾病,如心脏病发作。

▶▶ 为老年人承保的其他注意事项

由于国家提供的长期护理服务减少,因此出现的保险需求将增加。在老年人评估中,评估中青年时的主要考虑因素并不重要(如果假设 65 岁以下是年轻人,75 岁以上是老人),那么与年轻人相比,高血压和吸烟对老年人的影响要小得多。

对老年人来讲，有两个主要的预测因素：认知功能和身体活动。能够从医疗记录中充分量化这些数据是不常见的。目前的评估方法包括日常生活活动能力（ADL）、工具性日常生活活动（IADL）或简易精神状态检查（MMSE），后者就是测试认知功能。用于评估老年客户的生命保障的新方法包括认知功能的"词语延迟回忆"（DWR）评分和身体活动能力的"重复椅子上升"。这些测试是否适合为老年人提供受损的生命保险，仍有待观察，因为明显存在观察偏倚。词语延迟回忆已被证明是预测长期护理申请人过早死亡的指标，最好的群体和最坏的群体在生存方面有着五倍的差异。

老年失能的间接标志包括经常跌倒（有或无骨折）、过多用药、频繁入院和要求24小时护理。然而，对于身体较健康的老年人来说，通常需要领取年金，需要更精确和更有效的评估方法。

▶▶ 参考文献

[1] Ainslie R. *Annuity and insurance products for impaired lives*. Paper presented to the Staple Inn Actuarial Society 2000.

[2] Brown, RL, McDaid J. Factors affecting retirement mortality. *North American Actuarial Journal* 2003; 7（2）: 24-43.

[3] Office for National Statistics（2003）. *Cancer survival: England and Wales* 1991-2001.

[4] Richards S, Jones G. *Financial aspects of longevity risk*. Paper presented to the Staple Inn Actuarial Society 2004.

第12章 结构性和解[①]

詹姆斯·A. 瑞恩（James A. Ryan）
小罗杰·F. 哈宾（JR Roger F. Harbin）

- 背景和概况
- 医疗保险承保方面
- 总结和趋势
- 参考文献

背景和概况

结构性和解是一种保险赔付方式，在这种方式之下，人身伤害的赔偿金是在一段时间内（可能是受害方的一生）完成支付，而不是一次性付款。人身伤害包含了非正常死亡，在这种情况下，会有一个或多个遗属收到赔偿金。

在审判前和解的情况下，这样的安排可以是出于自愿；而在作出裁决后，这种安排可以用来代替上诉；也可以通过法规或司法机关强加于当事人，这种情况在涉及未成年人案件的处理中最为常见。这些安排可能在当时缺乏资金，此时，被告同意在未来利用未来时刻可用资金做出一系列的偿付，或者通过购买年金合同或其他合适的资产获得资金。年金合同已经成为一种备受青睐的融资工具，因为人寿保险公司对年金的定价不仅具有竞争力，而且提供了广泛的福利选择，这就使得灵活设计赔付成为可能。

历史和早期应用

最初的结构性和解可能发生在受伤的原告被告知被告没有钱支付索赔的情况

[①] 译者注：Structured Settlements 该词组的翻译参考了《元典英美法词典》，北京大学出版社，1299。

下，因此为原告提供分期付款的选择，以此作为在破产法庭上提出索赔的替代方案。这种方式的最早记录为20世纪60年代。当时药物沙利度胺与加拿大儿童的出生缺陷相关，而涉事的制药公司很快就因其保险责任范围而精疲力竭，开始通过达成结构性和解协议来解决案件，这种协议在受害者一生中对受害者进行赔付，而不是通过一次性的现金结算。

美国第一批结构性和解发生在20世纪70年代早期，但是由于针对未来赔付的税收具有不确定性，因此这种偿付方式仍然相当罕见。如果原告在结算人身伤害赔偿金时收到一笔总付款，这种支付是免除联邦所得税的，但是任何未来形式的投资收入都是应纳税所得。美国国税局（Internal Revenue Service）于1979年就结构性和解发布了一项收入裁决。根据这项裁决，如果索赔人无权获得该裁决的贴现现值，也无权重新安排既定的支付计划，那么所有的收入将免除税收。此外，为了符合免税的资格，索赔人不能享有资金年金的任何所有权。在这一裁决之下，加以当时全国各地伤害赔偿的频率和规模空前扩大的背景，结构性和解的使用得以迅速增加，公众对其的认可也得到了快速发展。[1]

原告的益处

对于原告来说，分期支付的一个基本优势是：原告能够将未来的收入与未来可能发生的损失相匹配。这包括未来的医疗费用和收入损失。第二个优势涉及资金管理。这种方式对缺乏财务专业知识，尤其是缺乏预算支出能力的原告具有很大的吸引力。相比于一次性支付，分期支付下，原告的花费会在5年内赔付。分期支付同时也可以为原告节约联邦所得税，而一次性偿付则不具有此优势。在美国，分期支付可以完全免除所得税，这一点避免了一次性支付面临的对投资性收入的税收问题。

结构性和解通常发生在审判前和解的情况下。被告提出结构性和解，并确认可以带来联邦收入税的节省，而原告接受这种安排，在早期达成和解之后，原告就不再需要面临审判带来的时间消耗、费用支出、情感创伤和其他风险。

但是，原告也面临着一些不利之处。其中一个涉及未来支付的固有性质。如果通货膨胀上升到较高水平，而不对分期付款安排进行调整的话，那么原告就可能无法获得足够的收入。这一问题可以通过对支付手段的设计，增加未来总支付金额来进行部分消除。原告面临的另一个风险涉及债务人（原始被告或其受让人）继续支付款项的能力。如果该实体破产，原告必须与其他债权人保持一致，以得到赔付，但是此时原告得到的赔付可能会减少。

被告的益处

被告及其伤亡险保险公司使用分期付款的主要原因是成本节约。在某种程度上，通过结构性和解可以给原告带来更高的税后收入，进而带来可分割的利益。当被告和原告共享这些利益时，被告就能够以较低的净成本解决案件，而原告也可以获得更高的税后收入。此外，原告还可以获得一些其他好处（主要是避免资金的过早消耗），因此精明的被告会通过协商达成成本节约，来获得这些好处。

被告的不利之处

定期结构性和解中，债务人必须建立行政程序，以在很长一段时间内向索赔人付款，而非一次性支付总款项并立即结清账簿。通过购买诸如年金合同之类的融资工具，并指示发行合同的人寿保险公司向受害方支付款项，可以减轻这种负担。随着分期付款的条款被公开，我们平时讨论的金额实际上只是未来要支付的金额总和，而非现值。这可能导致对分期支付结算价值的夸大，并导致未来更高的损害裁决。例如，在加拿大，一项价格为25万美元的年金，它每年提供10万美元，以年3%的复利增长，假如从一名未成年原告的18岁生日开始算起，如果原告活到82岁，那么总共需要支付1 950万美元。而新闻会报道成：已经达成1 950万美元的和解。

结构性和解的代理人或经纪人

围绕损害赔偿的谈判和解决，以及将年金合同作为融资工具进行营销，使得一个规模庞大的行业已经出现。该行业由少数专业公司主导，它们负责全职提供这项服务。这些公司的顾问通常会与被告方联系，并为他们提供服务，以协助他们就达成和解协议进行谈判，并为其安排融资年金合约。

这些结构性和解的专家只能通过销售年金合同赚取的佣金获利。代理商或经纪人会通过一定手段推销服务，比如，他们通常表示：如果不能成功地协商解决，就不会收取佣金或费用。从这个意义上说，它类似于或有佣金。为了从出售年金中获取佣金，赔付专家需要投入许多费用和努力，促成双方之间的协商，与此同时还要保持表面上的中立。

次标准体的承保

使用次标准年金进行结构性和解是一种相对较新的发展。我们需要认识到，非标准年金的承保不仅仅是对人寿保险业发展数十年来的经验和技术的延伸，两者之间存在着根本差异。

复合损伤

申请次标准年金中出现的复合损伤与人寿保险申请者的情况完全不同。其中，大脑和脊髓损伤占了年金申请的绝大部分，而更为传统的疾病，如肥胖、高血压、糖尿病、心脏病等问题仅仅占了很小的比例。这就导致了几个关键问题：

- 对于有严重脑、脊髓或类似损伤的人来说，人寿保险业没有关于其死亡率的经验。
- 关于这些损伤的死亡率的临床文献是十分贫乏的。在某些情况下，关于特定损伤的文献大多来源于多年前积累的案例，因此并不能说明这一损伤死亡率所发生的变化。目前承保案例使用的死亡率数据和假设可能来源于 50～75 年前。
- 显著的"逛街"现象时常发生。很多案例中，申请者向 10～15 个不同的公司递交申请。将案例真正置于竞争性承保的基础上的可能性是非常小的，导致承保过程中有可能偶尔出现错误。鉴于这种不确定性，需要对承保状况进行仔细的定期审查。
- 随着新型治疗手段、治疗药物被发现，未来医学领域的进步可能将死亡率降低至目前水平以下。

向公司提交的信息

用于承保这些年金的材料的质量、数量各不相同。一般来说，经纪人提交的信息是基于在准备审判的过程中累积的任何医学信息。这些信息可能是过时的或有限的，或者可能非常的平淡无力，只是通过翻阅数页的证词来收集到的有限信息，如法律论据，而承保者对这些并不感兴趣。

承保技术

在承保年金时，会对决定年金价格的年龄进行调整，以反映个人的生物学或生理年龄，而不是实际计时年龄。然后，基于新调整后的年龄，选取适当的年金比率表来进行定价。虽然这种方法可能不够精准，但是它易于管理，而且带来的结果通常容易被接受。

但是这种操作也面临着一项挑战，即在对死亡率结果完成真实评估之前的延迟。许多情况并不会导致死亡率立即升高，因此承保准确性的评估面临着很大的延迟。在人寿保险承保中，我们的目标是在初期避免逆向选择的现象，在 5 年内，承保影响会"逐渐消失"，在 10 年或 15 年后，几乎所有的影响都会消失。因此，有可能在一个相对短的时间内确定承保中各个板块的死亡率经验。

此外，由于在福利计划纳入了通货膨胀的因素，也就意味着应付的福利可能随着时间的推移而逐渐增加。因此，承保中的错误随着时间的推移可能会被放大。

▶▶ 医疗保险承保方面

我们所看到的损伤分布状况与人寿保险承保中所遇到的实际情况存在着很大的不同。[2,3]承保中大约有40%的病例涉及脑损伤，脊髓损伤占25%，其他创伤占到15%，而只有15%～20%来源于其他疾病。以下的总结描述了前两类中遇到的问题。

脑损伤承保

总的来说，在评估风险时，病因只是一个次要因素，损害程度才是主要考虑因素。

脑损伤的原因：
- 创伤性脑损伤（绝大多数）：机动车事故、跌倒、枪伤；
- 缺氧性脑病；
- 感染：脑膜炎、脑炎；
- 血管损伤：中风、动脉瘤；
- 代谢障碍、药物中毒、肿瘤。

决定损伤程度的因素：
- 运动障碍；
- 认知功能障碍；
- 癫痫症：严重程度、控制；
- 分流：效果、修正、感染；
- 护理的水平或质量；
- 感染：泌尿系统、呼吸系统、皮肤；
- 胃切开术和/或气管造口术。

承保需求

获得医疗信息至关重要。有法律渊源的总结或证词不会被采纳。争议中任何一方提供的报告都必须考虑偏见因素。来自治疗或检查医师的未经编辑的证词可能是有用的。此外，如果损伤事件是最近发生，或者说医疗数据并不是合理的目前数据，承保人就不会采用。

评级

根据上面列出的因素，评级的范围非常广泛。[5-7]有轻微残留损伤的案例可作为标准；中度损伤的死亡率在200%~400%；像持续性植物人状态（Persistent Vegetative State，PVS）这样的严重残留问题，其预期寿命可能在15~20年。

在风险评估中有一些特殊的问题需要注意。
- 年龄非常小：无论是损伤或发育障碍的程度，还是改善的前景，都很难评估；而且还应该考虑到医疗的未来发展状况。
- 损伤后情况的稳定性以及时间跨度。
- 潜在疾病的影响，尤其是在老年群体中。
- 高龄：这是一个问题，因为对少于10年的预期寿命的估计的犹豫不决，会限制本可以直接利用的增加的死亡率。

年龄对严重损伤如PVS的影响如下：
- 一个65岁的老人通常会有14年的预期寿命。500%的死亡率评估意味着4.6年的预期寿命，这个时间可能太短了。而300%的死亡率估计（即预期寿命为7年）更为现实。
- 一个处于植物人状态的25岁男人可能会有20年的预期寿命（与正常47年相比），也就相当于1 250%的死亡率。
- 一个脑损伤程度类似的10岁孩子预期寿命可能在15~20年，这相当于2 500%或以上的死亡率。

脊髓损伤

蔡特（Chait）和威尔默特（Wilmot）于1990年发表在《保险医学杂志》（Journal of Insurance Medicine）上的一篇论文曾讨论了这一问题。[4]他们强调，在估计预期寿命和死亡率时，需要充分考虑解剖学层次的脊髓损伤，以及恢复平稳期后脊髓的完整程度。现有的临床研究通常不会做这些区分，而更为长期的研究并没有充分考虑最近医疗水平改善所带来的影响。[5,6]

加拿大的一项研究考虑到了以上的因素，看起来对估计脊髓损伤的预期寿命和死亡率最有帮助。[7]这项研究有来自宏利人寿保险公司（Manufacturers Life）的投入。这篇发表于1983年的论文囊括了从1945年开始的针对一个大规模群体的四次追踪调查。研究发现，不完全截瘫患者的相对死亡率大约为186%，不完全四肢瘫瘫者的相对死亡率为 209%，完全截瘫患者的相对死亡率为 318%，完全的四肢瘫痪者的相对死亡率为 767%。最后一组中，死亡率或预期寿命的变化范围显然很大，这取决于确切的损伤程度以及是否依赖于呼吸机。如果水平是 C3 或以上，那么相应的死亡率就会超过 1 000%。

脊柱损伤致死的原因有：呼吸疾病、心血管疾病、肾病、自杀、癌症、肝脏疾病和酒精或药物滥用。肾病致死的人数在减少，但是因为自杀和药物滥用死亡的人数却在增加。

估计预期寿命时需要考虑的其他因素有：护理的质量和水平；情绪调节；生活安排；康复的程度；工作状态；病史或存在的并发症。

▶▶ 总结和趋势

变化的市场

目前，分期偿付的市场主要针对人身伤害诉讼、医疗责任案件（针对医生、医院和制药商）以及工伤赔偿。这种偿付手段的数目和规模都在持续增加。此外，我们还看到这种偿付手段的市场在其他领域不断扩展，如非医药产品责任（食品、添加剂、化妆品等）、环境危害、有毒物质清理判断和数百万美元的彩票奖金等。

医学的进步

必须牢记的是，在各种疾病诊治方面取得的进展很可能对损伤者的预期寿命产生重大影响。医疗进展名单上可能包括器官移植、基因替代、更复杂的血管手术和更好的抗癌药物。在估计预期寿命时，尤其是估计相对年轻个体的预期寿命时，我们必须牢记这些以及其他类似的医学进步。

▶▶ 参考文献

[1] Harbin RF. Structured settlements, course 1 – 441 U study notes. *Society of Actuaries*, 1991.

[2] Chait LO, Teitelbaum N. The medical underwriting of substandard life annuities. *J*

Insur Med 1983; 14 (3): 27 – 9.

[3] Butz RH. The epidemiology of severe injuries in structured settlement applicants. *J Insur Med* 1986; 18 (3): 2 – 16.

[4] Chait LO, Wilmot C. Long term life expectancy in spinal cord injury. *J Insur Med* 1990; 22: 136 – 9.

[5] De Vivo MJ, Fine PR, Stover SL. The prevalence of SCI: a re – estimation based on life tables. *SCI Digest* Winter 1980; 3 – 11.

[6] De Vivo MJ et al. Seven – year survival following spinal cord injury. *Arch Neurol* 1987; 44: 872 – 5.

[7] Geisler WO et al. Survival in traumatic spinal cord injury. *Paraplegia* 1983; 21: 364 – 73.

第 13 章 保险申请与处理

盖瑞·邦多克（Gary Bundock）

- 寿险申请
- 保险营销和销售
- 总部/内勤部门

每家保险公司都有自己的文化，这反映在其管理业务的方式上。因此，以下的说明是一般性的，它说明了处理人寿保险申请的主要特点，从收到初步建议至保单问题的处理。首先，有必要考虑在评估任何人寿保险申请时使用的标准表格，然后再看程序的各个阶段。

▶▶ 寿险申请

一旦就购买人寿保险达成协议，申请人必须填写一份问卷，即建议书或申请表。这将成为与保险公司达成的保险合同的基础。提案中的问题旨在为保险公司提供足够的信息来建立记录，并从承保的角度开始评估风险。问题包括姓名、地址、出生日期、职业，以及过去和现在的健康细节。申请人还将被要求提供任何与现有人寿保险相关的详细信息，以及有关家庭病史和生活方式的信息（如吸烟习惯、饮酒、外国居住和危险的活动爱好）。在英国，申请人也可能会被询问是否处于艾滋病感染的"风险人群"中。

财务证据

如申请保险金额超过平均水平，目前约为 25 万英镑或 50 万美元，承保人将更仔细地审查申请人的财务状况和保单项下的可保利益。这通常由销售人员或申请人回答具体问题来实现；对于超过 100 万英镑的巨额金额保单，将需要独立确认这些信息。在北美，可以得到一份检验报告，这由消费者报告机构编写，包含有关申请人职业、个人习惯和财务状况的信息。为了准备检查报告，调查机构可与申请人、其朋友、邻居和业务伙伴联系并进行面谈。

由于成本上涨，许多保险公司可能通过电话与申请人交谈收集这些信息。有时候可能会使用外部机构，或者越来越多的公司会使用自己的人员，包括承保人本身来收集信息。

医疗证据

保险原则之一就是申请人有义务披露任何可能被视为与评估其申请相关的信息。然而，人性本身就是这样，通常会有大量不重要的信息不被披露。有时候，这是申请人真正的疏忽，但更可能是希望以更便宜的价格获得保险，会偶尔欺骗公司。再加上申请人没有真正意识到引发严重医疗问题的可能性，这是大多数保险公司实行年龄和保险额度限制的原因，他们会自动要求进行独立的体检。大多数公司有最低标准，在这个标准上，他们会自动向申请人的医生索取病史报告。在英国，该报告被称为私人/个人医疗顾问报告（PMAR），在北美和欧洲大陆就是主治医生声明（APS）。

在考察投保金额较大的和年龄较大的申请人时，可能需要进行额外的常规检查，如心电图（ECG）、胸部X线（CXR）、血液分析和尿液分析。在大多数公司例行医疗检查的水平基础上，还可能需要进行HIV抗体检测。在某些情况下，艾滋病毒检测可能是唯一的常规检查，这导致了更多创新和便利的检测方法（例如干血斑和唾液检测）被使用。如果这些例行要求中的任何一项显示出不利的特征，则可能需要额外的医疗报告或测试。

检查人员的选择

由于从体格检查中获得的信息是承保所依据的证据链中的重要环节之一，因此仔细回顾病史并准确记录身体检查是至关重要的。事实上，寿险部门收到的医疗信息的质量可以直接影响其死亡率的测定。

在北美，最适合的体检医师是年龄较小的医生，他们接受了几年的研究生培训，除了医院外，他们还可以通过自己的办公室和设备进行私人体检。他们通常更加热心，对工作也有更大的兴趣；但近年来，由于医疗人力短缺和寿险业务量增加，申请人进行医学检查存在很大困难。为了克服这一困难，许多人寿保险公司越来越多地利用辅助医疗机构来获得关于某些类别申请人的基本承保信息。第16章将详细讨论辅助检查。

在英国，医疗实践模式与北美有所不同，寿险公司主要依靠全科医生（GPs）进行医疗检查，尤其是在小城镇和农村地区。全国各地都有优秀合格的全科医生，他们对人寿保险工作充满兴趣，愿意为制作优秀的报告去学习所需的特殊技术。这样的审查员对承保部门来说是件好事。

与北美一样，医学证据成本的不断上升迫使英国的公司考虑其他方法，由辅助医务人员进行检查已广泛应用。此外，许多部门将使用与申请人疾病相关的调查问卷来要求他们提供有关病情的更多信息。例如，有哮喘病史的人将被要求了解咳嗽的频率和严重程度，对口服类固醇的依赖程度，等等。在很多情况下，来自申请人的这些补充信息可以使案件加速进行，而不需要进一步的医疗证据；这不仅可以控制成本，而且能提高服务效率。

医疗顾问报告（PMAR）／主治医生声明（APS）

如在体格检查中披露的某些资料需要确认或补充，可向申请人的私人医生或医务人员索取报告。医务人员须就申请人曾咨询过的疾病，提供简短的摘要，以及任何与其记录有关的资料。这一点，再加上进行的任何调查（放射性、心电或生化）的结果，对达成公平的承保决定非常有帮助。然而，从主治医生那里获得书面报告对医生来说是非常耗时的。这导致了复印服务的广泛使用。一般完整的副本要由来自医生、诊所或医院的与申请人有关的文件组成。随着越来越多的医务人员保持计算机化的记录，这些记录的硬拷贝通常会提供给保险公司，而不是单独的书面报告。

在英国这样的国家，政府提供全面的医疗服务，PMAR 或 APS 是特别有价值的：每个人都会在一位医生处登记接受初级保健。理论上，医疗记录在该人的整个一生中都是连续的，每当该人搬到另一个地区并在另一位医生处登记时，档案就会自动跟进。在美国，医疗记录的连续性有时不太令人满意，人们经常就不同疾病咨询当地的不同医生，如果一个人搬家，医疗档案不一定跟随。为了弥补主治医生提供的信息中有时不可避免的缺陷，美国的人寿保险公司根据从体检中获得的最新信息以及任何必要的辅助测试，开发了承保技术。此外，大多数公司都订阅了医疗信息局（MIB）的服务，该机构保存着一份其他公司先前报告的申请人的医疗缺陷记录。

《1988 年医疗报告使用法》（AMRA）

根据该法，在英国，申请人寿保险者必须先征得保险公司的同意，然后保险公司才可以为 PMAR 开展投保。申请人也有权在将报告送交保险公司之前或在随后 6 个月内的任何时候看到报告。申请人可拒绝同意医生提供记录中的某些细节；在某些情况下，如果没有得到同意，保险公司可能必须拒绝保险申请。遵守该法给保险公司带来了相当大的行政负担（见第 3 章）。

▶▶ 保险营销和销售

保险公司采用各种不同的营销和销售方法。由于人寿保险通常必须主动出售，而不是简单地由客户购买，因此人寿保险销售人员必须努力寻找潜在的客户，并说服他们购买人寿保险产品。人寿保险的销售越来越受到严格的监管，尤其是在英国，根据《金融服务法》，有必要明确规定，申请人已经收到了高质量的建议，哪些产品最适合他的个人状况。

独立的财务顾问

这些都是专业的保险销售人员，他们拥有专业知识，并且能够独立地从一系列与他们有业务往来的公司推荐最适合其客户需求的产品。他们受严格的行为准则的管制。在美国，"财务顾问"这个词越来越多地被使用，但"经纪人"仍然被用来描述专门从事保险业务的独立销售人员，他们需要关注特定方面（大数量、医疗缺陷、法律解决等）。

直销团队

许多保险公司都有自己的直销团队，他们只销售他们所代表公司的产品。有些人可能会从人寿保险行业以外招聘，因为他们具有良好的销售能力，并由公司对其进行人寿保险基础知识和所代表公司的产品的培训。他们通常是以佣金为基础的。

固定代理人

第三大分销渠道是固定代理人（捆绑代理人）。它们可能是银行或建房互助协会（在英国），它通过正常的业务流程寻找客户，并且只推荐一家特定的人寿保险公司。

分支机构

为了改善客户服务，并获得公司所在国家的最大业务量，需要在主要人口中心设立分支机构和区域办事处。分公司主要是销售部门,是任命销售人员,进行管理并提交新的保险申请的基地。分支机构工作人员要检查保险信息是否完整,并注意是否被提出自主医疗检查的要求。然后他们需要申请必要的医疗机构报告或主治医师报告。如果申请人需要常规的体检和任何额外的测试,应告知销售人员。完成日常检查及要求的自主医疗检查后,分支机构人员将申请转交给总部或内勤部门。

计算机技术的发展意味着许多分支机构或地区办事处可以通过网络与总部或内勤部门的主计算机相连,从而使许多日常职能得以分散。笔记本电脑可以用来记录客户的详细信息,并拥有丰富的高质量信息来协助提供产品咨询和报价。有些信息可能被用来在客户自己的家中提出可接受建议。

▶▶ 总部/内勤部门

当总部或内勤部门收到申请文件时,申请的详细信息会被用来设置相关记录。助理核保人的任务就是将适用于每个减值标准的数值搭配起来。如果医疗证据很直接,那么提案可能被直接判定为标准或不符合标准,而不需要参考首席医疗官(CMO)或医疗总监(MD)的建议。

许多大型保险公司现在都在使用电子数据处理(EDP)来筛选他们的申请和医疗证据。所谓的"清洁"案件就是通过该系统,并在没有进一步人力干预的情况下自动处理和发布适当的保单。被计算机拒绝的案件按不同类别分类,有医疗问题的案件由人寿保险单独评估。比较复杂的医疗问题,以及涉及大笔资金的保险申请,这些都需要更详细的医疗证据,通常是由非专业的承销商与公司的首席医疗官或医疗总监协商后考虑。如果认为不需要进一步的医学证据,则对有利和不利的特征进行权衡,如果有,则进行评级。

在某些情况下,可能需要进一步的辅助调查以了解临床情况。例如,如果在检查中出现了不明原因的糖尿,那么可能需要进行血糖检测;如果有心肌缺血的胸痛病史,就需要做心电图检查;或者如果血压原始数据高或接近边界,则需要进一步测量血压。

首席医疗官(CMO)/医务总监(MD)

在英国,一般来说公司的首席医疗官是兼职的,较大的寿险公司可能会雇用几名兼职医务人员。首席医疗官通常是一位熟悉寿险领域特殊问题的顾问医师,他/她非常熟悉医学领域,这使他/她对公司非常有价值。一些首席医疗官会将大部分的时间用于人寿保险业务，而不是开展纯粹的临床工作；他们的服务是在几个公司同时进行。除了承保建议外，当需要解决困难或者不寻常的问题，或者保额较大时，就需要首席医疗官对申请人进行检查。这些检查可以在总部或他们的私人地方进行。

在北美，寿险公司的规模通常比其他国家大，医疗总监很可能是一名全职雇员。医疗总监和助理医务主任往往更多地参与公司的承保决策，有更多的时间进行统计研究和对投保人的死亡率进行调查。

与寿险有关的所有医疗事宜都是严格保密的，检测结果是公司的财产。检查员不能给申请人相关结果的暗示，不管对其是否有利。事实上，医学检查员并不能正确地表达意见，因为他不知道从不同的来源提供给总部或内勤部门的其他医学证据，而这些可能会改变临床状况。然而，如果在人身保险检查过程中发现一些需要医疗照顾的严重问题，大多数公司会通知申请人自己的医生，以便为患者的利益采取适当的行为。在寿险承保中引入 HIV 抗体测试，这需要首席医疗官或医疗总监与申请人的医生进行沟通。

公司习惯上满足家庭医生要求的信息，以帮助其建议或治疗他/她的病人，特别是如果申请人被拒绝或被判定为不符合标准。当然，公司没有义务给出病人被拒绝或者保险费提高的原因，但可以提供局限于事实点的信息。在美国，客户了解为什么被采取不利行动的权利变得越来越普遍。这意味着医务人员必须向主治医师解释，有时甚至应向申请人说明为什么会做出这种保险决定。

首席医疗官还可以在医疗发展和保密方面提供咨询，并协助承保人的培训。

高级承保人

虽然从理论上讲，签发保单的最终权力属于公司的董事会或总裁，但这一责任总是委托给高级承保人；除非是特殊利益的案件或涉及巨额资金的案件，首席医疗官或医疗总监将提出建议，保险人可以接受、改变或拒绝，但最终决定权在高级承保人。

第 14 章 人寿保险和信息技术

大卫·霍金森（David Hodkinson）

- 介绍
- 一些术语
- IT 对传统流程的支持与帮助
- 保险系统
- 开发原则
- 总结

▶▶ 介绍

10 年前，承保通常还完全是纸质的，一些承保商的办公桌上甚至都没有电脑终端。但是，今天的情况已大不相同了，IT 系统已经发展成了承保的组成部分。

人寿保险承保是开展新业务成本的重要组成部分，保险公司不可避免地试图要设法去降低成本。因此，IT 系统可以执行很多决策而无须承保人干预。这可能会产生全新的业务和承保流程，而保险公司员工很少介入。但公司需要注意平衡这种节约成本的好处与接受新业务的风险，因为这对于不利因素的筛选可能并不充分。

过去 10 多年来，信息技术本身迅速发展，特别是互联网的发展，以及更便宜、更快速的计算机设备的发展。"互联网泡沫"是 IT 行业大规模扩张的一个时期，在千禧年结束后最终爆发。这影响了保险公司对 IT 投资的决策。

▶▶ 一些术语

软件是在计算机上执行（或运行）的程序。保险公司中计算机可以是传统的大型主机系统，也可以是台式个人计算机（PC）或笔记本电脑。

规则就是算法——用于解决问题或实现目标的系统程序，特别是通过计算机（梅里亚姆—韦氏在线词典：www.m-w.com）实现。一组规则称为规则库。规则库也可以包含一个或多个字典，其中包含潜在的问题答案列表。规则引擎是一个控制规则处理的软件。承保系统由组件或部件组成：规则引擎，规则库和接口（该系统与其他系统之间的链接）。

前端是一种为其后面的另一个程序提供接口的软件，这可能是非用户友好的。它显示一个用户界面——一个可以被用户看到的计算机系统或程序的各个方面（免费在线电脑字典：www.foldoc.doc.ic.ac.uk）。后端系统是将所有业务需求集中在一起，组织信息和数据、打印、协调工作流程要求等。

互联网连接到许多网站，这些网站可使用浏览器软件，对HTML（超文本标记语言）、包含特殊类型的电子文档，在用户的计算机上查看。企业内联网是一个由公司或公司集团内的个人访问的网络。外联网则是一个受限制的网络，只能由经过批准的用户访问。用户连接到互联网的速度主要取决于连接的带宽。使用普通电话线和拨号调制解调器的连接速度很慢（每秒56KB）。最近，使用ISDN（综合业务数字网2），电缆和DSL（数字用户线2）电话线可以实现更快的连接速度（1个或2个兆字节或更大）。也可以使用移动/移动电话或移动笔记本电脑卡从固定线路访问互联网。

▶▶ IT对传统流程的支持与帮助

介绍

自20世纪70年代以来，IT支持了许多产业领域的发展，寿险行业也不例外。这些发展的重点是支持现有流程改进、保险公司计划的实施和保险管理的各个方面。但是，由于承保过程的复杂性，很少有公司试图使这部分业务实现自动化。

传统的承保涉及报价、申请和所有由承保人和支持人员处理的额外证据。

申请表格

纸质申请表是人寿保险合同的基础，可以成为承保信息的重要来源。表格的设计和承保相关问题的范围反映了当地的市场习俗、监管体系、产品或收益的多样性，以及分销渠道。

在传统业务流程中，客户或代理商将纸质申请表格发送至保险公司的处理中心。大多数公司已经开发了自己的IT系统，或购买了第三方产品以获取纸质申请表上的数据并将其存储在数据库中。传统上，所输入的信息主要是合同细节和关于申请人的信息（姓名、地址、年龄等）。承保信息通常不会直接获得——相反，承保人需要通过在纸质申请表上阅读来评估这些信息。

尽管老式主机屏幕仍然很普遍，但现代数据获取系统具有简单、方便的用户界面。

初始承保人的角色

初始或第一级承保人阅读并评估申请表上披露的信息。他们可以根据申请人在表格上的信息，要求申请人定期提供额外的证据并提供特定的额外信息。这是一项重要的工作，需要适度的培训和监督，才能授权接受申请而无须获得其他证据。

一些数据采集系统支持新的业务管理人员向数据库输入整个申请表格（而不仅仅是基本的信息），因此初始承保人可以在屏幕上评估申请，而无须查看纸质表格本身。

对额外证据的需求主要取决于当地的市场实践。初始承保人可以获得各种来源的证据：

• 来自申请人——缺少的信息，额外的信息及来源于问卷调查的有关医疗信息披露，职业、娱乐、财务的信息。

• 来自医生——从主治医师处获得申请人的病史、医学检查和实验室检查等信息。

• 来自第三方——财务代表、会计师、国家保险公司注册管理机构和公共机构。

在一些市场中，这些附加证据中的大部分都是常规性的；最初的承保人如果没有它，就不能接受很多案例。但在其他市场（如在英国），尽管缺乏纸质申请的信息会导致高水平的额外需求，他们却能够在没有常规证据的情况下承保大部分案件。

许多保险公司已经投资了IT系统来支持产品发布和跟踪额外的证据。这些系统可以获得最初的承保要求（例如，医生的报告中有一个关于高血压的特殊问题），然后将文件发给相关收件人。需求系统可以追踪证据，追踪延迟物品并在收到第三方证据时支付。好的IT系统也会向保险公司的卖方和一般情报机构提供状态报告。

传统上，人寿保险业务部门自己建立了这些系统；但现在它们可以选择将整个证据/需求流程外包给第三方专业公司。

工作流程和成像系统

成像技术已经彻底改变了处理额外证据的方式。大多数主要的保险公司都有某种成像系统，在这些系统上扫描申请表和证据。当支持人员扫描每个新文档时，可以对这些系统进行配置，以确保将该项目发送给合适的同事进行处理或评估。

保险公司的主要好处是消除了纸质记录；此外该组织也从其他改进中受益，例如：自动追踪案件、减少丢失的文件的数量、多地点办公、审计能力和管理信息。

支持手工核保

各级承保人应记录其承保决定，这一点很重要。承保人应回忆有助于作出最终承保决定的相关事实，或要求提供额外证据。在传统流程中，承保人将这些信息写在纸质文件上，或者也可以将其输入到新的业务或工作流程系统中。不幸的是，这通常是报告或分析系统无法轻易解释的自由格式文本。如果保险公司使用更加结构化的数据库来存储这些重要数据，这将是更可取的，这样承保管理人员就可以对他们员工正在承担的风险有一个有价值的见解。

在一些市场中，一些额外的证据是以电子格式收到的，然后再进行记录和分析。

决定，接受条款和文件

在传统业务过程结束时，保险公司将承保决定以某种形式的文件传达给客户或销售员。新的业务系统可以生成所有不同类型的文件，包括监管机构要求的接受函、政策文件、政策条件和其他信息。

传统纸质处理的局限性

纸质申请表最重要的问题是申请人未能正确填写申请表。这很常见，因为许多表格形式长而复杂，有冗长的法律声明和难懂的条文；申请人很容易感到困惑，在填写时粗心大意或不感兴趣，这样错误是不可避免的。即使在不需要补充太多例行证据的市场中，也有大量时间和资源用于收集申请人缺失的信息。

虽然好的IT有助于降低传统纸质业务流程的成本，但很难控制新业务量的波动,因为其仍严重依赖初始承保人来评估每项申请。在竞争激烈的环境下,保险公司可以尝试在相对较短的时间内利用利率变化来改变其市场份额;但如果他们无法处理增加的申请数量,那么很快就会因为竞争对手周转时间更快而失去业务。尽管使用外包可能会有所帮助,但培训和监督初始承保人的客观要求意味着要在短时间内增加他们的数量并不容易。

▶▶ 保险系统

通过处理在总部或销售点处收到的申请或其他证据,保险系统可以支持新的业务/包销业务。

市场上有各种各样的保险系统,但通常是"专家型"或"基于知识型"的系统——这些系统包含专业承保人制定的规则。实际上,他们对如何承保案件某些方面的知识已被转移到规则库中。人工智能系统的商业可用性(系统在处理每个案例时学习,并将这一新智能应用于随后的决策)尚未对承保市场产生影响。

保险系统的定位取决于市场和分销渠道。对一些市场来说,大多数申请都需要额外证据,因此开发支持这一需求过程的系统是有意义的;而其他市场可以接受大多数申请而无须获得额外的证据——针对这个市场的重点是销售点交互式保险系统的开发。分销渠道还可以确定使用的申请表格的类型以及销售点的性质(家庭、办公室、电话等)。

申请表筛选

简单的保险系统旨在支持申请表格信息的输入,并识别没有不利特征或申请人自我披露的"清洁"案例。该系统还应运用基本规则来确定是否需要额外的常规要求。这些系统将使用简单的规则和表格来评估答案。一些例子包括:

● 所需要的保险金额——可能是现有保险金额的一部分,用于确定需要哪些常规的额外证据(如果有的话)。

● 建立表——系统使用身高/体重表或身体质量指数(BMI)计算来判断是否需要额外的证据,因为肥胖或体重显著不足。

● 基本的是/否关于健康、旅行等问题。它只是简单地筛选任何"是"的答案。例如,申请表上有这样的问题:"你有没有患过呼吸道疾病?是/否。"如果申请人回答"是",则需将案件提交人工承保。

这些简单的系统是市场的理想选择,因为市场通常需要大量应用程序的额外证据。理想情况下，公司应该将核保系统与证据发布和跟踪系统完全集成起来。

承保中的额外证据

在需要大量常规证据以外的证明的案例中，保险系统需要能够确定需要哪些证据，并对其进行跟踪，然后在获得证据时处理证据。

如果证据以可读的电子格式送达，保险系统可以自动处理；如果它以纸质格式出现，新的业务人员可以将其输入保险系统进行评估。

系统中规则的复杂性实际上取决于它需要处理的证据类型。随着越来越多的个人和医疗数据以电子方式存储，该系统将越来越受欢迎。但是，某些市场的医疗行业可能对IT变化非常抵制，特别是在患者信息保密方面，因此系统发展的进展可能会很缓慢。

对额外证据产生依赖的主要问题是成本。医疗和专业费用不断上涨，通常会超过通货膨胀率，因此这些系统本应该带来的资源节约可能会被证据本身的成本所抵消。因此，一些市场对开发保险系统更加感兴趣，这些保险系统首先就减少了对医疗证据的需求。

申请表格的非交互式全面承保

非交互式保险系统是第一代专家系统，其设计是为了在不需要经过培训的初始承保人的情况下，就可以处理更多的申请表格上的答案。在申请表筛选系统中，表格上回答"是"的任何问题都需要提交给承保人，但在非交互系统中，有更多的事情可以做。

一个典型的"高水平"申请表健康问题的例子是："你是否有呼吸系统问题？是/否"。申请人可以回答"是"。一个相关的"低水平"或"细节"问题可以是"如果是，请给出细节"，申请人可以回答："去年咳嗽"。非交互式系统需要能够识别"是"的答案，并评估"咳嗽"的披露情况，以确定它是可接受的，还是不可接受的。

申请表设计

大多数传统的纸质申请表在设计上都有一定的结构；但它们也使用了许多自由格式的方框，以鼓励申请人尽可能多地提供细节。图14.1是一个旧式应用程序表单的示例。

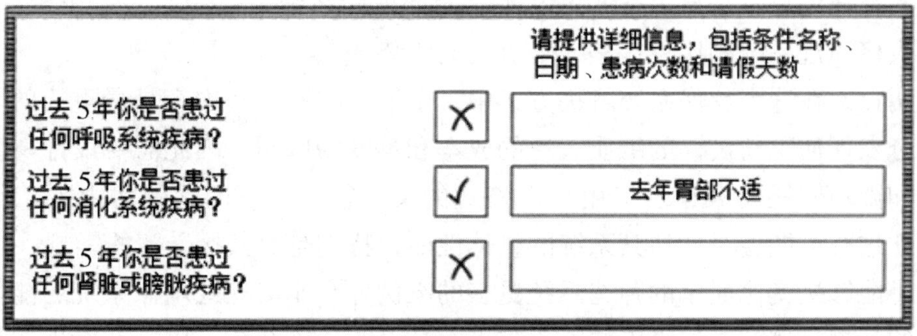

图 14.1　旧申请表格式

除非是使用内部电子字典，否则保险系统无法轻松评估自由格式的文本信息。这意味着申请表需要设计成能够鼓励申请人以特定格式披露信息的表格。这些包括：

- 回答"是/否"（布尔数学体系）——申请人很容易理解，通常以钩号框表示。
- 数字——关于吸烟数量、身高和体重信息的问题。
- 日期——旅行日期、最后症状日期、申请日期。
- 单个或多个选择列表——例如烟草类型。

在保险系统中使用字典是很常见的。系统可以检查与包含疾病、治疗、实验室测试、职业、娱乐等词典中的条目相匹配的自由格式文本。这些词典中的每一个都具有相关的规则，系统可以使用该规则来确定它是否可以接受披露的信息。在某些情况下，披露的信息本身就足以作出决定；但如果通过使用这种细节问题设计良好的申请表格，也可以获得补充信息。图 14.2 是重新设计的申请表格的一个例子。

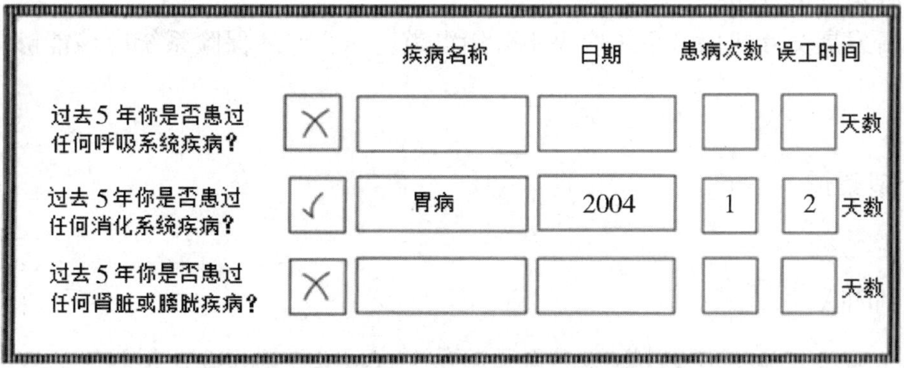

图 14.2　重新设计的申请表

这些补充信息不是自由格式的文本，因此保险系统可以用它来做出承保决定。与申请表格筛选系统相比，这是一个重要的优势。

很明显，在这个承保系统解决方案中，申请表的设计和内容是最重要的。由于更改和分发任何重新设计的纸质表单的成本和难度的原因，因此需要设计一套成熟的宏观和微观问题的表单。使用自由格式的文本框，留下的问题将由人工承保负责，因此这有可能会对低估其系统的整体性能，特别是对其接受率的影响。

除了能够接受比简单的筛选系统更多的案例外，非交互式承保系统还能推荐更多相关的证据。例如，如果申请人透露患有高血压，该系统可以推荐医生的报告或体检来获取血压资料。它还可以要求申请人提供额外的问卷调查，例如，通过背部疼痛问卷来披露坐骨神经痛的信息。

除了常见的不完整的书面形式问题外，非交互系统的主要限制是，一般性的细节问题可能不足以充分评估某些披露。如果系统可以向申请人询问有关每个披露信息的相关问题会怎么样？这是交互式系统的优势。

完全交互式保险系统的卖点

在合适的环境中，这种系统允许保险公司在没有承保人的情况下处理大部分新的业务。纸质表格可能不一定是必需的，申请人或销售人员负责获取大部分数据，将其直接输入电子申请表或通过电话回答问题。直接接受申请可以降低保险公司的管理成本。

尽管销售人员可能发现，申请过程比填写表格并将其送到保险公司的时间要长，但马上承保及立即承担风险的可能性对他们来说仍是很大的激励。电子申请表或电话询问方式的使用意味着数据不完整或丢失的问题将消除，因为系统验证可以防止这种情况的发生。

能否发展交互式保险系统取决于分销渠道。一个好的保险系统应该能够应对多种渠道。

分销渠道

直销团队

对于在家庭或工作场所拜访客户的销售人员来说，解决的方案是一台笔记本电脑，它包含向客户提供建议所需的所有软件：报价策略，完成电子申请表，通过承销系统交互处理，并做出决定。接下来，保险顾问将他们的笔记本电脑连接到保险公司网络，并上传他们所有与交易相关的数据。该解决方案是否有效，关键是每个销售人员的笔记本上的保险引擎和规则库的安装，尽管存在一些缺点，尤其是后续规则库更新的问题，随着 3G 网络使用的增加，这个问题正在解决。这意味着笔记本电脑可以与总部网络快速连接；因此，销售人员可以在客户的家里使用公司的外联网和保险系统。

独立财务顾问/经纪人

个人、公司或公司的网络可以通过接入保险公司的外网系统，然后他们可以键入申请表，如果申请人有（或以后）互动会话，保险系统可以询问更多的问题。经纪人可以直接或通过第三方门户网站访问保险公司的外网站点。该通道可使用无线通信，允许在客户的家庭或公司进行处理。

电销保险

保险公司的工作人员、经纪人或第三方专业公司可以用该渠道处理业务。虽然有些情况下，经过培训的初级人员或更有经验的承保人可以打电话给申请人问问题，但首选的解决方案是让承保系统处理承保。电销承保人不应需要任何承保培训——他们的培训应该是电话技巧，确保积极的客户体验，以及正确询问承保系统建议的问题。

互联网（直接公开通道）

大多数保险公司都有自己的公共网站，供新客户和现有客户使用。保险的在线申请表很常见，但许多公司还没有一个交互式的保险系统来支持这个过程。

交互式问题

一个成功的交互式保险系统需要有高质量的问题。其应具有以下特点：
- 问题简单直接——问题需要快速且容易阅读，否则申请人可能会失去兴趣或忘记问题是如何开始的。屏幕上的问题可以比在电话保险中使用的问题稍长，但简单仍是最好的。
- 不讲专业术语——对于熟悉医学术语的保险人来说，大多数不了解人体解剖学，很容易忘记。如果申请人不理解问题，那他们就不能正确回答。
- 目标——申请人通常会低估病情的严重性，或其医生可能没有提供足够的资料。因此，系统只应询问申请人合理地应该知道什么。例如，他们可能不知道如何描述组织学的结果，但他们会知道他们是否需要进行后续治疗或调查。
- 最好的答案不应该是显而易见的——这在实践中可能难以实现；但原则上，

保险系统中的问题不应暗示它要如何给出答案。例如这样一个问题："你的病情得到了很好的控制吗？"这是不可接受的，因为大多数申请人并不知道但会试图回答"是"。

交互式系统决策

假设不需要例行的证据，那交互式系统可以提供比申请筛选或非交互式系统更高的接受率，在销售时也应给予低于标准的承保决定，包括增加保费和明确除外责任。

交互系统中的规则通常更复杂，需要仔细开发。

开发原则

开发交互式规则库有两个主要阶段（见图 14.3，显示规则开发的阶段）。

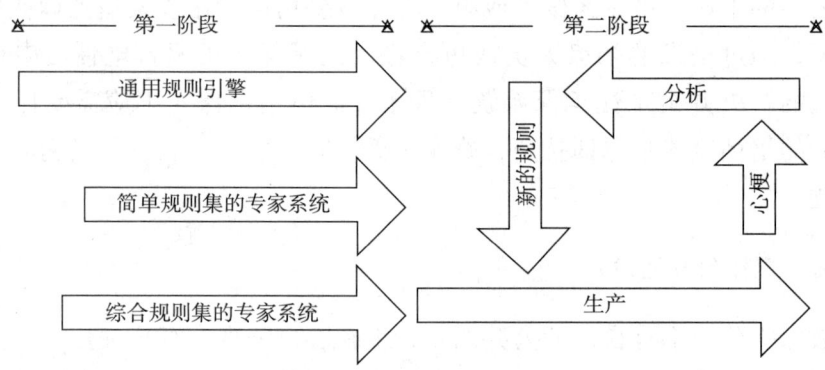

图 14.3　开发阶段

当保险公司决定引入交互式电子保险时，必须首先选择合适的系统。它可以自己建立，但通常来自第三方提供商。全球市场上有几种产品，这些产品可以分为两种主要类型。

1. 通用规则引擎：一个软件包，用于开发和处理业务规则。初始阶段它可能不包含任何保险规则——保险公司将在初始阶段立足自身设计和建立一个完整的规则库。

2. 专家保险系统：传统上一般由再保险人开发或支持，这些系统包含一般的保险规则和字典，并且建立的系统应该合理而简单。然而，在实践中，在这些系统中包含的规则的数量和质量有很大的差异，并且为了提供完全交互的解决方案，可能会需要更高的配置。

保险系统只是整个新业务流程的一个组成部分，从报价、申请和承保到文件制作和承担风险。一些软件厂商在市场上推出的是一个程序包来处理整个过程，其中承保系统只是其中的一个组成部分。其他保险系统的设计是为了与现有部分相衔接，或者与没有保险系统的其他程序包相衔接。

在实施一个新的业务流程和购买新的 IT 系统时，有很多因素需要考虑；但是在规则开发和合理的接受率方面，具有最先进的规则集的专业保险系统有明显的优势。开发一个综合规则库所需的资源量是相当可观的，而且开发新规则所需的技能和经验也是很难积累的。

规则开发者的角色

通常认为，从事保险经营决策的高级技术人员是制定保险规则的最佳人选。但事实并非如此，因为这需要不同的技能。

- 熟悉新业务流程：规则开发人员需要了解新业务流程的所有方面，以及承保系统如何与前端和后端系统集衔接。开发人员不仅要在保险规则上下功夫，而且还要在处理新业务方案的许多方面努力。
- 懂得信息技术：虽然保险人是一个技术工种，但这并不能保证他懂 IT；虽然不需要有软件开发经验，但是一个不能自信地使用文字处理和电子表格软件的保险人在这个角色中的表现也不会好。正如保险商所指定的那样，一些公司甚至可以使用 IT 专业人员来做实际的规则开发；但是如果没有一个庞大的团队，这种角色扮演是很难实现的。规则开发用户界面应该允许保险人可以容易地设置规则。
- 与客户的频繁接触：大多数保险人都会与医疗行业和保险同行沟通，但与他们的同事，例如呼叫中心工作人员，联系较少。一个规则开发者必须具备良好的书面和口头沟通技巧，以便他们能够设计一个可以与公众互动的系统，而不是仅仅与保险从业人员互动。
- 培训初级保险人的经验：这是一项有用的技能，因为规则开发人员熟悉经常出现在申请表上的风险较低的信息，但在审查医学证据的资深保险公司看来，这只是偶然现象。
- 无须第三方确认就可以很好地了解承保风险：大多数保险人需要额外的医疗证据来进行评估。一个好的交互式保险系统应该有助于减少这一证据的需求量。规则开发人员需要能够理解，在依赖申请者的知识对披露的信息进行评估方面，自己能走多远。

保险管理团队的作用仍然很重要。他们应该签署主要规则，并确保他们控制整个系统的承保理念。

规则开发人员的技能将随着经验的积累而不断发展，但保险系统项目开始时却有一个陡峭的学习曲线。因此，最好采用一套良好的预先配置规则的系统。承销系统供应商应能够为有经验的员工提供可靠的承销背景，以支持和培训规则开发者的项目发展。

利用保险知识进行规则开发

在初始阶段，规则开发必须利用可用的信息和知识。在对个体保险承保多年以后，规则开发商将积累大量的经验。他们还必须利用其他信息来源（如《保险手册》），使他们的规则与保险公司的保险理念和其再保险人一致。

简单地使用承保知识来制定规则有许多缺点。首先，规则开发商可能没有最近的初步承保经验，公司的初步承保理念也可能没有书面文件；其次，保险手册常常假设保险人正在寻找额外的医疗证据而不是直接询问申请人；再次，最重要的是，用以前没有的经验或证据来支持新规则，可能会出现意想不到的结果。

这些初始规则肯定不是最优的。从风险管理的角度来看，首要目标是确保规则不包含漏洞，因为这可能会导致不规范的风险。在规则发展的早期阶段，规则应该由不止一个保险人审核和设置。然而，委员会制定的规则有其自身的问题，因此需要对审查过程进行严格的控制。一个好的系统供应商应该有助于指导规则的发展。

使用管理信息（MI）的规则开发

大多数保险系统能从他们处理的案件中得到管理信息。这包括整体接受率、信息披露的数量、损伤或娱乐或职业的决定，以及与每次披露相关的附加问题的答案；然后就可以查看当前的数据与每个披露信息相关的附加问题的答案；然后，就有可能对目前的数据进行审查，提出改变，并有信心预测这种改变的影响。例如，假设一个治疗哮喘的规则问"在过去的 5 年里你吃了多少疗程的类固醇药片？"在现行规则中，如果答案是一个或多个，系统就会要求额外的医学证据。在做了一些研究之后，开发人员可能决定接受那些有 1 到 4 个疗程类固醇的人，他们额外的死亡率评价等级为 +50EM，而无须得到进一步的证据。可以从先前的案例中分析数据，规则开发人员可以知道，5% 的人说他们服用了一个疗程，3% 的人服用了两个疗程，等等。基于这些信息，开发人员可以预测这种新规定对哮喘患者影响的比例。因此，在没有其他变化的情况下，应当控制规则更改的影响（以及由此产生的风险）。

另一个简单但有效的使用管理信息的例子是在审查自动医学证据限制。该数据库有每个年龄阶段的申请者人数及其相应金额的数据。因此，可以预测相应变化的影响，例如，艾滋病毒检测限制和相应的医疗费用账单的变化。

当然，管理信息如何支持规则开发还是有局限性的。在哮喘的例子中，如果规则开发者仍决定这个问题应该只询问过去 2 年，而不是 5 年，那就无法用管理信息来估计这将产生的影响。这强调了定期审查的主要或共同规则的重要性。管理信息的这个周期、规则的改变、随后的后续行动，都应该确保这些规则会带来好的结果。

从长远来看，管理信息将给规则的开发者带来更大权力。这是因为它可以链接到其他数据库，如索赔。这样就有可能显示出真实的经验，特别是披露出来的是详细的情况。

▶▶ 总结

平衡获取额外医疗证据的成本、依赖申请人的答案的风险，以及实施交互式保险系统的成本，将是人寿保险可持续的问题。不同的市场将遵循它们自己的方法，保险系统在每种方法中都可以发挥作用；但有潜力开发复杂的互动系统的公司应获得最大的投资回报。从长远来看，能够以可读、标准化和电子形式获得更多的医学证据将鼓励投资于规则引擎来处理这些数据。信息技术本身的发展和创新将继续为人寿保险的挑战提供新的解决办法。

感谢罗伯特·飞利浦（Robert Philips）对专业术语部分的帮助。

第二部分

第15章 健康与疾病的概念

R. D. C. 布拉肯里奇（R. D. C. Brackenridge）

- 寿命
- 发病率
- 死亡谱的变化
- 病理类型的重要性
- 健康筛检
- 工作筛选
- 结论
- 参考文献

▶▶ 寿命

寿命及其影响因素对人寿保险业务非常重要。虽然遗传和环境是主要影响因素，但它们的相对重要性一直存在争议。过去曾有人说过，现在仍能够听到，即在理想的条件下，没有理由认为男人和女人不能活过 100 岁。几种生物类比被用来支持这一论点；费舍尔（Fisher）提到了两个相关的实验。[1] 第一个实验是在培养了 8 500 代的草履虫中没有发生自然死亡，相当于 25 万年的人类寿命，培养的草履虫旺盛度自始至终一样。第二个实验是由 19 世纪法国生物学家亚历克西·卡雷尔（Alexis Carrel）做的，他声称通过清除生命过程中产生的毒素，并保护它们免受感染和食物缺乏，从小鸡胚胎心脏取出的成纤维细胞可以无限期地保持活性。这一说法后来遭到加利福尼亚州斯坦福大学的海弗利克（Hayflick）驳斥，他重复了这个实验，发现卡雷尔的细胞之所以不断分裂，因为他经常向培养物中添加新鲜的成纤维细胞。事实上，小鸡或人类成纤维细胞不会不停地生长，在大约分裂 50 次或 60 次后死亡，这比它们在小鸡或人类体内存活的稍微久一些。

老化和衰老

老化是一个与时间相关的过程，也是所有物种的固有属性；它从出生开始，一直贯穿整个生命过程。只要所有的有害或原生环境影响可以避免，并消除所有疾病，理想情况下死亡将发生在任何特定物种寿命的上限。尽管由于卫生、教育和医疗水平不断改善，人类生存率逐渐提高，但这种理想状况不可能发生（见图 15.1）。

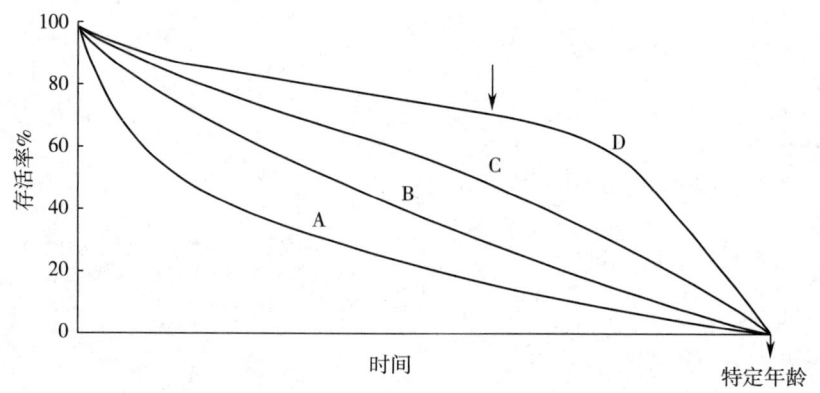

注：生活在原生条件下的人或动物以恒定速率死于疾病和意外（A）。随着条件的改善，因疾病和意外的死亡减少，生存曲线向矩形变化（B–D）。衰老可以被定义为生活在接近理想状态的个体生存曲线陡然下降后的那部分生命历程（曲线 D 上的箭头所示）。需注意的是，所有生存曲线在相同时间点（特定年龄）跨越时间轴，这是物种寿命的理论上限。以人类为例，这个时间点在 115 年至 120 年。该图得到 J. L. 柯克兰博士的许可。

图 15.1　卫生改善对人类和其他多次繁殖动物存活的影响

然而，单纯老化由于衰老这种现象而变得复杂。像人类这种多次繁殖的物种，老化在生育后期变得明显，并且随着年龄增加而逐渐加速，易于因意外和疾病而死亡。[2] 由于胸腺退化的影响，身体的免疫机制受到损害；一些细胞类型失去了复制能力；老花眼随着眼睛晶状体失去弹性而发生；以及大脑介导的内分泌功能改变导致女性更年期和类似的男性更年期变化（虽然不太明显）。

环境影响对于确定生命周期非常重要。尤其是环境有害因素作用于人体时，使人体产生了明显的衰老变化。这些影响可能是慢性的，如长期吸烟或酗酒；可能急性的，如严重的身体创伤。因此，由于衰老是人类普遍和内在的特征，降低超额死亡显而易见的方法是集中精力降低环境中的有害影响。

奥利尚斯基（Olshansky）等人试图估计要达到极限寿命（80～120 岁）时死亡降低量。并得出结论：如果主要退行性疾病（心血管和癌症）可以治疗，总体死亡可降低75%。[3]即便如此,作者认为出生期望寿命不可能超过85岁。

我们对老化过程的许多现代知识来自分子生物学的研究。老年人丧失了一些功能,特别是年轻时所具有的自我调节和自我修复功能。这是由于细胞本身信息的丢失。基本信息包含在负责储存遗传密码的脱氧核糖核酸(DNA)中。基因由DNA构成,基因的功能是确定氨基酸的序列,后者构成蛋白质。蛋白质可以是酶或细胞结构的一部分,如结缔组织、皮肤或血细胞。信使核糖核酸(mRNA)将遗传密码的模板从细胞核传递到细胞质中核糖体上的蛋白质合成位点,在核糖体上合成氨基酸序列。

在细胞一生中,由于化学物质、电离辐射或病毒,细胞DNA可能遭受损伤;mRNA会携带受损的信息,它会被转录为异常的蛋白质或新一代细胞。这些错误被不断复制,积累到一定程度时,细胞可能被机体当成外来物,受到像对真正外来物一样的攻击。

在健康的青年中,机体有检测和纠正细胞损伤的一种机制,细胞损伤可能只涉及一个孤立的细胞群。然而,伴随着衰老,机体质量控制机制似乎恶化,由错误的RNA模板引起的异常细胞灾难性升级可导致严重的器质性疾病,例如小动脉的纤维蛋白样坏死、结缔组织炎症,或瘤形成。目前已知,癌症和血管疾病导致的死亡率从45岁左右开始增加,远远早于真正的老年。如果早衰和慢性疾病部分是由体细胞突变引起,则同样有必要强调这一假设的反面,即一定有一种高效的机制可抑制生殖细胞早衰。因此,可以假设,在体质健康的人中,有一种有效的内置机制来检测任何种类的染色体损伤,这些损伤可以被纠正或立即被局限化。随着人类生命的自然跨度接近极限,这种机制自然变得越来越弱。但这种内置机制为什么在相对年轻的时候会失去作用是进一步深入研究的课题。

所有的证据都显示,父母寿命是子女寿命的重要影响因素。亚历山大·格雷厄姆·贝尔(Alexander Graham Bell)发现父母双方都达到80岁的人群,其死亡平均年龄是52.7岁,而父母双方死亡年龄在60岁以下的人群,其死亡平均年龄是32.8岁。都柏林等人在人寿保险研究中发现,那些投保时父母双方都活着的人死亡比最低,而投保时父母双方都死亡的人死亡比最高。[4]

尽管父母和子女的寿命之间存在着密切的关系,但更有意思的是能够确切知道这种关系有多少归因于生物遗传稳定性,又有多少归因于后代比父母更长时间生活在更好的环境中。父母能够活到老年,常常意味着能为子女提供更多的保护和更有利于孩子的生活。相反,即使是意外,父母一方或父母双方的早死也可能意味着家庭破裂,对孩子的照顾甚微,甚至贫困。任何试图分别衡量两方面因素的作用,几乎是不可能的,因为遗传和环境的影响是如此紧密地交织在一起。

但在父母一方或双方早逝的情况,环境可能是决定子女潜在生命长度更重要的因素。由于人对环境的控制力度越来越强，尤其是公共卫生方面的进步（例如改善营养和住房，以及控制感染），这往往掩盖了遗传的影响。特别是在低龄人群中，那些即使基因组成不佳的人现在仍然可以存活。近年来，普通人群寿命的增加与其他生物种群在相对较短时期内寿命发生的微不足道的变化相比，是不成比例。这都归因于环境条件的改善。

大约在20世纪中叶，个人卫生状况往往是止步不前，甚至是倒退的。在二战后期，西方人群开始享受更高的生活水平。但与此同时，也伴随城市社区过度复杂的生活和工作条件，以及各种过度放任的生活方式（饮食、吸烟、酒精和缺乏锻炼）。此时，因冠心病、中风、肺癌以及支气管癌导致的过早死亡达到了令人震惊的程度，许多人在最具挣钱能力的年龄死亡。意识到这种情况的严重性后，美国卫生当局开展了大量关于健康生活方式的宣传教育活动，特别是限制饮食中饱和脂肪和胆固醇的摄入量，戒烟和定期进行体育锻炼。随着不断向人群宣传有关高血压的危害及控制血压必要性，以及高效抗高血压药物的出现，中风和高血压的死亡率逐渐降至目前的较低水平。[5]事实上，自1965年以来，美国主要心血管疾病的年龄调整死亡率下降了34%以上。[3]尽管这些统计数据是鼓舞人心的，但死亡率需要进一步降低，特别是在60岁及以上的人群中。这几乎完全可以通过环境手段，例如适当的公共卫生措施和医学科学的进步来实现。这包括现在可用于防治动脉粥样硬化和控制血压的药物，只要有临床意愿使用它们。默里（Murray）和他的同事强调了这一问题的重要性。经过文献综述研究后发现，115mmHg以上的收缩压可导致所有三分之二的中风和差不多半数的缺血性心脏病，胆固醇浓度超过3.8mmol/L可导致18%的中风和55%缺血性心脏病。[4]

▶▶ 发病率

影响发病的因素与影响寿命的因素密切相关。一组人群的疾病模式可以是该组人群期望寿命的很好参考，也可以是个体病例很有用的预后指标。因此，在人寿保险工作中，意识到不同类型患病的重要性，了解它们为什么会出现，以及了解它们发生在任何特定申请人身上的意义是十分重要的。

患病或疾病不是完全偶然或倒霉所致的状态。那些生物体质良好的人比生物体质差的人更有能力抵抗疾病。在一些病毒性传染病的流行中，如脑膜炎，虽然整个人群处于危险之中，但不是所有人都会被感染。同样，并非每位董事长都会发生冠状动脉血栓形成、高血压或十二指肠溃疡。还有，尽管病原微生物及其毒力是相同的，但大多数患流感的人在几天内可康复，而有些人可能几周内就会丧失能力。

那么，能使大多数人在传染病流行中免于被感染，或使职业压力很大的人免于发生冠心病或结肠炎的生物体质的基础是什么？能使一些人易于患病的因素又是什么？这些问题的答案可能会有利于理解人群的发病模式，也可能有助于估计人寿保险中被保险人的生存情况。

在比较性分析中，决定我们自己、我们家庭、我们社区和我们国家的主要健康和疾病问题的各种因素显得过于复杂。但是为了更好地说明，这个问题会被简化，对于临床医生和寿险承保人仍然具有实际价值。

体质

本文将经常使用"体质"或"生物体质"这一术语，并且在一开始就给予明确的定义。体质（或表型）可以被定义为由遗传（核型）与环境之间的相互作用而产生的身体与精神的质量和功能的综合体，它决定了机体的一般健康状况，对有害环境的反应，对疾病的抵抗力和个体的人格特征。

遗传是由受孕时核型或基因模式决定的，其本身可能包含多种主要的有利或不利特征。环境也可能是很有利的或不利的。培育是指环境中所有这些因素（身体的、精神情感的或智力的）的提供或可利用性。这些因素对于体质的发展产生重要的、有利的影响，而缺乏某些或所有这些培育因素将对体质发展产生负向和不利的影响。

尽管在整个生命过程中，环境都可能在一定程度上影响体质，但无论好的或坏的影响主要发生在婴儿期、童年期和青春期；之后基本模式只发生微小变化。个体在成年期必须维护自己的体质，其质量决定了个人如何应对未来的环境。

环境应激的力量总是具有潜在的破坏性，并激发生理防御机制（如适应反应）。如果体质健全，该机制可以成功地消除或减少任何损害；如果体质不健全，则机制不堪重负，导致病理损伤的发生。其作用途径可能是靶器官或组织细胞 DNA 突变，以及异常蛋白质未经审查的复制。

因此，某一种体质模式在基因型以及在整个生命过程中一定数量有利和不利环境因素作用下逐步形成这种模式在或短或长的时期内决定了个体健康或疾病。

发育时期一种破坏性影响是父母一方或双方的死亡，死亡可能是纯环境原因造成的；但实际的死亡原因本身仍然非常重要，因为它意味着不良基因可能已经传递给后代。不良基因会和早期环境中任何修改因素一起，在生物体质的形成中发挥作用。即使子女处于青春期，已经过了敏感的儿童期，父母早亡仍然体现了具有不良遗传影响，特别是某些原因造成的死亡。特别容易使子女具有疾病特征的死因是中枢神经系统疾病，如脑肿瘤、多发性硬化症、帕金森病和早老性痴呆。其他对子女不利的死因是父母任何一方的胰腺癌，或母亲其他器官的癌症。

毫无疑问，获得健全体质依靠有一个稳定的家庭，家庭中父母身体健康，姐妹，以及至少有一个兄弟都身体健康。但是，研究已发现，早期环境中存在一些不利于发展健全体质的因素。其中一个重要因素是，父母一方或父母双方有神经官能症，这不可避免地会导致家庭不幸和孩子的不安全感。研究普遍发现，独生子女，或兄弟姐妹中唯一的男孩，除非遗传性极好，往往缺乏健全的体质；如果遗传性不好，较差的基因型与影响家庭的任何有害环境因素相结合，会对个体产生巨大损害。

在对年轻的申请者检查时，家族史信息可能不足。因为申请者不了解家族史；或在投保时，父母通常比较年轻，在申请者看来父母并没有明显的疾病。另外，如果父母是在申请者婴儿时死亡，申请者往往对确切的死因未知。在这种情况下，家族史的全部价值常常会丧失。

应激的力学原理

环境力量的作用和机体防御机制的反应可以用土木工程的简单类比来说明。一座结构设计合理，采用最好的材料和工艺的桥梁，在承受规定规范内各种压力，甚至超过规定界限的情况下，使用时间会超过其保证的寿命。如果我们将桥梁与人体组织进行比较，那么材料和设计将代表遗传特征，而工艺就是这些特征的早期环境塑造。最终的结构将具有可与人类生物体质相比较的品质。对于一座坚固的桥梁，没有任何压力（用其上通过的交通车辆数量表示）能对其造成损坏。结构中出现裂缝的唯一可能是施加的力量远远超过桥梁被保证能承受的范围。所以，对于体质健康的人来说，只有一些真正过度的环境压力才能产生疾病体征或症状。

然而，如果桥梁的设计是错误的，建造中使用的材料不符合标准，而且工艺也不是最好的，那么迟早会出现麻烦。这座桥梁或许能够承受普通交通状况下的压力。但如果负荷加重，就可能会出现裂缝，尽管负荷仍然在工程师保证的范围内。再次将类比应用于人，在这种情况下，错误的材料和设计代表不良的遗传特征，而错误的工艺代表不利的早期环境。结构中的裂缝代表疾病的症状或体征，而且疾病的症状或体征可能在仅仅中等程度的环境压力下就可出现。

无论是桥梁还是人体器官，压力型裂缝倾向于出现在通常由遗传决定的最薄弱点上（即靶系统），因此，当父亲或母亲有慢性支气管炎或肺气肿病史时，子女有呼吸道疾病就很常见。同样，有糖尿病家族史的人易于发生胰腺炎或胰腺癌。还有很多类似的例子。

即使承受最轻的交通负荷，如果使用后必须不断修复，那样的桥梁也确实是一座糟糕的桥梁；有时人类也存在同样的情形。有长期反复发作的病患史，通常意味着生物体质相当差。特别是如果促发因素非常普通，并且程度通常对一般健康个体影响很小或没有影响。在这种情况下，看一下家族史及对幼时情况做简单调查，就可能会发现健康问题反复发生的原因。

为了使对比更加清晰，已将理想的桥梁或高于平均水平的个体与错误的桥梁或平均水平以下或糟糕的个体进行了比较。然而，在承保方面，主要面对的是平均健康水平的个体，占总数的85%。其余个体包括优于平均水平（优选的），平均水平以下的和风险下降的。因此，如果要正确应用类比，有必要考虑一般状况下的桥梁。正如一般桥梁在偶尔过高强度压力下，会出现非常小的或中度的缺陷，需要维护和修复，一般健康的个体也会偶然生病，但通常不会是严重的或危及生命的疾病，这种情况仍然可被归类为标准风险。

应激障碍

应激性疾病或障碍被定义为由于未能成功地适应某种情况，或经常出于潜意识原因而无法解决令人沮丧的问题而引起的一种疾病。该术语仅适用于少数很明显的和易于理解的情况（例如焦虑反应、消化不良和紧张性头痛）。但一些更复杂的疾病也被认为是应激诱发的：例如类风湿性关节炎、动脉高血压和癌症（当存在易感基因时）。事实上，大多数疾病，无论是功能性的还是器质性的，无论是精神的还是躯体的，都可以追溯到错误的适应，其机制是持续的活动，是对环境的反应。

适应障碍的程度一方面取决于环境应激的严重程度，它常常通过大脑受体转化为物理应激，另一方面取决于个人生物体质的质量；所导致的病患类型可以从最微不足道的，到暂时的，到最严重的和致命的。适应障碍转化为可识别的症状或实际组织病理学的机制是现代医学中最令人着迷的问题之一。它仍然是免疫学家和分子生物学家深入研究的主题。

通过植物神经系统的神经元传递可能是心理对适应障碍作出反应而影响躯体的最简单途径。早在1935年，桑德克（Zondek）就注意到情绪障碍对代谢、循环、月经和食欲等某些身体功能有影响，并且表明身体功能的变化受植物神经系统及下丘脑中的核群控制。[6]因此，适应障碍可以改变其控制下的身体功能的节律（例如睡眠、呼吸或脉率）。

当赛里于1941年证明了发生适应障碍后，肾上腺皮质中某些类固醇激素的耗竭可能导致某些组织中非特异性炎症改变时，建立了一种将环境与躯体疾病联系起来的激素机制。后来，亨奇（Hench）和他的合作者应用赛里理论，[7]通过给予可的松或其激活激素促肾上腺皮质激素（ACTH）来逆转类风湿性关节炎的炎症变化。从此，其他皮质类固醇成分逐渐被分离出来，到今天被广泛用作免疫抑制剂。

目前深入的研究集中在体细胞突变与慢性疾病之间的关系上。严重的环境应激，如感染（特别是病毒）、创伤（电离辐射、化学毒物、药物）或可能是心理的，可能会对基因分子造成损害。在实验中，病毒 DNA 可以与特定小鼠种群的宿主 DNA 连接，以改变遗传密码并产生白血病；人类中的伯基特淋巴瘤几乎总是与爱泼斯坦—巴尔病毒相关，尽管它尚未被证实是病因。体细胞突变可能引起被"禁止"的细胞克隆。如果不被抑制，它们可以大量复制并产生针对某些宿主组织的抗体，从而导致广泛的细胞损伤。现在已知许多疾病是由于这种自身免疫反应所致，例如：桥本氏甲状腺炎、获得性溶血性贫血、艾迪生病、脂质代谢紊乱、动脉粥样硬化、血管内血栓形成、消化道溃疡，可能还有癌症。即使是对细菌或病毒入侵的免疫力和易感性现象（一个尚未解决的问题）也依赖于良好或不良的适应，无论如何，这可能是最终的机制。

尽管普遍存在着不健全的生物体质，但医学科学在修复人类桥梁中的压力型裂缝方面已变得越来越熟练。公共卫生的进步及世界各国政府采取的社会措施至少部分缓解了环境交通的负荷，随之而来的是总体死亡率的下降。另外，如果可以改变携带不利特征的基因（基因工程），那么中年和低龄早老年的早死可能大部分被消除，从而将大多数人的寿命延长至人类的生物极限。

▶▶ 死亡谱的变化

比较 70 年前和现在的寿命表可以发现，在较短时期内死亡率发生了惊人的下降，特别是在低龄组。这种改善几乎完全归因于消除传染病，而传染病是一种重要的死因。低龄组之外的其他年龄组死亡率的下降（虽然不多）不仅因为传染病死亡减少，也与其他方面的进步有关，如更好的医疗、手术和诊断技术，以及生活方式的改变。

尽管全人群死亡率逐年改善，但在 20 世纪的中后期出现了令人担忧的某些疾病死亡率上升的趋势，尤其是冠心病、肺癌和支气管癌，特别是在 45～65 岁年龄段，以及晚年的慢性阻塞性肺病。为了对抗这些疾病死亡率的爆发式增长，美国、加拿大、英国和全球其他受到类似影响的国家，采取了积极的公共卫生措施，涉及预防医学和宣传策略。这些措施包括关于血压控制和理想血脂浓度的重要性的建议，减少卷烟消费的宣传和财政措施以及促进所有年龄段人群定期体育锻炼。这些预防性健康计划的成效很快显现：在过去的 25 年中，北美冠心病的死亡率急剧下降，尽管在英格兰和威尔士下降较慢，以及在澳大利亚癌症取代心脏病成为首位死亡原因。中风死亡人数也大大减少。男性的肺癌和支气管癌死亡人数现在开始下降，但女性中的死亡人数仍然略有增加。

然而，与疾病的斗争是无止境的。尽管联合化疗在治疗睾丸和卵巢的生殖细胞恶性肿瘤、畸胎瘤、无性细胞瘤、绒毛膜癌，女性滋养细胞疾病和婴儿期的肾母细胞瘤方面取得了很大成功，但癌症仍然是一个主要问题。

由 C 型和 B 型肝炎病毒引起的慢性感染仍有待解决。世界期望人类免疫缺陷病毒（HIV）的特定抗病毒药物的出现。由于耐药性分枝杆菌和伴随艾滋病不可避免的免疫缺陷，25 年前曾被认为几乎根除的肺结核在世界某些地区重新出现且达到惊人的流行规模。

自新千年伊始，似乎分子技术逐渐占据了医学发展阶段。分子技术使科学家能够在人类基因组中识别更多的疾病位点，并提出如何设计修复受损或其他异常基因的方法。这些将在后文陈述。

▶▶ 病理类型的重要性

患病的严重程度以及患病的类型都是个体抵抗力好坏的指标。病理过程越复杂，其对未来发病率和长期死亡率的重要性就越显重要。因此，单纯细菌感染对治疗后的短期或长期死亡率几乎没有什么重要影响。而由高阶病毒引起的疾病对死亡率具有更重要的意义，特别如果是偶尔发生的疾病（例如 B 型肝炎病毒、C 型肝炎病毒、HIV 和巨细胞病毒感染）。以过敏性或自身免疫性复杂组织反应为特征的疾病甚至具有更严重的后果（例如胶原性疾病、肾小球肾炎、结节病、血管内血栓形成、多发性硬化）。细胞衰老的退行性疾病，如动脉粥样硬化、身心早衰及老年状态，都具有最重要的意义。因此，仅从家族史和个人病史收集信息中，就可以获得关于保险申请者气质及生物特性的合理而准确的印象。这通常也会通过体检忠实地反映出来。在未来的几年里，当人类基因组中的疾病位点已经完全被绘制出来时，就可能实现预测一些人的健康和寿命的关系，以及预测一些人对疾病易感性的目标。

目前，主要医疗损伤相关的死亡率可以根据当前使用的各种承保手册和电子资料进行合理准确估计，其数据来源于众多关于被保险人死亡率的研究，特别是在北美开展的研究。然而，通常只是具有医疗损伤的身体和心理的基础，这种情况在承保和临床实践中被认为是次要且没有多大意义，但在评估申请人寿险和伤残险时是非常有用的鉴别工具。因此，需要更多关注那些细微之处。否则除非特别注意，可能会被忽略。

以下段落中描述的临床现象说明了环境应激（"负荷"或"交通"）可能对个体体质（"桥"）的影响。在许多情况下，影响会很小，不过是造成临时的伤残；而在一些情况下，这些影响可能会导致或短期或长期的危及生命的患病。

慢性鼻炎，花粉热

无论是经年型的还是花粉型的鼻炎，通常被认为比任何东西都更令人讨厌。然而，正如本杰夫斯基（Bendowski）所表述的那样，有这样病史的人通常会遭受严重的感染。[8]他对亚洲型流行性感冒流行期间一大批过敏患者的反应进行了个体研究，并将他们与一组类似的非过敏患者进行比较。发现过敏患者受该流感的影响更严重，更容易发生支气管炎、哮喘和肺炎；后遗症的发病率也更高。鼻炎患者对其他传染性和非传染性疾病的反应类似，一般更容易面临超额的发病风险。

皮肤病

作为一类广泛的疾病，皮肤病或湿疹几乎都是对应激情况适应不良的外在表现。损害局限于皮肤，对生命本身没有危险；一些皮肤病或湿疹可能是有多个靶器官损伤的全身性疾病的标识，这类全身性疾病也是对同样导致皮肤损伤的应激因素适应不良的结果。

痔疮、肛部痛、肛门瘙痒

肛门症状可以反映一组相当多样的病症，从最严重的到最良性的。除了肿瘤，这些病症通常被认为不重要，因为并不危及生命。但当疾病症状持续存在并且严重时，应该谨慎对待，因为它们似乎与某些潜在的频发的情绪障碍有关，这不仅仅是一个巧合。因此，如果病史是近期的话，体检医师应该警惕其他地方可能已出现早期的病理过程，该病理过程是对应激因素的反应。对已知体质差的人更要重视。

血栓形成倾向

血栓形成倾向是指血液的高凝状态，通常是静脉系统。因此，血栓栓塞可以指深静脉血栓形成（DVT），肺栓塞或两者都有。血栓性静脉炎和静脉炎是有时用来描述浅静脉血栓形成和炎症的术语，但所有这些都是同一种疾病的表现。静脉血栓形成不仅仅是一个孤立的医疗事件，这在下文两项被保险人死亡率研究中有所描述。最近已经认识到，静脉血栓形成是具有明显复发倾向的慢性疾病。普兰多尼及其同事发现，近三分之一的患者在首次发病的八年内复发。[9]

上文所述的第一项死亡率研究见于"1951年损害研究"报告。[10]该研究显示，有静脉炎病史的男性被保险人群的死亡比是140%，静脉炎病史不仅指最近发生的，可以是在申请保险之前的任何时间发生的。30多年后，又做了类似的研究，见于"1983年医疗损害研究"报告。[11]在该研究中，有近期和很久以前的静脉炎发作病史的男性和女性被保险人群中，死亡比上升至170%。这些研究结果提示，在当时慢性血栓形成过程既未被意识到，也没有被作为长期的保险风险。

具有潜在高凝血倾向的血栓形成患者具有特定的基因构成，如果暴露于某些不良环境或触发因素，则其易于发生血栓事件。重要的遗传因素是凝血因子V突变（莱登突变）及其对蛋白C和蛋白S缺乏的影响。静脉血栓形成的触发因素有很多，例如伴有固定和静脉淤滞的手术或创伤、雌激素药物、妊娠和恶性肿瘤。

随着近年来假日航空旅行的普及，有越来越多关于乘客在长时间飞行后患上血栓栓塞的报道，甚至发生死亡。静止不动及随之而来的静脉淤滞似乎是这些事件的主要触发因素，但是也应考虑遗传性凝血因子可能的作用。有静脉血栓形成史的人总是有一定程度的复发风险，在长途飞行时尤其如此，除非采取特殊预防措施。现在大多数临床实验室提供筛检服务，可以检测血液中任何有意义的血栓形成因子的存在或不足，并可为医生在评估患者是否有长距离飞行风险时提供有用参考。

哈珀（Harper）认为，还有一个因素在引发静脉血凝结中发挥了重要作用，即恐惧。[12]在对外科病房患者进行了若干年仔细观察后，哈珀指出，那些术后发生血栓栓塞的患者在手术前几天表现出过分的恐惧和焦虑。这些患者对医院病房常见的公开事件不满，并担心即将发生的手术；这种气质的患者在被固定时特别容易出现血栓栓塞。由此想到第二次世界大战空袭期间，在伦敦使用防空洞的人中，血栓栓塞症发生急剧增加。这些人长时间坐着，如果发生血栓性静脉炎，往往归因于长时间固定在不舒服的位置，但情绪病因（即恐惧）的影响从来没有检查过。尽管血栓形成有时会在明显健康的血管中自发发生，但更常见的是它发生在血管内皮已被炎症（静脉炎）损伤的表面上。为什么这种炎症反应会发生很难解释；它可能类似于赛里在他的应激适应反应理论中所描述的非特异性炎症反应。

椎间盘综合征

自从米克斯特和巴尔（Mixter and Barr）[13]证实了髓核脱垂在产生坐骨神经痛和其他神经根疼痛中所起的作用后，认为这种情况纯粹是机械作用的物理学观点处于统治地位。之前由医生观察提出的坐骨神经痛与情绪冲突密切关联的观点已被遗忘。然而，近年来这种观点重新被提起，尽管认同度不高。在身体的所有关节中，脊柱可能是受强力肌肉群保护最好的，特别是在腰部区域。故而健康的椎间盘不会脱垂。那么，在工作中是否存在一些先前的病理过程影响了椎间盘单元，从而导致在应对物理性应激时发生环面破裂？这种情况通常是轻微的，在没有任何防备的情况下作用于脊柱。抑郁症并非罕见的椎间盘损伤并发症。通常认为它是椎间盘脱垂后的长期疼痛所致。这在某些情况下无疑是正确的。但更有可能的是，抑郁症本就是对物理性创伤的反应。这种物理性创伤引起了椎间盘和环面的病理过程。仔细询问往往会发现在椎间盘脱垂症状出现之前，有令人不安的生活事件史。例如，直系亲属死亡、金融危机，或有时是小的个人问题。

对椎间盘综合征有丰富经验的汉雷特（Hanraets）认为，椎间盘病变并非像以前所认为的那样是严格的局部病变，而是通常表现为广泛的退化过程，不仅影响脊柱，而且影响整个患者，包括他们的心理反应。[14]他发现决定因素主要是先天异常、伤害和遗传素质。尽管寿险承保人对椎间盘脱垂史不感兴趣，但对于处理永久性健康保险的承保人而言，这是非常重要的。因为"坏背"在残疾索赔清单中占有重要地位。

斜视

斜视是一种起源于幼儿期的疾病。这是由于眼外肌功能失调导致的，可追溯到由于家庭环境不良引起的眼部异常张力。斜视被忽视的后果通常是眼睛弱视或部分弱视。当没有医疗史时，眯眼或弱视是发现保险申请人是否有斜视的有用线索。

先天性和遗传性畸形

先天性畸形，即使是最微不足道的，似乎与心身疾病异常高发有关。这些身心疾病与环境应激有明显的关系。为何存在这种关联并不清楚，但可能与子宫内有害的致畸影响有关。遗传学家的研究表明，在一些情况下，如马凡氏综合征，表面上无足轻重的解剖变异与严重的遗传病理有着密切的基因联系。即使脚趾相对长度的变异或额外乳头的存在都有重大意义。哈珀研究了一组有额外乳头的患者，发现那些皮肤痕迹明显的患者特别容易患上各种疾病。[12]在观察的191例糖尿病病例中，哈珀发现额外乳头分类如下：完整的有9例；有意义的48例；可疑的12例。除去可疑的病历外，该组人群先天性异常的发病率超过30%，而在普通人群中普遍认可的发病率约为1%。这样的损伤应该被记录，尽管它们可能看起来微不足道。通常头胎男性容易发生先天性缺陷。记住这点很有用。

易于检查和编码的遗传特征是虹膜的颜色。萨顿（Sutton）做了一个有趣的观察，他连续测试了 403 名受试者对合理的、恒定的刺激（即牙钻）的疼痛反应，并将其与虹膜颜色进行比较。[15]他发现，越是蓝色的眼睛，对疼痛的反应越少，并且随着颜色向蓝灰色、绿色、淡褐色、浅棕色和深褐色改变，对疼痛的反应增加。重新测试，结果是一致的。除了萨顿的研究发现，生命早期的环境影响很可能在确定个体的疼痛阈值方面起着同样重要的作用。尽管如此，在那些疼痛是表现症状的疾病中，研究与虹膜颜色有关的发病频率和持续时间，可能会获得有用信息。特别是那些经常被认为是纤维组织炎、背痛或软组织风湿病的不确定类型的疼痛。

角膜老年环：角膜弓

在某种程度上，术语老年环有些用词不当；它是脂质沉积在角膜上，形成角膜灰色边缘环。虽然角膜弓常见于老年人，但早期阶段也可见于年轻人。然而，角膜弓的发病率随着年龄增加而增加，在 60 岁以上人群中非常普遍。因此，角膜弓被认为可能是衰老的标志。当它发生在年轻人身上，就是早衰的标志。尽管仅在细胞或酶水平上与脂质转运有关，也可能与孤立但反复出现的应激状况有关。

作者观察到的大多数年轻人中，有些仅三十多岁，角膜弓的发生与慢性紧张状态之间存在相关性，通常表现为身体机能障碍。

弗里德曼和罗森曼（Friedman and Rosenman）发现，[16]角膜弓常出现在具有以下行为特征模式的人群中：

- 实现自我选择目标（但通常定义不明确）的强烈而持久的动力；
- 非常渴望竞争；
- 具有持久的希望被认可和进步的愿望；
- 在有限时间内不断参与多种不同的工作；
- 习惯性加快身心功能的执行速度；
- 高度的精神和身体警觉性。

然而，没有发现角膜弓与那些具有截然相反的行为模式之间具有密切的相关性。

比角膜弓发病率差异更引人注目的另一个特征是，与后者行为模式人群相比，具有前者行为模式的人群冠心病发病率增加了五倍。尽管角膜弓是 Ⅱ 型和 Ⅲ 型高脂蛋白血症的表现之一。但在偶然发现患有角膜弓的个体中，血清胆固醇浓度并不是持续升高。这大概是因为当时引起循环脂质暂时性升高和角膜沉积的应激事件已经过去了。尽管如此，如果在比预期更早的年龄发现角膜弓时，检查脂蛋白谱是有价值的。

▶▶ 健康筛检

上述例子仅仅是许多损害中的一小部分。虽然这些损害本身很小，但它们通常是整个机体潜在疾病的警告信号。对于识别可能的超额发病和死亡具有重要意义。从事预防医学的医生及筛选寿险和健康险申请人的医生可能比主要关注已患病的人的临床医生对这些损害更感兴趣。尽管如此，对那些与未来健康有关的预后体征，以及在看起来健康的个体中发现的预后体征（甚至是正在接受症状调查的患者中发现的）都应该予以注意。纠正可能存在的潜在缺损可能会使许多可能成为晚期疾病受害者的人受益，例如改变生活方式或其他干预措施。

正是在这种预防医学背景下，定期医疗检查越来越受欢迎。开始是大公司和企业希望尽量减少高级管理人员的患病和过早死亡。后来，类似的服务扩展到了其他员工。今天，健康筛检已经成为当前医疗服务的一个重要特征，由专业机构提供服务，并利用大量调查程序。全科医生也是如此，他们的设备虽普通，但同样提供了有价值的服务。

健康筛检被一些人批评为不必要的奢侈品，用于健康人群中几乎没有成本效益。对于那些初次筛检已经显示是阴性人群，如果此后进行频繁检查，可能会这样。另一方面，如果这些检查的时间间隔合理，考虑到年龄和初步筛查的结果，检查危险因素和以前发现的其他医疗状况的进展，在必要时寄予及时纠正，这样做就是有价值的。在这种情况下，可以大大提高个体的健康水平和效率。

▶▶ 工作筛选

当某些职业对人员身体素质要求很高时，应该利用全面医疗检查信息进行初步筛选，类似于人寿保险，并辅之以主治医生过去的医疗记录。结果数据应该足以识别具有该工作所需的必要身体和心理特征的个人。然后，可以使用适合特定职业的专门筛选测试进行最终选择。一些需要高度负责任的工作，需要非常慎重地选择人员，包括民用和军用飞机的飞行员，核潜艇的指挥官和宇航员。

▶▶ 结论

虽然本章的目的是为了展示如何选择和分析生物体质的优点和缺点。但宣扬好的生物体质会损害差的生物体质。必须记住的是，这样做的目的是区分出潜在生存期长者与生存期短者，从平均水平中区分出高于平均水平者，从低于标准者中区分出平均水平者。然而，不可否认的是，那些生物体质弱的人往往具有优异的品质。纵观历史，那些生物体质弱的人为文学、诗歌、戏剧、科学和医学作出了巨大贡献，但因为生物体质弱而早逝。另一方面，从寿命角度来看，一个理想的个体往往是一个非常沉闷的人。如果每个人都用同一个完美的生物模型塑造出来，生活可能会非常无趣；即使保证每个人都活100岁，也弥补不了生命多样性的丧失。生命的多样性正是我们已知这个世界的特征。优生学毕竟是有缺陷的。

▶▶ 参考文献

［1］Fisher I. *Am J Public Health* 1927.

［2］Kirkland JL. Insurance and the elderly: biological and clinical considerations in risk estimation. *On the Risk* 1990; 7 n1: 29–31.

［3］Olshansky SJ, Carnes BA, Cassel C. In search of Methuselah: estimating the upper limits to human longevity. *Science* 1990; 250: 634–40.

［4］Dublin LI, Lotka AJ, Spiegelman M. *Length of Life*, rev edn. New York: The Ronald Press, 1949.

［5］Murray CJL et al. Effectiveness and costs of interven-tions to lower systolic blood pressure and cholesterol: a global and regional analysis on reduction of cardio-vascular-disease risk. *Lancet* 2003; 361: 717–25.

［6］Zondek H. *The Disease of the Endocrine Glands.* London: Edward Arnold, 1935.

［7］Hench PS et al. *Mayo Clin Proc* 1949; 24: 181.

［8］Bendowski B. Asian influenza (1957) in allergic patients. *BMJ* 1958; 2: 1314.

［9］Prandoni P et al. The long-term clinical course of acute deep venous thrombosis. *Ann Intern Med* 1996; 125: 1–7.

［10］1951 *Impairment Study.* New York: Society of Actuaries, 1954.

［11］1983 *Medical Impairment Study.* Vol. 1. Boston: Society of Actuaries and Association of Life Insurance Medical Directors of America, 1986.

［12］Harper RMD. Evolution and illness. *Lancet* 1958; 2: 92.

［13］Mixter WJ, Barr JS. Rupture of the intervertebral disc with involvement of the spinal canal. *N Engl J Med* 1934; 211: 210.

［14］Hanraets PMRJ. *The Degenerative Back and its Differential Diagnosis.* Amsterdam:

Elsevier, 1959.

[15] Sutton PRN. Association between colour of the iris of the eye and reaction to dental pain. *Nature* 1959; 184: 122.

[16] Friedman M, Rosenman H. Association of specific overt behavior pattern with blood and car-diovascular findings. Blood cholesterol level, blood clotting time, incidence of arcus senilis, and clinical coronary artery disease. *J AMA* 1959; 169: 1286.

第 16 章 医学体检

R. D. C. 布拉肯里奇（R. D. C. Brackenridge）

- 前言
- 个人史
- 家庭史
- 医学体检
- 辅助检查
- 参考文献

▸▸ 前言

本章论述了人身保险体检中可能涉及的有关临床的症状和体征。正是基于这些信息，以及从申请和 APS（主治医生的声明）中获得的信息，寿险公司才会对保险风险进行初步评估。

有时候，医学证据表明，在做出最终决定之前，需要进行进一步的调查。这些程序通常是高度技术性的，在这里不作介绍，但将在书中适当的地方加以详述。

本章主要关注从医学检验中获得的数据。在英国，这仍然是收集承保信息最受欢迎的方法，这种方式已经建立超过 15 年。在北美，辅助检查数量已经超过了医疗检查的数量，这些将在后面的章节中进行讨论。非医疗业务——来源于申请的医疗数据，或结合医疗助理的报告（MAR）或主治医师的声明（APS），将不在这里讨论。

人们通常不会意识到，与寿险有关的医疗报告和其他机密报告可以提供一个独特和综合性的社会临床记录，这在任何其他医学领域都是不可能获得的。它记录了包括早期生活中个人疾病的细节，包括进行的各种特殊检查或调查，详细记录的家族史，涵盖所有身体系统的全面临床检查，以及对个人习惯、商业道德、财务状况和家庭环境的信息。如果进行得当，医学体检本身可能比在一般临床实践中进行的许多检查更能对一个人作出全面的评估，因为一般临床实践往往会更多关注所患疾病而排除其他非首要的因素。医生在实践中认识到：准确详细的历史记录和观察体征的价值是不容忽视的。长远来看，相对于花费的时间，没有什么比细致的临床体检（成本更少）能产生更大的作用。这些经验现在也值得学习，但目前却出现了贬低这些准确体检的临床信息价值的趋势，而倾向于依赖高科技的检查。

事实上人寿保险的检查提供了一个令人满意的临床实习，而在普通的日常常规实习中很少能够实现等量的练习，主要因为工作压力和时间较短等原因。通常情况下，在临床咨询的舒缓气氛下，很少能够了解到病人完整的个人病史、家庭史和体格检查信息。然而，它却为那些对人寿保险医学感兴趣的全科医生提供了一个宝贵的机会，来学习一种完全适用于普通临床实践的检查技术，并且还受到患者的高度赞许。

整个检查平均不应超过半小时。建议制订病史采集和身体检查的计划，以便每方面能依次进行考虑，保持每个患者以相同的程序进行。通过这样做，比较重要的检查就不会被遗漏。如果由于保险金额或申请人以前的异常情况，总公司要求进行额外的检查，在审查时尝试获取这些信息也是方便的，并且具有成本效益，这可能意味着包括例如尿检、血检、心电图（ECG）和肺功能测试。如果公司有要求的话，也可获得血液、唾液或尿样进行 HIV 抗体测试，并且能进行预先测试咨询。对于那些保险金额较高的投保人来说，艾滋病毒抗体检测现在也被视为一种标准的检查，当前北美和英国的做法在第 35 章详细讨论。

报告完成后，检查医生应该通过分析已经发生偏离的指标，准确评估被检查者的类型、心理状态、一般适应性，他们是否会对压力反应异常（功能性或器质性病变），以及前景如何。在编写报告时，检查医生应确保报告内容的清晰与准确，并对病史中的重要问题、过去进行何种专门调查及原因、体检中出现的异常现象进行评价。

每个人寿保险公司都有自己的医疗报告表格，这些表格多年来一直在改进，这往往反映了人寿公司的个性特征，以及首席医疗官（CMO）的喜恶。理想的报告表格应通过尽可能少的问题，来获取最多的相关信息。许多体检表格形式确实成功地实现了这一目标，但也有一些由于计划不周而使人厌烦和浪费时间。

▶▶ 个人史

申请人的职业应该尽可能精确地记录下来。一些可能是危险的职业通常被笼统地伪装起来,例如公司董事、经理或领班,这类非描述性的名称应始终符合申请人从事的工作类型。

在询问病史时,最好避免对过去事件的一般性查询:与普通病人寻求建议不同,人寿保险申请人只会根据具体问题披露其病史。对于一般询问来说,普遍的答复是"只有轻微的疾病",但是在整体考察结果的背景下,对于受试者看起来似乎不太重要的部分其实十分重要。应该寻求有关所谓的轻微疾病的进一步信息,以便检查医师评估其重要性。

作者发现,在迅速了解申请人病史的某些信息方面,这个问诊计划十分有用,它能提供一个询问病史详细的框架。下面这些问题应被询问:

- 所有可能进行过的外科手术
- 任何严重事故或伤害
- 任何其他原因导致的住院或机构护理
- 申请人最近一次咨询医师是什么时候,什么原因?
- 是否在门诊向其他医生或专科医生进行咨询,或进行常规的健康检查
- 目前是否正在采取什么治疗方法,如果有的话,是什么?
- 过去3年因疾病所损失的工作时间,分别是因为什么原因?

这个问诊计划通常可以让审查员获得几乎全部的重要信息,而对尚未触及部分的进一步调查能使这个计划更加合理地完成。

当记录病史事件时,应注明其发生的日期年份,以及症状或丧失工作能力的持续时间。在人寿公司收到的报告中,有时会看到答案如"消化不良,日期不合格或夸大",对承保人来说,这几乎没有什么价值。病史应该通过简短描述申请人消化不良缓解和加重因素,这些症状持续了多久,进行了什么调查和对结果的简要说明。

类似的说法也适用于通常报告中的症状"胸部疼痛",这可能意味着十分微弱的肌肉骨骼抽搐,也可能意味着十分剧烈的缺血性心脏病的疼痛。通过对疼痛部位、严重程度、性质、辐射和与运动、呼吸、姿势和食物的关系等问题的了解,检查医师能形成一些重要的初步观点。如疼痛明显不典型,则可能暗示心源性或缺血性心脏病(例如典型的心绞痛)。这样的信息将使得首席医疗官决定是否要完全忽视这些症状,或者需要从申请人的主治医师那里得到进一步的信息,或安排进一步的测试,如运动心电图。在以前的病史中如果并没有出现过某些症状,那么进行诸如X光片和某些专门的检查就应该加以说明原因,例如,胸部X光片可能因为一些病态的症状,如咯血,而被采取作为常规检查程序。应记录最新的胸部X线检查的日期和结果,因为即使是负面报告也会向承保人传达有用的信息,表明当时肺部没有严重的病变,心脏尺寸和轮廓也是正常的。

最后，应注意保险申请人的烟草和酒精使用情况，酒精使用情况应符合每天或每周消费的数量和类型，以及参加任何一些并不寻常的休闲活动的数量。

▶▶ 家庭史

重要的是尽可能准确地获得家族史，因为该信息对承保人而言具有非凡的价值。通常，是否接纳那些风险处于投保标准线之外的投保个体，这一决定将最终可能取决于其家族史。虽然申请人可能会说父母还活着，但是更好的做法是询问过去是否曾患过重大疾病，如中风、心肌梗死或抑郁症。人们经常看到死因"不知道"或"自然的"，死因不明。在这种情况下，特别是如果父母早逝的话，承保人将别无选择，只能对造成申请人死亡的死因进行最糟糕的解释。应鼓励申请人回忆家庭中死亡案例的大致细节，例如终末期疾病的性质，所涉及的器官，以及死亡是否突然和意外。审查员可能做出一些能够对承保人有用的死因解释。

申请人有时会试图掩盖家属自杀，并试图用"意外"掩饰事实。当死亡被报告为意外时，最好通过原因来说明（例如道路或铁路事故、烫伤或烧伤、触电、沐浴淹死等）。如果对一场致命的事故依然存在怀疑，应该去问问验尸官的意见。

如果申请人已婚，了解配偶的年龄和健康状况，以及任何孩子的年龄和健康状况都是有帮助的。

▶▶ 医学体检

检查报告的第一部分涉及申请人的一般描述，包括身高、体重、胸围和腹部的测量。从这些细节中，承保人可以对参保人有一个大致的印象。

身高和体重

理想情况下，最准确的记录方法是通过测量赤脚高度和没穿衣服时的体重，但是这样做并不必要，耗时而且不方便。在实践中已经发现，对穿上普通的室内衣服和鞋子称重，并且穿普通高跟鞋测量身高是一个非常令人满意的测量方式。在不同国家、公司和测量人员之间都具有一致性。所有构建的被保险人死亡统计的数据均按照所述标准的身高高度和体重重量方法计算，评估表主要就是基于这些统计数据，使用类似的测量标准进行。此外，该方法对于申请人和审查者都很方便。一个人室内衣服和鞋子的重量是非常稳定的，6~9磅（2.7~4公斤），这取决于如何搭配，普通高跟鞋的尺寸为3/4至1英寸（2.0~2.5厘米）。如果十分时尚的话，一些男鞋的根部是非常高的（或者女性），如果这样的话，人们别无选择，只能用脱掉鞋子测量身高，这个情况应该在报告中加以说明，以便保险承销人可以在构建评级表之前调整测量值。精心设计的报告表格总是会询问测身高是否穿了鞋子，并要求在室内穿鞋子和衣服进行体重测量。

一般说明

进行身体检查时，申请人的裤子和裙子应该松开或剥离到腰部下。暴露太少的话，不能进行很好的检查，颈部或下腹部区域一些重要的体征可能会被忽略。这也确保申请人对彻底的检查有一个良好的印象。此外，用尽可能少的文字描述申请人是一门艺术，必须加以培养。主要记录要点如下：
- 体型是轻型、中型或重型，骨质量大还是小；
- 身体哪些部分是超重的，以及这主要是由脂肪还是肌肉组成；
- 是否活跃，充满动力，还是松弛；
- 肤色是否清新健康，还是灰黄苍白，任何关于面部或结膜过多的建议都应该记录下来。

根据形态类型对身体构成进行分类。可以仅使用一个或两个描述性术语来传达个人的精神图景；谢尔顿对身体体质的分类[1]可能是其中最广为人知的和简洁的。他将形态学特征分为三个主要成分：内胚层体型、中胚型体型和外胚型体型（即肥胖型、肌肉型和瘦长型）（见图16.1）。

一个人可能表现出一种类型的极端特征，不含其他体型特征或者可能也会有两种不同比例组合（另见第17章）。三个主要组成部分的特征如下所列。

内胚层体型（肥胖型）

- 身体整体呈圆形、柔软，重心集中于躯干，腹部和胸部体积占主导，四肢占主导，腹部占主导，胸部占主导。
- 四肢短小，四肢无力，手脚相对较小。
- 大腿和上臂都很丰满，不存在肌肉松弛的现象。
- 头部大，极端情况下几乎是球形的，面部宽。
- 看不到骨突出，臀部外侧没有凹陷。
- 内生性阴毛呈女性分布，胸部和肩胛骨上经常有毛发，有时在三角肌上。
- 外部生殖器通常发育不良。

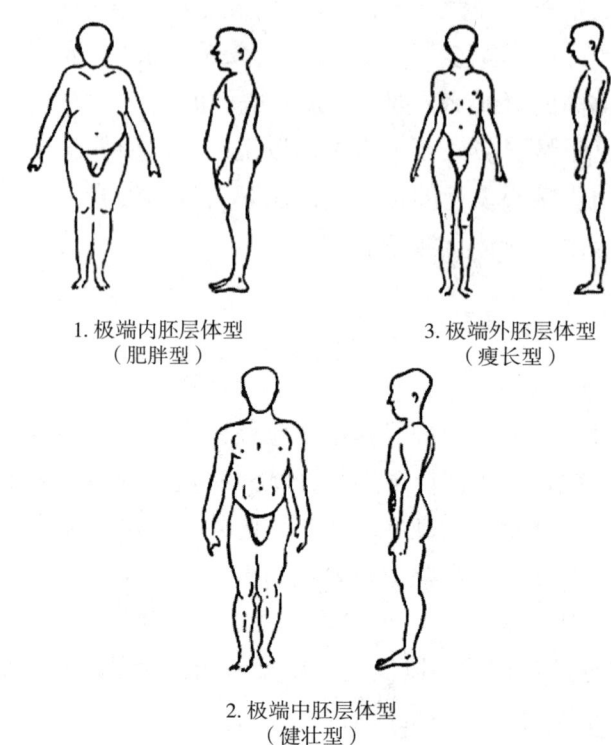

1. 极端内胚层体型
（肥胖型）

3. 极端外胚层体型
（瘦长型）

2. 极端中胚层体型
（健壮型）

图 16.1　体质类型

外胚层体型（瘦长型）

- 体型特点是结构的线性和分散化特征。
- 躯干相对较短，四肢相对较长。
- 腹部平坦且浅，而胸部相对于腹部较长。肩膀下垂是一个持续的特征，较窄，肌肉紧绷。
- 四肢长，特别是远端部分，呈现出大腿和上臂瘦。
- 肌肉纤细且容易弯曲，没有聚集的倾向。在头部，最常见的发现是与颅骨相比，面部质量较小，并且面部的特征是小、尖锐和脆弱。它呈三角形外观，顶点在下巴。嘴唇娇嫩而单薄。
- 阴毛可能差异很大，可能是男性或女性的分布。
- 外阴有典型的线性肥大。

中胚层体型（健壮型）

- 典型特征是身体呈方形、较硬。粗壮，巨大，肌肉发达，骨骼大而突出，肌肉放松。

- 没有像内胚型那样集中的躯干，四肢强壮，远节段和近节段一样粗大。
- 胸部体积大于腹部，腰部相对纤细。
- 头部大小不一，但通常是立方体类型，骨骼沉重且突出。
- 面部质量与头侧比较大。
- 皮肤又厚又粗，阴毛呈阳刚之气分布。
- 外生殖器发育正常。

为了对任何特定的个体进行分类，谢尔顿对每种体型使用7个等级刻度来表示，每个体型的分类都由三位数字确定，第一个表示内胚层型体质，第二个表示中胚层体型体质，第三个表示外胚层型体质。数字7表示最大的特征，最小值为1（例如，171表示极端的体育型体质，225表示较强的外胚层型体质和515表示内胚层型和外胚层型的双向体质），但是人寿保险测量机制的建立，不必要也不可能如此精确，因为这7种不同的等级尺度只能通过特定的测量才知道。能用一个词或者短语就能描述出一个个体体型特点是很有必要的，例如，极端内胚层，中等内胚层，中胚层—内胚层（即显示相同数量的中胚层型和内胚层型的特点，很少或没有外胚层体型的特点）或外胚层—内胚层（即具有外胚层和内胚层相同数量的特征，很少或没有中胚层体型的特点）。这个术语可以被普遍用来描述申请人的体型特点，它简洁明确，全世界通用。

对一些疾病来说，体型和易感性之间存在着一些关系，但到目前为止，并没有证据证明这对人寿保险的选择有影响。

进行一般描述时，还应注意任何突出的特征，如眼球，甲状腺肿大，呼吸困难或发绀，频发咳嗽或出现老年环（特别是60岁以下的人群）。注意当时申请者的情绪是紧张还是镇静。

胸围和腹围的测量

对于单纯的临床医师来说，这些测量的价值通常并不明显，也不作为常规测量而进行。然而，在某些情况下，它们对人寿保险承保人来说是相当有价值的。计算吸气与呼气时胸围参数的和、腹围与身高和体重之间的关系，当已知两个参数时，可以从表中计算出第三个参数（见第17章）表是由精算师学会利用1959年体格和血压研究数据编制。[2]例如，在某例申请人超重的情况下，申请人的重量与体检报告的重量之间发生严重差异，通常可以通过参考这些表来解决问题，从而确定申请人的真实重量。

身高和身体重量测量（身体质量指数的偶然性）的缺点在于它们不能给出体重分布的指标，这可以通过使用身体维度测量法在一定程度上加以克服。贷记点可以用来记录那些腹部是大于或是小于胸部的人。

通常正常的胸部扩张是 2.75~3.25 英寸（7.0~8.3 厘米），如表 16.1 所示，随高度和年龄不同而有所变化。

表 16.1　　　　　　　　　　　不同年龄人群平均胸部扩张

身高[b]	胸部扩张[a]					
	16 岁	20~24 岁	25~29 岁	30~39 岁	40~49 岁	50 以上
5 英尺 0 英寸（1.52）	2.8（7.1）	2.8（7.1）	2.8（7.1）	2.7（6.9）	2.7（6.9）	2.3（5.8）
5 英尺 4 英寸（1.63）	2.9（7.4）	2.9（7.4）	2.9（7.4）	2.8（7.1）	2.8（7.1）	2.4（6.1）
5 英尺 8 英寸（1.73）	3.1（7.9）	3.1（7.9）	3.0（7.6）	2.9（7.4）	2.9（7.4）	2.7（6.9）
6 英尺 0 英寸（1.83）	3.2（8.1）	3.3（8.4）	3.1（7.9）	3.0（7.6）	3.1（7.9）	2.9（7.4）

[a] 英寸（厘米）。
[b] 正常穿鞋高度是英尺和英寸（米）。

胸部扩张异常除了由明显的原因导致的诸如强直性脊柱炎、严重的肺气肿或胸部畸形（先天性或外科手术确定）等疾病外，其他原因并不明显，最常见的是一般的情绪紧张，会导致骨骼肌的紧张增加，不能松弛舒缓。后一种原因导致的胸部扩张异常，由于紧张，往往会伴有较高的血压。女性的胸部扩张与男性相似，都应在乳房的上边缘进行测量。

心血管系统

准确报告心血管系统的临床症状是整个体检最重要的任务之一，人寿保险申请的最终处置结果通常取决于医学检验人员报告的数据。从人寿承保的角度来看，评估风险所需的基本信息包括以下内容：脉率及其规律性；外周动脉状态；血压；通过测量心尖搏动点、左侧心室的心音、对心脏杂音有个完整的描述。强调这些基本数据的重要性在于，这些几乎都是过去对死亡率研究的主题。因此，如果体检人员不能对异常体征提供合理的解释，心脏病专家的意见也不可行时，人寿承保人仍然可以通过参考评级风险手册对投保人的风险类型进行大体上的划分。如果有额外的信息，特别当有动脉高血压、蛋白尿或糖尿病时，应对下肢肢体（触诊）的视神经和脉搏状态进行描述，以及对股动脉和颈动脉的杂音听诊。

心动过速

应该记住，身体检查往往是一个人生活中十分重要的事件，特别是如果是在不知情的情况下进行的。因此，人们可能会对人身保险的医疗检查有某种程度的忧虑，尽管在临床上，并不总是能通过异常的体征来进行检测。然而，有些人由于其特殊的体质，在许多情况下，初期脉搏会升高，在短暂的休息之后，脉搏又会回落到可接受的范围。应准确记录十秒以上的脉搏数，并将结果表示为每分钟的搏动数。以这种方式，可以检测 30~40 秒内的任何变化，并估计脉搏率的异常和恢复情况。严格意义上来说，理想脉率数的上限不超过每分钟约 72 次；在没有其他明显原因的情况下，脉搏率高于这个数字通常反映出情绪变化的剧烈程度。在 1951 年和 1983 年损伤研究死亡率的快速脉搏分类中显示，死亡率显示随着脉搏率每分钟超过 90 次而增加，死亡人数超过预期的平均值，死亡原因均匀分布在心血管疾病、自杀和癌症。[3,4]为了进行风险选择，投保通常在平均脉率达到每分钟 96 次时开始，脉搏率越高，保费越高。

因此，如果测量时初始速率为 96 次/分钟或更高的话，那么在检查结束时，最好重新测量一下脉搏数。经常有报道称，保险投保人以检查时紧张作为脉搏过高的借口，有时高达每分钟 120~132 次；这不是心动过速的有效借口，因为这种情况不仅对体格检查会产生反应，而且对生活中的任何困难都可能发生不良的压力反应。一般来说，这些人都是不符合标准的风险体。

心动过缓

心动过缓与心动过速会导致不同死亡率。那些患有消化不良、消化性溃疡或副交感神经紧张病症的患者的脉搏通常比平均脉搏率低，每分钟 54~66 次。脉搏舒缓是年轻运动员在全面训练中所表现的特征，特别是在需要训练身体耐力的运动，如长跑。在这些人中，每分钟 36~48 次的脉搏率并不罕见，在这种情况下是完全可以接受的。老年人和年轻患者心率过缓（在每分钟 40 次左右）应该提醒审查员心传导阻滞或窦房（结）病的可能性。如果体检人员要测试在运动中的心率和心率齐性，那么 β 阻断剂会对这个测试有用，因为有时候可以通过这种方式将生理性窦性心动过缓与心律不齐相区分。如果仍存在疑问，可以做个心电图，以确定其类型。

心律不齐

窦性心律失常是一种正常现象，可以忽略；但是当其被点名指出，并且难以与异位搏动或心房纤维性颤动区分时，则需要加以关注。通过一些对简单运动（如直腿抬高）的反应，可以加以辨别。

心律不齐的最常见原因是异位搏动；临床教学中，在没有心脏病病史或体征情况下的异位搏动现象很少发生在实践中没有严重的预后意义。发生在良性个体的异位性搏动，在运动时心率增加，休息时会消失。

另一方面，冠心病护理获得的经验表明，心肌梗死后发生频繁的室性异位搏动通常发生在心室颤动发作之前，特别是当它们是 R－on－T 类型时，同一时间会发生两到三次齐射。在人寿承保过程中通常对频繁和持续的异位搏动持负面的观点，特别是如果运动以后心率没有降低。在这种情况下，如果心电图也不能用来确定存在的异位类型和心肌状态的话，进行评级则是合理的。

当出现异位性搏动时，体检人员应报告其休息时的搏动次数，在检查结束时，应检查申请者异位性搏动是否消失，频率下降、不变或增加。

心房颤动不稳定的心律通常相当容易被识别，但有时可能与基本窦性心律的异位性搏动相混淆。当不能辨别时，可以通过观察运动对心律的影响来加以区分。如果是休息的心率不规则只是由于运动后的异位性搏动，那么在休息后会逐渐变得有规律起来。如果是由于心房颤动引起的心率不规则，则它将一直保持心率不规则的状态。

血压

如前所述，观察组的血压水平越高，死亡率越高，所以血压已经成为风险评估中非常重要的参考因素。如何确定承保时的血压水平并不容易，血压与身高、体重和围长不同，它们都是在任何给定时间相对静态的状态下测量的，血压时刻都在变化，这取决于被检查者的个性以及他们对环境的反应情况。确定承保人最终血压的另一个重要因素是测量的实际技术，以及检查者对高血压者问题处理的方法。

汞重力式血压计仍然是临床上测量血压最可靠的仪器。只要校准过后，就不必重新校准，除非一些汞从储存器意外溢出。当压力计垂直时，需要经常检查汞的弯月面是否在零处。

当测量血压时，无论受试者卧在沙发上还是坐在椅子上，位置并不重要。重要的是肘窝的位置与心脏水平高度之间的关系。米切尔等人[5]证明了当肘窝的水平高于或低于心脏或静脉轴线的水平时，通过间接方法测量的血压可能会发生误差（定义为胸骨外侧边界与第四肋间）。误差较大，当用于评估血压风险时，会导致虚假和误导性的数据。

手臂高度水平会影响血压可用流体静压加以解释，当肘窝高于或低于心脏水平位置时，可以用于计算血液柱中的静水压力的标准公式预测血压的误差：

流体静压 = （距离/13.6）×1.05mmHg

距离是在肘窝的听诊点和胸骨边缘第四肋间距之间的距离。例如，如果测量心脏水平以下15厘米的前臂位置血压，则可以从上述公式计算，在血压计读取观察到的血压，约为11毫米汞柱。这个错误很严重，几乎肯定会导致错误的风险评级。

推荐医生进行投保体检时，血压定位于前臂，使肘窝位于胸骨第四肋间位置，当患者保持坐姿或仰卧时处于胸前。

毫无疑问，能准确读取血压计中血压也是非常重要的。在临床上，医生倾向于以 5mmHg 为一个刻度来报告血压，因其精确度不高，在人寿保险报告中应避免使用，最好以 2mmHg 为一个刻度，适当放宽，也是可行的。

测量血压，特别是舒张期血压时，方法应该加以统一，使公司内承保风险保持一致，更为重要的是公司和公司之间的数据要一致，以便汇总后能进行统计分析。

许多年前，北美人寿保险公司决定仅使用柯氏音听诊声音第五阶段（即所有声音停止的时刻）来表示舒张压，因为第四阶段（即从高点变为低点）的闷声经常难以准确定义，而在第五阶段的话，则不会经常出现这种状况。现在在人寿保险承保过程中，使用第五阶段舒张压用于承保的做法是很普遍的。这并不意味着第五阶段的舒张压比直接通过动脉内插管测得的舒张压更接近真正的舒张压，而是好于第四阶段。Holland 和 Humerfelt 证实，直接和间接血压估计方法的差异在舒张期第四阶段小于舒张期第五阶段。[6] 他们还发现动脉内和舒张压第五阶段之间的差异与第四阶段相比更为密切相关。换句话说，即血压声音的停止点比声音的变化点更容易确定。

从统计学意义上来看，第五阶段舒张期比第四阶段舒张期距离真实值更远也是无关紧要的，只要全部使用第五阶段读数即可。所有完成过的对投保人的大型血压研究都是根据第五期舒张压计算出来的。血压分级表也使用舒张压第五阶段数据。人寿承保中也会将从临床医师或专科医生处得到的额外血压数据，与公司自己的医疗报告中的血压数据一起使用，以计算最终血压评级。由于在临床实践中通常使用第四阶段舒张压，所以在计算之前必须将这些数据调整为第五阶段舒张期，通常用第四阶段舒张压读数中减去 5mmHg 来完成。

医学报告中动脉血压的形式应记录为第四期的收缩期、舒张期和第五期的舒张期：160／100－96。如果声音没有明显的变化，或第四、第五期重合的话，应记录为 165／98－98。这样做会使医疗主任（MD）明确这些数字的含义，从而避免混乱。

除了在疾病过程中或在调查某些疑似疾病期间进行的血压读数外，在人寿保险检查期间记录的血压读数可能是受试者正常范围内的最高值。这主要是由于对受试者来说医务人员往往是陌生人，不可避免地会导致一定程度的恐慌，不过，这很微弱。医务人员应尽可能地把血压记录下来，让申请人有时间将自己调整到正常的状况。如此获得的血压读数被称为随机读数，它是用于人寿保险承保时的血压。

在承保过程中不时看到血压报告会有一些误导性的做法，应该避免，如下：

- 绝对不要记录没有重复测量而只是一次升高的血压数据，优选在检查完成后，申请人静静休息几分钟来进行测量。如果没有进一步的测量和报告的话，那么这个升高的数据可能会对申请人和人寿公司造成相当大的麻烦，甚至需要与独立的审查员一起进行进一步的血压测量，以便更准确地评估申请人的血压状况。

- 如果仅报告一系列测量数据中的最低血压，对人寿保险承保商来说是非常大的误导，可能会得出错误的结论，导致申请人被置于高于实际情况的评级，这会损害其他保户的利益。重要的是应该知道血压的波动幅度，最终这一系列血压测量数据的选择由医疗主任来决定，他们可能有其他医护人员或医疗人员记录血压的一些文件证据。
- 所记录一系列血压的平均水平可能并不重要，但是承保人需要知道血压波动的程度，这只能在所有读数都被记录后才能判断。
- 由于初次血压读数较高，需要进一步地测量，如果医务人员记录的脉搏数与血压数相反的话，这对承保人来说是有帮助的，因为收缩期和舒张期血压的变化通常可以通过心率的增加或减少来解释。

当收缩压等于或低于 100mmHg 时，低血压者在其他方面健康的情况下不会增加任何额外的死亡风险。除了阿狄森病，导致低血压的病理状况在人身保险申请人中不可能遇到，但阿狄森病一旦引起了医师的怀疑，将很容易被诊断。然而，如果初始收缩压低于 100mmHg，为了验证测量技术是不是有缺陷，也需要重复测量血压。越来越多的证据表明，低于 100mmHg 的收缩压与发病率增加有关，[7] 低血压是欧洲大陆综合征的一种治疗方法，还是失能保险需要注意的一个标志。

当投保人正在用抗高血压药物治疗高血压时，遵循正常的血压记录程序即可，但是除了正常的测量外还需做额外的血压测量，以评估药物的效应从而测量真实血压。

因为肥胖或肌肉发达使得上臂尺寸大于平均值时，通过间接方法测量的血压可能比真实水平高几毫米，相关的技术原因我们将在稍后讨论。在这种情况下，检测人员应该报告事实，以便医生可以对血压做出必要的调整。如能放宽袖口再做测量的话，测得的血压将会更准确些。

需要明白的是，随着年龄的增长，超过 65 岁以后，舒张压就会下降，有时会下降到 40~50mmHg。对于老年人来说，这是正常的现象，这也意味着舒张压不再是衡量老年人风险的有效参数，相反，舒张压正成为重要的参考依据。为了达到最大限度的保护，收缩压应尽可能保持在低水平，115mmHg 或以下，或通过自然手段或药物加以治疗（见第 1 章）。

心脏的检查

大小

准确估计心脏的大小是很重要的，因为过大的心脏体积可能会严重影响高血压、瓣膜缺损或缺血性心脏病的预后。临床上使用心尖搏动点作为测量心脏尺寸的指导，首先通过常规临床方法确定纵隔为中心。应该记录心尖搏动点最大推力点离间隙中点有多远。应该强调的是，用眼睛判断距离是非常不可靠的，应该始终使用卷尺或其他工具。将听诊器管在3、3~4英寸（3、3.5和4厘米）处从胸端划去，就可以制作出一种简单方便的测量尺。它的优点是可以立即测量，因此可以快速测量顶点位置，而不需要再去寻找卷尺。

心尖搏动点有时在某些人身上难以找到，这时需要在充分的呼吸和呼气时进行触诊。如果仍然难以确定，可由触诊法确认心脏的左边界，并由此取得测量结果。有时这种测量方法也是无效的，因为在胃底部存在肺气肿。在某些必须知道心脏大小的一些案例中，使用位于左侧位置的顶点触诊作为最后的手段。如果通过这种方法加以测量的话，则应该记住，由于年龄原因，心脏向左会有0.75~1.5英寸（1.9~3.8厘米）的偏离，这可被用于估计躺卧时心尖搏动点的位置。由于老年人骨骼的变化，对于老年人的心脏尺寸估计应该特别注意。

从中线测量心尖搏动点的优点在于可以获得绝对数值，当与身体构造相关时，可以使用绝对数值来确定是否存在心脏扩大的状况，如果扩大，程度如何（见表16.2）。

表16.2　　　　心尖距中线的距离代表不同体重下正常心脏大小的上限[a,b]

体重	≤126lb (57.0kg)	≤150lb (68.0kg)	≤175lb (79.5kg)	≤200lb (90.5kg)	≤225lb (102.0kg)
心尖距中线的距离	≤3½in (8.9cm)	≤4in (10.2cm)	≤4¼in (10.8cm)	≤4½in≤in (11.4cm)	≤4¾in (12.1cm)

[a] 当胸部扩张超过40英寸（102厘米）时，增加10%的限制；当胸部扩张小于32英寸（81厘米）时，限制减小10%。

[b] 轻微心脏肿大：超过正常上限1/2英寸（1.3厘米）。适度的心脏扩大：超过正常上限1/2.5英寸（2.5厘米）。显著的心脏增大：超过正常上限1英寸（2.5厘米）。

临床上通常通过将心尖搏动点与左锁骨管线相关联来估计心脏的大小，心脏正常位置在它的内侧。如果锁骨中线能被精确绘制的话，那么就能准确测量心脏尺寸。实际上从未做过这样的事情，因为这种方式报告的心尖搏动点或左心脏边界的位置通常缺乏精确度，在人身保险的体检中并不建议使用它。正常情况下，心尖搏动与中线之间的距离在体重轻的青少年为2.75英寸（7.0厘米），在体重很重的男性为4.5英寸（11.4厘米）或稍高一些。当心尖搏动点的位置与申请人的重量之间似乎存在一些差距，应该说明其与男性乳头线之间的关系。如果心尖搏动点距锁骨中线的距离为4.5英寸（11.4厘米）或者更多一点，可能不会放大心脏，只要它在左侧乳头线中间或内侧，但如果是位于内侧，则肯定会放大心脏，如果最大的搏动是发生在第六肋间，那么会放大更多。在超动力心脏中，心尖搏动点有时向左远离实际位置 0.5 英寸（1.3 厘米）或更多，会导致实际上没有心脏扩大的症状但会产生心脏扩大的假象。

特征

左心室肥厚（通常继发于全身性高血压、主动脉狭窄或肥厚性心肌病）剧烈推挤心尖搏动也可能伴有可触及的第四心音。

更精确的确定心脏大小的方法是通过远摄或放置在受试者胸部 2 米外的 X 射线管来测量。如果需要评估特定的心血管问题，或者当受试者保险金额很大时，保险公司也要求将其作为一部分常规的医疗检查。左右心室壁的厚度还有左心室肥大的程度都可以通过超声心电图来进行准确估计。

听诊

尽管有时解释体征并不简单，但仅仅为了记录心脏听诊的结果，并不需要心脏科专家充当体检医师。这并不一定会降低报告的价值，只要这些调查结果能被真实记录即可。

当然，在解释健康的心脏的声音，甚至是一些较为严重的瓣膜缺陷的杂音时，如二尖瓣狭窄的收缩期前杂音和舒张期中的隆隆声，主动脉瓣狭窄时粗略的基底收缩中期杂音和震颤，或主动脉瓣关闭不全的舒张早期杂音时，应该没有困难。另一方面，一些杂音是非常难以解释的，特别是收缩期的杂音，自心脏听诊首次实施以来，这一直是诊断的盲点。正是这种杂音导致了承保（和临床实践）中的最大困难，医学检查员所提供的信息太少。当心脏杂音被描述为"心尖收缩期杂音"时，医生会建议他的保险承销商做什么？大多数收缩期杂音实际上不是器质性心脏病而是功能性的，尽管从长期死亡率的角度来看，其并不总是良性的，这取决于造成杂音的功能性障碍的性质。另一方面，就心脏本身而言，具有有机基础的收缩期杂音几乎没有血液动力学意义（例如由于动脉粥样硬化和扩张的主动脉扩张超过正常瓣膜而引起的中枢性射血杂音）。

一些设计合理的医疗报告表格都会有一个心脏问卷调查表，可以在相应的框中迅速勾选出杂音的重要特征，也可以在前胸图上描绘出心尖搏动点和杂音区域，帮助 CMO 评估杂音的一些重要特点。下面列出收缩期杂音的一些重要特征。

- 听到杂音的区域和最大强度点。
- 杂音的强度或响度。
- 杂音的时间，无论是在收缩早期、晚期或中期持续较短时间，还是在第一次声音之后和进入第二个声音全收缩期持续较长的时间。
- 杂音产生在左侧腋窝还是右侧锁骨上方，还是其他地方。
- 杂质的性质，无论是软、细还是粗，以及是否为低音、中音或高音。

尝试去估计收缩期杂音的响度或强度是很重要的，因为有关损伤的研究结果显示，杂音越大死亡率越高。莱文[8]于1933年提出的根据强度对收缩期杂音进行分级的系统，对于承保非常有帮助，并且易于使用（参见表16.3）。应该记录杂音的强度：1级（6级）或3级（6级）或者1/6级或3/6级。

表16.3　　　　　　　　心脏收缩期杂音的强度分类（莱文之后）[8]

级别	强度	意义
1	仅听得到	几乎总是微不足道
2	弱很容易听到	很有可能微不足道
3	弱到适度	取决于其他数据
4	大声	表示心血管
5	很大声	或大或小的疾病
6	不用辅助就能听到	

四分度量表分级是另一种在临床医生中很受欢迎的杂音分级系统；在人寿保险报告中使用时，其分类等级应始终根据标准合格化［例如2级（4级）或2/4级］，以将该分类系统与莱文分类系统区分开来。收缩期杂音定时提供了一个诊断病因的有价值线索，所有收缩期杂音可分为三种主要类型：

1. 由主动脉或肺动脉瓣和心室流出的血液向前流动引起的收缩期射血杂音。

2. 由于通过受损瓣膜从心室向心房反流，或通过心室间隔缺损或动脉导管未闭合的左右分流引起的收缩期杂音。

3. 由于二尖瓣或三尖瓣反流引起的收缩期杂音，其后如果有收缩中期喀喇音，那么这往往是二尖瓣脱垂的标志。

收缩中期喷射性杂音逐渐增强，并且总是在第二个声音之前结束。这些杂音是由以下条件下血液紊流引起的：

- 瓣膜或流出道狭窄
- 通过瓣膜后射血速度增加
- 无狭窄的瓣膜损伤
- 瓣膜上血管的扩张
- 这些因素的组合作用

血液回流收缩期杂音通常是全收缩期听诊，并且是由收缩期内来自腔室或血管的血液流过时的压力高于流入的血管或腔室引起的。除了在明显的心脏病患者中出现的功能性三尖瓣功能不全外，收缩期的杂音基本都是由于器质性或结构性心脏病引起的。完全收缩期杂音几乎总是在由左心室流出道或右心室流出道中出现流动杂音产生的。心脏杂音产生的物理原理已经由里瑟姆（Leatham）[9,10]阐述了，并与Popp[11]发现的多普勒超声心动图有关。

当有风湿热病史的时候，休息时听见的心脏杂音似乎是正常的，申请人应该在运动和侧卧时分别测量一下。这种简单的操作，有时会引起不明确的轻微二尖瓣狭窄。当在心脏周期内增加的强度能更准确地定位时，这种技术还可以区分澄清杂音和在休息时难以估计的增强的心脏声音。

无论是功能性还是有机性心脏杂音的解释，都是体检医师的问题。即使有疑问，如果临床症状已经按建议描述完整的话，主任医生仍然能够进行解释，因为他们通常将具有附加信息的优势，比如以前的临床报告、心电图、胸片和超声心动图。正常的超声心动图研究将证实临床上可疑的杂音是功能性的，可以忽视。

对周围血管的检查

如果临床病史无特征，检查会简单直接，不需要对外周动脉系统进行微小的检查；检查一两个要点通常就够了。已经提到对桡动脉和肱动脉的脉搏的检查和血管壁的状态的评估，并且在腹部常规检查时应始终检查肱动脉脉动。血压升高的年轻人桡动脉和肱动脉搏动大幅度减少和延迟的原因可能是由于主动脉缩窄引起的，以前曾因为一个简单的临床征兆偶然发现过一个未确诊的病例。踝关节脉搏的检查困难且耗时，不需要作为人身保险检查中的例行程序进行，除非有病史提示间歇性跛行，或如果股骨脉搏振幅不一致，或当四肢常规检查时发现一条腿比另一条腿明显寒冷。虽然这些检查没有被专门要求，但是在所有情况下都是最好的选择。这提供了关于血管系统状态的有价值的信息，特别是当存在高血压或当在尿中发现葡萄糖或蛋白质时。当有疑似神经系统异常时，这也是检查的重要组成部分。

在描述动脉硬化病例时，可以使用 Keith 等人推荐的基底外观分级（见表16.4）。[12] 或者，可以简单地描述血管的状态，比如是否存在出血、渗出物或乳头水肿的情况。

表 16.4　　　　　　　　　　　高血压视网膜病变的分类

级别	特性
I	小动脉狭窄，口径不同，光线反射增强
II	小动脉管径进一步缩小和小动脉交叉处静脉收缩
III	渗出物和/或出血的增加
IV	视神经乳头水肿

当存在静脉曲张时，需要注意的主要问题是曲张的分布（无论是大腿还是膝盖以下，或者两者都有）是轻微的、中度的还是严重的，以及是否有证据证明是原有的血栓性静脉炎或近期的血栓性静脉炎、静脉曲张性溃疡或湿疹或水肿。水肿的存在应引起检查者对充血性心力衰竭（如增加的颈静脉压OVP、肝肿大和啰音）体征的关注，观察这些症状是很有帮助的。然而，保险申请人出现充血性心力衰竭症

状并不常见。

呼吸系统

在进行胸部检查之前，应先进行颈部结构检查，注意淋巴结或甲状腺增大的现象，并确定胸骨上切迹气管的路线。准确测量胸部最大扩张幅度的重要性前文已经进行了强调。检查后，手应轻轻地在胸壁上移动，寻找任何异常肿块，特别要注意腋窝。应注意胸部畸形，这些通常是由于先天性畸形，例如漏斗胸、鸽形胸（单侧或双侧）或脊柱后凸畸形引起的。当存在这些畸形时，应该说明其程度（无论是轻度的、中度的还是严重的），特别是由漏斗胸引起的心脏和纵隔的位置变化是否存在。肺和胸膜的体征应以通常的方式报告，并且说明其与正常情况是否有任何偏差。腹部检查遵循临床实践上常规的程序即可，但应特别注意肝脏和脾脏的状态，因为造成这些器官扩大的大多数疾病对长期死亡率和发病率都会有非常显著的影响。

肝脏

根据大多数权威人士的说法，在平静呼吸状态下，正常的肝脏不能被触诊，即使在深呼吸的最高点，肝脏也很少能被触诊到。Bearn 和 Pilkington 对 200 名年龄在 18～24 岁的健康年轻成年人（100 名男性和 100 名女性）的腹部进行了检测，以找出哪些结构可以被感觉到，以及多久被感觉到一次。[13] 在呼吸的最高点，少数几个观察者可以感觉到只有两个男性和 11 个女性的肝脏，所有这些肝脏的边缘都是柔软的，而且界限不清。当然，这些发现并不一定适用于老年人。当可以触摸到肝脏时，医务人员必须报告它是在安静的呼吸状态下还是在深度吸气时。肝脏的一致性也应该说明（无论是软的还是硬的），以及边缘是不明确的还是尖锐的。最重要的是，肝下缘下降到乳头线右肋缘以下的距离应该被测量并记录在报告中。有时候一个简单的图表显示肝脏增大与肋下角和脐之间的关系是非常有助于可视化的口头报告的。

脾脏

正常的脾脏在深呼吸中不能被触诊出来，如果可以感觉到的话，应该使用与肝脏相同的报告程序（例如"脾脏的尖端在深呼吸中容易触诊到"，在深呼吸时被触诊到在左下肋缘 3 厘米处，在安静呼吸状态下则位于左侧肋缘下方 6～8 厘米处）。脾脏的一致性也应该加以说明。通过这样的报告，将有关脾的大小和其他状况的精确信息传达给医生。当有消化不良的病史时，应该尝试通过胃、幽门部、十二指肠或胆囊深触诊引发触痛。最常见的压痛点通常位于脐部右侧和下方，是十二指肠第一部分的表面标记。如果明确有消化不良史，那么至少可以推断有活动性溃疡、十二指肠充血和过敏。

疝气

如果在检查中发现疝气，要注意它存在多长时间、突出的大小和程度，以及它是否容易缩小。只有当疝气处于无法遏制的情况下，才考虑立即进行手术矫正。

直肠

在人寿检查报告中不将直肠检查作为常规检查，但是当出现直肠癌病理学、尿路梗阻或肿瘤不明原因的症状或体征时，应当立即进行直肠检查。由于人寿保险现在认为这种症状在老年人中存在的频率更高，因此对60岁以上的人进行直肠检查是很明智的。

泌尿生殖系统

泌尿生殖系统中的几个特点需要特别注意。前面已经提及在可疑情况下对前列腺的指诊法，阴囊内容物的检查应该作为常规检查进行。如果发现阴囊积水，应该记下它已经存在多久，如果是最近发生在年轻的男性身上，那么它可能是下睾丸肿瘤的迹象。另一方面，多年存在的阴囊积水可能是良性的。报告中应始终注意未下降的睾丸可能发展为癌前期病变。扩大、增厚或钙化的附睾可能是过去结核性感染的唯一临床证据，当从整体上看临床图像时，它是有价值的证据。例如，如果证明存在持续的蛋白尿，那么结核病破坏肾脏而引发的可能性是很大的。对于女性申请人，应检查存在病理史的乳房，检查记录上的肿块或手术伤痕的性质。另一方面，在人寿保险的日常检查中不应该进行骨盆检查，应该记录明显的月经失调，如闭经，以及最近的涂片检查结果。应收集有关以前怀孕或流产的信息，包括最后的日期，以及是否有并发症，如妊娠毒血症或需要剖宫产的病症。如果申请人在检查时怀孕，应对孕期进行估计。

尿检

尿检样本必须经常验证；如果申请人是男性，则应在审查员在场情况下验证通过。如果某些检查者紧张，该样品可以在临近房间或者洗手间采集，考官必须确信尿液是申请者本人的。除非是特别要求的情况下，否则不接受以瓶中待检尿样作为早期标本。

一些需要重点观察的异常成分包括蛋白质、葡萄糖和血尿，本节末将介绍这些测试方法，应记录下尿中的任何异常特征。男性尿液中加入少量的乙酸或微微加热后变浑浊是不正常，指示可能有脓杆菌。然而，如果这些现象是在女性的非导管标本中发现，通常是可以忽略的，只要它较轻微并且不存在蛋白质尿。异常的颜色，或者是散发荧光的尿可能是由于制造糖果和糖果所使用的染色剂或药物的原因导致的。如果在检测室检查中发现尿液中存在异常成分，可能需要进一步的测试，包括由临床病理学家进行的显微镜检查，以帮助澄清原始发现的意义。在北美，如果发现异常成分或者存在血压问题,或者保险金额超过一定量,保险公司习惯于让检查医师将尿液样本送到总公司进行全面分析。检测尿液中尼古丁和非法药物的专门实验室检则是非常有用的,在某些情况下可能被要求进行此项检查。但筛查尿液中是否存在诸如口服抗糖尿病药物、利尿剂等的作用存在争议。[14]当在尿液标本中发现蛋白尿并且申请人年龄在30岁以下,应该在早上起床以后立刻进行尿液的重新测试,以保证直立性蛋白尿的相对良性状态不被忽视。

人体尿液检查中所要检查的项目包括蛋白质、糖和血液。这些测试很容易通过试纸法进行,根据试纸颜色的变化加以判断,颜色越深,被检物质的浓度越大。如果试纸接触尿液后以正确的间隔进行记录的话,所得测试结果就是准确的。表16.5是每个测试的示意图,显示了每种物质的浓度和等效的"+"符号。

表 16.5　　尿液中蛋白质、葡萄糖和血液的检测显示每种物质的浓度和相应的"+"符号

蛋白质							
无	微量	+	+ +	+ + +	+ + + +		
<10	10	30	100	300	2 000	mg/dl	
葡萄糖							
无	微量	+	+ +	+ + +	+ + + +		
	5.5	14	28	55	>111	mmol/l	
	0.1	0.25	0.5	1	>2.0	g/dl	
血液							
无	微量溶血或非溶血(斑点)	+	+ +	+ + +			
0	to 10	to 25	to 80	to 200		rbc per ul (cmm, mm^3)	

如果将尿液样本送到实验室,则可以使用分光光度分析法,通过使用3%的磺基水杨酸作为浊度剂进行更加精确的蛋白质浓度测定。

对红细胞的显微镜检查最精确的是在未离心的尿液中进行,将少量的红细胞转移到 Kovaslide (或类似的) 计数室,结果为有多少红细胞/μl (cmm, mm^3)。大多数实验室会认为任何数量的红细胞大于5都是不正常的。另一种计算尿液中红细胞的方法是离心尿液。用离心分离法分离出已知体积的尿液,并重新生成沉淀物。然后在显微镜下观察,结果以 rbc/hpf 表达。超过4个 rbc/hpf 将被视为不正常。

中枢神经系统

膝盖和脚踝的深反射是大多数人身保险检查报告要求的,但如果有其他明显异

常体征，或有神经系统疾病的病史，报告应予以详述。例如，如果先前有眼球后神经炎、复视或多发性硬化症病史，报告应描述有关该疾病的典型症状是否存在（例如讲话含糊不清，眼球震颤，意识震颤，腹部反射不协调和异常，跖反射和视神经盘）。同样地，当申请人患有脊髓灰质炎、外伤性截瘫或周围神经损伤时，应详细描述任何残留的神经肌肉或感觉缺损，并记录运动或膀胱控制的功能障碍程度。

体格检查

这大概是最重要的观察，是对个性、气质及体质的评估，但是大多数的报告表对于个体通常没有特别要求。毫无疑问这些对未来的健康和长寿都是有影响的，并且与先前已经讨论过的许多体征可能同样重要。行为模式几乎总是与检查结果、个人病史、家庭史和环境背景相一致。

总 结

检查结束之后，需要总结归纳发现的结果，对所发现的偏离正常水平的异常值进行记录（例如，临界血压，胸部扩张少于正常值或存在任何先天性异常）。将理想情况下的参数作为比较的基准，轻微的异常可以被忽视，机体链中的任何薄弱环节需要重视。许多轻微的损害单独判断时可能没有特别的意义，但综合考虑，它们一起出现导致的额外死亡率则可能很明显。省略对没有异常体征个体的体格检查是错误的，健康的部分和不健康的部分都应该给予关注，因为一份完整的空白报告可能会引起对人寿承保商的怀疑，认为检查进行得很草率，或没有对一些组织进行检查。对检查结果聪明的评论是，无论是平均水平还是超出平均水平，都应该记录，以表明医务人员完全了解医学检查的原则。由于人寿业务中有很大一部分是非医疗性质的，大多数被要求去体检的申请人都有一些缺陷或疑似症状，需要仔细评估。因此，体检不能被看作是一项纯粹的例行工作。对于一些习惯于处理更严重的病理问题的医生来说，在人寿保险的检查过程中产生的许多所谓的缺陷似乎微不足道，然而，它们对于寿命的长短可能有着独特的意义。预后是一门艺术，它不仅可以从长期的经验中获得，还可以从对大量数据的关注中获得，有些人认为这些数据并不重要，这些数据是从患者完整的临床档案中获得的。用于人身保险的医学检查形式非常适合于检测这些微小的偏离平均值的偏差，并且可能特别有助于解决临床难题。

当然，对于倾向于在更近的距离观察病人和疾病的临床医生来说，这些优势并不总是很明显，但他有可能错过一些有价值的线索，这些线索通常可以帮助诊断，进行更合理的预后。

▶▶ 辅助检查

在20世纪60年代的北美，由医生进行的医疗保险检查变得越来越昂贵，并且存在延误。1967年，查尔斯博士提出了通过护士或医疗技术人员检查取代医生检查的概念，因此就有了"辅助医学检查"一词。[15,16]显然这些检查费用较低，并且设立在大城市地区的中心圈，目的是让代理人和申请人更容易安排和预约。

最初的想法是进行检查的辅助医护人员记录病史、身高、体重、脉搏和血压，做心电图和肺功能检查，并获得血液和尿液标本。打算用心电图和肺部检查取代医生的心肺评估，血液检查将补充医务人员检查中遗漏的部分。此外，如果因为年龄或其他因素影响，可以进行静息心电图。尽管存在一些限制，在心电图这项技术出现十年以后，这项新的医疗辅助检查被人寿保险公司所接受。由于技术原因，心电图早期使用较少，而肺功能检查很少使用，部分是因为技术上的不一致，但更重要的是医疗承保人不了解这项测试的价值。早期检查中的血液检测并不常见，可能是因为承保人不确定如何将结果应用于风险分类。这些检查也逐渐摆脱在固定地点进行，希望能发展其移动检查的能力，无论申请者是在家庭或办公室以及居住在人口密度较低的地区都可以使用该服务。

到20世纪80年代初，辅助医学检查被广泛使用；有几家大公司提供全国或地区性服务，还有大量的小型企业。其主要问题是质量控制不佳，审查员能力差异很大。当艾滋病对保险的影响得到关注并且对血液病检查的需求大量增加时，获得必要的血液标本就变得特别重要。保险医疗和保险组织，保险公司和较大的辅助医疗公司经过多次活动，使质量控制和亟需的护理人员选拔和培训得到了关注。后来大多数小型业务被大公司并购或破产。现在，大多数在全国范围内经营的保险公司所合作的辅助医疗公司不超过6家，这提供了一个良好、可管理和具有成本效益的服务。

今天，北美80%～90%的保险体检是由医疗人员完成的，医生会继续检查特殊申请和特殊情况（例如有医疗损伤史）。早期怀疑资料提供信息的准确性的情况已经大大减少了。事实上，出现了相反的现象：辅助医疗人员似乎比医生更倾向于编辑病史，因为他们认为这与保险不相关，或者会降低血压。

研究显示，直到20世纪80年代初，辅助医学检查的死亡率和索赔经验明显都是比医师检查更严重的，但从那时起，差异就变得很小。精算师会自1985年以来每年对辅助医学检查与医疗检查结果进行的比较表明，辅助医疗经验在0～19岁时较弱，40岁以上很差，证明了辅助医学检查员在年龄组中的体格检查价值较低，不太可能发现异常。保险公司的主任医生对行业产生了相当大的影响，以帮助实现这些有益的变化。[17,18]

目前正在发生的主要变化是使用电子数据传输，以便更快地将辅助医疗公司获得的信息传递给保险公司。辅助医疗检查人员正在通过电话记录病史，并将其输入辅助医疗公司的计算机，然后将其传输到保险公司的数据库或基于知识的承保系统。体检结果在辅助检查后同样发送。这种数据传输方式将在未来几年继续迅速发展，使用笔记本电脑直接连接到保险公司的辅助医务人员能更快速地传输数据。有一些设施可以让ECGs直接发送给保险公司，有一些设施可以把ECGs直接发送给保险公司，计算机翻译还需要进一步发展，辅助设施的发展还需要更有效地适应保险业成本与服务的需求。

▶▶ 参考文献

［1］Sheldon WH. *Varieties of Human Physique.* New York：Harper，1940.

［2］*Build and Blood Pressure Study* 1959. Chicago：Society of Actuaries，1959.

［3］1951 *Impairment Study.* New York：Society of Actuaries，1954.

［4］*Medical Impairment Study* 1983. Boston：Society of Actuaries and Association of Life Insurance Medical Directors of America，1986.

［5］Mitchell PL，Parlin RW，Blackburn H. Effect of vertical displacement of the arm on indirect blood pressure measurement. *N Engl J Med* 1964；271：72.

［6］Holland WW，Humerfelt S. Measurement of blood pressure；comparison of intraarterial and cuff values. *BMJ* 1964；2：1241.

［7］Wessely S，Nickson J，Cox B. Symptoms of low blood pressure：a population study. *BMJ* 1990，301：362-5.

［8］Levine SA. The systolic murmur. Its clinical significance. *J AMA* 1933；101：436.

［9］Leatham A. Auscultation of the heart. *Lancet* 1958；2：703-8.

［10］Leatham A. Auscultation of the heart. *Lancet* 1958；2：757-65.

［11］Popp R. Echocardiography review. *N Engl J Med* 1990；323（2）：101 and 323（3）：165.

［12］Keith NM，Wagener HP，Barker NW. Different types of essential hypertension，their course and prognosis. *Am J Med Sci* 1939；197：332.

［13］Bearn JG，Pilkington TRE. Organs palpable in the normal adult abdomen. *Lancet*

1959; 2: 212.

[14] Chait LO. Is urine testing worthwhile for insurance purposes? *J Insur Med* 1988; 20, No. 2: 38 – 9.

[15] Bullock DE. Paramedicals – past, present, future. *J Insur Med* 1988; 20, No. 4: 62 – 4.

[16] Reeder CL. The evolving insurance paramedical business. *J Insur Med* 1988; 20, No 4: 65 – 7.

[17] Committee on individual life insurance. Mortality under standard ordinary insurance issues between 1985 and 1986. *Soc of Act Reports* 1990: 9 – 14.

[18] Vale B. Paramedical examinations. *Trans Assoc Life Insur Med Dir Am* 1972; 56: 278 – 82.

第17章 查 体

凯文·萨默维尔（Kevin somerville）

- 背景
- 身体组织结构随年龄变化
- 查体方法
- 流行趋势
- 与肥胖和超重相关的疾病
- 肥胖与全因死亡率
- 作为连续性变量的体质指数
- 死亡风险：对承保的影响
- 大病
- 残疾抚恤金和肥胖
- 体重不足
- 肥胖治疗
- 参考文献

▶▶ 背景

在两千年前的希波克拉底就认识到超重和体重过轻会导致死亡率的增加。[1]然而在1903年美国第一次搜集与体征有关的死亡统计时认为，体重过轻的人比那些超重的人有更高的承保风险，[2]主要是因为这部分群体肺结核的死亡率更高。超重和肥胖的死亡率被大大地忽略了，肥胖不被认为是重要的风险。在20世纪公布的死亡率统计数据以及美国主要的躯体研究，结合各国肥胖率的增加而肺结核病被消除，人们开始重新将死亡风险与肥胖相关联。

许多保险和人群研究都证实了肥胖会导致死亡率增加，会导致包括心血管疾病（CVD）、代谢综合征、糖尿病和葡萄糖耐受不良，以及各种与肥胖有关的癌症发病率增加。在工业化国家，超重和肥胖率的增加以及西化国家饮食习惯的变化，肥胖现在被认为是一种重大的公共健康危害。然而，有关肥胖致病的机制争论仍在继续，特别是肥胖究竟是独立的心血管疾病的风险因素还是全因死亡率危险因素。至少我们已经发现一些与肥胖相关的疾病似乎是通过其他心血管疾病风险因素介导的，其中最重要的是高血压和葡萄糖耐受不良/胰岛素抵抗增加。同时，体重不足也已被证明是老年人的主要健康危害因素，特别是由于减肥造成的。虽然同时罹患多种疾病是许多研究中的混杂的因素，但营养不良确实会导致老年人的发病率和死亡率增加。随着年龄的增加，特别是在 70 岁以后，肥胖对死亡率和发病风险的影响会减弱，在发达社会，体重过轻者的风险其实是最高的。

▶▶ 身体组织结构随年龄变化

随着年龄的增长，人体组织成分也在发生变化。由于肌肉量减少，去脂体重下降，并且大腿和腹部的脂肪会增加。这种现象从刚成年时候开始，至少持续到 75 岁。随着年龄的增长，男性和女性的总体重会增加，一般来说男性会在 60 岁，女性会在 70 岁时达到他们体重的顶峰，此后通常会减少。[3] 虽然与营养不良的影响有关，但身体组成成分的这种变化并不是老龄化的必然结果，因为可以通过运动训练以及良好的营养来扭转。即使保持在"理想"的体重指数范围内，随着年龄增长，体重增长 2kg 的个体发生心血管并发症的可能性也会低于增重 5kg 的个体。[4] 老年人的体重增加似乎并不与死亡率增加有关，但是如果体重下降 5% 或更多，死亡率却会增加。[5] 在发展中国家身体锻炼积极的社会中，身体组织结构随年龄的变化不太常见。

▶▶ 查体方法

原则

肥胖对死亡率和发病率的影响是通过体内过量的脂肪进行介导的。[4] 脂肪广泛分布于整个身体、皮下区域和内脏器官，如网膜、腹内脂肪。多年来已经采用了多种估算身体脂肪程度和分布的方法，但这些不直接测量身体脂肪的措施具有局限性。体脂成分和/或脂肪分布的直接测量，例如采用腹部的 MRI 或 CT 或双能量吸收测定法（DEXA 扫描）价格十分昂贵。我们以人体测量法进行替代测量，例如皮褶厚度、身高和体重、体重指数（BMI）和腹部腰围等指标。尽管有关代谢活跃腹内脂肪风险的研究已经受到越来越多的关注，[6] 但是现在 BMI 在国际上比较通用，并且已经广泛应用于健康风险的测量。腰围［或腰臀比或腰高比（身高）比］是中心肥胖的一种有用的测量方法，尽管在营养不良的老年人群体中可能不太有用，而在临床试验中却很重要。

身高体重表

在 20 世纪的大部分时间里，躯体风险评估的主要手段都是基于身高和体重表。在美国，大都会人寿保险公司（MLIC）的路易斯·都柏林（Louis Dublin）分别根据 1942 年和 1943 年观察到的女性和男性的最低死亡率来制作身高和体重表。[7] 这些表在 16 年后即 1959 年才被《大都会预期体重表》所取代，该表是依据 1959 年体质和血压研究得出的数据编制的。[8] 最新的一张表是在 1983 年编制的，其依据为 1979 年的体质研究数据，[9,10] 然而对 MLIC 表格和所用方法的批评质疑依然存在，即这些表格是否准确反映了最低的死亡风险。1983 年大都会表是基于非标准化方法测量身高和体重，并继续运用任意和缺乏系统性的三类框架分层——小型、中型和大型，是全国健康和营养检查调查 I 研究的肘宽频率分布的数据。[11] 在研究中的一半样本被分配到中等类型，其余部分在重型和轻型框架之间均分。[12,13] 此外，有人提出，尽管已经使用超过 60 年，但 1942 年的表格最能准确地反映最低的死亡率，因为它们是基于较低的理想体重。随着在美国和其他发达国家出现越来越多的超重和肥胖症，这些表格接近理想的体重范围，而不是反映当前北美身高体重的中位数。

早期大都会保险表格中发布的体重被称为"典型"，但由于各种误解，这些术语现在已经被删除，并被"人们具有最长寿命或最低死亡率的体重"所取代。尽管这些权重并未用于承保目的或计算保险费，但这些身高和体重表迅速成为风险评估的基础，并且使用此类表格进行评估准则制定、基于传统的保险体质死亡率研究。为了生成风险评估表，引入了理想身高上百分比或超重等概念。应用这种方法，肥胖定义为超重 20%。尽管身高和体重表有缺点，但这些参数的信息确实提供了对身体习性的估计，并且这种方法提供了超额死亡率风险的评估基础。现在身高和体重表在世界许多地方仍然应用于风险评估。

体质指数（BMI，身体质量指数）

体质指数也被称为克特莱特指数，现在已成为广泛使用的测量体质等级的方法。它以体重/身高来衡量，其中体重以千克为单位，身高以米为单位（体重以磅为单位可以乘以704，然后除以以英寸为单位的身高的平方）。BMI被用作世界卫生组织划分体质等级的基础。[14]

由于不同种族的平均体重和身体结构有所不同，因此有人建议亚洲体重较轻人群使用不同的超重和肥胖分割点。世界卫生组织和国际糖尿病研究所（IDI）为亚洲人群提出了超重和肥胖的单独定义。[15] 这些定义在表17.1中列出。

表17.1　　　　　　　　　　　　基于BMI的分类

肥胖分类	世界卫生组织当前BMI分类	亚洲分类法建议
体重不足	<18.5	<18.5
正常的	18.5~24.9	18.5~22.9
超重	25.0~29.9	23.0~24.9
肥胖分类		
Ⅰ	30.0~34.9	25.0~29.9
Ⅱ	35.0~39.9	>30.0
Ⅲ（病态肥胖）	>40.0	

对于身高1.8米（近6英尺）的人来说，体质指数为25、30和40（病态肥胖）分别对应81公斤、97公斤和130公斤（178磅、214磅和285磅）的体重。在BMI为23、27.5、32.5和37.5的情况下也提出临时"对应点"，因为在大多数基于人群的研究中，与BMI相关的死亡率和发病风险呈指数增长而非逐步增加。

BMI指数的优点是能提供统一的度量；但是，它是一种复合度量，因此可能会被错误计算。与身高和体重表一样，尽管直接在中老年人身上测量时，身体质量指数和体脂肪量含之间存在良好的相关性，但单个BMI数据提供了有关身体体型或组成的有限信息，包括脂肪与去脂体重。然而，去脂体重随年龄的变化意味着在老年人群体中的相关性很差。种族差异意味着在远东需要不同的风险标准。胰岛素抵抗是糖尿病和心血管疾病的风险因素，也是世界卫生组织关于代谢综合征定义的基础，其与腹部脂肪水平相比，与BMI指数相关性更好。[16]

人们普遍认为，随着发达国家（远东较低）的BMI指数从22~24开始增加，男性和女性的死亡率都会增加。这种现象会随着年龄的增加而衰减，部分原因是由

于幸存者效应。然而，随着 BMI 指数接近 40，死亡率会继续急剧上升。[17,18]

腹部肥胖（腰围测量）

由于腹内脂肪与胰岛素抵抗和癌症风险相关，人们越来越关注对腹部脂肪的测量。这可能会提供一种比 BMI 指数更好的方法来评估超重和肥胖对发病率和死亡率风险的影响。[19,20]由于内脏脂肪的直接测量需要诸如 MRI 或骨质疏松测试（DEXA）扫描等精密仪器，现在已经提出了诸如腰围、腰臀比和腰部至身高（身高）的简单方法来估计腹部脂肪。美国国立卫生研究院提出的男性腰围 > 102 厘米（ > 40 英寸）、女性腰围 > 88 厘米（ > 35 英寸）的患者会导致风险的增加，这些都已被纳入美国国家胆固醇教育计划（NCEP）对代谢综合征的定义。[21]世界卫生组织对腰围采用较低的临界值（男性为 94 厘米或更高，女性为 80 厘米或更高），因为上述水平进一步增加了心血管疾病的风险和胰岛素抵抗。建议在印度次大陆和远东地区使用较低的腰围。

腰臀比（WHR）能提供关于身体体型的信息，并且是内脏脂肪的有效直接测量方法。由于皮下脂肪的代谢活性低于内脏脂肪，所以梨形体型（分别指男性 WHR≤0.95 和女性 WHR≤0.80）心血管疾病发病的风险低得多。相比之下，在苹果型体型中，内脏脂肪占有相当比例，较高的腰臀比与胰岛素抵抗和 2 型糖尿病风险增加都有关系。南亚人群，尤其是那些迁移到发达国家的心血管疾病患者的增加，都将其归因于这种腹内肥胖症的高发病率。[22]

其他身体成分的测量

缺乏良好的长期发病率数据，测量皮下脂肪的皮褶厚度是不可靠的。密度测量法和 DEXA 是身体组成成分标准的测量方法，但与 BMI 指数或腰围比的效用相比，其价格昂贵并不具有成本效益。MRI 指数和 CT 提供身体组成的可靠评估，但也不具有成本效益。

使用哪种测量手段？

直接定量测量内脏脂肪的方法是首选，但昂贵且耗时。腰围比和腰臀比很容易测量，与 BMI 指数和身高体重表相比，与心血管疾病风险和胰岛素抵抗密切相关。但是目前规范性数据较少，长期死亡率和对大样本人群的发病率研究结构均不可用。BMI 指数目前已被广泛采用，并且临床文献中已报道了规范性数据和许多大型纵向死亡率研究。尽管 BMI 指数是一项复合测量，但是因为各民族群体的分割点不同，腹部肥胖的测量能更好地反映了心血管疾病的风险。身体质量指数与腹内脂肪的相关性适中，其增加可以量化反映的死亡率和发病风险。目前 BMI 指数为风险评估提供了一个合理的基础，但腹部脂肪测量可能最终取代 BMI，作为评估与肥胖相关的发病率和死亡风险的首选方法。体重和身高表提供了身体尺寸的整体图像，但除了儿科以外，在临床实践中并未使用，在北美以外的人群的规范/风险数据不可用。除了 BMI 之外，腰围的使用还可以帮助识别那些高风险的心血管疾病或其他心血管疾病风险因素。[23]

▶▶ 流行趋势

不管是在发达国家，还是发展中国家，肥胖都被认为是主要的公共卫生问题。即使没有采用不同的（较低的）BMI 标准来为体格较轻的种族群体制定标准（如亚洲人），发展中国家的肥胖率也呈上升趋势（见图 17.1）。[24]

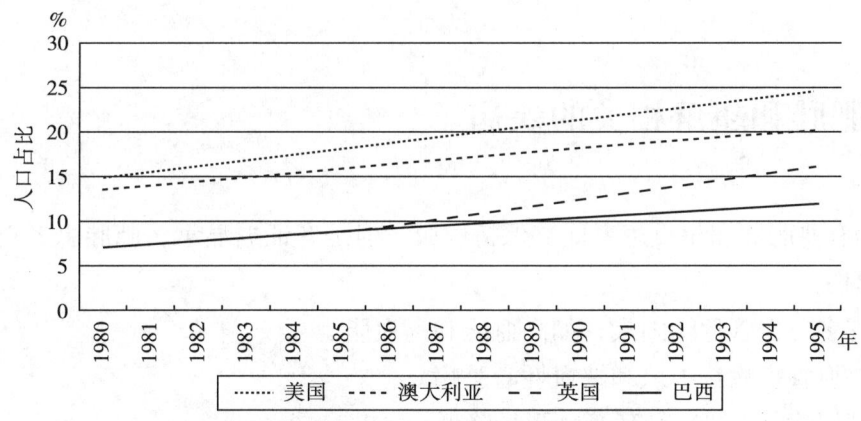

资料来源：数据来自国际肥胖特别工作组。

图 17.1 选定国家肥胖流行的长期趋势

成年人和儿童体重超重和肥胖的增加已经被比作是一种流行病；由于发病率增加，可能会因为未来死亡率的增加压垮整个卫生体系。据估计，在美国每年有 30 万成年人死于与肥胖有关的损伤。[25] 英国下议院健康委员会报告称，保守估计由于肥胖而导致的经济损失每年为 33～37 亿英镑，肥胖和超重造成的经济损失为 66～74 亿英镑。[26] 但是，尽管大多数国家的 BMI 上升，但对长期的死亡率下降没有明显影响。有人提出，如果肥胖率没有上升，观察到的发达国家死亡率改善将会更大,[27]并且美国人的预期寿命改善也将会受到肥胖率增加的不利影响（见图 17.2）。[28]

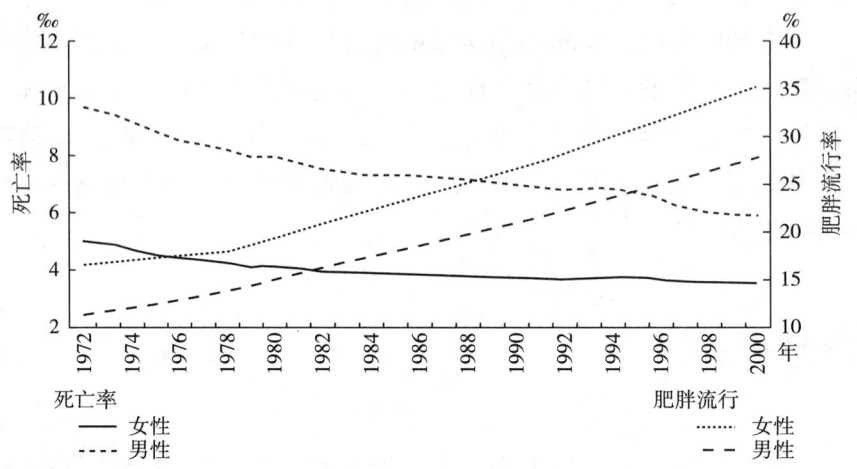

注：死亡率已标准化，以反映典型的人寿保险组合。
资料来源：Eng[27]。

图 17.2　美国年龄标准化死亡率和肥胖患病率（25～74 岁）

▶▶ 与肥胖和超重相关的疾病

虽然有些肥胖和超重患者能够保持健康，但是有证据显示，肥胖患者更容易产生以下损伤：
- 许多心血管危险因素，如高血压和高血脂。
- 心血管疾病：中风和缺血性心脏病。
- 糖尿病（2 型）和葡萄糖耐量降低。
- 代谢综合征。
- 癌症，例如绝经后妇女的食管腺癌、前列腺癌和乳腺癌。
- 脂肪肝和非酒精性脂肪性肝炎。
- 情绪障碍。
- 静脉曲张。
- 胆结石。
- 骨关节病（特别是脊柱、臀部和膝盖）和行动不便。
- 尿失禁。

- 睡眠呼吸暂停。
- 消化系统疾病，包括便秘和胃食管反流。
- 痛风。

这些损伤发生的可能性会随着 BMI 指数的增加而增加。此外，如果需要进行手术（手术后物理治疗也会变得更加困难），并且由于伤害或疾病造成的损伤恢复较慢，也会存在高于正常手术的风险。如果超重，残疾人会更难以援助。病态肥胖者的医疗支出几乎是正常患者的 2 倍。[29]抑郁症在肥胖症患者中也更为常见，可能是因为自我意识的增强，对身体形象的不满，以及减肥时所采用的严格措施造成的结果。现在出现很多饮食上的宣传，崇尚纤瘦，对肥胖的歧视越来越多。然而超重可能会有效预防骨质疏松症，肥胖老年人髋部骨折的发生率也会较低。

心血管疾病风险

以体质指数（BMI）衡量超重和肥胖与心血管相关健康问题，包括增加罹患高血压、糖尿病、缺血性心脏病（IHD）和中风的风险。[30,31]在大多数发达国家的研究中，IHD/BMI 风险关系中，BMI 至少为 22,[32]没有更低的阈值，低于此指数，两者之间的关系是不确定的；在 BMI 更低的情况下，风险是否会增加（即 J 或 U 形发病率曲线）也不确定。[30]在 BMI 和中风的研究中已经有类似的发现。[30,33]

维特洛克（Whitlock）等人对 BMI 与 IHD（致命和/或非致命）之间关系的研究进行了 meta 分析。[32]三分之二（包括所有 14 项至少包含 500 例病例）的研究结果都呈阳性或 J 形关联。虽然存在相当大的异质性，但据估计，BMI 指数的增加会导致总体 IHD 相对风险为 1.14/每 $2kg/m^2$。在亚太队列研究结果中发现更高的 IHD 风险估计值。[30]亚太队列研究合作（APCSC）发现通过调整收缩压可将 IHD 相对风险估计值降低三分之一。

肥胖也可能与缺血性和出血性脑卒中风险的增加有关。[34]在苏格兰进行的 Renfrew/Paisley① 大型研究显示，在进行年龄调整过以后，肥胖男性和女性脑的发病率并没有显著性增加。[35]APCSC 显示随着 BMI 增加，缺血性脑卒中风险增加，但是会随着年龄的增加而减弱。[32]而出血性脑卒中与 BMI 指数之间的关系并不清楚（见图 17.3）。

糖尿病、糖耐量降低、胰岛素抵抗和肥胖

胰岛素抵抗、糖耐量降低和 2 型糖尿病均与 BMI 指数和腹部脂肪增加密切相

---

① 译者注：地名。

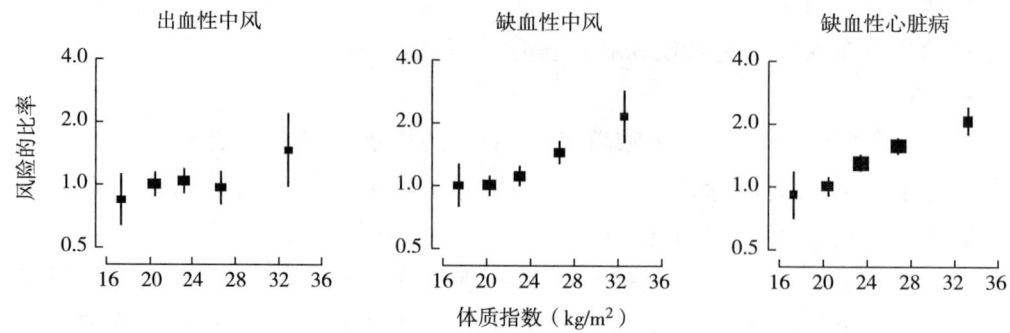

图 17.3 增加 BMI 的特定死亡比率（卒中和缺血性心脏病）

关。[36]包括护士健康研究和健康专业人员研究在内的研究都表明，2 型糖尿病中肥胖的归因风险高达 80%。[37]如通过用 BMI 或腰围来测量，在没有增加腹部脂肪和脂肪超重/肥胖的情况下，胰岛素抵抗是很不可能发生的。BMI 指数和腰围现在均已纳入用于代谢综合征的诊断标准。代谢综合征、[36,37]葡萄糖耐量受损和 2 型糖尿病是主要的心血管危险因素，[38]并且可以部分说明部分肥胖患者的心血管疾病患病率上升的原因。减肥可以降低胰岛素抵抗风险，并且也是治疗的基础。

肥胖是独立的心血管疾病致病因素吗？

在控制 CVD 其他风险因素，如葡萄糖耐量降低、吸烟、血压和胆固醇的部分研究中，有人认为，BMI 指数增加的部分或全部影响是通过其他已确立的常规危险因素而介导的；因此，如果已知这些因素，那么可以降低随 BMI 增加而导致心血管疾病上升的风险。弗雷明汉（Framingham）和 SCORE 心血管危险因素评分系统都没有使用任何的身体测量指标。吸烟和肥胖的组合影响会显著增加 IHD 风险。[39]然而，肥胖似乎对患病风险会有额外的影响。APCSC 研究表明，将胆固醇加入到他们的心血管疾病风险模型中，增加 BMI 指数并不会改变 BMI 和心血管疾病之间的风险关系。相比之下，将收缩压（SBP）纳入 APCSC 风险模型则具有调节作用。如果 SBP 被纳入模型，那么给定 BMI 的卒中风险就会减弱 2/3，IHD 的风险降低三分之一。在英国地区心脏研究也有类似的发现。当 BMI 高于 27 时，BMI 与总胆固醇的关系达到顶点（即 BMI 的进一步升高与总胆固醇的升高无关），而 SBP、甘油三酯和 HDL 则没有。

超重、肥胖和癌症风险

超重会增加一些癌症的发病率。[40]这些与 BMI 有关的癌症包括：肾癌、子宫内膜癌、结肠前列腺癌、胆囊癌、胰腺癌、食道癌（腺癌）和绝经后妇女的乳腺癌。男性罹患肝癌的风险也在增加。[41]

癌症预防研究纳入了超过900 000名平均年龄为57岁的样本，研究旨在调查BMI与癌症死亡率之间的关系。研究发现与体重指数在正常范围内的患者（BMI：18.5~24.9）相比，BMI指数为40或更高的患者的癌症死亡率男性和女性分别为1.52（95%可信区间为1.13~2.05）和1.62（1.40~1.87）倍。对于从未吸烟的女性来说，BMI达到40的癌症死亡率的相对风险（RR）为1.88（1.56~2.27），对于不吸烟的男性，BMI达到35~39.9的癌症死亡率的RR为1.31（1.01~1.70）。不吸烟男性总体相对危险度BMI每单位增加1.1，不吸烟女性为1.05（基于中点分析）。所有因癌症导致的死亡案例中，并且可以归因于超重和肥胖的不抽烟人群中，50岁及以上成人中男性约占14%，女性约占20%（假设有因果关系）。

对于肺癌，BMI增加似乎有保护作用，但这种关系会受吸烟影响。吸烟者BMI指数较低，在排除吸烟者以后，分析发现BMI增加可能存在的保护作用消失。与此相反，限制对非吸烟者的分析发现，癌症诸如食管癌和胰腺癌引起的死亡风险会增加。

有限的研究发现腰围增加会导致结肠癌和绝经后乳腺癌患病风险增加。[42]尽管在模型中包含BMI的乳腺癌风险大大减弱，[43]风险评估通过增加腰围和腰臀比来增加。

▶▶ 肥胖与全因死亡率

保险研究

1979年体质研究

基于体质研究大型保险结果表明，全因死亡率随着身高增加（身体质量指数增加）而增加。最近一次进行的"1979年体质研究"纳入超过400万份北美人寿保单持有人的死亡率数据，平均随访时间为6.6年，死亡人数超过10万。使用根据身高偏离的平均体重，而不是BMI。男性平均BMI为25，女性平均BMI为22.7，这些平均BMI_s可以用作BMI指数（或参考点）进行推导（见表17.2）。

表 17.2　1979 年的体质研究体重不足和超重以及死亡率的相对增加

男性		
体重不足的百分比	大致相应的 BMI（BMI 平均为 25）	额外的死亡率风险
−25% ~ −35%	17.5	17%
−15% ~ +15%	20 ~ 27.5	—
+15% ~ +25%	30	17%
+25% ~ +35%	32.5	30%
+35% ~ +45%	35	39%
+45% ~ +55%	37.5	68%
+55% ~ 65%	40	86%
女性		
体重不足的百分比	大致相应的 BMI（BMI 平均为 22.7）	额外的死亡率风险
−25% ~ −35%	16	28%
−15% ~ −25%	18.1	11%
−5% ~ +45%	20.4 ~ 31.8	—
+45% ~ +55%	34	31%
+55% ~ 65%	36.3	40%

这项研究的年龄分布为 15～69 岁。15～39 岁和 40～69 岁年龄组的比较显示，年轻组肥胖者超额死亡率较高，年老组体质偏瘦者死亡率较高。

林肯再保险公司[44]和瑞士再保险公司的研究也证明了全因死亡率在增加。2001 年的研究使用林肯保险公司的 BMI 指数来调查体质和死亡率之间的关系，发现了 U 形死亡率曲线。正如在美国癌症研究中发现的那样，男性非吸烟者的死亡率和 BMI 变化之间的分级关系最强（见图 17.4 和表 17.3）。

表 17.3　被保险者男性的 BMI 死亡率　　　　单位：%

		男性：年龄范围：死亡比率			
	BMI 范围	全年龄人员	18～39 岁	40～59 岁	≥60 岁
所有人	<19	1.18	1.08	1.16	1.56
	<22	1.07	1.05	1.02	1.27
	22～24	1.0	1.0	1.0	1.0
	28～30	1.17	1.23	1.1	1.28
	32～33	1.25	1.49	1.21	1.15
	≥34	1.29			
非吸烟者	<22	1.37	1.06	1.69	0.94
	22～24	1.0	1.0	1.0	1.0
	25～27	1.18	0.91	1.37	1.08
	28～30	1.23	1.17	1.45	1.02
	31～33	1.68	1.67	1.84	2.23
	≥34	1.84			

资料来源：Murali & Ivanovic。[44]

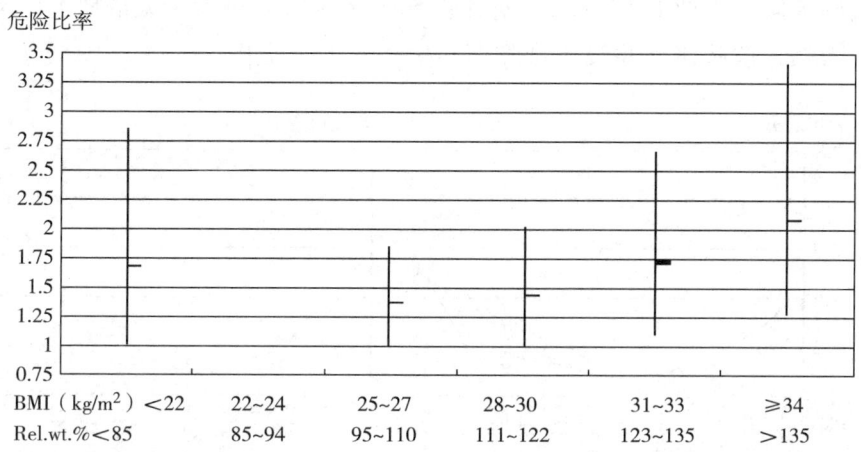

图 17.4　男性不吸烟者的危险比率（Murali & Ivanovic[44]）

临床研究

美国癌症研究分析了 100 多万名新兵的全因死亡率，以进行癌症预防研究。[45] 其他因素（如吸烟、年龄和疾病史）可能与死亡率相关，将与高或低 BMI 指数相关风险因素考虑进去，我们观察到 BMI 在 22～25 的范围内癌症死亡率最低，具有 J 形死亡率曲线，高于此范围的癌症死亡风险会增加（见图 17.5）。

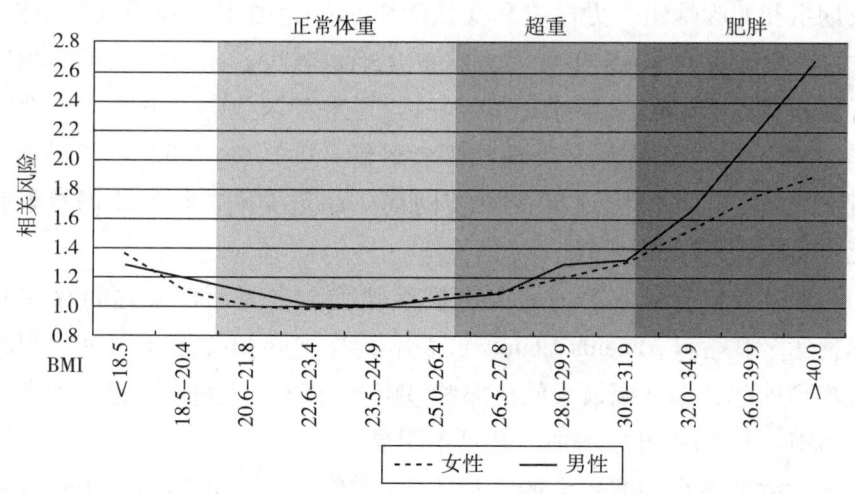

图 17.5　美国癌症研究科尼等人[18]通过 BMI 计算的相对死亡风险

作者对他们的数据进行了二次分析，排除了吸烟者和已经患病的患者，发现这两组死亡的相对危险性是最高的。这对于投保人的投保具有重要意义。由于投保人比一般人群健康，因此 BMI 的增加对死亡率的相对影响将大于人群研究结果的风险估计值；当然，这些研究并没有排除那些生病的人（见图 17.6）。

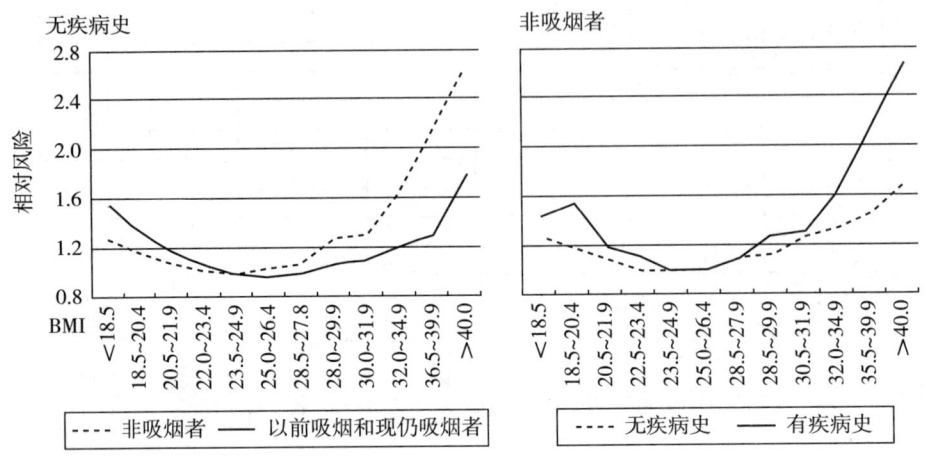

图 17.6　科尼等人[18]通过 BMI 计算的白人男性的相对死亡风险

一项对弗雷明汉研究的分析表明，[46]参与者在进入研究阶段时年龄在 30~49 岁，并被跟踪了长达 40 年，他们的死亡率风险与美国癌症研究所观察到的相似。这些研究的参与者都不知道心血管疾病，而那些 BMI < 18.5 的人被排除在外。其中一些是糖尿病患者，84% 有高血压记录。但对高血压的调整没有一致或显著的效果（定义为 > 160/95）。

在吸烟组和非吸烟组，男性组和女性组中，都会由于肥胖导致期望寿命减少；4 个组别的寿命损失在 6~7 年（注意这些是绝对减少；由于吸烟者的预期寿命比非吸烟者低，所以非吸烟者相对减少更多）。超重者期望寿命下降在女性非吸烟者中最高 [3.08（1.3~5.11）]，女性吸烟者最低 [0.2（-2.82~2.39）]。在 30~49 岁时肥胖的人，通过减肥到 50~69 岁时属于超重类别，与那些仍然肥胖的人有同样的死亡风险。

然而，并非所有基于人群的研究都显示肥胖与全因死亡率之间存在明确的关系。阿尔梅达·孔蒂（Almeida County）表示，与肥胖相关的死亡风险很小，在该研究中观察到的死亡率增幅最大的是那些 BMI < 18.5 的人群。[47]肥胖患者调整的危害比仅在 BMI > 35 的人群中增加，并且不明显。

全因死亡率似乎在腰围较大的人群中有所增加。在 10 年的随访过程中，在丹麦中年人当中，腰围增加 10%，死亡率高出 1.48（95% CI 1.36~1.61）倍。[48]本研究中，腰围提高了 BMI 的解释力。然而，在其他研究中，例如对加拿大 10 000 多名受试者进行为期 13 年的随访研究发现，脂肪分布指标如腰围并未增加 BMI 指数对女性死亡率的预测能力，尽管预测能力在男性当中有所提高。[49]

作为连续性变量的体质指数

体质指数（BMI）在一般人群中大致呈正态分布，但在大多数发达国家中，存在右偏。图17.7摘自2004年APCSC研究，显示了亚洲和澳大利亚人口身体质量指数的分布。

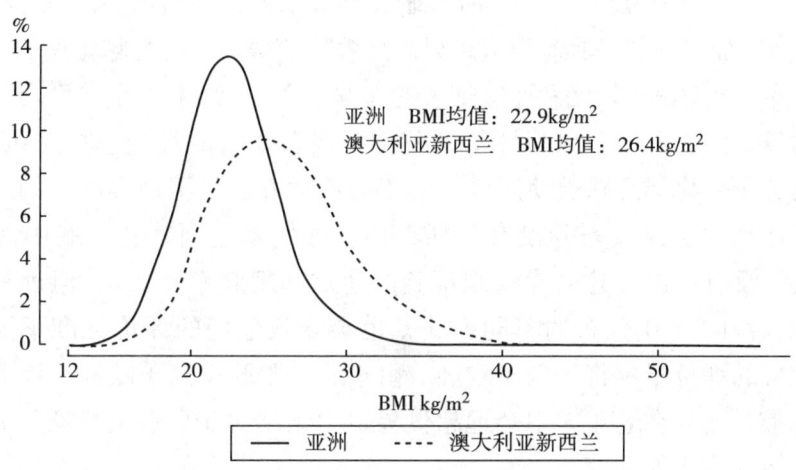

图 17.7　APCSC 研究：亚洲和澳大利亚/新西兰的 BMI 分布

这些人口数据表明，在发达国家，有相当大比例的肥胖人群；但在亚洲国家，BMI 分布左偏。如前所述，尽管没有设定超重和肥胖的绝对界定水平，但建议亚洲人群的标准为超重（BMI 22~25）和肥胖（BMI 26~31）。然而，由于在亚洲和世界其他地区的人群中，投保人和普通人群的 BMI 分布都较广泛，世界卫生组织对于超重和肥胖分类与风险分类存在有限的相关性。由于人寿保险的定价通常在标准费率的基础上会包括 90% 的投保人。在美国，投保人群有超过 25% 的肥胖，因此设置 BMI 的风险等级阈值高于 30（世界卫生组织设置的肥胖临界值）较为适用。但是，这也将取决于定价假设。近期肥胖率的上升最终会对死亡率造成不良影响也是推测性的。如果确实如此，那么可能会导致收紧风险定价。相比之下，远东地区的人群需要不同的 BMI 和腹部脂肪指标的评级阈值，在南亚也需要进一步修改。对南印度的一项调查显示，测量 BMI、腰围和腰围与臀围之比，用来评估糖尿病风险，与西方人群的数据相比，该人群三个参数的分布均较低[51]。他们建议男性腰围为 85 厘米，女性为 80 厘米；NCEP 的建议为男性 102 厘米，女性 88 厘米。在用 MRI 确定腹部脂肪的中国人群时提出了更高的临界值（男女各为 90 厘米）。[52]

死亡风险：对承保的影响

肥胖是与心血管疾病和相关癌症风险增加的少数风险因素之一。全因死亡率与 BMI 指数之间关系的风险评估范围很广，研究也存在混杂。

潜在的混杂因素包括研究人群、肥胖率的长期变化、血压水平、吸烟、生活方式（包括健康水平）和腹部肥胖程度。所有研究都显示死亡率增加和高低 BMI 都存在 J 形关系，但风险曲线的斜率具有很大差异。随着年龄增加，与肥胖相关的死亡相对危险度显著下降，但对没有损伤和非吸烟者的人群来说，死亡相对危险度会更高。

在申请投保的人群中，风险评估的范围、混杂变量的影响包括血压以及 BMI/腹部肥胖的分布变化都意味着使用单一的生命评估方法是不现实的。因此，示范性的生活、重症和残疾评级表并没有包括在内。即使发达国家和发展中国家人群的 BMI 分布曲线没有右偏（这会导致观察到的超重和肥胖率增加），但远东的轻体格人群与欧洲人群的 BMI 分布的不同模式，也会导致他们的评价标准不同。总体而言，远东人群的评价指标将远低于欧洲。由于北美肥胖率高于欧洲，因此美国会使用更高的标准，尤其在老年人中会远超世界卫生组织关于肥胖的定义（BMI > 30）。对于身高和体重表也如此。

大病

三种主要疾病包括心肌梗死、中风和癌症的发病率几乎随着 BMI 的增加而增加。因此，随着 BMI 的增加，重大疾病索赔的风险也会大幅增加。虽然血压可能是卒中和 IHD 的混杂因素，但肥胖可能对罹患癌症风险具有直接影响。肥胖对心血管疾病风险增加可能通过更好地控制心血管危险因素而减弱，尽管预期的 CVD 相关的肥胖率会上升。[53] 由于癌症是女性罹患的主要疾病之一，肥胖对能否成功索赔的影响在女性中与男性一样重要。伴有遗传原因的代谢紊乱也是导致胰岛素抵抗的原因之一，胰岛素抵抗也是代谢综合征导致心血管疾病的主要原因。发达国家和发展中国家肥胖症率的增加有可能导致心血管疾病和癌症患病率的上升。

残疾抚恤金和肥胖

有充分的证据表明，随着 BMI 的增加，残疾率会更高，罹患残疾的风险可能比任何对死亡率的影响都具有更严重的公共健康后果。[54]残疾率的增加似乎是多因素共同作用的，包括心血管疾病和癌症的风险增加、关节炎和抑郁症的患病率增加，以及病态肥胖患者的活动能力的降低。社会态度可能也会增加失业或残疾的概率。

弗雷明汉研究分析了流动性降低的模式和日常生活活动（ADL）功能丧失。[55] 30~49 岁的肥胖者会存在双倍的 ADL 受限的风险。平均而言，与正常体重人群相比，30~49 岁不吸烟但肥胖的男性和女性会分别会少活 6 年和 5 年，50 岁以后免于 ADL 功能受限。

芬兰的一项研究显示，在 20 世纪 60 年代末和 70 年代初，有超过 3 万名就业男女生活在 34 个社区，并进行了 10 年的跟踪调查。BMI 是"早期工作障碍的有力预测指标"。[56]残疾的发生需要给付残疾抚恤金，并且会至少降低 40% 的工作能力。即使考虑到潜在的因素如年龄、职业和吸烟等，残疾风险也会随着 BMI 的增加而呈现线性增加。超重和肥胖在男性和女性当中分别占据与心血管和肌肉骨骼相关残疾抚恤金的 25% 和 50%。当根据年龄、地理区域、吸烟和职业进行调整时，BMI > 30 的残疾相对风险（与 BMI < 22.5 相比），女性和男性分别为原来的 2.0 倍和 1.5 倍。

在瑞典开展的另一项关于残疾抚恤金的研究中，对马尔默居民的 5 岁男性出生队列进行随访平均约 11 年，[57]发现 7.3% 的人群肥胖（BMI > 30）和 37.7% 的人群超重（BMI 25~29.9）。体重指数与残疾抚恤金发病率之间呈 J 形关系，正常人群发病率最低（50.3%）。领取残疾抚恤金的风险在体重不足的男性中增加了 1.9 倍（占所研究人群比例为 4.7%），超重者增加 1.3 倍，肥胖者则为 2.8 倍。采用 Kaplan – Meier 生命表法，30% 的 BMI > 30 的患者在 12 年随访期内领取残疾抚恤金，而 BMI 在 20~24.9 的受访者中仅有 10% 领取残疾抚恤金。

▶▶ 体重不足

老年人的体重下降现在受到关注，其中 BMI < 18.5[58]以及体重减轻 5% 以上[59]会导致死亡率的上升。体重产生波动在老年人中很常见，老年女性的体重波动可能会与死亡率增加有关。然而，对青年人心血管疾病或癌症特异性死亡率或疾病发病率的研究往往未能显示 J 形或 U 形曲线。即使在临床研究中可以观察到那些体重不足人群死亡率升高，但是通常也可能归因于其他相关的损伤因素。例如，在大型的白厅研究中，纳入了 18 393 名男性公务员，其中体重不足者（BMI < 22）的死亡率会增加，特别是在 55~64 岁年龄段；但其中一部分原因归因于潜在的疾病，只是在调查开始时未被检查出来。[60]

在 1959 年的体质和血压研究中就表明了对身高来说低体重对投保人的重要性。

在这点上，最低死亡率一直与身高相对的最低体重有关。在1979年的体格研究中，观察到在U形或J形死亡率曲线中最佳体重会有最低的死亡率；在那些体重偏低20%或更低的人群中，死亡率会出现上升。在第二项研究中，低体重组的共存发病率再次被认为是体重减轻导致死亡率上升的原因。其他更近期的临床研究也增加了这种可能性，从研究分析中排除吸烟者和先前患有疾病的人，分析结果显示在健康且较瘦的年轻人和中年人当中可能不存在超额死亡率。[32]

▶▶ 肥胖治疗

饮食，生活习惯以及药物治疗

减少卡路里摄入量和增加能量消耗是减肥的基础。[25]通过节食减肥，大多数超重或肥胖人群的体重波动会很大，并不能达到减肥目的。通过长期控制饮食来减肥的成功率较低，不超过10%～20%。在饮食干预的对照试验中，控制会可以多减轻3公斤（6磅）。然而，由于体重的"循环"（体重减轻，然后增加，继续减轻，如此反复）是比较常见的，并可能对冠心病的发展过程产生影响。通过体育锻炼可进一步减轻4公斤（9磅）。通过结合饮食、体育锻炼和生活方式的干预再结合既定的体重目标比单独应用一种策略更加有效。[25]

当通过控制饮食、运动和生活方式减肥效果不太理想时，可以将药物添加到饮食中。使用的药物包括食欲抑制剂，如二乙基丙酮、苯胺和西布曲明，以及减少脂肪吸收的脂肪酶抑制剂奥利司他。所有这些药物对肠道、心血管和中枢神经系统都可能存在副作用，并且食欲抑制剂可能会存在依赖性和出现精神病状态。奥利司他也与胃肠道副作用有关。所有这些药物的长期安全性得不到保障。现在已经停用的5-羟色胺能抑制食欲，芬氟拉明和右芬氟拉明引起肺动脉高血压和心脏瓣膜病，这些现象在单独或联合使用芬氟拉明和芬特明（绰号"fen—phe"）时可能会出现。

在对那些一年内可以使人降低6公斤体重的药物进行meta分析时发现，这些药物之间的疗效没有被证明过。[62]当（病态）肥胖十分严重时，保守治疗方法效果令人不满意，并且存在肥胖相关合并症，如阻塞性睡眠呼吸暂停或2型糖尿病，这种情况下可以采用减肥手术。[25]

减肥手术

手术通常是有效的减肥手段并且可以使体重持续减轻。据估计，手术后2年内体重共减轻 25~44 公斤（55~97 磅），尽管随后可能出现体重增加，8 年后体重平均减轻 20 公斤（44 磅）。[60] 在接受胃部手术的严重肥胖患者（平均 BMI 41）的匹配研究（非随机）显示，10 年后，接受手术的肥胖患者体重比对照组低 16%，未手术的对照组体重则会增加 1.6%。[63] 目前减肥手术的致死率约为 1.0%，取决于手术团队的经验以及手术类型。[64]

接受减肥手术的患者合并症患病率很高。一半患者会出现退行性关节病和胃食管反流，并且心血管疾病的患病率很高，包括代谢综合征和糖尿病。大约 80% 成功进行手术的患者，他们的糖尿病、高血压和阻塞性睡眠呼吸暂停问题得到解决或改善。[65]

几种减肥手术的成功率和并发症发生率也不同（见图 17.8）。

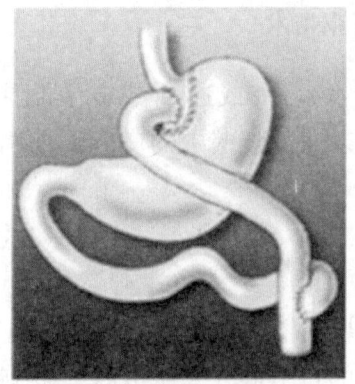

Roux-en-Y 胃旁路手术
（RYGB）

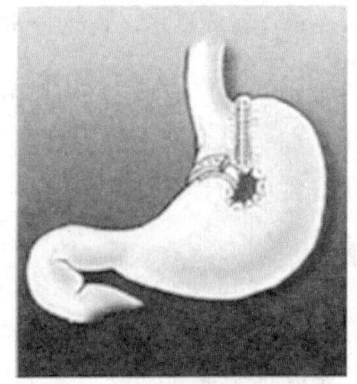

垂直束带胃成形术
（VBG）

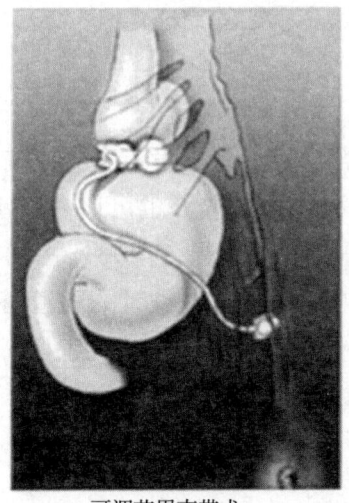

可调节胃束带术
（Band）

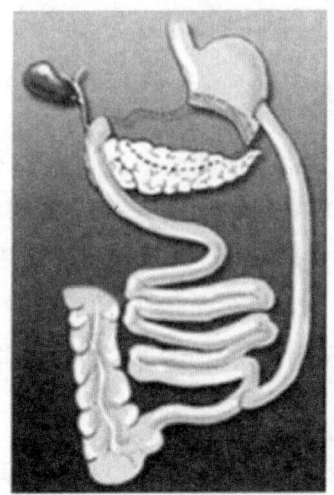

胆胰旷置术与十二指肠转位术

图 17.8 肥胖手术程序（来自马加德等人[64]——取自美国肥胖手术协会网站）

未比较手术结果的随机研究,但发现大约有20%的患者术后会出现并发症。[64] 2002—2003年进行的一项全球调查显示:最常见的减肥手术是胃旁路手术;65%的病例使用胃旁路手术,其中约半数是腹腔镜手术。[65]其他手术的相对百分比为:胃囊带术,24%;垂直带式胃成形术,5%;十二指肠开关胆胰转流术,5%。根据体重减轻的方法将其分为限制型(通过减少胃容量及减少食物摄入量)/吸收不良型(减少小肠中的营养物质和消化酶)、纯限制型和主要吸收不良型;这些方法相对占比分别为65%、29%和5%。

美容目的吸脂术用于去除皮下脂肪,但这似乎对胰岛素抵抗或心血管疾病风险的水平没有影响或影响不大。[66]有人认为,这是因为内脏脂肪比皮下脂肪代谢活性更高;胰岛素抵抗与内脏脂肪水平密切相关。[67]

胃成形术(垂直胃成形术、胃吻合术、胃束带术)

在这些手术中,通过缝合(垂直胃成形术)和/或通过胃或胃周围插入胃环来减小胃的体积。在一些手术中,胃环直径可以通过腹壁中的皮下袋来调整。结果是导致仅在少量进食后就会感到饱腹。

胃旁路术

通过构建一个胃袋来减少胃的体积,胃袋被钉在一个空肠环上,形成一个Roux-en-Y系统(见图17.8),其中90%的胃被避开,所以既有限制性作用也会吸收不良。尽管术后会立即出现恶心、呕吐等不良反应,但长期并发症较少见。术后最初的体重下降比较多,以后会稳定在初始重量的约30%。

胰胆管—肠旁路术

胰胆管旁路搭桥术将一段回肠与胃相缝合。其结果是没有食物混有从胰腺到直到远端小肠的消化酶,因此吸收脂肪的表面积减少。或者也可以将约18厘米的空肠和回肠末端(肠旁路)进行缝合也可获得相似的结果,但并发症发生率(包括肝硬化)非常高,以至于该手术已被禁止。在对230例受试者的肠道搭桥手术的研究中发现,死亡率约为预期的600%(根据《美国1969—1971生命表》)。[68]

减肥:对风险评估的影响

死亡率与减肥

有证据表明,肥胖者通过改变生活方式、控制体重和持续减肥可以改善心血管疾病的危险因素；尤其是通过降低血压，可以降低糖耐量受损患者发生糖尿病的风险。[69,70]尽管如此，研究结果都显示减肥效果与心血管死亡的发病率无关，都观察到无效和CVS死亡率增加。[71~73]在最近的一项研究中，肥胖者计划减肥4.5公斤，并至少有一种除肥胖外的心血管疾病危险因素，这与风险降低有关（比值为0.57，95%CI为0.39~0.84）。同样，1979年体质研究的数据显示，主动减肥的肥胖男性的死亡率出现下降。然而，这种体重减轻并不常见，目前仍然没有证据表明与饮食、与生活方式改变和运动有关的体重适度减轻，无论在是否有药物治疗的情况下，都可以降低癌症发病率或全因死亡率。因此，最近减肥的肥胖患者进行保单申请时的风险评估要谨慎处理，尤其是不明原因导致体重减轻的老年人中，这与死亡风险增加相关。近来不通过节食而体重出现减轻可能是由于疾病；年龄在60~69岁的男性和女性在申请人寿保险之前1年内体重降低达到4.5公斤（10磅），那么其死亡率会增加186%。[74]由共存疾病引起的老年人的减重可能被认为是由于生活方式的改变。现在大多数药物的长期安全性仍得不到保证。投保人出现体重下降的现象，那么无论申请人的年龄是多少，对于其人寿保险和生活福利保险都应谨慎处理。

减肥手术可显著降低体重并改善心血管风险状况。然而，许多病态肥胖者会患有并发症，这可能会持续影响死亡率导致健康风险。这些包括：营养不良、骨关节炎、已经存在的心血管疾病、糖尿病。并发症的发生率可能高达20%，必须进行手术处理。也并没有充分的证据表明，这种手术是否能够成功降低总死亡率或心血管疾病的风险，[75]因此对这类申请人要保持适度较高的保险风险。

参考文献

[1] Chadwick J, Mann WN. *Medical Works of Hippocrates*. Boston, MA: Blackwell Scientific Publications, 1950: 154.

[2] *The Specialized Mortality Investigation*. New York: Actuarial Society of America, 1903.

[3] Chumlea W et al. Distributions of serial changes in stature and weight in a healthy elderly population. *Hum Biol* 1988; 60: 917 - 25.

[4] Willett W et al. Guidelines for healthy weight. *N Engl J Med* 1999; 341: 427 - 34.

[5] Newman AB et al. Weight change in old age and its association with mortality. *J Am Geriatr Soc* 2001; 10: 1309 - 18.

[6] Wang Y et al. Comparison of abdominal adiposity and overall obesity in predicting

risk of type 2 diabetes among men. *Am J Clin Nutr* 2005; 81: 555 – 63.

[7] Dublin LI, Marks HH, 1951.

[8] *Build and Blood Pressure Study* 1959. Chicago: Society of Actuaries, 1959.

[9] *Statistical Bulletin.* New York: Metropolitan Life Insurance Company. 1983 Metropolitan height and weight tables for men and women; Jan – Jun 1983: 2 – 9.

[10] *Build Study* 1979. New York: Society of Actuaries/Assoc of Life Insur Med Dirs of America 1980.

[11] NHANES.

[12] Kuczmarski RJ, Flegal KM. Criteria for definition of overweight in transition: background and recommendations for the United States. *Am J Clin Nutr* 2000; 72: 1074 – 81.

[13] Knapp TR. A methodological critique of the ideal weight concept. *J AMA* 1983; 250: 506 – 10.

[14] Obesity: preventing and managing the global epidemic. Report of a WHO consultation. *World Health Organ Tech Rep Ser* 2000; 894: 1 – 253.

[15] WHO expert consultation: appropriate body – mass index for Asian populations and its implications for policy and intervention strategies. *Lancet* 2004; 363: 157 – 63.

[16] Wang Y et al. Comparison of abdominal adiposity and overall obesity in predicting risk of type 2 diabetes among men. *Am J Clin Nutr.* 2005; 81: 555 – 63.

[17] Lew EA, Garfinkel L. Variations in mortality by weight among 750,000 men and women. *J Chronic Dis* 1987; 32: 563 – 76.

[18] Calle E et al. Body mass index and mortality in a prospective cohort of USA adults. *NEJM* 1999, 341: 1097 – 105.

[19] Welborn T et al. Waist – hip ratio is the dominant risk factor predicting cardiovascular death in Australia. *MJA* 2003; 179: 580 – 5.

[20] Seidell et al. 1997.

[21] National Cholesterol Education Program Adult Treatment Panel III. *Report* 2001.

[22] Chowdhury T et al. Preventing diabetes in south Asians. *BMJ* 2003; 327: 1059 – 60.

[23] Janssen et al. Body mass index, waist circumference and health risk: evidence in support of the current NIH guidelines. *Arch Int Med* 2002; 162: 2074 – 9.

[24] Mandavilli A, Cyranoski D. Asia's big problem. *Nature Medicine* 2004; 10: 325 – 7.

[25] Snow V et al. Pharmacologic and surgical management of obesity in primary care: a clinical practice guideline from the American College of Physicians. *Ann Intern Med* 2005; 142: 525 – 31.

[26] House of Commons Health Committee. *Obesity, Third Report of Session* 2003 – 04,

Volume I.

[27] Eng E. *Too Big to Ignore: The Impact of Obesity on Mortality Trends.* Zurich: Swiss Re 2004.

[28] Olshansky SJ et al. A potential decline in life expectancy in the United States in the 21st century. *New Engl J Med* 2005; 352: 1138-45.

[29] Arterburn DE et al. Impact of morbid obesity on medical expenditures in adults. *Int J Obes Relat Metab Disord* 2005; 29: 334-9.

[30] Asia Pacific Cohort Studies Collaboration. Body mass index and cardiovascular disease in the Asia Pacific Region: an overview of 33 cohorts involving 310,000 participants. *Int J Epidemiol* 2004; 33: 1-8.

[31] National Audit Office. Tackling obesity in England. Report by the Comptroller and Auditor General HC 220 Session 2000-2001: 15 February 2001.

[32] Whitlock G, Lewington S, Mhurchu C. Coronary heart disease and body mass index: a systematic review of the evidence from larger prospective cohort studies. *Sem Vasc Med* 2002; 2: 369-81.

[33] Law M, Wald N. Risk factor thresholds: their existence under scrutiny. *BMJ* 2002; 324: 1570-6.

[34] Kurth T et al. Body mass index and the risk of stroke in men. *Arch Intern Med* 2002; 162: 2557-62.

[35] Hart C, Hole DJ, Smith GD. Comparison of risk factors for stroke incidence and stroke mortality in 20 years of follow-up in men and women in the Renfrewl/Paisley Study in Scotland. *Stroke* 2000; 31: 1893-6.

[36] Executive summary of the third report of the National Cholesterol Education Program (NCEP) Expert Panel on Detection, Evaluation, and Treatment of High Blood Cholesterol in Adults (Adult Treatment Panel III). *JAMA* 2001; 285: 2486-97.

[37] Report of a WHO Consultation. In: Alwan A, King H, eds. *Definition, Diagnosis and Classification of Diabetes Mellitus and its Complications. Part 1: Diagnosis and Classification of Diabetes Mellitus.* Geneva: World Health Organization, Department of Noncommunicable Disease Surveillance; 1999: 1-59.

[38] Wilson PW et al. Clustering of metabolic factors and coronary heart disease. *Arch Intern Med* 1999; 159: 1104-9.

[39] Jonsson S et al. Influence of obesity on cardiovascular risk. Twenty-three-year follow-up of 22,025 men from an urban Swedish population. *Int J of Obesity* 2002; 26: 1046-53.

[40] Calle E, Kaaks R, Overweight, obesity and cancer: epidemiological evidence and

proposed mechanisms. *Nature Reviews* 2004; 4: 579 - 90.

[41] Calle E et al. Overweight, obesity and mortality from cancer in a prospectively studied cohort of USA adults. *N Engl J Med* 2003; 348: 1625 - 38.

[42] Moore L et al. BMI and waist circumference as predictors of lifetime colon cancer risk in Framingham Study adults. *Int J Obes Relat Metab Disord* 2004; 28: 559 - 67.

[43] Harvie M, Hooper L, Howell A. Central obesity and breast cancer risk: a systematic review. *Obes Rev* 2003; 4: 157 - 73.

[44] Murali N, Ivanovic B. Body mass index and mortality in an insured population. *J Insur Med* 2001; 33: 321 - 8.

[45] Calle et al. Body mass index and mortality in a prospective cohort of USA adults. *NESM* 1999; 341: 1097 - 105.

[46] Peeters A et al. NEDCOM, the Netherlands Epidemiology and Demography Compression of Morbidity Research Group. Obesity in adulthood and its consequences for life expectancy: a life - table analysis. *Ann Intern Med.* 2003; 38: 24 - 32.

[47] Strawbridge W, Wallhagen M, Shema S. New NHLBI clinical guidelines for obesity and overweight: will they promote health? *Am J Public Health* 2000; 90: 340 - 3.

[48] Bigaard J et al. Waist circumference, BMI, smoking, and mortality in middle - aged men and women. *Obes Res* 2003; 11: 895 - 903.

[49] Katzmarzyk PT, Craig CL, Bouchard C. Adiposity, adipose tissue distribution and mortality rates in the Canada Fitness Survey follow - up study. *Int J Obes Relat Metab Disord* 2002: 1054 - 9.

[50] WHI expert consultation.

[51] Snehalatha C, Viswanathan V, Ramachandran A. Cutoff values for normal anthropometric variables in Asian Indian adults. *Diabetes Care* 2003; 26: 1380 - 4.

[52] Jia WP et al. Prediction of abdominal visceral obesity from body mass index, waist circumference and waist - hip ratio in Chinese adults: receiver operating characteristic curves analysis. *Biomed Environ Sci* 2003; 16: 206 - 11.

[53] Gregg E et al. Secular trends in cardiovascular disease risk factors according to body mass index in USA Adults. *JAMA* 2005; 293: 1868 - 74.

[54] Visscher TL et al. Obesity and unhealthy life - years in adult Finns: an empirical approach. *Arch Intern Med* 2004; 164: 1413 - 20.

[55] Peeters A et al. Adult obesity and the burden of disability throughout life. *Obes Res* 2004; 12: 1145 - 51.

[56] Rissanen A et al. Risk of disability and mortality due to overweight in a Finnish population. *BMJ* 1990, 301: 835 - 7.

[57] Mansson NO et al. Body mass index and disability in middle – aged men – non linear relations. *Int J Epidemiol* 1996, 25: 80 – 5.

[58] Fried L et al. Risk factors for 5 year mortality in older adults. *JAMA* 1998; 279: 585 – 92.

[59] Newman AB et al. Weight change in old age and its association with mortality. *J Am Geriatr Soc* 2001; 10: 1309 – 18.

[60] Jarrett RJ, Shipley MJ, Rose G. Weight and mortality in the Whitehall study. *BMJ* 1982; 285: 535 – 7.

[61] Jain A. *What works for obesity. Clinical evidence.* BMJ publishing Group 2004.

[62] Li Z et al. Meta – analysis: Pharmacologic treatment of obesity. *Ann Intern Med* 2005; 142: 532 – 46.

[63] Sjostrom L et al. Swedish Obese Subjects Study Scientific Group. Lifestyle, diabetes and cardiovascular risk factors 10 years after bariatric surgery. *N Engl J Med* 2004; 351: 2683 – 93.

[64] Maggard MA et al. Meta – analysis: surgical treatment of obesity. *Ann Intern Med* 2005; 142: 547 – 59.

[65] Buchwald H & Williams S. Bariatric surgery worldwide 2003. *Obes Surg* 2004; 14: 1157 – 64.

[66] Klein S et al. Absence of an effect of liposuction on insulin action and risk factors for coronary heart disease. *N Engl J Med* 2004; 350: 2549 – 57.

[67] Kelley D. E. Thermodynamics, liposuction, and metabolism, *N Engl J Med* 2004; 350: 2542 – 4.

[68] Lew EA, Gajewski J (eds). *Medical Risks: trends in mortality by age and time elapsed.* New York, Westport CT, London: Praeger, 1990; 2: 13 – 61.

[69] Diabetes Prevention Program Research Group. Reduction in the incidence of type 2 diabetes with lifestyle intervention or metformin. *N Engl J Med.* 2002; 346: 393 – 403.

[70] Pi – Sunyer FX. A review of long – term studies evaluating the efficacy of weight loss in ameliorating disorders associated with obesity. *Clin Ther* 1996; 18: 1006 – 35.

[71] Williamson DF et al. Prospective study of intentional weight loss and mortality in overweight white men aged 40 – 64 years. *Am J Epidemiol* 1999; 149: 491 – 503.

[72] Manson JE et al. Body weight and mortality among women. *N Engl J Med* 1995; 333: 677 – 85.

[73] Iribarren C et al. Association of weight fluctuation with mortality among Japanese American men. *N Engl J Med* 1995; 333: 686 – 92.

[74] 1983 *Medical Impairment Study.* Vol. 1. Boston: Society of Actuaries and Associa-

tion of Life Insurance Medical Directors of America, 1986.

[75] Solomon C, Dluhy R. Bariatric surgery – quick fix or long term solution. *N Engl J Med* 2004; 351: 26 – 8.

第18章 血 压

W. 约翰·艾德（W. John Elder）
由 R. D. C. 布拉肯里奇（R. D. C. Brackenridge）修订

- 血压升高的患病率
- 高血压
- 定义
- 测量和记录血压
- 血压升高的意义
- 血压和死亡率
- 血压读数解读
- 为评级的血压评估
- 总结
- 参考文献

血压升高与死亡率升高之间的关系多年来一直为人们所熟知。这是保险公司的医生对被保险人群进行研究的领域之一，这些研究帮助临床医学认识到在明显健康的人群中发现异常的重要性。

20世纪初，医生们就意识到，高血压预示着灾难性事件的发生，如中风或肾衰竭，但适度的血压升高和预期寿命缩短之间的关系在当时并没有得到重视。从大量人群中获得的平均血压升高的不良死亡率的统计关联，不能用于预测无症状个体的未来健康。许多临床医生对血压统计意义的理解很差，这就解释了为什么保险公司会向那些看起来健康但有轻微或中度血压升高的保险申请人提高人寿保险费率。

尽管有更详细的证据表明，随着几十年的发展，血压和死亡率之间存在着联系，但在20世纪50年代有效的降血压疗法出现之前，临床医生对他们的病人几乎无能为力。随着药物治疗范围的扩大和不良反应发生率的降低，降低无症状个体的血压变得可以接受。结果表明，对于那些先前血压升高的人来说，他们的死亡率可改善到正常水平，或者接近正常水平。在这段时间里，血压升高与心血管疾病和肾脏疾病的发病率之间的联系变得越来越明显，需要降低血压升高以改善发病率和死亡率。因此，高血压成为风险因素这一普遍概念的早期共识。这使得医生在临床实践中对统计数据有了更大的了解，也让他们更好地理解了为什么保险公司的保费会随轻微或适度的血压改善进行调整。

▶▶ 血压升高的患病率

全世界有许多人患高血压。在美国大约有 6 000 万人患有高血压。加强检测、跟踪和教育的努力正在实现更好的控制；到 1990 年，超过一半以上的人得到了正确的诊断，三分之一的人接受了某种形式的降压治疗。舒张压性高血压在 50 岁人群中的发病率大约是 30 岁人群的 2 倍，而在 45 岁之后，收缩性高血压的发病率大幅上升，大约有 65% 的 65~74 岁人群受到影响。黑人高血压的发病率（38%）高于白人（29%）；对此所作的解释包括遗传、盐摄入量高和环境压力增加。男性（33%）比女性（27%）更常患高血压。

今天，高血压和血压升高的患病率不一定相同。广泛使用降低血压的治疗方法降低了高血压的流行程度；例如，美国国家健康统计中心（National Center for Health Statistics）使用"高血压"一词来指代那些在检查中血压升高的人，以及那些在检查中血压没有升高但在病史报告中表示正在服用抗高血压药物的人。

▶▶ 高血压

高血压分为两类：（1）原发性高血压；（2）继发性高血压。大约 95% 的人患有原发性高血压，这没有明确的原因。其余的一小部分有继发性高血压，根据定义，其原因是已知的。高血压的病因有：
- 主动脉缩窄；
- 库欣综合征；
- 药物和激素：安非他明、口服避孕药、雌激素、类固醇或甲状腺激素过量；
- 颅内压升高；
- 嗜铬细胞瘤；
- 原发性醛固酮增多症：康涅狄格州综合征（康氏综合征），特发性醛固酮增多症；
- 肾实质疾病：慢性肾盂肾炎、先天性肾炎、糖尿病肾病、肾小球肾炎、间质性肾病、梗阻性尿病、多囊疾病、再食虫肿瘤、血管炎；
- 肾血管病。

虽然原发性高血压的病因还不清楚，但关于血压的调节已经有了很多发现。正常血压是由血管、心脏输出量和血容量的平衡所致的。平衡是通过一系列反馈回路来维持的，这些反馈回路对分布在整个循环中的压力感受器作出反应。影响控制的主要机制是对变化作出反应，使中枢神经系统通过自主系统或肾上腺髓质作出反应，并引起肾，其对体积变化特别敏感，通过肾素—血管紧张素—醛固酮系统与肾上腺皮质或肾胰舒血管素—激肽系统发生反应。在某些高血压疾病中，这些控制机制中的每一种都存在异常。

▶▶ 定义

正常血压没有令人满意的定义，这是因为发病率和死亡率随着收缩压和舒张压水平的增加而直线上升。1960 年，皮克林（Pickering）强调高血压是一种定量的疾病，而不是定性的疾病，这意味着血压的升高在连续的范围内代表着健康的定量变化。任何试图定义正常血压的尝试，都因个体的年龄、精神状态和身体状况的变化而变得更加困难。[1]但人们普遍同意世界卫生组织的建议：收缩压小于 140 毫米汞柱，或舒张压小于 90 毫米汞柱被称为"正常"血压的分类目的。高血压检测、评价和治疗联合委员会（JNC）[2]对 18 岁以上成年人的血压进行了分类（见表 18.1），这对于评价和治疗指导的一致性特别有用。

表 18.1　血压分类[a]

分类	血压（mmHg）
	舒张压
正常血压	<85
高血压正常高值	85～89
轻度高血压	90～104
中度高血压	105～114
严重高血压	≥115
	收缩压（舒张压<90 时）
正常血压	<140
边缘孤立的收缩期高血压	140～159
孤立收缩期高血压	≥160

[a] 18 岁以上成年人高血压检测、评价和治疗联合委员会使用的分类。[2]

如上所述，JNC 的教育报告在美国 20 世纪 80 年代及以后的高血压检测、随访和治疗方面取得了良好的效果。然而，欧洲的形势并不令人满意。例如，在英国，全国调查继续显示出诊断不足、治疗不足和血压控制率低。这促使英国高血压协会为临床医生制定了一套新的指导方针，[3] 以改善高血压问题的处理。除了纠正生活方式的缺陷，英国的指导方针强烈建议使用多种药物治疗作为最有效的血压控制方法。英国高血压协会的指导方针还包括一种比以往更为严格的高血压分类，以满足一个重要问题的需要（见表 18.2）。

表 18.2　英国高血压协会的血压水平分类

分类	收缩压（mmHg）	舒张压（mmHg）
血压		
最佳	<120	<80
正常	<130	<85
正常高值	130~139	85~89
高血压		
一级（轻度）	140~159	90~99
二级（中等）	160~179	100~109
三级（严重）	≥180	≥110
孤立收缩期高血压		
一级	140~159	<90
二级	>160	<90

注：这一分类与欧洲高血压协会和世界卫生组织—国际高血压协会的分类相同，是基于临床血压而非动态血压测量值。[3]

在儿童时期，血压会随着年龄增长而升高，在 18 岁左右达到成人水平。美国国家心肺血液研究所（National Heart, Lung and Blood Institute）发布了针对儿童和青少年的标准。[4] 出现重大危险的级别为：116/76 毫米汞柱（35 岁）、122/78 毫米汞柱（69 岁）、125/82 毫米汞柱（10~12 岁）、136/86 毫米汞柱（13~15 岁）和 142/92 毫米汞柱（16~18 岁）。

大多数人随着年龄的增长血压会升高。这被认为是血管弹性随正常衰老而降低，动脉系统顺应性减弱的结果。然而，死亡率与成年人的血压高低直接相关，而与年龄无关；因此，血压较低的老年人可能更长寿。

▶ 测量和记录血压

在保险体检中准确记录血压是很重要的。不幸的是，我们在测量和记录血压时并没有给予应有的谨慎和关注，特别是由偶然或无经验的人员进行。第16章已经充分讨论了血压测量的技术方面，因此这里只需要评论一下，临床医生有倾向于将血压测量近似为最接近正常的5mmHg，甚至10mmHg。与过去相比，这种做法现在可能不太常见了，因为轻度或中度升高的血压的统计意义被广泛认为是心血管疾病的危险因素。在美国有证据表明，辅助医学检查人员比医生更准确地记录血压，因为他们没有临床经验，不会被诱使修改读数。从许多关于死亡率经验数据的统计和精算研究中可以清楚地看出，所报告的血压水平之间只有2mmHg的不同就可能存在显著差异。而只要认真努力，血压测量就有可能达到这一精度。

使用收缩压和舒张压第五阶段（停止发声）来构建血压等级表，现在几乎已成为保险普遍的做法。因此，重要的是确保第五阶段是舒张压记录在检查。有些公司要求记录第四阶段（变音）和第五阶段（例如136/86~78），因为这为医务主任提供了额外的信息，防止混淆；然而，这在北美却是不寻常的做法。

手臂的周长可能会改变真实的收缩压和舒张压读数，手臂的周长越长，收缩压和舒张压读数都略高。弗莱彻（Fletcher）发现，[5]当一组超重患者节食时，平均体重下降15.5公斤（34磅），手臂周长平均减少3.6厘米（1.42英寸），约0.1厘米/公斤。汉密尔顿（Hamilton）等人发现，当采用间接记录血压的方法时，每减少1厘米臂围，收缩压应纠正1.17mmHg，舒张压应纠正1.14mmHg。[6]因此，臂围的变化所引起的误差是轻微的，在实际应用中，除非臂围严重异常，否则可以忽略不计。

▶▶ 血压升高的意义

有证据表明，弗雷明汉对一般人群的研究表明，随机的独立血压读数是发病率和死亡率的良好指标。[7,8]简单的解释可能是这是人们生活的血压，因此是一个适当的经验预测因子。然而，大多数研究都试图获得平均两个或两个以上的读数，如果最初的血压读数提高了，则会通过短时间的休息间隔分开测量。全国高血压检测、评价和治疗联合委员会要求在两个不同的场合进行两次读数。[2]如果第一次阅读被提高，通常的保险做法是在休息后要求进行第二次或第三次阅读。

多年来，关于个人对不同的生理和心理刺激的血压反应的变化有很多讨论。收缩压和舒张压对各种刺激变化小于10mmHg的人称为低反应体；如果变异量为10~20mmHg，他们就是正常的反应体；当汞超过20mmHg时，他们就是高反应体。任何一个特定个体的偶然血压范围内，最高的可能是首次记录在人寿保险的体检中，尽管它可能不是异常的。在这种情况下，一个人在遇到不熟悉的检查者时，常常在不熟悉的环境中受到一定程度的压力，而且对检查的结果总是有些担心，即使只是轻微的担心。这就是所谓的"白大褂综合征"的一个例子。[9]人的压力感是不可避免的，但绝不是不幸的，因为随意的血压读数对于评估对环境的反应很有价值，只要体检经过是愉快而平静的。我们有理由认为，体检所带来的压力不会比日常生活中工作或家庭事务中的压力大多少。

▶▶ 血压和死亡率

多年来，血压升高的人寿保险方法与临床医生不同。医疗保险公司关注的是相对较小的死亡率上升，而医生则涉及治疗症状。最近，对血压小幅上升对死亡率的不利影响的精算问题，已与保持健康和延长寿命的医学尝试结合在一起。这一进展反映在大量人群血压研究的历史上，最初是对投保人群进行了研究，然后对临床和保险调查同时进行，现在有许多大规模的人口研究，重点是治疗高血压的效果。在所有这些研究中，医学和保险业都从彼此的工作中受益匪浅。

1912年，西北互助保险公司（North Western Mutual）的 J. W. 费舍尔（J. W. Fisher）向美国人寿保险医师协会（Association of Life Insurance Medical Directors of America，ALIMDA）提交了关于保险人群血压的最早研究报告。这一点尤其值得注意，因为他在1907年开始研究，当时大多数医生还没有使用现代的血压仪器。1925年，精算师协会（Society of Actuaries）和美国人寿保险医师协会（ALIMDA）联合发表了第一份关于被保险人血压变化的死亡率研究报告。[10]接下来是1939年《血压研究》[11]和1959年《体格和血压研究》，[12]1979年《血压研究》[13]，所有研究都表明，随着血压升高到140/90mmHg以上，保险人群的死亡率逐渐上升到125%以上，但50岁以上人群的死亡率略高，与标准范围内的死亡率相关。1979年的《体格和血压研究》特别重要[13]，因为它消除了临床医生和保险公司对血压解释可能过于严格的所有疑虑，尤其是在血压水平的边缘。

最近的一项研究是1979年的《血压研究》（Blood Pressure Study 1979），[13]它涉及1950年至1971年期间针对男性和女性的435万份保单。这可以追溯到1972年的保单纪念日（即长达22年）。在涉及血压的保单中，只有大约42万份保单涉及边缘范围的血压，只有大约11万项在确定的高的血压范围内，但这两项经验都强调了治疗的必要性。1979年的《血压研究》（与早期研究相似）的显著发现是，即使血压轻微升高，死亡率也明显高于正常血压健康人群（见表18.3）。

表 18.3　　　1954—1972 年不同年龄、不同收缩压和舒张压水平的投保人
相对死亡率与标准人寿保险风险死亡率的比较为 100％[a]

收缩压（mmHg）	死亡比（％）		舒张压（mmHg）	死亡比（％）	
	男性	女性		男性	女性
108 以下	71	83	73 以下	85	87
108～117	77	90	73～77	92	96
118～127	89	93	78～82	99	103
128～137	111	107	83～87	118	114
138～147	135	121	88～92	136	132
148～157	166	135	93～97	169	167
158～167	206	169	98～102	200	181
168～177	218	178	103～107	258	208
178～187	232	278	108～112	244	195

[a] 资料来源：Lew EA. *Trans Assoc Life Insur Med Dir Am* 1980；64：123。

1979 年《血压研究》有一个最有趣的部分，就是关于抗高血压治疗的效果。[13] 这是最早报告的对广大普通人群治疗有益影响的研究之一，它对治疗高血压有深远的影响。保单的数量远低于主要的研究。其中包括在 1950 年至 1971 年（之后到 1972 年）期间向男女发放的 28 700 份保险单，其中规定在申请人寿保险时治疗高血压，血压编码为投保申请时的血压。为了增加接受治疗的高血压患者的数量，对 1970—1975 年（之后到 1976 年底）期间接受治疗的男性和女性的 4 200 项额外保单进行了补充研究。后一结果表明了新近开发的抗高血压药物更有效。表 18.4 比较了高血压治疗组的死亡率和未采用这种方法治疗组的死亡率，这些患者在申请时收缩压和舒张压。那些接受高血压治疗的患者，无论其治疗前的血压水平如何，其血压比率都与正常或未治疗的患者相当或接近。

表 18.4　　　　　　　高血压治疗的死亡率比较[a]

收缩压（mmHg）	治疗病例（％）	所有病例（％）	舒张压（mmHg）	治疗病例（％）	所有病例（％）
108～117	98	77	68～72	92	85
118～127	109	89	73～77	110	92
128～137	109	111	78～82	108	99
138～147	110	135	83～87	123	118
148～157	163	166	88～92	122	136
158～167	231	206	93～97	165	169
168～177	184	218	98～102	205	200
			103～107	228	258

[a] 资料来源：Lew EA. *Trans Assoc Life Insur Med Dirs Am* 1980；64：123。

辛格（Singer）利用1979年《血压研究》的信息，包括在研究中收集的一些未发表的数据，分析了血压升高的分级和标准病例的经验。[14]除了死亡率略高于预期的那些轻度血压升高的保单发布的标准率，结果或多或少与预测一致。

不幸的是，1979年《血压研究》并不能解决高血压与其他损害相结合的问题，也不能评估高血压与吸烟相结合的问题。

在美国人寿保险医疗主任协会和精算师协会的共同努力下，对高血压研究的另一个主要贡献是对临床、流行病学和保险研究的医学和精算分析，主要发表的文章中包含了关于医疗损害的生存数据。对此出版了两本书：1976年出版了《医疗风险：死亡率和生存模式》[15]，1989年出版《医疗风险：按年龄和时间划分的死亡率趋势》[16]，以及1976年至1986年的文献论述。这两本书都有关于高血压的重要章节。除了所讨论的具体疾病之外，这两本书还包括精算医学方法方面的信息，从而扩大了对这一主题的理解，并促进了在《保险医学杂志》上发表的研究，包括了关于高血压的研究工作。

美国国家健康统计中心（National Center for Health Statistics）自1960年以来在美国进行的调查显示，高血压患病率几乎没有变化，但增高的血压在稳步下降，尤其是在50岁以上人群。这些调查还显示，服用降压药的人有所增加，而服用降压药控制高血压的人所占比例较小。在接受降压药治疗的患者中很少有研究报告有超过50%以上的患者获得了有效的血压控制。由于可获得的抗高血压药物范围逐渐扩大，这解释了那些被控制的药物比例不断增加的原因。目前还没有针对患病率或治疗的确定人群的研究，但很可能有更高比例的被保险人正在服用高血压药物，而且这种控制会比一般人群要好。

自1950年以来，美国的心血管死亡率一直在下降，尤其是中风和缺血性心脏病。尽管关于血压下降的原因的猜测仍在继续，但人们一致认为，用降压药控制血压升高是一个主要因素。许多临床对照试验表明，中风、充血性心力衰竭和肾衰竭的死亡率在降低，关于缺血性心脏病死亡率较低的证据尚不明确，甚至相互矛盾。[17-23]缺血性心脏病死亡率的研究结果的不一致可能是由于研究人群的不同，高血压和并发症的严重程度不同，以及治疗方法不同所致。

1979年，在弗雷明汉研究的两年一次的检查中加入了超声心动图，结果发现整个人群样本中，16%的男性和19%的女性发现了左心室肥厚（LVH），比心电图（ECG）的检测高出5~6倍。[24],[25]这一发现反映了高血压的LVH高发病率，超过50%的老年原发性高血压患者发现了LVH。[26],[27]LVH已知与室性心律失常和猝死有关。[28]因此，在评估与LVH相关的血压升高风险时，需要谨慎。

一些非药理学方法被用于管理轻度高血压最近被越来越频繁地使用，因其已经被证明可以降低血压。[29]这些包括：在选择的案例中减轻体重，减少酒精摄入量，禁止吸烟，锻炼，压力控制，关注钠、钙、钾和镁情况。目前可用的药物制剂范围很广，可以更精确地控制血压，而不会引起副作用。[30]包括利尿剂、血管舒张剂、交感神经溶解剂、钙通道阻滞剂、血管紧张素Ⅰ转换酶（ACE）抑制剂和血管紧张素Ⅱ受体阻滞剂。在某些情况下，高剂量的钙通道阻滞剂和降低钠含量与心血管事件的发生率增加有关。随着对原发性高血压本质认识的提高，治疗将变得更加精确有效，在不引起不良副作用的情况下改善发病率和死亡率。[31]

▶▶ 血压读数解读

问题是哪一种血压读数适合为承保目的。在大多数情况下都没有问题，因为检查时的初始血压和任何其他独立来源的血压都严格低于140/90mmHg，这样的水平不会导致额外的死亡率。另一方面，最初的血压读数可能高于140/90mmHg，休息后的进一步测量水平或读数可能会下降，有时会在正常范围内。在同一检查中，当血压由独立检查者重新检查时，也可能得到类似的变化，或者完全不同。在这种情况下，血压水平最忠实地反映风险的是所有当前读数的平均值，这种情况并不少见。

纽约共同人寿保险公司（Mutual Life Insurance Company of New York）的波拉克（Pollack）[32]和他的同事对仅仅因为血压升高而导致风险不达标的投保人进行了调查。研究的目的是找出血压不稳定是否是导致死亡的一个重要因素，以及公司的平均血压方法（即使用先前的高读数和当前的检查读数）是否正确。在这一系列案例中，接受该人在6个月内所录得的最高与最低收缩压，以及最高与最低舒张压的读数作为血压范围，为了保险评级，收缩压和舒张压都制定了严格的平均值。观察期后比较了血压不稳定组和血压稳定组的死亡率，从结果来看，很明显，每一组的死亡率没有任何差别，结论是平均血压的方法是对风险进行承保评估的正确方法。因此，如果申请人的最终静息的血压为140/90mmHg，但其初始血压为160/100mmHg，则接受其为标准的申请人显然是错误的，除非随后一系列的低读数使得所有的平均值接近140/90mmHg。

高反应者

收缩压和舒张压有两种不同的模式或组合，每一种对长期死亡率都有不同的意义。第一个是典型的收缩压大于140mmHg，舒张压不到和通常远低于90mmHg；第二个是典型约140mmHg的收缩压（或者更高）和舒张压大于90mmHg。第一个例子说明了收缩压的高反应，它通常伴随着脉搏率的增加和心搏量的增加，但没有舒张压的升高（心脏高反应）。第二种模式是血管性过度反应的一个例子，在这种反应中，周围血管收缩或阻力增加，心排血量几乎或根本没有增加，这说明主要是舒张压的升高，没有或只有轻微的收缩压升高。

某些证据表明，心脏型的高反应本身并不预示舒张期高血压或高血压疾病的发展，而血管型的过度反应则是。汉斯（Hines）[33]引用了对梅奥诊所的一组患者进行的随访研究，这些患者接受了心理压力测试（即他们是第一次就诊，所以是在陌生的环境中，他们最初的血压是由一个陌生的医生测量的）。其中收缩压大于140mmHg，舒张压小于80mmHg的患者148例。20年后，148例患者均无舒张压升高、眼底高血压改变或其他高血压血管病症状。

另外，一组接受梅奥诊所治疗的病人，对他们来说，血压的第一次读数被用来衡量他们对心理压力测试的反应，他们被跟踪了10~20年。根据舒张压的最大值，将患者分为低负荷者、正常负荷者或高反应者，初始读数与高血压后来的发展相关。10~20年后，无一低反应者发生了舒张期高血压，少量正常反应者发生了舒张压升高，57%的高反应者发生了严重的舒张期高血压（见表18.5）。

表18.5　　　　　　　　　　根据原发性舒张压的继发性高血压发病率

分类[a]	10~20年后的高血压		
	案例	数	百分比（%）
低反应者	198	0	0
正常反应者	878	31	4
高反应者	446	254	57

[a] 舒张压总是小于100mmHg。
低反应者，舒张压：最大舒张压<70mmHg；正常反应者，最大舒张压70~84mmHg；高反应者，最大舒张压85~99mmHg。

心脏的高反应基本上是一种功能特性，必须与全身疾病引起的心脏输出量增加相区别，此外，还要与老年时由于动脉粥样硬化和主动脉及大血管失去弹性而引起的收缩压升高和舒张压相对较低相区别。

尽管这些研究倾向于证实人们普遍持有的观点，即心脏高反应者并不经常发展为舒张性高血压，而且仍会比血管高反应者更长寿，但其各种原因造成的死亡率仍略高于平均水平。从评级表中计算预期死亡率的方法，实际上考虑到了收缩压和舒张压水平，尽管在个别情况下可能需要作出一些调整。

第 18 章 血 压

▶▶ **为评级的血压评估**

如医疗检查所得的血压读数显示可以根据评分表（样本如表 18.6 所示）进行评分时，应考虑进一步获得一系列读数，这些读数可能在另一天由一名独立观察员进行。

在申请者安静休息的 10 分钟内，连续记录 3 次读数，这样就能合理地反映出其临时的血压。这样就可以更真实地评估整体的血压状况，无论重复读数是否低于、高于或与原始记录相同，对投保人和保险公司都是公平的。

除了在最初的体检和任何复诊中获得的血压读数外，保险人还可以从不同的渠道获得其他血压读数，例如申请人的医疗助理、医院或诊所报告，或同一或其他公司以前的体检。因此，当有多个血压读数时，建议遵循以下步骤，以确定适当的血压水平，以便进行评级。

- 忽略所有 3 年多前的血压读数。
- 计算每个人在过去 3 个月内任何一天的平均血压，并将其称为每日平均血压。
- 计算前 3 个月的日平均血压值，称其为当前平均值。
- 计算过去 3 年（不包括过去 3 个月）所有高于现时平均水平的血压读数的平均值。
- 对于高于当前平均水平的过去平均血压，可以通过加权过去平均水平的三分之一和现在平均水平的三分之二，并将得出的数字相加，得出平均血压的评级值。这可以用以下公式快速完成：

平均评级 = B + 1/3（A − B）

其中 B 为当前平均血压，A 为过去平均血压。

例如：

过去平均血压（A） = 190/112

目前平均血压（B） = 160/100

因此

平均血压评级

= 160/100 + 13（30/12）

= 160/100 + 10/4

= 170/104

当然，如果血压读数被认为是不可靠的话，那么平均血压条款就会被免责。其原因或者是因为它们的来源，或者因为它们处于这样的情况（例如，当已知在异常压力条件下记录的一个高血压读数出现在其他一系列持续较低地方的读数中时，这些读数可能由不止由一位检查者实施）。由于在这种情况下的异常的血压读数不可能是真正的正确读数，它应被排除在平均血压的计算之外。

表 18.6 男性的血压等级[a,b]

收缩压（mmHg）（5年龄段）	年龄段	舒张压（mmHg）													
		136~140	141~145	146~150	151~155	156~160	161~165	166~170	171~175	176~180	181~185	186~190	191~195	196~200	201~210
85	<40	0	0	0	10	25	45	60	85	110	136	165	196	255	335
	40~49	0	0	0	0	20	40	60	80	100	125	160	215	300	
	50~59	0	0	0	0	0	20	40	60	80	100	130	190	270	
	60~64	0	0	0	0	0	0	15	30	50	70	100	160	255	
	65~69	0	0	0	0	0	0	0	15	25	40	60	95	140	
90	<40	0	10	20	30	45	65	85	105	130	160	190	225	275	340
	40~49	0	0	0	10	20	35	50	70	90	110	135	175	230	305
	50~59	0	0	0	0	0	15	30	50	70	90	110	145	195	275
	60~64	0	0	0	0	0	0	15	30	50	70	95	120	170	235
	65~69	0	0	0	0	0	0	0	15	25	40	55	75	100	140
95	<40	25	30	40	50	60	80	100	120	140	170	200	240	285	345
	40~49	0	10	15	25	35	45	60	80	100	120	150	190	240	310
	50~59	0	0	0	0	15	25	40	60	80	100	125	155	205	280
	60~64	0	0	0	0	0	15	25	40	60	80	105	135	180	235
	65~69	0	0	0	0	0	0	15	20	35	45	65	80	105	140
100	<40	55	60	65	75	85	100	115	135	160	190	220	260	300	350
	40~49	40	40	45	50	60	70	85	105	125	145	170	200	255	315
	50~59	20	25	30	35	40	50	60	75	90	115	145	180	220	285
	60~64	10	15	20	25	30	35	40	50	70	90	115	150	190	240
	65~69	0	0	10	15	15	20	25	30	40	50	70	90	110	145
105	<40			105	110	120	130	145	165	185	210	240	275	310	355
	40~49			90	95	100	105	115	125	140	160	185	220	270	325
	50~59			80	85	90	95	100	105	115	135	165	195	240	290
	60~64			60	60	60	60	60	70	80	100	125	160	195	245
	65~69			35	35	35	35	35	40	50	60	75	95	115	145
110	<40				170	175	180	195	215	235	260	280	300	330	365
	40~49				145	145	150	160	175	190	210	230	260	290	330
	50~59				135	135	135	135	145	160	175	195	220	260	305
	60~64				100	100	100	110	120	130	145	160	180	210	250
	65~69				55	55	60	65	70	75	85	95	105	125	150

续表

收缩压（mmHg）（5年龄段）	年龄段	舒张压（mmHg)											
		136~140	141~145	140~150	151~155	150~160	161~165	166~170	171~175	176~180	181~185	186~190	191~195	196~200	201~210
115	<40					260	260	265	275	285	295	310	325	345	370
	40~49					225	225	225	240	255	270	285	300	315	335
	50~59					195	195	200	215	230	245	260	275	290	315
	60~64					150	150	160	170	180	190	205	220	240	260
	65~69					90	90	95	100	105	110	120	130	145	160
120	<40						285	285	295	305	320	335	350	365	380
	40~49						260	265	270	280	290	300	310	325	350
	50~59						245	250	260	270	280	290	300	315	330
	60~64						215	215	220	225	230	240	250	260	270
	65~69						130	130	130	135	140	145	150	155	160

[a] 对女性而言，用四分之三的评级。
[b] 资料来源：商业和一般再保险公司。

评分

毫无疑问，心电图、超声心动图和心脏放射线检查在选择高血压风险方面是非常有效的筛查方式，在严格正常的情况下，可以对血压进行实质性的评分，如表18.7所示。

表18.7　心电图、超声心动图和胸部X光检查中对血压进行评分

筛选依据	评分		
	+100以下[a]	+101至+250[a]	+250以上[a]
3个月内心电图符合要求	-25	-50	-75
6个月内超声波心动图符合要求	-25	-50	-75
3个月内胸部X光片检查符合要求	-10	-15	-25

[a] 血压评级。

家族史

除环境因素外，如果父母双方都有高血压，患高血压的概率会增加2倍；如果

父母双方的血压都已经升高，特别是舒张期，这个人将来患严重原发性高血压的可能性几乎是肯定的。从实际承保的角度来看，如果申请人的家庭历史中有两个或两个以上的父母或 60 岁以下的兄弟姐妹死于心血管——肾脏原因，则因血压而进行评估的风险更大，不管这些是否与高血压有关，都应根据年龄在血压等级中加上 +25 到 +50。反之，如果家族史良好，没有证据表明患有心血管肾病或高血压。父母都活着，还有兄弟姐妹，至少有一个兄弟，可以得到 25 分。

性别影响

在死亡率方面，患高血压的女性似乎比男性情况要好得多，因此，在女性血压升高的情况下，她们可以有更大的空间。根据对高血压男性和女性死亡率的比较研究结果，我们可以合理地假设高血压女性的预期死亡率是在同等血压水平男性的 65%～70%。

翔实的血压升高

本讨论主要涉及简单的、边缘的和适度升高的血压，并有翔实的死亡率统计数据，但与大幅度升高血压相关的风险（例如舒张压高于 120mmHg）并不是很清楚。有两个原因：首先，相对而言，很少有人有这样的血压水平；其次，大多数人通常会被拒绝购买人寿保险，从而缺乏统计的分析。现有的统计数据通常是由专门承保严重不合格的人寿再保险公司报告的。例如，英国的商业和一般再保险公司（Mercantile and General Reinsurance Company）不时地能够检查其血压数据库（Blood Pressure Pool）的死亡经验资料，其中包括两组可被描述的翔实的血压资料。

血压数据库成立于 1953 年，旨在确保没有高血压并发症、没有服用抗高血压药物、没有其他可评估损害的动脉高血压患者提供人寿保险。没有对可接受的血压水平设定上限，但血压升幅越高，超过 200/118mmHg，因患有高血压疾病而符合列入血压数据库标准的申请人就越少。

随着直销公司在处理高血压问题上变得更加成熟，从 20 世纪 50 年代中期开始，被称为"血压数据库"的新进入者数量开始逐步下降，从 1981 年 1 月 1 日起，"血压数据库"就被关闭了。尽管如此，有效的投资组合仍不时受到监测，最近的涵盖 1961—1986 年经验，在 1989 年向第 16 届 COINTRA 国际会议进行了报告。[34]表 18.8 显示了第四组和第五组的结果，其包含有最高的血压水平。死亡率的预期模式随着年龄的增长而降低，随着血压水平的上升而增加，这一趋势也是显而易见的。

研究中，难以解释60岁及以上的人群的低死亡率，可能是由于研究中所包括的非常高龄的老年人的人数造成的。具有某种实际意义的事实是，大多数在检查中被发现血压大幅升高的人，如果以前未被怀疑，几乎肯定会受到主治医生的监视并开始治疗，从而扭曲了在保险申请时未接受治疗的高血压患者死亡率的统计。

今天，将不再需要原先设想的那样建立一个血压数据库。相反，如果人寿保险申请人的血压明显升高，保险公司会根据情况给予个别考虑，如压力或无合并症，或推迟到知道降压治疗结果之后，以通常的方式承保。

复杂高血压

持续性严重高血压的最终影响是心脏的左心室、肾脏和外周血管系统。当出现并发症时，承保风险会大大超过与血压水平相似但无并发症的风险。高血压病的分期可通过左心室肥大（LVH）、蛋白尿或渗出性视网膜病变的出现来临床确认。在早期和不确定的情况下，心脏的心电图、超声心动图和放射线检查以及必要时的肾功能测试可以大大提高风险的选择。

作为一个群体，有正常心电图的高血压患者比有异常心电图的高血压患者有更低的死亡率。Ungerleider研究了不同程度的心电异常对死亡率的影响，他研究了相似的体质、年龄和其他特征的被保险人的生活，这些人的血压都在160/110mmHg左右，唯一的变量是心电图。[35]虽然这项研究报告的是1929—1941年期间的案例，但结果仍然适用于今天的保险实践。其研究结果见表18.9。

简单地说，当心电图正常时，死亡率是平均水平的186%，有问题的心电图（即不完全正常的）死亡率上升到平均的269%，心电图显示左心室紧张或肥大的死亡率为344%。其他异常，包括束支阻滞，造成甚至更高的死亡率。

这就是心电图在高血压中的价值，如果目前的描述是完全正常的话，血压的评级有时可能会被其他原因所抵消。

血压和老年申请人

"收缩压和舒张压升高对老年患者心血管发病率和死亡率的影响至少与年轻患者相同。"这一说法是在1988年国家高血压检测、评价和治疗联合委员会的报告中提出的。[36]保险损害的研究表明，随着年龄超过50岁，与高血压相关的死亡率下降，但人寿保险统计数据缺乏涵盖大量老年人。由于血压等级表是根据保险经验数据而定的，因此继续将其用于人寿保险承保是合理的，但进一步的研究可能导致在未来 10 年内作出一些修改。

表 18.8　1961—1986 年商业和一般再保险公司血压组Ⅳ和Ⅴ组的血压经验数据

分组[b]	血压（mmHg）	进入年龄								
		50 岁以下			50~59 岁			60 岁及以上		
		实际死亡	期望死亡[a]	死亡比率（%）	实际死亡	期望死亡[a]	死亡比率（%）	实际死亡	期望死亡[a]	死亡比率（%）
Ⅳ	185/113~199/117	13	2.8	464	31	18.5	168	40	39.4	102
Ⅴ	200/118 及以上	25	3.2	781	81	20.7	391	80	55.1	145

[a] 1967/1970 年度的预期死亡人数。

表 18.9　心电图变化对高血压病死率的影响[a]

分组[b]	平均血压（mmHg）	研究案例数	实际死亡数	死亡率（%）
1	156/97	185	23	186
2	159/97	97	19	269
3	159/98	101	50	344
4	163/100	41	15	375

[a] 资料来源：Ungerleider[34]，1929—1941 年，平等人寿保险协会的经验数据。

[b] 组 1，正常 ECG；组 2，边缘 ECG；组 3，LVH 的 ECG；组 4，有或没有 LVH 心肌疾病证据。

高血压治疗与原发性高血压

许多研究表明，无论治疗如何，与血压升高相关的死亡率与血压水平相关。目前的共识是，最重要的风险标准是投保申请时的血压水平。当然，在无症状的轻度或中度高血压患者没有高血压并发症的情况下，大多数公司会根据当前的血压（即前 3 个月所有血压记录的平均值）进行评估，并相信这如实反映了风险。即使治疗前血压显著升高，只要在体检时没有发现高血压病（靶器官损害）的证据，这一规则仍然适用。不过，在为目前正在接受治疗的高血压患者提供保险时，有一到两项保留的意见：

- 治疗时间应超过 3 个月。在少于 3 个月的时间内，应将治疗前的血压水平计入当前血压的平均值，以作评级。
- 明确的高血压在治疗前存在的时间越长，就越有可能出现高血压并发症，如冠状动脉粥样硬化、不同程度的左心室肥大（LVH）和蛋白尿。如果在开始降压药治疗前，主治医师已经报告了这些并发症，那么无论目前的血压水平如何，保险人最好在申请时确定心血管系统的状态。为此目的，可根据先前报告的高血压损害程度，最好的筛选试验是静息心电图（以及压力测试、超声心动图）和尿检进行评级。在当前血压的评分（如果有的话）中，应增加对残留并发症的评分。

- 如果高血压治疗已令人满意地维持了几年，临床检查在申请时是正常的，一般可以忽略有严重的高血压前期治疗并伴有轻微并发症的病史，仅根据目前的血压水平评估风险。

高血压；继发性高血压

当降压治疗的原因加速或恶性高血压时，在选择时应特别注意。应严格排除慢性肾盂肾炎等引起高血压的次要原因，并在检查时必须进行诊断性检查，表明肾功能正常。否则，可保性的标准将与轻度高血压病相同。

随着高效降压药的问世，部分慢性肾小球疾病、多动脉炎、慢性肾盂肾炎、肾移植等表现为动脉高压的疾病的预后明显改善。与原发性高血压的情况一样，在确定是否有必要对原发性损害进行额外评级时，治疗时的血压水平是最重要的水平。

类似的结论也适用于有脑血管意外、心肌梗死和周围血管疾病病史的高血压患者。在有效的抗高血压药物问世之前，这些疾病的预后使它们几乎无法投保。现在，如果高血压得到充分控制，大多数人都将处于可接受的低于标准的风险范围内。

▶▶ 总结

由于有广泛的有效的治疗方法可用于高血压的管理，而且由于血压升高通常可以很好地控制，因此需要评级的血压升高情况较过去少，它不再是过去风险的主要参数。在20世纪60年代，超过轻微程度的高血压当然会被评为不达标，但今天，在大多数情况下，同样水平的单纯高血压可以得到治疗和控制，在几周或几个月内可将不合格的风险转化为标准风险。即使存在高血压疾病，如左心室肥大（LVH）和/或肾病，长期密切控制血压也能扭转病理变化，使病情变成标准或接近标准的范畴。尽管现代治疗方法有一定的疗效，但高血压仍存在缺乏控制或控制不良，仍然是引起心、肾和脑血管疾病发展的重要危险因素。因此，在这种情况下，对高血压的评级应给予应有的重视。

虽然血压在风险选择方面的重要性可能降低了，但检查医生或护理人员仍有责任在检查时不带偏见地准确记录血压，也不试图解释血压。与过去一样，高血压的读数应在短时间内重复测量，并应报告所有数据。而任何进一步的处理都应留给人寿保险公司。

参考文献

[1] Pickering GW. *High Blood Pressure.* New York: Grune Stratton, 1968.

[2] Hypertension prevalence and the status of awareness treatment and control in the United States: final report of the Subcommittee on Definition and Prevalence of the Joint National Committee on Detection, Evaluation and Treatment of High Blood Pressure (1984). *Arch Intern Med* 1984; 1045.

[3] British Hypertension Society guidelines for hypertension management 2004 (BHS–IV): *BMJ* 2004; 328.

[4] Task force on blood pressure control in children: report of the second task force on blood pressure control in children. *Pediatrics* 1987; 79: 1.

[5] Fletcher AP. The effects of weight reduction upon the blood-pressure of obese hypertensive women. *QJM* 1954; 23: 331.

[6] Hamilton M et al. The aetiology of essential hypertension. *Clin Sci* 1954; 13: 271.

[7] Kannel WB. Some lessons in cardiovascular epidemiology from Framingham. *Am J Cardiol* 1976; 37: 269.

[8] Kannel WB. Framingham study insights into hypertensive risk of cardiovascular disease. *Hypertens Res* 1995; 18: 181.

[9] Pickering TG et al. How common is white coat hypertension? *JAMA* 1988; 259: 225–8.

[10] *Blood Pressure Study* 1925. New York: Actuarial Society of America/Association of Life Insurance Medical Directors of America, 1925.

[11] *Blood Pressure Study* 1939. New York: Actuarial Society of America/Association of Life Insurance Medical Directors of America, 1940.

[12] *Build and Blood Pressure Study* 1959. Chicago: Society of Actuaries, 1959.

[13] *Blood Pressure Study* 1979. New York: Society of Actuaries/Association of Life Insurance Medical Directors of America, 1980.

[14] Singer RB. Summary data (exposures, deaths, mortality ratios and excess death rates) for the separate standard and substandard experience of the 1979 blood pressure study. *J Insur Med* 1986; 18: 17–23.

[15] Singer RB, Levinson L (eds). *Medical Risks: Patterns of Mortality and Survival.* Association of Life Insurance Medical Directors of America/Society of Actuaries, 1986.

[16] Lew EA, Gajewski J (eds). *Medical Risks: Trends in Mortality by Age and Time*

Elapsed. Association of Life Insurance Medical Directors of America, 1990.

[17] Smith WMcF. *Treatment of Mild Hypertension: results of a ten year intervention trial.* USA Public Health Service Hospitals Cooperative Study, Group Circ Res 40 (Suppl 1) 1977: 98 – 105.

[18] Helgeland MD. Treatment of mild hypertension: a 5 year controlled drug trial. The Oslo Study. *Am J Med* 1980; 69: 725 – 32.

[19] Hypertension Detection and Follow – up Program Co – operative Group. The effect of treatment on mortality in mild hypertension. *N Engl J Med* 1983; 307: 976 – 80.

[20] Report by the management committee: the Australian therapeutic trial in mild hypertension. *Lancet* 1980; 1: 1261 – 7.

[21] Multiple Risk Factor Intervention Trial Research Group. Multiple risk factor intervention trial: risk factor changes and mortality results. *JAMA* 1982; 248: 1465 – 77.

[22] Medical Research Council Working Party. MRC trial of treatment of mild hypertension: principal results. *BMJ* 1985; 291: 97 – 103.

[23] Amery A et al. Mortality and morbidity results from the European Working Party on High Blood Pressure in the Elderly Trial. *Lancet* 1985; 1: 1349 – 54.

[24] Savage DD et al. The spectrum of left ventricular hypertrophy in a general population sample: the Framingham Study. *Circulation* 1987; 75 (part II): 1.

[25] Levy D et al. Echocardiographically detected left ventricular hypertrophy: prevalence and risk factors. *Ann Intern Med* 1988; 108: 7.

[26] Messerli FH. Pathophysiology of essential hypertension and the role of combined alpha and beta blockade therapy. *Dateline: Hypertension* 1985; 3: 2.

[27] Messerli FH. Essential hypertension in the elderly. *Lancet* 1983; 2: 983.

[28] Savage D. Left ventricular hypertrophy as risk factor in sudden death (presented at 3rd Annual Meeting Am Soc of Hypertension). *Medical Tribune* 29 Sept 1988.

[29] The Fifth Report of the Joint National Committee on Detection, Evaluation and Treatment of High Blood Pressure (JNC V). *Arch Intern Med* 1993, 153: 154.

[30] Oparil S. Antihypertensive therapy – efficacy and quality of life (editorial). *N Engl J Med* 1993; 328: 959.

[31] Gubner RS. Major new developments affecting treatment and prognosis in hypertension. *Trans Assoc Life Insur Med Dir Am* 1989: 73: 97 – 114.

[32] Pollack AA, McGurl TJ, Plucinski TE. Hypertension in substandard insurance. *Trans Assoc Life Insur Med Dir Am* 1957; 41: 51.

[33] Hines EA. Some aspects of the development and treatment of hypertensive diseaases. *Trans Assoc Life Insur Med Dir Am* 1955; 39: 25.

[34] 16*th International Conference of COINTRA* 1989; 1: 33 – 43.

[35] Ungerleider HE. The prognostic implications of the electrocardiogram. *Am J Cardiol* 1960; July: 35.

[36] The 1988 Report of the Joint National Committee on Detection, Evaluation and Treatment of High Blood Pressure. *Arch Intern Med* 1988; 148: 1023 – 38.

第19章 糖尿病

杰弗里·H. 罗伯（Geoffrey H. Robb）
罗斯·劳伦森（Ross Lawrenson）

- 介绍和说明
- 治疗策略
- 糖尿病的管理
- 控制效果的评估
- 糖尿病并发症
- 青春晚期糖尿病（MODY）
- 糖尿病的承保
- 结论
- 参考文献

▶▶ 介绍和说明

糖尿病是一种以高血糖为特征的疾病。在西方国家，糖尿病主要有两种：1型糖尿病，它是一种自体免疫疾病，其破坏胰岛素产生的β细胞，从而导致快速引发高血糖，需要终生替代胰岛素治疗；2型糖尿病，是由于胰岛素抵抗增加和后来胰岛素生产的相对损失导致的高血糖。2型糖尿病的发病过程是渐进的，通常被认为是代谢综合征的一部分，包括胰岛素抵抗、高血压、高胆固醇血症和肥胖。这些人中有很多人已经或最终发展成为2型糖尿病患者。糖尿病很重要，因为它与高血糖相关的并发症有关，而且糖尿病患者的死亡率是非糖尿病人群的2倍以上。

代谢综合征

代谢综合征最近（2005年）被国际糖尿病联盟（IDF）重新定义如下：

基本标准

腰围（以厘米计）（临床肥胖的标志）*

	男性	女性
欧洲人	>94	>80
南亚人	>90	>80
中国人	>90	>80
日本人	>85	>90

另外增加：以下四个因素中的两个：

甘油三酯升高	>1.7mmol/l（150mg/dl）
高密度脂蛋白胆固醇（HDL-C）减少	>0.9mmol/l（40mg/dl） >1.1mmol/l（50mg/dl） 或特定治疗
血压升高	收缩压大于130mmHg，舒张压大于85mmHg或特定治疗
空腹血糖升高	>5.6mmol/l（100mg/dl）或先前诊断为糖尿病

*作为临床目标，在美国，腰围的测量中，男性>102厘米，女性>88厘米，很可能需要继续观察。

诊断

糖尿病的诊断主要通过空腹血糖测量或口服葡萄糖耐量测试。如果患者有糖尿病的体征和症状，并且空腹血糖为7.0mmol/l（125mg/dl）或更高，那么就可认为患有糖尿病。如果没有任何症状，两次单独的空腹血糖测试为7.0mmol/l（125mg/dl）或更高，即可诊断。有些患者的空腹血糖水平<7mmol/l（125mg/dl），但餐后血糖水平为≥11.1mmol/l（200mg/dl），则可以通过口服葡萄糖耐量测试进行诊断。该测试要求空腹患者服用一定剂量的葡萄糖，然后记录2小时后的血糖水平。如果2小时血糖水平为11.1mmol/l（200mg/dl）或更高，则可再诊断为糖尿病。葡萄糖耐受不良的中间水平由空腹葡萄糖受损（IFG）来定义，空腹血糖为≥6.0mmol/l（110mg/dl），但<7.0mmol/l（125mg/dl）。葡萄糖耐量受损（IGT）是指口服葡萄糖后的葡萄糖水平≥7.8mmol/l（140mg/dl），但<11.1mmol/l（200mg/dl）。

区分1型糖尿病和2型糖尿病并不容易，通常是根据临床检查进行。如症状迅速出现、严重高血糖和酮症酸中毒的年轻患者，通常需要胰岛素治疗，则将被诊断为1型糖尿病。50岁以上的超重、中度高血糖和不需要胰岛素控制的患者，通常患有2型糖尿病。然而，有时很难区分这两种类型。越来越多的年轻人甚至儿童出现胰岛素抵抗和2型糖尿病，而一些老年患者却需要胰岛素治疗。

有时人们会去寻求自身抗体的存在，而这些抗体的存在证明一个人可能患有 1 型糖尿病。然而，缺乏自身抗体并不排除诊断。另一种测量方法是 C-肽水平。C-肽与胰岛素的分泌量相同，如 C-肽水平很低，往往表明患者患有 1 型糖尿病，而升高的 C-肽水平表明细胞对胰岛素抵抗反应增加，则表明为 2 型糖尿病。C-肽和自身抗体测试都很昂贵，而且在常规实践中没有进行。然而，区分糖尿病类型是很重要的，因为关于并发症的信息表明，这两种类型之间存在差异，因此管理将根据诊断而有所不同。

世界范围内的发病率和患病率

1 型糖尿病

1 型糖尿病是一种相对罕见的疾病，每 10 万人中就有 1 型糖尿病病例。在韩国和坦桑尼亚等国，15 岁以下儿童的发病率为 1~2/10 万，而在芬兰和瑞典等斯堪的纳维亚国家，发病率差别很大，同龄儿童的发病率为 30/10 万。英国 15 岁以下儿童的发病率为每年 20/10 万，但存在地域差异，苏格兰的发病率相对较高，而伦敦的发病率低于平均水平。尽管在一些国家已经注意到了性别存在差异的情况，但在英国，男孩和女孩的发病率没有差别。[1]没有一致的规律表明 1 型糖尿病在男孩或女孩中更为普遍。尽管临床典型病例确实发生在老年人身上，但 1 型糖尿病的发病率在青少年群体中达到高峰——幼儿的发病率较低，25 岁以后发病率下降。欧洲有很好的证据表明，1 型糖尿病的发病率正以每年大约 3% 的速度上升。在 0~4 岁年龄组，这一增长似乎更大，在这一年龄组，每年的增幅高达 11%。[2]

毫无疑问，遗传因素会影响 1 型糖尿病的发展。同卵双胞胎的患病一致性率为 50%，患有 1 型糖尿病的父母，其子女有 5% 的机会患上 1 型糖尿病，而且许多不同的人类白细胞抗原（HLA）类型与 1 型糖尿病有关。遗传倾向可能是造成国与国之间某些差异的原因。许多病毒也与 1 型糖尿病的发展有关，特别强调肠道病毒和柯萨奇病毒。最近有一种观点认为，卫生条件的改善会导致幼儿免疫力的改变，使他们更容易患上自身免疫性疾病，如哮喘和 1 型糖尿病。[3]

虽然 1 型糖尿病的发病率较低，因为它是一种终身疾病，因而其患病率较高。在西方国家尤其如此，在这些国家，青少年和年轻成年人的发病率为 2‰~5‰。然而，在第三世界国家的患病率很低，但由于缺乏胰岛素，这意味着患有 1 型糖尿病的儿童的预期寿命大大降低。在大多数国家，由于发病率的增加和存活率的提高，患病率正在迅速上升。

2 型糖尿病

2 型糖尿病比 1 型糖尿病常见。它的发病率很难评估，因为 2 型糖尿病的发病是隐蔽性的，可能在许多年内仍未被诊断出来。很少有研究多年以来，通过重复检查相同人群以确定其发生率。所以我们对发病率的估计通常是由观测数据进行的，诊断标准的变化和筛选的无系统性使结果不太可靠。然而，发病率不受生存率的影响，因此评估不同的危险因素是一项重要的措施。

2 型糖尿病的患病率在人群之间有很大的差异。在活跃的农村人群中发现的发病率很低，例如在非洲和亚洲，而北美和欧洲的患病率更高。在一些人群中，如北美的皮马印第安人，以及南太平洋瑙鲁岛的岛民，2 型糖尿病的患病率超过 25%。然而在英国，已知的 2 型糖尿病患病率为 2%。2 型糖尿病的患病率随着年龄的增长而增加，在英国，40 岁以下人群中发现的低发病率在 75 岁以上人群中上升到 7%~8%。在一些国家，男性有过多的 2 型糖尿病，例如英国[4]和澳大利亚；然而在一些研究中没有发现性别差异，在一些人群中，女性有过多的 2 型糖尿病。[5,6]预计世界范围内 2 型糖尿病的患病率将从 1995 年的 1.15 亿上升到 2010 年的 2.15 亿。在欧洲，这一数字预计在同一时期将从 2 100 万增加到 3 200 万。[7]不断增加的患病率是由于发病率不断增加、早期诊断和生存率不断提高的综合结果。这导致越来越多的患者需要随访和治疗。

2 型糖尿病发病率的增加，很大程度上归因于许多肥胖人群的增加。这是由于高脂肪饮食和简单碳水化合物的结合，加上运动水平的下降。在许多外来人口中尤其是一个突出问题，就像南亚人口在转向富裕的西方文化时所看到的那样。其他对胰岛素抵抗和 2 型糖尿病的影响包括宫内环境的影响。因此，患有子宫内生长迟缓的低出生体重婴儿在以后的生活中，胰岛素抵抗和糖尿病的概率会增加。还有证据表明，怀孕时患有糖尿病的妇女所生的孩子患 2 型糖尿病的风险更大。[8]

死亡率研究

与其他慢性病一样，糖尿病也有诊断和编码的问题。死亡被广泛用于监测人口的死亡率，在队列研究中，它可能是查明导致死亡原因的唯一可用信息。糖尿病患者的死因通常是心血管疾病。但一般很难估计可归因于糖尿病的死亡比例。糖尿病被列为潜在死亡原因的频率因时间和地点的不同而有很大差异，而且相当一部分糖尿病患者的死亡证明中根本没有提到糖尿病，因此，糖尿病导致的死亡率被严重低估。死亡率统计数据也可能因不可避免的选择因素而有所偏差。从医院和诊所中得出的统计数字特别容易出错,因为正在研究的人口并不代表一般的糖尿病患病人口。对从一般人口的调查中招募的特定组群进行的前瞻性研究可望得出最可靠的结果,尽管有些研究缺乏足够的纵向观察病人。

1型糖尿病

1型糖尿病与所有年龄层的死亡率上升有关。女性的相对死亡率似乎一直高于男性。[9]这是因为妇女患心血管疾病和所有病因的潜在风险一般要低得多。但是,患有1型糖尿病的男性和女性的绝对死亡率相似,因此,妇女的相对风险是增加的。年轻患者的相对死亡率最高,且随着年龄的增长而降低。斯蒂芬森(Stephenson)等人的一项研究比较了英国1975—1976年和1985—1986年与糖尿病有关的死亡率。45岁以下与糖尿病有关的死亡率有所下降。[10]另一项研究表明,在英国莱斯特郡,随着诊断日期的确定,1型糖尿病的相对死亡风险有所下降,标准化死亡率(SMR)从20世纪40年代的981例降至20世纪80年代的238例。[11]那些社会阶层较低、16岁以前辍学或失业的糖尿病患者的死亡率更高。此外,生活在保障性住房中的糖尿病患者的死亡率比生活在其他类型的住房中的糖尿病患者要高。[12]不同国家死亡率的调查研究表明,与较富裕国家的死亡率相比,东欧许多国家的死亡率差别很大,超额死亡率很高。芬兰和以色列等医疗社会化程度较高的国家之间也存在明显差异,但这些国家的死亡率低于日本和美国等医疗系统私有化程度较高的国家。

2型糖尿病

2型糖尿病患者的死亡率也主要是由心血管疾病造成的。2型糖尿病患者的危险比表明,患糖尿病的人的死亡率是没有患病人群的两倍多。[13]患有2型糖尿病的男性死亡率明显高于女性。危险比随年龄的增长而降低,年轻患者的危险比最高。这可能反映出随着非糖尿病人群中威胁生命的疾病年龄的增加,导致他们的死亡率与糖尿病人相似。随着1型和2型糖尿病持续时间的增加,死亡率也在上升。

与1型糖尿病一样,2型糖尿病患者的社会贫困程度与死亡率之间存在相反的关系。在英国,不同种族群体之间的差异发现,在45岁以上的个体中,加勒比和印度裔个体的死亡率大约是英国裔个体的2.5倍。[14]在美国的研究中,患有2型糖尿病的黑人和白人的死亡率大致相似,是非糖尿病人群的2倍。[15,16]对英国和世界各地糖尿病患者死亡率的研究表明,死亡率至少是非糖尿病人群的2倍。1型糖尿病患者的死亡率往往较高,但在英国和国际性的研究中存在相当大的差异。

预防

由于糖尿病是一种长期性疾病，而且随着医疗福利的增加，减轻当前疾病负担的余地也越来越小。有充分的证据表明 1 型和 2 型糖尿病的发病率都在增加。此外，糖尿病患者的生存和生育能力越来越强，因此高危人群的基因库也在不断增加。如果可以阻止发病率的增加，那么随着生存率的提高，基因库的增加，以及对 2 型糖尿病的更多筛查，疾病的患病率仍将上升。虽然预防糖尿病对个人的益处巨大，但持续有效的干预预防糖尿病可能只会降低人口中疾病负担的增加速度。

1 型糖尿病

预防 1 型糖尿病的策略主要集中在识别高危人群，特别是那些自身抗体水平高的人群，并试图干预以预防疾病的发生。在这些高危人群中使用烟酰胺和类固醇的情况一直令人失望。另一种建议是，婴儿摄入牛奶与随后发生的 1 型糖尿病之间存在关联。目前正在进行试验，以确定出生后的第 1 年限制牛奶的使用是否可以降低随后发生糖尿病的风险。总的来说，目前还没有有效的方法来预防 1 型糖尿病。

2 型糖尿病

2 型糖尿病的病因是肥胖症的增加，不仅老年患者如此，儿童和年轻人也是如此。肥胖和减少体育锻炼会增加患 2 型糖尿病的风险；我们有充分的理由相信，通过解决这两个问题，糖尿病发病率的上升可能会放缓。这需要社区和个人的努力。社区需要确保鼓励锻炼和体育活动，减少对汽车的依赖。同样，需要鼓励限制高脂肪和简单碳水化合物丰富的食品的推广。在个人层面上，需要鼓励病人进行合理的饮食锻炼，并保持苗条的身体。

遗传学

1 型和 2 型糖尿病的遗传学不能用显性基因、隐性基因或中间基因的经典序列来描述。如果一个同卵双胞胎有 1 型糖尿病，那么在 50% 的情况下另一个双胞胎也会发展成 1 型糖尿病。[17] 如果这对双胞胎不是完全相同，那么只有不到 10% 的可能性。某些 HLA 类型与 1 型糖尿病有关。因此，HLA－DR3 和 HLA－DR4 患者更容易患 1 型糖尿病，而 HLA－DR2 似乎具有保护作用。在单卵双胞胎中，2 型糖尿病的一致率约为 90%。在 2 型糖尿病患者的兄弟姐妹中，患糖尿病的终生风险几乎为 40%。糖尿病家族史和潜在 HLA 类型可以帮助预测风险。关于个人在人类基因组方面的遗传风险，仍有许多事情需要发现，同时要澄清与遗传因素相比，子宫内环境造成的风险有多大。

专题介绍

1 型糖尿病在一个阶段被称为幼年型糖尿病，说明了其发病的年龄（与 2 型或成熟型糖尿病相比）。因为 1 型糖尿病可以在任何年龄出现，但在年轻人中最常见，所以这个名称被改了。典型的症状是体重减轻，顽固性口渴和多尿。酮症出现得较早，将加重体重的减轻，并经常引起恶心和呕吐，其和多尿症一起会导致严重脱水。

糖尿病酮症酸中毒可能是 1 型糖尿病的主要表现。更常见的情况是，已确诊的糖尿病患者没有注射足够的胰岛素或注射量不足。它通常与感染有关，因为在这种情况下，需要更大剂量的胰岛素是暂时的。这是一种需要立即住院治疗的急诊情况。需要大量静脉输液和胰岛素，从而确定了酮症酸中毒的原因。这种疾病的总死亡率约为 5%。

从保险的角度来看，酮症酸中毒的频繁入院表明一个人要么患有非常不稳定的糖尿病，要么对病情漫不经心。这是糖尿病控制不良的标志，除非最近有证据表明病情得到了很大改善，否则不太可能提供任何形式的人寿或失能保险产品。

1 型糖尿病更常伴有口渴、多尿和体重减轻。几乎无一例外都需要胰岛素，而且是在专门的中心开始的。通常情况下，人们会将保险产品的申请推迟至少 1 年，以确保病情得到充分控制，但在大多数情况下，可以提供保险条款。

2 型糖尿病的临床症状包括口渴、多尿和体重减轻。然而，无论是通过常规的血液或尿液检查，还是由于昏睡或复发性感染等非特异性症状，都更容易被确诊出来。为了保险或就业前的目的，在新医生的注册医疗中，作为健康检查的一部分，或在入院时，可以进行血糖或尿液的常规检测。第四种方式是通过糖尿病知识宣传，其他健康的人会因为读过糖尿病的相关资料或者亲戚可能患有糖尿病而要求进行检测。

2 型糖尿病的发病机制

糖尿病不是在诊断的时候"开始"的。《英国前瞻性糖尿病研究》（UKPDS）的研究表明，最近确诊的患者中，β 细胞的功能约为正常水平的 50%。通过向后推断，在确诊前 10~12 年，下降就开始了。在此期间，心血管疾病的风险将会增加。这种风险远低于目前的血糖耐受受损（IGT）和空腹血糖受损（IFG）的阈值，两者都应被视为代谢状态，将增加发展为 2 型糖尿病的风险。

除了 β 细胞功能障碍外，2 型糖尿病的骨骼肌也存在缺陷，胰岛素刺激葡萄糖摄取的能力受损。这也在一级亲属和 IGT 患者中也得到了证明。这种缺陷可能是遗传的。因此，糖尿病是持续的 β 细胞紊乱的结果，导致功能丧失和骨骼肌、肝脏和脂肪胰岛素抵抗增加。它既是遗传又是环境的，每种形态的贡献因人而异。确切的机制有待阐明。

▶▶ 治疗策略

在我们目前的认知状态下，1 型糖尿病需要用胰岛素治疗。这是由于 β 细胞的破坏。胰岛素不能口服，因为作为一种蛋白质，它会在胃中降解。胰岛素治疗的实践方面的细节会分别给出。

同样重要的是生活方式的改变。糖尿病教育者的目标，无论是内科医生、护士还是营养师，都是与新诊断的糖尿病患者或他们的父母达成一致，了解需要做哪些改变。大多数情况下都涉及饮食，但有规律的饮食和锻炼是有压力的。在这些不太可能发生的情况下，如在某些青少年中，可能通过胰岛素调节来减轻不良影响。

对于 2 型糖尿病患者来说，"健康"的生活方式至关重要。它包括营养充足的饮食，大多数情况下，低摄入饱和脂肪，控制肥胖，适合年龄的和有既往身体失能的锻炼。只要遵守这些规定将会改善代谢异常的发生，并可能避免口服降糖药或使用胰岛素。

如果生活方式的改变不能达到预期的控制效果，就需要进行药物治疗。一般从低剂量的二甲双胍开始，慢慢增加。如有需要，其他药物最多可添加到三种使用。

胰岛素不再被认为是治疗 2 型糖尿病的最后手段。模拟胰岛素的使用和简单注射设备（胰岛素笔）的发展，使胰岛素成为那些通过适当的生活方式和口服药物的结合难以控制的人的一个有吸引力的选择。

管理方式的选择取决于个人的整体健康和活动。对于那些健康状况良好且生活方式可能不稳定的人来说，1 型糖尿病患者使用基础药物治疗的方案是理想的。那些生活规律更稳定的人可能会选择每天两次的预混合胰岛素治疗。服用二甲双胍以降低胰岛素抵抗是很常见的，尤其是对于那些超重的人。在许多情况下，老年人最好每天注射一次长效胰岛素类似物和口服低血糖药物。虽然无法达到完美的控制，但低血糖的风险很小。

肥胖

在过去的25年里，西方人口中肥胖症的患病率大大增加。1980年，英国约有6%的男性和8%的女性肥胖，自那以后，这一数字增加了2倍多。随着体重的增加，2型糖尿病的相对风险在逐渐增加。例如，在美国，在30~35岁的女性中，体重指数低于22的风险在1%左右，体重指数低于30的风险在25%左右，体重指数超过35的风险在90%。

胰岛素抵抗和肥胖的发展显然有遗传因素，但它是一个可改变的危险因素。如果肥胖者体重减轻10公斤，则总体死亡率降低20%，与糖尿病有关的死亡率降低30%。瑞典[18]的一项大型研究表明，奥利司他在降低患糖尿病的风险方面比那些只接受生活方式建议的人更有效，这可能是因为在4年的时间里，使体重减轻了（6.9公斤，而不是4.1公斤）。如何减肥似乎无关紧要，因为糖尿病的发展可以通过减肥手术预防一些病态肥胖患者。

奥利司他，通过抑制肠道脂肪酶，将减少脂肪消化，随后脂肪吸收减少约30%。结果是负能量平衡和体重减轻。它还可以降低低密度脂蛋白胆固醇和甘油三酯。只有在遵循饮食建议的情况下，它才是有价值的，因为只有不到30%的能量摄入来自脂肪。当脂肪摄入量高时，副作用是不变的，包括肠胃胀气和排便紧急。在实践中，副作用限制了奥利司他的使用。

无论是在糖尿病患者还是非糖尿病患者中，奥利司他都能显著减轻那些能够接受限制脂肪饮食的人的体重，能降低IGT患者2型糖尿病的发生率，改善血糖耐受。其他的好处是降低血压、腰围和低密度脂蛋白胆固醇。在肥胖的糖尿病患者中，它可显著减轻体重和降低糖化血红蛋白水平，因此它可以用于2型糖尿病，以替代二甲双胍。

西布曲明是另一种目前被批准用于治疗肥胖症的药物。它的主要作用是阻止释放的血清素和去甲肾上腺素的再摄取，因此它能增强饱腹感，减少体重减轻时正常的代谢率下降。它将减少饥饿感和对糖与碳水化合物的渴望。减少食物摄入，增加能量消耗。在STORM试验中，[19]减重持续了2年时间，而在安慰剂组（仅限生活方式管理组），6个月11公斤的减重几乎在2年后全部恢复。

西布曲明还有其他一些好处，包括优先减少内脏脂肪，而内脏脂肪是代谢综合征的主要诱因。甘油三酯减少了16%，高密度脂蛋白胆固醇增加了21%。在2型糖尿病患者中，糖化血红蛋白下降了2%。

吸烟

在糖尿病患者和非糖尿病患者中，吸烟和冠心病之间有着很强的相关性，但糖尿病和吸烟的联合使非糖尿病吸烟者的风险增加了1倍。这是一个独立的风险因素，正如英国前瞻性糖尿病研究（UKPDS）所证明的那样。[20]这似乎加速了微量白蛋白尿向弗兰克蛋白尿的发展，而且由于糖尿病肾病患者的心血管风险已经增加，继续吸烟只会增加这种风险。然而，吸烟与视网膜病变的发展之间并没有明显的联系。

《美国护士健康研究》[21]显示，每天吸烟超过25支的女性患糖尿病的相对风险为1.42，而男性患糖尿病的风险也有所增加。[22]如糖化血红蛋白水平所示，吸烟者作为一个群体，其糖尿病控制能力也不如非吸烟者。这可能是由于胰岛素抵抗增加。在妇女戒烟5年后和男子戒烟10年后，消除这种风险。

运动

运动对糖尿病的预防和治疗都有帮助。体育活动增加胰岛素敏感性和提高葡萄糖耐量。在人口研究中，与久坐不动的生活方式相比，运动患2型糖尿病的6年风险可以降低40%。[23]这对于肥胖者、2型糖尿病患者的一级亲属、妊娠糖尿病患者以及那些2型糖尿病发病率特别高的族群来说尤其重要。

对于1型糖尿病患者，由于周边葡萄糖利用率的增加，存在低血糖的风险。这可以通过在运动前减少胰岛素剂量和在运动前、运动中或运动后服用额外的碳水化合物来管理。应携带短效的碳水化合物，以纠正低血糖。

定期运动可提高糖尿病患者的预期寿命，减少大血管和微血管并发症，并在实践中改善糖尿病的整体控制。[24,25]

运动应该是适度和有氧的，最好是步行、骑自行车或游泳。慢跑对年轻人来说是好的，但是在中年时不应该被接受，除非非常小心，因为它对关节，肌肉和韧带有潜在的伤害。每周4个小时的这样的运动将显示出风险的改善，但血糖监测应保持以尽量减少低血糖。

在2型糖尿病患者中，随着定期的体育锻炼，血糖控制将得到改善，从而降低糖尿病并发症和死亡的风险。[26]这是由于胰岛素敏感性增加，血压和血浆胰岛素水平降低，纤维溶解和高甘油三酸血症的改善。然而，运动常常受到其他因素的限制，如骨关节炎、呼吸系统疾病或社会条件。

糖尿病的管理

饮食

这两种类型的糖尿病的建议是相似的，也没有必要糖尿病患者有不同于其他人的饮食，虽然某些修改是可取的。在大多数情况下，这涉及总能量摄入的减少，以达到BMI为20～25的最佳体重。这对于那些有肥胖基因倾向的人，或者那些有不良社会环境或身体残疾而无法锻炼的人来说，是非常困难的。

碳水化合物至少应提供总能量摄入的一半，并应优先考虑低血糖指数食物，如全麦面包、叶和根蔬菜、豆类和意大利面。例如，低血糖指数的食物，如全麦面包，会提高的血糖比含有等量碳水化合物的白面包的一部分要少，而这表示为百分比，使得白面包的血糖指数为100。蔗糖应提供少于10%的能量摄入，所以甜饮料和用糖制成的布丁应被排除在外，除非需要纠正低血糖。

总脂肪摄入量应少于35%，饱和脂肪应少于10%。[27]这些数字在肥胖管理方面应该更低，或者如果LDL-胆固醇高于3.0mmol/l。多不饱和脂肪酸，如亚油酸，可降低LDL-胆固醇和甘油三酯，并可减少血小板聚集。这些主要存在于油性鱼类中，饮食建议是每周至少吃一到两份油性鱼类（如鲑鱼、鳟鱼、鲭鱼或鲱鱼）。

单一饱和脂肪酸（如橄榄油和菜籽油）既降低了LDL-胆固醇又增加了HDL-胆固醇；它们也可能具有抗氧化性，可以通过增强周边胰岛素敏感性来改善血糖控制。这些脂肪应该占总脂肪摄入量的很大比例，可以用在人造黄油或食用油上。它们的卡路里含量很高，所以在肥胖人群中应该少用。人均橄榄油摄入量高的人口肥胖率也很高。

高纤维饮食作为碳水化合物摄入量增加的一部分，已经被证明可以减少空腹血糖、餐前血糖和餐后血糖和糖化血红蛋白。它们还有助于降低LDL-胆固醇，是推荐给糖尿病患者的混合健康饮食的一部分。

蛋白质摄入量每天至少为0.6克/公斤，尽管对许多人来说至少是2倍。对于那些有白蛋白尿或糖尿病肾病的人，摄入不超过0.6克/公斤的食物将会降低晚期肾功能衰竭或死亡的进展速度。这些数字适用于动物起源的蛋白质。由于生物利用度降低，素食主义者的蛋白质摄入量会更加自由。

酒精也是卡路里含量的一部分，对于肥胖或甘油三酯含量高的人应该加以限制。它最好与食物一起服用，因为如果与药片或胰岛素结合，就有低血糖的危险，其作用可能会延长。有证据表明，它可以通过提高 HDL-胆固醇和降低凝血能力来降低心血管风险，而对于没有上述问题或高血压不受控制的糖尿病患者来说，每天喝两杯葡萄酒可能是令人愉快的，甚至是有益的。

微量营养素、补充维生素和矿物质的作用一直是争论的焦点。铬、锌或镁补充剂在某些特殊情况下可能有用，但没有证据表明这些补充剂对整个糖尿病患者有益，也没有证据表明这些补充剂对非糖尿病患者有益。即使是轻度高血压患者，每天的钠含量也应限制在 3 克以下。

饮食中的抗氧化剂，如维生素 C、维生素 E 和 β-胡萝卜素，在流行病学上可以预防冠状动脉疾病，而富含这些物质的食物，如蔬菜和水果，尤其适合糖尿病患者。然而，没有证据表明补充药片有任何好处。

针对特定糖尿病患者的最佳饮食需要根据其体重、能量消耗、预期的未来生活方式，当然还有针对其病情的其他治疗方法进行个性化。所有的糖尿病患者都应该在他们的病情被诊断出来的时候和之后定期看到营养师。

为了保持减肥，饮食必须在文化方面、适口性和提供饱腹感方面是可以接受的。医生或营养师可以计算"能量处方"，每天摄入的热量不超过一定数量，就可以稳定地减轻体重。在 60~74 岁的 70 公斤个体中，这一比例可能只有 1 600 千卡，在 16~29 岁的 120 公斤个体中，这一比例可能高达 3 000 千卡。这只假设了适度的体力活动。

药物

几周后就可清楚，以减肥和运动的形式改变生活方式是否足以控制 2 型糖尿病。通常说应该有 3 个月的时间，但在临床实践中往往可以更早作出判断。在某些情况下，这种改变是不能进行的，因为总的来说，生活方式已经是健康的了。

一旦需要用药，必须从下面列出的药物中作出选择。UKPDS 的研究清楚地表明，二甲双胍通常是首选药物，因为它与体重增加无关。如果不耐受的或无效的，那么其他组的药物可以添加或作为单一疗法使用。在任何病人身上同时使用三种以上不同的药物并不常见。

2 型糖尿病的口服药物治疗

- 二甲双胍
- 磺脲类
- 噻唑烷二酮类
- 美格列脲

- α-葡糖苷酶抑制剂

二甲双胍

二甲双胍在临床上已经使用了50年。它是有效的和安全的。它通过增加关节周围软组织和肝脏的葡萄糖利用率来降低胰岛素抵抗（即提高胰岛素敏感性）。它还减少了肝脏产生的葡萄糖。它不会增加胰岛素分泌。

二甲双胍可以延缓糖耐量受损患者的2型糖尿病发病（降低31%），但效果不如《糖尿病预防规划》所示的强化生活方式改变（降低58%的2型糖尿病发病率）。[28] UKPDS的研究表明，二甲双胍可以降低空腹和餐后血糖，但不会导致体重增加，这与磺胺脲或胰岛素治疗不同。也许更重要的是，二甲双胍可以降低全因死亡率和与糖尿病相关的大血管病变。[29]

二甲双胍最初需要从低剂量开始，以降低副作用的发生率，通常是胃肠反应。二甲双胍的缓释制剂最近已上市，它降低了副作用的风险，并且在减少空腹血浆葡萄糖方面与传统二甲双酮一样有益，最高可达5mmol/l（90mg/dl），糖化血红蛋白最高可达2%。

肾功能障碍者，即肌酸超过150umol/l（1.5mg/dl）和有重大肝病者，应避免二甲双酮。它不应该给那些由于其他原因生病的人，在心脏衰竭时特别应该避免。最好不要在手术后立即给药，在这种情况下可能暂时需要胰岛素。这些警告的原因是乳酸中毒是一种严重和潜在的致命并发症的二甲双素治疗，但在没有这些疾病的情况下是罕见的。

UKPDS的研究表明，与其他治疗方式相比，二甲双胍降低了心肌梗死的风险。这与降低血糖无关，因为血糖控制在所有组中都相似。中风也有减少，所有导致死亡和糖尿病相关的终点，无论是由于微血管或大血管疾病。这些令人印象深刻的结果，再加上它对体重的温和有益的作用，就是为什么二甲双胍现在是治疗2型糖尿病的一线疗法，而仅仅靠饮食控制是不够的。

磺脲类

这组药物包括格列苯脲和格列齐特（甲磺双环脲），可以降低2型糖尿病患者的空腹和非空腹血糖水平。它们对1型糖尿病没有价值，因为它们需要功能正常的胰腺细胞。这些物质受到磺脲类药物的刺激，产生胰岛素和C-肽①水平的快速升高。除此之外，这些药物刺激碳水化合物进入脂肪和骨骼肌。它们与二甲双胍的作用方式不同，因此当单独使用二甲双胍不起作用时，常常被用作"补充"治疗。

在UKPDS的研究中，磺脲类降糖药在10年的时间里控制血糖的效果和胰岛素一样好。[30] 然而，它们并不能预防2型糖尿病中β细胞的逐渐丧失。

---

① 译者注：在胰岛素原分子中，连接胰岛素A链N端和B链C端的肽段。

并不是所有2型糖尿病患者都对磺脲类药物有反应。大约15%的人血糖没有明显下降，可能是由于胰岛素分泌能力不足。另外20%的患者一开始会显示出有益的血糖下降，但这种效果在开始治疗的1年内就消失了。

磺脲类药物的副作用相对较少，且耐受性优于二甲双胍。最重要的是低血糖。在磺脲类药物治疗中，每年有1.8%的严重低血糖风险（需要第三方干预）。服用长效制剂如氯丙帕胺和格列苯脲的患者比服用短效制剂如格列齐特和格列吡嗪的患者更常见。低血糖的表现不如胰岛素引起的严重，但同样可以持续更长的时间。它可能表现在老年人的混乱或跌倒，所以经常被误诊为脑血管事件。

磺脲类药物的体重增加是一个常见的问题，在UKPDS研究组中，体重增加了3公斤。这可能是由于糖尿的减少和不能同时减少热量摄入的原因。轻度低血糖可能引起饥饿感，从而增加食物摄入量。经过大约4年的治疗，这种体重增加似乎稳定了下来。

噻唑烷二酮类（TZDs）

这组药物主要针对胰岛素抵抗，这是大多数2型糖尿病患者的一个特征。它与代谢综合征中的血脂异常、高血压、凝血异常和过早的动脉粥样硬化有关。

这些药物是胰岛素致敏剂，通过刺激过氧化物酶体增殖物激活受体γ（PPAR-γ）将葡萄糖运输到肝脏，骨骼肌和脂肪得到增强。它们会降低胰岛素抵抗者的血糖。

目前可用的两种药物已被充分研究。罗格列酮在6个月内可将空腹血糖降低4mmol/l（75mg/dl）和糖化血红蛋白1.5%。[31]吡格列酮试验也证明了同样的效果，并且显示甘油三酯的减少和高密度脂蛋白胆固醇的增加。与二甲双胍和磺脲类药物相比，这些药物需要长达14周的时间才能发挥最大的潜力。TZDs可与磺脲类药物及二甲双胍联合使用。在美国，它们与胰岛素结合使用，但外周水肿和心力衰竭的发生率增加。由于液体潴留，它们不应用于已诊断的心力衰竭。TZDs联合胰岛素的使用在欧洲还没有得到批准。

有证据表明，TZDs可以降低糖耐量受损发展为显性2型糖尿病。曲格列酮（Troglitazone）是第一个引入TZDs，但由于特殊的肝毒性，现在已经被撤销。然而，在它退出之前的两项研究中，它在减少显性糖尿病进展方面的效果得到了证实，在糖尿病预防计划中，在平均治疗计划只有0.9年之后，糖尿病发病率降低了75%。停药后[32]发病率上升到安慰剂组。

TZDs对心血管系统和常规危险因素可能产生的有利影响对保险业具有重要意义。它们有望通过影响内皮细胞和巨噬细胞功能来改善动脉粥样硬化进展的风险，并改善动脉粥样硬化斑块的稳定性。它们可以减少颈动脉内膜和内侧增厚，[33]被认为是动脉硬化进展的替代标志物。罗格列酮（Rosiglitazone）可降低冠状动脉支架置入后再狭窄率。

TZDs 对脂质的作用虽小但有益。吡格列酮能降低约 9% 的甘油三酯，增加约 15% 的高密度脂蛋白胆固醇。低密度脂蛋白胆固醇可能会增加，但与服用 TZDs 的人相比，其质量有所不同，还需要进一步研究。

服用 TZDs 有轻微降低血压的作用，罗格列酮的平均收缩压会降低 3.5 毫米汞柱，舒张压会降低 2.7 毫米汞柱。微蛋白尿（糖尿病血管疾病的标志）是有两种 TZDs 分别通过血糖控制而较少的，但这是直接影响还是血压下降的结果还不清楚。

TZDs 的副作用包括周围水肿和体重增加。高达 7.5% 的病人会出现水肿，但如果与胰岛素联合使用，水肿率会翻倍。这至少部分解释了体重增加的原因，但可能还有其他机制。TZDs 的血浆体积有一个小而明确的扩张，因此对于轻度心衰患者（NYHA 类 1 和 2）应慎用，而对于重度心衰患者（NYHA 类 3 和 4）则完全不应使用。

因此，TZDs 不仅具有控制 2 型糖尿病高血糖的巨大潜力，而且还具有改善胰岛素抵抗和代谢综合征其他成分的潜力。希望它们能阻止动脉粥样硬化疾病的发展，从而降低 2 型糖尿病的死亡率。

美格列脲

这些药物改善早期胰岛素分泌，因此被称为膳食葡萄糖调节器。它们的作用依赖于葡萄糖，从而降低了低血糖的风险。它们能减少餐后高血糖，而高血糖与死亡率的关系比空腹血糖更大。DECODE 公司的研究表明，与空腹血糖水平相比，餐后血糖水平与所有死因之间的联系更为一致。[34] 这可能与自由基的产生、高密度脂蛋白胆固醇分解代谢的增加、纤维蛋白溶解的减少、血液凝固性的增加、内皮功能障碍和斑块稳定性的降低有关。

瑞格列奈和纳格列奈这两种药物在对食物的反应中都能迅速吸收并刺激胰岛素释放。纳格列奈是一种速效药物，餐后服用；而瑞格列奈则是在餐前 15~30 分钟服用。在试验中，Hb A1c 下降了 1%；与二甲双胍一起，24 周后糖化血红蛋白下降了 1.9%。目前正在进行[35]试验，以确定纳格列奈是否有助于阻止糖耐量受损患者的糖尿病进展，以及与缬沙坦联合使用是否会降低心血管死亡率（预试验）。

α-糖苷酶抑制剂

2 型糖尿病的饮食治疗原则部分是通过低热量饮食来减肥，而部分是为了减少餐后血糖和血浆胰岛素的增加。这些原则是通过给饮食提供富含缓慢吸收的碳水化合物和纤维，但含有减少的脂肪含量来观察。

α-葡糖苷酶抑制剂是这方面的延伸，因为它们延缓了复杂碳水化合物的消化，从而降低餐后高血糖。它们阻止小肠中的酶将多糖转化为单糖。碳水化合物的吸收速度较慢，餐后血糖的上升速度较低。它们的使用受到胃肠副作用的限制，其形式是由于结肠内发酵引起的胀气和腹胀，25%～40%的患者会因此停止服用该药物。有时可以通过缓慢和低剂量地引入药物来减轻副作用。

阿卡博糖是研究得最好和最广泛的α-葡糖苷酶抑制剂。餐后血糖的降低（大约3mmol/l或55mg/dl）往往大于空腹血糖的降低，而糖化血红蛋白的总体下降幅度通常在1%左右。没有低血糖的风险，而且这些药物在那些最初高糖化血红蛋白的患者中效果最好，他们以前没有接受过治疗。阿卡博糖是安全的，可以与其他低血糖药物结合。

阿卡博糖也被证明可以降低2型糖尿病患者的葡萄糖耐受能力。糖尿病预防研究（STOP NIDDM）表明，5年内风险降低了25%。[36]宏观血管事件的发生率也有所下降。当然，其他干预措施也能取得类似或更好的效果，最有效的是强化的生活方式改变，降低58%的风险。[28]

胰岛素

1型糖尿病的胰岛素治疗

一旦诊断出糖尿病，在大多数情况下，一次实验室的高血糖检查就足够了，那么就应该立即开始使用胰岛素。只要他们没有严重酮症、呕吐或严重脱水，大多数病例可以通过门诊治疗。最初的治疗方法可能是每天两次预混胰岛素治疗，但逐渐地，基础的口服胰岛素治疗应立即开始。这是因为对于1型糖尿病的年轻人来说，不可能根据运动和碳水化合物摄入量的变化来调整，因此基础的药物治疗计划才能得到更好的控制结果。教育工作者最初需要更多的时间来教授这方面的知识，但是有来自糖尿病控制与并发症实验（DCCT）[37]和糖尿病干预和并发症流行病学研究（EDIC）[38]的研究表明，在疾病的早期，良好的代谢控制将降低患肾病和视网膜病的风险。

基础胰岛素的机制包括每次饭前三次注射快速服用的胰岛素类似物和通常在睡前一次给予的长效胰岛素。通常每日开始剂量是0.5单位/公斤体重，在饭前和睡前间均分。例如，一个70公斤的人可以在三餐之前每次服用6单位的快速作用的胰岛素类似物，在睡前服用18单位的长效胰岛素。这些起始剂量通常比最终需要的要少。

- 快速作用胰岛素类似物：
- 诺和锐（诺和诺德）
- 优泌乐（礼来）

- 长效胰岛素类似物：
- 诺和平（芬兰诺瓦公司）
- 甘精胰岛素（兰图萨—安内特制药公司）

从一开始就应对家庭血糖进行监测，并根据需要调整胰岛素剂量。目标应该是在没有低血糖的情况下达到 4~7mmol/l（75~125mg/dl）的生理血糖水平，从而使糖化血红蛋白（Hb A1c）低于 6.5%。这一目标很可能是不现实的，因为过于雄心勃勃的治疗只会导致低血糖，而在现实中，医生或护士与患者之间讨论了个别目标，以获得尽可能好的控制。

在 1 型和 2 型糖尿病或预混胰岛素中使用的预混胰岛素含有固定比例的短作用和中间作用胰岛素，通常 25%~30% 为短作用。可用的制剂包括诺和锐 30（诺和诺德）和优泌乐 25（礼来公司）。通过这些注射可以控制某种 1 型糖尿病，每天在早餐前和晚饭前注射 2 次。有规律的生活方式是必不可少的，除非在中午吃零食，否则在午餐前就有可能出现低血糖。

它们在 2 型糖尿病中的价值较高，如果单用片剂治疗是不够的，通常也给予二甲双胍。所有这些胰岛素都可以在一次性的"注射笔"设备中找到。

▸▸ 控制效果的评估

所有关于糖尿病结局的主要研究都证实，良好的血糖控制将降低糖尿病并发症的发病率和死亡率。这在糖尿病控制和并发症试验（DCCT）[39] 和《英国糖尿病前瞻性研究》（UKPDS）中都有显示。[29] 至少在 1 型糖尿病中，实现糖尿病控制的限制因素是低血糖，而 DCCT 已证明糖尿病控制越好（如 Hb A1c 所示），低血糖的发生率就越大。需要在良好的控制和低血糖之间取得平衡。

好的糖尿病控制的定义各不相同，有些人认为目标应该是 7.0% 以下的糖化血红蛋白（Hb A1c），而其他人则认为应该在 6.5% 以下。这表明这些目标的证据基础薄弱。一个工作目标可能是在避免显著低血糖的同时尽可能接近正常的糖化血红蛋白（Hb A1c）。然而，该指南对临床医生的帮助要大于对作者的帮助，作者应该接受更好的控制定义，即 7.0% 或更低的糖化血红蛋白（进一步的讨论在关于承保糖尿病一节，见下文）。

糖尿病控制的常用指标有三个：血糖自我监测、糖化血红蛋白和果糖胺水平。总的来说，前两种方法是足够的，但在某些情况下，对果糖胺的测量是有用的。

血糖自我监测（SMBG）

理想情况下，所有糖尿病患者都应该进行 SMBG 治疗，以使他们能够评估控制的质量，并相应调整治疗。这是一种需要适当教育和学习的技术，需要糖尿病教育工作者和患者的时间投入。除非患者正确解释有关数据，以调整食物摄取量、运动和药物治疗，达到最佳血糖控制，否则这项工作就没有什么价值。糖尿病患者在不同的时间每天做一到两次胰岛素测试，并为自己的利益和与主治医生、护士或营养师讨论记录结果，这是合理的。当胰岛素开始，或改变其状态，或在疾病期间，当糖尿病治疗可能需要大量改变时，将需要更频繁的检查。如果低血糖干预，谨慎的糖尿病患者也会在开车前或在进行可能有危险的活动之前进行检查，如攀登梯子或游泳。

SMBG 很简单。一滴血液从手指、前臂或耳背（如果是由另一个人进行的）中取出，然后转移到插入血糖计量器的试带中。几秒钟后就会发出读数。前臂检查不像手指刺针那样不舒服，但当血糖快速变化时，如低血糖，则不太可靠。

血糖检测的成本是相当高的，尽管大多数的医疗保健系统会解决这个问题。仪器本身目前的价格在 10~20 英镑（15~30 美元），但试纸的价格在 50 英镑左右。对葡萄糖的尿液测试要便宜得多，但却是控制血糖的不可靠指南，特别是在 1 型糖尿病中。它对检测即将到来的低血糖没有价值。在急性疾病期间，或如果血糖超过 20mmol/l（360mg/dl），对酮进行尿检可能有帮助，以表明寻求专业建议所需的紧急程度。

目前正在开发更先进的血液或间质液体葡萄糖监测技术。这些系统能够在数小时内进行持续监测。有些人，如葡萄糖手表，可以提醒佩戴者即将发生的低血糖或高血糖，而另一些人，如葡萄糖日将监测间质液体在 48 小时内。这些技术对于阐明糖尿病控制不良的原因是很有价值的，因为传统的 SMBG 是没有帮助的。毫无疑问，它们将被提炼，用于更广泛的临床用途。

糖化血红蛋白（Hb A1c）

葡萄糖与血液中的各种蛋白质（包括血红蛋白）发生反应，而糖化产物可以被测量，以提供红血球生命期内整体血糖水平的指标。临床上最常用的糖化蛋白衍生物是血红蛋白（Hb A1c）。在糖尿病患者中，糖化可能发生在整个红细胞的寿命期间，尽管在非糖尿病患者中，糖化会随着红细胞的成熟而逐渐增加。因此，在实际操作中，Hb A1c 水平将为前 6~12 周的总体血糖水平提供指导。它是目前用于血糖控制评估的最佳单项测量。

糖化血红蛋白不应用作糖尿病的诊断测试。升高的水平通常表示糖尿病，但正常水平不排除糖尿病或葡萄糖耐受能力受损。在"法国电信"对3 240名无糖尿病患者的研究中，Hb A1c 随着葡萄糖耐量、年龄和体重指数的恶化，以及那些有家族糖尿病病史和有大婴儿病史的妇女的血糖水平逐步上升。[40]这增加了一个有趣的可能性，即糖化血红蛋白即使在正常范围内，也可能是心血管疾病未来发展的一个标志。

对4 662名未患糖尿病的男性进行的 EPIC – Norfolk 研究表明，所有原因的死亡率和心血管死亡率与 Hb A1c 水平之间存在着持续的关系。那些 Hb A1c 低于5%的人的死亡率最低，甚至上升1%与任何原因导致的死亡增加28%有关。[41]这与大血管病的传统危险因素无关。

有很好的证据表明，Hb A1c 水平是预测微血管和大血管并发症。在对1 800名糖尿病患者的早期研究中，30岁以下 Hb A1c 水平最高的人患视网膜病变的风险是最低的人的1.9倍。[42]增殖性视网膜病变的相对风险为21.8。老年糖尿病患者的高 Hb A1c 发病率有上升趋势，但相对上升幅度较小。

从 DCCT 得到的进一步证据表明，接受密集治疗的组返回的 Hb A1c 水平约为7%，而常规治疗的结果是9%左右。强化治疗可降低视网膜病变的发生率为34%，降低微量白蛋白尿的发生率为35%，降低神经病变的发生率为60%。[39]

Hb A1c 的平均水平从7.9%降至7.1%，微血管并发症的发生率下降了37%。心肌梗死的风险降低了14%；而且据计算，即使平均 Hb A1c 降低1%，任何糖尿病终点的风险都降低了21%。[43]

类似的结果来自日本的熊本对110种2型糖尿病患者的研究。那些能够达到6.5%或更低的 Hb A1c 的人患肾病或视网膜病变的风险最低。[44]

在某些情况下，对 Hb A1c 水平的解释需要谨慎进行。例如那些患有血红蛋白疾病的人，白血病和镰状细胞性贫血会产生扭曲的结果，应该使用其他糖化产物，如果糖胺；而那些肾衰竭患者则可能有人为的高浓度的 Hb A1c，因为尿素会干扰一些化验结果，应该寻求实验室的建议。高含量的胆红素或甘油三酯也可能引起类似的干扰。

果糖胺

血红蛋白绝不是体内唯一需要糖化的蛋白质。细胞内的蛋白质可以类似地糖化形成稳定的酮胺或果糖胺。它们的形成速度快于血红蛋白，因此果糖胺的水平反映了前两周的血糖水平。如果血糖自我监测不可靠，这有助于评估每周血糖控制。它在慢性肾衰竭或溶血性贫血患者中特别有用，因为 Hb A1c 的测量不可靠。作为糖尿病整体控制的测试，由于部分糖尿病患者观察到短期波动，它不如 Hb A1c 可靠。

糖尿病并发症

如果没有并发症，糖尿病将只是一种令人讨厌的疾病，对患者的生活方式只有适度的改变。这两项关于血糖控制与血管并发症发生率之间关系的开创性研究表明了最明显的可能联系。

糖尿病控制和并发症试验（DCCT）研究了强化血糖控制对初级预防和微血管并发症进展率的影响。[37]试验中有两个队列，第一个是最近发病的糖尿病患者，没有并发症的证据；第二个是那些有5~15年糖尿病和早期视网膜病变的人。通过强化血糖管理，平均Hb A1c达到7%，而在常规管理中达到8.9%。这些都是1型糖尿病患者。

强化治疗可显著降低短期患者视网膜病变发生率（一级预防）。9年后，强化组的发病率为10%，而常规治疗组的发病率超过50%。二级预防组也有类似的效果，但效果不明显。通过白蛋白排泄和神经病变评估，强化治疗在减少肾病进展方面也有好处。试验原定进行10年，但由于强化治疗的明显益处，试验提前1年终止。强化治疗的不良反应是明显增加低血糖。

《英国前瞻性糖尿病研究》调查了2型糖尿病患者，但更复杂的是它观察了不同的血糖控制方法以及良好的血压管理的效果。[45]有将近4 000名新确诊的2型糖尿病患者被随机分配到强化或常规治疗中去治疗他们的糖尿病。在研究结束时，高强度组的Hb A1c为7.0%，传统组为7.9%。尽管差异不大，但视网膜和肾脏微血管并发症的发生率明显降低了25%。大血管疾病（冠状动脉事件和中风）也减少了，但程度较轻。

大血管并发症

冠心病

一般来说，糖尿病患者的寿命比非糖尿病人少10年左右，造成这种过早死亡的主要原因是大血管疾病。弗雷明汉（Framingham）的研究表明，2型糖尿病的动脉粥样硬化疾病发病率增加了2~3倍。[46]世界卫生组织的跨国研究显示，1型糖尿病患者的心血管疾病死亡率上升；英国糖尿病协会的队列研究也得出了类似的结论。[47]这些危险并不局限于那些已被证实患有糖尿病的人，因为葡萄糖耐量的降低也增加了患上其他多瘤疾病的风险。[48]糖尿病患者的冠心病的性质与非糖尿病患者相似，但它的范围更广，发展速度更快。经血管造影证实，患者的存活率较低。在非糖尿病患者中，5年后的存活率为70%，在65岁或以上的相似人群中，糖尿病患者的存活率为45%。[49]芬兰的一项研究表明，没有已知心血管疾病的糖尿病患者患心脏病和死亡的风险与以前有过心肌梗死的非糖尿病患者相似。[50]

糖尿病几乎可以肯定是冠心病的一个独立的危险因素，尽管血脂异常和高血压是重要的贡献者。糖尿病患者中微量白蛋白尿的存在将使患冠心病的风险增加1倍，这是在为此类病例提供保险时需要记住的一个重要问题。[51]除了潜在的动脉粥样硬化疾病外，还有一些凝血异常，可能导致血栓形成，如血小板聚集增加和纤溶减少。

在糖尿病患者中，冠心病的临床表现可能有所不同，尤其是胸痛的典型症状可能缺失。在糖尿病患者中，无声缺血的发病率增加了5倍，但其机制尚不清楚。[52]与心脏胸痛的患者相比，患者预后较差。

在糖尿病患者中，心肌梗死的死亡率是非糖尿病患者的2倍，这主要是由于心力衰竭的增加。在糖尿病患者中，心肌梗死的诊断可能不够充分，因为其表现可能相当微妙，但随着肌钙蛋白测量作为诊断测试的出现，更多的病例可能被检测出来，这将对危重疾病的覆盖范围产生影响。无论是否患有糖尿病，冠状动脉疾病的治疗方法大致相似；但在糖尿病患者中，冠状动脉手术或血管成形术后的死亡率有早期和晚期的增长。总的来说，在多血管疾病的治疗中，冠状动脉手术优于血管成形术；但糖尿病人群中药物洗脱支架的试验结果还有待验证。

脑血管疾病

与一般人群相比，1型糖尿病和2型糖尿病较常见的是脑梗死，但不是脑出血，而葡萄糖耐受能力受损者也有这种风险。弗雷明汉的研究表明，糖尿病是一个独立于高血压和冠心病的危险因素。[53]大约40%的脑梗死是由于局部血栓形成，25%是由于心脏栓塞，20%是由于小血管疾病引起的腔隙性中风。

不幸的是，在UKPDS的研究中，2型糖尿病的强化治疗似乎并没有降低中风的风险，至少当这种治疗包括磺酰脲或胰岛素时是这样。然而，二甲双胍的加入确实减少了30%的大血管病变。[29]当然，从所有的研究中，很少有证据表明大血管病的发病率下降到与微血管病相同的程度。然而，有效的糖尿病患者高血压的治疗带来了很大的好处，相对风险降低了44%。[54]集中治疗组的平均血压为144/82，而常规组154/87。高血压糖尿病患者目前的目标血压为130/80或以下。[55]要达到这样的压力通常并不容易，个别糖尿病患者可能需要来自四个或五个不同群体的药物。

对于在65岁到期的常规定期保险或收入保障政策而言，糖尿病患者患中风的风险并不是一个重要的承保考虑。然而，这将是考虑长期护理产品的一个主要因素。糖尿病会增加中风的死亡率，中风后高依赖性和高血糖的发生率会增加中风的死亡率。所有地区医院都面临着将急性中风病房纳入医院的压力，这有望降低死亡率，但要实现这一目标还有很长的路要走。

外周血管疾病

这通常影响到下肢，是一种普通动脉粥样硬化疾病的指标，尽管在其他地区临床上可能并不明显。它在糖尿病患者中的发生频率是一般人群的 3 倍，是死亡率的重要预测因素。

外周血管疾病的典型症状是间歇性跛行，即运动时持续发生的相对缺血引起的小腿疼痛，休息时及时缓解。糖尿病患者通常不报告这种情况，可能是由于伴随的神经病变，或者因为这种疾病的特点是较非糖尿病患者的远端。最初的评估是通过足部脉冲触诊，如果没有，则确定踝关节的血压，并与腕动脉压力有关（踝臂指数）。这通常超过 0.9，如果读数低于这个数，这是强烈暗示周围动脉疾病。

跛行是糖尿病的主要危险因素；在一项研究中，这两种疾病的患者中有 20% 在 2 年后死亡。[56] 如果导致截肢，那么超过 70% 的病人在 5 年后死亡。[57]

与其他大血管病的表现一样，糖尿病是一个独立的危险因素；但相比预测冠心病，高血糖是一个更强的预测外周血管病的指标。在 Hb A1c 和周边动脉疾病之间有着密切的联系，吸烟是一个特别强的附加风险因素。[58]

糖尿病患者外周血管疾病的影响取决于神经病变等并存因素。糖尿病足溃疡通常是由于这种结合，神经病变产生的感觉损伤，从而失去了对轻微损伤的意识。感染可能有，也可能没有，而且血液流动不良会阻碍正常的愈合机制。当这种溃疡被感染时，肢体的预后很差，其中一个系列中 76% 的病例是截肢。如果可行的话，用静脉注射抗生素、清创、减压和旁路手术进行积极的治疗是必要的。为了挽救肢体，固定和负重可能是必要的。

危重肢体缺血是严重闭塞性动脉疾病的结果，表现为肢体休息疼痛。压力测量、双相扫描可以检查血液动力学意义和疾病的解剖；如果考虑做旁路手术，则需要从下主动脉到脚趾的全血管造影，最好采用数字减影技术。

总之，外周动脉疾病的存在表明其他地方存在大血管病，这将影响承保决定。因为那些有溃疡、严重缺血和截肢的人经常需要长时间住院，所以费用非常高。这对提供长期护理有重大影响。

微血管并发症

微血管的潜在变化会影响肾脏、视网膜和周围神经系统的功能。其中包括基底膜增厚和一些组织的病理血管生成。这会导致糖尿病视网膜病变。血糖对这些并发症的发展和进展有密切的影响，UKPDS 和 DCCT 的研究表明，严格的血糖控制在很大程度上可以预防这些并发症。

视网膜病变

基底膜的增厚和血管通透性的增加会导致视网膜缺血、血管闭塞和血管生长。在早期，它会产生出血和微动脉瘤，而这些通常是没有症状的。随后就会出现渗出物，当这些渗出物出现在黄斑中或附近时，就会出现视力损害。视网膜缺血能刺激异常新血管的生长（新生血管化）。这些会导致视网膜前或玻璃体出血，再次威胁到受影响眼睛的视力。视网膜病变可为非增殖性或增殖性。非增殖性形式可能进展的风险很大，特别是如果视网膜内出血广泛和有棉絮斑点。在这类病例中，1 年后发生增殖性视网膜病变的风险为 32%，5 年后为 68%。

增殖性视网膜病变指的是新血管的生长，这些新血管会出血或产生纤维化、牵引和视网膜脱离。有一个亚组被称为"高风险增殖性视网膜病变"的亚群，其中有大量新血管靠近视神经，并伴有视网膜前出血或玻璃体出血。在这种情况下，1 年严重失明的发生率为 10%，5 年失明的发生率为 50%。

糖尿病视网膜病变的治疗首先取决于对其的检测，因为在早期和可治疗的阶段，它通常是无症状的。尽管通过瞳孔扩大直接或间接进行眼睛检查仍有价值，但越来越多的数字视网膜成像正成为黄金标准。这些图像可以储存或传送到其他地方进行解释。影像学通常由视光师进行，视光师可同时解释发现结果，必要时紧急转介眼科医生作进一步调查或治疗。在一些地区，技术人员将获得图像，然后需要在其他地方加以解释。

荧光素血管造影有时对确定糖尿病黄斑水肿的严重程度和程度、评估微动脉瘤或扩张血管的渗漏或在非灌注成像中具有价值。

糖尿病视网膜病变的流行率随着 1 型和 2 型糖尿病的持续时间的增加而增加。几乎所有 1 型糖尿病患者在 30 岁以下发病时最终都会出现视网膜病变。80% 的 2 型糖尿病患者使用胰岛素，65% 不使用胰岛素的患者会出现视网膜病变。[59] 然而，在许多情况下，视力不会受损。DCCT 对 1 型糖尿病的研究清楚地表明，视网膜病变的风险直接取决于糖尿病的持续时间和 Hb A1c 水平显示的平均血糖水平。[60] 很有可能存在遗传成分，因为已经证明在一些家庭中可能发生并发症的聚类。

UKPDS 对 2 型糖尿病的研究也得出了类似的结果：强化治疗降低了视网膜病变恶化的风险为 21%，激光治疗降低了 29%。

表 19.1　　　　　　　　　　　　　糖尿病肾病分期

	正常	微量白蛋白尿	肾病
尿蛋白浓度	<2mg/dl	2~30mg/dl	>30mg/dl
24小时尿液排泄	<30mg	30~300mg	>300mg
白蛋白:肌酐比值（ACR）			
男性	<2.5mg/mmol	2.5~20mg/mmol	>20mg/mmol
女性	<3.0mg/mmol	3.0~30mg/mmol	>30mg/mmol

视网膜病变的管理

最佳的血糖管理是至关重要的，尽管这不可避免地会增加低血糖的风险。需要达到一种平衡，这将部分取决于低血糖反应的严重程度以及糖尿病个体本身识别和治疗这些反应的能力。

血压需要小心控制。在威斯康星州糖尿病视网膜病变的流行病学研究中，基线时的高收缩压和舒张压与视网膜病变的进展有关，并且随着血压的降低而降低。[61] 降低血压的方法可能并不重要；迄今为止，针对单个降压药的试验得出的结果相互矛盾。

在糖尿病视网膜病变研究中显示，在高危病例中，用氙电弧灯或氩激光进行视网膜光凝治疗，可降低50%左右的视力丧失率。这可能会导致视野损失，但更新型的激光器可以降低这种风险。对于新血管形成的区域，可以进行更局部的激光处理。玻璃体切除术可以帮助玻璃体出血或视网膜脱离的病人，或在晚期和活跃的新血管形成的情况下进行。

肾病

糖尿病肾病可作为微量白蛋白尿、临床肾病、肾小球病或末期肾病发生。它现在是晚期肾病最常见的病因，占新病例的40%。

糖尿病肾病最早的表现是微量白蛋白尿，出现在尿液中的白蛋白数量虽少但异常。正常尿白蛋白达20毫克/升（2mg/dl），浓度介于20~300mg/l（2~30mg/dl），构成微白蛋白尿。通常这样每年增加约15%，当超过300mg/l（30mg/dl）时就成为临床肾病。因为白蛋白的浓度会随着水合程度的不同而变化，所以最可靠的测定方法是在夜间或24小时内进行定时采集。这些收藏在临床上是不切实际的，所以白蛋白:肌酐比值（ACR）被广泛用作微量白蛋白尿的筛选工具（见表19.1），因为在证实微量白蛋白尿存在之前，在3~6个月的时间内，有两次重复异常检查的情况，其比率可能有所不同。

1型糖尿病中微量白蛋白尿的流行率与糖尿病的持续时间有关，30年后达到约

50%。[62]血糖控制不佳、高血压和视网膜病变的患者更易患上这种病。在有微量白蛋白尿的人群中，大约一半的人在5～9年的时间内会保持静止，而20%的人会出现蛋白尿。在更好地控制血糖和高血压的情况下，进展可能会更慢。DCCT的研究清楚地表明，严格的血糖控制既降低了初级预防组中发展为微泡尿的风险（34%），也降低了进展的风险（43%）。UKPDS对2型糖尿病的研究也有类似的发现。

低血压药物的作用同样清楚。高血压常先于2型糖尿病的微量白蛋白尿出现，使用β受体阻滞剂或血管紧张素转换酶抑制剂（ACE1）治疗可降低微量白蛋白尿的风险。这些药物，尤其是乙酰基和血管紧张素Ⅱ受体阻滞剂（ARBs），会降低从微量白蛋白尿到蛋白尿的进展速度。即使血压正常，使用这些药物也是有好处的。此外，如果给那些白细胞排泄率高的人服用ACE1，心血管疾病的死亡率和发病率都将降低。

在临床肾病患者中，ACE1和ARB均可降低肾功能下降率。在1型糖尿病中，卡托普利在4年内减少了肾衰竭的进展，但在2型糖尿病中使用ARBs时效果不那么明显。这可能是因为2型糖尿病患者有更严重的肾病。无论血压如何，对于所有患有微量白蛋白尿或临床肾病的糖尿病患者，接受ACE1或ARB治疗都是标准做法。后者的目标仍然是130/80或更少。为了达到这个目的，可能需要同时使用几种不同组的降压药。

糖尿病肾病患者患心血管疾病和猝死的风险增加。积极处理所有可改变的危险因素是有益的，Steno 2研究表明，通过强化治疗高血糖、血脂异常和高血压以及服用阿司匹林，心血管事件减少了50%。[63]肾脏疾病的进展也减少了。无论糖尿病是否为其根本原因，治疗方法都是相似的。在糖尿病患者中，由于患冠心病的可能性，透析的时间往往较早，而且经常是连续的腹膜透析。可靠的血管通路限制了血液透析的使用，良好的血压和血糖控制可能是困难的。两种方法的预后都不佳，四分之一的透析患者在1年内死亡，四分之三在5年内死亡。

移植可能为生存提供了更好的途径，特别是在联合肾—胰腺移植的情况下。5年生存率为80%，与非糖尿病肾病患者相似。

神经病变

糖尿病周围神经病变的患病率难以评估，因为症状与体征或明显的神经传导异常没有很好的相关性。神经病变的测量方法不能与通过照相异常来测量视网膜病变或通过测量白蛋白排泄来测量肾病的测量方法相同。然而，DCCT研究确实表明，强化治疗1型糖尿病可以降低糖尿病神经病变的发展速度。

在远端对称感觉运动神经病变中，神经纤维和脊髓背根的轴突丢失。一些人已经证实了受影响的周围神经的缺血改变，但这不太可能是全部的解释。这种神经病变可表现为足部感觉丧失或疼痛。后者可能是严重和难以管理，但传统的三环抗抑郁药或抗惊厥药，如卡马西平或加巴喷丁有时会有所帮助。

神经性足会由于未被发现的损伤而导致组织的损害，如果血液流动也受损，那么溃疡形成的高风险可能就是感染，这是截肢的常见前奏症状。经常的自我检查和定期的足部评估是避免这种情况的关键。通常保持关节的位置感，因此即使可能存在一些其他感觉方式的损失，高处的工作也可以保持安全。

1868 年，查科特（Charcot）描述了一种特殊形式的神经病变。其特点是关节逐渐破坏，可导致骨折和脱位。根本原因是多方面的。充血可导致骨吸收减弱，导致病理骨折。同样地，如果感觉丧失，关节会因为轻微的创伤而反复损伤，产生局部的积液和影响关节的稳定性。

查科特足是温暖的、肿胀的，但不疼。外围脉搏通常存在。X 线通常会显示骨折和关节破坏造成的骨头碎片。治疗方法是固定和不负重，应持续几个月，直到临床上明显的异常得到解决。早期有效的治疗应可以避免截肢。对工作潜力的影响是巨大的，因为拐杖或轮椅是强制性的，如果右脚受到影响就不能驾驶。

糖尿病性肌萎缩是一种多发性神经病变，常见于中老年糖尿病患者。它主要影响大腿前肌，通常症状是疼痛、无力和膝关节痉挛。可能有肌肉萎缩。有时对糖尿病控制的改善有反应，通常会自发地好转。偶尔会涉及孤立的颅神经，最常见的第Ⅲ和第Ⅶ对颅神经，这些也通常会在几个星期内得到改善。

自主神经病变是一种重要的并发症，它影响心脏、肠和泌尿生殖系统。在欧洲糖尿病 IDDM 并发症研究中，患病率为 36%。[64] 原因不明。自主神经病变的简化分类如下：

- 心血管病
- 胃肠疾病
- 膀胱疾病
- 勃起功能障碍
- 出汗异常
- 低血糖反应异常

心血管自主神经病变

心脏有丰富的与交感神经和副交感神经系统有关的自主神经。它们特别影响心率，也影响冠状动脉阻力血管。心脏自主神经病变的早期症状是静息性心动过速，通常心率变异性丧失。这可以很容易地测试，因为深呼吸时心率的变化应该超过每分钟 15 次。这可以用传统的心电图机来确定。小于 10 次/分钟的变化提示自主神经病变。你也可以在站着或采用瓦尔萨尔瓦动作测试心率。

左室舒张功能障碍是自主神经病变的一个特征,无痛心肌缺血和沉默心肌梗死的风险增加。自主神经病变与沉默心肌缺血的合并预后不良,在一项研究中,50%的病例在 4.5 年的时间内发生了严重的心脏事件。[65]其他心脏危险因素与自主神经病变有关,如脂质异常、高血压和吸烟,这可能都是代谢综合征的一部分。

其对血压有重要影响。昼夜节律可能会丧失,因此夜间的血压读数应该大大低于白天。24 小时动态血压监测就是最好的证明。这项技术对于决定是否加强降压治疗特别有价值。如果夜间血压大幅下降,白天的读数可能会更高。

体位性低血压是自主神经病变的常见表现,但并不总是有症状。如果站立时收缩压下降超过 30 毫米汞柱,诊断。这会导致姿势性眩晕和摔倒。通常,诊断是明显的,但在某些情况下,倾斜试验是必要的。

人们一直对长期 QT 间隔(心电图)、自主神经病变和猝死之间的关系感兴趣。当然,延长 QTc 时间间隔对 1 型糖尿病死亡率增加是有预测作用的。QT 离散度的增加可以预测 2 型糖尿病的死亡率。[66]这是心电图上最长和最短 QT 间隔的区别。潜在的机制是不确定的。

胃肠自主神经病变

这可能影响肠道的任何部分,尽管在实际中这两种临床表现是胃瘫和糖尿病腹泻。虽然胃排空在糖尿病中是很常见的延迟,但胃轻瘫的主要症状是罕见的。必须明确排除其他阻碍因素。任何一家地区医院的糖尿病诊所约有 3 000 名病人,有此问题的病人不会超过两三名。糖尿病腹泻比较常见,可能是由多种因素共同造成的。当然,肠管剥脱是其中之一,但很可能有细菌过度生长、胆盐吸收不良和运输时间缩短。它通常与其他自主功能紊乱有关。重要的是要排除腹腔疾病,这种疾病会增加 1 型糖尿病的发病率。

膀胱疾病

神经病变可能导致膀胱充盈的感觉受损,随后导致膀胱排空减少。峰值尿流量减少,流量持续时间增加。最终,尿保留可能发生溢流性大小便失禁或无溢流性大便失禁;神经源性膀胱。自我导管是治疗的选择,但有一个主要的风险,泌尿系统感染。长期反复尿路感染可导致肾脏疾病,最终导致肾功能衰竭。

勃起功能障碍

最近在这方面写了很多东西,部分原因是人们的认识日益提高,换句话说,男人和他们的伴侣更愿意相互谈论,也更愿意与他们的医生和护士谈论。现在大多数药品都可以接受治疗,因此制药公司相互竞争,这增加了人们的兴趣。

这种发作是逐渐的，而心理上的阳痿通常是突然开始的。可能是由于阴茎腔室的神经受损，或是感觉受损，或是小血管阻塞，导致子宫内动脉的分支。最初的管理是在可能的情况下停止可能部分导致问题的药物。有许多机械疗法，但最流行的是抑制磷酸二酯酶 – 5（PDE – 5）的药物。它们加强血管扩张勃起的机制。西地那非（伟哥）是该组的原型药物。

出汗异常

这些在保险医学中并不是很受关注，但为了完整起见而被提及。它们是一种自主神经病变。通常上身出汗多，而双脚出汗少。这会导致皮肤干燥和皮肤破裂，这可能会导致已经在其他地方受损的脚部感染。

进食后不久就会出汗，但仅限于上半身。它是糖尿病自主神经病变的一个特征，其过程是多变的。这并不是特别常见，但在社会上却是令人尴尬的。

对低血糖的异常反应

当血糖下降时，会出现自主性刺激，导致心动过速和心悸、出汗和颤抖。这些症状使糖尿病人对即将到来的"低血糖"和对某种形式的糖的迫切需求有所警觉。多年来，人们一直认为自主神经病变可能足以减弱这种反应，从而导致低血糖意识丧失；也就是说，患者无法控制自己。然而，在DCCT研究中，在那些有和没有自主神经病变的人中，低血糖警告的丧失发生频率相等。

在临床实践中，通常可以通过调整饮食和药物恢复对低血糖的认识，这在大多数情况下意味着减少胰岛素剂量，允许几个月的适度高血糖。有些意识应该恢复，尽管在少数情况下，低血糖的意识缺失是有好处的。儿童和青少年可以通过这种方式操纵他人，在此基础上，成年人要求获得收入保护福利。他们应该被送回到他们的糖尿病专家那里寻求管理方面的建议。需要通知驾驶执照当局，因为在纠正之前，低血糖意识是不可接受的道路安全危险。

相关情况

糖尿病血脂异常症

糖尿病的血脂异常是代谢综合征的一部分，它是2型糖尿病的主要病因，其控制效果差，并可导致并发症的发生。代谢综合征的标志是胰岛素抵抗，这主要可以通过减肥和改变生活方式来改善。如二甲双胍和噻唑啶二酮（吡格列酮和罗格列酮）等药物被用作辅助药物。

在 1 型糖尿病中，通常不出现脂肪异常。如果随后的控制较差，特别是与微量白蛋白尿和肾病有关，那么总胆固醇和低密度脂蛋白胆固醇（LDL－C）就会升高，甘油三酯也是如此。良好的血糖控制将使这些异常正常化。

在 2 型糖尿病中，除了上述的异常情况外，还有低浓度的高密度脂蛋白胆固醇（LDL－C），它被认为是特别导致动脉粥样硬化的，还有小密度的 LDL－C 和残余颗粒。这后两种在临床上还无法测量，但高甘油三酯水平通常被认为是其存在的标志。在 2 型糖尿病中，这些脂质异常的发生率很高，全国健康和营养检查调查（NHANES）Ⅲ 的研究[5]报告 85% 的 LDL－C 患者的 LDL－C 高于 2.6mmol/l（＞100mg/dl），甘油三酯高于 2.3mmol/L（200mg/dl）的为 42%，LDL－C 低于 1.15mmol/L（45mg/dl）的为 62%。加拿大和芬兰也报告了类似的结果。

糖尿病血脂异常症的治疗最初是随着生活方式的改变，通过饮食和运动、药物治疗或减肥手术；减肥可以减少甘油三酯，提高 HDL－C 水平。体育锻炼的增加会降低糖尿病的心血管风险和死亡率，并降低胰岛素抵抗。即使是适度的运动也会减少 LDL－C，提升 HDL－C，独立于其他因素。高甘油三酯水平可能与酒精摄入过多有关，但适量的甘油三酯会导致 HDL－C 升高 10% 左右，从心血管角度来看是有益的。

第二种治疗方法是改善血糖控制。更好的控制当然可以降低甘油三酯水平，尤其是亮片可以改善脂质参数。然而，期望通过更好的血糖控制来完全纠正血脂异常是不现实的。随着在现有药物的益处和安全性方面的经验越来越多，这些药物的使用越来越多，治疗的目标也越来越多。

关于他汀类药物和纤维蛋白治疗血脂异常的详细信息在其他地方也有介绍。CARDS 研究（合作的阿托伐他汀糖尿病研究）已经明确表明，使用阿托伐他汀降低血清胆固醇对于高危人群的大血管事件是有效的。[67]这项研究过早地终止了，因为其益处是明确的。

烟酸在提高 HDL－C 水平方面具有特殊的价值，还能降低甘油三酯和 LDL－C。它的使用受到面部冲洗和肝毒性等副作用的限制。最初的低剂量或缓释形式（烟酸缓释片）有时会克服这些。它在控制良好的糖尿病中似乎是安全的，尽管它有可能恶化控制潜力。

在糖尿病血脂异常症中，越来越多地使用不同级别的降脂药物联合使用以达到目标水平。对于高血压的治疗，可能使用三种或三种以上不同的药物，但可能致命的是横纹肌溶解症。这已经在结合了纤维蛋白和他汀类药物的试验中得到了证实，尽管这种结合通常是耐受良好的，但仍需要定期的临床观察和肌酸激酶（CK）水平的测量。

高血压

高血压在糖尿病患者中的发病率是无糖尿病患者的 2 倍。它在 2 型糖尿病中尤其普遍。在世界卫生组织关于糖尿病血管疾病的多国研究中，1 型糖尿病患者中有 41.9% 患有高血压，而 2 型糖尿病患者中有 46.8% 患有高血压。2 型糖尿病的流行主要与肥胖有关，减肥对两者都有治疗作用。这与白蛋白排泄有关：在那些白蛋白排泄正常的人群中，高血压的患病率较低；而那些患有大白蛋白尿的人群中，高血压的患病率较高，而且患进行性肾病和冠状动脉疾病的风险较高。

在整个人群中，收缩压的升高会增加心血管疾病的死亡率，但在糖尿病患者中，这一风险增加了一倍。有很好的证据表明，降低压力可以降低死亡率，例如 MRFIT 研究、MICRO–HOPE 和 UKPDS。

糖尿病患者的目标血压仍有争议。对血压超过 140/190 和血压超过 130/80，但生活方式改变无效的人，美国糖尿病协会（ADA）建议进行药物治疗。另一些人认为，有充分的证据表明，目标应该是 120/80，以便最大限度地降低心血管风险。无论选择什么目标，临床实践的困难在于达到这样的水平。UKPDS 表明多种药物的作用效果最好，但即使给出了来自五六个不同群体的药物，这些目标可能仍然难以实现。从文章的写作观点来看，患有糖尿病的申请人服用了一些不同的药物，其风险可能比那些接受最小治疗的人更高。重要的是达到的血压水平。

人们普遍认为，最初的治疗应该使用一种药物来阻断肾素—血管紧张素—醛固酮系统（RAAS）。这是因为这类药物不仅能有效降低血压，还能降低肾功能的下降，减少心血管不良后果。应用拉米普利（ramipril）的 HOPE 研究[68]和应用氯沙坦（Losartan）LIFE 研究[69]均显示，由于胰岛素敏感性增加，新发糖尿病风险降低。无论选择哪种药物，剂量都应相当快地滴定到最大。如果没有达到目标血压，那么应该使用噻嗪类利尿剂或长效钙通道阻滞剂。

▶▶ 青春晚期糖尿病（MODY）

这是一种非胰岛素依赖的单基因型糖尿病亚型，其特征是年轻发病和常染色体显性遗传。为了作出诊断，将有一个强大的家族史，最好涉及三代年轻发病的非胰岛素依赖糖尿病患者。有 6 种基因突变，在符合 MODY 标准的白人家庭中，大约 80% 的家庭可以进行分子遗传诊断。

MODY 的临床过程最初是良性的，早期主要是注意生活方式，但 β 细胞的功能会逐渐丧失，可能需要磺酰脲治疗。有些受试者对硫醚的低血糖作用极为敏感，因此起始剂量应极低。二甲双胍有时会导致血糖控制恶化，最好避免使用。当 β 细胞质量降到临界水平以下时，可能需要使用胰岛素。

与所有糖尿病患者一样，在评估患者是否患 MODY 时，应注意控制质量和其他危险因素的存在，因为并发症与 1 型糖尿病相似。

▶▶ 糖尿病的承保

为糖尿病承保所需的资料

- 病情持续时间。
- 保单推荐的停止年龄。
- 目前的糖尿病治疗。
- 其他药物。
- 糖尿病控制程度系列 Hb A1c 测量。
- 吸烟史和当前习惯。
- 查体。
- 血压读数。
- 脂质结果。
- 存在微量白蛋白尿。
- 并发症的细节。
- 既往病史。
- 早产儿血管疾病家族史。

预后因素

不利因素

- 从诊断到停止年龄的较长的持续时间。
- 糖尿病患者总体控制，Hb A1c 水平低于 7.5。
- 当前或近期吸烟。
- 肥胖体重指数 > 30。
- 高血压。

- 血脂不良。
- 微蛋白尿。
- 早产儿血管病家族史。
- 出现并发症，特别是大血管疾病。

有利因素

- 高于平均的控制水平（Hb A1c 低于 7.0%）。
- 血压 135/80 或以下，不论治疗如何。
- 无论治疗与否，都能很好地控制血脂。

总胆固醇 < 4.5mmol/L（170mg/dl）

LDL < 2.6mmol/L（100mg/dl）

HDL > 1.1mmol/L（40mg/dl）。

BMI < 25。

基本评级

寿险承保

- 应使用男性生命表对女性进行评级。
- 可最多给予 75 分。
- 通常应拒绝吸烟者，除非所有其他因素都是有益的，然后再加上 +100 的基本评分。

表 19.2　　　　　　　　　　1 型糖尿病和 2 型糖尿病的人寿保险

	诊断为 1 型糖尿病的人寿保险					诊断为 2 型糖尿病的人寿保险			
申请年龄	0~5 年	6~10 年	11~20 年	>20 年	申请年龄	0~5 年	6~10 年	11~20 年	>20 年
<30 岁	200	250*	300*	减少	<30 岁	200	250*	减少	减少
31~40 岁	100	150	200*	300*	31~40 岁	100	150	200*	减少
41~50 岁	75	100	150	200	41~50 岁	75	100	150	200
51~60 岁	50	75	100	150	51~60 岁	50	75	100	150
>60 岁	0	50	75	100	>60 岁	0	50	75	100

* 考虑保单的限制期限。

表 19.3　　　　　　　　　　收入保护

从诊断到停止年龄	饮食	口服药物	胰岛素
10 岁以下	0 ~ +50	+50	+50 ~ +100
10~25 岁	+50 ~ +100	+50 ~ +100	+50 ~ +150
26~40 岁	+100，对其他风险因素进行评级		+100 to +200

收入保护
- 肥胖或对糖尿病或危险因素的控制不力,年龄应限制在55岁或60岁。
- 如果复发性低血糖或最近有酮酸中毒症状——推迟。
- 视网膜病变,排除眼睛和视力。
- 如果有微量白蛋白尿,增加+50,最长为20年。
- 如果吸烟,考虑降低吸烟率,除非所有其他有利的风险因素;如果是,增加+75和限制保单期限。
- 如果大血管病已经出现——拒保。

重大疾病包括完全和永久失能
- 有利的风险:+100(控制良好,血压和脂类指标令人满意,不吸烟者和正常重量)。
- 不利的风险:不包括冠状动脉疾病、脑血管和周围血管疾病。如果视网膜病变存在,要排除视力丧失。

结论

总之,为糖尿病提供保险本质上是对心血管疾病过早死亡的预测。风险引擎已经被开发出来,特别是由弗雷明汉集团和联合王国发展起来的,这可能对承保人有帮助。[70] 考虑到本章所详述的许多危险因素,将来为糖尿病患者提供的治疗条件很可能更加多样化。

参考文献

[1] Metcalfe MA, Baum JD. Incidence of insulindependent diabetes in children aged under 15 years in the British Isles during 1988 *BMJ* 1991; 302: 443-7.

[2] Gale EA. The rise of childhood type 1 diabetes in the 20th century. *Diabetes* 2002; 51 (12): 3353-61.

[3] Atkinson MA. Eisenbarth GS. Type 1 diabetes: new perspectives on disease pathogenesis and treatment. *Lancet* 2001; 358 (9283): 766.

[4] Gatling W et al. Evidence of an increasing prevalence of diagnosed diabetes mellitus in the Poole area from 1983 to 1996. *Diabetic Medicine* 1998; 15: 1015-21.

[5] Harris MI et al. Prevalence of diabetes, impaired fasting glucose, and impaired glu-

cose tolerance in USA adults – The Third National Health and Nutrition Examination Survey, 1988—1994. *Diabetes Care* 1998; 21: 518 – 24.

[6] Hiltunen L et al. Prevalence of diabetes mellitus in an elderly Finnish population. *Diabetic Medicine* 1994; 11: 24 – 19.

[7] Amos AF, McCarty DJ, Zimmet P. The rising global burden of diabetes and its complications: estimates and projections to the year 2010. *Diabetic Medicine* 1997; 14: S7 – S15.

[8] Dabelea D et al. Intrauterine exposure to diabetes conveys risks for type 2 diabetes and obesity: a study of discordant sibships. *Diabetes* 2000; 49 (12): 2208 – 11.

[9] Laing SP et al. The British Diabetic Association Cohort Study, I: all cause mortality in patients with insulin treated diabetes mellitus. *Diabetic Medicine* 1999; 16: 459 – 65.

[10] Stephenson J et al. Recent trends in diabetes mortality in England and Wales. *Diabetic Medicine* 1992; 9: 417 – 21.

[11] McNally PG et al. Trends in mortality of childhood – onset insulin – dependent diabetes mellitus in Leicestershire: 1940—1991. *Diabetic Medicine* 1995; 12: 961 – 6.

[12] Robinson N, Lloyd CE, Stevens LK. Social deprivation and mortality in adults with diabetes mellitus. *Diabetic Medicine* 1998; 15: 205 – 12.

[13] Swerdlow AJ, Jones ME. Mortality during 25 years of follow – up of a cohort with diabetes. *Int J Epidemiol* 1996; 25: 1250 – 61.

[14] Chaturvedi N et al. Socioeconomic gradient in morbidity and mortality in people with diabetes: cohort study findings from the Whitehall Study and the WHO multinational study of vascular disease in diabetes. *BMJ* 1998; 316: 100 – 5.

[15] Gu K, Cowie CC, Harris MI. Mortality in adults with and without diabetes in a national cohort of the U. S. population, 1971—1993. *Diabetes Care* 1998; 21: 1138 – 45.

[16] Lowe LP et al. Diabetes, asymptomatic hyperglycemia, and 22 – year mortality in black and white men. The Chicago Heart Association Detection Project in Industry Study. *Diabetes Care* 1997; 20: 16 – 39.

[17] Kyvik KO. Green A. Beck Nielsen H. Concordance rates of insulin dependent diabetes mellitus: a population based study of young Danish twins. *BMJ*. 1995; 311 (7010): 913 – 7.

[18] Torgerson JS et al. XENICAL in the prevention of diabetes in obese subjects (XENDOS). *Diabetes Care* 2004: 27: 155 – 161.

[19] James WPT et al. Effects of sibutramine on weight maintenance after weight loss: a randomised trial. Lancet 2000: 356; 2119 – 25.

[20] Turner RC et al. Risk factors for coronary artery disease in non – insulin dependent

diabetes mellitus (UKPDS 23). *BMJ* 1998: 316; 823 -8.

[21] Rimm EB et al. Cigarette smoking and the risk of diabetes in women. *Am J Public Health* 1993: 83 (2); 211 -4.

[22] Rimm EB et al. Prospective study of cigarette smoking, alcohol use and the risk of diabetes in men. *BMJ* 1995: 310; 555 -9.

[23] Knowler WC et al. Reduction in the incidence of type 2 diabetes with lifestyle intervention or metfonnin. *N Engl J Med* 2002: 346; 393 -403.

[24] Kriska AM et al. The association of physical activity and diabetic complications in individuals with insulin - dependent diabetes mellitus. *J Clin Epidemiol* 1991: 44; 1207 -14.

[25] Moy CS et al. Insulin - dependent diabetes mellitus, physical activity and death. *Am J Epidemiol* 1993: 137; 74 -81.

[26] Boule NG. Effects of exercise on glycemic control and body mass in type 2 diabetes mellitus: a metaanalysis of controlled clinical trials. JAMA 2001: 286: 1218 -27.

[27] Nutritional Principles and Recommendations in Diabetes. A. D. A. *Diabetes Care* 2004: 27 (S1); S36 -S44.

[28] Diabetes Prevention Program Reserve Group. Reduction in the incidence of type 2 diabetes with lifestyle intervention or metfonnin. *New Engl J Med* 2002: 346; 393 -403.

[29] UK Prospective Diabetes Study Group (UKPDS). Effects of intensive blood glucose control with metformin on complications in overweight patients with type 2 diabetes. *Lancet* 1998: 352; 854 -65.

[30] UKPDS Group. Reduction in Hb Ale with basal insulin supplement, sulfonylurea or biguanide therapy in maturity onset diabetes. *Diabetes* 1985: 34; 793 -8.

[31] Lebovitz HE et al. Rosiglitazone monotherapy is effective in patients with type 2 diabetes. *J Clin Endocrinol Metab* 2001: 86; 280 -8.

[32] Diabetes Prevention Program Group. Prevention of type 2 diabetes with troglitazone in the Diabetes Prevention Program. *Diabetes* 2003: 52 (Suppl 1); 251.

[33] Koshiyama H et al. Inhibitory effect of pioglitazone on carotid arterial wall thickness in type 2 diabetes. *J Clin Endocrinol Metab* 2001: 86; 3452 -6.

[34] DECODE study group. Glucose tolerance and mortality: comparison of WHO and American Diabetes Association diagnostic criteria. *Lancet* 1999: 354; 617 -21.

[35] Horton E et al. Nateglinide alone and in combination with metformin improves glycemic control by reducing mealtime glucose levels in type 2 diabetes. *Diabetes Care* 2000: 23; 1660 -5.

[36] Chiasson JL et al. Acarbose for the prevention of type 2 diabetes mellitus: the STOP - NIDDM randomised trial. *Lancet* 2002: 359; 2072 -7.

[37] Diabetes Control and Complications Trial Research Group (DCCT). *N Engl J Med* 2000: 342: 381 – 9.

[38] EDIC. *JAMA* 2002: 287: 2563 – 9.

[39] DCCT. The effect of intensive treatment of diabetes on the development and progression of longterm complications in insulin dependent diabetesmellitus. *N Engl J Med* 1993: 329: 977 – 86.

[40] Simon D et al. Epidemiological features of glycated haemoglobin A1c distribution in a healthy population. *Diabetologia* 1989: 32: 864 – 9.

[41] Khaw KT et al. Glycated hemoglobin, diabetes and mortality in men in Norfolk cohort of European Prospective Investigation of Cancer and Nutrition. *BMJ* 2001: 322: 15 – 18.

[42] Klein R et al. Glycosylated hemoglobin predicts the incidence and progression of diabetic retinopathy. *JAMA* 1988: 260: 2864 – 71.

[43] Turner RC et al. Intensive blood glucose control combined with sulphonylureas or insulin compared with conventional treatment and risk of complications in patients with type 2 diabetes. *Lancet* 1998: 352: 837 – 53.

[44] Ohkubo Y et al. Intensive insulin therapy prevents the progression of diabetic microvascular complications. *Diabetes Res Clin Pract* 1995: 28: 103 – 17.

[45] UK Prospective Diabetes Study Group. Effects of intensive blood glucose control with metformin on complications in overweight patients with type 2 diabetes. *Lancet* 1998: 352: 854 – 65.

[46] Garcia MJ et al. Morbidity and mortality in diabetics in the Framingham population: sixteen year follow – up. *Diabetes* 1974: 23: 105 – 11.

[47] Laing SP et al. The British Diabetic Association Cohort Study II: cause specific mortality in patients with insulin treated diabetes mellitus. *Diabet Med* 1999: 16: 466 – 71.

[48] Mykkänen L et al. Asymptomatic hypoglycemia and atherosclerotic vascular disease in the elderly. *Diabetes Care* 1992: 15: 1020 – 30.

[49] Cohen Y et al. Comparison of factors associated with 30 day mortality after coronary artery bypass grafting in patients with versus without diabetes mellitus. *Am J Cardiol* 1998: 81: 7 – 11.

[50] Haffner SM et al. Mortality from coronary heart disease in subjects with type 2 diabetes and in nondiabetic subjects with and without myocardial infarction. *N Engl J Med* 1998: 339: 229 – 43.

[51] Dinneen SF et al. The association of microalbuminuria and mortality in non – insulin dependent diabetes. *Arch Inter Med* 1997: 157: 1413 – 18.

［52］Janand-Delennne B et al. Silent myocardial ischemia in patients with diabetes. *Diabetes Care* 1999：22；1396-1400.

［53］Wolf PA. Current status of risk factors for stroke. *Neurol Clin* 1983：1；317-43.

［54］UKPDS Group. Tight blood pressure control and risk of macrovascular and microvascular complichoun in type 2 diabetes. *BMJ* 1998：317；703-13.

［55］ADA. Hypertension management in adults with diabetes. *Diabetes Care* 2004：27（Suppl. 1）；S65-S67.

［56］Coffman JD. Intermittent Claudication：not so benign. *Am Heart J* 1986：112；1127-8.

［57］Apelqvist J et al. Long term prognosis for diabetic patients with foot ulcers. *J Intern Med* 1993：233；485-91.

［58］Adler AI et al. UKPDS 59：Hyperglycemia and other potentially modifiable risk factors for peripheral vascular disease in type 2 diabetes. *Diabetes Care* 2002：25；894-9.

［59］Klein R et al. The Wisconsin epidemiological study of diabetic retinopathy. *Diabetes Metab Rev* 1989：5；559-70.

［60］DCCT Trial. Effect of intensive therapy on the microvascular complications of type 1 diabetes mellitus. *JAMA* 2002：287；2563-9.

［61］Klein R et al. The 14 year incidence and progresssion of diabetic retinopathy and associated risk factors in type 1 diabetes. *Ophthalmology* 1998：105；1801-15.

［62］Mackin P et al. Renal function in long duration type 1 diabetes. *Diabetes Care* 1996：19；249-51.

［63］Gaede P et al. Multifactorial intervention and cardiovascular disease in patients with type 2 diabetes. *N Engl J Med* 2003：348；383-93.

［64］Kempler P et al. Autonomic neuropathy is associated with increased cardiovascular risk factors：the EURODIAB IDDM Complications Study Group. *Diab Med* 2002：19；900-9.

［65］Valensi P et al. Predictive value of cardiac autonomic neuropathy in diabetic patients with or without silent myocardial ischemia. *Diabetes Care* 2001：24；339-43.

［66］Sawicki PT et al. The value of QT interval dispersion for identification of total mortality risk in non insulin dependent diabetes mellitus. *J Intern Med* 1998：243；49-56.

［67］Colhoun H et al. Collaborative Atorvastatin Diabetes Study. *Lancet* 2004：364；685-96.

［68］Heart Outcomes Prevention Evaluation Study Investigators. Effects of ramipril on cardiovascular and microvascular outcomes in people with diabetes mellitus：results of the HOPE study and MICRO-HOPE Substudy. *Lancet* 2000：355；253-9.

［69］Lindholm LH et al. Cardiovascular morbidity and mortality in patients with diabetes in the Losartan Intervention for Endpoint reduction in hypertension study (LIFE): a randomized trial against atenolol. Lancet 2002; 359; 1004 – 10.

[70] Stevens RJ et al. Comparative study of prognostic value for coronary disease risk between UKPDS and Framingham models. *Diabetes Care* 2004; 27; 1843.

第 20 章 冠心病

罗斯·麦肯齐（Ross Mackenzie）

- 介绍
- 冠心病患者风险选择的一般原则
- 冠心病的发生
- 长期趋势
- 冠心病的病理生理学
- 冠心病的现代诊疗模式
- 无症状冠心病
- 冠心病症状
- 稳定型心绞痛
- 急性冠脉综合征：心肌梗死和不稳定心绞痛
- ST 段抬高型心肌梗死（STEMI）
- 不稳定心绞痛和非 ST 段抬高 MI
- 女性冠心病
- 年轻男性和女性的冠心病
- 老年人冠心病
- 参考文献

▶▶ 介绍

心血管疾病发病率在发达国家和东欧迅速上升，加上肥胖症和糖尿病发病率的增长，预计在未来 15 年内将成为全球范围内的主要死亡原因[1]。心血管疾病占北美死亡原因的 38%，是欧洲 65 岁以下男性最常见的死亡原因，也是女性第二大常见原因。

冠心病（CHD）占心血管死亡率的50%，还是未成年人死亡的主要原因；在这类年龄相关性疾病中，女性比男性延迟大约10%。这些都不是个案，冠心病已经成为我们这个时代的流行性疾病，它的流行性在不同的国家间相差十倍。它越来越多地出现在以前由于历史原因导致贫穷而现在生活水平逐步提高的国家。

冠心病对保险公司（医疗保险和普通保险）来说是一个重要的风险选择挑战。一项保守的估计表明，5%~10%的中年寿险申请人患有冠心病，其中50%的心脏病发作或猝死，发生于没有足够的事先预警症状来接受医学评估或治疗的情况下。

冠心病风险选择做法在保险行业的演变与非标核保本身的发展相同。这本书的前几版中关于冠心病的章节包含了关于这个过程的有价值的历史和现实信息，在这里不再重复。认真学习医疗核保的学生将通过回顾这些章节，对这一过程获得有价值的见解。

自这本书的最后一版以来，我们对冠心病及其临床医学风险评估的理解不断发生重大变化。其中一些变化包括：

- 新出现的危险因素，如C-反应蛋白和代谢综合征。
- 强调绝对风险和使用综合风险因素评分。
- 电子束计算机断层扫描钙化评分的增加作用。
- 肌钙蛋白成为评价心肌坏死的生化指标。
- 急性冠脉综合征的新命名和定义。
- 经皮冠状动脉介入治疗在急慢性冠心病中的扩大作用。

这些变化将对冠心病风险选择实践产生重要影响。

在这一章中，我们将回顾已经确立的概念，介绍对保险公司重要的新信息，重点放在对冠心病患者的预后评估。主要讨论五个主题：

1. 讨论冠心病患者风险选择和风险评级的一般原则。
2. 强调冠心病发病率和冠心病死亡率的长期趋势。
3. 简要介绍冠心病的基本病理生理学。
4. 讨论冠心病无症状期的风险评估，重点是冠心病的冠状动脉危险因素和无创检查。
5. 综述冠心病与保险风险选择相关的主要临床症候，强调冠心病存在的风险连续性。

综上所述，本章的目的是为冠心病风险选择提供比传统寿险公司承保手册更深入的背景知识，而无意为日常承保提供指南。考虑到冠心病的复杂性、潜在需求的广泛性、营销策略的多样性、承保原则和空间限制，这将是一个不可能完成的任务。任何所讨论的评级仅为演示之用，不作为日常使用的承保指南。

冠心病患者风险选择的一般原则

历史视角与保险基础

在20世纪40年代中期之前,冠心病史并不被认为是一种可保疾病;但在二战后,不得不考虑为此类病史患者提供生活保障。这一步是必要的,因为越来越多的人申请人寿保险时透露冠心病史。因为人寿保险更多地以各种形态进入商业和私人生活的几乎每一个方面,拒保冠心病史患者的问题日益严重。

北美及随后在英国的调查显示[2],急性心肌梗死幸存者中,有些生活了许多年,有的生存期很短。没有统计数据显示在不同年龄段的死亡率与平均健康寿命相比有什么不同。然而,有很多关于CHD的数据来自不同的临床来源,也有疾病和事故记录能够跟踪那些因为心绞痛或心肌梗死而理赔的参保人。因此,这是可能的第一步——绘制图表,显示不同年龄段的生存率,以及出现症状后的不同时期,并将其与平均健康人群的存活率进行比较。由于这些调查包括所有等级的冠心病,从非常轻微到非常严重。如果有已知对生存有不良影响的人被排除在外,那么就有理由认为估计死亡率会更有利。因此,通过引入特定的选择标准,在医疗人员的帮助下,保险精算师有可能在一组看似有利的冠心病风险中对死亡率进行估计,从而为承保奠定基础。

利用临床文献和早期行业研究的积累数据,林肯国家人寿保险公司在1947年开创了承保冠心病史患者人寿保险的先河。该公司能够实验性的、但基于现实的,根据最初严格的选择标准,对这些风险进行定价。随着时间的推移和不断增加的经验,可以放宽针对CHD投保人的一些严格的承保要求。关于这一独特的保险实验的进展时有报道,其包含的死亡数据为世界各地的其他公司提供了宝贵的信息,来为冠心病史患者提供生命保障。

林肯国家公司1970年的研究报告[3]强调了保险公司对冠心病史投保申请人进行风险评估所面临的异常困难。在风险评级中死亡率最高的是,缺失详细可靠信息的申请人。然而,这项研究结果清楚地表明,在可接受的定价范围内,向那些通过核保要求的人提供人寿保险是可能的。当这些数据被进一步细分时,比如最近发生心脏病时间的年龄和保单签发时的年龄和心电图检查年龄,可得出几个趋势:保单签发年龄和最新发病年龄较大的死亡率较低;当心电图正常时死亡率最低;心电图不正常或不能做心电图的死亡率最高。

为了获得代表广泛人群的结果，卢（Lew）回顾了一系列关于心肌梗死后存活的后续研究，包括被保险公司、行业雇员、医院病人和私人医生的病人。[4]在任何可能的情况下，卢将这些研究的结果解释为死亡率、每千人额外死亡、存活百分比和预期寿命；所有这些都与同期的死亡率或在标准保费标准下的生存百分比有关。综合这些研究，卢认为，男性的死亡率存活心肌梗死和能够重返工作相当于30‰的额外的死亡率加上急性事件后1～2年、2～3年内标准死亡率的250%；在事件发生后的5～6年期间，死亡率相当于25‰的额外死亡率加上标准死亡率的250%。

卢指出，这些评级应该只适用于没有严重疾病的个体，因为有充足的研究回顾证据证明，高血压、糖尿病、肥胖和心血管疾病家族史都对心肌梗死后的存活不利。

英国保险公司通常会拒保冠心病史患者，直到1957年，伦敦的Mercantile and General再保险公司构建了有冠心病史但仅有轻微并发症的生存数据库。这一风险是由Mercantile and General再保险公司承保的几个人寿保险计划共同分担的。承保的方式尽可能简单。在心肌梗死后6个月，接受参保申请，而当前的心电图并不是必需的；但如果有心电图并且正常的话，可作为承保证据。直到1965年，额外的保费才开始收取。但从那时起，针对申请人的核保定价就将临时和永久的额外保险费加在一起。

因为这些开明的和勇敢的行动，对于冠心病史患者的风险选择进程大大发展。这种发展已经阐明了许多风险选择和死亡模式的原则，可以总结如下：

- 保险公司对冠心病史申请者的信息掌握得越多，对生存率预期越好。反之，信息越缺乏，死亡率越高。这些信息里特别重要的是急性事件或血管重建手术的历史，正常的或异常的静态心电图的出现，以及无创测试、左室功能和冠脉造影等额外的测试信息。

- 投保要求越严格，对最优风险选择要求越轻，而对最差风险的选择越重。风险选择的基础要求越宽泛，对风险厘定的变化越小。那些预期死亡率低的最优风险体，通过共同支付加费承保保费，可以平衡那些高死亡率的风险体。

- 保险公司的风险厘定根据核保原则、营销策略和要求不同而有所不同。每家公司都有不同维度的评级标准来判定风险是否是可保体、次保体或者其他的分类。这些评级取决于风险选择要求满足的数目。

- 冠心病的基本评级通常由借方和贷方根据风险因素、伴随症和压力测试结果进行调整。其他已知冠心病的预后有不利影响的轻微症状会要求额外评级。对那些有明显影响的疾病会随之做出风险预测或者拒保。

冠心病患者申请人的死亡模式

已经确定了冠心病患者的几种死亡模式（见图20.1）。

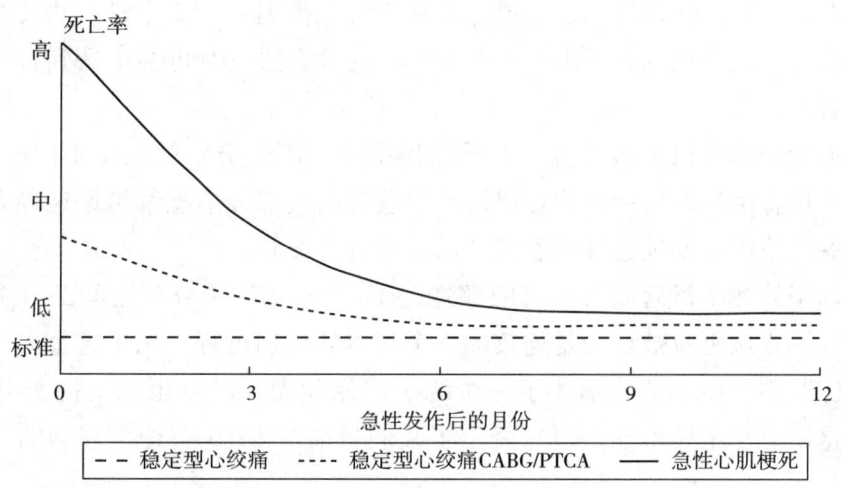

图 20.1　早期冠心病的死亡模式

冠心病申请参保者的几种死亡模式见图20.1

这些模式反映在冠心病各种临床亚型的分级表中。

第一种被认为是急性冠脉综合征如心肌梗死（MI）。它由30天内早期急性期高死亡率和第一年内（尤其是前3个月）的相对较高死亡率组成。第一年之后，有一个相对稳定的类似慢性稳定性心绞痛的死亡率趋势。不稳定心绞痛遵循与之类似但更缓和的趋势。

第二种是慢性稳定冠心病，如稳定心绞痛。35岁以下标化死亡率是过高的。随着年龄的增加，标化死亡率下降而超额死亡率增加。死亡率和超额死亡率随着冠心病的严重程度增加而增加；冠心病的严重程度取决于累及血管的数量和是否存在左心室功能障碍。

血管再造手术也伴随着死亡率趋势，包括上述两种模式的特征。第一年死亡率趋势与急性心肌梗死相同。虽然死亡率的数量级要低得多，但向稳定模式的转变却在加速，死亡率和超额死亡率都比较低；这反映了选择过程，排除了选择这些手术的高风险体。已经确定了两种潜在的血管再造术的死亡率趋势特征。第一种所观察到的死亡率比预期的死亡率要低的是在70岁以上的冠状动脉旁路手术；第二种是后期移植闭包或再狭窄的潜在影响，将最初的短期较低死亡率趋势转变为后期死亡率增长趋势。对这些有意义特性的进一步分析需要长期经验观察。

冠心病风险选择的现代趋势

多年来，死亡率的模型已被转换为各种评级量表并在各家保险公司有所差异。急性冠脉综合征和血管再造术后的投保申请通常被推迟 6～12 个月，然后就会有永久和临时额外的加费承保费用。在一些公司，这种方法有时也会扩展到有稳定心绞痛的申请者。

在大多数保险公司手册所包含的承保指南中，不同类别被用于不同的 CHD 细分。这是一种有用的方法；因为在申请者中获得的大部分信息都是按这种方式分类的，所以保险公司在处理这种熟悉的方法时感觉更便利。

然而，正如在本章后面所指出的那样，不同的 CHD 细分项之间的许多边界都是人为的。冠心病更应被认为是连续的一个基本的疾病过程。出于这个原因，在这本书的第三版中，Cumming 阐述了一个统一的保险表，可以用来支持所有的 CHD 申请者。这不会在本处重现，但它展示了我们目前对 CHD 病理生理学的理解的一种现代方法。

Cumming 不支持使用临时的加费承保。保险公司已经根据死亡率临床研究中观察到的趋势使用临时的加费承保，在最初几年之后的急性事件如心肌梗死或冠状动脉搭桥手术显示了更高的死亡率。尽管出现了更先进的诊断和治疗，这种死亡率模型一直在沿用。Gill 等人的研究[5]指出，急性心肌梗死后 1 年内急性冠脉事件的风险（包括死亡）是分阶段的。在现代治疗方面，55% 的患者接受了溶栓治疗。在随后 Singer 的综述摘要[6]里，第一年死亡率（类似与传统疗法）继续显示第一季度高死亡率在余下的第一年内逐渐下降。

急性冠脉事件（心肌梗死、不稳定心绞痛、心脏搭桥手术、血管成形术），与稳定冠心病的共同点是病变动脉壁的存在。这就假设所有病变的冠状动脉血管容易斑块裂隙和随后的血栓形成。这些急性病症与在特定条件下出现的问题不同，尤其是在事件发生后的早期。近期发生的不稳定心绞痛或心肌梗死的保险申请人，在一段特别危险的时期，心肌易发生突然的电不稳定，而最初被破坏的动脉粥样硬化斑块易引起血栓形成。旁路移植后，由于机械或血栓引起的移植物阻塞的危险最大，在术后 1～12 个月，处于低风险期。在血管成形术、血管切除术、旋转手术或支架置入后，在前 6 个月出现了明显的再狭窄的风险，随后出现了指数级的下降。

人寿保险公司要求在保险承保前，要有发生急性事件后的几个月至 1 年的恢复期。在随后承保过程中的风险选择，排除了临床证据证明有极高早期死亡风险的投保申请者。对于那些可保的人来说，在梗死后的前几年里的死亡率比那些在急性事件已经过去很长一段时间的再投保申请者的死亡率差不了多少。这种考虑可能会为在风险选择的类别中去除加费承保提供支持。事实上，在北美，许多公司已经部分或完全取消了临时加费承保。这是否会被转化成行业趋势还有待谨慎观察。由于对诊断技术和治疗的高度宣传，取消临时加费承保的证据基础经常被证明是合理的。实际上，只有严谨的科研性临床试验，才能实现这样的结果。

Fessel 在他对瑞士再保险公司的保险经验的回顾中给出了最后一份发人深省的报告[7]。他在核保原则上对经验进行了评估，实际的死亡率比预期的要糟糕得多。例如，可保风险比率比 200%～250% 高出了 200%（465%）。在 300% 以上的人的生活中，也发现了大约 600% 的额外死亡率。这种持续的观察将为限制临时额外保费的使用提供决策支持。

与这本书的前一版一样，这一版将持续进步与创新。在冠心病死亡率将继续改善的事实中，保险公司可以获得乐观的事实证据，纳入未来的核保评级计划中。然而，也不能过于乐观，因为总死亡率的改善幅度将是有限制的。

▶▶ 冠心病的发生

冠心病的临床表现起源于长期的亚临床动脉粥样硬化。动脉粥样硬化斑块的最初发展与低密度胆固醇（LDL）升高、高密度胆固醇（HDL）降低、吸烟、高血压、糖尿病等危险因素有关。一些尸检研究表明，这种疾病开始于儿童时期，这些斑块在 30 岁之前就普遍存在[8]。

因此，冠心病是一种慢性病，许多患者必须与之共存数十年。在一个病人的生命周期中，这种疾病通常在临床定义的一些阶段内循环发生；这些阶段发生了一系列疾病病理，如慢性冠心病、急性冠脉综合征（ACS）和猝死。每一个阶段都给病人带来新的危险，给保险公司带来风险选择的挑战。

在一般人群中，有一群无症状的人患有冠状动脉粥样硬化。在 1 年内，大约 1% 的无症状人群将随着三种临床疾病之一的发展而进入冠心病的症状期：急性冠状动脉综合征（46%）、稳定型心绞痛（39%），15% 的第一症状是最后一种症状——猝死（见图 20.2）。

急性冠脉综合征进一步细分为不稳定心绞痛（UA）和心肌梗死（MI）。心肌梗死现在又细分为 ST 段抬高型心肌梗死（STEMI）和非 ST 段抬高型心肌梗死（NSTEMI）。在平均年龄为中年的男性中，冠心病的第一个症状通常是心肌梗死，而在女性中可能是心绞痛[9,10]。

一旦进入症状期，患者可能会保持症状；要么病情稳定，要么病情进展，要么回到无症状期，要么突然死亡。几项研究表明，每年的平均死亡率为 2%～3%，而

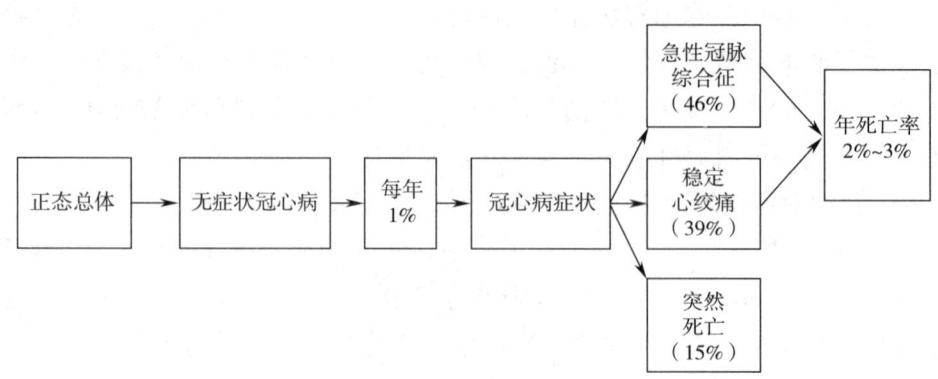

图 20.2　冠心病的自然病史

且每年还有 2%～3% 的人会持续发生非致命的心肌梗死[11]。在每个临床综合征，死亡率有高、低风险的几个亚群，它们可能存在显著差异。例如，有正常心电图（ECG）和血压的患者的预期死亡率为每年 2%，相比之下，有高血压和心电图异常的患者的预期年死亡率要高得多，可能至少每年 5%[12]。

患病率是指在某一特定时间点有多少人患病。定期的流行率估计有助于跟踪疾病模式随时间的变化。对于像冠心病这样的慢性疾病，患病率将使人们对疾病在人群中的负担有所了解。政府机构定期进行健康检查调查，从中可以计算出冠心病的患病率。然而，对于这种计算方法有几点需要注意的地方。

相对较早期的 CHD，通常只存在很少的症状或明显的临床表现。心肌缺血，据认为占所有缺血性发作的 75%，[13] 可以通过心电图检查，24 小时心电图记录或周期性心电图（ECG）来揭示这一情况。心肌梗死可能在临床上是静息的，只是在常规心电图上偶然发现的。基于这些原因，依赖于健康访谈的自我报告症状的调查数据可能低估了早前 CHD 的患病率。

在美国，约有 1 300 万人有冠心病，其中一半有心肌梗死，一半有心绞痛。[14] 在 40～74 岁的美国人中，年龄调整后的自我报告心肌梗死和经证实的心肌梗死的发病率高于女性；但女性的心绞痛发病率要高于男性。美国尸检数据显示，自 1979 年以来，冠心病的发病率有所下降[15]。

在英国，估计有 268 万人患有冠心病[16]。不同的研究对英国心肌梗死的流行程度给出了不同的估计；但综合这些研究的数据，表明总体上约有 4% 的男性和 2% 的女性患有心脏病。同样地，综合几项研究的数据显示，总体上约有 5% 的男性和 4% 的女性患有或曾经患有心绞痛。

英国 1999 年的健康调查专门关注少数民族群体的健康；结果显示，所有冠心病的患病率在印度、巴基斯坦和大多数非孟加拉国男性中都更高，这些男性患冠心病的概率是普通人群的两倍。在加勒比黑人和中国男性中，所有冠心病的发病率远低于一般人群。在妇女中，所有冠心病的患病率的种族差异要小得多，只有中国妇女的所有冠心病发病率明显低于一般人群中妇女的发病率[16]。

共病是评估冠心病患者风险的重要因素。动脉粥样硬化性心血管疾病是一种弥漫性疾病，涉及心脏、大脑、肾脏和四肢的动脉循环。动脉粥样硬化在一个血管区域的存在通常表明它在其他地方存在的可能性增加，因为危险因素是相似的。在弗雷明汉（Framingham）研究参与者中，有初始心肌梗死的男性占21%、女性占25%。约有10%的患者曾有间歇性跛行，5%~8%有中风，3%~10%有心力衰竭[17,18]。

发病率是一种疾病在特定时期内（通常是1年）发生的新病例数的估计。因此，发病率为描述疾病的概率或风险提供了基础。

在美国，44年的弗雷明汉研究队列随访数据和20年对其后代的监测数据为早期冠状动脉事件的发生率提供了深入的了解，包括公认的和临床上未确认的心肌梗死、心绞痛、不稳定的心绞痛和冠状动脉死亡。65岁以下的男性每年所有冠状动脉事件的发生率为12‰，比其他所有动脉粥样硬化事件加起来还要多。65岁以下妇女的年发病率为5‰。65岁以后，每年发生的冠状动脉事件为27‰，男性为16‰，女性为16‰[10]。

对于40岁的人来说，男性罹患冠心病的终生风险为49%，女性为32%。在冠心病事件中，发病率随着年龄的增长而急剧上升，女性比男性落后10年（见图20.3）。

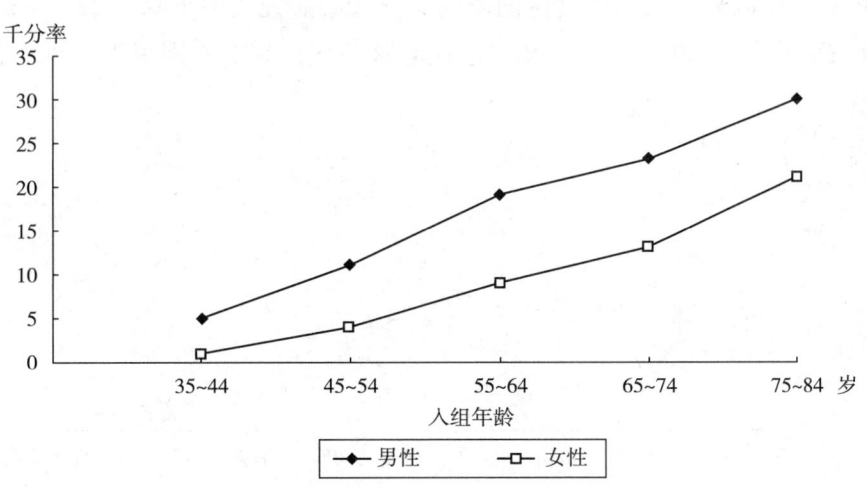

图20.3 冠心病的年发病率

对于更严重的冠心病表现，如心肌梗死或猝死，女性发病率比男性推迟20年，但发病率性别比例随着年龄的增长而逐渐缩小。与35~64岁的男性相比，65~94

岁的发病率是男性的 2 倍多，女性的 3 倍多[18]。在绝经前妇女中，冠心病的严重表现，如心肌梗死和猝死相对少见。在绝经后，冠心病的发病率和严重程度急剧上升，是同龄未绝经妇女的 3 倍。[19] 冠心病的男性优势在心绞痛中最不明显。75 岁以下的女性早期出现冠心病的可能性大于心肌梗死[9,10] 此外，女性的心绞痛可能并不复杂，而男性的心绞痛通常发生在心肌梗死后。在所有年龄的男性中，心肌梗死占主导地位，只有 20% 的心肌梗死发生在长期心绞痛之前。

▶▶ 长期趋势

在许多国家，冠心病是成年人死亡的主要原因。超过五分之一的男性和六分之一的女性死于这种疾病。男性的死亡率比女性高（25～34 岁时是 3 倍，75～84 岁时下降到 1.6 倍）。在美国，2001 年有 66.9 万人死于冠心病；而在英国，2002 年有 11.7 万人死于冠心病[14,16]。2001 年，美国冠心病总死亡率为 177.8 例/10 万，其中一半以上的死亡发生在医院之外或急诊室。

在 21 世纪初，心脏病是美国第四大死因，仅次于肺炎和流感、肺结核和胃肠道疾病。在过去的一个世纪里，我们很难对心脏病的流行进行详细的监测，因为我们在人群中识别它的方式发生了很多变化。然而，由于冠心病是致命心脏病的最大组成部分，因此，心脏病死亡率的总体趋势反映了冠心病的死亡率。

自 1975 年以来，大多数发达国家的男女冠心病死亡率下降了 25%～28%[20,21]。在美国，20 世纪前 20 年，男性和女性在心脏病死亡率上差别很小（见图 20.4）。

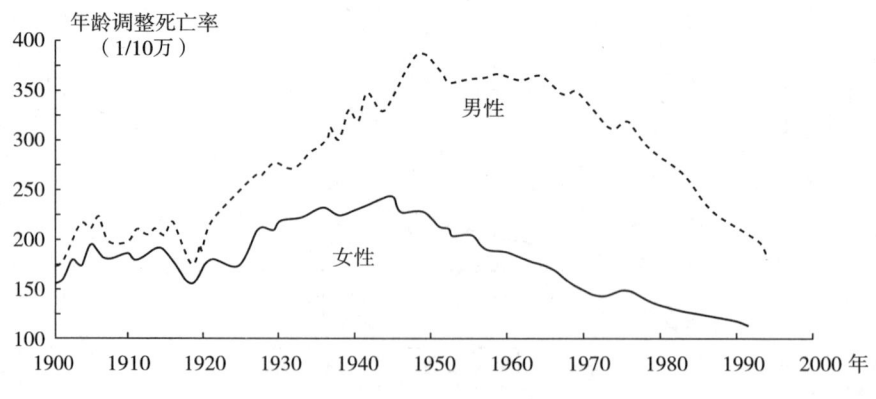

图 20.4　美国心脏病死亡率的趋势

1920 年后，由于与第一次世界大战、流感大流行或其他原因相关的因素，男性心脏病死亡率稳步上升，在 1950 年前后达到峰值，在大约 20 年的时间里趋于平稳，然后在20世纪60年代末下降。对女性来说，情况则大不相同：她们的心脏病死亡率直到20世纪30年代中期才逐渐上升，直到1950年左右才逐渐下降，然后急剧下降。因此，心脏病死亡率在美国女性中达到顶峰并开始下降趋势，比男性早了20年[22]。在20世纪80年代的美国，男性和女性的年下降率都在3.5%左右。然而，自1990年以来，下降速度已经放缓。在社会经济地位较低和某些民族群体的亚群体中，以及在社会经济状况较差的国家地理区域中，这种下降较少。在这些地区，亚临床疾病的负担非常沉重。虽然经过年龄调整后的死亡率在过去20年有所下降，但绝对死亡率却没有下降。

在英国，自20世纪70年代末以来，死亡率一直在下降。对于65岁以下的人来说，他们在过去的10年里下降了44%。近年来，在较年轻的老年人群中，冠心病死亡率下降速度较慢，在55～64岁人群中下降速度最快。冠心病的死亡率在苏格兰和英格兰北部最高，在英格兰南部最低，在威尔士和北爱尔兰最低。苏格兰男性的过早死亡率比英格兰西南部高出50%，女性则高出90%左右。居住在英国的南亚人（印度人、孟加拉国人、巴基斯坦人和斯里兰卡人），死于冠心病的过早死亡率高于平均水平。这一比例男性高46%，女性高51%。加勒比人和西非人的冠心病过早死亡率远低于平均水平，约为一般人群中男性的一半，女性的三分之二。南亚人与其他人口之间的死亡率差距正在扩大。这是因为在南亚，冠心病的死亡率并没有像在其他地区那样下降得快[16]。

近几十年来，冠心病死亡率的下降对突发性和非突发性心脏死亡都具有重要意义。弗雷明汉研究的一项分析显示，从1950年到1999年，总的冠心病死亡率下降了59%。非心源性猝死率下降了64%，而猝死率下降了49%[23]。

死亡率的变化可能与发病率的变化、病死率的变化或两者的变化有关。在美国，冠心病死亡率的降低与冠心病发病率的下降和病死率的降低有关。根据全美健康和营养调查（NHANES）分析，冠心病发病率从每年每10 000人中133例下降到114例，而28天病死率从23%下降到17%，导致死亡率从每年每10 000人中47例下降至31例[20]。

一些研究试图解释冠心病死亡率下降的原因[24,25]。在美国，超过50%的下降归因于生活方式和风险因素的改变，如吸烟率的下降，更好地控制高血压和减少脂肪的消耗。来自几个来源的数据表明，冠心病发病率和心肌梗死的短期死亡率均有所下降。另一些人将冠心病死亡率下降的很大一部分原因归结于诸如诊断技术的改进、冠状动脉医疗水平的发展、急性溶栓和血管再造手术等方面的进步。最近的一项研究旨在解释英国近20年来（20世纪80—90年代）冠心病死亡率下降的原因[26]。结合和分析关于冠心病治疗的吸收和疗效以及危险因素趋势的数据，作者调查了1981—2000年英格兰和威尔士的冠心病下降在多大程度上可以归因于医疗和外科治疗，以及在多大程度上可归因于冠心病危险因素的变化。他们得出的结论是，在 20 世纪 80 年代和 90 年代，英国冠心病死亡率下降的一半以上（58%）是由于主要危险因素的减少，重点是吸烟。对个人的治疗，包括二级预防，解释了其余 42% 的死亡率下降。

关于冠心病死亡率趋势的多国数据表明，绝对死亡率在各国间随时间存在差异显著[27]。1969 年，芬兰和美国的死亡率最高，几乎是日本的 7 倍。在美国，1965 年至 1969 年和 1995 年至 1997 年间，男性冠心病死亡率下降 63%（331 例，每 10 万人中有 121 例），女性冠心病死亡率下降 60%（166 例，每 10 万人中有 67 例）。在欧盟，男性冠心病死亡率下降 32%（每 10 万人中有 146 人死于冠心病），女性下降 30%（每 10 万人中有 64 人死于冠心病）。这一数据在东欧是变化的，一些国家（波兰和捷克共和国）在 20 世纪 90 年代早期显示冠心病死亡率增加，随后下降。俄罗斯联邦的冠心病死亡率最高（每 10 万人中有 330 名男性、154 名女性死于冠心病）。这些数值与 1985—1989 年的数值相似。在日本，冠心病死亡率远低于美国和欧洲，男性死亡率下降 29%（从每 10 万人中 50 人下降到 36 人）和女性死亡率下降 36%（从每 10 万人中 28 人下降到 18 人）。在发展中国家（包括中国、印度、撒哈拉以南地区、拉丁美洲和中东），冠心病的死亡人数预计将从 1990 年的 900 万人上升到 2020 年的 1 900 万人[28]。预计这一增长是非西方国家社会经济发展导致预期寿命增加、西方化饮食、缺乏运动和吸烟增加的结果[29]。

▶▶ 冠心病的病理生理学

CHD 的病理生理学和发展史很多传统上被接受的概念继续受到新兴信息的挑战。新的数据将改变对 CHD 的进程和风险选择方法产生深远的影响。这一节简要从病理生理角度理解动脉粥样硬化、动脉粥样硬化斑块和急性冠状动脉综合征。病理生理学的知识提供了将各种冠心病症状纳入不同程度死亡率的临床亚型风险和其技术进步对于冠心病效果的理论基础。

冠心病几乎总是冠状动脉粥样硬化的病理生理结果。动脉粥样硬化是一种慢性、全身性和弥漫性疾病，在不同的血管床有局灶性并发症。一个特定的部位更容易发生症状性疾病和心血管事件的机制尚不清楚。

动脉粥样硬化开始于儿童或青少年时期，是由充满脂质、单核细胞产生的泡沫细胞和相关的 T 淋巴细胞在内皮下积聚而成的，这些细胞形成了一种不阻塞的脂肪条纹。随着 LDL 进入血管壁，它会被截留并经历氧化修饰。会导致局部炎症反应过度的内皮细胞的激活。这导致了选择蛋白和黏附分子的持续表达以及单核细胞的表达化学引诱物。后者，吸引和激活进入容器壁的循环单核细胞和成熟的巨噬细胞。巨噬细胞表达了必要的清道夫受体改良后的脂质变成了噬细胞泡沫细胞[30,31]。

高氧化低密度脂蛋白是细胞毒性物质，尤其是对于巨噬细胞，也是平滑肌细胞分泌细胞因子和生长因子的有效刺激物。巨噬细胞死亡，它们释放了自由脂质，形成了一种坏死的脂质核。同时，被激活的平滑肌细胞表达细胞外基质蛋白质，在坏死的过程中形成纤维帽核心。因此，由低密度脂蛋白进化到一个成熟的空斑。因为这个过程涉及广泛的细胞类型和细胞因子，包括脂质、噬细胞、平滑成熟的肌肉细胞和细胞外基质斑块，其构成差异很大，斑块破裂的脆弱点各异。

随着进展，病变以胆固醇酯的非细胞核心为形式，与包含血管平滑肌和炎性细胞的内皮化纤维帽结合，主要是巨噬细胞和一些T细胞和肥大细胞在斑块的肩区聚集。在早期的新血管病变也会出现羟磷灰石钙的沉积。因此动脉粥样硬化病变是复杂的，是动态的相互作用在空斑的不同成分之间决定了疾病的结果。[30]

CHD病理生理学的一个重要组成部分是内皮细胞的作用。内皮细胞是内皮细胞的单层细胞血管床的腔体，从物理存在和新陈代谢方面，将血液循环中的血管壁和血液成分分开[32]。在正常血管中，内皮细胞在保护动脉方面起着至关重要的作用；通过维持抗血栓形成的损伤表面，调节血管扩张以增加流量，抑制血管平滑肌的生长和抑制炎症。心脏风险因素，比如增加的低密度脂蛋白（LDL）胆固醇水平、吸烟、高血压、糖尿病和雌激素的缺乏，都倾向于对内皮功能障碍导致固定或不固定的动脉粥样硬化斑块的发展。

当血管发生动脉粥样硬化时，上述正常的内皮功能会减弱或在某些情况下甚至逆转。动脉粥样硬化最早的生理表现是在药物和血流动力学刺激下减少一氧化氮的产生。危险因素的正常化可以改善内皮功能，即使存在广泛的动脉粥样硬化。在脂质水平正常化、停止吸烟和绝经后妇女使用雌激素后数天至数周内，内皮功能恢复正常[30]。

动脉粥样斑病变在大多数发达国家的成年人中普遍存在。其中的一些在病理上，斑块早期通常是无症状的。动脉粥样硬化有两种机制导致了症状。如果病变变得足够大，可以限制血液流动。比如，限制冠状动脉血流量满足正常需求，然后组织缺血就会发生，形成慢性稳定心绞痛。另外，一个易损或不稳定的斑块会破裂，导致急性冠状动脉综合征。

斑块的生长并不总是导致管腔狭窄。随着斑块体积的增加，动脉重构发生，导致冠状动脉向外扩张[33]。动脉扩张是为了克服血小板的潜在阻碍作用，使血液可以通过受影响的血管段，同时维持正常或接近正常的管腔。这种扩张一直持续到动脉达到其最大的柔韧性并且不能再适应斑块的持续增长。这一阈值通常发生在动脉斑块体积达到动脉横截面40%时。因此，大的动脉粥样硬化病变可能是而且通常是临床静息难以发现的。

　　动脉粥样硬化斑块的发展和进展通常不会以稳定、渐进或可预测的方式发生。相反，斑块进展通常在斑块部位的急性炎症期断断续续发生；急性冠状动脉综合征通常是由覆盖的纤维囊破裂引起的。导致斑块破裂和随后破裂（即斑块不稳定）的力量是生物化学和物理的双重作用。某些特征使斑块容易破裂或裂开。不稳定斑块的特征是大量的脂质核心、更多的巨噬细胞、少量的平滑肌细胞和薄的纤维帽。脂质核心由肿胀的巨噬细胞组成，这些巨噬细胞被氧化的低密度脂蛋白胆固醇充盈。这些泡沫细胞产生大量的组织因子，一种强大的促凝剂。纤维帽是血栓形成的脂质核心和血液之间的唯一屏障。在75%～95%的急性冠状动脉综合征中，这种类型的斑块无需阻塞，经血管造影、冠状动脉内超声和病理学鉴定为罪魁祸首。相反，稳定的斑块有较厚的纤维帽，没有大的炎症脂质核心。

　　斑块的细胞成分具有典型的空间分布。巨噬细胞通常分布在脂核内部和周围，肩部有T淋巴细胞和平滑肌细胞。T淋巴细胞表达干扰素γ，显著抑制胶原蛋白表达，诱导血管平滑肌细胞凋亡（程序性细胞死亡）。巨噬细胞通过表达基质金属蛋白酶（MMPs）来加速细胞外基质的降解：胶原酶、凝胶酶和间质溶解素降解胶原蛋白、蛋白聚糖和弹性蛋白。在动脉粥样硬化斑块中发现了一些能诱导MMP表达的细胞因子，包括干扰素γ、肿瘤坏死因子和白细胞介素-1。这些细胞因子都是通过摄取氧化的LDL而激活的细胞来表达的。因此，除了菌斑的形成和成熟，LDL也是形成脆弱菌斑的关键。[30,31]

　　虽然细胞对血管壁细胞吸收脂质的反应在斑块形成中起着中心作用，但成熟和分解的物理因素可能决定破坏的位置和时间。这些物理力量从内部和外部对血管壁施加影响。壁内的肿块，或者是脂质池或内腔出血，都没有弹性张力。这些局部的扭曲导致压力的分布发生了巨大的变化，最典型的是在动脉粥样硬化和正常的血管壁的交界处。其重要的外力是由心脏收缩引起的流动的血液。弯曲应力和纵向拉伸，两者都重复心脏跳动的速度，会导致组织疲劳和斑块破裂。

　　脆弱斑块纤维帽的破裂或侵蚀暴露了高度血栓形成胶原质基质和脂质核的循环，不可避免地导致血小板聚集和激活。这反过来又会导致纤维蛋白沉积，血栓形成，最主要的是末端血管闭塞。

　　并不是每一个斑块的破坏都会导致急性发作冠状动脉事件。斑块破裂与非阻塞血栓形成和活化炎症及修复过程是斑块生长的重要机制。重复偶然性斑块溃疡和炎症最终会导致血流动力学显著的狭窄。斑块的破裂可以迅速发展；但是，为了完成血栓闭塞血管，即使基线狭窄在血流动力学上并不显著。冠状动脉综合征的原因未必是长期的高度损伤进而形成堵塞，更可能是不稳定的一种急性血栓形成的。没有梗阻的空斑，可能是由于逐渐建立的侧支循环，从高度狭窄发展到间歇性的缺血心肌床顺流。

我们逐渐了解了脆弱性斑块的形成、发展和断裂导致了脆弱性斑块的成分可能是尚未遭受广泛心肌损伤的 CHD 患者的预期寿命的主要决定因素。

这个概念的一个推论是根据脆弱性斑块存在的绝对数值，来确定未来急性缺血性事件的脆弱性指数。

冠状动脉造影术在心脏冠心病诊断中对发现冠脉狭窄有很大的作用，尽管随后的急性冠脉事件不一定是因为这些"严重"病变。在冠状动脉造影显示的显著狭窄的其他部位，几乎总是伴有不那么显著的斑块。这些不显著的斑块的数目通常超过了血液流动明显狭窄。这些斑块增加了随后发生的心脏事件的风险，尤其是在斑块中出现了活跃的炎症。此外在多个血管中出现的血流动力学明显的狭窄，显著增加了急性冠状动脉综合征的死亡风险。[34,35]

▶▶ 冠心病的现代诊疗模式

在过去的 15 年中，对于冠心病，一系列意想不到的但一再证实发现的焦点问题是，旧的模式是心血管的狭窄越大，心脏事件的风险越大；发展到新模式即斑块的性质决定了新的心血管事件的风险。对于急性冠脉综合征是由于关键血流逐步狭窄的传统观念的首次挑战是在 20 世纪 80 年代，当冠脉内溶栓的早期研究显示梗死相关动脉在至少 20% 的急性心肌梗死患者只有最小或轻度狭窄。随后，这些发现得到了一系列重要的观测结果证实，而且是在同一时间独立报道的。这些研究使用了连续的血管造影（在心肌梗死之前和之后）发现，近三分之二的心肌损伤在严重程度上低于 50%，然后才形成急性损伤，损害了下游的心肌。事实上，这些研究表明，在内皮细胞分裂的时候，只有 12%~15% 的急性冠状动脉综合征的病变在传统的血管造影术中有明显的狭窄（大于 70%）[36]。

值得注意的是，冠状动脉造影常常低估了冠状动脉狭窄的严重程度，因为它使用了一个相邻的"看起来正常的部分"作为参考点，而事实上，所谓的"看起来正常的部分"本身就是动脉粥样硬化[37]。尽管普遍公认的观点认为，大多数的斑块破裂导致心肌梗死的发生，使腔内直径小于 50%，但患有致命冠状动脉疾病的患者的病理研究一直表明，潜在的病变是"严重的"。考虑到冠状动脉粥样硬化的弥漫性和血管重塑的作用，这些明显不同的观点得到了调和。

支持冠心病新诊疗模式的最后一项证据来自降脂试验，该试验旨在验证积极治疗血脂异常可能导致斑块消退的假设。基于传统的减少狭窄严重程度的模式，这些试验通常采用一种定量血管造影的端点，即基线血管造影术与血管造影术相比较，通常是在积极的降脂治疗或安慰剂2~3年之后获得的。超过10次这样的试验已经完成，并且持续地显示出小的令人失望但在统计上显著增加的可能性，并且在治疗组中减少了恶化的可能性。然而，对腔径狭窄的有益影响是微小的。

每年约0.03毫米的狭窄进展，通常会有其直径仅为1%~2%的变化。相比于冠状动脉血管成形术造成的狭窄严重程度的降低，这些改善的效果要低得多。然而，这些研究一致报告，在积极治疗的患者中，急性冠状动脉疾病发生显著减少。对联合血管造影试验的一个meta分析显示，在治疗组和对照组中，全因死亡率降低了25%，所有心血管事件（包括重新血管化治疗的需要）减少了55%。[34,35]

单独来看，早期的降脂治疗试验证明了心血管方面的益处，但并没有足够的统计能力来显示总死亡率的降低。然而，北欧的生存研究[38]解决了这个问题。结果显示，在4 000多名接受降脂治疗或安慰剂的冠心病患者中，总死亡率显著降低了30%，冠状动脉死亡率显著降低了42%，平均时间为4.5年。这些改善在早期就开始了，而且在男性和女性、65岁以上的人和更年轻的病人身上也同样令人印象深刻。

苏格兰西部普罗伐他汀一级预防研究[39]中，参与研究的6 000多名中年苏格兰男性患有高胆固醇血症（平均胆固醇272mg/dl），他们在研究开始时没有明显的冠心病。患者随机接受40毫克的普罗伐他汀或安慰剂，并随访5年。在普罗伐他汀治疗组的患者被发现的全因死亡率降低了22%，心血管死亡减少33%，冠状动脉疾病减少31%。

早期的血管造影研究和最近的积极的降脂试验都一致显示，临床事件的大幅减少和冠状动脉狭窄的严重程度的减少是不一致的。这一临床血管造影的悖论导致了动脉粥样硬化斑块的生物活性（即易破裂/血栓形成和不正常的血管运动功能），在狭窄的严重程度上没有发生重大变化。在空斑生物学特性中，这种有益的改变，被称为斑块稳定，可以解释在没有明显的斑块体积或狭窄严重性的情况下，临床事件的减少。[34,35]

总之，CHD以一种复杂的方式发展和发展临床事件。危险因素会引起内皮功能障碍和斑块的发展，不会侵犯冠状动脉腔。最初的病变不能在血管造影术中检测到，在压力测试或刺激时不会产生缺血。斑块大小的逐渐增加会导致血管造影可检测的疾病，或有不良的流动，导致局部缺血和稳定型心绞痛。在这一发展的各个阶段，斑块的破裂和断裂都可能发生，导致血栓形成和进一步的血流或闭塞。这可能导致急性冠状动脉综合征，不稳定心绞痛或猝死。[40]（见图20.5）

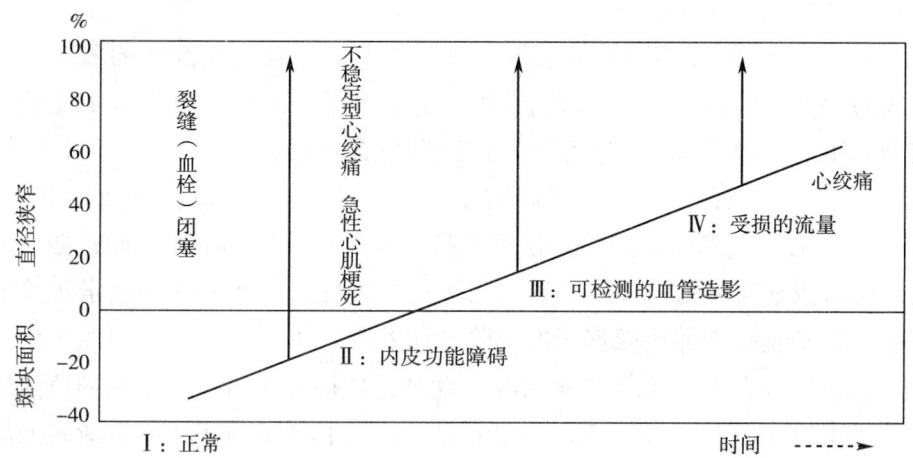

图 20.5　冠心病的发展

▶▶ 无症状冠心病

介绍

冠心病的自然史可分为两个阶段：（1）一个长期的、临床前的、潜伏的阶段，然后是（2）一个非常短的症状阶段。

传统上，冠心病被认为是中老年疾病。美国国家健康统计中心的数据显示，45岁之前临床冠心病的发病率很低。Enos 等人报告说，在朝鲜战争中死亡的年轻、看起来健康的士兵中就存在冠心病。[41]在一篇描述 300 例尸检结果的具有里程碑意义的论文中，超过 3 个被检查的病例中发现了动脉粥样硬化的肉眼可见证据。在十几岁的男性中发现了病变。在 3% 的病例中，有证据表明冠状动脉完全堵塞。该报告（在越战期间，以及年轻的机动车事故受害者中）证实了动脉粥样硬化疾病具有早期、长期、无症状的阶段，并激发了对症状前疾病及其危险因素的研究。我们现在知道，在临床症状出现之前，脂肪条纹和小纤维斑块已经存在了几十年（有些研究甚至还处于婴儿期）。儿科流行病学研究记录了儿童和成年早期心脏危险因素的异常水平。

对于有症状的冠心病患者，认识冠心病和预后评估策略相对容易。相比之下，对尚未出现冠心病症状但患冠心病风险增加的人群进行风险评估仍是一个重大挑战。保险公司使用两种策略。首先是冠状动脉风险因素的筛选；第二种策略是早期发现亚临床动脉粥样硬化。

弗雷明汉心脏研究始于 50 多年前，它引入了冠心病危险因素的概念，多年来一直是风险评估的标准[42]。在过去的 10 年里，弗雷明汉研究发现的主要危险因素已经被纳入了一个评分系统，该系统可以识别患有冠心病的高、中、低长期风险的受试者[43]。这些主要的或传统的风险因素约占高危人群中风险变化的 50%，并解释了 80% 的冠心病超额人群风险。最近在高危人群中进行的临床试验表明，使用风险降低疗法可以显著降低风险。尽管取得了这些进展，但我们准确确定风险的能力仍然有限，特别是对于那些根据标准风险评估发现处于中等风险范围的无症状个体而言。后者包括许多无症状或"亚临床"动脉粥样硬化患者。新出现的危险因素和无创成像技术可能会助力传统的风险评估方法。以下将回顾无症状申请人的风险评估现状。

风险因素

在选择期间发生的标准和不合格的投保人死亡中，很大一部分是由冠心病引起的。考虑到冠心病是慢性的，通常需要许多年的时间才会达到死亡的风险。因此，许多在被承保的 10 年内死于冠心病的人，在他们投保时实际已经患病了。传统的核保方法对这些风险的检测不是很敏感。

有大量的证据表明，与西方文化相关的生活方式（富含饱和脂肪和热量的饮食，吸烟和缺乏身体活动）是引发人口大规模发生冠心病，以及人群中个体患冠心病风险的重要原因。在许多个体中，这些生活方式导致了人体生物化学和生理特征的不利变化，从而促进了动脉粥样硬化的发展和相关的血栓现象。在个体对动脉粥样硬化和冠心病的易感性中，遗传因素也很重要，尽管目前对其性质的了解有限。在某种程度上，这种遗传易感性似乎是通过遗传影响生化和生理风险特征，如血脂和血压来调节的。不良生活方式显然与遗传影响相互作用，但使用遗传标记来确定风险仍处于起步阶段。

"风险因素"一词广泛用于描述健康个体中存在的那些特征，这些特征在观察流行病学研究中被发现与随后发生的冠心病有关。广义上来说，这个词包括可改变的生活方式、生化和生理特征，以及不可改变的个人特征，如年龄、性别和早期冠心病家族史[44]。当一个人发展为有症状的冠心病，危险因素继续对疾病的进展和预后发挥作用。冠心病的危险因素占心脏病负担的很大一部分，这表明风险因素识别和风险降低治疗可以推迟或预防大多数冠心病事件。

在理解风险时，必须仔细区分诊断（例如，动脉粥样硬化的实际存在，如电子束断层扫描中出现冠状动脉钙化）和预后（例如，出现急性冠状动脉综合征或死亡等特定结果的概率)。对于冠心病这样的慢性疾病,尽管风险和预后有许多相似之处,也应注意区分因素,即增加患冠心病的风险因素(风险因素)和个人因素与冠心病的结果关联因素(预后因素)。

风险因素通常预测低概率事件。各种疾病发病的年发病率是每10万人中有1人到100人。另一方面,预后则描述相对频繁的事件。风险和预后描述不同的现象。对于风险,所计算的事件是疾病的开始。对于预后,所计算的是包括死亡和并发症在内的各种后果。

与风险增加相关的因素不一定与预后较差的因素相同。例如,低血压降低了急性心肌梗死的机会,但在梗死期间是一个坏的预后迹象。有些因素对风险和预后都有类似的影响。年龄增长既是心肌梗死的危险因素,也是心肌梗死后重要的预后因素。

由于每个风险因素都提供了独特的信息,因此通过同时考虑多个风险因素(即独立的和附加的)来估计风险。冠心病最好被定义为一个多因素的过程,没有一个单独的因素是绝对必要的或充分的因果关系。危险因素是诱因,但不一定是因果关系。它们的存在并不能保证一个有冠心病危险因素的人会发展成冠心病。它们的缺乏也不能避免这种疾病的发生。通常情况下,任何特定风险因素造成的危害都明显受到其他风险因素的影响。大多数冠心病患者没有任何单一因素的严重异常,而是在几个方面有轻微的异常。图20.6显示了与收缩压和血清胆固醇有关的年度死亡率。各个级别的风险因素的流行程度是由正方形的大小来表示的。尽管非常高的收缩压和血清胆固醇与非常高的风险有关,但在人群中很少有这样的案例。冠心病的社会负担来自那些有轻度到中度风险因素的个体,由大的正方形代表。[45]。

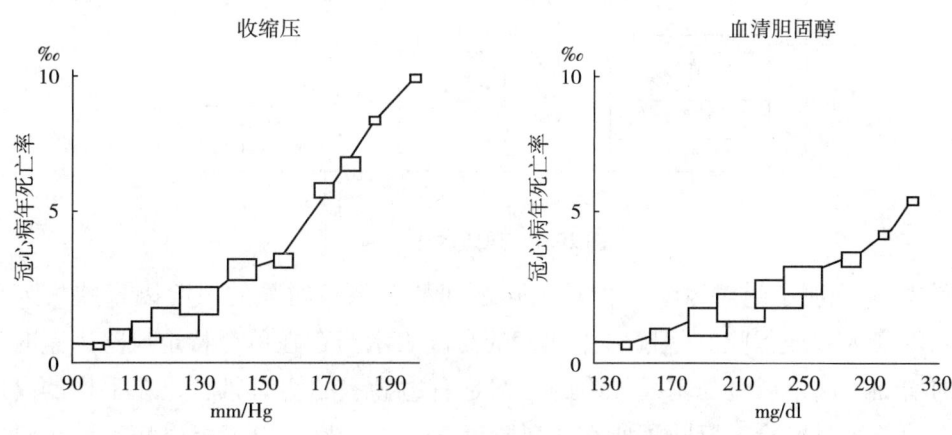

图20.6 危险因素和冠心病死亡率

医学文献中充满了一系列令人困惑的风险表述。这包括绝对的、相对的和可归属的风险。每一种表述对投保人和他们所吸引的人群都有不同的含义。保险公司需要了解各种风险措施的含义。

风险可以定义为个人在特定时期内患某种疾病或经历健康状况变化的概率。一种衡量风险的方法是简单地将在特定时期内发生的新病例数（事件病例数）除以这段时间间隔开始时的病例数。这部分被称为绝对风险[45-47]。绝对风险是指某一事件在人群中发生的概率或可能性，并可扩展为个人。在临床实践中，它反映了一个人的整个临床特征的总和。

为了确定某些暴露或临床属性是否影响疾病风险，可以将暴露者（如吸烟）的发病率（如冠心病）与未暴露者（如不吸烟）进行比较。该比率称为相对风险或风险比率（RR），其计算公式如下：

RR = 暴露组累积发病率（或死亡率）/对照组累积发病率（或死亡率）

相对风险估计了暴露与疾病之间的关联程度，并指出了暴露组与未暴露组之间发生疾病的可能性。相对风险评估对于深入了解疾病的病因非常重要。相对风险不提供关于预期年度事件发生率的信息。在回顾性研究中，既不可能确定疾病发病率，也不可能计算相对风险本身。相对危险度（Odds Ratio，OR）是相对风险的估计，通常在回顾性或病例对照研究中报道。它的意思和相对风险大致相当，但在风险与时间无关的情况下使用，在长期生存的情况下，相当于死亡的风险。

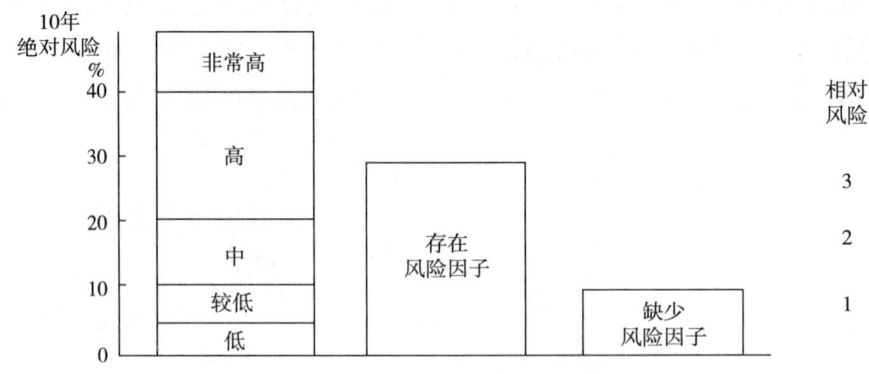

图 20.7　风险的光谱图

图 20.7 说明了绝对风险和相对风险之间的关系。右侧的风险因素缺失列表示基线人口（人口或保险）风险。中间栏的高度表示当存在单个特定风险因素时绝对风险的增加。这个风险与基线风险的比率是右边显示的相对风险。左手栏的高度代表个人的总绝对风险，反映了所有的风险因素。这一栏列出了冠心病事件风险严重程度的常用等级。

可归因风险指的是特定接触所导致的疾病风险。它是通过从暴露于特定风险因素的发生率减去未暴露的发生率来计算的：

可归因风险 = 暴露发生率 – 未暴露发生率

可归因风险可以提供干预措施影响的度量。它表明，通过消除接触可预防多少例疾病。人群可归因危险度是指整个人群中可归因于关注风险因素的部分疾病。它是基于相对风险和在整个人群中暴露的流行程度[45-49]。

基于各种风险因素所带来的绝对风险、相对风险和可归因风险，"正常"的概念已从"正常"或"平均"演化为与长期无疾病有关的更优值。因此，可接受的血压、血糖水平和血脂值被向下修正。

10年前，预防心血管疾病的临床建议主要集中于管理个人危险因素。通常，针对每个危险因素制定单独的指导方针，当该因素超过指定水平时，建议进行治疗。这些建议是基于队列研究的证据得出的，这些证据表明危险因子水平升高的人患心血管疾病的相对风险增加，而随机对照试验的证据表明降低危险因子的相对益处。在过去的10年中，我们见证了这些基于相对风险的建议与基于绝对风险（即发病率）的建议的显著变化。这是因为临床试验的证据表明，在广泛的年龄、风险因素水平或预处理风险方面，治疗的绝对益处与预处理风险成正比。尤其是心血管疾病史、年龄、性别、糖尿病、吸烟、血压和血脂浓度[48]。

几十年的流行病学研究已经量化了冠状动脉危险因素的影响。这些不同的风险因素在各个年龄阶段（以及不同的种族群体）都会促进冠心病的发展，但其程度是不同的。糖尿病和低密度脂蛋白（HDL）胆固醇对女性的影响更大。吸烟对男性的影响特别大。收缩压和单独收缩压高血压是所有年龄、性别的主要危险因素。弗雷明汉研究[50]发现，收缩压、舒张压和脉搏压的相对重要性（收缩压和舒张压的差异）随着年龄的增长而变化。在50岁及50岁以下的患者中，舒张压是最强的预测因子；在50~59岁的人群中，所有三个血压指标都是可比较的预测指标；而在60岁以上的人群中，脉搏压是最强的预测因子。一些危险因素，如血脂、糖耐量受损、尿酸和纤维蛋白原，在高龄时死亡率较低，但这种较低的相对风险被较高的绝对风险所抵消。因此，所有主要的危险因素仍然与老年人有关。

一种普遍的误解认为，主要危险因素只占那些冠心病持续发展病案的50%[51]。因此，在过去的10年里，人们一直在寻找新的风险标记物和非传统的风险因素来评估冠心病风险。超敏c反应蛋白、纤维蛋白原水平、高同型半胱氨酸血症和Lp（a）脂蛋白是冠心病危险因素的最新补充。然而，最近的两项研究对上述说法提出了质疑。一份基于弗雷明汉心脏研究、多重风险因素干预试验（MRFIT）和芝加哥心脏协会检测项目——包括超过38万名受试者；其中21 000人死亡。[52]。在死于冠心病的受试者中，接触至少一种危险因素（高胆固醇血症、高血压、吸烟和糖尿病）的比例在MRFIT研究（针对40~59岁的男性）中为87%，在弗雷明汉研究中为100%。另一项基于14项冠心病随机临床试验的报告，纳入了超过12万名患有ST段抬高性心肌梗死、非ST段抬高性心肌梗死或经皮冠状动脉介入治疗的患者[53]。85%的男性至少存在四大危险因素之一（吸烟、糖尿病、高血压和高脂血症）。

大量关于额外风险因素的建议每天都在铺天盖地的报道。大家普遍感兴趣的是生物医学研究文献中，探索一些新参数可能对动脉粥样硬化形成的影响。与许多多因素疾病过程一样，动脉粥样硬化的发展以及有症状的冠心病的发展可能受到许多不同决定因素的集中影响。然而，确认一个备选风险因素的有效性需要仔细的流行病学调查。接下来的部分总结了流行病学调查证实的传统风险因素在寿险风险选择应用的现状。此外，对新近流行病学调查中更新的风险因素进行了讨论。

传统的风险因素

年龄、性别和家族史

如前所述，冠心病的风险随着年龄的增长而增加，在所有年龄段中，男性比女性更高，尽管这种差异在绝经后有所缩小。

冠心病家族史也是冠心病的重要危险因素。研究表明，已知的风险因素无法解释家族对冠心病的影响。平均而言，在55岁之前，在一级亲属（父母或兄弟姐妹）中患有冠心病的人患冠心病的风险增加2~3倍[55]。有2个或2个以上的一级亲属患有冠心病的风险会增加3~6倍。后代的风险水平通常介于父母之间，发病年龄越早，患冠心病的风险越大。

此外，与男性患者相比，女性患者的患病风险通常更大，这表明女性患者的遗传负担更重。一项前瞻性研究对22 071位男性进行了13年的跟踪调查，对39 876位女性进行了6.2年的跟踪调查[54]。与父母没有病史的相比，母亲的病史、父母的病史以及母亲和父亲的病史都与患心血管疾病的相对风险分别为1.71、1.40和1.85，女性为1.46、1.15和2.05。

据推测，环境和遗传影响的相互作用解释了这些家族联系。许多冠心病的家族聚集发生是因为家族聚集了一些已知的危险因素，如低密度脂蛋白胆固醇、低高密度脂蛋白胆固醇和糖尿病。在对美国健康与营养调查研究（NHANES Ⅲ）数据的分析中，有冠心病亲代病史的成年人更可能有多重危险因素。[55]基因因素决定风险的大小；生活方式特征决定了你在这个范围内的位置[54]。

冠心病及相关疾病的家族史的估计准确性和患病率很高，足以证明利用家族史进行风险分层是合理的。多项研究表明，一级亲属冠心病家族史报告普遍准确，灵敏度估计在67%到85%，特异性估计在90%以上。冠心病阳性家族史的患病率很高，据估计，在高中生群体中患病率为14%；在30多岁的健康成年人中患病率为29%。在弗雷明汉研究中，对原始队列后代冠心病风险的分析，揭示了一个肯定的结论，即高血压、糖尿病和高胆固醇血症家族史的预测价值超过75%。对于心脏性死亡，父亲的阳性预测值为66%，母亲的阳性预测值为47%。心脏死亡或糖尿病家族史的阴性预测价值高于90%，而高血压或高胆固醇血症家族史的预测价值低于60%[55,56]。

冠心病的发生涉及多种生化过程，包括脂质代谢、载脂蛋白代谢、炎症反应、内皮功能、血小板功能、血栓形成、纤溶、同型半胱氨酸代谢、胰岛素敏感性和血压调节。与冠心病相关的每一个生化过程都包括酶、受体和配体，它们由基因编码。这些基因的变异可以改变代谢途径中成分的功能。这些遗传变异相互作用，与非遗传因素一起，导致易变易感性的发展和动脉粥样硬化和血栓形成。冠心病的非遗传风险因素暴露包括吸烟和行为生活方式（如饮食和运动模式），其中许多可能是由文化决定的。与遗传因素相似，环境因素和行为风险因素通常在家庭中聚集[55]。

目前使用的全球风险评估方法在临床医学中没有充分解决对冠心病的遗传易感性问题，而且对遗传易感性的冠心病易患个体可能会导致对风险的低估。系统地收集和解释家族史信息是目前识别对冠心病有遗传易感性的个体最合适的筛选方法。冠心病家族史及其相关情况反映了家族成员之间遗传、环境、文化和行为风险因素的相互作用[55,57]。

血脂异常

血脂异常通常被定义为血清胆固醇、低密度脂蛋白胆固醇、甘油三酯、载脂蛋白B或脂蛋白A高于90百分位数，或高密度脂蛋白或载脂蛋白A-1浓度低于10百分位数。随着时间的推移和新知识进步，为血脂异常的分类带来了必要的改变。Frederickson、Lees和Levy对血浆总胆固醇和甘油三酯进行测定，并对电泳分离后的脂蛋白模式进行分析，初步确定了对脂蛋白紊乱（IV型脂蛋白紊乱）的分类方法。虽然这一分类最初非常有用，但经验揭示了一些缺陷，促使世界卫生组织（World Health Organization）、欧洲动脉粥样硬化学会（European Atherosclerosis Society）以及最近的国家胆固醇教育计划（National Cholesterol Education Program）采用了一种基于任意分割点的分类。脂蛋白紊乱现在用绝对血浆脂质水平（胆固醇和甘油三酯）和脂蛋白水平（LDL和HDL胆固醇）来描述。

血脂异常的流行程度随研究人群和血脂异常的定义而变化。患病率最高的是那些过早血脂异常的人。在这种情况下，血脂异常的患病率高达80%~88%，而无冠心病的老年对照组患病率为40%～48%[58]。在美国，大约50%的人口的总胆固醇含量为200毫克/分升（5.18毫克/分升）或更高[14]。在英国，66%的男性和67%的女性的总胆固醇水平超过5.0mmol/l（193毫克/分升）[16]。以国际标准衡量，这些水平很高，特别是对于女性来说。在MONICA项目中，中国北京的总胆固醇平均水平约为4.5毫克/升（173.7毫克/分升）。

高胆固醇血症与冠心病的因果关系毫无争议。在国际心脏研究中[59]，有52个国家的患者，血脂异常占可归因危险度的49%。胆固醇升高是动脉粥样硬化发展的必要条件，而且与其他危险因素的作用是成倍增加的。血脂异常的人患冠心病的风险最初是通过关注总胆固醇来研究的。人群研究中的脂蛋白分析变得越来越复杂和详细，导致大量的脂质危险因素；这些因素不仅与冠心病的发展有关，而且相互关联。尽管有先进的统计模型，但很难确定这些高度相关的危险因素（如高密度脂蛋白胆固醇和甘油三酯）的相对重要性。此外，脂质在动脉粥样硬化发生过程中的作用不仅仅是在血管内积累脂质。新的数据证明了脂蛋白在凝血异常和内皮功能障碍中的作用。更新的数据表明，脂蛋白在凝血异常和内皮功能障碍中起着重要作用。

总胆固醇

总胆固醇（TC）是所有年龄和种族的男性和女性冠心病发病率和死亡率的一个强有力的预测因子。来自跨文化研究、纵向随访研究和干预试验的数据支持冠心病和总胆固醇水平之间的持续、分级和直接关系，以大约150毫克/分升（3.88mmol/l）的水平开始观测。在356 222名接受MRFIT研究筛查的黑人和白人男性中，6年死亡率翻了一番，总胆固醇从153毫克/分升（3.96毫克/分升）增加到226毫克/分升（5.85毫克/分升），当总胆固醇增加到290毫克/分升（7.51毫克/分升）时，死亡率又翻了一番。[60]在弗雷明汉研究的30年随访报告中，总胆固醇是男性和女性冠心病的一个强有力的预测因子，在94岁之前仍然是冠心病的一个重要危险因素。胆固醇在这一关系中的因果作用已被临床试验证明，有针对性地降低胆固醇可以减少临床冠状动脉事件，减缓动脉粥样硬化的进展，并通过积极的治疗，导致男性和女性冠状动脉病变的消退。

低密度脂蛋白胆固醇

低密度脂蛋白胆固醇（LDL）颗粒被认为是最容易导致动脉粥样硬化的脂蛋白颗粒。来自弗雷明汉的数据和其他许多观察性研究表明，LDL胆固醇水平与TC一样，和冠心病风险在所有种族、性别（但在女性中较低）和所有年龄组都有直接关系。此外，LDL降低的程度与初级和二级预防试验中临床冠心病事件的保护密切相关。

低密度脂蛋白颗粒在大小、密度和组成上都是不均匀的。大多数人在电泳中显示出主要的低密度脂蛋白带。主要条带的存在使两种 LDL 表型模式得以分类，称为 A 型和 B 型。A 型模式在大约 70% 的普通人群中存在。男性 B 型表型（也称为高密度低密度脂蛋白）的患病率增加。由于 LDL 组成和 LDL 颗粒大小的不同，LDL 胆固醇的测量可能对许多个体的循环脂蛋白颗粒的数量和类型来说未必准确。当 LDL 颗粒构成异常时，由于体积减小或核心胆固醇含量降低，LDL 颗粒浓度将使个体处于比 LDL 胆固醇浓度更高的危险级别。这在 2 型糖尿病和代谢综合征中尤其容易发生[61]。

大量的证据日趋表明，小的、高密度的低密度脂蛋白颗粒和流行的冠心病之间存在着一致的联系。这种特性与代谢环境有关，包括中密度脂蛋白（IDL）升高、高密度脂蛋白（HDL）降低、高甘油三酯血症、餐后血脂增高和胰岛素抵抗，这些都可能导致动脉粥样硬化。由于这些其他因素的共存，尚不清楚这一低密度脂蛋白颗粒的亚型是直接致动脉粥样硬化还是仅仅是动脉粥样硬化风险因子的标记物。

高密度脂蛋白胆固醇

高密度脂蛋白在预防动脉粥样硬化方面所起的重要作用，被认为是通过反向胆固醇运输，但对所涉及的特定代谢途径知之甚少。在所有年龄组中，无论性别还是不同种族，HDL 总胆固醇水平与冠心病风险之间存在很强的负相关关系。根据弗雷明汉研究数据，低于男性和女性的中值，每下降 5 毫克/分升（0.13mmol/l），心肌梗死的风险就会增加 25%。这种相关性在女性中似乎比男性更明显。平均而言，女性的高密度脂蛋白胆固醇水平大约比男性高 10mg/dl（0.30mmol/l）。"低 HDL 胆固醇"的定义应该考虑到这一点，在男性中使用 35mg/dl（0.90mmol/l），在女性中使用 45mg/dl（1.16mmol/l）。在老年人中，高密度脂蛋白胆固醇比低密度脂蛋白胆固醇更能预测冠心病。

在过去，HDL_2 被认为是负责保护 CHD 的 HDL 亚成分，但是最近的数据表明 HDL_3 具有类似甚至更强的保护作用。某些具有高密度脂蛋白胆固醇基因的家庭寿命更长。

在任何给定的总胆固醇水平上，发生冠心病的可能性都会随高密度脂蛋白胆固醇水平而改变。低 HDL 水平是冠心病患者最常见的血脂异常。吸烟者、肥胖者、不运动者、糖尿病患者和高甘油三酯血症患者的高密度脂蛋白胆固醇水平往往较低。戒烟、体重正常化和有规律的体育活动，足够的强度可以增加高密度脂蛋白胆固醇水平。干预研究期间临床事件和血管造影改变的减少与 HDL 胆固醇水平的变化密切相关。

总胆固醇与高密度脂蛋白之比

最初由弗雷明汉研究推荐的 TC/HDL 比率仍然是冠心病风险最强有力的评估标志之一。在男性中，比率大于等于 6.4 意味着群组的风险比单一的血清胆固醇总或低胆固醇指标预测值高 2%～14%。在女性中，大于等于 5.6 表明风险比单一的血清胆固醇总或低胆固醇指标预测值高 25%～45%。[62]。这一比率为何是如此强有力的预测因子，以及它与之相关的病理生理学参数，仍有待确定。这可能是因为这个简单的比率对动脉粥样硬化脂蛋白异质性（如脂质水平、大小、密度和组成）特别敏感，因此比这些参数中单独的任何一个都更好。除了 TC/HDL 比率外，LDL/HDL 比率也被认为是冠心病风险的一个重要指标。

非高密度胆固醇

人们对使用非高密度胆固醇（non-HDL-C）作为冠心病风险的标志的兴趣有所增加。non-HDL-C 被定义为总胆固醇和高密度胆固醇的差值。它是导致动脉粥样硬化的载脂蛋白 b 的含量，包括低密度脂蛋白（包括小而致密的 LDL）、脂蛋白（a）、中等密度脂蛋白（IDL）和极低密度脂蛋白（VLDL）。因此，这一指标反映了单独 LDL 指标无法获得的动脉粥样硬化风险，尤其是在甘油三酯增加的情况下。有研究表明，非高密度脂蛋白胆固醇可能是比低密度脂蛋白胆固醇更好的风险评估工具，是心血管发病率和死亡率的一个强有力的独立预测因子。最新的对没有初始心血管疾病的受试者研究表明，在 non-HDL-C 水平最高的男性和女性中，心血管死亡率增加了两倍多（>5.7mmol/l [220mg/dL]）[63]。

甘油三酯

高甘油三酯血症与冠心病风险增加有关。然而，甘油三酯作为冠心病独立危险因素的作用仍有争议。空腹状态下，甘油三酯通过极低密度脂蛋白（VLDL）和 VLDL 残体运输。餐后，乳糜微粒和乳糜微粒残留物是主要的甘油三脂蛋白。甘油三酯脂蛋白被认为是在某些病人中直接导致动脉粥样硬化；而在其他病人中，其代谢后果（如其他脂蛋白的变化和高凝性）可能与冠心病有关。虽然大多数流行病学研究表明，甘油三酯水平和冠心病在两性间存在很强的单变量关系，但甘油三酯水平在多变量分析中通常不再显著；多变量分析包括其他脂质危险因素，特别是高密度脂蛋白胆固醇水平。由于甘油三酯脂蛋白的代谢与高密度脂蛋白和低密度脂蛋白的代谢密切相关，因此甘油三酯水平与冠心病之间的"独立"联系可能没有生物学意义。

虽然知道一个人的甘油三酯水平似乎并不能提高估计冠心病风险的能力，但除了仅测量血清胆固醇的含量，它仍然被用于临床医学，作为常规脂质筛选的一部分。

脂蛋白（a）

脂蛋白（a），或 LP（a），指的是脂蛋白颗粒，由两种脂蛋白（a）和载脂蛋白 B-100 组成，围绕着富含胆固醇的脂质核。大多数都有类似于低密度脂蛋白的脂质。Apo（a）在结构上与质粒有很强的相似之处，并且由于对质粒的竞争性抑制，有可能导致凝血状态。Lp（a）的水平在很大程度上是由基因决定的，而在不同的种族群体中，Lp（a）的差异很大。大多数白种人的 LP（a）水平低于 25～30 毫克/分升。

Lp（a）水平升高与过早冠心病、血管成形术后再狭窄和冠状动脉搭桥术过早关闭有关。然而，那些将 Lp（a）作为男性心血管事件预测指标的前瞻性研究得出了相互矛盾的结果，除了伴有高胆固醇血症的研究。高 Lp（a）水平很难治疗，到目前为止还没有数据将治疗高 Lp（a）水平和降低冠状动脉事件发生率联系起来。

载脂蛋白

载脂蛋白（apoproteins）是脂蛋白分子的蛋白质部分。载脂蛋白可以决定脂蛋白颗粒的代谢结果，并可能比胆固醇和甘油三酯指标提供更精确的冠心病风险评估。

由于载脂蛋白的测量反映了脂蛋白颗粒的数量，因此它们为常规的脂质测量提供更多信息。颗粒数可能与动脉粥样硬化风险直接相关。虽然 LDL 颗粒成分不同，有些较大，有些较小，但较大的颗粒比较小的颗粒含有更多的胆固醇，而每个都有一个载脂蛋白 B（apoB）分子，因为 LDL 的胆固醇含量变化很大，所以 LDL 胆固醇并不等于 LDL 颗粒数。相比之下，由于每个 LDL 颗粒都含有一个 apoB 分子，因此对 apoB 的测量可以准确估计 LDL 颗粒的数量。

还有一些生物学上的原因使人们对 apoB"超过胆固醇测量"感兴趣。胆固醇不能自由进出。相反，是 LDL 颗粒，而不是胆固醇本身首先与内皮表面相互作用或进入动脉壁。LDL 颗粒越多，与内皮和动脉内皮下间隙的相互作用越多。这些相互作用越多，动脉粥样硬化发生的概率就越大[64]。

尽管人们认为 apoa-1 比 HDL 胆固醇更能准确预测冠心病，而 apoB 水平比 LDL 胆固醇水平更能评估风险，但两者的价值仍存在争议。

临床使用载脂蛋白作为风险标记的瓶颈是有限的前瞻性流行病学数据和缺乏证明干预效果的研究。魁北克心血管研究[65]表明，经糖尿病、收缩压、家族史和用药调整后，小的 LDL 颗粒直径比 LDL（优势比 3.7 比 1.7）更能预测冠心病的发生。然而，根据 apoB 的测量估计的颗粒大小和动脉粥样硬化性脂蛋白的增加是临床冠心病事件最重要的预测因子。与传统的脂质技术相比，载脂蛋白的检测方法的重复性较差，目前还没有实现检测技术的标准化。

高血压

高血压是导致不良心血管事件包括冠心病和中风预后的一个明确的风险因素。在世界范围内 52 个国家的研究中，高血压占首次心肌梗死人群可归因危险度的 18%[59]。美国健康与营养调查研究（NHANESIII）调查显示，四分之一的美国人患有高血压，即收缩压为 140 毫米汞柱或更高或舒张压为 90 毫米汞柱或更高或服用降压药。[66]在英国，大约三分之一的成年人患有高血压。无论男女，随着年龄的增长，高血压的发病率都在上升。在 55 岁之前，男性患高血压的比例高于女性；从 55 岁到 74 岁，女性的比例略高；此后，女性患高血压的比例远高于男性。

尽管高血压和相关的并发症很普遍，但对这种疾病的控制还远远不够。在高血压患者中，30% 的人不知道自己患有高血压；34% 的人服用药物并进行控制；25% 的人在服药，但血压没有得到控制，11% 的人没有服药[67]。

血压在人群中呈典型的正态分布。几项重要的前瞻性流行病学研究发现，收缩期和舒张期高血压与冠心病之间有很强的、正向的、持续的、分级的关系，而没有证据表明血压的阈值风险水平。因此，高血压的定义有些武断，通常被认为是与长期风险加倍相关的水平。联合国家委员会（JNC－7）第七次报告提出了以下定义[67]，根据最初筛查后两次或两次以上的平均两项或更多测量数据：

高血压前期：收缩压 120～139mmHg 或舒张压 80～89mmHg

正常的血压：收缩压≤120mmHg，舒张期≤80mmHg

高血压：

第一阶段：收缩期 140～159mmHg 或舒张期 90～99mmHg

第二阶段：收缩期≥160mmHg 或舒张期≥100mmHg

这些定义适用于没有服用抗高血压药物的成年人和没有严重疾病的人。如果收缩压和舒张压在一个类别上存在差异，那么较高的值决定了高血压的严重程度。高血压前期的增加意味着，不良后果风险（包括死亡）和血压之间的相关性是一个连续的变量。随着血压上升，即使在以前被认为是"正常"范围内，不良后果的发生率也会增加。高血压前期的类别结合了所谓的正常和高正常血压，所谓的最佳血压现在被称为正常血压。大约 22% 的成年人存在高血压前期[14]。

典型的血压测量包括收缩压和舒张压，这代表心脏循环中压力波动的极端值。关于收缩期高血压或舒张压期高血压哪一项增加更能预测不同临床人群的不良心血管结局，一直有很多争论。平均动脉压测量［大约是舒张压 + 1/3（收缩压 + 舒张压）］，提供了另一个循环压力负荷的指标，已被建议作为不良心血管结局的预测。然而，随着患者年龄的增长，平均动脉压的预测能力降低[50]。

脉压（收缩压－舒张压）升高，心血管事件风险也会增加[68]。在55岁以下的人群中，舒张压和收缩压都可以预测心血管疾病的不良事件。然而，由于舒张压在55岁后平均下降，其预测价值在老年人中降低。相比之下，收缩压在每10年的生命周期中持续上升，从而维持其预测值。随着年龄的增长，脉压与收缩压的关系比与舒张压的关系更密切，因此也是老年人心血管疾病的良好预测指标。脉压的另一个好处是它包含了收缩压的增加和舒张压的减少，这是随着年龄的增长而观察到的。在一些研究中，脉压比单纯收缩压具有更好的预测能力。

脉压的增加会对动脉造成更大的压力，导致血管壁弹性部分的疲劳和断裂率的增加。此外，左心室的压力增加，可能导致左心室肥大和衰竭[69]。在弗雷明汉的研究[70]中，脉压增加10毫米汞柱的危险系数是1.23。在老年收缩期高血压试验（SHEP）中，脉搏压每升高10毫米汞柱，心脏衰竭或中风的风险分别增加32%和24%[71]。然而，在多种易患因素干预（MRFIT）试验中，除了收缩压和舒张压之外，脉搏压没有提供更多的预测价值[72]。

尽管在大多数预测算法中，风险评估时的血压（当前血压）通常被用于临床医学，但这并不能准确反映一个人过去的血压历程；长期平均值的使用更为准确。弗雷明汉研究的数据证实了这一点。该研究发现，最近和更早期的血压（收缩压、舒张压和脉压）在男性和女性、年轻人和老年人以及低血压和高血压人群中预测心血管风险的增量超过当前血压[73]。目前正在等待进一步的数据。文献似乎对血压的四种测量指标的预后价值有不同的看法：收缩压、舒张压、平均血压和脉压。一项指标对另一项指标的价值很大程度上取决于年龄。目前，脉冲压力的最佳用途似乎是在风险评估中提供帮助，尤其是在老年人中。

在大多数人身上都存在一种"白大褂效应"（white coat effect），即看医生的血压读数更高。有20%~25%的轻度高血压患者（90~104毫米汞柱）患有"白大褂"高血压，因为他们的血压在家中、工作中或通过动态血压监测都很正常，但一遇到医生测量血压就升高[74]。这一问题在老年人中更为常见，但在舒张压大于105mmHg的人群中并不常见。

动态血压监测通常包括血压袖带的自动充气，以及预先设定的时间间隔记录血压（通常每天每15~20分钟，睡眠每30~60分钟）。门诊监测的高血压定义为24小时平均值高于135/85或白天平均值高于140/90[75]。一些研究表明，与单次血压相比，24小时或日间门诊监测与高血压心血管并发症的风险更密切相关[76]。

与高血压相关的冠状动脉风险在其他危险因素或潜在的靶器官损害的亚组中最明显，而这些亚组中的个体从抗高血压治疗中获益最大。在临床试验中，抗高血压治疗的中风发病率降低 30%～40%；心肌梗死发病率降低 20%～25%，心力衰竭发病率降低超过 50%[77]。最近的临床试验表明，将高血压控制在 140/90 毫米汞柱以下，男性和女性可分别预防 19% 和 31% 的冠心病事件，而最理想的是控制在 130/80 毫米汞柱以下，可分别预防 37% 和 56% 的冠心病事件[78]。

吸烟

在美国，成年人吸烟的比例约为 23%，比 1965 年下降了 40%[14]。在英国，27% 的男性和 25% 的女性吸烟[16]。在世界范围内对来自 52 个国家的患者进行的心脏病研究中，吸烟占第一次心肌梗死人群可归因危险度的 36%[59]。

大量证据表明，吸烟对冠心病和其他动脉粥样硬化性心血管疾病的风险有不良影响。在所有可避免的死亡中，有 50% 是由吸烟引起的，后者一半是由心血管疾病引起的。每天吸烟数量、吸烟年限与冠心病之间存在剂量—反应关系。重度吸烟者（每天 25 支或更多）导致冠心病的相对风险通常是其他人的 3 倍，但年龄、性别和冠心病类型不同。

与吸烟相关的相对风险在年轻男性中最高，并且在 65 岁之前持续存在。使用口服避孕药的吸烟女性似乎心肌梗死的风险特别高。吸烟不仅会增加第一次冠状动脉事件的风险，也与患者死亡率增加有关。冠脉造影显示，吸烟会导致心肌梗死，冠状动脉旁路移植的过早关闭，以及冠状血管成形术后再狭窄的风险增加。尽管吸烟在动脉粥样硬化的发展中起着重要的作用，一些研究报告说吸烟者接受溶栓剂治疗急性心肌梗死比不吸烟者有更好的结果（"吸烟者的悖论"）。[79]

大约三分之一的非吸烟成年人在家或工作时暴露在烟草烟雾环境中[10]。被动吸烟的调查没有主动吸烟那么广泛，但大量流行病学研究表明，被动吸入香烟烟雾确实有 20% 的冠心病和冠心病死亡风险。在工作中被动吸烟和在家吸烟导致心脏病的相对风险是相等的（大约 1.5）。

与其他主要危险因素相比，吸烟是导致主动脉和周围动脉粥样硬化的一个强有力的危险因素。对颈动脉粥样硬化的研究表明，戒烟者比吸烟者有更少的斑块，这表明戒烟后动脉粥样硬化进展缓慢。过滤过的或"低含量"的香烟并不能降低患冠心病的风险，这可能是因为吸烟习惯被改变以获得同样数量的尼古丁。雪茄烟雾中确实含有与香烟烟雾中相同的有毒和致癌物质，每天抽四根或更多雪茄的人暴露在相当于 10 根香烟的烟雾中。鼻烟和其他形式的无烟烟草，例如咀嚼烟草的使用正在增加，特别是在青少年和年轻人中。无烟烟草对心血管的危害尚不清楚。

有几种机制可以解释吸烟导致冠心病的风险：血小板活化；儿茶酚胺释放；内皮功能障碍；减少氧的可用性；血管痉挛；不利的脂蛋白的变化和氧自由基。吸烟也可能在冠状动脉血管痉挛中起主要作用，而且在没有冠心病证据的妇女中也与心绞痛有关。

与患慢性阻塞性肺疾病或吸烟相关癌症的风险不同，戒烟后冠心病的风险下降，可能是因为吸烟与急性缺血事件的关系比动脉粥样硬化过程本身更大。在戒烟后的 1 年左右的时间里，戒烟者减少了大约 50% 的冠心病或冠心病事件风险。随着时间的推移，戒烟者患冠心病的风险会恢复到经常吸烟的人。通过对 20 项研究的分析，评估了吸烟感觉对死亡的益处，其中包括 12 603 名吸烟者，其中 5 659 名戒烟，6 944 名继续吸烟[80]。所有患者均有心肌梗死、冠脉搭桥、血管成形术或冠心病。戒烟者与继续吸烟的人相比，死亡率的相对风险为 0.64。这项研究的结果不受年龄、性别、心脏指数事件、国家或研究开始年份的影响。

糖尿病

冠心病在糖尿病患者中发生的频率高于一般人群，影响了 55% 的患者。胰岛素抵抗、高胰岛素血症和葡萄糖耐受不良与冠心病风险增加有关。糖尿病是冠心病的独立危险因素，对 1 型和 2 型糖尿病患者都有增加的风险。在弗雷明汉对糖尿病患者的研究中[81]，年龄调整后的冠心病死亡率增加了 1 倍，糖尿病患者的死亡率增加了 3 倍。尽管该研究中的大多数患者都患有 2 型糖尿病，但 1 型糖尿病患者的风险增加更大。

心血管疾病导致糖尿病患者死亡的 75%，其中大部分是冠心病。没有心肌梗死病史的糖尿病患者与有心肌梗死病史的非糖尿病患者相比，有很高的冠心病死亡风险。[82]美国将糖尿病定为冠心病最高风险类别。在世界范围内对 52 个国家的患者进行的心脏病研究中，糖尿病占首次心肌梗死人群可归因危险度的 10%[59]。

大多数但不是所有的研究发现，糖尿病患者的冠状动脉病变程度更严重。糖尿病患者也有更多无症状的冠心病。在对近 31 000 名（3.5% 糖尿病患者）进行了电子束计算机断层扫描（EBCT），以检测冠状动脉钙化的无症状个体的复查结果说明了这种影响的程度[83]。糖尿病患者的冠状动脉钙化评分中值高于非糖尿病患者，高风险的可能性高出 70%（在调整年龄后）。

许多糖尿病患者对缺血性疼痛的认识迟钝，常常导致隐性的缺血或心肌梗死。糖尿病患者在运动心电图和放射性核素扫描中出现静息性 ST 段压低和灌注异常的频率增加。糖尿病患者出现未被识别的心肌梗死的频率增加，至少在男性中是这样。在弗雷明汉的研究[84]在糖尿病患者中，未被发现的心肌梗死的比例是非糖尿病患者的两倍多，而糖尿病患者的女性则不太可能发生隐性心肌梗死。

糖尿病患者心血管风险的增加与葡萄糖耐受不良的严重程度有关。在对 13 个前瞻性队列研究的 meta 分析中，每增加 1% 的糖化血红蛋白，心脏病的相对风险是 1.18。[85]这一增高幅度并不局限于糖尿病患者，只要是葡萄糖耐受度的增加和血红蛋白的水平增加，心血管疾病的风险就会呈上升趋势。

越来越多的研究表明，急性心肌梗死可能是葡萄糖耐受不良或显性糖尿病的最初表现[86]。糖尿病患者的心肌梗死发病率增加，大约25%的心肌梗死患者患有糖尿病。糖尿病患者在急性期的病死率和并发症发生率也较高。患有冠心病的糖尿病患者的长期预后比非糖尿病患者更差。在哥本哈根心脏研究中，2型糖尿病患者发生心肌梗死或中风的相对风险增加了2到3倍，死亡风险增加了2倍，而与其他冠心病危险因素无关[87]。

糖尿病在绝经前削弱了女性机体的自身保护作用。糖尿病患者通常在糖耐量异常之前就有出现较高的常规危险因素的可能。糖尿病患者的冠心病风险随这些危险因素的强度而变化很大。这些风险因素增加了动脉粥样硬化的易感性，但糖尿病状态产生了更高的风险，而与一般的风险因素无关。许多2型糖尿病患者的代谢异常包括高血压、血脂异常（低高密度脂蛋白胆固醇、高甘油三酯水平和小密度低密度脂蛋白胆固醇颗粒比例增加）和中央肥胖症。

胰岛素抵抗是2型糖尿病的一个显著特征，但糖尿病只代表了极端情况。一些血糖正常的患者也存在胰岛素抵抗。非糖尿病患者的相对高胰岛素血症与高血压、高尿酸血症和血脂异常以及冠心病发病率增加有关。高胰岛素血症还与纤溶系统异常相关，如常见于高血压患者的纤溶酶原激活物抑制剂增加。

血糖控制与糖尿病微血管并发症（视网膜病、肾病和神经病）的发展迁延之间的因果关系已经在动物和人类中被证实。这些关联在前瞻性糖尿病控制和并发症试验（DCCT）中得到证实，这也为严格控制1型糖尿病血糖可以延迟微血管并发症的发生，减缓已经出现并发症的发展速度提供了确凿证据[88]。英国前瞻性糖尿病研究（UKPDS）对2型糖尿病患者血糖控制和并发症的研究也发现了类似的结果[89]。这些结果表明，降低糖尿病患者死亡率的最佳方法是在严格控制血糖的基础上积极控制其他冠心病主要危险因素。

肥胖

肥胖已成为许多国家的主要公共卫生问题。在美国，NHANESIII调查[90]（1988—1999年）发现36%的人口是肥胖者，而NHANESII（1976—1980年）的这一比例为25%。自1999年以来，肥胖症的患病率持续上升，在英国也有类似的结果。在世界范围内对52个国家的患者进行的心脏病研究中发现，腹部肥胖占首次心肌梗死人群可归因危险度的20%[59]。

理想的体重、超重和肥胖可以用几种方式来定义。确定肥胖的传统方法是使用大都会人寿保险公司的身高和体重表来计算理想体重的百分比。最实用的方法是计算身体质量指数（BMI），用以千克为单位的体重除以以米为单位的身高的平方。

身体质量指数与体脂有很高的统计相关性，相对不受身高的影响。

超重的定义是 BMI 为 25~30kg/m²，肥胖体重指数为大于 30kg/m²。体重指数为 20~25kg/m² 则表示很少或没有增加的风险。BMI 为 25~30kg/m² 的个体被描述为低风险，而 BMI 为 30~35kg/m² 的个体则处于中度风险。BMI 为 35~40kg/m² 的人有很高的风险，而 BMI 在 40kg/m² 以上的人，他们的肥胖风险非常高。

体重分布对男性和女性继发冠心病的风险有很大影响[91]。中枢性肥胖是典型的男性脂肪沉积模式，与外周性肥胖相比，中枢性肥胖对两种性别的冠状动脉事件发生的风险都要高得多。外周性肥胖是女性体内脂肪过多的常见情况。腰围与臀围之比（腰臀比）是衡量脂肪分布和风险的指标。女性 >0.8，男性 >1，会增加冠心病风险。腹部脂肪和周围脂肪之间的代谢差异导致代谢综合征，其特征是胰岛素抵抗/葡萄糖耐受不良、高甘油三酯血症、低 HDL 水平和高血压。

许多研究在单变量分析中证实了肥胖与冠心病发病率之间的线性、纵向关系，但在包括血脂、糖尿病和高血压在内的多变量分析中，这种关系就不那么确定了。肥胖对高血压、糖尿病和血脂异常等其他危险因素有不利影响，显然会增加冠心病的风险。

新的风险因素

半胱氨酸

同型半胱氨酸是一种含硫氨基酸，由蛋氨酸衍生而来；蛋氨酸是一种在典型西方饮食中所富含的氨基酸。同型半胱氨酸已成为冠心病发展的另一个危险因素。还需要一段时间才能确定其地位，并决定是否应该进行治疗以降低血液浓度。

在同型半胱氨酸降解过程中，血浆浓度取决于两个代谢步骤。这涉及由酶胱硫酸电离—合成酶和亚甲基四氢叶酸还原酶（MTHFR）转化和甲基化。叶酸、维生素 B6 和 B12 是这些酶的辅助因子。这些通路中的基因异常可导致血浆同型半胱氨酸浓度升高，而叶酸和维生素 B6/B12 的缺乏也对其有影响。高同型半胱氨酸浓度可能在补充维生素后下降。

高同型半胱氨酸血症的临床相关性最早是在 20 世纪 60 年代发现的；在上述酶纯合不足的儿童中，血浆同型半胱氨酸水平升高。临床表现包括严重的动脉粥样硬化和血栓栓塞性疾病。同型半胱氨酸代谢的遗传异常很罕见，也不能解释高同型半胱氨酸血症在冠心病患者中的流行。调节同型半胱氨酸代谢的营养亚临床缺陷可能是重要因素。这有些类似血清胆固醇，因为后者也是由遗传和营养影响决定的。

目前，高同型半胱氨酸血症的诊断是通过简单的血液浓度测量。正常同型半胱氨酸浓度范围在 5～15μmol/L。高同型半胱氨酸血症可分为轻度（15～30μmol/L）、中度（30～100μmol/L）和重度（>100μmol/L）[92]。在弗雷明汉心脏研究中[93]，14μmol/L 对应于叶酸正常和 B6/12 浓度的受试者的第 90 百分位数。同样的研究表明，血管疾病风险的增加开始于 11.4μmol/L 的浓度。在医生健康研究中，95% 的健康对照组的浓度低于 15.8μmol/L[94]。性别对正常的同型半胱氨酸浓度有显著差异。

支持高同型半胱氨酸血症是冠心病危险因素的流行病学数据一致表明，冠心病患者血浆同型半胱氨酸水平高于对照组。调整其他心血管危险因素的存在也证明高同型半胱氨酸血症作为心血管疾病危险因素的独立性。同型半胱氨酸浓度似乎不受地理、饮食和种族的影响。与前瞻性研究相比，回顾性研究发现血同型半胱氨酸浓度与心血管事件之间有更强的联系。大多数前瞻性研究支持同型半胱氨酸作为危险因素的强度和独立性，并指出在血浆同型半胱氨酸分布之间可能存在剂量反应关系。然而，同型半胱氨酸似乎不像高胆固醇血症、吸烟、糖尿病和高血压等其他危险因素那么重要[95]。

代谢综合征

胰岛素抵抗是冠心病、高血压和 2 型糖尿病的主要病因的假设最初是在 1988 年由 Reaven 提出的[96]。胰岛素抵抗和导致心血管疾病风险增加的相关代谢异常的概念，包括代谢综合征、X 综合征、代谢异常综合征和胰岛素抵抗综合征。目前代谢综合征一词已被普遍接受。代谢综合征不应与另一种称为"心脏"综合征的疾病相混淆，后者指伴有正常冠状动脉的心绞痛。

与代谢综合征相关的临床表现通常包括胰岛素抵抗、血脂异常（特别是高甘油三酯、低高密度脂蛋白、低密度脂蛋白）、中央型肥胖、高血压、糖耐量受损或糖尿病以及动脉粥样硬化。最近，炎症和加速止血/受损纤维蛋白溶解的标记物也被列入其中。代谢综合征还与其他一些肥胖相关疾病有关，包括脂肪肝、慢性肾病、微量白蛋白尿、多囊卵巢综合征和阻塞性睡眠呼吸暂停症。

尽管进行了大量的研究，但对代谢综合征的定义以及其组成成分却有很大的异议。美国国家胆固醇教育计划（NCEP）成人治疗组别（ATPIII）第三份报告[82]建议代谢综合征的临床诊断应基于以下特征中的任何三个：

- 腹部肥胖，定义为一个男性腰围 ≥102 厘米（40 英寸）和女性 ≥80 厘米（35 英寸）；
- 血清甘油三酸酯 ≥150mg/dl（1.7mmol/l）；
- 男性血清 HDL <40mg/dl（1mmol/l），女性血清 HDL <50mg/dl（1.3mmol/l）；
- 血压 ≥130/85 毫米汞柱；

- 空腹血浆葡萄糖（FPG）≥110mg/dl（610毫克/升）（根据美国糖尿病协会的建议，2004年修订为100毫克/分升5.6毫克/升）。

1998年，世界卫生组织提出了一个略有不同的定义[97]：

- 高胰岛素血（在非糖尿病患者胰岛素抵抗达到75%以上的高值或110mg/dl（6.1mmol/l）或两个小时血浆葡萄糖在葡萄糖耐量试验≥200mg/dl（11.1mmol/l），另加至少两个以下条件：
- 腹部肥胖，定义为腰臀比>0.90，BMI≥30kg/m^{2}或腰围>94厘米（37英寸）；
- 血脂异常，定义为血清甘油三酯>150mg/dl（1.7mmol/l）或HDL<35mg/dl（0.9mmol/l）；
- 血压≥140/90毫米汞柱。

在美国，年龄调整后的成年人代谢综合征患病率为23.7%[14]。20~29岁人群的患病率为6.7%，60~69岁人群的患病率为43.5%。年龄调整后的患病率在男性和女性中相似。欧洲国家的流行率略低。

在前瞻性流行病学研究中，代谢综合征是非糖尿病男性在调整体重、血压和血脂异常后罹患冠心病的独立危险因素。在芬兰，根据对1 200位男性11年的随访结果，与无此症状的男性相比，具有ATPIII定义代谢综合征的患者冠心病基线死亡风险增加了4.2倍，全因死亡相对风险增加了2倍[98]。

代谢综合征的危险因素与动脉粥样硬化疾病的发展之间的联系是复杂的。越来越多的证据表明，上述每一个危险因素都独立地促进了动脉粥样硬化的发展或导致重大冠状动脉事件的发生。在临床医学中，代谢综合征主要被看作是一种多重危险因素，表明冠心病（和糖尿病）的高风险，并表明需要积极的危险因素管理。

微蛋白尿

微量白蛋白尿在这本书的其他部分有更详细的讨论，这里的重点将是它作为冠心病危险因素的作用。初步研究表明，微量白蛋白尿是糖尿病、肾病最早的临床表现。随后，针对不同患者人群的多项研究表明，微量白蛋白尿除了与肾脏疾病有关，也是糖尿病和/或高血压患者心血管疾病和早期心血管死亡的重要危险因素。

超过9 000个参与者的高危心血管事件干预试验表明，微蛋白尿的出现是与心肌梗死、中风或心血管死亡这些风险结局的增加有关，糖尿病患者的为1.97，非患者的为1.61。[99]随着微量白蛋白尿绝对水平的增加，不良心血管事件的风险逐渐增加。

微白蛋白尿的存在也提高了ST、T波变化对心血管疾病的预测价值。在基于人群的预防研究中，7 330名受试者中有1 244人发生ST-T变化；885人有微量白蛋白尿，223人两者都有[100]。在6年的中位随访中，ST－T改变和微白蛋白尿患者与单纯ST－T改变的患者相比，全因死亡率（7.2%对1.1%）和心血管死亡率（2.7%对1.1%）显著增加。与高血压、高胆固醇血症、吸烟、肥胖或糖尿病相比，微量白蛋白尿对所有死亡风险的影响更大。

微量白蛋白尿与心血管疾病的关系尚不清楚。非糖尿病患者的微量白蛋白尿似乎是肾脏发出的一种信号，表明血管系统，特别是内皮细胞不能正常工作。

C反应蛋白

正如本章病理生理学部分所讨论的，大量的实验室和实验证据表明，动脉粥样硬化除了是一种脂质积累的疾病，也是一种慢性炎症过程。为了提高风险预测，人们对C反应蛋白（CRP）产生了浓厚的兴趣。CRP是一种炎症标志物，已在前瞻性流行病学研究中被证明可以预测心肌梗死、卒中、外周动脉疾病和心源性猝死。

CRP是肝细胞在白细胞介素等细胞因子的影响下，在急性或慢性炎症过程中产生的一种急性期蛋白。CRP最初在1930年被描述为肺炎球菌肺炎患者血液中发现的一种蛋白质。它之所以被命名为C反应蛋白，是因为它能与肺炎球菌的多糖发生反应并沉淀。最初它是非常流行的炎症标志，但后来因为测量方便性和成本考虑，它被红血球沉降率（ESR）取代。然而，CRP再次流行源自技术的进步已经产生了高度敏感的检测方法（超敏C反应蛋白，hs-CRP），使得在正常范围内测量CRP水平成为可能。

没有炎症的人的CRP水平通常低于0.1mg/L；然而，细菌感染、自身免疫性疾病和癌症患者的CRP水平往往高达100毫克/升，甚至更高。事实上，在明显健康的男性和女性中，血清CRP水平超过10mg/L的测试应该重测，以排除隐性感染或其他系统性炎症过程。大型队列研究表明，CRP水平的人群分布在<0.5、0.5~1、1~2、2~4和>4mg/L时大致可分为五类。

一项不断发展的研究表明，即使CRP在正常范围内小幅增加，也能预测那些明显健康、无症状的人未来的血管事件。使用广泛使用的高灵敏度分析方法，CRP<1，1~3和>3mg/L的水平对应于未来心血管事件的低、中、高风险组。一项对未来以人群为基础的研究的meta分析比较了hs-CRP低水平的人与高水平的人[101]。结果发现，以低水平hs-CRP为参照，高水平hs-CRP的冠状动脉事件发生的相对概率为2.0。这些前瞻性研究来自15个群体总计40 000人的hs-CRP样本分布，包括男性、女性和老年人。这项分析还包括了大量基于人口的研究，例如：世界卫生组织MONICA研究；社区动脉粥样硬化风险研究女性健康研究；Honolulu心脏研究；NHANES的调查。一般来说，大多数研究表明hs-CRP水平与冠心病发病风险之间存在剂量反应关系。这些研究的一个显著特征是它们局限在对北美或欧洲白人,而非洲人或南亚人后裔的数据很少,而后者可能特别容易患心血管疾病。

几项研究都证明 hs-CRP 增强了其他已知风险因素的预测能力(见图20.8)[103]。

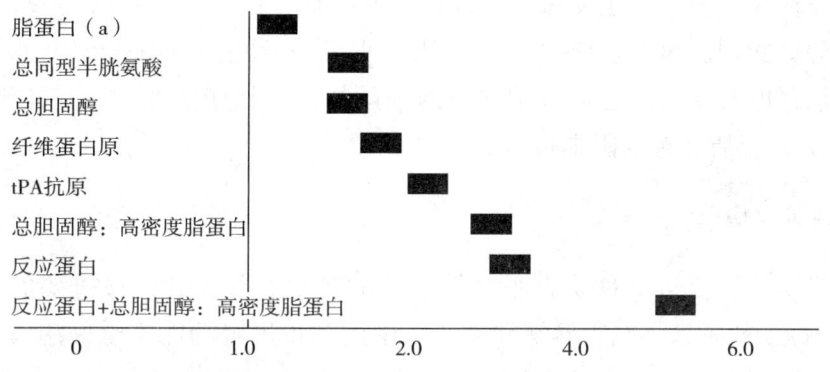

图20.8 未来心肌梗死的相对风险

在早期的研究中,hs-CRP 在调整了年龄、总胆固醇和高密度脂蛋白胆固醇、吸烟、BMI、糖尿病、高血压、运动水平和冠心病家族史后,仍然与冠状动脉事件保持独立的联系。在一些研究中,在这种调整之后,相对风险的大小会减弱。CRP的独立性在女性和男性中都存在,包括老年人和中年人、吸烟者和非吸烟者,以及那些没有糖尿病的人。

最近,对 CRP 和 CHD 在 20 年的预测中所面临的风险的分析表明,CRP 只是一个温和的预测冠心病的指标,并且只略微增加了既定风险因素的预测价值。之前的 meta 分析表明,CRP 是冠心病的一个中等预测因子[102]。这些最新的发现与其他一些风险因素以及冠心病无创检测的发现相一致。这些试验最初在高流行人群的短期队列研究中显示出了很大的潜力,但在低流行人群的长期前瞻性试验中作用有限。

Hs-CRP 并不能很好地预测动脉粥样硬化程度,它与电子束计算机断层扫描等动脉粥样硬化程度测试结果的相关性不强。然而,CRP 已经被证明可以预测稳定型心绞痛患者和急性冠脉综合征患者的复发性缺血和死亡。在急性冠脉综合征中,hs-CRP 预测复发性心肌梗死独立于肌钙蛋白。越来越多的研究也表明,CRP 在其他情况下是冠心病复发和死亡的预测因子,例如,经皮介入等血管重建手术后的短期和长期风险,包括再狭窄的风险。最近的两项临床试验[104,105]表明,在他汀类药物治疗后,CRP 水平较低的冠心病患者动脉粥样硬化的发展速度较低,且无论其导致的低密度胆固醇水平如何,其临床结果都优于 CRP 水平较高的患者。

考虑到在投保人群中冠心病的发病率相对较低,CRP 是否适合风险评估还有待进一步证明其有效性。在大多数保险公司的血检档案中,它还没有找到常规的测量方法。相反，在传统测试对个人申请者的风险存在疑问的情况下，它被用来增加风险选择。CRP 在临床医学比较其适用，但在目前不建议常规使用人口筛查。不过在有些情况下，如预测降脂，抗血小板或其他心血管治疗的额外风险，CRP 可以评估这些治疗的必要性。

CRP 不应作为传统的主要风险因素评估的替代方法。在一些研究中，hs – CRP 比低胆固醇更能预测风险。CRP 水平与脂质水平最低相关，因此 CRP 水平不能取代脂质评估，但必须被认为是脂质评估的辅助物。在临床实践中，在几种情况下，证明了 CRP 对脂质筛选的附加价值。

慢性肾脏疾病

慢性肾功能衰竭与多种易患心血管疾病的异常有关。其中最重要的是高血压（＋／－LVH）、糖尿病、血脂异常和老年。中度到重度肾功能不全的患者还有一些独特的危险因素，这包括尿毒症毒素排泄减少、钙摄入量增加、矿物质代谢异常和蛋白尿。

越来越多的证据表明，轻度到中度慢性肾功能障碍本身就是冠心病发展的独立危险因素。它还与不良预后、严重冠心病的可能性增加以及急性冠脉综合征或 PCI 术后死亡率增加有关。

在 NHANESIII 调查中，肾小球滤过率为 90%、70%～89% 和小于 70ml/min/1.73m² 的参与者，心血管相关死亡率分别为每 1 000 人 4.1 例、8.6 例和 20.5 例死亡[106]。

有已知冠状动脉危险因素的人参与的研究也表明，肾功能不全程度的存在或不存在与心血管疾病独立相关。在高危人群的心脏结局预防评估（HOPE）研究中，那些有一定程度肾功能障碍的人心血管不良后果的风险要高出 40%。

无症状申请人的风险选择及冠状动脉危险因素

在人寿保险风险选择方面，冠状动脉风险因素通常是单独评估的，一般是作为血液检查的一部分或在主治医师的声明中提供。公司承保手册中包含了针对无症状申请人的每个风险因素的评级算法。在有症状的冠心病承保过程中，风险因素通常被作为附加考虑因素纳入风险选择过程，根据对长期风险的影响提供基本评级。承保保险申请人的风险选择过程，是对个人的风险进行全面评估，类似于目前临床医学中用于确定风险因素干预阈值的全面风险评估的做法。

冠心病的危险因素往往集中出现。有证据表明，即使主要危险因素的轻微升高也会使个人面临冠心病的危险。因此，临床实践中预防冠心病的建议强调，干预的基础是评估个人的总体风险，而不是任何特定风险因素的水平。对分类风险因素进行计数具有简单性的吸引力，但它不如使用分级风险因素进行全面风险评估那样准确。

当存在多种危险因素时，与个体危险因素相关的心血管事件的发生率增加。这在2万名男性和女性22年的跟踪研究中得到了证明[107]。当2个或3个主要风险因素：血清胆固醇≥200mg/dl（≥5.2mmol/l）、收缩期和舒张期血压升高（≥120/80毫米汞柱）和吸烟存在时，男性和女性都有一个相对风险增加冠心病（分别为5.5和5.7）和所有原因的死亡率（3.2和2.3）。

相比之下，这些主要风险因素的缺乏预示着低风险。例如，一个报告[108]回顾了366 559名年龄在18岁到59岁的受试者的数据，他们参加了两项大型前瞻性研究，即MRFIT和芝加哥心脏协会在行业试验中的项目。低风险的患者，被定义为血清胆固醇≤200mg/dl（≤5.17mmol/l）、血压120/80，不吸烟的人群占了6.9%。在对MRFIT的研究进行了16年的跟踪调查之后，在芝加哥试验的22年之后，低风险的患者的冠心病死亡率明显降低（0.2到8.8，而有1个风险因素的患者的死亡率为1.5%到38%）。据估计，低风险男性和女性的预期寿命分别为9.5岁和5.8岁。

基于对多个变量的评估，已经开发了几种评估冠心病事件风险的方法。最常用的模型是弗雷明汉心脏研究[43]（见表20.1）。

该模型综合了年龄、性别、总胆固醇、高密度脂蛋白胆固醇、血压、糖尿病和吸烟等因素，以预测总体风险水平（如低、中、高），并估计未来事件的年数和10年百分比风险（绝对风险）。近年来，专业协会和政府机构（如美国心脏协会、美国心脏病学会、欧洲心脏病学会和最近的国家胆固醇教育计划NCEP/成人治疗指南ATPIII正式支持使用全面风险评分来识别冠心病风险增加的个人。NCEP/ATPIII专家小组对弗雷明汉风险评分进行了修改[82]用于推荐的血脂异常的筛查和治疗。修改包括从算法中剔除糖尿病，因为它被认为是冠心病的等价物，扩大年龄范围和其他修改。

最新的"全面风险评分"版本（Framingharm/ATP）包括以下变量：年龄、性别、总胆固醇、高密度脂蛋白、吸烟状态、收缩压和高血压治疗（yes/no）。与冠心病密切相关的个人健康信息被输入到计分单、电脑、网页或掌上电脑中，给每个风险因素的存在和/或级别赋予了分数权重。将这些分数汇总，总分就可以转化为每年或10年的绝对风险（重大冠心病事件的概率百分比）。相对风险的估计可以量表计算，这可以使个人的风险与平均或典型的弗雷明汉研究对象的风险进行比较，并以某种形式与估计的理想或低风险个体（基于最佳血压、脂质和非吸烟状态）进行比较。用一般人的风险，或者理想的个体作为分母，以及作为分子的风险，乘以100就会得出一个粗略的死亡率。

美国国家心脏、肺和血液研究所已经提供了一个在线版本的10年风险计算器（http：//hin.nhlbi.nih.gov/atpiii/calculator.asp），以及可以向下加载到桌面计算机的版本（http：//hin.nhlbi.nih.gov/atpiii/riskcalc.htm）或手持设备（http：//hin.nhlbi.nih.gov/atpiii/atp3palm.htm）。

在使用这些全面风险评分时，重要的是要弄清楚预测的结果是什么，以及在什么时间段内预测的结果。这些预测模型的早期版本包括"轻度事件"，如稳定心绞痛和不稳定心绞痛。目前的版本估计了心肌梗死或心脏死亡（高危事件）的可能性，因为这些结果都得到了很好的验证。在临床医学中，全面风险评分通常用于确定风险因素干预的阈值，旨在提供短期绝对风险（10年）。弗雷明汉分数并没有直接反映出长期风险（>10年），尽管这种风险可以通过对连续年龄类别的风险分数进行求和，再减去那些因冠心病事件而被剔除的人来近似。

像弗雷明汉模型这样的风险评估系统是一种帮助，但不是保险公司判断的替代品。使用弗雷明汉模型进行风险评估有一些局限性。它们是为无症状人群设计的，尽管已经发表了针对有症状的冠心病患者的二级预防的修改版本。它们还可能低估某些人群（如南亚人）、主要危险因素极度严重的人群和有冠心病家族史55岁以下人群的风险。有几项研究表明，弗雷明汉标准高估了日裔美国人和西班牙裔男性、美国原住民女性以及欧洲和亚洲人群中最初发生冠心病的风险。目前还不清楚这些差异是否真实存在，或者是否是研究方法上的差异造成的。

表20.1　　　　　　　　　　　弗雷明汉风险评分

风险因素	步骤1：确定风险点		步骤2：计算风险		
	风险点		总风险点	10年风险（%）	
	男性	女性		男性	女性
年龄（岁）			1	3	2
30~34	-1	-9	2	4	3
35~39	0	-4	3	5	3
40~44	1	0	4	7	4
45~49	2	3	5	8	4
50~54	3	6	6	10	5
55~59	4	7	7	13	6
60~64	5	8	8	16	7
65~69	6	8	9	20	8
70~74	7	8	10	25	10
总胆固醇水平			11	31	11

续表

步骤1：确定风险点				步骤2：计算风险		
风险因素		风险点		总风险点	10年风险（%）	
		男性	女性		男性	女性
mmol/L	毫克/分升			12	37	13
<4.14	<160	-3	-2	13	45	15
4.15~5.17	160~199	0	0	14	≥53	18
5.18~6.21	200~239	1	1	15		20
6.22~7.24	240~279	2	2	16		24
≥7.25	≥280	3	3	17		>27
高密度脂蛋白胆固醇水平				第三步：比较同龄人群的风险		
Mmol/L	毫克/分升			年龄（岁）	平均风险（%）	低风险（%）
<0.90	<35	2	5	男性		
0.91~1.16	35~44	1	2	30~34	3	2
1.17~1.29	45~49	0	1	35~39	5	3
1.30~1.55	50~59	0	0	40~44	7	4
≥1.56	≥60	-2	-3	45~49	11	4
收缩压（mmHg）				50~54	14	6
<120		0	-3	55~59	16	7
120~129		0	0	60~64	21	9
130~139		1	1	65~69	25	11
140~159		2	2	70~74	30	14
≥160		3	3	女性		
吸烟者				30~34	<1	<1
没有		0	0	35~39	<1	<1
是的		2	2	40~44	2	2
记录点				45~49	5	3
年龄				50~54	8	5
总胆固醇		—	—	55~59	12	7
高密度胆固醇		—	—	60~64	12	8
血压				65~69	13	8
吸烟者		—	—	70~74	14	8
增加总风险点						

虽然目前使用的大多数风险评估系统都是基于弗雷明汉的数据，但其他模型已经被开发出来，试图为欧洲人提供更好的预测准确性。这些研究包括前瞻性心血管疾病研究（PROCAM）[109]和欧洲心脏病学会评分项目[110]。评分项目开发的模型包

含了来自12个欧洲国家队列研究的20多万人的数据。纳入模型的变量包括：年龄、性别、收缩压、总胆固醇、高密度脂蛋白胆固醇和吸烟。评分模型仅使用致命心血管疾病作为终点。评分的一个独特之处在于，对欧洲高风险和低风险地区分别计算风险分数。

武断选择冠心病的绝对风险水平是对一个复杂问题的过度简化。没有单一的绝对风险水平可以定义冠心病的低、中、高风险。目前在临床医学中使用的分类被选择作为风险因素干预的标准。虽然主要以流行病学证据为基础，但经济性也是一个因素。随着更多可用信息和使用经验的积累，逐步会揭示它们的优点和缺点，这些级别的风险必然会发生变化。同样，在保险业，风险水平是基于临床文献、行业死亡率研究、营销需要和来自个别公司的竞争压力的长期研究。

在北美、欧洲、澳大利亚和新西兰，不同的人群都会有每年1.5%~3%的风险事件，这是患者处于高风险的阈值。来自临床试验的证据表明，有心肌梗死病史的患者，在第一年之后，平均每年非致命或致命心肌梗死的风险为2.6%（10年的风险为26%）。稳定型心绞痛患者非致命和致命心肌梗死的平均年风险为2%（10年风险为20%）。根据这些数据，已经有人提出，没有明显冠心病的人，每年发生心脏病（心肌梗死或死亡）的平均风险大于2%（全年风险大于20%），处于高危状态。

在上述风险评估工具的基础上[111]，一般人群中无症状的个体可分为三大类：

1. 低风险。低风险人群的弗雷明汉风险评分很低，没有可识别的冠心病风险因素：不吸烟、总胆固醇≤200mg/dL、高密度胆固醇≥40毫克/分升、收缩压≤120毫米汞柱、舒张压≤80毫米汞柱、没有葡萄糖耐受不良的证据、体重指数≤25公斤/m^2、无早期动脉粥样硬化性血管疾病家族史。这些人占成年人口的35%，短期和长期的冠心病事件风险较低。根据弗雷明汉的数据，这些人的冠状动脉疾病的绝对风险小于0.6%（10年为6%）。其中许多人将有资格优先投保，所有这些都将成为标准风险。

2. 中度风险。中度风险在低风险和高风险之间，是一个相当大的群体，约占成年人口的40%。这一组包括大多数至少有一个主要冠心病危险因素的个体，与每年0.6%~2.0%（10年内6%~20%）的冠心病事件风险相关。对于保险公司来说，中度风险人群可能是边缘或轻度不合格的风险体。

3. 高风险。在风险谱的另一端是没有显示冠心病的个体，但是随着他们的年龄和多种其他风险因素，他们处于高风险状态。其中绝大多数年龄在50岁以上，可能患有其他临床类型的动脉粥样硬化疾病、糖尿病或有多种危险因素的老年人。由于血清胆固醇或血压的极度升高，有些人可能处于高风险状态。根据NHANESIII调查数据；大约25%的成年人属于这一类。高风险人群的高危事件通常高于每年

2%，通常为每年3%，类似于有症状的冠心病患者。这些人至少是中等程度的不达标，有些人可能需要类似症状性冠心病的评级。

无症状冠心病评估的无创检测

介绍

作为保险风险评估过程的一部分，无创检测通常在三种情况下遇到。筛选测试是根据被保险人的年龄和他们申请的保险金额来进行的。这类似于临床医学中对健康患者的筛查，但在后者情况下，由于冠心病患病率低，通常不建议进行无创检测。然而，在保险业务中，成本效益研究一直证明了无创检测的价值，特别是对于更高的检测阈值和更高风险的申请人（如年龄较大、吸烟者和多重风险因素）。由于申请人的病史或在承保过程中获得的其他信息，保险公司的核保医师通常会要求对其进行病因测试。这些测试通常有一个诊断目标，比筛查测试更具体、更昂贵。检测结果也作为主治医师判断的一部分。

以上讨论的风险因素方法，提高了我们评估冠心病风险的能力。然而，其预测无症状个体最终发展为冠心病的能力仍然有限。这些危险因素导致冠心病症状的出现是通过亚临床的动脉粥样硬化。对亚临床动脉粥样硬化的检测可以提供一种方法，将所有已知和未知的冠状动脉风险因素整合在一起，从而提供更准确的关于临床冠心病发病概率的信息。本节将（1）介绍无症状保险申请人进行冠心病无创检测的基本原则；（2）讨论在此情况下保险公司通常会遇到的无创检测信息。

冠状动脉粥样硬化、缺血和发作作为一个连续体存在。前者不一定导致后者，而后者几乎总是在前者之前出现。挑战不仅在于"检测"冠状动脉粥样硬化，而且在于"预测"哪些被检测到冠状动脉粥样硬化的个体将发展成冠心病。需要注意的是，患动脉粥样硬化的风险与实际发作的风险非常不同（见图20.9）。每项亚临床动脉粥样硬化检测的有效性可以通过：（1）检测动脉粥样硬化斑块的能力（称为诊断测试）和（2）预测未来严重临床事件发生的能力（称为预后测试）来评估。

亚临床动脉粥样硬化可通过生理学和解剖学方法无创检测。这些检测可根据冠心病的表现进行分类，其目的是检测：可逆性心肌缺血、解剖型动脉粥样硬化或既往心肌梗死[112]。

心肌缺血的检测可根据检测缺血的方法（心电图改变、灌注缺损或壁运动异常）和诱导缺血的方法（运动或药理应激）进一步分类。这些方法都可以对缺血程度进行半定量分级。缺血可通过影像学，但不能通过运动心电图（除非缺血表现

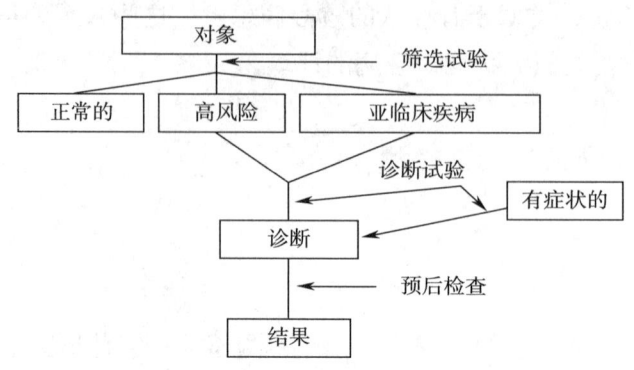

图 20.9 无创检测和结果

为 ST 段抬高）进行定位。

在可能的情况下，运动应激是诱发缺血的首选方法，因为它比药物应激提供更多的信息。运动记录了导致缺血的负荷程度。运动能力和血流动力学反应是独立于缺血的预后预测因子。低工作负荷下的缺血比高工作负荷下同样程度的缺血更可能导致严重疾病，预后更差。此外，缺乏锻炼本身就会增加患病风险。

缺血检查取决于是否有足够的动脉粥样硬化，从而在功能上限制冠状动脉的血流。然而，急性冠状动脉事件通常是由不影响血流的损伤引起的。检测非阻塞性病变需要解剖检测方法，用于无创检测和测量动脉粥样硬化。包括冠状动脉钙化的电子束计算机断层扫描，用于冠状动脉钙化及颈动脉内膜的超声检查，以及颈动脉内膜厚度、动脉粥样硬化斑块的磁共振成像。

优先心肌梗死是潜在冠心病的一种高度特异性的诊断标志物，可通过包括心电图（Q 波）在内的多种技术识别；超声心动图、心肌灌注成像（静息灌注缺损）、放射性核素脑室造影术，并通过磁共振成像（节段壁运动异常）。

在无症状保险申请人的投保中，有各种各样的无创测试可供选择，这可能会令人困惑。此外，由于这些测试测量心血管功能的不同变量，这些测试的信息也有所不同。可逆心肌缺血检测是最常见的，也是我们讨论的重点。包括：运动心电图（exECG）测试、运动或药物应激心肌灌注成像（MPI）、超声心动图和压力。电子束计算机断层扫描（EBCT），一个动脉粥样硬化钙的解剖测试，也将讨论。所有这些测试在诊断识别（敏感性、特异性和非诊断结果的出现频率）方面各不相同，在预后准确性、相对成本和观察者间可变性方面也有差异。

了解无症状保险申请人无创检查的效用需要了解一些基本的流行病学原理。冠心病无创检测的准确性取决于其敏感性和特异性。敏感性是患病个体的一部分，接受的是阳性测试，衡量的是那些实际患有此病的检测是否正确。特异性指的是那些没有患病的人，他们的测试结果是阴性的，也就是说，它衡量的是那些没有患病的人的测试结果是否正确。然而，当做一个测试时，我们需要知道一个阳性的测试正确显示疾病存在的可能性［阳性预测价值（PPV）］和一个阴性的测试正确地识别那些没有疾病的人［阴性预测价值（NPV）］。

检测敏感性和特异性通常不受疾病流行程度或疾病先验概率的影响。相比之下，一项测试的预测价值受测试人群中该疾病的流行程度的影响。这一关系反映了贝叶斯定理，即预测值与被测人群中疾病的流行程度成正比。这个概念相当简单。随着被测人群中疾病患病率的增加，PPV 增加，NPV 减少。因此，疾病的患病率或预测概率越高，阳性结果越有可能代表真正的阳性结果，阴性结果正确识别无病者的可能性越小。相反地，如果疾病的预测概率很低，阳性结果可能代表假阳性结果。

没有一项研究在同一组个体中进行了所有可用的无创测试来比较它们的诊断准确性。事实上，很少有研究对同一个体的两项无创测试进行比较。一个 meta 分析[113]在下列测试中，对冠心病中度预测风险（25%~75%）的个体进行测试性能比较：exECG、平面铊成像、SPECT 灌注成像、强调回声心动描记法、正电子发射断层扫描（PET）。结果如下：

- exECG 的敏感性和特异性分别为 67% 和 72%。
- 应力超声心动图和 SPECT 心肌灌注显像的预测准确率高于 exECG。
- 成像测试在检测严重疾病（三支血管和左主干冠脉病变）方面比 exECG 更敏感（93%~98% 对 86%）。

第二项 meta 分析比较运动超声心动图与运动 SPECT 的表现；它包括一组不同但重叠的研究[114]。两种测试都有相似的敏感性（85% 和 87%），但 SPECT 测试的特异性明显较低（64% 和 77%）。两种测试均优于 exECG 测试（敏感性 52%，特异性 71%）。虽然放射性核素（铊和司他比锝）之间有细微差别，但它们对心肌灌注成像的准确性并没有明显影响。此外，诱导缺血的方法似乎对诊断准确性没有很大影响。

与男性相比，exECG 单独检测对女性的诊断价值受到敏感性低于应激心脏成像和 ST 段变化特异性较低的限制。与 exECG 相比，应激心肌灌注成像和应力超声心动图对女性可能有一定的优势。然而，在对 19 项关于女性无创检测的研究进行 meta 分析后发现，它们对冠心病的诊断仅具有中等敏感性和特异性[115]。exECG 的敏感性和特异性分别为 61% 和 70%；心肌灌注显像为 78% 和 64%；应力超声心动图为 86% 和 79%。

一般原则

在人寿保险申请人的风险选择中，评估冠心病无创检测时应考虑以下几点。

- 冠状动脉造影相对于无创测试进行评估是一项有缺陷的黄金标准，它只提供解剖信息。而无创试验提供缺血的生理后果（灌注不良，膜功能下降，心肌功能下降）。大多数研究都使用了视觉评估的狭窄百分比，并定义临床显著狭窄为50%~70%直径狭窄。腔内狭窄程度与受损冠状流量的相关性是不精确的，特别是对于中端狭窄。研究报告几乎100%的无创测试敏感性可能只针对于高度选择和小规模的患者人群。当这些技术应用于广泛人群时，这种结果是不可预料的。

- 随着缺血水平的增加而发生的生理事件的顺序如图20.10所示。这可能解释了心肌灌注成像相对于使用心电图（运动心电图）或心室功能（运动RNA或应力超声心动图）作为缺血标志物测试的敏感性。

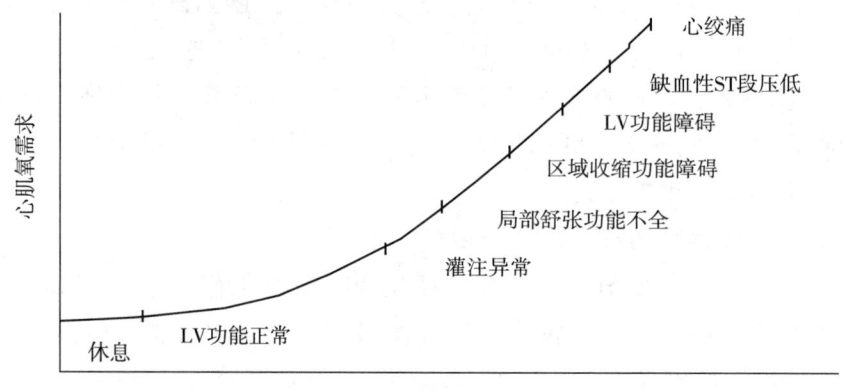

资料来源：贝尔，1995；Pruvulovich，1997。

图20.10 运动强度（跑步机时间）与各种功能异常表现的关系

- 应避免过分依赖单个变量的结果，例如应力图像是正常还是异常。例如，有非典型胸痛临床病史的绝经前妇女，运动12分钟（Bruce方案），心电图检查结果正常，但出现运动灌注缺陷或壁异常，可能没有潜在的冠心病。由于这一人群的患病率较低，因此疾病的预测概率较低。相比之下，一个60岁的胰岛素依赖型糖尿病患者，有典型心绞痛的临床病史，运动3分钟（Bruce方案），有2毫米ST段压低的发展，但有正常的灌注或功能图像，很可能患有冠心病。由于在这一人群中疾病的高流行率，疾病的预测概率很高。

- 无创测试的价值直接关系到结果修改预测试初步结论的能力。一般来说，当无创测试具有很高的阴性预测值时，最有可能对决策产生重大影响，这意味着很少有正常测试的申请者患有疾病；或者有很高的阳性预测值，这意味着很少有阳性结果的申请者是正常的。

- 异常的程度也经常被忽视，但它在测试结果中增加了另一个不确定性，应该在决策过程中考虑。例如，异常检测的阳性预测值可能是总体的80%，但实际上可能在50%~98%，这取决于异常的严重程度。对于具有较低的疾病预测概率和较低严重程度的异常测试（受模棱两可的结果影响）的申请人来说，与先验概率相比没有显著的改变；然而，在同一申请人中，高度异常（一个非常不正常的结果）显著增加了疾病的后验概率。

静息心电图

一些静息心电图发现（ST降低、T波倒置、Q波和左轴偏差）增加了冠状动脉粥样硬化和未来冠状动脉事件的可能性。然而，这些发现在无症状的个体中并不常见，在没有临床证据的中年男性中，有1%~4%的人，他们CHD的症状并不特异。三分之一到二分之一的冠状动脉造影正常的患者在静息心电图上有Q波、T波倒置或ST-T改变。相反，正常的心电图并不排除患冠心病的可能性。冠状动脉手术资料显示，29%有症状的经血管造影证实为冠心病患者，静息心电图是正常的。

无症状者的基线心电图异常有更高的冠状动脉事件风险。然而，持续5~30年的前瞻性研究发现，只有3%~15%的患者出现有症状的冠心病。此外，大多数冠状动脉事件发生在没有静息心电图异常的人身上。

心肌缺血实验

1. 运动心电图描记的测试

运动心电图测试的原理是建立在冠状动脉血流特征的基础上的。在正常冠状动脉中，心肌氧需求的增加与冠状动脉流量的增加是平行的。冠状动脉粥样硬化性狭窄，有固定的梗阻和不能增加流量，导致缺血。

运动心电图使用了一种标准化的方案，通过持续的心电图记录来增加工作量。平均诊断敏感性为68%，特异性为77%。以下要点概述了在运动中或运动后可能出现的心电图变化。

• 正常情况下在运动期间心率加快时会出现J点的压低（QRS的结束和ST段的开始）。

• "向上倾斜"的ST型压低首先出现在运动过程中，它对缺血的特异性要低于"水平"或平坦的压低。

• 阳性检测结果的特点是，在连续3次连续跳动的J点后，1毫米或更低的水平或向下倾斜的ST段压低，运动期间或运动后发展为稳定的基线。在没有Q波的情况下发展的ST段抬高很少发生，但也代表一个阳性的检查结果。

• V4、V5和V6是最具敏感性的导联，仅V5就是检测心内膜下心肌缺血的最佳导联。

- ST 段压低局限于较低的导联，往往是一种错误的阳性反应，而且几乎没有诊断价值。
- 在标准的运动心电图测试中，证明 ST 压低的导联不能准确地定位心肌缺血部位（一个例外是在没有 Q 波的情况下 ST 段抬高）。
- 在右胸导联中运动诱导的 ST 段变化，提高了运动心电图在一个高患病率人群中所做的研究的准确性。然而，在更广泛的接受测试的个体中，这些发现有待确认。在静息心电图上，在没有束支块、左心室肥大或双高辛治疗的情况下，在运动过程中不排除进一步增加 ST 压低的诊断价值。
- 大约 8% 的个人在康复期间而不是在运动期间发现了 ST 压低。当这些变化在恢复早期开始时具有在运动时类似的意义。
- 在恢复过程中发生的变化通常是非特异性的。
- 在运动测试中，室性早搏频繁发生，随着年龄增长而增加。在缺乏缺血性 ST 段压低的情况下，运动诱发的心室异位活动并不是 CHD 的有用诊断标记。在无症状的受试者中，重复的形式发生在 0～5%，与心脏死亡风险增加无关。
- 运动诱发的 ST 段压低是在大多数有左束支传导阻滞（LBBB）的个体中发现的，不能用作诊断或预后指标。运动诱导的短暂性 LBBB 的新发展发生在大约 0.4% 的运动测试中。在没有这种异常的情况下，死亡和其他主要心脏事件的相对风险增加了大约 3 倍。长期的 LBBB 的风险也增加了。
- 运动诱发的 ST 段压低在 V1 至 V4 中是一个常见的发现，在右束支传导阻滞（RBBB）患者中，是非诊断性的。在 V5 和 V6 导联中，ST 压低的出现保留了它对缺血的诊断意义。ECG 只是运动反应的一部分，异常的血液动力学和功能能力在诊断和预后测试中可能同样重要。
- 正常的运动反应是逐渐增加收缩压，从 160～200 毫米汞柱，增加工作负荷，使其达到最高反应，在血管系统顺应性较差的老年人中，其比例稍高一些。在正常人中，舒张压通常不会有太大的变化。
- 如果不能将收缩压提高到 120 毫米汞柱，在 15 秒内持续减少超过 10 毫米汞柱，或者在渐进运动中，收缩压低于站立时的静息水平是不正常的。
- 运动性低血压的范围在 3%～9%，在有三种血管或左主干疾病的患者中较高。
- 几项研究已经报道的观察运动后的收缩压延迟下降（定义为收缩压恢复期 3 分钟与复苏的 1 分钟之比大于 1 的部分）或收缩压在复苏 1 分钟时比运动峰值更高（称为血压反弹）显示严重的冠状动脉疾病的可能性增加。
- 随着运动的增加，窦性心率加快。低负荷下的心率不适当增加可能发生在有充血减少、贫血、低血容量、房颤和左心室功能差的患者身上。

- 在一些个体中，心率不能随运动适当地增加，并且与预后不良有关。变时功能不全被定义为无法将心率提高到至少85%的年龄预测最大值或异常心率储备。
- 异常心率恢复（HRR）是指在运动停止后心率相对较慢的减速，并与死亡率增加有关。它的计算为：HRR = HR 峰值 - 1 分钟后 HR，当运动后的周期包括一个独立的下降时间，12 次/分钟或更少的值是不正常的。
- 最大运动功量（Maximum work capacity）是通过运动测试获得的最重要的预后测量之一。对年龄和性别的最大运动功量（在心脏功能容量 METS 中表达）的估计已经为大多数常用的心脏康复训练建立了良好的标准。有限的运动能力与增加心脏事件的风险有关；而且，一般来说，限制越严重，冠心病的范围和预后就越差。
- 心脏和收缩压的乘积（也称为率压乘积），是一种间接的心肌需求测量方法，随着运动的增加而逐渐增加，可以用来描述运动的特征。大多数正常的人会产生一个峰值速率压力乘积（RPP）= 20 - 35 毫米汞柱 × 心率 × 10^{-3}。在有显著 CHD 的个体中，RPP 超过 × 心率 × 10^{-3} 是不寻常的。

然而，这个切点并不是一个有用的诊断参数，因为有冠心病和无冠心病个体之间存在相当大的重叠。此外，心脏活性药物治疗对测量有显著影响[116]。

运动心电图在检测临床重要冠心病方面比静息心电图更准确。在预测未来事件方面，它也比静息心电图更准确。在五项涉及无症状人群的大型研究中，在中年男性中，冠状动脉危险因素水平在基线水平较高的情况下，运动心电图测试的异常结果与冠状动脉原因导致的死亡率相关，至少是正常运动心电图结果相似个体的3.5倍[117]。关于女性运动心电图检测的预后价值的数据很少。

不正常的运动心电图导致中年无症状男女性的患病率在5%~12%。虽然 ST 段改变的存在与事件的相对风险增加有关，但当 ST 段段压低与胸痛或其他运动引起的血流动力学异常反应有关时，这种风险最强。然而，在这些无症状人群中发生心脏事件的绝对风险很低（每年每1 000名研究患者中就有2到8人发生心脏事件）[117]。与静息心电图一样，大多数事件发生在那些测试结果为阴性的人身上。这可能是因为大多数急性事件都是由轻度的、非流动限制的斑块破裂引起的。在健康男性中，经过阴性筛查运动心电图后出现症状性冠心病的患者中，73%的人最初表现为心肌梗死或猝死。相比之下，那些测试呈阳性的患者在发病初期会出现心绞痛。因此，虽然运动心电图可以预测无症状者更严重的冠状动脉狭窄和心绞痛的风险，但它不能准确预测急性冠状动脉事件的风险。

运动持续时间和 ST 压低可以用于评估严重冠心病的风险和评估胸痛患者的预后。在这些个体中，死亡率风险可以通过杜克预测跑步机评分来确定[118]，如下：

杜克跑步机得分=锻炼时间（以分钟为单位，基于 Bruce 方案）-（5 倍 ST 段偏移，毫米）-（4 倍跑步机心绞痛指数）

心绞痛指数：

- 无心绞痛 = 0
- 非限制性心绞痛 = 1
- 锻炼限制 = 2

为了简化使用杜克跑步机评分的症状个体的预后评估，我们开发了 Nomogran 模型，图 20.11 给出了一个例子。

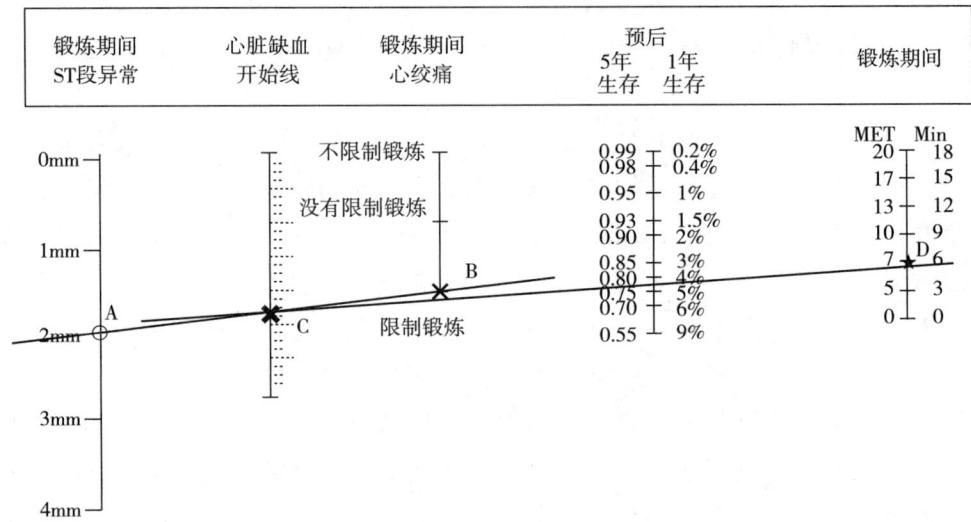

图 20.11 使用 Normagram 模型

- 在运动过程中观察到的由运动引起的 STsegment 偏移量在直线上标记为 ST 偏移量（A）。
- 运动期间观察到的心绞痛程度在心绞痛（B）的直线上标出。
- 点 A 和点 B 与一条直线相连。注意到这条线与缺血线相交的点（C）。
- 根据 Bruce 运动方案的锻炼总分钟数（或相当于心脏功能容量 METS）被标记在锻炼持续时间（Exercise duration）线上（D）标出。
- C 点和 D 点相连，这条线与预测线相交的点表示平均年死亡率。

分数一般在 -25 到 +15。高风险个体的得分低于或等于 -11 分，与平均每年 5% ~7% 的死亡率相关。中度风险范围从 -10 分到 +4 分，与每年 1.25% ~2% 的死亡率相关。低风险的定义为2: +5，年死亡率 <0.5%（见图 20.12）。

标准运动心电图测试的两个明显特征是它的广泛可用性和低成本。运动心电图测试有几个局限性。敏感性低于其他应力成像技术，平均为 80% ~85%。单发血管

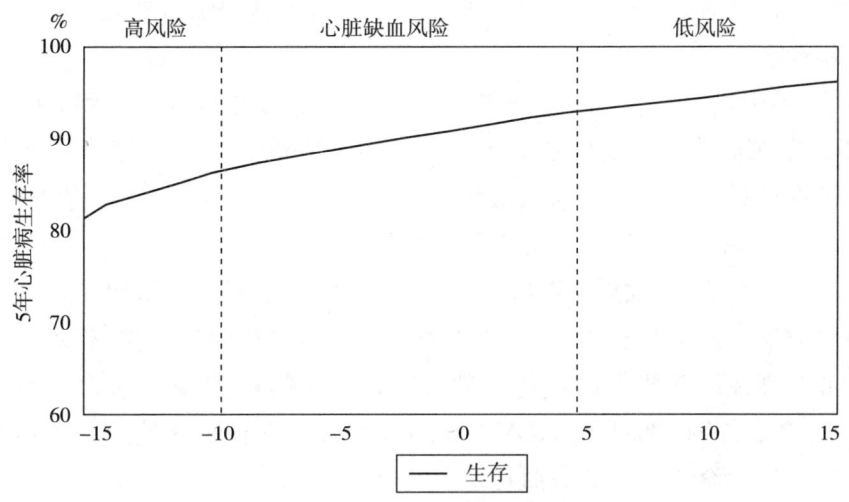

图 20.12　杜克跑步机得分和生存

疾病是特别成问题的，最明显的疾病是左右旋动脉。在血管造影记录的多血管疾病患者中，平均敏感性增加了大约 81%。

女性的敏感性和特异性都较低。当出现 ST‐T 异常或使用地高辛时，运动心电图的特异性较差。此外，运动心电图可能在一些异常情况下完全无法解释，如左束支阻滞（LBBB）、左室肥厚（LVH）、预激发综合征、二尖瓣脱垂、电解质异常和通气过度综合征。

运动诱发心电图改变的计算机量化可以提高准确性。然而，所使用的算法的设计有相当大的差异。这种变异可能会导致有价值信息被排除在外（或计算机"平滑"）或外来异常数据的引入，如人为因素或室性异位搏动（VEBs）。因此，大多数心脏病专家依靠实时心电图来解释他们的症状。

另一个潜在错误来源是依赖于在运动测试前记录的静止心电图，所有的电极都在躯干上。这种结构可能会导致电极处于正确位置时"真正"的静息心电图发生相当大的失真。Mason‐Likar 改装是最常用的配置，其结果是右轴偏移，在较低的引线中增加电压，可能产生低 Q 波的损失，并在 AVL 中产生新的 Q 波。

此外，标准的运动心电图检测不能准确描述缺血程度或提供左心室功能的直接信息。然而，普遍接受的迹象明显的缺血，多血管冠心病和不良预后包括 2 毫米或更多的水平或下斜的 ST 段压低，早期 ST 段压低发作（或心率 HR 小于每分钟 120 次），运动诱发低血压、工作负载小于 5 大都会或 II 期 Bruce 运动方案或 ST 段变化持续 8 分钟或更长的恢复时间。[119]

2. 心肌灌注显像

心肌灌注成像（MPI）方法最初是为了解决运动心电图的诊断含糊不清。一般来说，MPI方案包括压力模式（运动或药理学）与休息和压力管理，以及放射性药物成像相结合。

在1973年引入之后，铊-201迅速成为MPI的首选试剂；直到20世纪90年代，锝99m灌注剂被广泛接受之前，它一直保持着这一地位。因其较好的物理性质和较好的图像质量，已成为目前最常用的放射性药物。另一种基于锝99m的药剂，四氟磷蛋白（Myoview）也得到了广泛的认可。

近10年来，单光子发射CT（SPECT）的层析技术基本上取代了以往的平面心肌灌注评估方法。最近，随着强大的计算机系统和多探测器SPECT系统的广泛应用，门控心肌灌注闪烁成像已成为一种常规程序。门控SPECT获得了基于心电图触发（"门控"）的心脏周期的8~16个阶段的投影图像。这使得除了传统的灌注评估外，还可以对全部和部分心肌功能进行客观评估。

运动MPI通常与同步心电图监测一起进行。运动方案与运动心电图测试相同。在运动前插入留置静脉输液管，在最大压力下注射放射性药物，在工作负荷最高时继续运动1分钟，在工作负荷较低时继续运动几分钟。在一项名为"运动铊实验"的研究中，在运动高峰期使用该同位素，可以立即获得应力图像。重新发布的图像通常在4小时后拍摄。在获得再分布扫描之前，可以再注射一次铊来增强缺血和再分布图像之间的差异。

心肌摄取铊-201与局部心肌血流量成正比，且依赖于存活心肌细胞的存在。心肌初始提取后，心肌与血池间的放射性药物交换持续进行。仍然存活的缺血性心肌最初不会占据铊，但通常在4小时内会重新分布。这些药物可以使用多种方案，包括：2天压力/休息、同一天休息/压力、同一天压力/休息和双核素。运动压力仍然是压力测试的首选方法。然而，运动灌注成像的诊断，以及最终的预后准确性，取决于患者是否有能力获得足够的运动压力来诱发心肌缺血。因此，如果低于最大心率和心率压力，个体的诊断准确性会降低。这代表了运动灌注成像的一个重要限制，因为这种测试形式广泛应用于老年人，那些身体条件差的人，以及那些有相关疾病的人，如慢性肺病、关节炎、神经紊乱或周围血管疾病。此外，接受β受体阻滞剂治疗的患者在运动测试中也可能不能达到满意的血流动力学终点。在许多实验室中，25%~35%转诊为心肌灌注显像的病人接受非运动压力测试。

药物灌注成像是评估这些个体冠心病的选择。所提供的诊断和预后信息与运动研究的结果相当。首选的药物是冠状动脉血管扩张剂：腺苷或双嘧达莫。这些药物使冠状动脉血流增加了3到5倍。严重狭窄的冠状动脉有异常的血流储备导致血流差异，当与这些药物联合使用时，铊-201或西他米可作为灌注缺陷检测到。重要的是要记住，双嘧达莫和腺苷可引起药物血管舒张和冠状动脉血流重新分布，通常不存在缺血（即成像是必要的，因为药物诱导的ST段改变的敏感性很低）。

MPI 的解释是用可视化或基于计算机的方法进行的。灌注缺损的特征是其类型、程度和严重程度。可逆缺陷（与运动后相比，静息图像中铊（thallium）/甲氧基异丁基异腈（sestamibi）摄取改善）代表缺血，而不可逆缺陷通常代表瘢痕，但偶尔代表缺血心肌。缺血程度反映在心肌显示可逆性灌注缺损的比例上；缺血的严重程度由缺血区的灌注不足程度来反映。目前大多数计算机系统和分析程序都能够创建图像显示所灌注的整个三维心肌。

半定量灌注评分系统规范了扫描的图像标准，降低了忽略明显缺陷的可能性，并为灌注异常的程度和严重程度的全面评估提供了全局指标。节段计分系统提供了灌注的整体指数（类似于整体心室功能的射血分数表示）的总合分数的推导。这种方法的分割模型已经标准化，将心肌分为 17 个部分。灌注评分为 0~4 分，0 代表正常灌注，4 代表严重缺陷。所有 17 个部分的分数都被添加到一个"汇总"分数中。这些指标现在普遍出现在 MPI 实验室报告中。灌注缺陷的总体程度和严重程度通过总结应力评分（sum stress score，SSS）来反映，SSS 代表应力灌注缺陷的程度和严重程度；后者定义为 SSSSRS，衡量可逆性的程度。风险组可用 SSS 分类来定义：正常（0~3）/年死亡率 0.5%；轻度异常（4~8）/年死亡率 2.7%；中度异常（9~13）/年死亡率 2.9%；严重异常（>13）/年死亡率 4.2%[119]。当柱状图显示的左室空腔明显大于静止时，认为存在短暂的左心室缺血扩张。动脉被认为是严重和广泛的缺血，并已被证明是高度特异性的临界狭窄（大于 90% 变窄）血管供应的大部分心肌（如近端左前降，左主干或多血管 90% 病变）。

放射示踪剂在运动后图像的肺部摄取量很少引人注意。肺摄取增加可量化为肺/心脏比率（铊正常 <0.5）。肺摄取增高（反映肺毛细血管楔压增高和左心室功能障碍）是一种重要的预后变量，可以用铊成像来测量。

冠心病的检测是应力 MPI 最常见的适应症之一。以下几点总结了 MPI 作为诊断测试的现状：

- 最近关于 MPI 的 ACC/AHAIASNC 指南显示，运动应激的敏感性和特异性分别为 87% 和 73%；血管扩张剂应激的敏感性和特异性分别为 89% 和 75%；用于检测血管造影显著性冠心病 50%~70% 狭窄。这些数据的准确性与经验有关；在缺乏经验数据的中心，准确性可能较低，接近运动心电图测试。

- MPI 已被证明对那些工作量适中、心电图检查结果不确定的患者有效，其敏感性为 70%，特异性为 95%。

- 灌注成像可检测心肌段运动诱导缺血，静止时壁运动异常（优于运动 RNA 和多巴酚丁胺超声心动图）。

- 运动 MPI 在左束支传导阻滞（LBBB）患者中，在左前降冠状动脉没有损伤的情况下，与明显的前隔区域暂时性缺损的发生率相关。因此，药理 MPI 为首选。

类似结论也适用于有慢速心室节律的个体，这种节律会产生 LBBB 模式。
- MPI 的敏感性和特异性在左心室肥厚患者中降低。
- MPI 确实能提高女性心电图测试的准确性。铊的使用受到乳腺衰减相关问题的限制。然而，使用门控 SPECT 成像可以保持较高的灵敏度和特异性。
- 衰减伪影降低 SPECT 成像的特异性。在乳房大或乳腺致密的女性中，明显的衰减可能会在她们的尺寸和位置上造成很大的变化。下壁衰减伪影也很常见。

除了对冠心病的简单诊断外，MPI 的优点在于它能很好地诊断严重的冠心病并评估预后。无症状的健康志愿者使用无压力铊进行研究。在 40～60 岁的人群中，灌注缺陷率只有 2%；而在 80 岁以上的人群中，这一比例高达 15%。那些扫描呈阳性和心电图呈阳性的人患心电图的风险增加，但大多数事件发生在那些检测结果呈阴性的人身上。无症状受试者的压力 MPI 显示了与其他研究相似的结果，灌注缺陷率为 10%。压力 MPI 应用于高危人群，如有危险因素的人群或冠心病患者的兄弟姐妹，表明缺血发生率增加，事件发生率升高[120]。

我们关于压力 MPI 预后价值的大部分信息来自对有症状个体的研究。这些研究中描述的风险类别是基于 ACC/AHA 指南中使用的，包括（1）低风险，定义为每年高危事件（MI 或死亡）的风险 <1%；（2）中间风险，定义为每年 1%～3% 的风险；（3）高风险，定义为每年发生心脏高危事件的风险为 >3%。这些定义是临床定义而不是保险定义[121]，它们在概念上与隐含的治疗策略相联系。具有每年 >3% 风险的个体最有可能从血管重建方案中获益，而那些风险较低的个体获益的可能性最小（即他们每年的事件发生率低于接受血管重建手术的患者的 1% 死亡率）。以下几点总结了 MPI 作为预后测试的现状：

- 一般来说，扫描越不正常，未来发生冠状动脉事件的可能性越高。
- 正应力 MPI 扫描通常是与心脏死亡或心肌梗死的风险年均 <1%。最近一项对正常应力灌注扫描预后价值的荟萃分析（N = 29 788）显示，年均风险为 0.5%。
- 少数研究报告称，接受过正常扫描和特定特征（如糖尿病、高龄、已知冠心病或进行过药理学压力测试）的个体风险略高。这些并存病的存在不仅增加了患病风险，而且缩短了患病时间（即缩短了与正常扫描相关的"保修期"）。
- 轻度异常扫描的个体患有中度心肌梗死风险，但随后死亡的风险较低（每年 2.7% 对 0.8% 的风险）。
- 中度异常扫描的个体有中度心肌梗死和死亡风险。
- 最危险的是那些广泛的应激异常（涉及超过 20% 的左心室、冠状动脉血管领域的缺陷、瞬态心室扩张、肺铊吸收和射血分数降低）。
- 存在高风险的临床或历史标记（高龄、糖尿病、心房颤动、药理学压力）提供了更多的预后预测所需信息。

3. 运动放射性核素血管造影术（RNA）

运动 RNA（也称为放射性核素脑室造影，有时也称为多重门控采集扫描或 MUGA）使用放射性同位素创建血管内池成像（血管造影），从而提供有关心脏机械功能的信息。它是用循环测力法进行的。通过定量测定左室射血分数（LVEF）和容积，主观评价局部壁运动。右心室大小和功能也可以评估。

根据对没有潜在心肺疾病证据的受试者进行的研究，正常的心室对运动的反应被定义为右室射血分数（RVEF）和左室射血分数（LVEF）的绝对增量至少为 5%，而没有发生新的区域壁运动异常。正常反应的定义一直存在争议，因为 LVEF 从休息到运动的变化受左心室内在收缩性能以外的变量的影响。其他研究人员已经用射血分数的绝对水平（如 60%）来定义 LVEF 对运动的正常反应。在 60 岁以上的正常受试者中，LVEF 已被证明不随运动而正常增加，并可能略有下降。冠心病患者心室储备异常表现为运动时弹射分数增加失败，局部壁运动异常。发现 LVEF 从休息到运动的主要下降（>5%），其预后更差。对冠心病的敏感性为 85%~90%，特异性为 90%。

运动 RNA 的缺点包括其有限的可用性和一些人使用自行车测力计的困难。当心律不正常（如房颤或起搏器）时，这项技术是不准确的。在休息时左心室功能异常的个体中，随运动而恶化是非特异性的，可表现为心肌瘢痕处的缺血或功能恶化。由于这些原因，许多中心的运动 RNA 已被多巴酚丁胺超声心动图所取代。

4. 应急超声心动图

压力超声心动图是在 20 世纪 80 年代初引入的，多年来作为一种可靠的诊断和预后检测方法在可疑的或已知的冠心病个体中逐渐成熟。压力超声心动图可以与动态运动（跑步机或自行车）一起进行。对于不能运动的个体，可使用药物，如静脉交感神经阻滞剂多巴酚丁胺或静脉注射冠状动脉血管扩张剂双嘧达莫或腺苷。多巴酚丁胺是最常用的药物。对于存在静息壁增厚异常的个体尤其有用。低剂量多巴酚丁胺可以增加心肌灌注，刺激可能收缩的心肌；因此，如果有足够的收缩储备（可行性），就可以增加功能障碍心肌的收缩力。然而，在大剂量时，多巴酚丁胺增加了心肌对氧的需求，在存在限制血流狭窄的情况下，因需求/供应不匹配导致心肌缺血，引起区域功能（双相反应）恶化。因此，低剂量多巴酚丁胺描述了心肌活力，而高剂量多巴酚丁胺揭示了心肌缺血。在任何形式的压力测试中，超声心动图图像首先是在胸骨旁和心尖休息时获得的。可显示所有 3 个冠状动脉血管领域。随后，在低压力、中等压力和峰值压力时获取压力图像。但在跑步机锻炼中，在峰值运动后可以立即获得最佳成像（60~90 秒内）。大多数在峰值应力下看到的壁面运动缺陷持续时间为 2 分钟，这为有效成像提供了一段时间。在每个视图中，应力和静止图像通过数字方式并排排列，以便分析和归档[122,123]。

休息和压力图像被解释为整体和局部的左心室大小、形状和功能。正常的反应是，在压力状态下，LV 的大小比静止状态要小，同时形状保持不变，心内膜偏移增加，收缩壁增厚。应激超声心动图缺血的特点是心肌需求量大于供血量时出现壁厚减少。这是专门针对冠心病的。这些区域的收缩期变化通常先于 ST 段改变和胸痛的发生，但在舒张功能障碍和局部灌注不良的最初发展之后。诱导壁运动异常的存在意味着峰值压力下的血流明显受限，通常与运动时 54%、多巴酚丁胺 58%、双嘧达莫 60% 的狭窄相对应。冠心病（血管瘤直径 50% 的管腔狭窄）的检测敏感性分别为 85%、80% 和 78%，运动、多巴酚丁胺和双嘧达莫应力测试的特异性分别为 77%、86% 和 91%。

应力超声心动图在定位疾病、识别多血管疾病和显示缺血叠加在梗死区域或存在 LBBB 时的敏感性低于应激 MPI。当左心室肥厚存在时，应力超声心动图可能比应力 MPI 更敏感。在女性中，压力超声心动图似乎比压力 MPI 更精确。

正常压力超声心动图的结果已在几个大规模研究中得到证实，其重大事件，包括死亡风险很低（<1%）。对于患有与动脉粥样硬化加速相关的疾病（如糖尿病或慢性肾功能损害）的个体来说，正常压力超声心动图的结果很少[122,123]。

影响预后的超声心动图变量主要是左室功能障碍的程度和严重程度。应力超声可以量化危险心肌的严重程度和程度，从而预测风险。可以得到与应力 MPI 相似的应力总和分数。

5. 正电子发射断层扫描（PET）

PET 提供了另一种评估冠状动脉灌注的技术。正电子是正电子衰变过程中原子核释放出的带正电的电子。正电子与电子相互作用，湮灭两个粒子，产生 2 个 511 千电子伏特的伽马射线。伽马射线可以被探测到，图像以类似于计算机断层扫描的方式重建。

各种正电子标记化合物可用于评估冠状动脉血流和心肌代谢。

心脏 PET 鉴别冠状动脉血流储备异常的敏感性（93%）和特异性（93%）很高。它在无症状和有症状的受试者中以相似的准确率检测冠心病。PET 技术的高昂投入和维护成本限制了它的可用性。随着社会经济的发展，PET 成本投入也慢慢变得可接受。PET 成像完全可以与传统核心脏病学相媲美。由于 PET 的高敏感性和特异性，可以有效减少血管造影的数量。

解剖学检测

在风险因素一节中讨论的传统风险因素分析被用来识别那些有增加冠心病风险的申请者。在这个风险模型中隐含的假设是，某些风险因素的组合会促进动脉粥样硬化，进而导致冠状动脉事件。然而，在具有相似风险因素的个体中，动脉粥样硬化的存在和严重程度将会有很大的不同；因此在一些申请者中高估了风险，而在另一些申请者中低估了风险。这种差异在具有多个风险因素的个体中表现得最为明显；这些个体属于一个风险更不均匀的群体（风险更低的群体）或具有多个风险因素的个体（风险更高的群体）[124,125]。

到目前为止，本节所讨论的无创测试可以识别亚临床冠状动脉粥样硬化患者；然而，这些技术只能鉴别动脉粥样硬化患者，他们已经发展到阻断冠状动脉血流导致心肌缺血的阶段。虽然这一技术可以识别那些在更高的冠状动脉事件的风险，但阳性测试的低流行率（<5%～10%），还无法预测很多无症状的个体发生的冠脉事件。

由于有症状的冠心病几乎只发生在动脉粥样硬化患者身上，因此使用直接测量动脉粥样硬化负担的存在和严重程度，而不是通过间接测量来估计其存在的技术在风险评估中似乎是有帮助的。因此，无创剖面检测在亚临床冠心病的筛查中发挥着越来越重要的作用。对这些测试的详细讨论超出了本章的范围，但下文将讨论这一类别中最常见的测试的现状。

电子束计算机断层扫描（EBCT）

动脉粥样硬化钙化是一个有组织、有规律的过程，类似于骨骼形成，只有当动脉粥样硬化的其他方面也存在时才会发生。虽然钙化在晚期病变中更常见，但也可能在早期病变中少量发生，出现在生命的第2和第3个10年。在家族性高胆固醇血症患者中，冠状动脉钙化最早可在11～24年内检测到。

明显的冠状动脉钙化可以通过胸片检测到，而荧光检查更敏感；但两者钙化的发生率都很低。由于心脏运动，检测少量的冠状动脉钙化是一个特殊的问题。传统CT的最小扫描时间为0.6秒，几乎相当于心脏周期的长度。大量的运动伪影损伤了CT图像，导致轻度钙化敏感性降低，定量钙化的准确性下降。

电子束计算机断层扫描（EBCT），以前被称为超快计算机断层扫描（UFCT）或电影CT，扫描时间为0.1秒或0.05秒，提供了消除这种运动伪影的能力（类似于相机更高的快门速度提供更清晰的画面）。EBCT的最新进展是用更薄的断层创建包含整个心脏的三维数据。一种较新的CT技术被称为多探测器行计算技术（MDCT）或多层螺旋计算技术（MSCT），与EBCT在冠状动脉钙化的检测密切相关[124,125]。

计算机软件可以量化冠状动脉中钙的面积和密度，并生成冠状动脉钙分值。一些评分方法已经被用来识别冠心病个体。钙密度和钙体积的乘积提供钙分值。冠状动脉总钙分值计算为四个主要冠状动脉钙化病变在所有连续层析切片上的总和。最初的钙评分方法，称为阿加斯顿（Agatston）评分，被批评临床应用的重复性不够。与传统的阿加斯顿评分法相比，一种新的"钙量评分"似乎提高了准确率[125]。

由于冠状动脉钙化只是动脉粥样硬化的结果；钙分数正常是 0，异常的分数范围高达 1 000 或更多。由于冠状动脉钙的存在对动脉粥样硬化有很高的特异性，任何可检测到的钙都被认为是冠状动脉疾病的证据。此外，钙分值的严重程度直接与心外膜冠状动脉中动脉粥样硬化斑块的总负担有关；然而，总钙化面积低估了总斑块面积。在尸检相关性研究中发现的非钙化斑块数量大约是钙化斑块数量的 5 倍[124]。较高的钙分数与年龄、较高的冠状动脉危险因素和更大程度的冠状动脉粥样硬化相关。

在评估无症状个体时，与冠状动脉造影相比，EBCT 被评为非特异性的黄金标准。一项对 16 项研究进行的 meta 分析显示，通过血管造影检测到的钙化评分与冠状动脉狭窄相比较，平均敏感性为 80%，特异性为 40%；另一项 meta 分析报告的合并敏感性为 92%，特异性为 51%。总体而言，发表的文献表明，当该测试主要应用于与申请人寿保险类似的低风险人群时，假阳性率（即低特异性）高得异常[112]。

非钙化斑块狭窄普遍小于直径的 50%，通常小于 20%；这表明没有冠状动脉钙化预示着阻塞性冠心病的可能性非常低。根据 EBCT 评估，冠状动脉造影显示显著，（>50%）冠状动脉狭窄与冠状动脉钙的存在几乎是普遍相关的；然而，冠状动脉造影狭窄的严重程度与总钙分值并不直接相关。在临床医学中，阻塞性冠心病与钙分值的关系本身太不精确，不能作为冠状动脉造影的标准[124]。

钙分值可能存在阈值，超过这个阈值大多数人会有明显的冠状动脉狭窄。一些报告表明，钙分值 >100 最能预测阻塞性冠心病。随着总钙分值的增加，应激心肌灌注成像研究异常的可能性显著增加。在最近的一项研究中，探讨了 EBCT 和心肌 SPECT 在诊断亚临床冠心病和静息缺血中的互补作用；钙分值小于 100 的受试者中只有 1% 的 SPECT 结果不正常，而分值 >100 的受试者中有 46% 的人存在灌注缺陷。大的缺血灌注缺陷实际上仅限于钙评分为 >400 的受试者[124]。

年龄和性别是冠脉钙化的存在和程度的重要决定因素[126]（见表 20.2）。

表 20.2　　　　　　　　　　EBCT 钙化评分正态分布

男性	年龄（岁）						
	35~39	40~44	45~50	50~54	55~59	60~64	65~70
25th百分位	0	0	0	0	3	14	28
50th百分位	0	0	3	16	41	118	151
75th百分位	2	11	44	101	187	434	569
90th百分位	21	64	176	320	502	804	1178

续表

女性	年龄（岁）						
	35～39	40～44	45～50	50～54	55～59	60～64	65～70
25th百分位	0	0	0	0	0	0	0
50th百分位	0	0	0	0	0	4	24
75th百分位	0	0	0	10	33	87	123
90th百分位	4	9	23	66	140	310	362

在一份超过35 000名接受EBCT治疗的无症状个体的报告中，年龄在40岁以下的男性平均钙分数在12分，年龄在>74岁的达836分。在妇女中，可比值为2和258[125]。在流行病学和验尸研究中，冠状动脉钙化沉积在一个特定的生命10年里的发生率是预期的10年冠心病事件发生率的10～100倍[127]（见图20.13）。

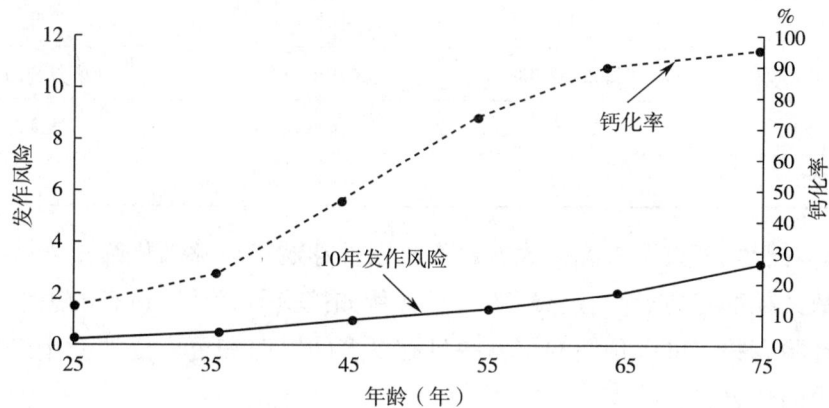

资料来源：Wexler 等。[127]

图20.13 冠状动脉钙化率和发作风险。患病率和发作风险均随年龄增长而增加，但发作风险在所有年龄段都低于钙的患病率，尤其是在年轻人

这种差异在老年人和有症状的人群中没有在年轻人和无症状人群中明显。在评估无症状的保险申请人时，EBCT必须能够改善冠状动脉事件风险的预测，以便有用。在个别研究中，硬冠状动脉事件的相对风险（MI）在多变量模型中，与超过临界值（通常为>160）的钙分数相关的猝死在2.3～22.0，并对传统风险因素进行了调整。通过对5项前瞻性研究的meta分析，得出了钙分值高于临界值的人与分值低于临界值的人相比，冠状动脉事件的相对风险为4.2。许多关于EBCT的研究都是短期的，而且由于缺乏针对年轻人群或女性的数据、随访的损失以及未选定人群中事件的低发生率（每年约1%）而受到限制[112]。

斑块破裂的可能性和急性冠脉事件的发展与总动脉粥样硬化负担有关。由于钙分值的严重程度、动脉粥样硬化斑块的程度和静息心肌缺血的存在有直接关系,因此钙分值应能预测在其他异质性患者人群中发生冠状动脉事件的风险。综上所述,EBCT 扫描上没有钙化沉积意味着没有明显的冠状动脉狭窄;然而,这并不意味着没有动脉粥样硬化,包括脆弱或不稳定的斑块。大多数冠状动脉造影正常的人在接下来的 25 年里,EBCT 扫描呈阴性,心血管事件发生的风险较低。另一方面,阳性的扫描结果证实存在动脉粥样硬化斑块。钙化程度越高,阻塞性疾病发生的可能性越大;但没有一对一的关系,结果可能不是位点特异性的。高钙分数可能与在未来 25 年内发生心血管事件的中度至高风险相一致[128](见表 20.3)。

表 20.3　　　　　　　　　　EBCT 钙化评分的意义

分数	斑块的负担	冠心病的可能性	心血管危险因素
0	没有一个	非常低的 <5%	非常低的
1~10	最小的	不小于 0	低
11~100	明确的温和的	最小的狭窄	温和的
101~400	温和的	影像学上可能的阻塞	适度高
>400	广泛的	至少一个 >90%	高

目前,对于大多数人来说,数据还不足以推荐冠状动脉钙化筛查来代替压力测试。大多数文献都与高冠心病患病率人群(例如接受冠状动脉造影的患者)使用这种技术的经验有关。可以预期的是,一旦有更多的纵向和更广泛的使用经验,目前对这种技术的热衷将会减少。

目前,EBCT 扫描在冠心病风险选择中的地位尚不明确。不加批判的新闻报道和积极的市场营销,出现了越来越多的无症状申请者的 EBCT 扫描呈阳性的报道。自上一版教材以来,保险公司已经开发了基于 EBCT 钙化评分的阻塞性冠心病及相关死亡风险检测的概率模型,这些模型已被转化为类似于其他无创检测的评级系统。在诊断测试(因原因)的设置中,EBCT 可以作为第二个测试,增加或减少其他诊断测试提供的冠心病模棱两可的证据。

其他无创的测试

在临床实践中,还有其他用于静息缺血和/或亚临床动脉粥样硬化的无创试验。踝关节指数(ABI)是指踝关节动脉收缩压与肱动脉收缩压之比,它比传统的危险因素具有更大的预后效用,至少在 60 岁以上的人和吸烟者中是如此。当 ABI 小于 0.90 时,被认为是外周动脉疾病的可靠信号。有症状性外周血管疾病(如间歇性跛行)的个体,众所周知,有明显增加冠心病事件的风险。在人群研究中,无症状的低 ABI 个体也被发现明显增加了冠心病和心血管疾病的风险。这些高相对风险在标准冠状动脉危险因素调整后仍然存在[111]。

颈动脉超声以内膜厚度（IMT）为重点，也能产生递增的风险分层信息。通过对颅外颈总动脉远端直 1 厘米处、颈动脉分叉处和颈内动脉近端 1 厘米处进行双侧检查，几项对 50 岁以上无症状患者进行的仔细研究表明，IMT 值异常导致的相对风险高达 5.0，超过了传统冠状动脉风险因素，影响了未来心血管事件（心肌梗死和卒中）的发生[111]。

无创检测风险的选择

保险公司经常遇到有一个或多个冠心病风险因素或不明原因胸痛的申请人。在这种情况下，保险公司试图估计潜在的阻塞性冠心病的阈值水平的可能性。该过程与诊断测试的性能有许多共同的特性。

在保险风险评估中，贝叶斯原理是决策的核心。如前所述，后验风险与先验风险直接相关；然后，根据申请人的测试结果，从先验到后验风险评估有一个转变。当应用于低风险人群（如无症状的保险申请人）时，无创测试具有很大的挑战，因为测试后风险评估的变化很小。

为了确定申请人是否患有冠心病，有五个主要因素是有用的：

1. 申请人的年龄；
2. 申请人的性别；
3. 胸痛（典型胸痛、非典型胸痛及非心绞痛）；
4. 在静息心电图上有无异常（通常是 ST－T 变化）；
5. 任何心脏危险因素的数量和严重程度。

典型的心绞痛有四个基本特征：位置、与运动的关系、特征和持续时间。典型的心绞痛在位置上是胸骨后的，有压榨、沉重、烧灼感。它可以辐射到肩膀、胳膊、脖子、下巴、牙齿或肩膀之间。它是由锻炼、压力、饮食或寒冷天气引起的。它通常持续不到 10 分钟，休息或硝化甘油可以缓解。非典型疼痛具有典型心绞痛的一些特征，但不是全部。非心绞痛没有典型的心绞痛的特征。

通过将年龄、性别、风险因素、症状和静息心电图整合到一个全面风险评分中（或者使用在风险因素部分讨论的弗雷明汉或评分风险评估系统），可以估计申请人的预测试风险。表 20.4 来自基于推介人群而非保险申请人数据的大型血管造影系列。该模型可能高估了冠心病的风险，在保险风险评估设置中应谨慎使用。尽管如此，所提供的冠心病概率估计是有用的，可以用于无创检测。

测试前的可能性是由无创测试结果等表格计算出来的，然后用这些表格对冠心病的概率（测试后的概率）进行修正估计。图 20.14 说明了无创测试如何能够大幅度地修改冠心病事件的概率估计。

表 20.4　　　　　　　　　　　　　CAD 的可能性预测

年龄（岁）	性别	没有任何已知的胸痛（%）	非心绞痛性胸痛（%）	非典型疼痛，可能不是心绞痛（%）	非典型疼痛，可能为心绞痛（%）	典型的心绞痛的疼痛（%）
35	男	1.9	5.2	10.4	55.0	73.6
	女	0.3	0.8	1.6	10.0	25.8
40	男	3.6	9.8	20.0	61.0	81.5
	女	0.5	1.7	3.5	29.0	39.8
45	男	5.5[a]	14.1	28.2	65.5	87.3
	女	1.0	2.8	5.6	35.0	55.2
50	男	7.7	18.0	36.0	67.4	89.8[b]
	女	1.8	4.8	9.6	41.4	69.0
55	男	9.7	21.5	43.0	69.0	92.0
	女	3.3	8.4	16.0	49.4	79.4
60	男	11.1	25.2	50.4	70.0	93.4
	女	5.2	12.8	25.6	53.2	85.8
65	男	12.3	28.1	56.0	71.0	94.3
	女	7.5	18.6	37.0	56.0	90.6

[a] 指第一个例子。

[b] 指第二个例子。

资料来源：麦肯锡。

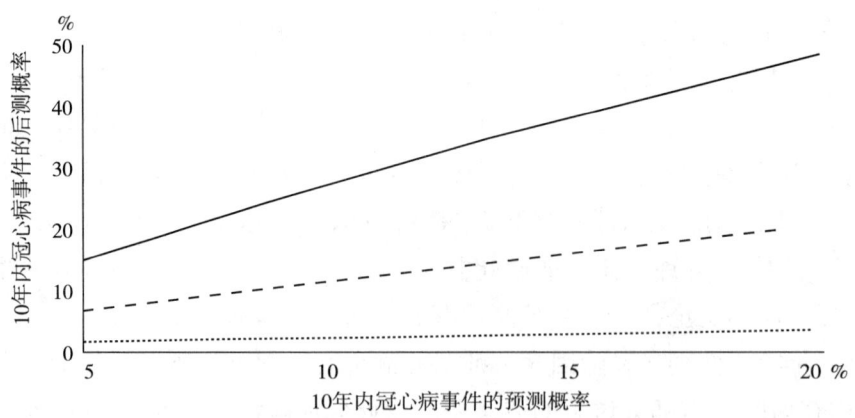

图 20.14　无症状个体的无创检测

横轴上的预试概率由表 20.4 估算，用虚线表示。纵轴上的后验概率可能与先验概率有显著差异，这取决于无创测试结果是正（实线）还是负（虚线）[111]。

在运动心电图中，根据心电图反应修改的冠心病概率可以通过考虑测试提供的额外非心电图信息进一步提高。这些信息包括 ST 段改变的配置、涉及的引线数量、峰值工作负载、测试持续时间、达到的双重产品、峰值 HR、血压反应，以及是否存在严重心律失常或传导障碍等[129]（见表 20.5）。

表 20.5　　　　　　　　　　　　运动心电图保险风险

	积极的更糟 预后	消极的更好 预后
测试的原因	预后	筛选
性别	男性	女性
峰值工作负载	<2 段	>4 段
持续时间	<6 分钟	>12 分钟
ST 段改变	<2.0 毫米	没有一个
ST 段通向	多个	单个
ST 段复苏	>6 分钟	<1 分钟
节律异常	VT	没有一个
血压反应	降血压药	正常的

资料来源：安德伍德，1988 年。

考虑到这些因素，进一步细化了冠心病的最终概率估计。最后的概率可以转换成表 20.6 所示的等级。

表 20.6　基于无创检测后冠心病发生概率的样本评分冠心病的后验概率

年龄	25%~30%	31%~49%	50%~74%	上涨了75%
30~39	+50	+75	+100	概率为冠心病（心绞痛）
40~49	+25	+50	+100	概率为冠心病（心绞痛）
50~59	+25	+50	+75	概率为冠心病（心绞痛）
60 以上	+25	+50	+75	概率为冠心病（心绞痛）

在使用这种方法时，还需要注意几个其他问题：在年龄类别内，随着年龄在范围内的增加，概率应稍微向上调整；对于每个危险因素（胆固醇、血压、吸烟和糖尿病），年龄、性别、胸痛和心电图的概率应该向上调整5%~10%（取决于严重程度）。

为了克服单一测试的局限性，申请者经常进行两种无创测试：一种是作为单个测试的组成部分；另一种是作为串行测试（运动心电图后进行心肌灌注研究或压力超声心动图）。然而，重复使用贝叶斯分析来生成后测试概率的假设是，第二次测试的结果独立于第一次测试的结果，这通常是不正确的。注意这两个测试的结果是很重要的。

- 拥有强烈阳性 exECG 的个体通常有很高的死亡风险；
- 当两项测试在高强度压力下是正常的，结果是双重安慰；
- 高水平的锻炼和正常的 exECG，但在一个血管区域或边界压力回声灌注小缺陷，有低风险的冠状动脉事件；

● 有边缘型或轻度阳性 exECG，但有正常的运动灌注研究或压力回声，也有低风险的冠状动脉事件；

● 两项测试中都存在严重异常的个体极有可能患有冠心病，且发生事件的风险很高；

● 无论 exECG 结果如何，明显异常的灌注扫描（大缺陷或多个可逆性区域）或应激回声都表明存在高风险。

通常认为，诊断或筛查测试，如运动心电图，具有恒定的敏感性和特异性，适用于所有接受测试的申请人；事实显然并非如此。敏感性取决于达到的最大运动 HR（较低 HR = 较高敏感性），病变的冠状动脉数量（较严重的冠心病 = 较高敏感性），年龄（较年长 = 较高敏感性）和性别（男性 = 较高敏感性）。特异性主要随最大运动量 HR（较低 HR = 较高特异性）和性别而变化。

大多数保险公司承保手册都包含了表格和/或图表，用于估计与每种无创检测相关的冠心病的前后检查概率。下面的例子用运动心电图和心肌灌注成像来说明这些概念。

假设我们有一个 45 岁的男性申请者，他没有症状，有一个正常的静息心电图，没有任何危险因素。他有一个运动心电图，与峰值运动时 2mm 水平 ST 段降低有关（标准布鲁斯方案的 9 分钟）。

第一步是使用表 20.4 确定预试可能性。我们可以看到，45 岁无症状男性的冠心病预检测可能性约为 5%。如果静息心电图异常，或有心脏危险因素，这将略微向上调整。

下一步是通过运动心电图结果并将其应用于图 20.15 中的概率曲线来确定冠心病的后测可能性。

这可能是由定位 CAD 的可能性进行预测（A）图 20.15 的水平轴上，然后定位在 −2.0 毫米 ST 段（B 点）。冠心病的测验后的概率是纵轴（C 点）。在这个例子中，这将是大约 50%。使用上述评级计划，这将转换为 +100 的评级。

50% 的冠心病的可能性在中等概率范围内，不满足 >90% 或 <10% 的阈值。此时，考虑到冠心病的 50% 概率，保险公司有几种选择：（1）提供评级保单；（2）延迟，等待主治医师进一步评估；或者（3）获得更多的"病因"测试，例如，应力心肌灌注扫描、应力超声心动图或 EBCT。我们将使用应力心肌灌注扫描与铊作为一个例子，但说明的原则适用于上述任何测试作为第二次或连续测试。

假设进行了练习铊应力测试，结果为阴性缺血。为了使用第二个测试，我们移到使用铊测试的敏感性和特异性构建的第二组概率曲线（见图 20.16）（图 20.15 中的曲线是用运动心电图构建的）。

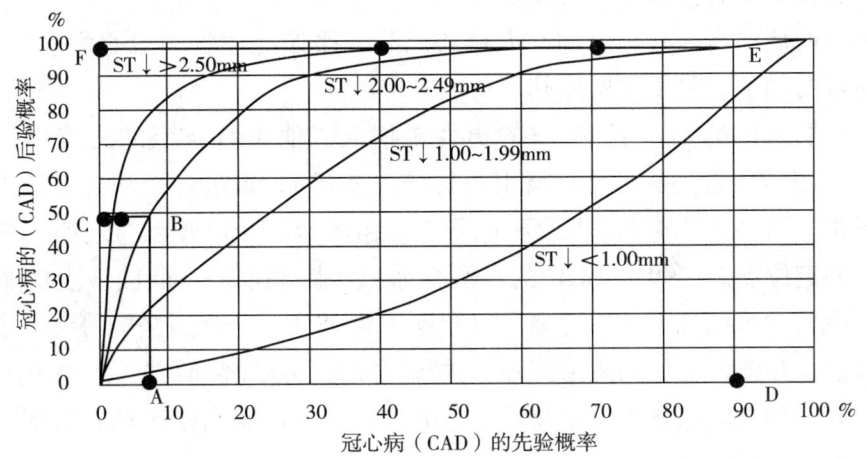

资料来源：麦肯锡。

图 20.15　冠心病的先验和后验概率与运动心电图应力测试结果有关

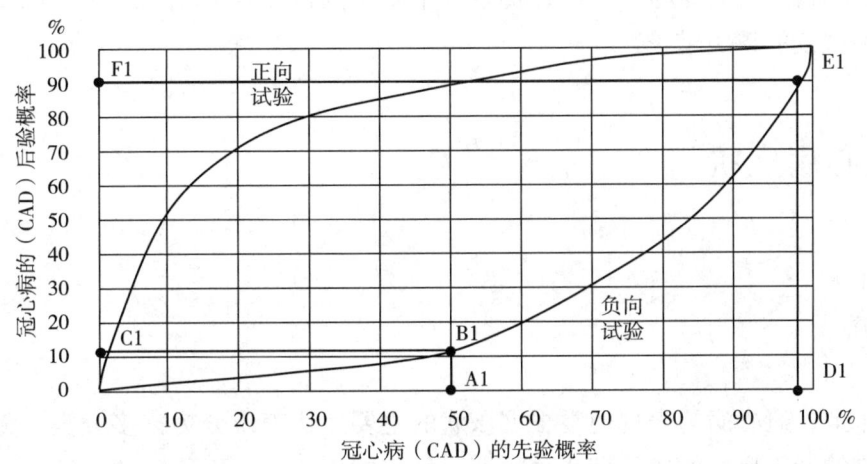

资料来源：麦肯锡。

图 20.16　与铊灌注扫描结果相关的冠心病的先验和后验概率（灵敏度 85%，特异度 90%）

运动心电图的后验概率（50%）现在变成运动铊的先验概率（水平轴上的点 A1）。将重合点定位在较低的阴性测试曲线（点 B1）上；CHD 的后验概率可以从纵轴（点 C1）上读出，约为 10%。大多数医生在此水平下排除了重要的阻塞性冠心病风险。评级将从 +100 降到标准水平。

另一方面，如果铊铅矿检测结果呈阳性，检测后的概率会上升到 90%；这是大多数医生诊断冠心病的一个标准，可能导致评级被向上修正。

上面的例子说明了在低流行率人群（如保险申请人）中测试的结果。它还说明了测试的使用，在设置冠心病的中间可能性时，它是最有用的；在这一点上，从冠心病的先验概率到后验概率的变化最大。

如果我们评估高冠心病患病率人群的风险，比如有症状的冠心病患者怎么办？另一个简短的例子说明了这些原则。

假设我们承保的是一名 50 岁的男性申请人，他患有典型的心绞痛。使用表 20.4 我们可以看到冠心病的预诊概率为 90%（点 D），最近的运动心电图纳入了主治医师报告。结果为 2 毫米 ST 段压低阳性。由图 20.15 可知，与之前一样，通过在横轴上的定位点 D（90% CHD 的预测概率），然后在 2.0mm 曲线上的重合位置（E 点），我们发现纵轴上的后验概率（F 点）为 98%。分配适当的等级。申请人对评级不满意，并咨询了他的主治医师。进行运动铊心肌灌注研究，结果为阴性。

假设后一种方法在技术上是令人满意的，其工作量相当于运动心电图，那么我们如何使用这种新信息呢？

遵循在图 20.16 中第一个例子同样的原则，利用运动心电图测验后的概率（98%）的作为铊的预发性测试（点 D1）。我们现在看到阴性铊（E1）降低冠心病的测验后的概率只有 90%（F1），仍在一个明确的诊断冠心病的阈值。因此，可以自信地为拟议的评级辩护。

▶▶ 冠心病症状

简介

临床上，冠心病的表现通常根据该病的主要症状表现分为许多大类。无症状的或症状前的属于疾病的潜伏期或静止期。稳定的心绞痛、不稳定的心绞痛和急性心肌梗死属于症状阶段，并具有重要的预后意义。心源性猝死和恶性室性心律失常都突出表现为心电不稳定。缺血性心肌病是指左心室发生重大损伤的疾病状态。

所有这些综合征都是用近似的或非正式的临床标准来解释的，并且它们之间的界限通常不会被清晰地描述出来。虽然与保险承保的病症将单独进行讨论，但有必要将冠心病看作一个连续的整体，提供一个更安全的框架，在此基础上进行风险选择。

心肌缺血的病理生理

心肌缺血的病理生理学概念有所拓宽。当考虑冠心病的稳定阶段时，心肌供氧与需求的关系模式仍然有用。正常情况下，增加的能量消耗是由来自心肌小动脉扩张引起的（由尚不明确的代谢信号介导）。血流介导的局部作用的一氧化氮从略大的血管内皮释放，在不同的压力范围内自动调节血液流动。然而，上游动脉粥样硬化狭窄可能对冠状动脉灌注压造成限制。心肌缺血是指当血液供应不足，不能维持正常功能的能量水平时的代谢失衡状态。

灌注储备可以通过邻近血管床的微血管和血管造影可见的侧支动脉得到增强，前提是这些血管床上的压力不会同样受到冠心病的影响。冠状动脉树的不同血管层一旦形成，就相互依赖。然而，当病人处于疾病的急性缺血阶段时，有必要改变这种传统模式。在这种情况下，心肌缺血的机制和概念包括预处理、心肌昏迷、心肌冬眠和再灌注损伤；这些过程与生化改变和细胞功能障碍有关，不遵循氧气需求供应模型。

预处理描述了短暂的（2~10分钟）缺血期的保护作用，将随后缺血的不利影响限制在几个小时内。这一机制似乎与缺血诱导的保护性蛋白的表达有关，这种蛋白介导了一次事件后13天的延长预处理期。

重要的心室功能异常在缺血缓解后很长一段时间内仍然存在，并且在溶栓治疗成功后仍可能发生。缺血和再灌注的双重损伤会导致氧自由基的破坏性暴发，而休克则会延长康复时间。

再灌注损伤是另一种生化和细胞过程，尽管冠状动脉血流恢复，但仍会导致心肌功能障碍和损伤。

冬眠心肌被定义为慢性灌注不足的心肌，收缩不足但无瘢痕，当充分灌注恢复后，该心肌正常收缩。这是由于心肌代谢降低所致。缺血、再灌注、晕眩和预处理都很可能同时存在于有症状的冠心病个体中。

心肌梗死的原因是缺血时间延长，细胞变化不可逆转。从脆弱的心内膜下开始，它延伸到"全厚度"作为时间的函数。结果梗死的大小是随后心力衰竭和预期寿命的一个主要的决定因素。与心绞痛一样，在确定梗死面积时也要考虑"供需"因素。这里的主要影响是冠状动脉血流临界减少的严重程度和持续时间，这是由先前存在的络合物、自发溶栓和治疗溶栓所改变的。

心肌梗死的原因通常是在"不稳定"的斑块上形成的阻塞血栓。在此之前通常会有一段短暂的不稳定心绞痛，可能是作为急性冠状动脉综合征一部分的间歇性血栓形成、血栓形成、溶解和进一步血栓形成的动态过程，可能会发展为心肌梗死。

在梗死后，剩余的心肌可通过扩张代偿性局部肥大，而愈合的心肌梗死纤维化成疤痕，这一复合过程称为重塑。在大约50%的病例中，自发的再通发生在6个月后。虽然有一些证据表明，在修复的早期开放动脉改善了心脏的结构重塑，但对于抢救缺血性心肌来说，已经太晚了。

预后

症状性冠心病患者的预后是一组变量或特征的函数,这些变量或特征共同描述了患者疾病的当前状态和进行性性质。虽然大多数关于冠心病的预后研究倾向于将该病的不同临床阶段视为不同的问题,每个阶段都有其独特的预后因素,但越来越多的证据表明,通过将该病视为一个连续体,可以更好地理解冠心病。

从概念上讲,冠心病心脏死亡的概率可以看作是申请人当前状态导致的风险和申请人疾病进展到另一状态(高风险或低风险)的风险之和。这是对一个复杂问题的过度简化,但有助于指出保险商需要解决的问题,以评估其申请人的预后。

在评估风险或任何其他概率事件时,一次只能考虑一小部分特征。一个人不能总是解释来自高度相关措施的重叠预后信息。这可能导致对特征重要性的高估,导致有偏差的预测。例如,LV射血分数和病变血管数量是冠心病人群中两个最重要的预后变量。它们也至少有适度的相关性,这意味着在某种程度上它们提供了相同的、而不是独立的预后信息。

许多其他预后变量也存在类似的重叠。例如,导管插入术和运动测试变量之间有很多重叠。我们将前者概念化为解剖数据;后者概念化为功能数据;但实际上两者的区别并不明显。预后信息是否独特很大程度上取决于对申请人的了解。

有症状的冠心病患者目前的风险状态主要是四种预后措施的作用:
1. 反映心肌损伤程度的因素以及在心肌损伤时维持心排血量的激活机制的成功;
2. 冠心病的解剖程度和严重程度;
3. 可能发生冠状动脉斑块;
4. 心肌电稳定性。

心室功能障碍

心室功能障碍可以成功描述左心室损伤数量的变量以及激活补偿损伤机制。虽然射血分数是预后评估中最常用的简易测量方法,但它并不是对心室功能的全面描述。部分原因是受损的心脏可以通过扩张来维持一个近似正常的射血分数。因此,许多研究表明心室容积,尤其是收缩期容积,是比射血分数更强的预后因素。此外,充血性心力衰竭(CHF)症状的存在和严重程度已被证明可以为射血分数增加独立的预后信息。因此,与没有CHF症状的类似申请者相比,具有给定射血分数和有症状的心力衰竭的申请者明显具有显著增加的风险。在左室舒张功能测量中发现了 CHF 症状的血流动力学相关性，现在有证据表明这些测量也提供了与射血分数无关的预后信息。同样，局部左心室壁运动异常的存在和范围提供的信息超过射血分数，特别是心肌梗死后。

由于 ST 段抬高心肌梗死（STEMI），左心室大小、形状和厚度发生变化，涉及梗死和非梗死的心室段，统称为心室重构。这一过程反过来会影响心室功能和预后。梗死灶节段大小的增加，称为梗死扩展，定义为急性扩张和梗死面积变薄，而不是额外的心肌坏死。它的特征是在形成坚实的纤维化疤痕之前，梗死区不成比例的变薄和扩张。当出现梗死时，梗死扩展与较高的死亡率和非致命并发症的发生率有关。超过 75% 的 STEMI 患者和 33%~50% 的 Q 波心肌梗死患者出现梗死扩展。超声心动图表现为心室非收缩区伸长。重塑也由心室可存活部分的扩张引起，在 STEMI 发生后立即开始，并在其后数月或数年内继续发展[130]。

心房颤动是 CHD 中一种罕见的心律失常，在冠状动脉外科研究（CASS）登记的 18 343 名患者中，其患病率估计为 0.6%。在这一人群中房颤的存在与缺血性二尖瓣反流和症状性 CHF 特别相关。然而，即使将这些因素考虑在内，房颤仍是一个独立的预后因素，与窦性心律相比，死亡风险大约增加了 1 倍。类似的考虑也适用于心室间传导干扰，特别是 LBBB。

缺血性二尖瓣反流是近 10 年来冠心病中出现的一个重要且常被低估的问题。总的来说，20% 的 CHD 患者在进行诊断性心导管插入术时出现一定程度的二尖瓣反流；3% 的患者出现严重（即 3 + ~ 4 +）反流。在预后方面，任何程度的二尖瓣反流（除了"生理性"）都是一个重要的不利因素，严重的反流是生存率的主要决定因素。

冠心病的范围和严重程度

继左室功能后，CHD 患者最重要的预后特征与冠状动脉粥样硬化程度和严重程度有关。通常情况下，这是用"患病血管数量"来衡量的，这是在冠状动脉造影早期流行的一种分类系统。在这个分类中，冠状动脉树被分为三个主要部分：

1. 左前降支（LAD）系，包括大的对角支；
2. 左旋（LCX）系统，包括大钝边分支；
3. 右冠状动脉（RCA）系统，包括后降动脉和任何大的后外侧分支。

从概念上讲，病变血管的数量分类是为了表达相应的左心室三个主要部分所面临的危险程度。

左主干病变，危及 LAD 和 LCX 的部分，属于两支血管病变。在左循环病变为主的患者中，这三个领域都受到危害。

在过去的 20 年里，许多研究者试图创造一种更有用的冠状动脉疾病严重程度的分类方法，但没有一个系统能够得到普遍的临床接受。有研究者[131]建议一个预后性冠心病指数，旨在克服一些疾病血管分类的不足（见表 20.7）。

表 20.7　　　　杜克冠状动脉疾病（CAD）预后指数

冠心病的严重程度	预后重量（0~100）
无 CAD≥50	0
1VD 50%~74%	19
>1VD 50%~74%	23
1VD 75%	23
1VD≥95%	32
2VD	37
2VD 两者都≥95%	42
1VD 95% 左前降支（LAD）	48
2VD 95% 左前降支（LAD）	48
2 近端左前降支（LAD）VD≥95%	56
3VD	56
至少一个 3VD≥95%	63
3VD 近端左前降支（LAD）	67
3 近端左前降支（LAD）VD≥95%	74
左主干 75%	82
左主干≥95%	100

关键词：1VD，单血管病；2VD，双支单血管病；3VD，三支血管病。

资料来源：史密斯。

该指数是分级的，将患者划分到最不适用的类别，考虑了关于病变严重程度（95%的病变比75%的狭窄风险高）和位置（近端病变比近端病变风险高，尤其是在 LAD）的预后重要数据。为了降低最终指标的复杂性，将具有相似预后的分类合并在一起，并将预后权重从 0（无冠心病）到 100（至少有 95%的主要疾病）分配。

另一个与冠状动脉解剖有关的预后指标是暂时性缺血的发生。静息缺血可能反映心绞痛预警系统的缺陷，使个体相对于有症状的同伴处于更高的风险，这一最初的假设在慢性冠心病的设置中通常没有得到支持。越来越多的证据表明，缺血是连续发生的，短暂性缺血发作的频率和强度（症状性和静息性）与潜在冠心病的严重程度密切相关。频繁或严重的短暂性缺血似乎具有类似于早期阳性踏车试验的预后意义。因此，短暂性缺血的许多预后内容与冠心病的严重程度有关。

在了解冠心病预后方面，冠状动脉解剖的一个重要方面是冠状动脉树的物理特征。具体地说，冠状动脉的大小（pardy，一种构建的功能）、分支的数量和分支的模式、侧支血管的存在和代偿性扩大的发展都被认为是结果的潜在决定因素。

冠状动脉斑块的活动

冠心病第三个预后变量是冠状动脉斑块。如前所述，越来越多的病理、血管内镜和超声数据证明斑块破裂是冠心病大多数不良后果的起始事件。

冠状动脉斑块破裂可能在显微镜下是可见的，唯一的后遗症是相关斑块无症状的增大，也可能是实质性的，开始形成梗阻性冠状动脉血栓。一些斑块，特别是那些胆固醇含量高、纤维帽薄的斑块，比其他斑块更容易破裂。重要的是，这些在冠状动脉造影中通常被认为是"无关紧要的"，而"重要的"斑块（即至少70%的狭窄）出现破裂的可能性要小得多。

临床医生早就认识到，有些人似乎形成斑块、破裂的可能性很低，因此，随着时间的推移，他们逐渐发展为冠状动脉树广泛的动脉粥样硬化。这可能导致严重的心绞痛，但LV的功能被保留。其他进展是早期主要斑块破裂与MI和随后的LV功能障碍。我们无法根据特定的斑块特征来前瞻性地识别不同的预后。冠状动脉造影和冠状动脉超声、EBCT和磁共振成像（MRI）的进展可能最终改变我们对冠状动脉斑块事件和预后的理解。

在过去的10年中，流行病学和病理生理学数据表明斑块的结果可能在很大程度上取决于周围的血液环境。空斑的结果至少在一定程度上取决于空斑帽破裂的严重程度，以及有多少潜在物质暴露在血流中或被挤压到血液中。然而，斑块破裂后发生的变化似乎受到多种血液因素的调节，包括纤维蛋白原和因子VII水平、血浆黏度、白细胞计数、血小板计数和活性，以及纤维蛋白溶解系统的状态。这些因素中有许多是相互关联的，而且与更传统的心血管危险因素相关。

最近的观察表明，对于斑块事件的血液学反应可能不同于不稳定心绞痛和急性心肌梗死，前者有较多的血小板血栓，后者有较多的纤维蛋白丰富血栓。然而，尽管这些观察很有意义，常规的凝血、纤溶系统和血小板的状态仍未纳入冠心病个体的标准预后评估，而只与特定的治疗干预与这些系统的特定改变有关。

在临床上，不稳定斑块的主要标志是患者症状模式的改变，也可能是个体经历的短暂缺血模式的改变。

一个人在过去6周内的症状过程和每天心绞痛发作的平均频率是预后的强有力的预测因子，即使考虑到血管造影的LV功能和冠心病严重程度的信息。个体症状模式的明显变化强烈提示最近的斑块事件。相反，一个稳定的症状模式提示近期斑块事件没有影响。遗憾的是，症状的改变对结果性斑块事件不敏感。运动测试和动态监测对于筛查都不实用，因为它们不能重复足够频繁地提供足够的监测。

这一病理生理模型对承保人使用评估冠心病可能性和预后的测试具有重要意义。特别地，传统的缺血结果用来指定测试阳性（如 ST 段凹陷、心绞痛、可逆性灌注缺损或新的壁运动异常）都与冠心病的存在和程度有关。这些结果都没有提供任何可靠的信息，说明在冠状动脉树某处一个不重要的胆固醇含量丰富的斑块可能破裂并进入运动状态，病理生理状态导致急性心肌梗死或猝死。

由于我们无法预测未来的斑块破裂，我们不得不间接地解决这个问题，要考虑到申请人的左心室和冠状动脉循环状况，个人是否有可能在新的重大斑块事件发生时存活下来。重大事件致死的概率与冠心病的存在程度直接相关。在个体患有单条血管疾病时，超过一半的新的心脏事件是非致命的，而在显著的左侧主要疾病中，几乎所有的斑块事件都是致命的。

目前的风险分层工具，包括心导管插入术和运动测试，并没有告诉我们太多关于未来事件发生的可能性，但它们确实提供了大量信息，说明如果斑块发生，个体存活的可能性。例如，运动时间被认为是 LV 功能障碍程度的间接反映；而缺血性表现，如 ST 端压低和心绞痛，则与严重冠心病的程度和严重程度有关。

心电稳定性

冠心病危险状态的最后一个主要领域与心肌的电稳定性（或缺乏电稳定性）有关。大量研究探讨了冠心病各种类型室性心律失常与生存的关系。一般而言，恶性室性心律失常（如持续性室性心动过速和心室颤动）除了发生在急性心肌梗死的最初几个小时外，都是显著的不良预后标志物。在关于冠心病预后的文献中，即使存在广泛的冠心病，但在射血分数低于 20% 的个体中是常见的；因此关于室性心律失常与 LV 功能障碍的严重程度之间的关系一直存在争论。

冠心病预后

随着目前风险状态的衡量，冠心病的预后取决于疾病进展到更高或更低风险状态的可能性。冠状动脉疾病进展被认为是通过两种基本机制发生的。一种进展机制是，斑块的发生会在疾病活动和风险上产生突变；通过一系列的斑块事件，一个人可以在几年的时间里从轻微的冠状动脉疾病发展到严重的多血管疾病。如前所述，斑块的发生在很大程度上仍是不可预测的，其发病机制也不完全清楚。

另一个主要的进展机制是，动脉粥样硬化斑块由脂质积累和平滑肌细胞长时间增殖而逐渐形成。这种疾病进展的预测因素被认为包括大多数标准的心血管危险因素，如吸烟、糖尿病、高血压和高胆固醇血症。通过危险因素修饰和药物治疗逆转这一过程是动脉粥样硬化消退的主要途径之一。虽然斑块事件和脂质积累/平滑肌增生作为疾病进展的替代机制的概念上的区别目前看来是有用的，但人们应该记住，两者可能实际上都是一个共同过程的一个方面，都可能由相同的风险因素驱动。

▶▶ 稳定型心绞痛

心肌缺血最常见的表现是胸痛。心绞痛是由心肌缺血引起的胸部或邻近区域的不适，与心肌功能紊乱有关，但无心肌坏死。稳定的心绞痛是指心绞痛发作频率和持续时间的稳定性，意味着经过一段时间的观察，可以对其进行评估。它反映了潜在的病理生理过程的稳定性。稳定型心绞痛指的是在一定程度的用力下可预见且可重复发生的胸部不适，休息或硝酸甘油可以缓解这种不适。

通常情况下，疼痛的特征被描述为"紧绷""沉重""收缩""挤压"或"胸部周围的紧箍"。疼痛部位主要集中在胸骨后，通常放射到颈部和手臂。下颌骨以上或上腹部以下的心绞痛是罕见的。心绞痛的"并发症"（即心绞痛以外的缺血症状，如呼吸困难、头晕、疲劳和流泪）很常见，尤其是在老年人中。

引起稳定型心绞痛发作的因素主要是与心肌耗氧量增加有关，尤其是体力消耗，这使心绞痛很容易识别，即使其特征、位置和辐射是非典型的。典型的发作通常是逐渐开始，在消散前几分钟达到最大强度。由于疼痛是心肌缺血的一种不一致的和相对较晚的表现，很少能在仅仅几个步骤后就引发疼痛史。在某些情况下，例如焦虑、暴露在寒冷中，以及饭后，疼痛可能会更早地表现出来。在没有这些额外因素的情况下，可能会增加心肌氧需求并减少冠状动脉血流储备；一些患者表现出明显一致的努力耐受性（固定阈值心绞痛），这意味着严重的狭窄是缺血的主要决定因素，冠状动脉血管舒张作用很小。然而，在其他患者中，耐受力是可变的（可变阈值心绞痛）。有时心绞痛甚至发生在休息或夜间与昼夜节律变化的努力耐受性。这种变化可能与冠状动脉血管收缩有关。最初经历心绞痛的病人，经过短时间的休息减轻，随后走了很长的距离，即使以轻快的步伐，也没有经历心绞痛。有人推测这可能是缺血预处理的结果。

典型的心绞痛可以在几分钟内通过休息或使用硝酸甘油来缓解。对后者的反应通常是一个有用的诊断工具，尽管食管疼痛也可能对硝化甘油有反应。在获得缓解之前延迟10分钟或更长时间表明症状不是由于缺血或严重缺血引起的。

加拿大心血管学会提出的心绞痛严重性分级制度[132]已得到全世界的广泛接受（见表20.8）。

表 20.8　　　　　　　　　　加拿大心血管协会心绞痛分类

类	描述
1	没有心绞痛与普通的身体活动，如步行或爬楼梯。
2	心绞痛，以正常的速度步行超过两个街区或爬上一段楼梯。心绞痛上山，在寒风中或寒冷中，在情绪压力下或饭后。
3	心绞痛，以正常的速度在平地上走一两个街区。
4	没有心绞痛就不能进行任何身体活动。

资料来源：Campeau.[132]

该表被用于许多关于心绞痛的诊断和治疗的研究报告，是对纽约心脏协会（NYHA）功能分类的一个改进。保险公司通常不会考虑仍然属于第 3 类的患者，也不会考虑第 4 类患者。

在有典型心绞痛、非典型心绞痛或非心绞痛胸痛病史的中年成人中，血管造影 CAD 的存在率分别为 90%、50% 和 15%，但在无症状的中年成人中仅为 34%[133]。虽然冠心病的临床表现，包括休息心绞痛、夜间心绞痛和餐后心绞痛，在多支血管患者中比单支血管疾病更严重，但疼痛的严重程度、持续时间、疼痛的性质及其诱发因素与血管造影疾病的程度无关。

流行病学

心绞痛的诊断在很大程度上取决于是否有特征性病史。关于患病率和发病率的可靠估计一直难以获得。在冠心病发病率较高和相对较高的国家，基于人群的研究使用了各种数据收集方法，结果表明，在中年人群中，心绞痛在男性中的发病率是女性的 2 倍多。在两性中，心绞痛的患病率随年龄的增长而急剧增加：男性从 45~54 岁年龄段的 25%，到 65~74 岁年龄段的 11%~20%；女性的这一比例分别为 0.5%~1% 到 10%~14%；75 岁以后，男性和女性的患病率几乎相同。

基于人群的心绞痛发病率信息主要基于前瞻性流行病学研究，并对队列进行反复检查。在为期 20 年的弗雷明汉研究随访中，在 45~54 岁年龄组中，男性无并发症心绞痛的年发病率为 0.3%，55~64 岁年龄组为 0.8%，65~74 岁年龄组为 0.6%。在女性中相应的特殊年龄段发病率分别为 0.2%、0.6% 和 0.6%。男性的心绞痛症状比女性少（37% 对 65%）。第一次心肌梗死的患者中，有一半的人随后出现心绞痛；而第一次心肌梗死的患者中，只有五分之一的人之前有心绞痛。

最近冠心病死亡率的下降在年轻的中年人群中最为明显。然而，伴随着这些趋势，临床表现为冠心病，特别是轻微症状，向老年人群转移。在出现这种趋势的国家中，可以预测老年组心绞痛的流行率将会增加。

静息心电图

大约50%的稳定型心绞痛患者静息心电图正常。静息心电图显示左心室功能正常。在休息时正常人可能有严重的心绞痛，但他们通常以前没有遭受广泛的梗死。在心绞痛发作期间，50%或以上的正常静息患者出现心电图异常。最常见的发现是ST段压低，尽管ST段抬高和以前的静息ST波变化可能发生正常化（假正常）。病理性Q波的出现提示既往心肌梗死（和冠心病）。R波电压局部降低、ST–T变化或T波反转的发生也提示冠心病，但不明确。

静息心电图在诊断心肌缺血方面存在许多缺陷。在稳定型心绞痛患者中，心电图ST段–T波异常的发生可能与潜在冠心病的严重程度相关，包括涉及的血管数量和LV功能障碍。这可以解释ST–T改变对这些患者预后的不良影响。相反，正常的静息心电图是更有利的预后标志。然而，稳定性心绞痛心电图改变的敏感性和特异性较低。

无创性检测

无创测试在评估稳定型心绞痛患者时提供了有用而有力的补充。在无创测试部分，我们已经回顾了每种测试类型的优缺点。对于在评估稳定型心绞痛的预后时使用无创试验，还需要一些更多的研究。

在临床实践中，运动心电图是治疗稳定型心绞痛的重要组成部分。这是因为其强大的预后价值。在人寿保险风险选择的设置中，尽管在临床实践中发挥着重要作用，但风险选择的使用却有所减少。这可能反映了市场竞争需要：一些行业研究表明，在测试阈值低于当前行业使用的阈值时，死亡率减少了很多。

运动心电图参数提示预后不良：
- 标记ST段水平或下降 > –2mm 大小的变化；
- 多个导联（前、下）发生广泛的ST变化；
- 早期心绞痛或ST变化或低HR（停药）；
- ST段变化恢复持续 >68 分钟；
- 低运动能力（小于5METs或50瓦或者无法从Bruce实验的第一阶段进行）；
- 低血压反应；
- 持续室性心动过速；
- 心律不齐或心率恢复缓慢。

缺血阈值是其中最重要的一个。然而，缺血阈值是由不同的因素决定的：锻炼时间、阶段实验、运动水平、个体差异、或者是临床试验的定量测试，这些临床试验旨在确定它们的相对预后重要性。心力衰竭的迹象与运动引起的心肌缺血的证据相联系意味着严重的心肌缺血和临床事件的高风险。

心电图的变化提供了缺血程度和严重程度的粗略指标。同时，心电图与应激心肌灌注显像在冠心病的检测、多血管疾病的鉴别方面优于单纯运动心电图，它能够确定病变血管的位置，确定缺血性和心肌梗死的程度。压力 MPI 在诊断心电图异常和 ST 段反应不能准确解释的患者（如左室肥厚、LBBB 和接受数字化治疗的患者）中特别有用。铊（肺摄取除外）灌注成像所获得的预后指标包括：多个或大的隔间缺损；明显血流异常；晚期心肌摄取或再注射后摄取；肺铊异常吸收；短暂性缺血性心室扩张。在这些因素中，最重要的是在休息时没有严重抑制 LV 功能的情况下，运动产生的多重灌注缺陷和肺摄取增加。

运动放射性核素血管造影术在冠心病诊断和预后评估中的应用已经被应力性超声心动图取代，并且很少使用。应力超声心动图可以更准确地评估心肌壁运动变化和收缩增厚，这是可逆缺血比射血分数变化更具体的标志。除了在全部和局部的功能变化，超声心动图可以检测到左心室肥厚和相关的瓣膜疾病。多普勒超声心动图提供的有用信息是二尖瓣反流的开始或恶化，是由于压力引起的缺血。

动态心电图监测的辅助作用有限。这在静息缺血一节中讨论。

在稳定的心绞痛中，无创检测预后分层的最大优势之一是识别低风险人群。临床文献中发表的研究通常报告平均年死亡率低于1%。很少有研究对不同形式的无创检测进行直接比较，以确定它们在识别低风险人群中的相对表现。杜克大学跑步机得分表明，三分之一到三分之二的人具有较低的风险，年平均死亡率在0.3%～0.6%。维纳等[134]从卡斯商学院的研究小组中，在多个医学中心，发现三分之一的住院病人登记是低风险的，使用的是第三阶段或更大阶段（Bruce 方案）的组合，没有明显的运动诱导 ST 段压低。这一组的平均年死亡率为1%。一些研究人员报告说，一个普通的定量平面或 SPECT 铊扫描发现了约三分之一的被试，与平均每年0.5%或更低的死亡率有关。有趣的是，所有的压力测试方式似乎都确定了一个构成相似的低风险群体，其平均年死亡率为0.5%～1.0%。

在患有稳定型心绞痛的未分化人群中，人们可能会预期，在10%～15%的无创测试中，会出现高风险结果，在30%～40%的测试中，在高工作负荷下会出现正常或最低限度的异常结果（意味着每年的死亡率低于1%）。

基于无创性检测的慢性稳定型心绞痛危险分层[135]

低风险（年死亡率＜1%）

- 低风险杜克跑步机得分（>5 分）；
- 静息或应激状态下正常或小的心肌灌注缺损；
- 正常应力回波壁运动或在应力期间没有发生轻微的静息壁运动异常（除非与高危险跑步机评分或静息 LV 功能障碍有关）。

中间风险（1%~3%年死亡率）
- 轻度/中度休息时 LV 功能障碍（EF=0.35-0.49）；
- 中度风险跑步机得分（-10 到 +4）；
- 应力导致中度灌注缺损，且肺活量增加，无 LV 扩张；
- 有限的应力回波缺血，只有在大剂量多巴酚丁胺的情况下才会出现壁面运动异常。

高风险（每年3%的死亡率）
- 严重休息时 LV 功能障碍（EF<35）；
- 高风险跑步机评分（11）；
- 严重运动 LV 功能障碍（EF<35）；
- 应力导致大的灌注缺损（尤其是前向灌注）；
- 承受中等大小的多次灌注缺陷；
- 大的、固定的灌注缺陷与 LV 扩张或肺摄取铊；
- 在 LV 扩张或肺摄取铊的情况下造成中度灌注缺损；
- 低剂量多巴酚丁胺时出现超声心动图壁运动异常（涉及>两段）；
- 应激反应广泛缺血的证据。

病史和预后

大多数患者的慢性稳定型心绞痛预后较好。弗雷明汉研究的数据显示，在使用阿司匹林之前，使用 β 受体阻滞剂和积极修改危险因素，慢性稳定型心绞痛患者的平均年死亡率为 4%。这些治疗的结合改善了预后。最近的数据显示，患有冠心病的中年男性的年死亡率为 1.7%~3%，主要缺血事件的年发生率为 1.4%~2.4%[11]。然而，有更高风险的子分组：有明显的 LV 功能障碍的患者，尤其是发生心衰的患者。另一个结局欠佳的子分组是冠状动脉左主干狭窄或近端 LAD 狭窄的患者。

目前，稳定型心绞痛病史受到抗缺血、抗血栓、抗高血压和抗脂质治疗的复杂相互作用的影响，以及通过血管重建程序的影响。危险因素强化治疗，特别是他汀类药物的抗脂质治疗，已被证明可以减少冠状动脉事件和血管重建的需要。

稳定的心绞痛患者可发展为冠状动脉粥样硬化疾病，但通常进展缓慢。在同一冠状动脉树中，血管造影复杂的和平滑的狭窄，进展速度不同，造景复杂的比平滑的变化更快。疾病的长期进展可能是缓慢的和线性的，或者是断断续续的和快速的，或者两者兼而有之。在许多病人中，除了引起狭窄的斑块外，还有较小的斑块。许多较小的斑块之一发生不稳定或破裂的可能性大于少数有明显狭窄的区域不稳定的风险。

稳定型心绞痛患者的长期预后信息可以从大的对照组随机试验的随访结果中获得，这些试验旨在评估血管重建的有效性。一般而言，在左心室功能较差、病变血管数量较多、冠状动脉狭窄近端位置较多、病变严重程度较高、心绞痛较严重、更容易诱发心绞痛或缺血、年龄较大的患者中，预后更差（与血管重建相关的改善更明显）。

治疗的影响

未经治疗的冠心病通常会导致进行性心绞痛、心肌梗死、左室功能障碍并最终死亡。虽然一些冠心病患者仍无症状或有慢性稳定心绞痛，但心源性猝死并不少见。稳定型心绞痛患者的治疗目标是减轻症状、延缓或预防冠心病的进展，从而降低发病率和延长生命。这通常是通过药物治疗完成的，但在一部分患者中需要血管重建。

在保留心室功能的慢性稳定型心绞痛的药物治疗中，有三种（阿司匹林、血管紧张素化酶抑制和有效的降脂）已被令人信服地证明可以降低单一性和发病率。其他的治疗方法，如硝酸盐、β受体阻滞剂和钙拮抗剂已经被证明可以改善症状和运动表现，但它们对生存的影响，如果有的话，还没有被证明。

用于控制慢性稳定型心绞痛症状的药物主要有三类：硝酸盐、β受体阻滞剂和钙拮抗剂。硝酸盐是治疗冠心病最古老的药物。目前尚无硝酸盐对无症状或慢性稳定型心绞痛患者预后影响的长期试验。在第四次心肌梗死生存率国际研究 ISIS-4 和第三次意大利急性心肌梗死研究 GISSI-3 试验中，硝酸盐对 MI 后短期死亡率没有影响。

受体阻滞剂对稳定型心绞痛预后的影响尚未在大型试验中专门研究。在完全无症状的受试者中，没有数据支持其预防性使用。然而，有心绞痛病史的患者，约有三分之一被纳入这些药物的梗死后研究。似乎有理由认为 β 受体阻滞剂具有预防死亡的潜力，尤其是突然死亡，甚至在没有梗死之前也能预防心肌梗死的发生。

钙拮抗剂是治疗冠心病的最新一类抗心绞痛药物。总的来说，这些药物的随机试验数据引起了对生存不利影响的关注。五项硝苯地平治疗急性心肌梗死的试验均显示安慰剂治疗患者的存活率更高。两项维拉帕米治疗急性心肌梗死的试验显示良好效果。在非 Q 波心肌梗死中，地尔硫卓已被证明可以早期（即相同的心电图区域）减少非致命的再灌注。从理论上讲，这类药物对冠心病的治疗很有吸引力。然而，现有文献中有一些关于这些药物的长期危害的建议，尤其是在显著的左心室损伤的设置上。[136]。

无介入治疗的稳定型心绞痛的风险选择

对过去几十年稳定的心绞痛死亡率的趋势，1997 年的林肯冠心病单性研究提供了一些见解。这个单一经验研究横跨 1963—1995 年。本研究中计算出的单因素比率是根据精算师协会 1975—1980 年预期死亡人数的基本表格计算出来的。正如预期的那样，与标准的保险寿命预期相比，患有心绞痛的申请人的相对标准化得到了提高。总体而言，没有心绞痛病史的申请人的死亡率低于有心绞痛病史的申请人。研究发现，投保后随着年龄的增长和政策持续时间的增加，有心绞痛病史的申请人的相对死亡率也在下降。有心绞痛病史的申请人的相对死亡率在 144%～263%。这比选择较少的临床人群的死亡率要好。随着冠心病诊断和治疗的进展，死亡率在连续的代间有所提高。

有稳定心绞痛病史的申请人通常在症状出现后推迟 6 个月，然后根据症状出现时的年龄进行评分。许多保险公司的承保手册载有高风险情况的初步清单，表明申请人可能无法投保（见表 20.9）。

表 20.9　　　　　　　　　　　　高风险或不可申请

1	在 35 岁之前早期发生冠心病，特别是有多支血管疾病或过早发生冠心病家族史的记录；
2	不稳定或恶化的疾病；
3	CHF 或低 LV 功能（EF 低于 45%）；
4	严重的未手术疾病（左主干尤其是近端 LAD 及 LV 功能障碍）；
5	急性事件后显著持续 ST 变化；
6	多个梗死灶；
7	短时间内疾病的显著进展；
8	LV 动脉瘤；
9	心房纤颤；
10	梗死后心绞痛；
11	冠心病合并可分级的瓣膜性心脏病、心肌病、糖尿病、肺部疾病、肾脏疾病或其他血管疾病；
12	压力测试严重异常：早期出现异常，血压下降，心电图异常恢复时间延长，心肌灌注成像多处缺损，肺摄取铊量增加。

评分标准是根据冠心病的严重程度，以及是否存在导致疾病进展或并发症发生的危险因素。当无创检查和冠状动脉造影的结果可用时，可以进行更高水平的风险

评估。

一般来说，评估过程包括确定一个与年龄和严重程度相关的基本评估，然后根据包括冠状动脉危险因素、共患病和介入治疗（如 PCI 和冠脉搭桥术 CABG）在内的各种额外考虑因素进行调整或修改。表 20.10 概述了患有稳定型心绞痛的申请人的风险范围。

表 20.10　　　　　　　　　　有心绞痛病史申请人的风险范围

	降低风险	更高的风险	不可接受的风险
临床			
发病年龄	60 +	35～50	<35
性别	—	女	—
FC/CCS	I	III	IV
心绞痛	无	频繁的	静息/不稳定
其他血管疾病	无	轻微的	中度/重度
其他医学疾病	无	轻微的	中度/重度
NI/GABG/PTCA	无	以前的	最近
充血性心力衰竭	无	短暂的	持续的
无创测试			
静息心电图	正常的	主要 T 束支传导阻滞 心肌梗死	频繁的室性早搏 VPB 房颤 LVH
压力心电图	正常的	>-1.0 毫米	>-3.0 毫米
积极的	无	布鲁斯 II 期	布鲁斯 I 期
负荷	≥10 METS	5～7 METS	<3 METS
血压反应	正常的	减弱	降血压药
压力核/回声	正常的	轻微的缺陷	大的缺陷 多个缺陷
EBCT 得分	≤25th 百分位	≤75th 百分位	≥90th 百分位
心导管检查			
LV 功能障碍	无	轻微的	严重的 LV 动脉瘤
EF	≥55%	40%～50%	<40%
血管造影	1VD	3VD	左主干 3VD >70%
瓣膜病	无	轻微的	轻微的/严重的

表 20.11 提供了一组基于常见证据级别进行分类的假设评级标准的概述。

表 20.11　　目前稳定型心绞痛评定标准概述

	评级类				高风险
	Ⅰ	Ⅱ	Ⅲ	Ⅳ	
临床					
发病年龄	35	35	35	50	<35
心绞痛	罕见的	偶尔	常规的	频繁的	休息
限制	无	轻微的	轻微的	标志着	严重的
功能/心绞痛分级	Ⅰ	Ⅱ	Ⅱ	Ⅲ	Ⅳ
心电图	正常的	Minor T	LAHB 右束支传导阻滞	ST-T 左束支传导阻滞	房颤，FVPBs 左心室肥大
无创的测试					
应急心电图	0 到 -0.5	0 到 -1.0	0 到 -2	0 到 -3	>3，↓BP
应急核	正常的	小	小到中	轻微的	多个
应急回波/WM	正常的	小	小到中	轻微的	多个
EBCT 得分	≤25th 百分位	≤25th 百分位	≤50th 百分位	≤75th 百分位	≥90th 百分位
心导管检查					
EF	>55	>55	>50	40~50	<40
血管造影	正常的	1~1½VD	2VD	3VD	≥3VD >70%
	1VD <50%	无 L main 无 prox LAD	无 L main	<30% LM	>30% LM Diffuse

下面给出一个 50~59 岁年龄组的假设评级示例。

经医学治疗的稳定型心绞痛的样本分级

等级（源于表20.13）

	Ⅰ	Ⅱ	Ⅲ	Ⅳ
自出现症状后 0~6个月	延期 +50~+75	延期 +100	延期 +125~+150	延期 +200~+300

对于 40 岁以下的人，表格的评分可能会增加三分之二；在 40~49 岁的人群中，这一比例可能会增加三分之一；而对于 60 岁以上的人来说，这一比例可能会下降三分之一。每个评级都可以被上面讨论的其他考虑因素修改。

常规治疗和稳定的心绞痛

如上所述，药物治疗通常能够达到稳定型心绞痛的治疗目标。然而，一部分患者需要血管化治疗。血管重建可通过经皮冠状动脉介入术（PCI）或冠状动脉旁路移植术（CABG）来完成。介入治疗改善症状，但一般不影响死亡率。然而，两组患者似乎受益于血管重建：

1. 在最佳医疗方案下持续出现不可接受症状的个人；
2. 根据病灶的位置和严重程度、病变血管的数量和左室功能障碍的存在程度，患者被认为"病情较重"。

有冠心病的申请人也接受过血运重建治疗，这是冠心病的一个明显子集；因此，我们将回顾血管重建治疗的现状。

经皮冠状动脉介入

经皮介入（PCI）包括经皮冠状动脉成形术（PTCA）、支架植入和相关技术。自 1977 年 Gruentzig 引入介入心脏病学以来，随着操作人员经验的增加，介入心脏病学的实践发生了根本性的变化：改进的辅助药物治疗；技术进步，包括药物洗脱支架、远端保护装置和针对特定技术问题的装置（如血栓切除术和动脉切除术导管）[138,139]。

球囊血管成形术仍然是 PCI 的一个重要组成部分，无论是在支架置入前扩张血管，还是在支架置入后再扩张血管。但是"独立的"气囊血管成形术现在只适用于较小的 <2.5mm 血管、长病灶、静脉移植的吻合性狭窄或支架狭窄的治疗。

对于特殊类型的病灶，可选择其他方法。体积大、偏心的病变是定向动脉粥样硬化切除术的良好适应症。在硬纤维钙化病灶、开口病灶和弥漫性疾病的治疗中，旋磨消融是最有效的。早期对激光治疗的热情已经下降，因为经常需要辅助球囊血管成形术和高再狭窄率。

冠脉手术次数呈指数增长（1987—2001 年增加了 266%）。在过去的 5 年中，在美国和英国，大部分的血管重建手术是 PCI 而不是 CABG。尽管有这些进展，但我们必须认识到，可扩张的病变是一个孤立的靶点，而动脉粥样硬化是一个弥漫性或多灶性的过程。

稳定心绞痛患者 PCI 手术的适应症是：有明显症状而药物治疗无改善，并发症和低风险（如小于 70 岁和单支血管病变），没有心力衰竭和 EF >0.40 的历史。

与 PCI 失败风险增加相关的特征包括高龄、女性、不稳定心绞痛、充血性心力衰竭、左主干和多血管冠心病。糖尿病患者和肾功能受损的多血管疾病患者的围手术期并发症和晚期死亡率均高于无这些情况的患者。

与手术失败风险增加相关的病变因素包括完全闭塞超过3个月、过度血管曲折、无法保护侧支和退行性静脉移植物病变。

PCI术后的解剖学（或血管造影）成功定义为残余直径狭窄小于50%、冠状动脉血流正常。手术成功定义为在手术后30天内无重大并发症（死亡、心肌梗死或冠脉搭桥术）发生的血管造影成功。

支架置入以控制解剖结构和突然闭合（从而避免紧急冠脉搭桥术），最常见的并发症是围手术期心肌梗死。当使用关节切除术设备或在静脉移植物病变等高风险亚组时，此类事件的发生率更高。目前对PCI的期望，尤其是广泛使用支架，是：90%的整体手术成功率（95%为"理想病变"），死亡率低于1%，无Q波梗死率低于1.5%，急诊搭桥手术率为1%~2%。

PCI术后的临床事件可归因于PTCA位点的动脉再狭窄、冠状动脉支架置入术区域的内膜增生、远处动脉粥样硬化疾病的进展或不稳定，或两者的结合。这些过程可以通过事件发生的时间部分区分，临床和血管造影再狭窄一般在PTCA球囊后6~9个月内发生。在手术后，死亡、心肌梗死和进展作为一种低但持续的危险（每年1%~2%的风险）无限期地发生。单支血管性冠心病患者可预期95%的10年生存率，多支血管性冠心病患者PCI术后可达到80%的生存率。PCI术后长期死亡的主要决定因素包括左室功能、冠心病程度、糖尿病和个人年龄。

再狭窄是复发性缺血的主要原因，需要后续的程序。平均而言，导致心绞痛复发的临床再狭窄率约为30%，而血管造影再狭窄率接近40%~50%，尤其是在某些临床和血管造影亚群中。再狭窄的可能性（>50%）与干预后血管的最终直径成反比。此外，近端LAD更易发生再狭窄，而RCA则不易发生。

临床意义重大的再狭窄是一个相对较早的事件，最常见的是在术后的前6个月在临床变得明显。再狭窄最常见的临床表现是逐渐进展性心绞痛复发。然而，9个月到1年后，复发性缺血更可能是由于新的或进行性疾病而不是再狭窄。

应激心肌灌注显像和应激超声心动图在检测再狭窄方面优于运动心电图。它们通常被首选作为监测和检测程序；因为它们的准确性高，需要记录病灶的位置和缺血程度。偶尔，运动心电图用于个体患有单一血管疾病和PCI术前缺血性ST段压低症的患者。再狭窄病变一般通过重复血管成形术治疗。

当代的数据集反映了支架的广泛使用，记录了比前支架时代更低的再狭窄率和重复血管重建率。支架改善了PCI早期和晚期的疗效。这些有利的结果主要是通过减少临床再狭窄和需要血运重建而不是转化为减少死亡或心肌梗死。支架内再狭窄发生在15%~30%的PCI手术中，使用的是裸金属支架，并且对长期结果仍有限制。药物洗脱支架（将单一或多种生物活性物质释放到周围组织的涂层支架）在临床试验中显示，与裸金属支架相比，患者再狭窄明显减少。

只有少数的随机临床试验比较PCI和医学治疗。这涉及不到2 000名患者，他们主要患有单发血管疾病，在支架时代之前就已经完全康复。这些试验表明，在接受血管成形术治疗的患者中，心绞痛得到了更好的控制，锻炼能力得到了提高。然而，没有随机试验表明PCI与药物治疗在慢性稳定型心绞痛中减少死亡或心肌梗死。

稳定型心绞痛和左室功能障碍患者的球囊血管成形术研究表明，早期手术成功率高，但血管重建不完全，长期预后差，包括生存率。在支架时代，收缩期功能障碍仍然是PCI术后死亡率的独立预测因子。

与男性相比，接受PCI治疗的女性往往年龄更大，并有更多的合并症。20世纪90年代初的报告显示，接受PCI的妇女死亡率更高；然而，随后的研究记录了早期并发症风险的持续降低，尽管持续的高风险特征和类似于男性的长期结果。

糖尿病患者在PCI术后发生并发症的风险大大增加。糖尿病动脉粥样硬化环境以促凝状态、纤溶活性降低、增殖和炎症增加为特征。再狭窄在糖尿病患者中更为常见，疾病进展也是如此。基于这些原因，CABG绕过了大部分血管而不是特定的病变，似乎为糖尿病患者提供了一个更好的中远期预后[138,139]。

冠状动脉旁路移植术

冠状动脉旁路移植术（CABG）是30多年来公认的一种非常有效的心肌血运重建方法。在这段时间里，接受冠脉搭桥术的病人人数发生了很大的变化。目前，有冠脉搭桥术的患者年龄较大，女性患者比例较高，且"病情较重"，其中有不稳定心绞痛、三血管疾病、既往有PCI或冠脉搭桥术的血运重建、左心室功能障碍以及包括高血压、糖尿病和周围血管疾病在内的合并症。尽管这些人群的风险越来越高，但CABG的结果总体上保持稳定或有所改善。

冠状动脉手术现在是一种可重复且技术上精确的手术。患者的生存预后在很大程度上依赖于技术水平。手术通常采用泵氧器进行体外循环。最近对传统冠脉搭桥术的技术改进，要么采用更有限的切口，要么取消体外循环（CPB），或者两者都旨在降低手术的发病率，目前在20%~30%的冠脉搭桥术中使用。

"低侵入性"或"微创性"方法根据CPB的方法和使用分为四大类：

1. 采用小的开胸切口或心脏操作端口进行CABG，通过腹股沟插管和主动脉内气囊建立CPB以阻断主动脉。

2. Portaccess技术也使得完全内窥镜的机器人辅助CABG（TECAB）能够在被捕获的心脏上执行。

3. 体外搭桥术（OPCAB）采用标准的中位胸骨切开术，通常是小的皮肤切口和稳定装置,以减少目标血管的运动,而吻合术不使用 CPB。

4. 微创直接冠状动脉搭桥术(MICAB)是在没有 CPB 的情况下,通过左前胸廓切开术进行的[132]。

有几条血管可供使用。长隐静脉仍然广泛应用于右冠状动脉和冠状动脉的远端分支,以及在这些血管和斜支中进行连续移植。在紧急情况下,许多外科医生更喜欢隐静脉而不是内乳动脉,因为隐静脉更容易获得和移植。当在手术时测量,通过大隐静脉(SVGs)的流速平均接近 70ml/min。流速 <45ml/min,尤其是小于 25ml/min 时,常常发生了与移植血管闭合。

SVGs 中疾病的发生有几个阶段。第 1 年的闭塞率很高,在第 1 年和第 6 年之间大幅下降,然后在第 6 年和第 10 年之间再次上升。8%~12% 的静脉移植发生早期闭塞(出院前),一年后,15%~30% 的静脉移植物发生闭塞。第 1 年之后,每年的闭塞率是 2%,在 6~10 年间每年上升到 4%。在 10 年,大约 50% 的静脉移植物被阻塞,并且相当大比例的剩余移植物存在明显的动脉粥样硬化。移植阻塞的预测因子包括小靶血管直径、早期心肌梗死、高脂血症、吸烟和男性。再次手术的风险很高;5%~11% 的死亡率主要取决于 LV 的功能。

如果可能的话,最好选择动脉移植,因为它们的长期通畅性优于隐静脉移植。内乳动脉(IMA),也被称为胸内动脉,通常没有动脉粥样硬化,特别是在 65 岁以下的人群中。当移植时,它似乎很少发生内膜增生,而静脉移植则非常普遍。IMA 移植的直径通常比隐静脉的直径更接近于受体冠状动脉。目前,左 IMA 经常用于移植左冠状动脉前降支,并在其他血管中添加 SVGs。虽然使用双侧 IMAs 似乎有轻微的生存优势,但技术要求、手术时间更长、术后并发症发生率更高,降低了患者的积极性。通常发生在 SVGs 中的加速动脉粥样硬化在 IMA 移植中很少见。IMA 的通畅率优于 SVGs 中的通畅率。在一个系列中,IMA 移植在 1 年、5 年和 10 年的通畅率分别为 95%、88% 和 83%。

疾病进展,定义为先前病变的恶化或新直径缩小 50% 或更大的出现,在 5~10 年的时间内以 20%~40% 的速度发生在非移植的原生血管中。在已经显示有疾病迹象的动脉段中,疾病进展的速度最高,并且在移植的冠状动脉中比在非移植的血管中高出 3 到 6 倍。移植的动脉的疾病进展也比闭塞移植的动脉大。由于这个原因,即使在最初成功的情况下绕过动脉,最终也可能是有害的。长且直径超过 70% 的病灶最易发生闭塞。

对于远端移植的血管保留动脉内膜切除术,围手术期死亡率和心肌梗死发生率较高,长期通畅率较低。

冠状动脉搭桥手术的住院主要并发症主要取决于以下几个因素:年龄、术前心脏手术、手术急迫性、心外膜血管数量有明显病变、左主干病变百分比、左室功能及相关疾病（尤其是糖尿病、肾脏或呼吸系统疾病）。单血管疾病住院死亡率为1%，多血管疾病住院死亡率增加4%~5%，左室功能不良。以出现新的Q波为特征的围手术期心肌梗死，见于45%的病例。

CABG对于完全缓解心绞痛非常有效。在一组接受SVGs治疗的患者中，90%在1年内没有心绞痛。在接下来的4年中，复发率约为每年3%，此后每年5%。

近30年来，心血管学界一直在研究CABG的有效性。20世纪70年代，进行了三次大型多中心试验（退伍军人事务合作研究、欧洲冠状动脉外科研究和冠状动脉外科研究），比较冠脉搭桥术和医疗治疗。尽管他们的总体目标相似，但这些试验在设计、招募的患者类型、何时进行以及报告方法等方面存在差异。冠状动脉旁路移植术试验人员将冠脉搭桥术与药物治疗的随机试验相结合，结合三项大型研究和四项小型研究的数据提供了一个极好的视角[121]。

2 649名患者的10年死亡率数据表明冠脉搭桥组5年死亡率为10.2%，内科组为15.8%。到10年，死亡率下降仍然具有统计学意义，但似乎随时间而下降（见图20.17）。

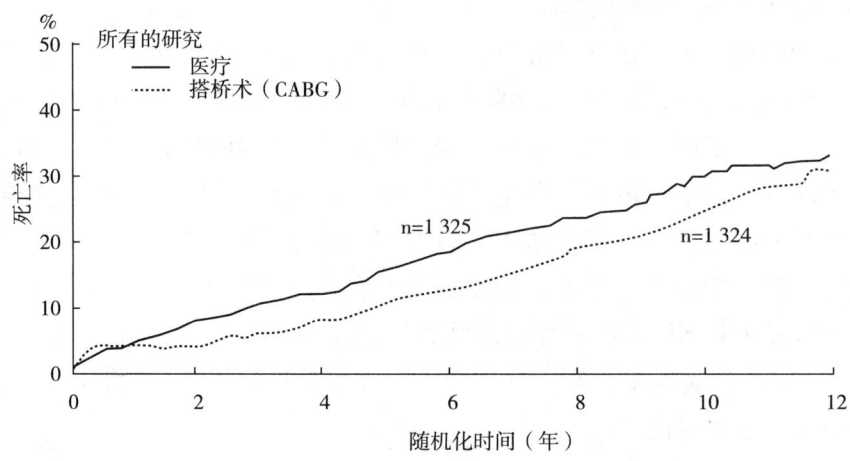

资料来源：Yusef（1994）。

图20.17　总体医疗人群与CABG的生存曲线

换句话说，在随机分组后的早期获益最大，在10年的随访后显著降低。晚期静脉移植失败、原发性疾病的进展、术中梗死或移植物阻塞的延迟效应，以及从医学到外科治疗的交叉，都可能导致这种衰减。每次试验都表明，手术延长了高危患者的生存期。亚组分析显示，左主干或三支血管病变、左室功能异常、心绞痛加重、运动应激阳性和/或外周血管疾病患者获益最大。近端LAD疾病也与死亡率降低有关。一般而言，冠脉搭桥术对低风险患者没有显著的生存优势，例如，那些患有单支血管疾病的患者，或不包括近端LAD冠状动脉的两支血管疾病的患者。

在 1972—1984 年，三项主要的冠脉搭桥术与药物治疗的随机试验影响了目前的临床实践。由于在技术和病人选择方面的改进，大型转诊中心的结果有所改善。除了技术改进外，接受治疗的病人类型和外科服务的分布也发生了变化。女性和老年患者更常进行手术。弥漫性和严重程度更高的动脉粥样硬化、实质性的 LV 功能障碍以及重要的共病患者越来越多地出现冠脉搭桥。现在比试验时更多的医院提供搭桥手术。结果在中心之间存在相当大的异质性，其中许多中心的临床表现低于每年推荐的 300 例。就像手术在试验进行后发生了很大的变化一样，医疗也发生了变化。事实上，以今天的标准来看，这些试验中的医学治疗是相当温和的，只有硝酸盐和 β 受体阻滞剂可用。

与男性相比，患有 CABG 的女性在年龄、合并症、心绞痛的严重程度和充血性心力衰竭史等方面表现出"更严重"的倾向。冠脉搭桥术后住院死亡率和围手术期发病率保持平均水平，是男性的 2 倍。然而，当考虑到患有冠脉搭桥的女性的更大风险时，短期死亡率和长期结果与大多数但不是所有研究中的男性相似。

糖尿病是手术血管重建患者死亡率的重要独立预测因子。与年龄较小的非糖尿病患者相比，经血管造影证实患有冠心病的糖尿病患者更可能是女性，有外周血管疾病的证据，而且冠状动脉闭塞的数量更高。糖尿病患者的远端血管较小，被认为是搭桥移植的较差靶点。尽管如此，在糖尿病患者和非糖尿病患者中，动脉和静脉移植的通畅性是相似的；在适当选择的情况下，CABG 手术与药物治疗的好处在糖尿病患者中保持不变。

许多研究将冠脉搭桥术与 PCI 术在某些解剖条件下进行了比较。在支架时代之前进行的观察性研究是相当一致的。在 1~5 年期间内，接受 CABG 和 PTCA 的患者的死亡率和非致命梗死发生率的差别并不明显，灶明显不同；但是复发事件，包括心绞痛和再手术，PTCA 明显更频繁，主要是由于不完整的血管再生和再狭窄。考虑到总体人群，观察数据显示生存率无差异，但与 PTCA 相比，冠脉搭桥术获益的几个亚组包括 LV 功能障碍患者和近端 LAD 狭窄患者（>70%）。

冠脉搭桥术和 PCI 在单发血管疾病患者中的随机临床试验显示了相似的长期生存率。早期的研究表明需要重新干预的频率更高，但最近在支架时代进行的更多试验缩小了这一差距。

至少有 9 个随机临床试验比较了多血管疾病患者的 PCI 和 CABG。尽管在设计、方法和入组患者人群方面的试验存在异质性，但其结果具有可比性，并为选择的多血管疾病患者提供了冠脉搭桥术和 PCI 的一致观点。参与这些试验的患者的风险相对较低，主要是双血管疾病和维持良好的 LV 功能；也就是说，很大比例的患者在冠脉搭桥手术之前没有被证明在生存方面优于药物治疗。除了两项试验外，所有试验都是在广泛使用支架和 PCI 技术的其他进展之前进行的。

这些试验的结果是一致的：两种血运重建方法都与相似的死亡风险和非致命心肌梗死相关，尽管这些试验在统计学上无法检测方法之间或特定患者亚组之间的细微差异。与 PTCA 相比，冠脉搭桥术治疗的糖尿病患者（胰岛素或口服治疗）5 年死亡率明显低于 PTCA（19% 相对 35%）[140]。相比之下，没有接受药物治疗的糖尿病患者的死亡率为 9%。复发性冠脉搭桥的高风险应当重视，而血管成形术是一种可重复的低风险手术。

综上所述，5 年后，大约 75% 的冠脉搭桥术患者可预测无缺血性事件、猝死、心肌梗死或心绞痛复发；10 年后大约 50%，15 年以上 15%。最完整的血运重建患者症状改善最好。

激光心肌血运重建术

通过在左心室的心外膜表面放置一束激光，通过横向开胸手术暴露，并从心外膜表面到心内膜表面创建小通道，可以实现心肌的血管重建。这种方法似乎可以改善难治性心绞痛患者的症状；然而，效果改善的程度和原理仍不确定。最初的临床研究在严重的冠心病患者中是有希望的，他们不愿意接受旁路手术。随后的试验结果喜忧参半。进一步的试验正在进行中，但目前使用经心肌激光血管重建不适合作为一个独立的治疗方式[138]。

对接受过介入治疗的患者进行稳定性心绞痛的风险选择

有过 PCI 或 CABG 的申请人申请人寿保险的人数继续增加，保险公司在分类涉及的各种风险方面面临着一项艰巨的任务。在临床文献中，所有年龄组的死亡率（MR）都在 200%~250%[137]。在不复杂的病例中，PCI 和 CABG 的生存率相当，尽管 CABG 的死亡率和评分可能略高，反映了多血管疾病的较高患病率。最年轻年龄组的死亡率最高（>400%）。在手术后的 15 年里死亡率并没有明显下降；实际上，在一些研究中在所有年龄阶段的后期都在上升。手术后的死亡率对于 75 岁以上的人来说是非常有利的，这反映了手术本身的选择过程和手术带来的压力的选择。药物洗脱支架对长期死亡率的影响还为时过早。

在保险申请人中进行冠心病介入治疗的经验与临床文献中发现的死亡率趋势相似。在 1997 年的林肯冠心病死亡率研究中[137]而接受冠脉搭桥手术的患者死亡率略低于未接受冠脉搭桥手术的冠心病患者。冠脉搭桥术中，术后所有持续时间的相对死亡率风险均升高（1~2 年 MR 为 256%；3~5 年，231%；6~10 年，262%；11 年以上，200%）。有良好 LV 功能的申请人，MRs 为 182%；对功能良好的患者，术后 MRs 为 263%；对 LV 功能较差的患者，术后 MRs 为 398%。

血运重建后的死亡率有时在后期增加，反映了在前10~15年死亡率稳定，然后随着移植失败和/或原部位疾病的进展逐渐恶化。表20.12概述了接受过介入治疗的申请人的风险范围。需要注意的是，在急性心肌梗死的情况下介入治疗是一种特殊的情况，这类患者应在心肌梗死部分投保。表20.13提供了一组基于常见证据级别进行分类的假设评级标准的概述。

表20.12 曾接受冠状动脉搭桥手术或经皮冠状动脉介入治疗的患者的风险谱

	降低风险	更高的风险	不可接受风险
发病年龄			
	60+	35~50	<35
手术前状态			
LV功能障碍	没有一个	轻/中度	严重的
EF	≥55%	45%~50%	<45%
血管造影	1~1½VD	3VD 左主干	扩散
过程			
冠脉搭桥术	1~2	3~4	>4 瓣膜置换 动脉瘤切除术 激光重建
IMA	是的	没有	—
PTCA	1~2	3	>3
支架	是的	没有	—
血管再生	完整的	不完整的	不完整的
当前的状态			
NYHA/CCS	I	I~II	III~IV
心电图	正常的 小T	主要T BBB 心肌梗死	VPB 频繁的 房颤 LVH
残余心肌缺血			
心绞痛	没有一个	温和的	中度/重度
压力测试	正常的	轻微的积极	>轻微的积极
血管造影			
移植	专利	1 闭塞	>1 闭塞
再狭窄	没有	1	>1

表 20.13　冠状动脉搭桥手术或经皮冠状动脉介入治疗评分标准概述

		评级类			高风险
		I	II	III	
临床					
	发病年龄	40	40	50	<35
术前状态					
	LV 功能障碍	没有一个	最小的		
	EF	≥55%	>50%	>45%	<45%
	血管造影	1~1½VD	2~2½VD	3VD	扩散
手术过程					
	绕过	1~2	3	3~4	>4
	IMA	是/否	是/否	是/否	Valv. replt TLR LV 动脉瘤
	PTCA	1~2	3	3	>3
	支架	是/否	是/否	是/否	—
	血管再生	Com/Incomp	Com/Incomp	Com/Incomp	—
当前的状态					
	NYHA/CCS	I	I~II	I~II	III~IV
	心电图	正常/T	LAHB/RBBB 小面积心肌梗死	LBBB	房颤 LVH
残余心肌缺血					
	心绞痛	无	没有/轻微	没有/轻微	轻微/严重
	压力测试	正常/小	Neg/轻度 Pos	Neg/轻度 Pos	轻微的 Pos
	血管造影				
	移植	病人	病人	1 堵塞	>1 堵塞
	再狭窄	没有一个	没有一个	1 辐射	>1

以下是 50~59 岁年龄组的假设评分示例：

经皮冠状动脉介入和搭桥手术的样本评分

等级（源于表20.13）

	I	II	III
从PCI和CABG发作 0~6个月 年龄50~59岁	延期 +75~+100	延期 +100~+175	延期 +250

对于 40 岁以下的人，表上的评分可能会增加三分之二；对于 40~49 岁的人，评分可能会增加三分之一；而对于 60 岁以上的人，评分可能会减少三分之一。可

能的情况是，每个评级都可以被上面讨论的其他考虑因素修改。

普氏心绞痛（不稳定性心绞痛）

1959年，Printzmetal等人[141]描述一种以休息时心绞痛为特征并伴有短暂ST段抬高的综合征。这种综合征可能与急性心肌梗死和严重的心律失常有关，包括室性心动过速和纤颤以及猝死。在临床上，变异型心绞痛可能与"普通"休息心绞痛难以区分。对于患有严重动脉粥样硬化疾病的患者，是否有任何理由进行区分是有争议的。对于那些随后被发现患有普通冠状动脉或轻度疾病的患者，可能会引发痉挛；临床区别于不稳定心绞痛是有意义的，因为这对风险选择有影响。然而，由于这种情况在休息时表现为心绞痛，并伴有严重的危及生命的心律失常和进展到心肌梗死的风险，因此将变异性心绞痛视为不稳定心绞痛的一部分是合乎逻辑的。

变异心绞痛被证实是由冠状动脉痉挛引起的。这种情况发生在心肌对氧气的需求没有增加的情况下，这反映在HR或血压的升高上。腔内直径的显著减少通常是局灶性的，涉及一个单一的部位，通常有动脉粥样硬化病变。即使是血管造影没有管腔狭窄证据的变异型心绞痛患者，也会在局灶性痉挛部位用冠状动脉内超声（IVUS）证实动脉粥样硬化。亚洲变异型心绞痛患者更常见的是广泛性冠状动脉亢进；而白人患者的异常更为集中。硝化甘油，有时需要大剂量，通常可以逆转痉挛。这种局灶性、严重的血管痉挛不应与冠状动脉大血管和小血管的弥漫性血管收缩相混淆，后者是对冷暴露等刺激的正常反应。吸烟是变异型心绞痛的一个重要危险因素；而可卡因在鼻内服用时会引起肾上腺素介导的冠状动脉收缩。在可卡因吸食者戒毒期间，霍尔特监测发现有很高的自发静息缺血的发生率。

单纯形式的变异型心绞痛似乎并不常见，占心绞痛病例的不到1%。患有变异型心绞痛的人往往比患有稳定型心绞痛或不稳定型心绞痛的人更年轻，而且许多人并没有表现出典型的危险因素。发作的特点是通常在休息时剧烈疼痛，伴有ST段抬高，心电图上的R波振幅增加。发作倾向于在夜间（凌晨2~4点）发生，与之相反的是那些有稳定心绞痛的人，他们的发作集中在早上（早上8~12点）。通常情况下，个人的运动能力相对较好。在疾病活动周期之后，可能会有几个月或几年没有出现症状。大约一半的变异型心绞痛患者存在劳力性心绞痛。变异型心绞痛在心肌梗死的恢复期、冠状动脉搭桥手术或近期血管成形术的患者，以及在心脏移植后完全去神经的患者中都有报道。偶尔，它似乎是一种广泛性血管痉挛障碍的表现，伴有偏头痛和间歇性手指皮色改变（雷诺）现象[137]。

在患有变异型心绞痛的个体中进行运动测试，因为反应多变而效果有限。大约相等数量的个体显示ST段降低，没有ST段改变或ST段抬高。

冠状动脉造影显示，在大多数变异性心绞痛患者中，至少有一个主要血管（通常是右冠状动脉）有明显固定的阻塞，痉挛通常发生在梗阻1厘米内。在没有缺血的情况下，其余患者的冠状动脉正常。

为了诊断的目的，人体工程学的刺激试验是相当敏感的。正常冠状动脉对人体工程学的反应是管径的弥漫性降低，而严重的局灶性痉挛发生在变异性心绞痛。这种测试的灵敏度最高的时候，疾病是活跃的（每天至少1次发作）；低的时候，零星发作。冠状动脉内注射乙酰胆碱也被证实能引起不同类型心绞痛患者的痉挛，其敏感性和特异性与麦角新碱相近[142]。

钙拮抗剂和硝酸盐一直是主要的治疗；β受体阻滞剂和阿司匹林的治疗可能是有害的。冠状动脉成形术和偶尔的冠状动脉搭桥手术可用于有离散的近端固定梗阻的病人，但对于孤立的冠状动脉痉挛和正常冠状动脉搭桥手术是禁忌的。

变异性心绞痛的预后与其他形式的不稳定心绞痛的预后并无太大差异。许多变异型心绞痛患者经历急性活跃期，出现心绞痛和心脏事件后的前6个月经常发作。许多来自不同国家的患者都报告了变异性心绞痛的长期预后。连续1年无梗死的生存率为93%；无狭窄的生存率为70%以上；单血管病变的生存率为86%；多血管病变的生存率为65%。在5年，相应的数字分别为83%、74%和44%[143]。

核保的风险选择

潜在冠心病的程度和严重程度似乎是影响预后的最重要因素。在自发性心律不齐过程中出现严重心律不齐的人猝死的风险更高。患有严重固定梗阻的人更容易出现持续性症状、急性心肌梗死和死亡。一旦急性症状消退，正常或轻度病变的冠心病患者预后良好。

申请者通常在急性发作后被推迟6个月。那些心电图正常而无固定动脉粥样硬化梗阻性病变的患者通常为+50～+75分。有更多固定动脉粥样硬化阻塞性病变的申请者通常被认为是稳定型心绞痛。

正常冠状动脉造影的胸痛（X综合征）

在所有接受慢性或急性冠脉综合征冠状动脉造影诊断的患者中，有10%～20%的患者心外膜冠状动脉造影正常。即使考虑到这些患者的一些症状可能是非心脏性的，也有理由认为至少有十分之一的典型心绞痛患者没有明显的冠状动脉粥样硬化。

这种综合征被称为"X综合征"，可能是由一群不同类型的患者组成，他们表现为典型的胸痛、积极的运动压力测试、血管造影平滑的心冠状动脉，以及没有临床或血管造影证据表明存在痉挛。在冠状动脉造影方面，需要注意的是，没有可见病变，和有可见病变，但没有梗阻性冠状动脉疾病（可见病变的腔内不规则性小于50%）是有区别的。患有后者的个体并不像前者那样预后良好[144]。支持诊断的其他临床特征是无全身性高血压，无 LVH 或无 LVH，静息收缩期功能正常，运动时可正常或轻微受损。该术语可能包括几个不同的临床实体，如冠状动脉微血管疾病（微血管心绞痛）、边缘型高血压和早期心肌病。

"X 综合征"一词本身没有提供信息，它被用来描述两种不同的综合征：一种是胸痛综合征（心脏综合征 X）；另一种是代谢综合征（代谢综合征 X，伴有葡萄糖耐受不良、高胰岛素血症、胰岛素抵抗、高血压和脂质异常）。心脏综合征 X 是一个重要的临床实体，应该区别于传统的冠心病，因为它通常有良好的预后。

这种综合征在女性中更常见，她们中的许多人是绝经前的；而阻塞性冠心病在男性和绝经后的女性中更常见。一些研究已经注意到相关精神疾病的发生率增加，如恐慌症、焦虑、段压低和消极攻击人格。

总体而言，X 综合征预后良好，长期生存率明显优于阻塞性冠心病患者，与老年人群无差异。从冠状动脉外科研究（CASS）获得关于心绞痛患者和正常冠状动脉造影的重要预后信息。射血分数超过 50% 的患者，7 年生存率为 96%。[145]

风险选择

许多公司在无创检测中没有出现缺血迹象的情况下，以标准比率接受这种综合征的申请者。当这些测试不正常时，如果没有左室功能障碍的证据，报价可能在 +50～+100。

心肌桥

冠状动脉通常分布在心外膜表面，偶尔也会出现段内心内病程。心肌桥是一种血管造影术实体，其特征是冠状动脉的收缩期狭窄或挤压（通常为左心室中段）。它发生在正常的心外膜动脉隧道下面的一小段，并被心肌纤维吞没，导致外压。在血管造影术中，桥接被认为是在收缩期对冠状动脉的一段进行压缩，从而导致在舒张期发生逆转的狭窄[146]。

据报道，在血管造影研究中桥接的患病率为 1.7%；在肥厚性心肌病患者和心脏移植受者中更高。在临床上，有或无冠状动脉疾病的个体可发生心肌桥接，包括同一血管内的疾病。

心肌桥通常被认为是一种无害的解剖变异。桥接使收缩期动脉变窄，但冠状动脉血流多发生在舒张期。一些研究试图将收缩压狭窄的血管造影程度与临床缺血症状如心绞痛、ST 段段压低或灌注缺损联系起来。最近的一项研究表明严重心肌桥患者的舒张管腔增厚延迟和冠状动脉血流储备减少。这些发现支持在临床表现为心肌缺血（如心绞痛、心肌梗死或猝死）的一小部分个体中存在严重心肌桥接的病理生理学作用，而没有其他明显的病理生理学解释。

心肌桥接引起的心绞痛的治疗通常是通过使用倍他宝或钙通道阻滞剂进行医学治疗。硝酸盐会使症状恶化，并可避免。偶尔冠状动脉内支架被用于血流动力学正常化。对于持续的症状，手术治疗是保留方案，选择的手术是使用心肺分流术切除肌肉桥。

风险选择

大多数心肌桥可视为正常的变体。桥接可能代表死亡风险的患者是典型的劳力性心绞痛患者，没有固定或痉挛的冠状动脉梗阻，影响动脉的收缩压缩超过75%的管腔直径，静息心电图改变或在压力测试中有心肌缺血的证据。

心肌桥患者的死亡风险非常低。然而少数符合上述标准的申请者中，死亡率风险明显较高。在这些患者中，明智的做法是对同一血管的动脉粥样硬化梗阻进行评级。

无痛性心肌缺血

无痛性心肌缺血被定义为在没有胸部不适或其他心绞痛类似物的情况下存在心肌缺血的客观证据。心肌缺血的客观证据有以下几种：
- 运动心电图测试或动态监测显示短暂的ST段改变；
- 心肌灌注成像研究显示心肌灌注缺损；
- 可逆转的壁运动异常在应激超声心动图中被触发。

现在人们认识到，短暂性心肌缺血的活动被心绞痛的症状大大低估了。在20世纪60年代，技术的进步使心电图在日常生活中能够连续监测心律失常。20世纪70年代初，在日常活动中监测患者时，发现ST段出现短暂的移位，提示这种动态监测可以检测已知或疑似冠心病患者在正常活动时的缺血变化。

当斯特恩和Tzivoni[147] 1974年报道，冠心病患者在日常活动中有短暂的ST段压低发作；他们也注意到这些发作大多是"静息的"（即患者因为这些发作而没有症状）。

随后的研究确定了正常生活中缺血的特点和模式。这引起极大的兴趣，因为ST段变化在正常的日常生活似乎与不良结果在整个冠心病患者的临床表现，包括那些拥有稳定的不稳定心绞痛、心肌梗死后心绞痛和积极的流行运动心电图测试，在无症状的中年男人从2.5%~12%不等。有潜伏期缺血风险的人最多的是那些患有稳定型心绞痛的人，据估计其患病率为25%~50%。对现有数据的回顾表明，15%~30%的急性心肌梗死幸存者患有隐性缺血。对不稳定心绞痛患者的研究显示，发病率为30%~40%。

公认的几种静息的心肌缺血中，最不常见的类型是Ⅰ型静息缺血，发生于阻塞性CAD患者；有时病情严重，在任何时候都没有心绞痛的经历。这些人似乎有一个有缺陷的心绞痛预警系统。在弗雷明汉的研究中，25%的人发展成心肌梗死，仅通过常规2年心电图的病理Q波检测到，其中大约一半的人是真正的静息。在其他个体中，有症状的心肌梗死是冠心病的第一个临床表现，尽管尸检或血管造影研究表明，广泛的冠状动脉粥样硬化肯定早于冠心病的发生，虽然个体从未有过心绞痛主诉。

这种静息缺血的个体可能是在这种事件发生之前通过异常的脑电图，偶尔在休息时，更常见的是在运动中，或通过冠状动脉造影作为运动试验阳性的结果进行的。

一种更常见的类型，指定Ⅱ型静息缺血，发生于通常形式为稳定型心绞痛、不稳定型心绞痛和变异性心绞痛的个体。当被监测时，这种静息缺血的个体表现出一些与胸部不适有关的缺血发作和其他与无症状缺血发作无关的发作（即无症状缺血发作）。这些人的"总缺血负担"指的是缺血的总时间，不论是有症状的和无症状的[148,149]。

24小时连续动态心电图监测的最重要发现之一是自发缺血发作的昼夜分布。慢性稳定型心绞痛患者在早上6点到中午之间缺血发作的发生率最高。这一昼夜节律与HR密切相关，与猝死和心肌梗死的发生率也有密切关系。类似的分布也存在于清晨动脉血压、儿茶酚胺、血浆皮质醇水平、血小板聚集性和纤溶活性。有趣的是，急性冠脉综合征患者的短暂性缺血活动也有一个独特的昼夜节律模式，这与稳定的冠脉疾病的昼夜节律模式不同。在这两种情况下，心率较低的患者运动测试更容易发作，表明有不同的潜在缺血机制（即减少供应而不是增加需求）。

最近的研究让静息的缺血有了更清晰的认识。已经清楚地表明，患有短暂缺血期间动态ST段监测几乎总是有阳性的运动检测缺血，而实际上只有约60%的那些阳性结果患者在日常生活中有短暂的缺血，使运动测试更加敏感[143]。此外，只有40%~50%的稳定型冠心病患者在不接受治疗的情况下会出现短暂的缺血，而且在大多数情况下发作并不频繁。此外，那些频繁发作的人在低负荷下的运动测试呈阳性。

许多关于静息缺血的早期研究都支持这样一种观点，即心肌缺血，无论它是有症状的还是静息的，都比那些很少或没有发作的冠心病患者具有更高的发病风险。在无症状的个体中，运动诱发的ST段段压低的存在已经被证明可以预测心脏死亡率比没有这种异常的人高出4到5倍。也有报道称，由动态心电图检测到的多次无症状缺血是不良结局的一个预测指标；但目前尚不清楚这种情况的检测是否有助于提供独立的预后信息。

这些早期研究因涉及的患者数量少和使用高风险转诊人群而受到批评。然而，自1990年以来的最新研究表明，在日常生活中短暂的（静息的）缺血对于死亡或心肌梗死并不重要，无论是在稳定的心绞痛中，还是在急性心肌梗死或不稳定的心绞痛或冠状动脉搭桥手术后的稳定阶段。与最初的研究不同，最近的许多研究纳入了大量低到中等风险的患者，并且随访时间更长。与运动缺血和非运动缺血的患者和仅运动缺血的患者相比，预后无明显差异。

许多评估短暂性缺血的预后研究跟踪"低风险"的冠心病患者，这些患者在基线时接受过ST段监测[150]。当患者在随访中发生非致命心脏事件时，重复进行冠状动脉造影；这使得长期评估短期缺血在低风险患者中的预后意义，并评估随后发生的急性心脏事件是否与纳入研究的缺血动脉有关。研究发现，在4年的随访中，基线短暂性缺血的患者不太可能发生急性事件。更重要的是，当随后发生需要重复血管造影的急性心脏事件时，急性病灶几乎总是与任何可能导致基线短暂缺血的病灶分开。

与病情稳定的病人不同，大多数证据表明，不稳定心绞痛或急性心肌梗死后院前出院阶段的短暂缺血与不良的短期和中期预后有关。

综上所述，我们现在可能会说，普通人群中静息的缺血会增加硬冠状动脉事件的相对风险；但事件发生率很低（0.6）。短暂性缺血在稳定型冠心病患者中很常见，多为静息型，在运动试验阳性的患者中几乎无一例外；并且在日常基础上短暂性缺血活动有明显的变化。从现有的证据来看，它似乎没有特别的预后重要性，除了急性冠脉综合征。

▶▶ 急性冠脉综合征：心肌梗死和不稳定心绞痛

介绍

自从这本书的最后一版以来，急性冠状动脉疾病的命名已经发生了变化，并且可能会很混乱。由于心肌缺血而引起的急性胸痛患者在心电图上可能伴有或不伴有ST段抬高[151,152]（见图20.18）。大多数ST段抬高的患者最终发展为ST段抬高MI（以前称为Q波心肌梗死），而少数患者发展为非ST段抬高心肌梗死（以前称为非

Q波心肌梗死）。没有出现 ST 段抬高的病人要么患有不稳定的心绞痛，要么患有非 ST 段抬高的心肌梗死。这两种诊断的区别最终取决于血液中是否存在心脏标志物。大多数非 ST 段抬高性心肌梗死患者没有发生 Q 波。少数非 ST 段抬高性心肌梗死患者出现 Q 波。急性冠脉综合征（ACS）描述了从 ST 段抬高性心肌梗死（STEMI）到非 ST 段抬高性心肌梗死（NSTEMI）和不稳定心绞痛（UA）的临床症状。

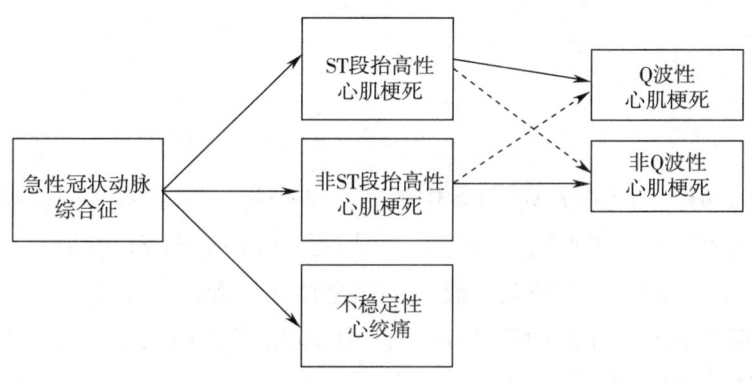

图 20.18　急性冠状动脉综合征的术语

2002 年发表的两项多中心国际调查，其中欧洲心脏调查[153]和全球急性冠状动脉事件注册（GRACE）[154]确定了大约 22 000 名因急性冠状动脉综合征而入院的患者中这些疾病的相对频率；ST 段抬高 MI 发生在 30%～33%，非 ST 段抬高 MI 发生在 25%，不稳定心绞痛发生在 38%～42%[155]。

ACS 已经发展成为一个有用的操作术语，用来指与急性心肌缺血相一致的任何临床症状。在临床实践中，术语"可能的 ACS"通常是由辅助人员（如急诊室分诊护士）在急性胸痛患者评估过程的早期指派的。这种早期诊断对临床管理的影响是，被认为患有 ACS 的病人应该被置于具有持续心电图监测和去颤能力的环境中。早期评估中最紧迫的优先事项是确定需要考虑立即再灌注治疗的心肌梗死患者[130]。

ACS 是脆弱的冠状动脉斑块破裂的后果，并发于腔内血栓形成、栓塞和不同程度的灌注阻塞。是否发生可检测到的心肌梗死取决于几个病理生理特征，如斑块破裂的程度和位置、血栓形成后果的性质、血管重建的有效性和时间。冠状动脉梗阻的严重程度和受影响心肌的体积决定了表现的特征。完全闭塞的患者如果病变阻塞了供应大量心肌的动脉，可能会出现 ST 段抬高梗死，但同样的病变如果存在广泛的抵押，可能会表现为没有 ST 段抬高的梗死。同样，动脉斑块破裂部位的不完全闭塞可能导致缺血或微梗死，这取决于受影响心肌的体积和远端栓塞的效果。

ACS 的后果并不乐观。心肌梗死是由于左心室功能受损以及机械和心律失常并发症而带来的特殊风险。在那些活着送到医院的患者中，大约 12% 的 ST 段抬高性心肌梗死患者将在接下来的 6 个月内死亡，13% 的非 ST 段抬高性心肌梗死患者和

8%的不稳定心绞痛患者死亡。MI 的标签对个人的职业、生活、残疾和重病保险也有重要的意义。

▶▶ ST 段抬高性心肌梗死（STEMI）

介绍

ST 段抬高 MI（STEMI）是 ACS 中最致命的一种；完全闭塞的血栓会导致冠状动脉闭塞区域内冠状动脉血流完全停止，从而导致心电图 ST 段抬高。典型的新 Q 波是由闭塞动脉供血的心室壁完全或几乎完全坏死引起的。由于这种情况可能只发生在 70% 的病人身上，而且由于少数没有 ST 段抬高的病人最终会产生新的 Q 波，所以命名从 Q 波 MI 改为 STEMI。

在临床实践中，STEMI 的准确诊断至关重要。诊断要求立即考虑再灌注治疗。在干细胞患者出现症状后 12 小时内再灌注明显降低了死亡率。然而，药理学和基于导管的再灌注方法都有潜在的致命副作用或并发症，除非诊断是相对确定的，否则不应该使用。值得注意的是，在急性心肌梗死的临床背景下，一种新的 LBBB 也符合积极再灌注治疗的标准。

急性 ST 段抬高性心肌梗死的诊断

传统上，急性心肌梗死的诊断依据是 1971 年世界卫生组织（World Health Organization）的标准，依据的是三种特征中的两种：典型的心肌梗死症状（即胸痛或不适）；心电图的变化；增加心肌损伤的非特异性标记物，如肌酸激酶（CK）[156]。然而，这个定义被认为是太限制性了。急性心肌梗死的典型诊断标准在表现模式上有相当大的差异。大约有 25% 的患者没有典型胸痛，除非心电图是偶然记录的，否则这种情况是无法识别的。在急诊室出现可疑胸痛的病人中，大约有一半的人最终确认患有 MI 在住院的胸痛综合征患者中，随后被诊断为急性心肌梗死的不到 20%。

在大多数患者，血清心脏标记需要建立或排除急性心肌梗死。目前同工酶（CKMB）测量是最常用于证实心肌梗死的诊断。因为需要诊断或排除 MI 更加迅速，蛋白分析较小的分子质量，显得更加快速的血液后，出现坏死（CKMB 亚型、肌红蛋白和肌钙蛋白）。虽然肌红蛋白在 2~4 小时内显著增加，但缺乏特异性作为诊断标志物。

心肌肌钙蛋白（I 和 T）调节肌动蛋白和肌球蛋白的钙介导的相互作用，与 CKMB 一样，是心脏特异性的。两者都是高度敏感和特异性的，当 CKMB 浓度不高时可能会升高。正常情况下外周血循环未检测到肌钙蛋白。即使肌钙蛋白浓度轻微升高也被认为表明肌细胞坏死。在短期和长期随访研究中，肌钙蛋白升高的幅度与死亡风险以及死亡或非致命心肌梗死的综合风险相关，而与 ST 段抬高或非 ST 段抬高 ACS 无关。

对于肌钙蛋白，异常升高的水平的定义是超过正常参照对照组 99% 的值。在心肌梗死患者中，肌钙蛋白在疼痛发生后 3 小时内首先开始升高到高于参考值的水平；与 CKMB 不同的是，心肌损伤后 10~15 天内肌钙蛋白仍可能升高（心肌梗死的晚期诊断优势）。

因此，肌钙蛋白在 ACS 中提供了优于其他生物标志物的临床敏感性和特异性。尽管有这些优势，肌钙蛋白应用到临床实践也有曲折的过程。特别是，对于肌钙蛋白异常的不确定性以及对看似频繁出现的异常肌钙蛋白的正常临床反应，最终显示患者并未出现 ACS，这在临床实践中造成了挫折。

2000 年，欧洲心脏病学会/美国心脏病学会联合委员会（ESC/ACC）公布了以更敏感、更特异性的肌细胞坏死标记物（肌钙蛋白或 CKMB）对心肌梗死的重新定义[157]。

急性、进化或最近的 MI 的定义：

1. 肌钙蛋白或肌钙蛋白的典型上升和下降至少有一个：

a. 缺血性症状；

b. Q 波；

c. 缺血性心电图改变；

d. 冠状动脉介入。

2. 急性心肌梗死的病理表现

这些 ESC/ACC 建议标准化临床报告提供了模板。然而，也出现了一些挑战。结果之一是，根据新的 ESC/ACC 定义，与世界卫生组织标准相比，越来越多的 ACS 患者现在被归类为患有心肌梗死。其次，临床医生开始关注 CKMB 正常水平患者肌钙蛋白浓度适度升高的意义。大量研究（包括临床试验和未选择的 ACS 患者）的有力而一致的数据表明，这一范围内肌钙蛋白的水平与死亡风险和心脏事件复发独立相关。

肌钙蛋白升高可能发生在非自发缺血的环境中。除了 ACS，引起肌钙蛋白升高最常见的原因是心动过速、肺栓塞和心力衰竭。肌钙蛋白升高提示的肌细胞坏死可能发生在三分之一的患者，在没有临床事件的情况下，在 PCI 术后发生，并且与包括死亡在内的不良后果相关。原因包括侧枝闭塞和微栓塞。

在大血管手术后，根据世界卫生组织的标准，大约3%的患者在临床上表现出明显的心肌梗死；但通过常规监测肌钙蛋白或CKMB，大约12%的患者出现心肌梗死。类似的发现可能也适用于冠脉搭桥术；但由于冠状动脉血管手术器械导致的心脏标志物的释放（所有患者都有一定的升高，20%~40%的患者有明显的升高），情况变得更加复杂。然而，酶和标记物上升的程度与随后的死亡率存在直接关系。

ST段抬高性心肌梗死的治疗现状

近年来急性心肌梗死的治疗发生了重大变化。基于良好的临床试验所获得的可靠证据，一些干预措施已被证明是有益的。这是一个快速变化的领域，几乎每个月都有新概念的发展和治疗策略的改变。对这些变化的详细回顾超出了本章的范围，但这些影响死亡率的变化将简要概述。

ACS谱系概念围绕一个共同的病理生理基础变化，为制定治疗策略提供了一个有用的框架。出现持续性ST段增高的患者可选择再灌注治疗（药理学或导尿管治疗），以恢复闭塞的心外膜梗死相关动脉的血流。急性冠脉综合征患者无ST段升高，不适合再灌注治疗，但应接受抗缺血治疗，常伴有PCI。抗凝血酶治疗和抗血小板治疗对所有急性冠脉综合征患者都需要，不管是否存在ST段抬高[130]。

尽管传统上被认为是从医院急诊室开始的，但对疑似STEMI患者的院前护理是直接影响生存的关键因素。大多数与STEMI相关的死亡发生在其发病的第一个小时内，是由心室纤颤引起的。在许多社区，装备精良的救护车和直升机配备了在STEMI患者急症护理方面受过训练的人员，在患者被送往医院时，就可以开始明确的治疗。

STEMI患者开始接受治疗以减轻缺血性疼痛，稳定血流动力学状态，减少缺血，同时作为再灌注治疗的候选方案。其他常规措施包括吸氧、抗焦虑药、用于疼痛的吗啡/硝化甘油、心电图和血压监测以及建立静脉通路。在无禁忌症的情况下，所有急性STEMI患者均提示使用阿司匹林。氯吡格雷用于不能服用阿司匹林的病人。对于接受PCI的患者，GPIIb/IIIa抑制剂应尽早开始。所有无禁忌症的病人都可以使用β-受体阻滞剂。血管紧张素转化酶抑制剂和肝素（未分馏或低分子量）根据再灌注治疗的类型和其他危险因素给予选定的患者。多个二级预防的研究已经证实他汀类药物治疗对心肌梗死和低密度胆固醇≥125mg/dl（3.2mmol/l）患者有效。

再灌注治疗

梗死血管内不稳定斑块的破裂导致梗死相关动脉完全闭塞。STEMI的发生伴随着LV的扩张和最终的死亡，原因是心力衰竭和泵血功能不稳定。早期再灌注缩短冠状动脉闭塞的持续时间，使最终的 LV 功能障碍和扩张程度最小化，降低 STEMI 患者发生心力衰竭或恶性室性心律失常的可能性。图 20.19 比较传统治疗对两个 55 岁生存和寿命的影响，其中一人有一个小面积的心肌梗死，另一人有大面积的心肌梗死。小面积心肌梗死后的预期寿命将减少 3 年（曲线下面积），从预期的 22 年到 19 年。大面积心肌梗死将导致 13 年的丧失，剩余的预期寿命只有 9 年。部分损失可以通过再灌注治疗恢复，如图 20.20 所示。图显示了一个 55 岁患有广泛性心肌梗死的患者接受再灌注治疗后的生存曲线和预期寿命。根据再灌注治疗的时间不同，生命年的收益从 3 小时内再灌注可增加 3.6 年，到 6~12 小时内灌注可增加 0.8 年不等[158]。

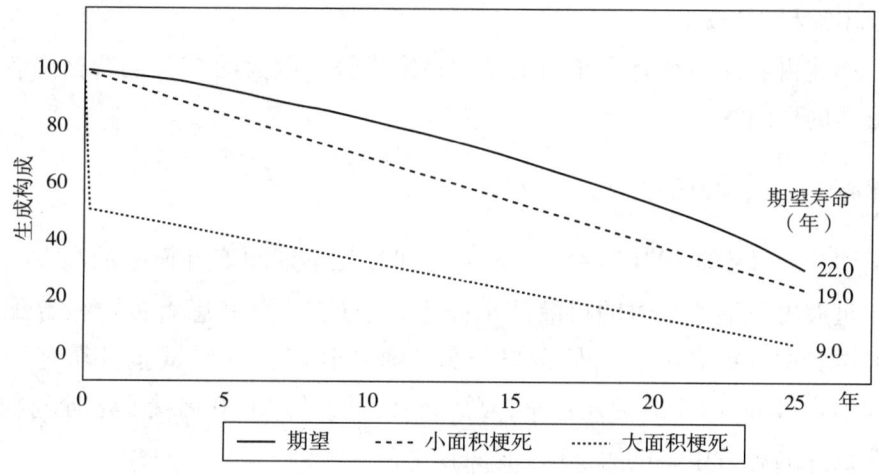

图 20.19　55 岁心肌梗死常规治疗后的存活率

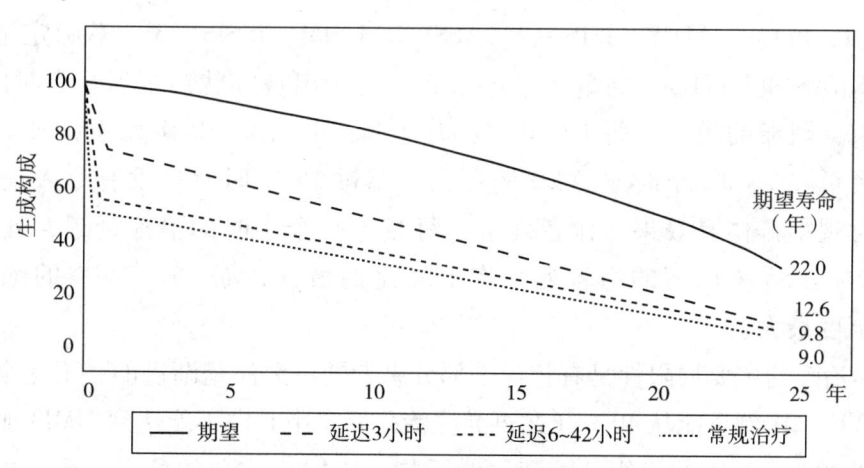

图 20.20　55 岁再灌注治疗大面积心肌梗死后存活率

为了为各种再灌注方案的比较提供一个标准化的水平，心脏病学家根据心肌梗死三联症的溶栓情况描述梗死血管内的血流[159]，冠状动脉造影报告中经常引用的TIMI 分级系统：
- 0 级——相关动脉完全闭塞；
- 1 级——在阻塞点以外的部分穿透，但冠状动脉远端没有灌注；
- 2 级——整个梗死相关血管灌注至远端床，但与正常动脉相比血流延迟；
- 3 级——相关血管灌注正常。

一项涉及近 4 000 名患者的 5 项溶栓试验的荟萃分析发现，TIM 评估的结果与心肌血流之间存在显著的相关性。TIM 的 0/1 级、2 级和 3 级的总死亡率分别为 8.8%、7.0% 和 3.7%。

尽管迅速再灌注治疗有明显的生存和临床优势，但大约 33% 的合格患者没有接受任何形式的再灌注。

急性心肌梗死溶栓治疗

溶栓治疗的基本原理基于两个观察：心肌梗死早期闭塞性血栓的高发，以及心肌坏死的进展可以通过及时的再灌注来停止。超过 15 万名患者被随机分配到溶栓与对照的试验中，或者一种溶栓策略与另一种相比较。这些试验可靠且一致地证明，溶栓治疗可降低 MI 后的死亡率，总的益处是，每 1 000 名接受溶栓药物和阿司匹林联合治疗的患者中，约有 50 人能挽救生命。

溶栓治疗试验小组对 1 000 多名急性心肌梗死患者随机进行纤溶治疗或对照试验的治疗对患者死亡率的影响进行了系统综述[160]。该综述包括 9 项研究（GISSI-I，ISAM，AIMS，ISIS-2，ASSET，USIM，ISSIS-3"不确定适应症"组，EMERAS 和 LATE），共 58 600 例患者。对于出现症状出现后 6 小时内 ST 段抬高或束支阻滞的患者，每 1 000 名治疗患者可避免约 30 例死亡；每 1 000 名治疗患者可在 7~12 小时避免 20 例死亡。超过 12 小时后，没有令人信服的证据表明对观察群体有效果。作者确定，每减少一个小时的治疗延迟，死亡率就会下降 2%。55 岁以下的患者死亡率下降比例最大，而 55~74 岁的绝对死亡率下降幅度最大。

溶栓治疗的主要局限性是有相当一部分患者的再灌注是渐进的、不完全的或不充分的。这一比例可能从 40%（在再灌注治疗后 3 小时内不能达到 TlMI3 血流）的链激酶和 20%~30% 的组织纤溶酶原激活物（tPA）。主要的危害是颅内出血：总的来说，每 1 000 名接受治疗的患者中大约有 4 例发生额外的卒中，其中 2 例是致命的。这些限制导致了替代溶栓治疗方案的持续测试和 PCI 的使用。

经皮冠状动脉介入治疗急性心肌梗死

梗死相关动脉的再灌注也可以通过导管策略来实现。PCI 在急性 STEMI 患者的治疗中起着重要作用。

原发性 PCI 被定义为没有经过事先治疗或整合溶栓治疗的 PCI。将溶栓治疗与原发性 PCI 进行比较的个体试验以及对这些试验的 meta 分析表明，只要有经验的团队能够及时给予 PCI 治疗，它就优于溶栓治疗，并避免了脑出血和全身性出血的危险。与小规模的医疗机构相比，在有大量 PCI 操作的医学中心进行初级 PCI 的患者死亡率较低。研究证实，与溶栓相比，PCI 能更有效地恢复通畅（90% PCI 能恢复通畅，50%~60% 溶栓能恢复通畅），更少的闭塞，改善 LV 的功能和更好的临床结果。因此，如果有适当的设施，原发性 PCI 是急性 STEMI 患者的首选策略；一个熟练的团队可以在到达医院的 60 分钟内提供 PCI。

溶栓治疗后选择性 PCI 的作用尚未明确。早期的试验结果没有任何改善。然而，最近的一些临床试验使用了一些主要的治疗进展，如低密度导管、支架、GPIIb/IIIa 抑制剂等，这些试验表明，在溶栓后的数小时内（辅助 PCI）或几天内（早期选择性 PCI）进行 PCI 治疗是有益的。

辅助 PCI 与随后缺血事件的减少有关，但死亡率没有降低，而早期选择性 PCI 抢救有显著的死亡率益处，这意味着在溶栓治疗后动脉未再通的患者中早期使用 PCI。成功率低于直接血管成形术，但仍然是 70%~80%。

死亡率和血管闭塞率高于直接血管成形术或溶栓。

晚期选择性 PCI 意味着在心肌梗死恢复期选择性使用 PCI。其效果与标准药物治疗在生存率或左室功能方面没有区别[130]。

急性心肌梗死冠状动脉旁路手术

冠状动脉搭桥手术一般局限在心肌梗死急性期。它可能时使用 PCI 已经失败，如当突然闭塞的冠状动脉导管插入术期间或与手术心室中隔缺损或二尖瓣反流由于乳头状肌功能障碍和破裂。

心肌梗死风险分层

当前急性心肌梗死管理的一个核心概念是风险分层过程，以识别有增加不良后果风险的患者，在干预治疗中可降低这种风险。通过临床和无创的实验室程序，可以对梗死后的存活率做出合理的估计。这对保险公司评估近期寿险申请人的长期风险非常有帮助。

STEMI 患者的短期和长期生存取决于三个因素。第一个最重要的因素是左心室功能的状态；第二个最重要的因素是冠脉床灌注残余活心肌梗阻病变的严重程度和程度如何影响复发性心肌梗死、额外心肌损害和严重室性心律失常的风险，因此，生存率与心肌坏死的数量和更多坏死的风险有关；第三个因素，对严重心律失常的易感性，反映在心室异位活动和其他电不稳定指标，如心率变异性降低和心电图异常信号。所有这些都能识别出死亡风险增加的个体。此外，梗死相关动脉闭塞的患者在 STEMI 发生后 1～2 周（即 1～2 周）有较高的远期死亡率。

LV 功能

急性心肌梗死住院期发生左心室衰竭的预后很差。临床或影像学早期 LV 衰竭和 LV 功能受损的患者预后尤其差。死亡风险是没有这些危险因素的患者的 8 倍。

左心室射血分数是评价左心室功能最容易的指标，对危险分层非常有用。静息 LVEF 与死亡率呈反向曲线关系。当 LVEF 值低于 0.40 时，死亡率会逐渐增加（见图 20.21）。然而，早期的测量可能是种误导；因为 LVEF 的改善，从 3 天内开始，大部分 14 天完成，在重新灌注的病人中很常见；这是一种推测的反映，至少部分反映了心肌梗死后的恢复。

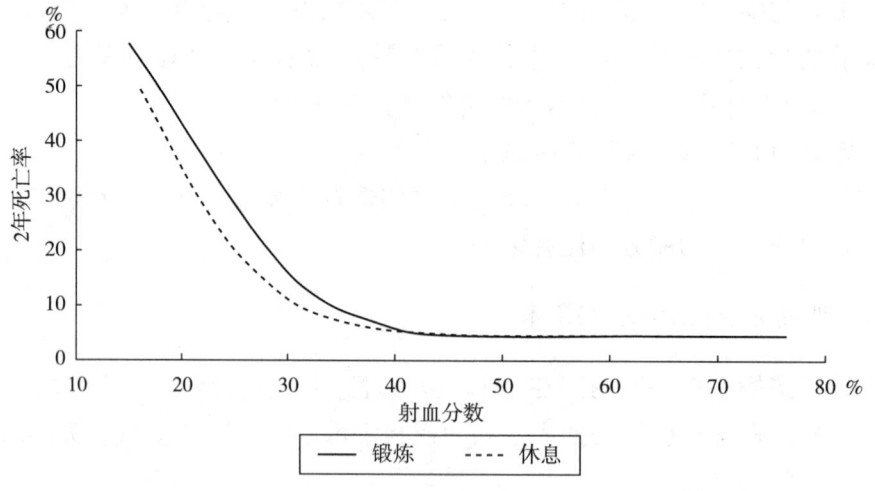

资料来源：莫里斯。

图 20.21　左心室射血分数（LVEF）作用 2 年的死亡风险

没有临床或放射学左心衰，但有左心室功能损害的患者，风险很高。这是需要重视的患者群体。35%～45% 的射血分数低于 0.40。大约 66% 的患者不会出现左室衰竭的放射学表现，30%～40% 的患者不会出现左室衰竭的症状。在 LVEF < 30% 的患者中，死亡率增长最明显的是 8%～10%。

迄今为止，从简单的临床标准来预测 LVEF 是不可能的。多种影像学技术可用于评估左心室功能，每一种技术在心肌梗死后患者中具有同等的预后价值。一般情况下，超声心动图是首选，因为其在检测左房扩大，舒张功能障碍，同时房颤功能障碍和二尖瓣反流等影响预后的因素方面有独特优势。

复发性心肌缺血

心绞痛在心肌梗死早期的发展是一个严重的问题，因为其意味着预后较差。在临床试验中，有8%~12%的心绞痛患者在出院时发生心绞痛。心绞痛的存在与早期恢复和死亡的风险增加了10倍。早期心绞痛患者的第1年死亡率为15%，而没有心绞痛患者的死亡率为3%。早期心绞痛似乎也预示着晚期的不良结局。这些患者的运动心电图似乎没有增加预后信息。

大约有三分之一的患者在出院后出现心绞痛，这似乎也是再次发作的一个强有力的预测因素。

心肌梗死后无创检测

心电图描记的变量

急性期前壁心肌梗死患者的病程较急性期复杂，与下壁梗死或后壁梗死患者相比，射血分数较低，死亡率较高。然而，在许多研究中，前壁梗死部位并不代表独立的死亡风险预测因子。

压力测试

传统上，运动测试一直是预测心肌梗死后心脏事件的最流行的方法。许多研究评估了运动心电图的作用，结果相互矛盾。这在一定程度上反映了研究的规模、患者的选择、梗死的部位、心肌梗死后测试的时间、治疗方案、目前的药物治疗以及预后转归。

然而，很明显，能够进行运动心电图检查的患者比不能进行运动心电图检查的患者预后更好。在多种心肌梗死死后研究中，第1年总死亡率为7.5%；能够进行低水平运动试验的患者为5%；在无法锻炼的病人中，这一比例为17%。

在未进行再灌注治疗的心肌梗死后，有症状的心电图受限患者中有一半是异常的，这与ST段改变、运动耐受性差或心绞痛的发展有关。超过1毫米ST段段压低症的发展可能使随后1年发生不良事件的风险增加一倍。与前壁Q波心肌梗死相比，下壁Q波心肌梗死或非Q波心肌梗死患者的ST段段压低可能更具有预测性。运动时间不足（Bruce方案少于6分钟或METs）和ST段段压低相结合是更好的预测因素。有了这种结合，再注射和死亡的风险增加了三倍。然而，即使有了这些标准，运动测试的阳性预测准确率仍然很低（不到30%），并且只有一小部分不良事件（大约5%）会发生在这个高风险亚群中。然而，阴性预测的准确率很高（高达95%）。那些有良好运动时间的人，以及没有出现ST段段压低症的人，预后非常好（1年死亡率低于2%）。运动测试可能对潜在的LV功能障碍（在运动过程中引起血压异常反应和运动能力低下）或心肌大面积处于危险状态（在低负荷下可逆缺血）的患者具有预后意义。

再灌注期心肌梗死后压力测试预后价值的一个重要限制是，溶栓后的总死亡率非常低，而原发性PCI患者的死亡率更低。由于大多数接受再灌注治疗的患者，阿斯匹林和β受体阻滞剂都没有复杂的心肌梗死，并且是一个先天低风险人群，再灌注和死亡的发生率非常低，运动测试可能是一个较差的心脏事件的预测指标。

心脏影像学技术提高预后的准确性。运动和药理学应力放射性核素和超声心动图技术提高了在梗死区域内和远离梗死区域的缺血检测和定位的准确性。从这些无创测试中获得的数据可用于患者分成类似于稳定型心绞痛无创测试部分所讨论的低、中、高风险类别。

心电不稳定

几项大规模针对心肌梗死的动态心电图监测研究表明，15%~20%的患者超过每小时10心室异位搏动24小时（MI后48小时以上），有2到4倍增加猝死的风险和死亡率在随后的1~3年。这种联系对于更复杂的心律失常（如对偶、非持续性室性心动过速）更为明显。然而，即使是更复杂的心律失常，阳性预测准确率也只有5%~38%（也就是说，只有4%~7%的患者在接下来的1~2年内发生心律失常死亡）。这些人中大多数都有明显的LV功能障碍。左心室功能受损和室性心律失常的结合增加了10~20倍的突然和完全死亡的风险。心室功能障碍是强有力的预后因素，关于室性心律失常是否提供额外的、独立的预后信息还有一些争论。

心室晚电位是在心肌梗死后7~10天，在这段时间里，有50%的病人会出现这种情况。晚电位的存在使心律失常事件（持续室性心动过速或猝死）的风险增加了9倍。然而，慢电位对心律失常事件的阳性预测准确率仅为8%~33%，而阴性预测准确率为96%~99%。

心率变异性改变，表现为副交感神经系统和交感神经系统之间的失衡，可能是心肌梗死预后重要的因素。反映副交感神经系统活动的心率变异减少，与心律失常和死亡风险增加7倍有关。阳性预测准确率低（20%）；即使与信号平均心电图（ECG）结合使用，阳性预测准确率也仅上升到33%。

程序性电刺激电生理测试包括在心脏内放置一个或多个电极导管，以记录电活动并允许心脏起搏。程序性电刺激可用于诱发室性心动过速。在一项对1 200多名心肌梗死幸存者的研究中，程序性电刺激产生了约6%的阳性结果。在这些患者中，只有不到20%的人继续维持心律失常（约占所有被测患者的1%），而这在不到40%的病例中是致命的。即使是高危患者，电刺激的阳性预测准确率也在30%左右。其他无创测试提供相同或更好的预后信息。

在溶栓前的冠状动脉造影研究显示，10%的心肌梗死患者左冠状动脉主干狭窄，30%~40%的患者有三支血管病变（即冠状动脉搭桥手术可能提高生存率的冠心病模式）。这些患者往往年龄较大，他们的心肌梗死更容易并发LV衰竭、室性心律失常和梗死后心绞痛。他们也更可能有以前的心肌梗死。

许多研究表明，冠状动脉造影对从LV功能中获得的预后信息（如果有的话）几乎没有增加。

复合预后指标

在20世纪60年代和70年代，提出了利用临床变量计算各种预后指标。皮尔指数（基于六个变量：年龄、性别、以前的历史、休克、心力衰竭、心脏节律），然后是Norris的指数（包括四个相同的变量），可有效预测短期和长期预后。通过对参加GISSI预防试验的11 324名患者的分析，通过4年跟踪，建立了一个更近期的预测长期结果的风险评分[161]。风险评分是基于以下因素得出的分数，目前尚未得到前瞻性验证：年龄、心肌梗死后的并发症（包括左室功能障碍、电不稳定和残余缺血），以及冠状动脉危险因素的存在。

溶栓阶段的风险分层

大多数检查心肌梗死后预后的研究都是在再灌注前进行的。这类患者的年死亡率通常为10%~15%，这种风险分层算法在没有接受溶栓或再灌注治疗的患者中仍然有用。然而，在一些研究中，再灌注策略的选择过程和日益频繁的使用导致1年后死亡率为1%~5%。由于这些相当低的初始死亡率，人们可能会质疑在灌注前阶段建立的任何风险因素是否适用。

在最近的血管造影臂试验中，有3种血管疾病的患者比例要低得多（5%~11%比灌注前的30%~40%低），平均射血比例接近50%。相当多的高危患者（复发性胸痛和心电图改变的患者）通常通过PCI或手术进行及时的血管重建。因此，低风险组的非复杂患者接受再灌注。在这一低风险组，传统的临床预测因子和射血分数保留其预后价值。考虑到梗死后事件发生率的下降，压力测试在灌注后预后评估中的作用就不那么有用了，根据贝叶斯原理，这意味着阳性预测准确率相当低。在GISSI-2试验中，无论结果如何，进行运动测试的能力确定了一个低风险组。在人群中，残余缺血检测呈阳性。虽然与显著但弱的阳性预测值相关，但死亡的绝对风险很低。

综上所述，与未灌注梗死患者相比，接受溶栓或血管成形术再灌注的患者属于低风险亚群。这类患者的事件率很低，预测起来也很难。通过注意简单的临床和实验室变量，可以做出实质性的结果预测。

心肌梗死的预后

心肌梗死的幸存者面临进一步心血管事件的巨大风险，包括死亡率的增加。ST段抬高和非ST段抬高性心肌梗死的长期预后大体相似。在未识别和识别的心肌梗死死亡率也相似。

在认识到心肌梗死后的6年里，男性经年龄调整后复发的风险增加了2倍，患心绞痛的风险增加了4倍，心力衰竭的风险增加了5倍，中风的风险增加了2倍多。对于女性来说，除心绞痛外，年龄调整后的预期在所有事件中都要更差。然而，患有心肌梗死的妇女通常有较大的主要危险因素负担；当对这些因素进行年龄调整时，女性的情况并不比男性差。

随着医疗保健的改善，住院和长期心肌梗死死亡率大幅下降。ARIC研究[162]评估了1987—1994年美国4个地理和种族不同的社区，所有因明确或可能的心肌梗死住院的患者的28天总死亡率为女性10.6天、男性9.8天。男性住院死亡率每年下降4.1%；女性每年下降9.8%。在对全国心肌梗死登记处150万名患者的数据分析中，也发现了类似的趋势[163]。急性心肌梗死后住院死亡率从1990年的11.2%下降到1999年的9.4%。大多数心肌梗死后存活率的改善发生在STEMI患者。相比之下，在NSTEMI之后，死亡率并没有显著下降。

STEMI治疗后30天死亡率的改善主要是由于使用了更多的再灌注治疗以及阿司匹林、ACE抑制剂和β受体阻滞剂的增加。在临床试验中，经过认真选择、治疗、监测的病人，死亡率是最低的。在STEMI患者中，单纯药物治疗的住院或30天死亡率为13%，最佳溶栓治疗为6%~7%，原发性PCI为3%~4%。在未参与临床试验的患者中，STEMI患者住院治疗后的30天死亡率略高。

STEMI之后的长期死亡率也有所下降。对23项发表的研究进行了分析，这些研究在1980年之前完成了随访，说明了那个时代心肌梗死后的死亡率。

在现代再灌注疗法之前，第一次心肌梗死后，住院期间、第1年和此后每年的死亡率分别为16%、10%和5%。弗雷明汉研究的数据[164]在1950—1989年之间的三个时期内，冠心病的生存率提高了。与1950—1969年期间相比，1970—1979年（危险率0.69）和1980—2009年（危险率0.48）之后的几十年，冠心病死亡的危险率较低。

不稳定心绞痛和非 ST 段抬高 MI

患者可能出现缺血性不适，但在各种临床情况下，12 导联心电图上没有 ST 段抬高，包括：既往无冠心病病史；既往冠心病稳定病史；心肌梗死后不久；经 PCI 或 CABG 血运重建后。作为一种临床综合征，无 ST 段抬高（不稳定心绞痛和非 ST 段抬高 MI）的缺血性不适与严重的慢性稳定心绞痛（一种风险较低的疾病）以及 STEMI（一种早期死亡和心脏缺血事件风险较高的表现）的界限模糊[165,166]。

非 ST 段抬高的冠状动脉综合征发生在多种情况下。不稳定心绞痛（UA）和非 ST 段抬高心肌梗死（NSTEMI）的主要区别在于缺血是否严重到足以引起心肌损伤，从而释放出可检测的心肌损伤标志物。UA 被认为存在于缺血症状提示 ACS 和肌钙蛋白或 CKMB 没有升高的患者中，伴有或不伴有心电图变化提示缺血（如 ST 段降低或短暂升高或新的 T 波倒置）。由于肌钙蛋白和（或）CKMB 的升高可能在出现后 12 小时内无法检测到，UA 和 NSTEMI 在最初评估时通常无法区分。因此，UA 和 NSTEMI 可以被看作是非常密切相关的条件，具有相似的表现和发病机制，但严重性不同[166]。

UA/NSTEMI 最常见的原因是冠状动脉狭窄引起的心肌灌注减少，冠状动脉狭窄是由破裂或侵蚀斑块形成的非阻塞血栓引起的。在心肌梗死后的急性期进行的冠状动脉造影显示，在 60%～85% 的病例中梗死相关动脉没有阻塞。这也可以解释为什么溶栓在 ACS 中无效。Q 波发生或不发生的原因与闭塞的持续时间和程度，以及侧支血管在闭塞期间维持心肌活力的程度有关。一个不太常见的原因是动态梗阻，由心外膜冠状动脉段强烈的局灶性痉挛引起，如普氏心绞痛，我们将单独讨论。

在缺乏干预的情况下，UA 可以有多种表现，可能与预后相关。无论表现为何种类型，心绞痛的风险最大，尽管进行了最大限度的药物治疗，并且在前 48 小时内出现了加速的缺血性症状，但心绞痛仍然难以治愈或发生。UA 的主要陈述有三种：

1. 静息心绞痛或以最小的努力，通常持续超过 20 分钟（如果中途不服用硝化甘油）；

2. 新发的严重心绞痛通常定义一个月内；

3. 渐强心绞痛的定义是先前诊断为心绞痛的症状，这种症状明显变得更频繁、持续时间更长或更严重。

此外，UA 可能发生在几个高风险的环境中。早期梗死后心绞痛（定义为急性心肌梗死后 48 小时内发生胸痛）通常与复杂病变和/或持续的冠状动脉内血栓和更严重的疾病相关。在这种情况下，复发性胸痛可能意味着梗死区仍然存活的心肌或处于危险的心肌的不同区域。急性心肌梗死后不久发生的心绞痛在缺乏干预的情况下具有高风险。PCI 或 CABG 手术后的心绞痛可反映一个程序性事件，或在较长时期内，PCI 术后再狭窄、旁路移植术中狭窄或本病进展[165]。

有 UA/NSTEMI 的患者的临床资料与有 STEMI 的患者不同。女性有更多的 UA 患者，在几项研究中，有 20%～40% 的患者是 UA 患者，相比之下，有 25%～30% 的患者是 NSTEMI 患者，约 20% 的患者是 STEMI 患者。与后者相比，UA 患者既往心肌梗死、心绞痛、PCI 或 CABG 及非冠状动脉血管病的发生率更高[166]。

STEMI 患者中有 50% 的患者出现 ST 段压低（或短暂性 ST 段抬高）和 T 波变化。新 ST 段偏差是判断预后的一项具体而重要的指标。这在一定程度上是由于左主干或三支血管疾病的发病率比那些没有 ST 段改变的人要高。没有 Q 波反映了高自发再灌注率。

心肌肌钙蛋白代表了 NSTEMI 诊断的一个重大临床转变。由于心肌肌钙蛋白相对于肌钙蛋白的敏感性增加，据估计，在以前被诊断为 UA 的休息疼痛和正常 CK-MB 水平的患者中，多达 30% 的人在使用肌钙蛋白评估时，实际上可以被归类为 NSTEMI。对于这一组 CKMB 水平为负且肌钙蛋白轻度升高的患者是否应该被标记为高危 UA 或 NSTEMI，存在一些争议。一些研究人员用小面积梗死、轻微心肌损伤、梗死和肌钙蛋白炎等术语来描述这种情况。

这是一个例子，说明了诊断技术的进步如何导致在疾病的早期诊断，以及检测微预后事件。心肌梗死的案例对危重症政策中使用的心脏病定义精神提出了挑战，这些定义本质上包含了隐含的（但并不总是在市场上推广的）严重性成分。肌钙蛋白对"心肌梗死"诊断的敏感性和短期死亡率最新证据的增加导致了危重病索赔的增加，远远超出了这些产品最初定价中预期的数量。

肌钙蛋白水平升高在确定预后方面的效用没有分歧。死亡或心肌梗死的风险在数量上是递增的。即使 CKMB 水平在正常范围内的患者，肌钙蛋白升高也意味着比没有升高的患者死亡风险更高（6 个月时为 8%～12%）[167]。

UA 病人预后不良（6 个月时 5% 死亡）。NSTEMI 的预后也不好，在前 6 个月死亡率为 12%～15%。最近，英国心脏协会 MI[168] 工作组试图帮助解决 ACS 术语的不一致，以及心肌梗死诊断阈值的广泛差异。他们提出 ACS 应该细分为：

1. ACS 伴不稳定性心绞痛；
2. ACS 伴肌细胞坏死；
3. ACS 伴临床心肌梗死。

肌细胞坏死是指急性冠脉综合征（ACS）患者的临床表现和肌钙蛋白升高，均低于心肌梗死的诊断阈值，目前肌钙蛋白 T 为 1.0ng/ml，肌钙蛋白 I 为 0.5ng/ml。临床心肌梗死指的是典型的 ACS 临床图像和高于这一阈值的肌钙蛋白。

在最近的临床试验中登记的不稳定性心绞痛（UA）/非 ST 段抬高性心肌梗死（NSTEMI）患者通常有更严重的疾病，超过三分之一的患者有三支血管疾病，5%～10% 的患者左主干狭窄大于 50%。12%～14% 的非 ST 段抬高性 ACS 患者在冠状动脉造影中要么有正常的血管要么没有血管有 50%～60% 的狭窄。与那些有原发性病变的患者相比，冠状动脉相对正常的患者更可能是女性，并且没有心绞痛和 ST 段偏离。与冠状动脉梗阻明显的患者相比，这些患者有更好的短期预后。

UA/NSTEMI 患者是一个异质性的群体，其预后范围从治疗方案中适当调整的良好预后，到死亡风险或心肌梗死风险高且需要强化治疗。因此，风险分层是评价和管理这种状况的一个重要过程。根据临床特征、心电图或心脏标志物确定的特定亚组患者出现不良结局的风险更高。在临床实践中经常使用的一种风险评分系统是 TIMI 风险评分系统，它是根据 TIMI11B 和 ESSENCE 试验的数据分析得出的。7 个变量对 UA/NSTEMI 患者的预后独立预测；当因子存在时赋值为 1，当因子不存在时赋值为 0：

- 年龄≥65 岁；
- 冠心病至少存在 3 个危险因素；
- 之前的冠状动脉狭窄≥50%；
- 入院心电图 ST 段偏差存在；
- 在之前的 24 小时内至少有 2 次心绞痛发作；
- 血清心脏生物标志物升高；
- 服用阿司匹林前 7 天。

患者被认为是低风险的，得分为 0～2 分；中等风险 3～4 分；5～7 分是高风险[169]。

除了 CKMB 和肌钙蛋白外，还有两种标记物有望用于评估 UA/NSTEMI。C 反应蛋白水平大约是稳定型心绞痛水平的 5 倍，并且被发现是住院和短期死亡率的一个强有力的预测因子。b 型钠尿肽（BNP）是一种由心室心肌合成的神经激素，对壁面压力的增加会释放。BNP 升高的患者 10 个月的死亡风险要高出 2～3 倍。

UA/NSTEMI 患者接受早期医学治疗，类似于 STEMI 中使用的治疗方案，但有一个例外：没有证据表明溶栓有益处。治疗目标是稳定和"钝化"急性冠脉病变，治疗残余缺血和采用长期二级预防。在 UA/NSTEMI 中有两种常用的心导管插入术和血运重建方法。第一种是"早期侵入"策略，根据冠状动脉解剖，包括常规的早期心导管插管和 PCI 或旁路手术的血管重建。另一种是更为"保守"的治疗方法，在最初的医疗管理中，只有在休息或无创压力测试中，缺血复发时才进行导流和血运重建。迄今为止，9个随机试验研究了这两种方法的优点。前三次试验未能显示出显著的益处。随后的6例患者均显示了早期侵入性治疗的显著益处，这些患者在药物治疗稳定后，均出现了急性心肌梗死（UA/NSTEMI）/急性心肌梗死（ST段改变）或肌钙蛋白阳性或两者均有。血管重建的选择取决于冠状动脉剖面诊断结果[166,170]。

不稳定型心绞痛患者的短期死亡率（30天内为1.7%）低于NSTEMI或STEMI患者（每种类型为5.1%）。这些比率代表参与临床试验的患者。急性冠脉综合征早期死亡风险与心肌损伤程度及血流动力学损害程度有关。与此相反，长期死亡率和非致命事件的结果实际上对UA或NSTEMI患者来说比STEMI更差。这可能是由于UA/NSTEMI与STEMI患者合并冠心病、心肌梗死前心肌梗死及大量残余心肌存在危险所致[166]。

急性心肌梗死和不稳定心绞痛的风险选择

在临床文献中，心肌梗死的长期死亡率（排除心肌梗死后30天的早期死亡率和第1年剩余时间的死亡率）大约是预期死亡率的2倍。从全球来看，各国的年死亡率差别很大，但死亡率的差别要小得多。在Naslafkih公司最近的一份报告中[171]，日本的年死亡率为2.7%，英国为7.5%（平均4.9%）。日本的死亡率风险比为182%，英国为212%（平均198%）。心肌梗死的死亡率风险比高于稳定型心绞痛。最高的风险发生在急性事件后的前3年，大多数死亡发生在前6个月。这种年龄模式与介入治疗稳定型心绞痛的模式相似，即年轻人的死亡率最高。然而，对于年龄最大的人群来说，死亡率并不像那些受到侵入性治疗的人群那么乐观[137]。

表20.14概述了心肌梗死患者的风险范围。

表20.14　　　　　　　　　　心肌梗死史患者的危险谱

	降低风险	更高的风险	不可接受的风险
临床			
发病年龄	60 +	35～50	<35
性别	—	女	—
FC/CCS	I	II～III	IV
心绞痛	没有	轻微心绞痛	中度/重度不稳定
其他血管疾病	没有	温和的	中度/重度
其他医学疾病	没有	温和的	中度/重度
CABG/PTCA	没有	以前的	最近
充血性心力衰竭 CHF	没有	瞬态	持续的

第 20 章 冠心病

续表

	降低风险	更高的风险	不可接受的风险
无创的测试			
静息心电图	正常的小 T	持久 ST－T 大前 劣质 + BBB	VPB 频繁的房颤 LVH BBBB PPM
压力心电图	正常的	0 到 －1.0 毫米	> －1.0 毫米
积极的	没有	布鲁斯阶断 Ⅱ	布鲁斯阶段 Ⅰ
能力	≥10 大都会	5～7 大都会	<5 大都会
血压反应	正常的	减毒	降血压药
压力核/回声	小的缺陷	温和的缺陷	大的缺陷 多个缺陷 肺铊
Cardlac 导管插入术			
LV 功能障碍	最小的	温和的	严重的 LV 动脉瘤
射血分数（EF）	>55%	40%～49%	<40%
血管造影术	1VD	3VD	左主干 3VD >70
心瓣膜病	没有一个	温的	中度/重度

表 20.15 概述了根据常见证据水平分类的假设评级标准。下面给出一个 50～59 岁年龄组的假设评级示例。

表 20.15　　　　　　　　　心肌梗死评分标准概述

	评级类				高风险
	Ⅰ	Ⅱ	Ⅲ	Ⅳ	
临床					
发病年龄	35	35	35	50	<35
症状	没有一个	没有一个	Occ. AP	轻微的美联社	国防部美联社
NYHA/CCS	Ⅰ	Ⅰ	Ⅱ	Ⅱ	Ⅲ
心电图	正常的 没有问 小 T	Q23F 问 V1～V2	Q23F 问 V1～V3 LAHB/RBBB	QS 主要 T 确诊	房颤 LVH BBB
无创的测试					
压力心电图	负	0 到 －0.5	0 到 1.0	0 到 1.0	>1.0
压力核	正常的	小	中	大	多个
压力回波/WM	正常的	小	中	大	多个

续表

	评级类				高风险
	I	II	III	IV	
Cardiac 导管插入术					
射血分数（EF）	≥55%	≥55%	≥50%	40%~49%	<40%
壁运动	极小	小	中	大	DyskinesisLV 动脉瘤
血管造影术	试管<50% 没有L主要 没有申请	试管 没有L主要	2VD 没有L主要	3VD 没有L主要	>3VD L主要

急性心肌梗死和不稳定心绞痛分级样本评分（见表 20.15）。

急性心肌梗死和不稳定心绞痛的样本评分

从心肌梗死开始	等级（源于表20.15）			
	I	II	III	IV
0~6个月	延期	延期	延期	延期
50~59岁	+50~+75	+100	+150	+200~+250

对于40岁以下的人，表格评分可能会增加66%，对于40~49岁的人；评级可能会上升33%，对于60岁以上的人，评级可能会下降33%，每个评级都可能被上述其他考虑因素修正。

▶▶ 女性冠心病

在20世纪的大部分时间里，冠心病一直是女性死亡的主要原因，远远超过了所有产科原因和所有妇科恶性肿瘤死亡人数的总和。在过去几年中，人们对性别差异在冠心病的流行病学、表现、鉴定和管理方面的重要性越来越感兴趣和认识。女性在医疗资源利用、冠状动脉造影和血管重建等方面明显存在性别倾向，已引起广泛关注。

男性和女性冠心病的不同特点，和心脏疾病的风险因素是如何受到性别的影响，结合无创与有创测试评估的申请人与先前的胸痛，将有利于保险公司评估不同性别的冠心病风险。

弗雷明汉1993年发表的一份报告[9]，关注冠心病发病后预后的性别差异。女性出现心绞痛（47%）的可能性高于心肌梗死（32%）、不稳定心绞痛（7%）或猝死（14%）的可能性。相比之下，心肌梗死占男性初次发作的近一半（46%），其次是心绞痛（32%）、猝死（16%）和不稳定心绞痛（6%）。

女性心绞痛的平均发病年龄比男性大（64岁比61岁），而且女性通常具有更大的危险因素：血浆胆固醇水平较高，糖尿病和高血压的发病率较高，但吸烟的发病率较低。相反，出现心绞痛的女性比其他冠心病的女性（如心肌梗死）有更有利的风险特征。

随后的心肌梗死率在女性（但在男性）根据她们最初的冠心病表现而不同。与男性相似，在随访中，首次出现心肌梗死的女性冠脉死亡率最高，首次出现心绞痛的女性最低。

近年来，女性冠心病发病率有所下降。对85 941名妇女进行了长达14年的跟踪调查显示[172]，与1980—2002年相比，1992—2004年冠心病发病率下降了31%。65岁以上妇女的总体风险和减少幅度最大。风险因素的下降可能是造成这种下降的原因之一，但有相互矛盾的数据。在此期间，吸烟人数减少了41%，激素替代疗法（HRT）的使用增加了175%，超重人数增加了38%。有趣的是，在进行这项研究的时候，人们认为激素替代疗法是有益的，但现在看来这似乎不再正确了。

绝大多数关于冠状动脉危险因素和危险因素改变影响的研究主要是在男性中进行的。从最广泛的意义上说，男性心脏病风险较高的因素也与女性心脏病风险增加有关，包括：年龄、家族史、吸烟、高血压、脂蛋白和糖尿病。然而，它们可能具有不同的相对重要性。而激素水平等其他因素同样是冠心病的有力预测因素。

与男性相比，女性体内总胆固醇和LDL水平升高与冠心病的关联性较弱，且仅在65岁及以上的女性中存在。相反，高密度脂蛋白与冠心病风险密切相关，且呈负相关。由于HDL水平在各个年龄段的女性中都较高，总的胆固醇—高密度脂蛋白胆固醇比未经调整的总胆固醇更能预测女性患冠心病的风险。

吸烟已经成为女性冠心病的一个危险因素。虽然总体吸烟率一直在下降，但成年男性的吸烟率下降幅度要大于女性，而且在一些女性群体（如年轻女性）中，吸烟率实际上正在上升。吸烟的风险与口服避孕药的使用有显著的协同作用，尤其是在35岁以上的女性中，并且常常导致提前绝经，这是女性特有的另一个冠心病危险因素。

糖尿病是男性和女性中冠心病存在和严重程度的一个风险因素，但在女性中增加的风险更大，完全消除了"女性优势"。糖尿病会增加女性心肌梗死的死亡率，甚至比男性更高。

卵巢同时产生雌激素和雄性激素，直到绝经，几年后产量逐渐减少，但并没有完全停止。此后，患冠心病的风险上升，相当于75岁男性的风险。早期绝经和/或双侧卵巢切除术的妇女患冠心病的风险增加。绝经或雌激素缺乏与冠状动脉危险因素的有害变化有关；其中最主要的是 LDL 增加，HDL 略有下降，总胆固醇与 HDL 之比增加。

早期口服避孕药研究中发现的心血管疾病风险的增加很可能是由于在 20 世纪 70 年代早期使用的制剂中高雌激素含量引发血栓。增加的风险主要与 35 岁以上的妇女口服避孕药的使用有关，也包括吸烟或其他独立的危险因素。之后口服避孕药的配方被修改以减少雌激素和黄体酮的含量。此外，现在对口服避孕药的潜在使用者进行了危险因素的筛选。对于患有高血压、糖尿病或高胆固醇血症的妇女或 35 岁以上吸烟的妇女，一般不开口服避孕药。目前的证据表明，健康的不吸烟妇女，即使年龄在 35~45 岁，在使用低剂量避孕药时没有增加冠心病风险[173]。

雌激素或联合雌激素黄体酮替代疗法对绝经后妇女的好处尚不清楚[174]，多年来人们一直认为雌激素具有心血管保护作用；因此，HRT 经常用于冠心病的一级和二级预防。这种预防策略是基于超过 30 项观察性研究，几乎所有的研究都表明雌激素对心脏有显著的保护作用。除了观察数据外，血管造影和尸检研究表明雌激素具有抗动脉粥样硬化作用。然而，妇女健康倡议（WHI）的数据[175]，心脏和雌激素/黄体酮替代研究（HERS-I 和-II）[176,177]，其他的小型对照试验和 meta 分析，并没有证实对心脏有保护作用，并提示雌激素黄体酮疗法在心血管疾病的一级或二级预防中可能会造成伤害。

WHI 是一系列临床试验，包括两项雌激素治疗试验，针对 50~79 岁的健康绝经后妇女，计划于 2005 年完成。然而，其中一项试验（16 000 多名妇女连续使用雌激素黄体酮与安慰剂对照）由于冠心病风险增加而提前终止。乳腺癌、中风和静脉血栓栓塞平均超过 5.2 年。

联合持续雌激素黄体酮方案的效果如下：
- 由冠心病引起的冠心病事件（非致命的心肌梗死和死亡）增加 24%。大部分是非致命的心肌梗死；
- 第 1 年风险增幅最大，第 2 年至第 5 年风险增幅较小；
- 血运重建、心绞痛或心力衰竭的风险没有增加；
- 乳腺癌风险增加，骨折和结肠癌风险降低；
- 不良反应的风险增加幅度极小（每 10 000 名接受 HRT 治疗的妇女中每年增加 19 个事件）。

WHI 雌激素和安慰剂试验[178]在近 11 000 名接受过子宫切除术（因此不需要注射黄体酮）的女性中，由于中风的风险增加而停止，而且对整体健康水平没有帮助。对冠心病事件的发生率无影响，提示黄体酮在联合治疗冠心病风险增加中起重要作用。

HERS-I 试验是一项随机、盲法、安慰剂对照的二级预防试验。在这项研究中，有冠心病病史的绝经后妇女被随机分配接受 WHI 中使用的相同方案或安慰剂，平均 4 年。本次试验的结果包括：

- 两组冠心病事件发生率无显著差异，尽管激素组血清 LDL 净降低 11%，HDL 净增加 10%；
- 在治疗的第一年，激素组发生了更多的冠心病事件，随后在 4 年和 5 年出现了风险降低的趋势。

HERS-II 试验是 HERS-I 的延续，其中 93% 的 HERS-I 参与者参与了一项随访研究，随访时间为 2.7 年；

- 在激素组中，4 年和 5 年冠心病发生率较低，但在随后的几年没有持续；
- 在 HERS-I 和 HERS-II 患者的 6.8 年中，持续的雌激素黄体酮治疗并没有降低女性患冠心病的风险；
- 服用他汀类药物或阿司匹林的女性没有差异。

无创检测在男性和女性中没有区别。校正冠状动脉疾病流行率（即先验概率）的结果具有相当的准确性。静息心电图显示疑似冠心病的女性比男性更容易发生 ST-T 波异常（32% 对 23%）。

运动心电图测试在女性中的错误率高于男性，部分原因是疾病的先验概率较低。然而，与男性相比，女性的误诊率较低，这表明常规检查确实排除了阴性测试中的冠心病患者。

应用影像学方法进行心电图压力测试，可显著提高女性心电图的准确性。然而，偶尔也会有问题。例如，在铊成像中，乳腺组织会减弱辐射信号，并可能产生明显的灌注缺陷，通常位于隔膜前区。更精准的定位，以及新技术（SPECT 成像）和新同位素（sestamibi）的出现有助于解决这些问题。

冠状动脉造影仍然是诊断冠心病的黄金标准。中国社会科学院的研究表明，患者的年龄和性别，以及胸痛的特征，是疾病流行和严重程度的重要决定因素。该病的流行与胸痛的性质有关；在所有类型的胸痛中，妇女的发病率都较低。患有严重冠心病的男性和女性中有明确心绞痛的比例分别为 93% 和 72%，而可能的心绞痛的比例分别为 66% 和 36%，非特异性胸痛的比例分别为 14% 和 6%[179]。

由于对女性慢性冠心病就医诊疗的研究很少，因此几乎没有证据表明女性和男性对传统治疗效果相同。药物治疗对妇女冠心病预后的影响尚不清楚。卡斯商学院的研究确实表明，接受过治疗的女性，与剖面诊断相似的男性相比，在血管造影记录为 0、1 或 2 种血管疾病的情况下，12 年生存率更高。

与女性冠心病治疗数据的缺乏形成鲜明对比的是，许多研究都探讨了男性和女性血管重建过程的相对有效性。遗憾的是，大多数关于血管成形术和冠脉搭桥的数据都来自为解决其他问题而设计,男女差异未能呈现。

几乎所有的 PCI 研究都注意到,在妇女中,包括高龄妇女中,并存病的发生率更高。心绞痛的严重程度在女性中也更高,病情更可能不稳定,或发生加拿大分级中的 III 级或 IV 级心绞痛。在目前的研究中,男性和女性 PCI 血管造影成功率相似。女性确实会经历更高的并发症和死亡率;包括腹股沟并发症,急性闭合和死亡;但心肌梗死或紧急搭桥手术发生率并不高。PCI 的长期结果在男性和女性中似乎是相似的。

冠脉搭桥术后结果的性别差异是确定的。与血管成形术一样,女性在术前有更多的共病和较少的阳性病人特征。女性也比男性更倾向接受紧急手术。

住院死亡率在女性中较高,她们接受内乳血管移植或完全血管重建的可能性较小。长期生存率、梗死率和再手术率与男性相似。

至于急性心肌梗死综合征,与男性相比,女性可能年龄更大,有高血压、糖尿病、高脂血症、不稳定心绞痛和 CHF 病史的可能性更大。女性也更容易发生静息或非 ST 段抬高性梗死。

尽管女性的表现更严重,但她们接受溶栓治疗的可能性更小,而且比男性晚。女性因梗死住院的概率更高,包括:出血、中风、休克、心肌断裂、复发性胸痛等。大多数这些差异在纠正年龄和共病时消失。虽然女性住院死亡率似乎高于男性,但大多数研究表明,年龄和/或临床特征的调整减少但没有完全消除,这种差异在出院后 1~3 年的男性和女性中是相似的。当根据年龄和其他基线进行调整时,女性表现得更好。

▶▶ 年轻男性和女性的冠心病

虽然冠心病主要发生在 40 岁以上的人身上,但年轻的男性和女性会受到影响。大多数研究都使用 40~45 岁的年龄界限来定义"年轻"的冠心病患者或心肌梗死患者。在弗雷明汉研究中,超过 10 年随访的 30~34 岁男性 MI 发病率为 12.9/1 000,35~44 岁女性为 5.2/1 000。55~64 岁的男性和女性心肌梗死的发病率高达 8~9 倍[180]。

在年轻男性和女性中,与传统风险因素相关的相对风险程度相似。年轻的心肌梗死患者通常有多种冠心病危险因素。吸烟是年轻患者中最常见、最易改变的危险因素。年轻的冠心病患者更容易有未成年冠心病家族史。此外,过早冠心病患者的后代比没有此类家族史的后代更易有冠状动脉风险因素。两种重要的冠状动脉风险因素,糖尿病和高血压,在年轻的冠心病患者中比老年患者更少见。

在年轻的心肌梗死患者中发现了许多其他可能的因素[181]，这些包括：
- 女性口服避孕药的使用，主要与大量吸烟结合使用；
- 在 NHANESIII 调查中，18~45 岁期间频繁使用可卡因占非致命心肌梗死的 25%；
- 吸大麻可能会引发心肌梗死；
- 在一些年轻的心肌梗死患者的研究中，VLeiden 因子携带者患病率更高。

年轻患者冠心病的临床表现与老年患者不同。年轻患者中没有心绞痛的比例更高，而且在大多数情况下，如果不治疗，急性冠状动脉综合征会迅速发展为心肌梗死，这是冠心病的第一个表现。较年轻的患者有较高的正常冠状动脉的发生率，轻度管腔不规则性和单支冠状动脉疾病。年轻女性冠状动脉造影正常的频率高于年轻男性。

早期发生心肌梗死增加了恶性冠心病的潜在危险和不良预后。然而，这些患者中的许多人并没有严重的冠状动脉疾病，而且大多数系列患者都有良好的短期和长期预后[182,183]。住院晚期病人的死亡率在 0~4%，低于老年病人。年轻患者在心肌梗死后也有良好的长期预后，年轻患者接受 PCI 治疗的长期预后与老年患者一样好。冠脉搭桥术在年轻患者中更容易实施，因为他们通常比老年患者状况更好，并且能够更好地承受手术和全身麻醉。年轻患者隐静脉和动脉移植的长期通畅性与老年患者相似。

▶▶ 老年人冠心病

在发达国家，65 岁以上的个人在人口中所占的比例越来越大。随着人口老龄化，冠心病和心肌梗死的发生频率均增加。心血管健康研究报告显示，年龄在 65~74 岁老年人冠心病发病率为每年男性千分之 16.3、女性千分之 5.8；75~84 岁为每年男性千分之 28.7、女性千分之 12.9[184]。

在 80 岁左右死亡的人群中，冠心病解剖学患病率接近 70%。尽管解剖学上患病率很高，但 65 岁以上的人群中只有 10%~20% 的人诊断为活动性冠心病。造成老年人解剖学患病和临床患病率差异的原因尚不清楚。在年轻患者中，男性更容易罹患冠心病，但在 70 岁以后，男性和女性的患病率是相等的。此外，老年人的冠心病更可能是弥漫性的和严重的。左主冠状动脉狭窄和三支血管病变在老年人中更为普遍。

65 岁以下的受试者患冠心病的许多危险因素在这个年龄以上的人群中仍然存在。然而，老年人某些因素的风险关联似乎存在一些差异。例如，在老年受试者中，血清总胆固醇作为冠心病的预测指标的重要性降低了，但将胆固醇分解为低浓度和高密度脂蛋白组分，可以恢复血脂水平的预测价值。

主动脉瓣硬化常见于老年人；它的发病率随着年龄的增长而增加，在65岁以上人群中有26%，在85岁以上人群中有48%。大多数人有硬化而无狭窄，但进展为主动脉狭窄可发生。主动脉瓣硬化的早期病变与动脉粥样硬化有许多相似之处。此外，主动脉硬化与冠状动脉风险因素相关，包括吸烟、高血压、高脂血症和糖尿病。在心血管健康研究中，65岁以上的主动脉硬化患者平均随访5年。在调整冠状动脉风险因素后，主动脉硬化患者心血管死亡或心肌梗死的相对风险在基线时分别为1.5和1.4，而没有冠心病的证据[185]。

虽然心绞痛的诊断通常发生在年轻和中年患者，但对老年人也是诊断上的挑战。由于心绞痛通常是由体力活动引起的，与衰老有关的体力活动减少可能不允许老年人增加其心肌氧需求导致引起供需不平衡。

心绞痛症状的回忆可能会因年老时的记忆缺陷而减弱。无创心脏诊断在老年人中很重要，因为病史可能不可靠。在大约50%的老年人中，静息心电图可能是异常的，在高龄患者中发病率很高。运动测试对老年人很有用，静息心电图异常的意义可能超过运动心电图。许多病人不能达到他们预期的最大心率的85%。在这种情况下，运动或药理学心肌灌注成像最有用，因为在疾病高发人群中，运动心电图的阴性结果预测精度较低。

慢性心绞痛的三种治疗方式（内科、PCI、CABG），既适用于老年患者，也适用于青年患者，但在风险和收益方面存在一定差异。一般来说，这种方法更关心症状的缓解，而不是改善长期生存。

虽然排除了年龄在65岁以上的人，但随后的一项非随机研究比较了1 491名属于这一年龄段的参与者的CABG和药物治疗[186]。6年的累积生存率（根据重要基线特征的主要差异进行调整）在外科组为70%，在内科组为64%。手术获益组与65岁以下年龄组相似。高危患者最高，轻度心绞痛最低，心室功能较好，无左主干冠心病。治疗组和手术组之间没有生存差异。在其他研究中，LVEF、不稳定心绞痛以及在置管时存在任何主动脉或二尖瓣疾病被发现是生存的独立预后指标。

凭着治疗中年患者的经验，PCI最初用于老年人。然而，随着对PCI适宜性的解剖学标准的放宽，该技术越来越多地应用于老年患者。在几项研究中都对PCI在老年人中的安全性和有效性进行了检验。与年轻患者相比，接受PCI治疗的老年患者发生并发症的风险更高。这一影响的程度在一份报告中得到了说明，该报告比较了1994—1997年接受干预治疗的7 472名80岁老人（平均年龄83岁）和102 236名年轻病人（平均年龄62岁）[187]。80岁老人的死亡率（3.8% vs 1%）、ST段抬高梗死（1.9% vs 1.3%）、肾衰竭（3.2% vs 1%）、血管并发症（6.7% vs 3.3%）风险都有所增加。

死亡率的独立预测因素包括：休克、急性梗死、左室射血分数<35%、肾功能不全、85岁或以上和糖尿病。进行选择性干预的患者的死亡率与这些共病的存在或不存在有关，无危险因素的患者死亡率从0.8%，到出现肾功能不全或左室功能障碍的患者死亡率为7.2%。PCI的死亡率和发病率在研究后期趋于下降，部分与支架的使用有关。

在老年患者中，PCI术后的长期预后也不太好，与年轻患者相比，所有原因死亡、心源性死亡和心绞痛的发生率更高。在不完全血运重建的患者中，不良结果的增加最为显著。

当老年人发生急性心肌梗死时，住院和随后的死亡率、再灌注和并发症均增加。尽管大样本的随机溶栓试验显示在这个年龄组中溶栓对生存有好处，但很少有老年人有条件接受溶栓治疗。

▶▶ 参考文献

[1] Gaziano JM. Global burden of cardiovascular disease. In: *Braunwald's Heart Disease* (7th edn). Zipes DP, Libby P, Bonow R, Braunwald E (eds). Philadelphia: Elsevier Saunders; 2005: 1.

[2] Brackenridge RDC. In: *Medical Selection of Life Risks* (2nd ed). Brackenridge RDC (ed). Basingstoke, U.K. Macmillan; 1985: 262.

[3] Cochran Jr. HA, Buck NF. Coronary Artery Disease and other chest pain. A fourth report. *Trans Assoc Am Life Insur Med Dir Assoc* 1970; 54: 63.

[4] Lew EA. *Proceedings 10th International Congress on Life Assurance Medicine*. London: Pitman, 1970.

[5] Gill JB et al. Prognostic importance of myocardial ischemia detected by ambulatory monitoring early after acute myocardial infarction. *N Engl J Med* 1997; 334: 650.

[6] Singer RB. First-year acute coronary event rates in patients with acute myocardial infarction. *J Insur Med* 1997; 29: 19.

[7] Fessel M. Myocardial infarction in European insureds. *J Insur Med* 1990; 22: 284.

[8] Strong JP et al. Prevalence and extent of atherosclerosis in adolescents and young adults: implications for prevention from the Pathological Determinants of Atherosclerosis in Youth Study. *JAMA* 1999; 281: 727.

[9] Murabito JM et al. Prognosis after the onset of CHD: an investigation of differences

in the outcome between the sexes according to initial coronary disease presentation. *Circulation* 1993; 88: 2548.

[10] Lerner DJ, Kannel WB. Patterns of CHD morbidity and mortality in the sexes: a 26-year followup-up of the Framingham population. *Am Heart J* 1986; 111: 383.

[11] Lampe FC et al. The natural history of prevalent ischaemic heart disease in middle-aged men. *Eur Heart J* 2000; 21: 1052.

[12] Frank CW, Weinblatt E, Shapiro S. Angina Pectoris in men: prognostic significance of selected medical factors. *Circulation* 1973; 47: 509.

[13] Deewania PC, Carbajal EV. Silent myocardial ischemia. A clinical perspective. *Arch Intern Med* 1991; 151: 2373.

[14] American Heart Association, Heart and Stroke Facts: 2004 Statistical Supplement. *American Heart Association* 2004 Dallas, Texas.

[15] Roger VL et al. Time trends in the prevalence of atherosclerosis: a population-based autopsy study. *Am J Med* 2001; 110: 267.

[16] British Heart Foundation 2004. Statistics Factsheet. BHF Statistics Database. www.heartstats.org.

[17] Cupples LA et al. Preexisting cardiovascular conditions and long-term prognosis after initial myocardial infarction: The Framingham Study. *Am Heart J* 1993; 125: 863.

[18] Wilson PWF. Epidemiology and prognosis of CHD. *Up To Date* 2004; October 8.

[19] Gordon T et al. Menopause and coronary heart disease. The Framingham Study. *Ann Intern Med* 1978; 89: 157.

[20] Elgin A et al. Secular trends in CVS. Cardiovascular disease mortality, incidence and case fatality rates in adults in the USA. *Am J Med* 2004; 117: 219.

[21] Kuulasmaa K et al. Estimation of contribution of changes in classic risk factors to trends in coronary event rates across the WHO MONICA Project populations. *Lancet* 2000; 355: 675.

[22] Feinleib M. Trends in heart disease in the United States. *Am J Med Sci* 1995; 310 (Suppl 1) S8.

[23] Fox C et al. Temporal Trends in CHD mortality and sudden cardiac death from 1950 to 1999: the Framingham Heart Study. *Circulation* 2004; 110: 522.

[24] Capewell S et al. Explanation for the decline of CHD mortality rates in Auckland, New Zealand, between 1982 and 1993. *Circulation* 2000; 102: 1511.

[25] Goldman L. The decline in CHD: determining the paternity of success. *Am J Med* 2004, 117: 274.

[26] Unal B, Critchley JA, Capewell S. Explaining the decline in CHD mortality in

England and Wales between 1981 and 2000. *Circulation* 2004; 109: 1101.

[27] Levi F et al. Trends in Mortality from cardiovascular and cerebrovascular diseases in Europe and other areas of the world. *Heart* 2002; 88: 119.

[28] Reddy KS. Cardiovascular disease in non-western countries. *N Eng J Med* 2004; 350: 2438.

[29] Critchley J et al. Explaining the increase in CHD mortality in Beijing between 1984 and 1999. *Circulation* 2004; 110: 1236.

[30] Weissberg PL. Atherogenesis: current understanding of the causes of atheroma. *Heart* 2000; 83: 247.

[31] Forrester JS. Prevention of plaque rupture: a new paradigm of therapy. *Ann Intern Med* 2002; 137: 823.

[32] Lerman A, Zeiher AM. Endothelial Function. *Circulation* 2005; 111: 363.

[33] Glagov S et al. Compensatory enlargement of human atherosclerotic coronary arteries. *N Engl J Med* 1987; 316: 371.

[34] O'Keefe Jr JH, Lavie CJ, McCallister BD. Insights into the pathogenesis and prevention of coronary artery disease. *Mayo Clin Proc* 1995; 70: 69.

[35] O'Keefe Jr JH et al. The new paradigm for coronary artery disease: Altering risk factors, atherosclerotic plaques, and clinical prognosis. *Mayo Clin Proc* 1996; 71: 957.

[36] Giroud D et al. Relation of the site of acute myocardial infarction to the most severe coronary arterial stenosis at prior angiography. *Am J Cardiol* 1992; 69: 729.

[37] Steil GM et al. Impact of compensatory enlargement of atherosclerotic coronary arteries on angiographic assessment of coronary artery disease. *Circulation* 1989; 80: 1603.

[38] Randomized trial of cholesterol lowering in 4444 patients with coronary heart disease: the Scandinavian Simvastin Survival Study (4S). *Lancet* 1994; 344: 1383.

[39] Shepherd J et al. Prevention of coronary heart disease with pravastatin in men with hypercholesterolemia. *N Engl J Med* 1995; 333: 1301.

[40] Simoons ML et al. Coronary artery disease: prevention of events. *Eur Heart J* 1995; 16: 729.

[41] Enos WF, Holmes RH, Beyer J. Coronary disease among U. S. soldiers killed in action in Korea: preliminary report. *JAMA* 1953; 152: 1090.

[42] Kannel WB et al. Factors of risk in the development of CHD-six year follow-up experience: The Framingham Study. *Ann Intern Med* 1961; 55: 33.

[43] Wilson PW et al. Prediction of CHD using risk factor categories. *Circulation* 1998; 97: 1837.

[44] Furberg CD et al. Clinical epidemiology: the conceptual basis of interpreting risk

factors. *JACC* 1996; 27: 976.

[45] Alderman MH. Absolute cardiovascular risk: the basis ofdeciding to treat. *Am J Nephrol* 1996; 16: 182.

[46] Fletcher, R, Fletcher SW, Wagner EH. *Clinical Epidemiology* (3rd edn). Lippincort, Williams and Wilkins. 1996; 94.

[47] Eisen GM et al. Evaluating risk: a primer for gastroenterologists. *AJG* 1995; 90: 704.

[48] Jackson R. Guidelines on preventing cardiovascular disease in clinical practice. *BMJ* 2000; 320: 661.

[49] Sedgewick JEC. Absolute, attributable and relative risk in the management of CHD. *Heart* 2001; 85: 491.

[50] Franklin SS et al. Hemodynamic patterns of age related changes in blood pressure. The Framingham Study. *Circulation* 1997; 96: 308.

[51] Magnus P, Beaglehole R. The real contribution of the major risk factors to the coronary epidemics. *Arch Intern Med* 2001; 161: 2657.

[52] Greenland P et al. Major risk factors as antecedents of fatal and nonfatal CHD events. *JAMA* 2003; 290 (7): 891 – 7.

[53] Khot UN et al. Prevalence of conventional risk factors in patients with CHD. *JAMA* 2003; 290: 898.

[54] Sesso HD et al. Maternal and parental history of MI and risk of cardiovascular disease in men and women. *Circulation* 2001; 104: 393.

[55] Scheuner MT. Clinical application of genetic risk assessment strategies for coronary artery disease: genotypes phenotypes and family history. *Primary Care* 2004; 31: 711.

[56] Hamsten A. Molecular genetics as the rout to understanding, prevention and treatment. *Lancet* 1996; 348 Suppl 1: S17.

[57] Brown DW et al. Familial aggregation of earlyonset MI. *Community Genet* 2002; 5: 232.

[58] Genest JJ et al. Familial lipoprotein disorders in patients with premature coronary artery disease. *Circulation* 1992; 85: 2025.

[59] Yusuf S et al. Effect of potentially modifiable risk factors associated with myocardial infarction in 52 countries (the Interheart Study): case – control study, *Lancet* 2004; 364: 937.

[60] Stamler J, Wentworth D, Neaton JD. Is the relationship between serum cholesterol and risk of premature death from CHD continuous and graded? *JAMA* 1986; 256: 2823.

[61] Otvos JD et al. LDL particles, but not IDL cholesterol, are highly elevated in the

metabolic syndrome: results from the Framingham Offspring Study. *Circulation* 2003; 108 (Suppl Ⅳ): 740.

[62] Kinosian B, Glick H, Garland G. Cholesterol and CHD: Predicting risk by levels and ratios. *Am Intern Med* 1994; 121: 641.

[63] Cui Y et al. Non – high – density lipoprotein cholesterol level as a predictor of cardiovascular disease mortality. *Arch Intern Med* 2001; 161: 1413.

[64] Sniderman AD, Pedersen T, Kjekshus J. Putting low – density lipoproteins at center stage in atherogenesis. *Am J Cardiol* 1997; 64.

[65] Lamarche B et al. Small, dense lowdensity lipoprotein panicles as a predictor of the risk of ischernic heart disease in men. Prospective results from the Quebec Cardiovascular Study. *Circulation* 1997; 95: 69.

[66] Burt VL et al. Prevalence of hypertension in the USA adult population: Results from NHANES III 1988 – 91. *Hypertension* 1995; 25: 305.

[67] Chobanian AV et al. The seventh report of the Joint Committee on Prevention, Detection, Evaluation and Treatment of High Blood Pressure (JNC – 7 express). *JAMA* 2003; 289: 2560.

[68] Pastor – Barriuso R et al. Systolic BP, diastolic BP and pulse pressure: an evaluation of their joint effect on mortality. *Ann Int Med* 2003; 139: 731.

[69] Franklin SS et al. Hemodynamic patterns of agerelated changes in blood pressure. The Framingham Heart Study. *Circulation* 1997; 96: 308.

[70] Franklin SS et al. Is pulse pressure useful in predicting risk for CHD? The Framingham Heart Study. *Circulation* 1999; 100: 354.

[71] Staessen JA et al. Ambulatory pulse pressure as a predictor of outcome in older patients with systolic hypertension. *Am J Hypertension* 2002; 15: 835.

[72] Domanski M et al. Pulse pressure and cardiovascular disease related mortality: follow – up study of the Multiple Risk Intervention Trial (MRFIT). *JAMA* 2002; 287: 2677.

[73] Vasan RS et al. Antecedent blood pressure and the risk of cardiovascular disease: The Framingham Heart Study. *Circulation* 2002; 105: 48.

[74] Pickering TJ et al. How common is white coat hypertension? *JAMA* 1988; 259: 225.

[75] O'Brien E, Beevers G, Lip GYR. Blood pressure measurement. Part III. Automated sphyngomanometry: Ambulatory blood pressure management. *BMJ* 2001; 322: 1110.

[76] Vedecchia P. Prognostic value of ambulatory blood pressure. *Hypertension* 2000; 35: 844.

[77] Neal B, MacMahon S, Chapman N. Effects of ACE inhibitors, calcium antagonists

and other blood pressure – lowering drugs. *Lancet* 2000; 356: 1955.

[78] Wong ND et al. Preventing heart disease by controlling hypertension: impact of hypertensive subtype, stage, age and sex. *Am Heart J* 2003; 145: 888.

[79] Ruiz – Bailen M et al. Paradoxical effect of smoking in the Spanish population with acute MI or unstable angina. *Chest* 2004; 125: 831.

[80] Critchley JA, Capewell S. Mortality risk reduction associated with smoking cessation in patients with CHD: a systematic review. *JAMA* 2003; 290: 86.

[81] Kannel W, McGee D. Diabetes and cardiovascular risk factors: The Framingham Heart Study. *Circulation* 1979; 59: 8.

[82] Third Report of the National Cholesterol Education Program (NCEP) Expert Panel on detection. evaluation and treatment of high blood cholesterol in adults. *Circulation* 2002; 106: 3143.

[83] Hoff JA et al. The prevalence of coronary artery calcium among diabetic individuals without known coronary artery disease. *J Am Call Cardiol* 2003; 41: 1008.

[84] Kannel W. Lipids, diabetes and CHD: insights from the Framingham Study. *Am Heart J* 1985; 110: 1100.

[85] Selvin E et al. Meta – analysis: glycosylated hemoglobin and cardiovascular disease in diabetes mellitus. *Ann Intern Med* 2004; 141: 421.

[86] Norhammar A et al. Glucose metabolism in patients with acute MI and no previous diagnosis of diabetes mellitus. *Lancet* 2002; 359: 2140.

[87] Almdal T et al. The independent effect of type 2 diabetes mellitus on ischemic heart disease, stroke and death: a population based study of 13,000 men and women with 20 years of follow – up. *Arch Intern Med* 2004; 164: 1422.

[88] The Diabetes Control and Complications Trial Research Group. The effect ofintensive treatment of diabetes on the development and progression of long – term complications in insulin – dependant diabetes mellitus. *N Engl J Med* 1993; 329: 977.

[89] UK Prospective Diabetes Study (UKPDS) Group. Intensive blood – glucose control with sulphonylureas or insulin compared with conventional treatment and risk of complications in patients with type 2 diabetes (UKPDS 33). *Lancet* 1998; 352: 837.

[90] Kuczmarski RJ et al. Increasing prevalence of overweight among U. S. adults. The NHANES surveys 1960 to 1991. *JAMA* 1994; 205.

[91] Pouliot MC et al. Waist circumference and abdominal sagittal diameter: best simple anthropometric indexes of abdominal visceral adipose tissue accumulation and related cardiovascular risk in men and women. *Am J Cardiol* 1994; 73: 400.

[92] Kang SS, Wong PW, Malinow MR. Hyperhomocysteinemia as a risk factor for

occlusive vascular disease. *Annu Rev Nutr* 1992; 12: 279.

[93] Jacques PF et al. Determinants of plasma total homocysteine concentration in the Framingham Offspring cohort. *Am J Clin Nutr* 2001; 73: 613.

[94] Stampfer MJ et al. A prospective study of the plasma homocysteine and risk of MI in U.S. physicians. *JAMA* 1992; 268: 877.

[95] Homocysteine Studies Collaboration. Homocysteine and the risk of ischemic heart disease and stroke: a meta – analysis. *JAMA* 2002; 288: 2015.

[96] Reaven GM. Banting Lecture 1988: Role of insulin resistance in human disease. *Diabetes* 1988; 37: 1595.

[97] Alberti KG, Zimmet PZ. Definition, diagnosis and classification of diabetes mellitus and its complications. Part I: diagnosis and classification of diabetes mellitus provisional report of a WHO consultation. *Diabet Med* 1998; 15: 539.

[98] Lakka HM et al. The metabolic syndrome and total and cardiovascular mortality in middle – aged men. *JAMA* 2002; 288: 2709.

[99] Gerstein HC et al. Albuminuria and the risk of cardiovascular events, death and heart failure in diabetic and nondiabetic individuals. *JAMA* 2001; 286: 421.

[100] Diercks GF et al. Microalbuminuria modifies the mortality risk associated with electrocardiographic ST – T segment changes. *J Am Call Cardiol* 2002; 40: 1401.

[101] Danesh J et al. Low grade inflammation and CHD: prospective study and updated meta – analyses. *BMJ* 2000; 321: 199.

[102] Danesh J et al. C – reactive protein and other circulating markers of inflammation in the prediction of CHD. *N Engl J Med* 2004; 350: 1387.

[103] Ridker PM. High – sensitivity C – reactive protein: potential adjunct for global risk assessment in the primary prevention of cardiovascular disease. *Circulation* 2001; 103: 1813.

[104] Nissen SE et al. Statin therapy, LDL cholesterol; C – reactive protein and coronary artery disease. *N Engl J Med* 2005; 352: 29.

[105] Ridker PM et al. C – reactive protein levels and outcomes after statin therapy. *N Engl J Med* 2005; 352: 20.

[106] Muntner, P et al. Renal insufficiency and subsequent death resulting from cardiovascular disease in the United States. *J Am Soc Nephrol* 2002; 13: 745.

[107] Lowe LP et al. Impact of major cardiovascular disease risk factors, particularly in combination on 22 year mortality in women and men. *Arch Intern Med* 1998; 158: 2007.

[108] Stamler J et al. Low risk factor profile and long – term cardiovascular and noncardiovascular mortality and life expectancy: findings for 5 large cohorts of young adults and mid-

dleaged men and women. *JAMA* 1999; 282: 2012.

[109] Assmann G, Cullen P, Schulte H. Simple scoring scheme for calculating risk of acute coronary events based on the 10 year follow-up of the prospective Munster (PROCAM) study. *Circulation* 2002; 105: 310.

[110] Conroy RM et al. Estimation of ten-year risk of fatal cardiovascular disease in Europe: the SCORE project. *Eur Heart J* 2003; 24: 987.

[111] Greenland P, Smith SC, Grundy SM. Improving CHD risk assessment in asymptomatic people. *Circulation* 2001; 104: 1863.

[112] Garber AM, Hlatky. Stress testing for the diagnosis of CHD. *Upto Date* 2004; May.

[113] Garber AM, Solomon NA. Cost-effectiveness of alternative test strategies for the diagnosis of coronary artery disease. *Ann Int Med* 1999; 130: 719.

[114] Gianrossi R et al. Exercise-induced ST depression in the diagnosis of coronary artery disease: a meta-analysis. *Circulation* 1989; 80: 87.

[115] Kwok T et al. Meta-analysis of exercise testing to detect coronary artery disease in women. *Am J Cardiol* 1999; 83: 660.

[116] Chaitman BR. Exercise Stress Testing. In: *Braunwald's Heart Disease* 7th edn. Zipes D, Libby P, Bonow RO, Braunwald E (eds) Philadelphia. Elsevier Saunders 2005; 153-178.

[117] Marwick TH, Cain P. Screening for coronary artery disease. *MCNA* 1999; 83: 1375.

[118] Mark DB et al. Exercise treadmill score for predicting prognosis in CHD. *Ann Int Med* 1987; 106: 793.

[119] Greenland P, Gaziano JM. Selecting asymptomatic patients for coronary computed tomography or electrocardiographic exercise testing. *N Eng J Med* 2003; 349: 465.

[120] Berman DS et al. Nuclear Cardiology. In: *Hurst's The Heart* 11th edn. Fuster V, Alexander RW, O'Rourke RA (eds). New York. McGraw-Hill. 2004; 563-598.

[121] Yusuf S et al. Effect of coronary bypass graft surgery on survival: overview of 10-year results from randomized trials by the Coronary Artery Bypass Graft Surgery Trialists Collaboration. *Lancet* 1994; 344: 563.

[122] Senior R et al. Stress echo cardiography for the diagnosis and risk stratification of patients with suspected or known coronary artery disease: a critical appraisal. *Heart* 2005; 91: 427.

[123] Marwick TH. Stress echocardiography. *Heart* 2003; 89: 113.

[124] Rumberger TH. Electron beam (ultrafast) computed tomography for the evaluation

of cardiac disease and function. *Up To Date.* January 2005.

[125] Mahmarian JJ, Computed Tomography of the heart. In. *Hurst's The Heart* 11th edn. Fuster V, Alexander RW, O'Rourke RA (eds). New York. McGraw Hill. 2004; 599.

[126] Salazar HD, Raggi P. Usefulness of electron – beam computed tomography. *Am J Cardiol* 2002; 89 (Suppl); 17B.

[127] Wexler L et al. Coronary artery calcification: pathophysiology, epidemiology, imaging methods and clinical implications. *Circulation* 1996; 94: 1175.

[128] Rumberger JA et al. Electron – beam computed tomographic scanning: a review and guidelines for use in asymptomatic persons. *Mayo Clin Proc* 1999; 74: 243.

[129] Underwood II DG. A scheme for more complete evaluations of exercise electrocardiograms. *J Insur Med* 1988; 20: 61.

[130] Antman EM, Braunwald E. ST – Elevation MI: pathology, pathophysiology and clinical features. In: *Braunwald's Heart Disease* 7th edn. Zipes DP, Libby P, Bonow R, Braunwald E (eds). Philadelphia: Elsevier Saunders: 2005; 1152.

[131] Smith LR et al. Determinants of early versus late cardiac death in patients undergoing coronary bypass graft surgery. *Circulation* 1991; 84 (supp III); 245.

[132] Campeau L. Grading of angina pectoris. *Circulation* 1975; 54: 522.

[133] Diamond GA, Forrester JS. Analysis of probability as an aid in the clinical diagnosis of coronary artery disease. *N Bngl J Med* 1979; 300: 1350.

[134] Weiner DA et al. Long – term prognostic value of exercise testing in men and women from the Coronary Artery Surgery Study (CASS) registry. *Am J Cardiol* 1995; 75: 865.

[135] Gibbons RJ et al. ACC/AHA guideline update for the management of stable angina pectoris. (Available at www. acc. org/clinical/guidelines/stable/ stable. pdf).

[136] Rosenson RS, Kennedy HL. Calcium channel blockers in acute myocardial infarction. *Up To Date* September 2004.

[137] Pinkham CA, Titcomb C. Lincoln Re's coronary artery disease experience study. *Lincoln Re's Medical Resource* 1998; 10: 3.

[138] Morrow DA, Gersh BJ, Braunwold E. Chronic coronary artery disease. In: *Braunwald's Heart Disease* 7th edn. Zipes DP, Libbey P, Bonow R, Braunwald E (eds). Philadelphia: Elsevier Saunders: 2005; 1281.

[139] Levin T, Arvesty JM. Medical versus interventional therapy in the management of stable angina. *Up To Date* 1994; June.

[140] The BARI Investigators: seven – year outcome in the Bypass Angioplasty Revascularization Investigation (BARI) by treatment and diabetic status. *J Am Coll Cardiol* 2000; 35:

122.

[141] Prinzmetal M et al. Angina pectoris. I. A variant form of angina pectoris; preliminary report. *Am J Med* 1959; 27: 375.

[142] Delhanty JM. Variant Angina. *Up To Date* 2004; April.

[143] Walling, A et al. Long – term prognosis of patients with variant angina. *Circulation* 1987; 76: 990.

[144] Bugiardini R, Merz CNB. Angina with "normal" coronaries. A changing philosophy. *JAMA* 2005; 293: 477.

[145] Crea F, Lauza GA. Angina pectoris and normal caoronary arteries: cardiac syndrome X. *Heart* 2004; 90: 457.

[146] Nallamothu N, Iskandrian AE. Myocardial bridging of the coronary arteries. *Up To Date* 2004; December.

[147] Tzivoni D et al. Prognostic significance of ischemic episodes in patients with previous myocardial infarction. *Am J Cardiol* 1988; 62: 661.

[148] Cohn PF, Fox KM. Silent myocardial ischemia. *Circulation* 2003; 108: 1263.

[149] Deedwania PC. Silent myocardial ischemia: epidemiology and pathogenesis. *Up ToDate* July 2004.

[150] Mulcahy D et al. Ischemia during ambulatory monitoring as a prognostic indicator in patients with stable coronary artery disease. *JAMA* 1997; 277: 318.

[151] O'Rourke RA. Unstable angina and non – ST elevation MI: clinical presentation, diagnostic evaluation, and medical management. In: *Hurst's The Heart* 11th edn. Fuster V, Alexander RW, O'Rourke RA (eds). New York. McGraw – Hill. 2004; 1252

[152] Kim M, Kini AS, Fuster V. Definitions of acute coronary syndromes. In: *Hurst's The Heart* 11th edn. Fuster V, Alexander RW, O'Rourke RA (eds). New York. McGraw Hill. 2004; 215.

[153] Hasdai D et al. A prospective survey of the characteristics, treatments and outcomes of patients with acute coronary syndromes in Europe and the Mediterranean basin. The Euro Heart Survey of Acute Coronary Syndromes (Euro Heart Survey ACS). *Eur Heart J* 2002; 23: 1190.

[154] Fox KA et al. Management of acute coronary syndromes. Variations in practice and outcome. Findings from the Global Registry of Acute Coronary Events (GRACE). *Eur Heart J* 2002; 23: 1177.

[155] Reeder GS, Kennedy HL. Diagnosis of acute myocardial infarction. *Up To Date* 2004; August.

[156] Nomenclature and criteria for diagnosis of ischemic heart disease. Report of the

Joint International Society and Federation of Cardiology /World Health Organization task force on standardization of clinical nomenclature. *Circulation* 1979; 59: 607.

[157] Myocardial infarction redefined – a consensus document of the Joint European Society of Cardiology/American College of Cardiology Committee for the redefinition of myocardial infarction. *J Am Coll Cardiol* 2000; 36: 959.

[158] Boersma H et al. Estimated gains in life expectancy. A simple tool to select optimal reperfusion treatment in individual patients with evolving myocardial infarction. *Eur Heart J* 1996; 17 (1): 64 – 75.

[159] Morrow DA et al. Application of the TIMI risk score for ST – elevation MI in the National Registry of Myocardial Infarction 3. *JAMA* 2001; 286: 1356.

[160] Fibrinolytic Therapy Trialists (FTT) Collaborative Group: Indications for fibrinolytic therapy in suspected acute MI: collaborative overview of early mortality and major morbidity results fromall randomized trials of more than 1 000 patients. *Lancet* 1994; 343: 311.

[161] Marchioli R et al. Assessment of absolute risk of death after myocardial infarction by use of multiple – risk – factor assessment equations: GISSI – Prevenzione mortality risk chart. *Eur Heart J* 2001; 22: 2085.

[162] Rosamond WD et al. Trends in the incidence of myocardial infarction and in mortality due to coronary heart disease, 1987 to 1994. *N Engl J Med* 1998; 339: 861.

[163] Rogers WJ et al. Temporal trends in the treatment of over 1.5 million patients with myocardial infarction in the USA from 1990 through 1999: the National Registry of Myocardial Infarction 1, 2 and 3. *J Am Coll Cardiol* 2000; 36: 2056.

[164] Guidry UC et al. Temporal trends in event rates after Q – wave myocardial infarction: The Framingham Heart Study. *Circulation* 1999; 100: 2054.

[165] Simons M. Classification of unstable angina and non – ST elevation MI. *Up To Date* December 2004.

[166] Cannon CP, Braunwald E. Unstable angina and non – ST elevation MI. In: *Braunwald's Heart Disease* 7th edn. Zipes DP, Libby P, Bonow R, Braunwald E (eds). Philadelphia: Elsevier Saunders: 2005; 1243.

[167] French JK, White HD. Clinical implications of the new definition of MI. *Heart* 2004; 90: 99.

[168] Fox KA et al. British Cardiac Society Working Group on the definition of MI. *Heart* 2004; 90: 603.

[169] Antman EM et al. The TIMI risk score for unstable anginal/non – ST elevation MI: A method for prognostication and therapeutic decision making. *JAMA* 2000; 284: 835.

[170] Fox KA. Management of acute coronary syndromes. *Heart* 2004; 90: 698.

[171] Naslafkih A et al. Geographical variations in post myocardial infarction mortality and their impact on risk selection. *J Insur Med* 2004; 36: 282.

[172] Hu FB et al. Trends in the incidence of coronary heart disease and changes in diet and lifestyle in women. *N Engl J Med* 2000; 343: 530.

[173] Douglas PS. Determinants and management of cardiovascular risk in women. *Up To Date* 2004; December.

[174] Martin KA, Rosen HN, Rosenson RS. Postmenopausal hormone therapy and cardiovascular risk. *Up To Date* 2004; October.

[175] Risks and benefits of estrogen plus progestin in healthy postmenopausal women: principal results From the Women's Health Initiative randomized controlled trial. *JAMA* 2002; 288: 321.

[176] Hulley S et al. for the Heart and Estrogen/Progestin Replacement Study (HERS) Research Group. Randomized trial of estrogen plus progestin for secondary prevention of coronary heart disease in postmenopausal women. *JAMA* 1998; 280: 605.

[177] Grady D et al. Cardiovascular disease outcomes during 6.8 years of hormone therapy: Heart and Estrogen/progestin Replacement Study follow – up (HERS II). *JAMA* 2002; 288: 49.

[178] Herrington DM et al. Effects of estrogen replacement on the progression of coronary – artery atherosclerosis. *N Engl J Med* 2000; 343: 522.

[179] Weiner DA et al. Exercise stress testing. Correlations among history of angina, ST – segment response and prevalence of coronary – artery disease in the Coronary Artery Surgery Study (CASS). *N Engl J Med* 1979; 301: 230.

[180] Kannel WB, Abbott RD. Incidence and prognosis of unrecognized myocardial infarction. An update on the Framingham study. *N Engl J Med* 1984; 311: 1144.

[181] Azar RR, Waters DD. CHD and MI in young men and women. *Up To Date* 2004; December.

[182] Zimmerman FH, Cameron A, Fisher LD, NG G. Myocardial infarction in young adults: angiographic characterization, risk factors and prognosis (Coronary Artery Surgery Study Registry). *J Am Coll Cardiol* 1995; 26: 654.

[183] Wolfe MW, Vacek JL. Myocardial infarction in the young. Angiographic features and risk factor analysis of patients with myocardial infarction at or before the age of 35 years. *Chest* 1988; 94: 926.

[184] Psaty BM et al. Traditional risk factors and subclinical disease measures as predictors of first myocardial infarction in older adults. *Arch Intern Med* 1999; 159: 1339.

[185] Otto CM et al. Association of aortic – valve sclerosis with cardiovascular mortality

and morbidity in the elderly. *N Engl J Med* 1999; 341: 142.

[186] Gersh BJ et al. Comparison of coronary artery bypass surgery and medical therapy in patients 65 years of age or older. A nonrandomized study from the Coronary Artery Surgery Study (CASS) registry. *N Engl J Med* 1985; 313: 217.

[187] Batchelor WB et al. Contemporary outcome trends in the elderly undergoing percutaneous coronary interventions: results in 7472 octogenarians. National Cardiovascular Network Collaboration. *J Am Coll Cardiol* 2000; 36: 723.

第21章 心电图描记法

迈克尔·克拉克（Michael Clark）

- 理想的心脏检查
- 正常心电图
- 冠状动脉疾病
- 高血压性心脏病
- 心脏瓣膜病与先天性心脏病
- 心室传导阻滞（室间隔传导干扰）
- 展望
- 参考文献

　　心电图在临床医学和死亡风险评估中已被证明具有诊断[1]、预后[2]和保护价值。然而，筛查心电图（ECG）[3]的临床实例很少，主要涉及飞行员等个人，其健康可能严重影响他人的安全。另一方面，许多保险公司包括常规静息心电图，并且在风险较高的情况下，将心电图作为承保风险评估的一部分。在这一章中，将研究心电图作为心脏风险选择工具的优点和局限性。本章将首先关注基本心电图技术及其缺陷，然后考虑心电图在评价已知或可疑心血管损害中的作用，如冠状动脉疾病、心肌病、高血压和瓣膜性心脏病，其次，将回顾传导阻滞和心律失常的相关方面问题；最后，确定可能出现的心电图死亡率风险评估的准则。

▶▶ 理想的心脏检查

前哨价值（预警价值）和保护价值

　　在保险医学中，心脏测试的价值一部分被视为"哨兵效应"和"保护价值"[4]。心电图具有相当强的定点效应，这是一种保护性现象，其中受损的申请人避免了保险申请过程，因为担心损坏会被心电图显示。因此，如果需要"年龄和数量"的ECG，则可以降低受保护组心脏疾病的患病率，而不依赖于任何心电图检查结果。"保护价值"涉及可归因于任何特定应用要求的独特死亡率节省。心电图具有显著的保护价值；在一项研究中，对于每1美元的心电相关成本，死亡率收益达到11.60美元[5]。

ECG 灵敏度和特异性

大多数情况下，临床医生会要求进行心脏检查，以确定有疑似症状或多重危险因素患者的临床诊断。高度敏感的检查是最受欢迎的。阳性测试会证实诊断，或决定候选人进行积极的风险因素管理；但这些非常敏感的测试也会产生大量的假阳性，因此，可能还需要其他的诊断检查。但临床检查的选择往往不适用于保险医疗。

人寿保险的申请人，特别是那些正在考虑用于优先风险分类的申请人通常是无症状，一般也没有冠状动脉危险的因素。预期结果为阴性，则证明申请人身体健康。如果发生任何阳性测试，希望结果是特定于可疑的损伤。保险医学倾向于高度特异性的心脏检查，以尽量减少假阳性。过度敏感的测试，以及它们产生的假阳性数量，往往会导致死亡率风险的错误分类。[6]

各种心电图异常对预测死亡率的敏感性进行了评估（见表21.1）。此外，还介绍了相对风险比率和典型的保险公司死亡率预期情况（见表21.2），以便对死亡率预测的各种心电图结果的相对功率进行一些观察。主要的T波异常和左室肥厚标准

表21.1　选择性心电图异常、灵敏度、患病率和相对危险度

结果	原因	灵敏度（2）	患病率（3）	冠心病死亡率的相对危险（3）
Q波	年龄和存在冠心病危险因素的一些研究	19%~42%（马佐莱尼）	1%~10%	男性：1.2~7.0 女性：4.8~9.9
ST段低压	年龄和存在冠心病危险因素的一些研究	8%~18%	1%~30%	男性：1.1~6.2 女性：1.0~2.3
T波异常	年龄和存在冠心病危险因素的一些研究	16%~32%	1%~10%	男性：1.5~5.1 女性：1.5~1.9
左心室肥大	大多数研究按年龄进行调整	2%~37%	1%~20%	男性：1.6~11.4 女性：2.0~5.0
室性早搏	大多数研究按年龄进行调整	3%	1%~10%	0.8~4.0

是相当敏感的。在无症状人群中，Q波、束支传导阻滞和心房颤动异常产生较低的、更多变化的敏感性。另一方面，Q波、主要T波异常和左心室肥厚模式均可产生>90%的特异性。因此，一般来说，心电图是低到中等敏感度的测试，具有合理的高特异性，非常适合保险行业。

表21.2　　代表保险公司的死亡率预期（相对于100%的标准死亡率）

结果	原因	公司A	公司B	公司C
Q波		200%	200%	175%~250%
ST段低压	基于低压程度	100%~250%	<40 100%~200% ≥40 150%~200%	男性：150%~250% 女性：150%~200%
T波异常	基于异常程度	100%~200%	100%~200%	男性：150%~250% 女性：150%~200%
左心室肥大	基于满足标准的数量	100%~175%	100%~300%	100%~200%
室性早搏	基于频率和复杂性	100%~200%	<40 100%~175%	100%~200% ≥40 100%~225%
房室阻断				
第一度	基于年龄	100%	100%	100%~150%
第二度—类型Ⅰ 第二度—类型Ⅱ 第三度	基于年龄	100% 125%~250% （起搏器）	100% 先天性150%~300% 获得性150%~300% （起搏器）	100%~150% 125%~175% （起搏器）

作为真情实况的心电图

"真情实况"是心电图在保险医学中的另一个作用。有时，医疗记录将包括多次非侵入性心脏测试，这个非侵入性心脏测试报告了轻度至中度或临界结果。心电图，尤其是完全正常的心电图，在这些模棱两可的情况下可能会非常有帮助，从而为心脏损害的严重程度建立更令人认可的观点。然而，显著的心电图结果可能有助于确认和支持更严峻的心脏诊断。

心电图的指征

年龄

心脏病的发病率随着年龄的增加而增加。因此，作为为50岁以上申请人选择的额外辅助手段，特别是当拟议保险金额较高时，将心电图纳入医疗要求是一项有意义的选择。

高血压

随着心电图上左心室肥大程度的增加,与不同血压水平相关的死亡率成比例地升高。

心脏杂音

尽管心电图在诊断疑似心脏杂音方面通常不会有帮助,但负向追踪具有良好的预后影响,可用作影响最终承保决策的"事实检查"。

心血管疾病史

当存在以下情况时,目前的心电图应作为承保证据的一部分:

- 既往有心肌梗死史或心绞痛史。由科克伦(Cochran)和巴克(Buck)[7]指导的林肯全国随访研究表明,一组被保险人有明确的冠状动脉疾病病史,但在使用ECGs时,他们的死亡率始终低于没有使用ECGs的组。
- 既往未确诊的胸痛史,从其特征来看,是值得怀疑的心绞痛。
- 外周血管疾病病史。
- 心脏节律异常,无论是有病史(心悸)或报告检查。

▶▶ 正常心电图

心电图技术

正确的技术和统一的心电图指征在人寿保险医学中是必不可少的。日期、申请人的姓名、年龄和签名应在追踪开始时就明确;每个引线应清晰标明。站姿信号是跟踪的重要组成部分。该信号应当在跟踪开始时作为最低要求而被记录,并且最好在记录每个引线期间进行一次。

阅读心电图的首要目的是为了找出错误。除右位心外,P 波在导联 I 中应是直立的,在 VR 中是倒置的。P Ⅲ 为双相并不少见。爱因托芬(Einthoven)定律应满足(导联 Ⅱ = 导联 I + 导联 Ⅲ),以及它的推论(AVR + AVL + AVF = 0)。

常见故障

- 躯体震颤或 AC 干扰。通常由于绝缘不良或接地不当而导致,这些伪影可能干扰 Q 波持续时间的测量。躯体震颤也可能是帕金森病存在的信号。

- 漂移基线。ECGs 在运动过程中遇到的一个特殊问题。向下倾斜的基线放大，而向上倾斜的基线可能掩盖显著的 ST 段压低。
- 互换的电极电缆。
- 切换两只手臂的电缆可以形成导联Ⅰ的镜像，并交换导联Ⅱ和Ⅲ。这种情况的线索是导联Ⅰ中的倒置 P 波和 VR 中的正向 QRS 矢量。
- 切换左臂和左腿的电缆可反转导联Ⅲ中的 ECG，并互换导联Ⅰ和Ⅱ。
- 切换右臂和左腿的电缆可将所有导联倒置并互换导联Ⅰ和Ⅲ。导联Ⅱ和Ⅲ中的倒置 P 波可能与交界节律混淆。
- 所有电缆的顺时针位移反转导线Ⅰ和Ⅱ，并将它们放置在导线Ⅲ之后。正常的心电图类似于较差的心肌梗死。
- 所有电缆的逆时针位移反转导线Ⅱ和Ⅲ，并将它们放置在导线Ⅰ之前。导线Ⅰ和有时Ⅱ中的倒置 P 波都是指示标志。
- 心前电极的错位。通常有一个间距太高，这可能表现为缓慢的 R 波进展。V2 和 V3 中的双相或反相 P 波可以提醒工作人员这个错误。在记录或安装时，导联也可能会被误标。
- 以坐姿获得的 ECGs。这些将显示正面平面轴的变化和外围导线的形态。
- 未能插入标准化信号。电压增益设置中的错误混淆了左心室肥大、Q 波和 ST 抑郁症测量的评估。
- 不正确的纸张速度。如果忽视，这将产生异常宽的复合体，可能与传导阻滞混淆。
- 书写触笔的过度阻尼。不良的 ECG 记录可能会消除细微的细节并导致 QRS 复合体的模糊不清。
- 涂抹电极糊。一些胸导联之间发生短路；V3、V4、V5 和 V6 可能会显示几乎相同。

年龄和心电图

出生时，右轴偏差可高达 120°。6~8 个月时轴转向 +30°至 +90°的正常成人范围。右心室在出生时的优势会导致右胸导联引的大 R 波。到 6 岁时，它们逐渐缩小并达到成人模式。导联 V1 到 V3/V4 的 T 波通常在生命的前 3 周内是直立的，然后它们急剧反转。在青春期，T 波恢复为正向，但逆波可能一直延续到成年期，这被称为"青少年模式的持续性"。

在老年人中，研究显示额叶轴线向左偏移。[8] PR 和 QT 间期延长，QRS 传导延迟或阻滞变得更为常见。QRS 波和 T 波振幅趋于减小，P 波形态变得更加可变。ST 波和 T 波异常变得更为常见，反映了这一年龄组"缺血"和"非特异性"原因的增加。房性心律失常以及室性早搏包括心房纤维性颤动，更常见于老年人。

▶▶ 冠状动脉疾病

冠状动脉疾病（CAD）预后的主要决定因素是：疾病的特征和严重程度；左心室的功能状态；以及是否存在进行性缺血。如超声心动图、SPECT 和血管造影这些心脏成像，被认为是 CAD 评估的主要工具。然而，心电图分析继续为死亡风险评估提供重要的诊断和预后信息。

Q 波

存在正常和异常 Q 波重叠的边界区域。心室激动的初始动力是向右和向前的方向。这导致在导联 I、aVL、V5 和 V6 中看到正常间隔的 Q 波。这些初始力量可能会向上或向下。当它们向上时，在导联Ⅲ、aVF 中产生 Q 波，并且在Ⅱ中产生更多变化。正常的 Q 波一般很小（3 毫米深）、狭窄（0.03 秒）和无缺口。例外的是导联Ⅲ和 VR。在导联Ⅲ中，正常人可能会出现 Q 或 QS 模式。在心前区导联中，V1 可能偶尔会出现 QS 偏转作为正常变异；在 V2 中很少见，在 V3 中很少见。

在心室肥大，包括肥厚性心肌病，Q 波可能变得异常深，没有任何的扩宽、缺口或不清。

急性心肌梗死后，无论是明显的临床表现还是不明显的临床表现，唯一可能会持续的发现是 Q 波。在弗雷明汉研究中[9]，有明确的心电图改变记录，超过 25% 的梗死没有促使主治医师进行随访，或者未被认识到。没有检查出梗死中几乎一半的人是完全不明显的。其他人则出现了无法诊断的非典型症状。未被识别的心肌梗死的预后与临床明显的梗死的预后相同。

- 边界 Q 波Ⅱ和 aVF。马佐莱尼（Mazzoleni）等人在诊断临床图像时，对血管造影和室壁运动异常的患者进行了研究[10]。传统的下壁梗死的心电图诊断标准（导联Ⅱ和/或 aVF 的 Q 波持续时间高达 0.04 秒，QIR 比率 < 0.25）为发现具有 42% 的灵敏度，特异性 100%。Q 波持续时间为 0.03 秒提高至 52%，但特异性略降至 96%。aVF 中的 QS 复合物具有非常差的诊断价值。
- R 波进展不良。华纳和他的同事们通过冠状动脉造影和心室造影证实了五个心电图诊断前梗死的标准[11]。所有的标准表明特异度大于 90%，但灵敏度在

33%～78%变化。

T波异常

T波是心电图最不稳定的组成部分；从正常波到异常波的转变可能是渐进的，以至于任何分割都是任意的。良性T波的改变与预后的意义不存在一定的规律。然而，这可能是超越"非特异性改变"诊断的一步。小T波的变化通常描述为低、平、缺口或双相T波；主要变化与完整的、或有时深度倒转的T波有关。明显健康个体中的小T波异常允许在解释中有一定的维度，当在多个导线中出现变化时，风险更大；在心肌的特定区域中，或与其他ECG异常相关。T波的主要变化是不太常见的，更具体地说是与不良死亡率相关联[12]（见表21.1）。

ST段异常

即使轻微的ST段改变也与心血管死亡风险增加有关。[13] ST－T异常应分为初级和中级。[14] 激活顺序的改变能够触发复位序列的改变。例如，在心室收缩期，ST和T波的激活"矢量"与主QRS波偏转相反。同样的情况发生在束支传导阻滞和严重心室肥厚中，并被称为"继发性ST－T异常"。原发性ST－T异常与主QRS波偏离并不相反，并且通常是由于心肌代谢改变（如缺血）所致。动脉硬化性心脏病是美国中年男性ST抑郁最常见的原因。在亚洲人群中，高血压比动脉硬化更普遍，它成为ST抑郁症最常见的原因。要考虑的其他原因包括：心包炎、心肌炎、电解质不平衡、黏液性水肿、药物作用、神经变化、过度换气、餐后变化和位置的变化。有时，ST－T形态允许进行有根据的猜测，例如导致洋地黄下垂ST段。

室性心律失常；室性早搏

静息性心电图

标准心电图是一种评估早发室性心律失常（PVCs）发生率或复杂性的较差的筛查方法。[3] 临床健康个体中约有1%的人会发生PVCs。通过连续监测24小时动态心电图（Holter监测）评估，PVCs的患病率增加至50%～73%。频繁或复杂的PVCs也可以在明显健康的受试者中发现，但不常见。慢性PVCs是否是潜在的不稳定的直接表现，以及持续性室性心动过速和颤动的起源的主要因素还是最不稳定心脏中的附带现象仍存在争论。

已知冠心病患者的研究，尤其是急性冠脉综合征患者的研究显示，室性心律失常患者的死亡风险较高。[15]这些数据的回顾性研究表明，大多数致命性电气事故的共同点似乎是存在持续性缺血。[16]左心室功能障碍或显著QRS延长的存在也增加了室性心律失常的死亡风险。已发表的纵向研究表明，在没有其他心脏异常的情况下，PVCs具有更好的预后。肯尼迪等人表明无症状患者无心脏疾病或危险因素，即使频繁和复杂，与标准人群相比，PVCs没有增加死亡风险。[17]受保人群的亚组死亡率分析表明，在简单PVCs存在下总死亡率风险比为1.2；那些双相、连续和多形式模式的死亡风险为1.3[18]。

运动性心律失常

在25~54岁的临床检查正常的警察中，研究他们运动性心室增大的患病率和重复性。[19]通过连续测试，得出的结论是，在运动过程中，在临床上正常的个体中，运动期间PVCs的存在似乎很少或根本没有诊断或预后的重要性。[20]《巴尔的摩纵向（队列）老龄化研究》的报告也有类似的发现，这是一个与保险申请人群相似的社区群体。事实上，运动引起的非持续性室性心动过速和死亡率之间没有证据相关。[21]

已知冠心病患者的PVCs

当在已知冠心病的申请人中有PVCs时，PVCs的存在可能具有更深刻的内涵。[22]心梗后患者中频繁或复杂的PVCs与未发生复杂性异位的患者的死亡风险相关2~3倍。[23]左心室功能障碍的存在增加了相关的死亡率风险。[24]。

运动性心电图测试

ECG运动测试是一个涵盖所有分级压力测试的术语，在运动过程中或运动后采用ECG描记。根据标准化的协议，最常见的运动协议是使用跑步机或自行车（见表21.3）。[25]

表21.3　以速度（mph）和等级（%）或瓦特（W）表示的跑步机和自行车方案的比较[25]

METS	Bruce	Balke	Naughton	自行车测试
2~4	1.7mph	3.3mph	2.0mph	50W
	0%	1%	0%	
5~6	2.5mph	3.3mph	2.0mph	100W
	12%	7%	10.5%	

续表

METS	Bruce	Balke	Naughton	自行车测试
7~10	3.4mph	3.3mph	3.0mph	150W
	14%	12%	15%	
11~13	4.2mph	3.3mph	3.0mph	250W
	16%	18%	25%	

运动测试可以是"症状受限"（最大）或受限于协议（目标心率或完成阶段）的。根据年龄、危险因素、静息心电图异常和症状的组合，或在已知动脉粥样硬化疾病的申请人中，运动试验对于评估表现出适度的"预测试"动脉粥样硬化疾病可能性的申请人是有用的和有成本效益的。阳性测试的预测价值在申请人具有较低的疾病预测可能性的申请人中减少，例如没有已知的 CAD 危险因素的年轻无症状个体。

心电图检查的变化，特别是胸痛或呼吸困难、ST 段压低或心律失常的发展，已经被证明是有预后和保护价值的。心肌缺血可引起静止期、运动期或运动后复极（ST 段）的改变。大多数心脏病学家认为 QRS 波群 J 点后 0.08 秒测量为 1 毫米的异常水平或向下倾斜的 ST 段压低。PR 段是基准电压。下坡 ST 段压低模式是冠状动脉疾病的一个更具体的指示比水平或上坡模式。其他预后重要的 ECG 结果包括：

- ST 段改变的早期发作（布鲁斯议定书的第一阶段）。
- ST 段改变持续到运动后（恢复期）。
- ST 段压低最大深度。
- 假阳性 EC 应力测试确实发生，并且可能与左心室肥厚、[26]二尖瓣脱垂、旁路［如沃尔夫—帕金森—怀特（Wolff - Parkinson - White）综合征］以及某些药物有关。左束支传导阻滞可排除运动心电图 ST 段分析，但右束支传导阻滞的心电图改变与前胸导联无关。

在运动过程中监测的某些非 ECG 参数已被发现与心电图作为预后指标一样好（或更好）。这些包括：

- 胸痛或呼吸困难的可重复症状。
- 运动持续时间（少于布鲁斯协议的 6 分钟或第二阶段）。
- 心率恢复。
- 血压对运动的反应。

药理学应激试验

为评估不考虑参加跑步机或自行车运动的病人，已经制订了输液方案。静脉输注双嘧达莫（潘生丁）或腺苷以扩张正常血管来测试病变的血管，通过"冠状动脉窃血"的方式揭示局部缺血。通过丁胺输注增加心脏工作和氧需求，以产生缺血性应激。在这些方案中通过无创心脏超声心动图或核扫描来检测心肌缺血。心电图仅用于心律失常监测目的，在药理学应激检查期间不能解释为缺血。

在这些协议中通过非侵袭性心脏超声心动图或核扫描检测心肌缺血。ECG 仅用于心律失常监测目的，在药物应激检查中不解释为缺血。

高血压性心脏病

高血压是最常见的慢性医学损伤之一，并且是心脏病显示为心室肥大和心力衰竭的重要原因之一。超声心动图是目前评估高血压性心脏病选择的非侵入性心脏测试，但 ECG 有几个重要目的：

- 当用作初步筛查试验时，心腔扩大的心电图检查结果提示中度至重度疾病伴有不良死亡率影响。
- 在其他非侵入性测试结果似乎不明确或矛盾的情况下，ECG 可以充当重要的"现实检查"；胸部 X 线严重心脏扩大或超声心动图显示的心室壁增厚不太可能与完全正常的心电图相关。

心房和心室肥大

左心房异常

高血压最早的心电图改变是左心房异常。超声心动图和血流动力学研究显示，P 波在左心房扩张或肥大中表现出与房间传导缺陷类似的变化。作为一项独立研究，通过心电图或回声心动图发现，左心房扩大已被确定为卒中和死亡风险增加的标志[27]。它比左心室肥大要早很多，可能有助于区分不稳定性高血压与早期高血压性心脏病。

左心室肥大（LVH）

在保险学中，心电图仍然是检测左心室肥厚的最佳方法，比胸部 X 光或体格检查更敏感（见表 20.1）。

- 电压升高。心电图 LVH 预测增加了死亡率。一些证据表明，抗高血压治疗过程中 ECG 发现的改善可能与降低死亡风险有关。[28]电压升高通常是除 P 波改变以外最早的左心室肥厚的心电图证据。在存在相关的 P 波和 ST-T 段异常时，LVH 电压标准的特异性得到改善。

- ST-T 肥大模式。继发性 ST-T 异常的存在与 ST 方向相反的方向和更大的 QRS 偏转方向的 ST 矢量和 T 向量提示晚期疾病。
- 诊断准确率。将心电图的 LVH 识别结合多个指标：

QRS 幅度和宽度参数：$RVL+Sv_3>28$（康奈尔标准）[29]

ST-T 改变：应变模式

P 波异常：左心房扩大左轴偏移

右心房和右心室肥厚

在保险医学的背景下，右心房异常可见于慢性肺疾病或先天性心脏病的晚期，在哮喘或低氧血症的急性发作期间可发生短暂性房颤。偶尔出现慢性阻塞性肺疾病的患者也可见到右心室扩大。重度肺动脉高压可能表现为典型右心室肥厚型，右胸导联有高 R 波。QRS 轴向右移位、P 波振幅增加和 QRS 波改变提示右心室肥厚很少出现，直到 FEV_1 小于预测值的 45%。

▶▶ 心脏瓣膜病与先天性心脏病

成人心脏瓣膜病

最近有报道称，经胸和经食道超声心动图在许多瓣膜损伤的矫正手术之前就已经消除了侵入性评估的需要。心电图在这些损伤中的作用可以用来确认房室扩大的中度或重度疾病的标志，也可以提供不明确或冲突的无创成像报告时的标志。已经描述了两种心电图肥大模式，尽管它们都不敏感，但可能有助于对瓣膜疾病的严重程度进行分类。

舒张容量超负荷

这种模式最初由左侧轴偏差和导联 I、aVL 和 V3 至 V6 中突出的 Q 波组成。渐进性疾病导致 QRS 幅度增加。这些发现与中度或重度瓣膜反流疾病如二尖瓣或主动脉瓣反流一致。

左心室"应变"

在如主动脉瓣狭窄或不受控制的高血压的压力超负荷状态下，左心室肥厚的典型模式更常见于继发性 ST-T 改变。

在二尖瓣狭窄中,左心室是个例外,使左心房扩大和心房颤动成为主要的心电图特征。多达三分之一的混合二尖瓣疾病或主要二尖瓣反流患者可见左心室肥大模式。右心室扩大虽然不常见,但提示伴有肺动脉高压的严重疾病。

先天性心脏瓣膜病

先天性心脏病患者的心电图通常"年龄正常"。任何可能出现的异常通常都与具有类似瓣膜疾病的成年人类似。

房间隔缺损是一种特殊的情况,这种损害可以很好地耐受,直到成年才被诊断出来。严重时发生的右心室扩大可表现为完全或不完全的右束支阻滞。

心肌病

心肌病是指心肌的原发性或继发性疾病,并可通过多种方式在心电图上表现出来。

扩张或充血性心肌病

非特异性 ST-T 异常可能是这种损害记录的唯一变化。可以看到各种其他模式,包括低肢铅电压和右束支或左束支阻滞。心律失常是不祥的,包括可能预示猝死的复杂心室异位。发现时,心房颤动常常是临床充血性心力衰竭发展的标志。

肥厚型心肌病

肥厚型心肌病最常见的心电图异常是 QRS 电压升高、ST-T 改变以及与增厚隔膜相关的深 Q 波。然而,在 Q 波的深度和隔膜厚度之间似乎没有相关性。肥厚型心肌病的心尖变异的特点是在胸前导联中有巨大的负性 T 波。由于心房对舒张期充盈的作用减弱,心房颤动在这种损伤中耐受性不好。

区分心肌病和运动心脏

运动员可能有肥厚和复极异常,有时很难将生理与病理分开。运动员经常发现经典 LVH 模式,增加 QRS 电压和 ST-T 变化。[30] 有趣的是,这些严重的结果可能会随着时间的推移而退化,有时在停止强化训练后的几个月内。有利于运动心脏的结果包括窦性心动过缓、显著的 u 波和运动 ST-T 异常的正常化。

心室传导阻滞（室间隔传导干扰）

"完整和不完整的束分支块"这个术语描述了传导延迟的模式。在急性缺血性心脏病发作期间，这些模式的出现可能具有严重的影响。当在无症状个体进行常规心电图检查时发现，其预后意义不明确。

左束支传导阻滞（LBBB）

在美国，左束支传导阻滞患者最常见的基础疾病是冠心病[31]，尤其是老年人。大多数 LBBB 患者也会有一定程度的左心室肥厚。

LBBB 的其他原因包括退行性疾病，如列夫氏病和莱内格氏病。在 LBBB 存在或者在运动测试中发生传导障碍，进行运动试验作为 CAD 的诊断工具的作用是有限的。

对长期随访的几个大系列的回顾得出结论，[32]即新获得的 LBBB 与早期死亡率增加有关。在弗雷明汉（Framingham）研究中，5 209 例患者中有 55 例在 18 年的随访期内出现 LBBB[33]。与 LBBB 发作相一致，48% 的患者首次出现临床冠状动脉疾病或充血性心力衰竭。在 LBBB 发病 10 年内，50% 死于心血管疾病。然而，在没有明显的心脏疾病的情况下，慢性 LBBB 似乎表示很少或没有增加的长期死亡率风险。[34]

右束支传导阻滞（RBBB）

在 RBBB 中，QRS 的最初 0.08 秒段与块开始前的形态相比未改变。因此，RBBB 不掩盖存在异常 Q 波或 QRS 证据的左心室肥厚。据估计，RBBB 比 LBBB 常见 3 倍，但很少会因晕厥或房室传导阻滞而复杂化，并且与 9 年平均随访期间冠心病死亡风险增加无关。[35] 来自《巴尔的摩纵向老化研究》的研究报告指出，[36] RBBB 组没有心脏疾病证据的队列死亡率不高于对照组。

不完全束支

RBBB 不完全可能与右心室肥厚相关，但通常作为正常变异观察到。LBBB 不完整的存在一直存在争议。如果被诊断出来，它被认为是 LVH 中的一个心电图结果。

束支

半阻滞

分离左前半节团与简单左心轴偏离的标准一直是一个临床问题，但很少有人担心这是值得关注的死亡问题。术语"左轴偏差"应该保留在30°～45°的正面平面轴线上。大多数情况下，左轴偏离是衰老的良性伴随。相比之下，左前半波块已经由更靠左的额平面轴线限定。在导联Ⅰ和VL中可以看到小的室间隔Q波。作为一个孤立的发现，左前半节块似乎也不会增加冠脉事件或死亡的风险。

左侧后半血块很少发现，但通常可能与左前半血块相比更广泛的疾病。诊断的临床标准包括右心轴偏差+105°，Ⅱ，Ⅲ，AVF导联中的Q波以及导联Ⅰ和VL中的初始R波。

最近已经认识到其他几种变体，包括左前上分块和右心室传导系统块，这些新标准的预后意义尚待确定。[37]

双束传导阻滞

双束支阻滞通常表现为RBBB与左前或左后半节块的组合。大概有两类广泛的慢性双鳍闭锁患者。一组由年轻和临床正常人组成，似乎具有良性的主传导系统异常。另一组由老年患者组成，经常伴有高血压或动脉粥样硬化，发现5年后随访发现进展性房室传导阻滞的风险增加。[38]最近一项针对疑似冠心病患者（平均年龄63岁）的国际合作研究发现，RBBB和LAHB患者的不良事件百分比显著高于单独的RBBB或LBBB患者的血运重建率和死亡率。[39]另一项大型研究（包括双束阻滞患者）报告死亡率为147%。[40]死亡率过高可能与基础疾病和心力衰竭的发生有关，因为心脏传导阻滞需要起搏器插入很少。

传导缺陷

窦房阻塞（S-A阻滞）和窦房停顿

窦房阻滞（S-A阻滞）和窦房停顿相对少见。一项对50名男性医学生进行的一项研究显示，24小时的动态监测发现，睡眠时严重心动过缓的发生率为24%[41]，窦房停顿时间超过1.5秒，发生率为68%。然而，大多数窦房阻滞的例子，特别是在年长个体中，是由于结构疾病或药物毒性引起的，应该这样评估。

房室传导阻滞（A-V阻滞）

房室传导阻滞发生在窦房结脉搏延迟或不传导时，在AV结合不是生理上难治的时候进入心室。

一级A-V区块

在大多数情况下，超过0.20秒的PR间期是由迷走神经所致的正常变异，尤其是在年轻人或运动员个体中。其他常见原因包括药物和衰老。有时候，缺血性或退行性心脏病可能与ECG异常有关，但这应该通过病史或危险因素来明确。

二级A-V区块

在莫比齐尔（MobitzI）型［温克巴赫（Wenckebach）现象］中，PR间期逐渐逐步延长，直到一次冲动完全不能传导至心室。这种类型的障碍可以发生在健康的年轻人或运动员身上。在老年人中，带有或不带束支传导阻滞的Ⅰ型A-V阻滞与更严重的传导系统疾病有关。

高级的A-V块

在MobitzⅡ型A-V模块中，PR间隔在阻塞的P波之前保持不变。这一发现对死亡率风险分析更为严重，特别是与束支传导阻滞，结构性心脏病或心肌病有关时。

三级A-V区块；完整的心脏阻滞

独立P波的模式，通常较慢，QRS活跃。三度阻滞可能是先天性的或后天性的。先天性心脏病的死亡率与相关的结构性心脏病有关。由于充血性心力衰竭，大多数情况下发生完全性心脏传导阻滞的死亡。[42]

预激综合征

预激综合征（WPW）

预激综合征（Wolff-Parkinson-White，WPW）在风险评估中的重要性不仅与心律失常倾向有关，还与模拟梗死模式或隐匿性心肌疾病的模式有关。因此，A型WPW的特点是引导V1和V2中显著地向正向初始QRS波偏转，可以模拟逆时针方向，有时还可以模拟高侧梗死。B 型 WPW 在 V1 和 V2 导联中主要为负偏转，可以模拟前间隙梗死。在 WPW 存在下诊断心室肥大可能是困难的。预激励模式可以在休息时和运动时间歇性地进行，部分取决于旁路中的不应期。死亡风险取决于相关症状性心律失常的频率和严重程度，最显著的是心房颤动伴有极快的心室反应。无症状队列猝死很少见。[43]

罗岗雷三氏综合征（LGL）

罗岗雷三氏综合征（Lown – Ganong – Levine，LGL）的预激是由房室到 His 束的异常房室连接引起的，绕过房室结的生理延迟产生短 PR 间期和正常 QRS 波群。这是一个与死亡率过高风险无关的有趣的心电图实体。

致心律失常性复极综合征

在新型基因鉴定工具的推动下，对于致心律失常性复极异常的研究越来越多，尤其是长 QT 和布鲁加达（Brugada）综合征。两者都与猝死相关，并呈现出特殊的临床和独特的心电图特征。

长 QT 综合征

正常 QT 间期取决于许多因素，包括心率、性别和自主神经张力。[44]在大多数教科书中参考了"校正的"QT 间隔（QTc），定义为 QT/(R – R) 1/2，其中 QT = QT 间隔和（R – R）= 以秒为单位的 RR 间隔。长时间的 QT 间隔是男性大于 0.46 秒，女性大于 0.44 秒。该病的常染色体显性形式罗马诺—沃德（Romano – Ward）综合征与晕厥、癫痫发作和猝死有关。[45]全因死亡率的相对危险度在 1.1 ~ 3.8 有所变化，主要是先前已知心血管疾病的患者。[46]目前还没有关于自动体内除颤器植入这一综合征的风险和益处的明确建议。[47]

Brugada 综合征

最近描述的一个实体，Brugada 综合征的特点是独特的心电图表现，即右胸前导联 ST 段抬高，通常有明显的右束支传导阻滞模式。该综合征与猝死有关，尤其是在年轻的亚洲成年人中，[48]并且可能造成全世界所有猝死高达 4% ~ 12%。自动除颤器植入已被推荐用于所有识别有此异常的患者，尽管缺乏长期数据。[49]

右心室发育不良

此外，常发性致心律失常性右心室发育不良（ARVD），这种常染色体显性遗传疾病可能占青少年猝死的 10% 以上。[50] 诊断可以通过超声心动图提示，但通过磁共振成像和活检确定。突发性心律失常性死亡发生率为 2%~3%。ECG 特征包括完全 RBBB，与 V3 之前胸前 T 波倒置有关[51]。自动植入式除颤器在这个影响因子中肯定会发挥重要作用，尽管尚未完全定义。

展望

血清心脏疾病标志物

已经开发出新的实验室工具，可能很快将用于临床和保险筛查。脑性肽（BNP）是主要由心室响应压力或拉伸而产生的肽。BNP 水平升高与收缩期和舒张期心室功能障碍均有关。[52,53] 高敏感性 Creactive 蛋白（hs-CRP）是发现炎症的血清蛋白测量值，是心血管风险的有效标志[54]。如同任何心血管测试结果一样，一个异常的血清心脏标志物会增加发生重大疾病的可能性。这可以提高任何 ECG 模拟的重要性和预测精度。

自动植入式心脏复律除颤器（AICD）

AICD 已被证明可以提高猝死患者的生存率。[55] 在通常不被认为是人寿保险候选人的高危人群中，其效果最为明显，特别是猝死幸存者或严重左心功能不全和心力衰竭的人群。[56] 然而，已经有人建议扩大 AICD 植入的适应症，以包括无症状或无器质性心脏病的高危患者。[49] 有关这些患者植入 AICD 的生存期改善的长期数据尚不可获得，在这个时候过早推荐一种特定的风险评估方法。

特别感谢里昂纳多·柴特（Leonardo Chait）医学博士，感谢他对本章的早期版本的贡献，以及阿兰·陈（Alan Cheng）医学博士，感谢他对这一主题的全面和深入细致的介绍。

参考文献

[1] Hurst JW. Current status of clinical electrocardiography with suggestions for the im-

provement of the interpretive process. *Am J Cardiol* 2003; 92: 1072 - 9.

[2] Ashley EA, Raxwal V, Froelicher V. An evidencebased review of the resting electrocardiogram as a screening technique for heart disease. *Prog Cardiovasc Dis* 2001; 44 (1): 55 - 67.

[3] Pignone M et al. Screening for asymptomatic coronary artery disease. A systematic review for the USA Preventive Services Task Force. *Agency for Healthcare Research and Quality* 2003.

[4] Bergstrom RL, Schmidt DB. Life insurance underwriting tools: an overview of the purpose, costs, and benefits of current risk selection tools. Milliman. July 2000.

[5] Hoffman NJ. Protective Value Study 2002. Swiss Re Life & Health, *personal communication*.

[6] Clark MB. Cardiac testing. *On The Risk* 2004; 20: 63 - 6.

[7] Cochran HA Jr., Buck NF. Coronary artery disease and other chest pain. A fourth report. *Trans Assoc Life Insur Med Dir Am* 1970; 54: 63 - 90.

[8] Lakkireddy DR et al. Electrocardiographic findings in patients > 100 years of age without clinical evidence of cardiac disease. *Am J Cardiol* 2003; 92: 1249 - 51.

[9] Kannel WB, Abbott RD. Incidence and prognosis of unrecognized myocardial infarction. An update on the Framingham study. *N Engl J Med* 1984; 311: 1144 - 7.

[10] Mazzoleni A et al. On the relationship between Q waves in leads II and a VF and inferior - posterior wall motion abnormalities. *J Electrocardiol* 1983; 16: 367 - 77.

[11] Warner RA et al. Electrocardiographic criteria for the diagnosis of anterior myocardial infarction: importance of the duration of precordial R waves. *Am J Cardiol* 1983; 52: 690 - 2.

[12] Yamazaki T et al. Prognostic importance of isolated T - wave abnormalities. *Am J Cardiol* 2005; 95: 300 - 4.

[13] Greenland P et al. Impact of minor electrocardiographic ST - segment and/or T - wave abnormalities on cardiovascular mortality during long - term follow - up. *Am J Cardiol* 2003; 91: 1068 - 74.

[14] Hurst JW. Abnormalities of the S - T segment - Parts I and II. *Clin Cardiol* 1997; 20: 511 - 20; 595 - 600.

[15] Bigger IT Jr et al. The relationships among ventricular arrhythmias, left ventricular dysfunction, and mortality in the two years after myocardial infarction. *Circulation* 1984; 69: 250 - 8.

[16] Kalahasti V et al. QRS duration and prediction of mortality in patients undergoing risk stratification for ventricular arrhythmias. *Am J Cardio* 2003; 92: 798 - 803.

[17] Kennedy HL et al. The prognosis of anterior myocardial infarction revisited: a community – wide study. *Clin Cardiol* 1979; 2: 455 – 60.

[18] Lyle AM. Coronary disease as an underwriting problem. *Trans Soc Actuaries* 1963; 15: 324 – 50.

[19] Faris JV et al. Prevalence and reproducibility of exercise – induced ventricular arrhythmias during maximal exercise testing in normal man. *Am J Cardiol* 1976; 37: 617 – 22.

[20] Fleg JL, Lakata EG. Prevalence and prognosis of exercise – induced nonsustained ventricular tachycardia in apparently healthy volunteers. *Am J Cardiol* 1984; 54: 762 – 4.

[21] Lin D, Callans DJ. Nonsustained VT during exercise testing – causes and work – up. *ACC Curr J Rev* 2003; NovnDec: 57 – 60.

[22] Olgin JE, Zipes DP. Specific arrhythmias: diagnosis and treatment. In: Braunwald E (ed): *Heart Disease*, 6th edn. Philadelphia. W. B. Saunders, 2001; 855 – 7.

[23] Landers MD, Reiter MJ. General principles of antiarrhythmic therapy for ventricu-lartachyarrhythmias. *Am J Cardiol* 1997; 80 (8A): 31 G – 44G.

[24] Brugada J et al. Coronary artery revascularization in patients with sustained ventricular arrhythmias in the chronic phase of a myocardial infarction: effects on the electrophysiologic substrate and outcome. *J Am Coli Cardiol* 2001; 37: 529 – 33.

[25] Fletcher GF et al. Exercise standards. A statement for healthcare professionals from the American Heart Association. *Circulation* 1995; 91: 580 – 615.

[26] Patel D et al. Comparison of the predictive value of exercise – induced ST depression versus exercise technetium – 99 msestamibi single – photon emission computed tomographic imaging for detection of coronary artery disease in patients with left ventricular hypertrophy. *Am J Cardiol* 2004; 93: 333 – 6.

[27] Benjamin EJ et al. Left atrial size and the risk of stroke and death. The Framingham Heart Study. *Circulation* 1995; 92: 835 – 41.

[28] Okin PM et al. Regression of electrocardiographic left ventricular hypertrophy during antihypertensive treatment and the prediction of major cardiovascular events. *JAMA* 2004; 292: 2343 – 9.

[29] Molloy TJ et al. Electrocardiographic detection of left ventricular hypertrophy: the simple QRS voltage – duration product. *J Am Coil Cardiol* 1992; 20: 1180 – 6.

[30] Santo P et al. Electrocardiographic changes associated with training and discontinuation of training in an athlete with hypertrophic cardiomyopathy. *Am J Cardiol* 2004; 93: 518 – 9.

[31] Froelicher VF et al. Angiographic findings in asymptomatic aircrewmen with elec-

trocardiographic abnormalities. *Am J Cardiol* 1977; 39: 32 - 8.

[32] Flowers NC. Left bundle branch block: a continuously evolving concept. *J Am Coll Cardiol* 1987; 9: 684 - 97.

[33] Singer RB. Mortality in 966 life insurance applicants with bundle branch block or wide QRS. *Trans Assoc Life Insur Med Dir Am* 1969; 52: 94 - 114.

[34] Fahy GJ et al. Natural history of isolated bundle branch block. *Am J Cardiol* 1996; 77: 1185 - 90.

[35] Barrett PA et al. The frequency and prognostic significance of electrocardiographic abnormalities in clinically normal individuals. *Prog Cardiovasc Dis* 1981: 23: 299 - 319.

[36] Fleg JL et al. Right bundle branch block: long term prognosis in apparently healthy men. *J Am Coll Cardiol* 1983; 1: 887 - 92.

[37] Hurst JW. Current status of clinical electrocardiography with suggestions for the improvement of the interpretive process. *Am J Cardiol* 2003; 92: 1072 - 9.

[38] Surawicz B (editorial). Prognosis of patients with chronic bifascicular block. *Circulation* 1979; 60: 40 - 2.

[39] Cortigiani L et al. Prognostic implications of intraventricular conduction defects in patients undergoing stress echocardiography for suspected coronary artery disease. *Am J Med* 2003; 115: 12 - 8.

[40] Pine MB et al. Excess mortality and morbidity associated with right bundle branch and left anterior fascicular block. *J Am Coll Cardiol* 1983; 1: 1207 - 12.

[41] Brodski M et al. Arrhythmias documented by 24 - hour continuous electrocardiographic monitoring in 50 male medical students without apparent heart disease. *Am J Cardiol* 1977; 39: 390 - 5.

[42] Alpert MA et al. Comparative survival after permanent ventricular and dual chamber pacing for patients with chronic high degree atrioventricular block with and without preexistent congestive heart failure. *J Am Coli Cardiol* 1986; 7: 925 - 32.

[43] Munger TM et al. A population study of the natural history of Wolff - Parkinson - White syndrome in Olmsted County, *Minnesota*, 1953 - 1969. Circulation 1993; 87: 866 - 73.

[44] Mirvis DM, Goldberger AL. Electrocardiography. In: Braunwald E (ed): Heart Disease, 6th edn. Philadelphia. W. B. Saunders, 2001: 92 - 95.

[45] Priori SG et al. Low penetrance in the long - QT syndrome: clinical impact. *Circulation* 1999; 99: 529 - 33.

[46] Montanez A et al. Prolonged QTc interval and risk of total and cardiovascular mortality and sudden death in the general population. *Arch Intern Med* 2004; 164: 943 - 8.

[47] Groh WJ et al. Use of implantable cardioverterdefibrillators in the congenital long QT syndrome. *Am J Cardiol* 1996; 78: 703 - 6.

[48] Antzelovitch C et al. Brugada Syndrome: 1992 - 2002. *J Am Coll Cardiol* 2003; 41: 1665 - 71.

[49] Brugada P et al. Use of the prophylactic implantable cardioverter defibrillator for patients with normal hearts. *Am J Cardiol* 1999; 83: 98D - 100D.

[50] Thiene G et al. Arrhythmogenic right ventricular cardiomyopathy: a still underrecognized clinic entity. *Trends Cardiovasc Med* 1997; 7: 84 - 90.

[51] Peters S et al. Risk stratification of sudden cardiac death and malignant ventricular arrhythmias in right ventricular dysplasia - cardiomyopathy. *Int J Cardiol* 1999; 71: 243 - 50.

[52] Atisha D et al. A prospective study in search of an optimal B - naturetic peptide level to screen patients for cardiac dysfunction. *Am Heart J* 2004; 148: 518 - 23.

[53] Bettencourt P et al. Brainnaturetic peptide as a marker of cardiac involvement in hypertension. *Int J Cardiol* 1999; 69: 169 - 77.

[54] Ridker PM. High - sensitivity C - reactive protein, inflammation, and cardiovascular risk: from concept to clinical practice to clinical benefit. *Am Heart J* 2004; 148: 1 (Suppl): S19 - S26.

[55] Buxton AE et al. A randomized study of the prevention of sudden death in patients with coronary artery disease. *N Engl J Med* 1999; 341: 1882 - 90.

[56] Kadish A. Prophylactic defibrillator implantation toward an evidence - based approach. *N Eng J Med* 2005; 352: 285 - 7.

第 22 章 肿 瘤

尚克林 B. 坎农（Shanklin B. Cannon）

- 肿瘤分子学
- 风险评估
- 第二原发癌
- 乳腺癌
- 前列腺癌
- 结肠癌
- 卵巢癌
- 非霍奇金淋巴瘤
- 中度分化淋巴细胞瘤
- 膀胱癌
- 黑色素瘤
- 睾丸癌
- 儿童期癌症
- 参考文献

肿瘤是美国乃至全世界的主要问题。美国癌症协会（American Cancer Society）估计，2004 年美国新诊断出的癌症病例将接近 140 万例，死亡人数接近 56.4 万人[1]。肿瘤是美国第二大死亡原因，约占所有死因的 23%，仅次于心脏病（占 29%）。

肿瘤的自然病史涵盖了所有领域，从死亡率不增加的疾病，到几周内导致死亡的疾病。因此，死亡率风险评估必须针对每个特定的癌症类型进行个性化处理。然而，肿瘤承保和风险评估有一些基本原则适用于特定的癌症。

本章将概述与有肿瘤病史的保险申请人交流时，在风险评估方面的重要问题，包括作为治疗后期影响的第二原发性的癌症；重点介绍肿瘤的分子基础知识及研究的一些进展；并总结了几种常见肿瘤的最新进展，包括对儿童肿瘤成年幸存者。

肿瘤分子学

基础

过去，肿瘤的诊断、治疗和预后主要基于组织诊断时的组织病理学。然而，很明显，并非所有相同组织、等级和阶段的癌症都表现出相同的结果。现代癌症研究的目标之一是更彻底地了解导致癌症发展和进展的遗传学原因。有了这些知识，研究人员希望开发更敏感、更具体的方法来进行肿瘤筛查，提供更准确和/或更早的诊断，协助治疗计划制订，并作为疾病结果的标志，从而了解为什么相同病理类型的肿瘤有不同的临床表现。

作为一种疾病，癌症的核心是在分子水平上的变化，其导致正常细胞转化为恶性细胞。这种转化的细胞随后增殖，并发生额外的遗传变化，提供持续增长的优势。通过肿瘤起始和进展这一过程，形成恶性细胞的克隆，其不再响应于适当的正常机制以控制这种不受控制的增殖。然而，真正区分良性细胞增殖和恶性细胞增殖的过程是侵袭和转移的特性。虽然人们在了解肿瘤的起始和进展方面取得了重大进展，但对肿瘤侵袭和转移的机制却知之甚少。

转化正常细胞的诱因以及随后允许肿瘤进展的诱因可能是多种的。这些多种癌症病因因素众所周知，包括电离辐射、病毒感染、各种环境暴露和许多其他因素。然而，无论病因如何，最终的共同途径是基因水平的变化。启动和延续该过程可能发生两种主要变化，一种导致细胞生长潜力，另一种导致丧失控制细胞生长和增殖作用的机制。

生长潜力的增加是由于基因的激活，这些基因通常是不活跃的，或者在非常严格的控制下，变成了活跃的形式。不活跃的基因被称为原癌基因，激活的基因被称为癌基因。这些致癌基因通常与细胞生长因子以及它们的受体和参与细胞增殖的各种信号通路有关。激活是通过基因点突变、基因扩增或染色体易位发生的。一个点突变涉及一个基因上的一个点的变化，这是不常见的。更常见的情况是，一个基因的一部分比正常情况复制了很多次，导致该基因的蛋白质产物过度表达（扩增），或者一个或多个染色体的一部分断裂并重新附着到其他染色体上（易位）。基因的易位可能导致选择性生长优势，通过将其从正常所在的邻近基因施加的正常调控中移除，或者在与受体染色体上的其他基因重组时创造一个新的基因。癌基因表达似乎以一种主要的方式发挥作用，主要发生在体细胞中，尽管也有可能发生种系突变。ras、ret 和 myc 基因家族是常见的癌基因。

另一个极端是基因变化，导致肿瘤抑制基因的失活，而肿瘤抑制基因通常会抑制失控的生长。肿瘤抑制基因是隐性的，必须丢失两个等位基因才能促进生长。这些变化可能发生在生殖细胞或体细胞中。肿瘤抑制基因的隐性特性有助于解释昆德森（Knudson）假说①，即人类癌症遗传学的两大热门模型。在昆德森模型中，抑癌基因中的一个生殖系突变是遗传的，但是肿瘤生长的开始需要第二次"突变"或剩余等位基因的失活。在遗传性癌症综合征中，第一个"突变"是遗传的，肿瘤形成只需要额外一次"突变"。然而，在散发性癌症中，在肿瘤形成之前的生命周期中需要两次突变。这就解释了为什么低龄癌症患者患遗传易感性癌症的概率较患非遗传易感性癌症的可能性大。BRCA1、BRCA2 和 p-53 是常见的肿瘤抑制基因。

基因变化也可能发生在称为 DNA 错配修复基因的另一类基因中。即使在稳定状态下，对 DNA 的侵袭也会以持续的方式发生，并且这些基因允许细胞在 DNA 产生不良事件之前修复 DNA 损伤。然而，当这些基因受损时，正常的修复机制不起作用，因此为肿瘤进展途径中发生的变化提供了额外的机会。在遗传性非息肉病性结肠直肠癌中起作用的包括 MLH 和 MSH 的基因家族是该类别中的主要基因。

基因表达分析

基因表达谱（GEP）是现代研究中出现的学科之一。GEP 是基因芯片技术的副产品，这种方法可以同时分析单个细胞中数以千计的基因。GEP 可以确定肿瘤的"分子特征"。这种分子特征是特定于特定肿瘤的，它的使用使我们能够更准确地理解为什么所有病理类型和分期相同的肿瘤都有非常不同的结果。蛋白质组学是一种紧密联系的方法，在这种方法中，分析的是基因的蛋白质产物，而不是基因本身。

利用基因芯片技术和 GEP 技术，定义了三种生物标志物。疾病的替代标记涉及的基因与肿瘤的生物学发育无关，但却可以区分肿瘤类型。前哨生物标志物涉及具有预后意义的基因。完整的生物标志物是可能参与肿瘤发病机制的基因。[2] 通过使用这些生物标志物之一，GEP 在诊断、治疗规划和各种肿瘤类型的预后方面有潜在应用，包括前列腺癌、乳腺癌、结肠癌、淋巴瘤，甚至肺癌[3]。虽然这一领域的信息爆炸是令人难以置信的，但它在很大程度上仍然是一种研究工具。随着这一领域的不断发现和用于评估疾病结果的大型数据库的开发，这些技术将进入临床领域。

生殖细胞和体细胞突变

即使是在比基因表达图谱更为离散的层面上，多基因突变也被发现是导致许多

---

① 译者注：二次突变假说。

遗传性癌症的原因，例如：BRCA1 和 BRCA2，对于某些遗传性乳腺癌和卵巢癌的病例，与家族性腺瘤性息肉相关的结直肠癌的 APC（腺瘤性结肠息肉病）基因及相关综合征，与遗传性非息肉性结直肠癌相关的几种 DNA 错配修复基因，以及其他许多基因。

即使没有已知的基因突变，各种临床因素也可能提示某些家庭可能存在癌症或癌症风险的遗传基础。其中，最值得注意的是几个家庭成员以及后代中发生的特定癌症，与散发性疾病相比，这类癌症也常发生于较年轻的患者中。另一个可能提示潜在遗传联系的因素是成对器官癌发生频率远高于预期结果，例如，双侧乳腺癌或双侧视网膜母细胞瘤；与成对器官中的双侧疾病密切相关的是在同一器官中发生多种癌症，例如，家族性非典型痣和黑色素瘤综合征中的多发性黑色素瘤；以及不常见分布的癌症的发生，例如，右半结肠癌更常发生在遗传性非息肉病性结直肠癌。

诸如此类的特征实际上已经被挖掘出来，以识别遗传性非息肉病性结直肠癌的家族。1991 年制定了阿姆斯特丹标准，当时还没有进行基因检测。最初的标准包括至少两代人中有三个或更多的患有结直肠癌的亲属，一个人应为其他亲属的一级亲属，并且至少有一个病例是在 50 岁之前发病[4]。这些原则在过去的几年中有所修改，但基本原则保持不变。

除了遗传综合征外，体细胞基因突变在个体癌症中被识别的速度越来越快。虽然这些突变可能只与疾病有关，但它们也可能在病因方面起作用，因此是治疗的目标。慢性粒细胞性白血病是这方面的典型疾病。费城染色体是这种疾病的特征染色体，是第一个与人类癌症相关的染色体异常，它是染色体 9 和 22 之间的易位，形成一个新的基因，BCR – ABL 基因，导致 BCR – ABL 基因蛋白的产生。甲磺酸伊马替尼（Gleevec™）是一种可以抑制异常蛋白功能的化合物，这说明了如何利用疾病的分子基础知识，以作为治疗的选择[5]。

非霍奇金淋巴瘤提供了另一个突出的例子，说明在分子水平上对异常的认识如何在诊断、预后和治疗方面对疾病产生了重大影响。几乎所有这些疾病的基因水平都发生了特定的变化。[6-9]

▶▶ 风险评估

以下内容将主要讨论在评估风险时应考虑的几个因素。这些知识包括如何认知风险的实质、被承保的疾病、疾病的阶段、肿瘤分级、所接受的治疗、其他与癌症有关的因素、治疗后进展，以及死亡的概率等。

特定的疾病

在评估有肿瘤病史的人的承保时，首先，也是最重要的就是了解具体的疾病。例如，皮肤癌可能是基底细胞癌，不会影响死亡率；鳞状细胞癌，在某些亚型中可能涉及死亡；黑素瘤，一种很明显的高死亡率癌症。这些区别很明显，一个人不会在不知道病理类型的情况下仅仅根据"皮肤癌"的诊断来进行风险评估。

然而，对于那些有非霍奇金淋巴瘤病史的人来说，评估风险的难度就不那么明确了，当然也更令人困惑。目前至少有 20 种淋巴瘤，其中一些患者的平均存活时间为 10~12 年，而另一些患者的可通过积极治疗治愈，平均存活时间会翻一番。[6] 因此，了解具体的疾病类型是很重要的。

分期

一旦知道了具体的疾病，就有必要知道疾病的分期。癌症分期是描述疾病程度的一种手段，它是最关键的信息，使我们能够预测任何特定癌症的风险。在大多数病例的治疗计划制订中，以及在评估治疗结果和疾病结果时，它也是必不可少的。

要了解分期，可以考虑癌症的生长阶段：潜伏期生长、局部生长、区域扩散和远处转移（见图 22.1）。

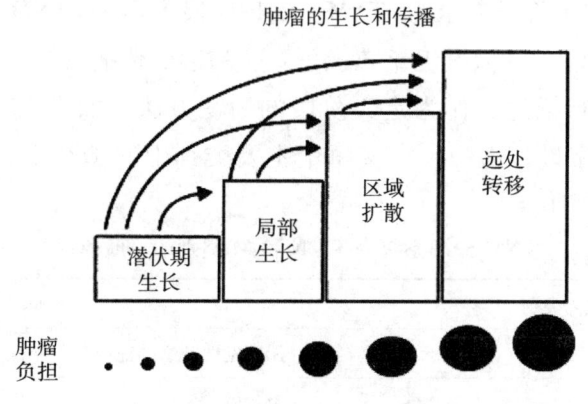

图 22.1　肿瘤生长的阶段

癌症开始时是一种异常细胞的克隆、生长和扩张，但最初无法在临床上检测到。如果检测到标记物，则表明存在潜在的癌症，肿瘤标记物和遗传标记物说明可能细胞正在发生异常。然而，当我们回顾癌症的临床发现或诊断时，这一阶段的生长并不明显。在某种程度上，当恶性克隆达到允许检测的大小时，它就进入了局部生长阶段，可能是可触摸的肿块，或者是影像学研究中可见的、可测量的实体。随着癌细胞继续增长，它可能扩散到区域的淋巴结，这代表区域扩散或生长。最后，在某种程度上，它可能传播到整个身体，即远距离散播的阶段。

在所有情况下，癌症不一定都遵循这种有序的发展。例如，扩散到区域淋巴结，甚至是血液源性扩散到远处的部位，可能发生在潜伏期阶段，也可能发生在扩散到区域淋巴结之前的远处转移。以这种方式考虑的肿瘤生长有助于了解肿瘤的分期。

分期的基本假设之一是相同组织学类型、原发部位和程度相同的肿瘤应该有相似的临床症状，具有相同的生存结果。美国癌症联合委员会（AJCC）和国际抗癌联盟（UICC）已经开发出一套系统，作为世界范围内癌症分期的标准，可以从癌症的生长阶段和扩散的概念来考虑。这就是 TNM 系统，这是癌症的阶段所描述的原发肿瘤的浸润程度（T），是否有区域淋巴结受累（N），是否存在远处转移（M）。原发性肿瘤描述类似于局部生长阶段，区域淋巴结描述类似于区域生长和扩散，是否存在远处转移类似于远处扩散阶段。[9]

尽管临床检查清楚表明肿瘤尚未扩散到区域淋巴结或远处转移，局限于局部原发部位，但实际上，可能已发生区域性或远处转移，只有通过区域淋巴结或其他部位的活组织病理检查才能发现。这导致临床分期和病理分期之间会产生差别。疾病的临床阶段诊断确定可通过体格检查、影像学检查甚至手术探查确定。疾病程度的病理分期则可通过活组织检查或外科手术干预时获得的组织的病理学诊断来确定。在 TNM 系统中，临床阶段表示为 cTNM，病理阶段表示为 pTNM[9]。

原发性肿瘤（T）、区域淋巴结累及（N）和远处传播（M）的范围通过在每个字母上附加数字进行描述，作为定义阶段的简写方法，如表 22.1 所示。此外，可以在数字后面加上字母，进一步定义每个主要类别中的子类别，例如 T1 肿瘤可以进一步分为 T1a 和 T1b。[9]

表 22.1　　TNM 分期系统中 T、N 和 M 类别的一般模板

主要类别	肿瘤范围
T0	无原发性肿瘤的证据
Tis	原位癌
T1，T2，T3，T4	大小增加/原发肿瘤的范围增加
N0	无区域性淋巴结受累
N1，N2，N3	越来越多的区域淋巴结受累
M0	不存在远处转移
M1	存在远处转移

显然，不同的 T、N 和 M 类别有多种组合，为了简化这一点，这些组合可以分为特定的阶段组（0、Ⅰ、Ⅱ、Ⅲ和Ⅳ阶段），它们代表着日益广泛的疾病和大致相似的预期结果。此外，这些阶段中的每一个都可以进一步细分为子类别，如 ⅠA、ⅠB、ⅡA、ⅡB 等，或者在某些情况下进一步细分。各个阶段的定义因解剖位置的不同而不同，但通常可以用以下术语来描述[10]（见表 22.2）。

表 22.2　　　　　　　　　　将 T、N 和 M 类分为 5 个阶段的通用模板

0 期	原位癌（无浸润证据）
Ⅰ期	仅局部病灶，原发性肿瘤出现浸润
Ⅱ期	原发性肿瘤大但无淋巴结转移或组织内浸润，或局部病灶的区域淋巴结受累
Ⅲ期	更广范围的局部病灶，通常超出原发部位，有或没有区域淋巴结受累
Ⅳ期	远处转移，无论局部病灶范围如何

下面用 TNM 对黑素瘤的分期，以说明该系统的实际应用。

黑色素瘤有四种类型，T1 到 T4，它们都是由逐渐变厚的原发性黑色素瘤定义的。例如，T1 意味着一个黑色素瘤≤1.0 毫米厚，T2 意味着黑色素瘤，1.01~2.0 毫米厚。根据黑素瘤的非溃疡性（a）或溃疡性（b），每个 T 类进一步分为 a 类和 b 类。因此，T1a 原发性黑色素瘤是非溃疡型黑色素瘤≤1 毫米厚，克拉克（Clark）等级的 Ⅱ 或 Ⅲ。[9]

黑色素瘤的淋巴结转移有三种类型。N1 到 N3 每个代表越来越多的区域淋巴结累及。如 N1 为单个阳性淋巴结，N2 为 2~3 个累及淋巴结等。根据淋巴结转移是微观（如前哨淋巴结取样）还是宏观（临床表现为明显），将 N1 和 N2 进一步细分为"a"和"b"亚型。还有第三个 N2 亚型，N2c，这意味着有转移或卫星灶转移但没有区域淋巴结转移。[9]有两类 M，M0（无远处转移）或 M1（存在远处转移）。然而 M1 中有三个亚类，它们是基于转移性疾病的部位和/或 LDH 水平是否正常或升高确定的。[9]

黑素瘤的多种可能的 T, N 和 M 组合分为五个阶段。阶段 0 至阶段Ⅳ。0 期始终是原位癌。阶段 Ⅰ 和 Ⅱ 包括所有 T 亚类，但具有阴性区域淋巴结并且没有远处转移，即 N0M0。阶段 Ⅲ 包括具有 N1、N2 或 N3 节点参与的任何 T 子类别。阶段 Ⅳ 包括任何 T 子类别，任何 N 子类别和任何 M1 类别。

虽然癌症的解剖范围可以决定许多癌症的分期，但其他因素也会起作用。这些可能包括：组织学，转移部位，肿瘤分级，各种肿瘤标志物水平甚至年龄。以下是一些例子[9]：

- 根据转移部位细分黑素瘤的 M 类：M1a 代表具有正常 LDH 水平的远处皮肤，皮下或淋巴结转移；M1b 代表具有正常 LDH 的肺转移；M1c 代表具有正常

LDH 的所有其他转移部位或 LDH 水平升高的任何转移部位。

- 对于软组织肉瘤，肿瘤级别是一个附加的限定条件。例如，I 期疾病包括 T1a、T1b、T2a 和 T2b、N0M0 和低级别肿瘤；II 期疾病包括 T1a、T1b 和 T2a、N0M0 和高级别肿瘤。
- 在甲状腺癌中，乳头状或滤泡组织学类型与髓质组织学类型之间的分期有所区别。年龄用于进一步确定乳头状和滤泡性甲状腺癌的阶段，而不是甲状腺髓样癌。
- 在睾丸癌中，肿瘤标志物 LDH、hCG 和 AFP 水平被用于进一步区分 I、II 和 III 期。

因此，癌症的分期可能变得相当复杂，但关键是理解承保风险评估的概念。

分级

肿瘤的等级是评估风险的另一个重要因素。正如刚才所讨论的，肿瘤的等级可能是某些癌症分期的一个因素。但即使不是癌症正式分期系统的一部分，分级仍然是一个重要的预后因素：预后通常会随着肿瘤分级的增加而恶化。肿瘤分级是指分化的程度，可以认为是对肿瘤与原发部位正常组织的相似性的评估。等级可以用数字来定义，也可以用描述来定义。与起源地组织非常相似的肿瘤被描述为分化良好，而与起源地组织几乎没有相似之处的肿瘤被描述为分化差或未分化。那些位于两极之间的被称为中度分化。或者，肿瘤可以被描述为低阶（分化良好）、中阶（分化中等）或高阶（分化较差或未分化）。最后，用数值可将肿瘤分为一级（分化良好）、二级（分化中等）、三级（分化较差）、四级（未分化）。一个可比较的三级系统是将三级定义为低分化或未分化。

治疗

了解病人接受过癌症治疗也很重要。一般来说，癌症的治疗包括手术、放疗和/或药物治疗（如细胞毒性药物、激素和单克隆抗体）。这些方法中的任何一种都可以单独使用，更常见的是各种组合治疗。

除了治疗方式外，了解治疗类型也很重要：基础治疗，辅助治疗和新辅助治疗。

基础治疗是指特定癌症治疗的基础或基本治疗。可能是手术、放疗或化疗，取决于特定的癌症。例如，临床上局限性前列腺癌可以通过根治性前列腺切除术或放疗来治疗——这是主要的治疗方法。历史上，改良的乳房根治术是乳腺癌常见的主要治疗方法。然而，最近，被保乳疗法取代，如在肿瘤根治或肿瘤切除中，把放疗作为基础治疗手段，在这些情况下，单独使用外科手术，单独放疗，或联合使用外科手术和放疗是基础性治疗方法，其目标是消除所有局部肿瘤的病灶。如果癌症确实是局部的，那么基础治疗应该是有疗效的。然而，全身化疗也可能是基础治疗方法。如有必要，Ⅳ期何杰金氏（Hodgkin's）病可单独采用全身化疗而无须手术或放疗。

当所有肿瘤的病灶都被根除后，在基础治疗后进行辅助治疗。辅助治疗的目标是根除微小的转移性病灶，否则其在临床上它可能成为今后肿瘤复发的病灶。使用辅助化疗和激素治疗的最早例子之一是在乳腺癌治疗中，它已被早期乳腺癌协作组广泛地进行了研究和报道。[11,12]

新辅助治疗一般在基础治疗前进行，其目的与基础治疗后的辅助治疗相似。潜在的优势包括更早地将早期微小的转移物暴露于所使用的药物中，并有机会评估这种治疗方式或治疗方案治疗原发肿瘤的效果。后续治疗可根据新辅助治疗的疗效或缺乏疗效进行调整。除了这些优点外，新辅助治疗的一个主要的目标是缩小原发肿瘤，使一个无法切除的肿瘤，更易被完全切除，或接受更小的辐射，对周围正常组织的毒性较小，并加强局部控制。[13]新辅助治疗最早的例子之一是头颈部鳞状细胞癌，其中铂和5-氟尿嘧啶用于不希望手术切除喉部的喉癌病人放疗前的诱导治疗。[14]

并发症治疗在长期风险评估中极为重要。并发症的手术治疗取决于肿瘤的位置和手术方法。并发症的治疗一般在手术过程中或手术后不久，但也有例外，如淋巴结清扫后肢体淋巴水肿，或腹腔内或盆腔手术后肠梗阻粘连。更重要的是治疗数年后才会出现的长期并发症或治疗的晚期效应，而那时癌症可能被告知治愈。这些晚期效应通常在放疗和/或化疗治疗后出现，因为这些治疗方式对恶性细胞没有选择性，也对正常细胞造成损害。随着综合治疗方式的应用，长期存活者的数量也越来越多，它们的重要性也日益增加。对于医疗保险来说，最重要的确定在没有癌症病灶后治疗的晚期效应。放疗和/或化疗的晚期效应中最重要的一个是第二原发性癌症的发展。

▶▶ 第二原发癌[①]

第二原发性癌症是发生在有癌症病史者身上的癌症，其组织学与最初的癌症不

---

① 译者注：在以前的肿瘤后出现的不正常的组织增生，但不是后者的转移。第二原发性肿瘤可能具有相同或不同的组织学类型，可与前一种肿瘤发生在相同或不同的器官中，但在所有情况下都是由独立的致癌事件引起的。第二原发性肿瘤的发生可能与前一种肿瘤的治疗有关，也可能与之无关，遗传风险或易感因素可能是其原因。

同，即它不是原发性癌症的复发。第二原发性癌症可能仅是零星事件，与个体先前的病史无关，可能由于个体的易感性而发生，对此没有明确的解释。或者，它可能是由先前的癌症史有相关病因引起的，要么是癌症本身，要么是在原来癌症中使用的治疗方法。

第二原发性癌症是病人特有的或疾病特有的，包括对侧乳腺癌患者的另一乳腺癌既往病史。虽然这可能有遗传基础，但即使没有已知的基因突变，另一侧乳房患癌的风险也会增加。对于具有相同病史的人，头部和颈部的第二原发性鳞状细胞癌存在类似的长期风险。这可能是由于烟草引起的对整个上呼吸道—消化黏膜的损伤，或继续暴露于最初的病因造成的。

与以前的癌症治疗相关的第二个原发性癌症更难定义，但作为一般规则，这些癌症通常发生在潜伏期之后，化疗的潜伏期较短，而放疗的潜伏期较长。当基础治疗是放疗时，第二原发癌症通常发生在先前放疗领域。可能在与治疗有关癌症中出现特定的基因异常有关，例如在发生以前的骨髓增生综合征之后，在碱化剂（例如，氮芥子气）中切除 5 号或 7 号染色体的长臂的全部或部分，或是一种涉及第 4～第 11 条染色体的转移，与叶黄素相关（VP－16）的急性白血病。[15]

对于霍奇金病治疗后的第二原发性癌症，人们可能比其他原发性肿瘤了解更多，这在很大程度上是因为细胞毒性化疗和放疗成功地治愈了大多数个体的原发性疾病。这种经验将被用来强调第二原发性癌症进展的一些基本原则。许多作者和研究小组报告了霍奇金病长期存活者的结果。[16-20]这些和其他方面的经验都得到了很好的总结。[21]

霍奇金病治疗后有三种主要类型的第二原发肿瘤：急性白血病、非霍奇金淋巴瘤和实体瘤。急性白血病的潜伏期通常短于第二实体瘤的潜伏期，而淋巴瘤的潜伏期处于中间。霍奇金病治疗后出现急性白血病、淋巴瘤和实体瘤的第二原发癌的普遍周期分别为 5 年、7 年和 12 年。[22]患者的整体存活率在治疗后 30 年内持续下降，并且在 15～18 岁发病的霍奇金病患者，第二原发癌死亡的风险超过了霍奇金病引起的风险。[16,23]此外，即使 20 年后，第二次原发性癌症的风险仍在继续增加。据报道，在一个大的群体中，第二次原发性癌症的 15 年和 20 年累积风险分别为 14% 和 23%[16]，在另一个群体中，第二次原发性癌症的累积风险为 28%[18]。第二原发癌总体预后较差，诊断为第二原发癌后 5 年生存率 38%[16]。这些数据具有代表性，表明治疗后 20 年内第二次原发癌的风险每年增加 1%。从 20 年的死亡风险来看，霍奇金病和急性毒性死亡的风险约为 33%～37%，而第二次癌症死亡的风险约为 10%～14%。[18,24]

虽然多年来研究的多个群体的结果略有不同，但令人惊讶的是，人们一致认为，可以进行一些一般性的观察。

- 霍奇金病的长期存活者中有三类主要的第二原发癌：急性白血病、非霍奇金淋巴瘤和实体瘤（最常见的是肺、乳腺、胃肠道肿瘤，特别是胃和结肠、黑素瘤、甲状腺、骨和软组织肉瘤）。
- 急性白血病的相对风险最高（最高达80%），其次是非霍奇金淋巴瘤（最高达35%）和实体瘤（2%）。然而，考虑到急性白血病和非霍奇金淋巴瘤相对于实体瘤的相对比例，最大的绝对风险实际上是颠倒过来的。
- 急性白血病的风险在治疗后的5～10年内达到顶峰，此后趋于平稳。
- 治疗后的非霍奇金淋巴瘤的数据是最不明确的，有些显示风险稳定，有些则随着时间的推移继续增加。认为它必然是与治疗相关的癌症也还没有普遍的共识，而它可能与霍奇金氏病相关的潜在免疫抑制更相关。
- 第二原发癌为实体瘤的风险在5～10年间开始出现，但持续增加，甚至20年后仍会增加。
- 化疗是治疗后发生急性白血病的主要诱因。放疗可能会增加这种风险，但仅仅使用放疗作为治疗方法，患急性白血病的风险最小。

放疗是实体癌症发生的主要诱因，然而化疗可能在最坏情况下发挥的作用最小。

我们目前所知的大部分结果都来自30年前或更早的治疗。这些研究小组的研究结果可能高估了近期癌症治疗的长期影响风险。因此，我们现在所知的风险很可能是最坏的情况。[18]

辅助治疗

辅助性的全身治疗，无论是化疗或激素治疗，或两者都可以降低复发的风险和乳腺癌的死亡，尤其是采取适当的基础治疗后。[40]

在年龄小于50岁的女性中，复发风险和死亡率分别降低了35%和27%，淋巴结阳性患者的10年总体生存率从71%增加到78%，淋巴结阳性患者的10年总体生存率从42%增加到53%。[42]

在50～69岁的女性中，复发风险和总死亡率分别降低了20%和11%，淋巴结阴性患者的10年总体生存率从67%增加到69%，淋巴结阳性患者的10年总体生存率从46%增加到49%。[42]

辅助化疗方案通常是CMF（环磷酰胺、甲氨蝶呤和5氟尿嘧啶）或含蒽环类的方案，最常见的是AC（阿霉素和环磷酰胺）方案。与CMF方案相比，AC方案可能略有优势。最近达成的一个共识就是在AC方案中添加紫杉醇（紫杉醇或多西他赛），尽管它可能有一些尚待明确证明的小优势，但尚未显示出明显优越性。[43] 辅助化疗的持续时间通常为3～6个月。[44]

他莫昔芬五年的激素辅助治疗，可以减少复发，提高整体生存率。复发率的降低主要在治疗后的前5年，总体生存率在5年后会持续改善。与未接受治疗相比，接受他莫昔芬治疗的激素受体阳性的患者与接受他莫昔芬治疗的激素受体未知且淋巴结阳性的患者的10年总体生存率分别为61.4%和50.5%，使用他莫昔芬治疗的激素受体阳性的淋巴结阴性患者的10年总体生存率分别为78.9%和73.3%。[45]

基础治疗后的辅助治疗选择是复杂的，有多个亚群，但对淋巴结阳性妇女的选择的总结如下（PDQ® http://www.nci.nih.gov/cancertopics/pdq/treatment/breast/HealthProfessional/page7#Section_183）：

- 绝经前，激素受体阳性：化疗加他莫昔芬或卵巢消融术。
- 绝经前，激素受体阴性：化疗。
- 绝经后，激素受体阳性：化疗加他莫昔芬或单独他莫昔芬。
- 绝经后，激素受体阴性：化疗。

对于淋巴结阴性的患者，根据肿瘤大小、激素受体状态、肿瘤分级进行选择，PDQ总结如下：

- 绝经前、激素受体阳性。

低风险：无或他莫昔芬。

中期风险：化疗加他莫昔芬，单独加他莫昔芬，或卵巢消融术。

高风险：化疗加他莫昔芬，化疗加卵巢消融，或化疗加他莫昔芬加卵巢消融术。

- 绝经前，激素受体阴性的所有风险：化疗。
- 绝经后激素受体阳性。

低风险：无或他莫昔芬。

中高危险：他莫昔芬加化疗或单独他莫昔芬。

- 绝经后，激素受体阴性的任何风险水平：化疗。

对于淋巴结阴性患者治疗考虑的风险组的定义如下：

- 低风险：所有随访患者的肿瘤大小<1cm，激素受体阳性，肿瘤的风险等级为1。
- 中等风险：不属于低风险或高风险类别或肿瘤大小1~2cm，激素受体阳性，风险等级为1—2级。

高风险：任何随访患者的肿瘤大小>2cm，激素受体阴性，风险等级为2—3级。

用于风险评估的其他信息

肿瘤的病理类型、病程、分级和成功的治疗（无活动性/残余性疾病的证据），以及治疗的细节是评估肿瘤风险的基础。然而，许多其他因素可能会影响预后，或至少是评估风险的"软"因素。这些都取决于特定的癌症,但包括,例如:肿瘤标志物,激素受体,基因异常,增长比例(S阶段),甚至继续暴露在潜在的病因中。

特异性和非特异性肿瘤标志物都是某些癌症的重要因素。例如,在诊断睾丸肿瘤的非精原细胞瘤时肿瘤标志物的升高是影响预后的因素:β-HCG≥5 000mIU/ml 或甲胎蛋白≥1 000ng/ml 的水平预示着更差的预后。[25]除了作为预后因素之外,肿瘤标志物还可用于监测对治疗的反应以及在初次治疗后检测肿瘤的复发。在这种情况下,肿瘤标志物可能对尽早发现复发性疾病至关重要,此时肿瘤负荷应最低,治疗效果应最好。

许多肿瘤的分子变化随着频率的增加而被发现,这些可能既是影响预后因素,也是治疗目标。例如,Nmyc 癌基因的扩增反映了神经母细胞瘤的预后较差。[26]在乳腺癌中,HER-2/neu 癌基因的扩增与较差的预后相关,[27]此外,它是单克隆抗体赫赛汀(曲妥珠单抗)治疗的靶目标。

众所周知,头颈部鳞状细胞癌与吸烟、烟草和酒精的使用有关。[14]在头颈部癌症治疗成功后,持续接触烟草和酒精会增加患第二原发性肿瘤的风险,因此是影响整体预后的一个因素。在这种情况下,它既是一个风险因素,也是一个影响预后的因素。

随访

即使在诊断出肿瘤,并通过治疗使患者痊愈后,也会有一些人会发展为复发的局部疾病或全身疾病,或两者兼之,这是因为初级治疗并没有完全根除这种疾病。局部复发常常是因为初次治疗并没有移除或消除原发部位的所有恶性细胞。全身复发是因为在治疗原癌症时,恶性细胞已经扩散到远处,或者残留的微小肿瘤细胞转移到全身的原因,即使在初级治疗之前没有发生转移。在承保肿瘤的风险评估中,生存曲线开始于治疗完成时,而不是在诊断时。然而,如果我们评估复发患者的风险,那么我们就有必要知道复发后的死亡风险,因为临床表现复发时,肿瘤的时钟会再次开启。不幸的是,复发后的生存数据往往在临床文献中更难找到,因此,准确的风险评估更困难。

在肿瘤的诊断和治疗后,随访对于发现癌症复发和监测治疗并发症至关重要。在治疗原发性肿瘤时,疾病的分期很重要,因为疾病的分期越低,肿瘤负荷越低,一般来说,治疗成功的可能性越大。直观上看,复发越早,肿瘤总体负荷就越低,成功治疗的机会越大。对于某些癌症,复发后的补救治疗方案是有效的,可以完全根除癌症并消除随后的疾病本身的过度风险。局部复发时,补救治疗也可能是局部的,尽管全身治疗有时也可能是必要的。然而,全身性复发时,有效的补救治疗必须是全身性的。

例如，乳腺原位导管癌可以通过乳房肿瘤切除术进行治疗，对剩余的乳腺组织既可进行放疗也可不放疗。如果疾病在剩余的乳房组织中复发而没有全身复发的迹象，乳房切除术可能能够实现局部控制。然而，如果在局部复发时有腋窝淋巴结累及，可能还需要辅助性的化疗和/或激素治疗。如果复发发生在肺部和/或肝脏，而不是乳房，则需要全身治疗。补救治疗有效的全身性复发的肿瘤主要是那些初级治疗有效的肿瘤，如睾丸癌、霍奇金病、非霍奇金淋巴瘤和妊娠滋养细胞疾病。因此，肿瘤复发往往但并不总是注定是一个致命的事件。然而，不幸的情况是，对于许多癌症，特别是包括前列腺癌、乳腺癌和结肠癌在内的常见癌症，全身性疾病的复发在大多数情况下意味着不可治愈。可能存在治疗选择，可能会缓解与疾病相关的症状，并且通常会延长生存期，但治愈的可能性很小。

肿瘤承保的风险

对有癌症病史的申请人进行承保评估需要了解前面讨论过的所有因素。但更重要的是，它需要了解特定癌症的死亡率和死亡率模式。肿瘤学文献很少提供死亡率或超额死亡率的数据，但通常以生存率表示疾病结果。因此，我们必须知道特定癌症的存活率，特别是长期存活率，因为人寿保险合同是一份长期合同，因为更有效的治疗会带来更长期的幸存者。

死亡模式是指癌症死亡的发生时间。癌症死亡率的一般模式是，在治疗后的头几年死亡率最高。在此之后，通常有一段时期的死亡率以较慢的速度下降，然后在典型的生存曲线中出现一个顶峰或死亡率有明显的变化。最后，对于某些癌症来说，在一定时期内不会有来自特定癌症的额外风险，而典型的生存曲线会趋于平稳。然而，对于某些癌症来说，生存曲线上可能没有平稳期，而是持续存在长期的过度风险。其中一些过度的风险可能来自晚期复发，如乳腺癌和黑色素瘤，也可能来自治疗的晚期效应。

在这种典型的死亡模式下，肿瘤的承保通常采取推迟保险期，在此期间，超额风险的程度超出了大多数保险公司愿意承担的风险和消费者愿意支付的风险。这一时期通常持续到死亡程度开始下降，如在生存曲线中的顶峰所显示的。在此期间，可提供与风险程度相称的额外保险费。如果生存曲线处于稳定状态或水平，则可提供标准保险，但如果持续存在长期超额风险，则可能需要长期额外保险费。因此，肿瘤的承保通常需要一段时间，在这段时间里，由于风险的严重程度，无法提供保险，之后可能提供保险，并在没有附加长期评级的情况下，以临时定额的额外保费进行保险。

第22章 肿 瘤

▶▶ 乳腺癌

美国癌症协会估计，2004年美国大约有21.6万新确诊乳腺癌病例，估计有4万人死亡。此外，ACS估计在2004年将会有59 000例新的乳房原位癌病例。[1]自1990年以来，乳腺癌发病率略有上升，而同期死亡率则有所下降。[28]随着乳房X光检查使用的增加，在诊断阶段也出现了下降趋势，在所有新病例中，原位乳腺癌占25%~30%。[29]根据SEER（监测、流行病学、最终结果）的数据，美国患乳腺癌的终生风险为13.39%，死于乳腺癌的终生风险为2.98%（参见：www.seer.cancer.gov/csr1975_2001/topiclifetime_risk.pdf）。

大约10%的乳腺癌女性有乳腺癌家族史。仅基于家族史的乳腺癌风险的meta分析显示相对风险如下：任何亲属乳腺癌1.9，一级亲属2.1，母亲2.0，姐姐2.3，女儿1.8和母亲和姐妹的3.6。[30]大约5%的乳腺癌患者会有遗传基因突变，这与家族史有关。这些突变中最常见的是BRCA1和BRCA2。据估计BRCA1和BRCA2突变携带者的乳腺癌终生风险为65%~85%。然而，BRCA1和BRCA2突变携带者之间的患卵巢癌风险不同，分别约为25%~60%和15%~25%。乳腺癌晚期死亡的原因之一来自对侧乳腺癌，这种风险在BRCA1突变携带者中尤其增加到65%。[31,32] BRCA1相关乳腺癌的病理特征表明肿瘤更具侵袭性，如组织学级别较高、激素受体阴性、非整倍体增多、S期细胞比率较高。[33,34]虽然这些不良预后因素表明癌症更为严重，但已有研究结果表明，有的患者预后较差，有的预后较好。因此，BRCAI突变对患者预后的影响尚不清楚。不同的终点包括疾病特异性生存率、总体生存率、局部复发率、远端复发率以及第二原发性乳腺癌的发病率。如果总体生存率存在差异，这可能是由于BRCAI突变携带者患第二次原发性乳腺癌的风险高于散发性乳腺癌患者。[35]

目前已使用MRI筛查高风险的女性，其似乎比乳房X光检查（36%~40%）具高敏感性（71%~77%），但比乳房X光检查（95%）的特异性低（89%）。[36,37]然而，对于MRI诊断的乳腺癌患者是否会影响患者的生存率尚未得到证实。

分期

在《AJCC癌症分期手册》的第六次修订中更新了乳腺癌的分期。T类别的分层基于原发肿瘤的大小。此外，对于T1肿瘤，微侵袭（T1mic）的存在是一个特殊的子类别，T1a、T1b和T1c意味着越来越大的原发肿瘤达2cm。T2肿瘤在2~5cm变化，T3肿瘤>5cm。T4肿瘤根据其他局部发现分类，例如延展至胸壁、桔皮样变和炎症性乳腺癌的其他典型发现。在 N 类别的描述中也有一些修改，具体内容请参阅原文。[9]然而，简而言之，病理 N 类别的变化考虑了前哨淋巴结活检发现的微转移，以及通过免疫组织化学染色发现单个肿瘤细胞或单个肿瘤细胞聚集。N 类别的变化导致病例重新分配并根据分期改变结果。重要的是要了解在评估未来文献中疾病结果时使用的分期系统。[38]

基础治疗

早期乳腺癌治疗的选择包括保守治疗（切除肿瘤后对整个乳房进行放疗）和简单的乳房切除术。这些治疗的结果与采用改良乳房根治术（更激进的手术方法）是一样的。[39]局部疾病治疗的一部分包括使用淋巴照射和前哨淋巴结活检或腋窝淋巴结清扫评估腋窝淋巴结。乳房切除术后的放疗可降低腋窝淋巴结阳性≥4 个的女性的乳腺癌死亡率，但 1~3 个阳性淋巴结的益处尚不清楚。[40]

前哨淋巴结活检的淋巴图谱包括在手术时在肿瘤周围皮下注射一种重要的蓝色染料或放射性示踪剂。这可以在手术时识别前哨淋巴结或初始引流的淋巴结。前哨淋巴结取样的主要问题是获得技术熟练程度所需的经验，因此无须完整的淋巴结解剖即可安全完成。[41]然而，在受过适当训练的人中，假阴性率约为 5%。前哨淋巴结阳性的患者通常需要进行腋窝淋巴结清扫，而前哨淋巴结活检越来越普及，当腋窝淋巴结的治疗完全基于前哨淋巴结的测定时，对结果的影响并不清楚，单纯基于前哨淋巴结状况的治疗是否明显等同于经典的腋窝淋巴结切除术还在研究之中。[41]

结果

尽管复发的风险可长达 20 年，但大多数复发发生在治疗后的前 5 年。在一家单一机构治疗的 T1 和 T2 淋巴结阴性妇女的长期随访研究显示，按肿瘤大小得出的 10 年和 20 年无复发存活率为：
- 91% 和 88%，肿瘤≤1.0cm
- 77% 和 72%，肿瘤 1.1~2.0cm
- 75% 和 71%，肿瘤 2.1~3.0cm
- 62% 和 59%，肿瘤 3.1~5.0cm[27,46]

晚期局部肿瘤、复发性疾病和转移性疾病的治疗方案将不予讨论，但可在 PDQ（http：//www.nci.nih.gov/cancertopics/pdq）中找到很好的概述。

前列腺癌

美国癌症协会估计，2004年美国大约有23万前列腺癌新病例，约3万人死亡。它是男性中最常见的癌症，也是美国男性癌症死亡的第二大原因。由于前列腺特异性抗原筛查的广泛应用而导致的疾病发病率上升的速度已经从20世纪80年代末的高水平下降到今天的低水平，但发病率仍在上升。自20世纪90年代初以来，死亡率一直在下降。[47,48]

在过去，前列腺癌通常在症状出现时被诊断或在TURP时被推定为良性疾病。现在，这种疾病大约有三分之二患者是在无症状个体中诊断出来的，这主要是由于公众的意识的提升和前列腺特异性抗原（PSA）测试的运用的可及性。回顾1998年确诊的5万多名前列腺癌患者，88%的患者的PSA水平为4ng/ml或更高。值得注意的是83%的患者属于AJCC Ⅰ期或Ⅱ期，80%的患者至少有中度分化的肿瘤。[49]

前列腺癌和前列腺特异性抗原（PSA）

PSA的临界值通常为4ng/ml，年龄调整后，40岁出头的男性的临界值为2.5ng/ml，60多岁的男性的临界值为6.5ng/ml。然而，越来越多的报告显示，在PSA水平低于4ng/ml的患者中，有20%~25%的人被诊断出患有前列腺癌。[50,51]

前列腺癌诊断和治疗的PSA（前列腺特异性抗原）时代产生了一个新的终点来评估疾病的结果：生化复发或只PSA复发。在没有明显临床复发的情况下，这个终点是根据上升的PSA定义的。生化复发被广泛认为代表残余或复发的前列腺癌，而不是良性的疾病。生化复发的定义因治疗方式的不同而不同。根治前列腺切除术之后，任何可检测到的PSA都表示残余前列腺肿瘤组织，它可能是全身性的癌症。[52] 根治性前列腺切除术后无法检测到的生化复发的PSA水平，目前尚未明确定义，其不同于任何可检测的PSA，其水平为0.4ng/ml，需连续上升2次或2次以上。[53]

美国肿瘤治疗放射学和肿瘤学会（ASTRO）将放疗后的生化复发定义为连续三次的PSA水平升高，或单次水平升高到足以开始激素治疗的水平。[54,55]

这无疑是前列腺癌治疗的自然病史的一部分，但仅就最终生存结果而言，生化复发的意义尚不清楚。一项对近2 000名接受根治性前列腺切除术的患者进行的大样本研究表明，大约三分之一的患者在经历生化复发后，平均8年时间出现明显的转移性疾病。临床转移瘤的中位生存期为5年。[56] PSA的倍增时间小于10个月，

Gleason 评分高（8~10）的临床转移患者的预期存活率较低。然而，另一项研究表明，PSA 在 3 个月内翻倍可预测前列腺癌特定死亡率，中位时间为 6 年。[57] 因此，即使数据存在差异，仍可说明 PSA 水平的翻倍时间可以预测临床的结果。

分期

前列腺癌的分期使用 TNM 系统，虽然较早使用 Jewett 系统。在 TNM 系统中，临床分期和病理分期都是公认的。临床分期，例如 cT2，是基于直肠指检或经直肠超声检查结果；病理分期，例如 pT2a，是基于根治性前列腺切除术标本的结果。四个基本的临床 T 类代表的疾病是在腺体成像上不明显，或直肠指诊可触及的疾病；可见或可触及但局限于前列腺的癌症；局部腺外延伸的癌症；或肿瘤是固定的或侵入精囊以外的局部组织。前列腺癌的一个特殊的 T 类是 T1c，它代表的是在直肠指检或经直肠超声检查无异常发现的活检中检测到的癌症。这类患者主要是由于 PSA 升高而被诊断为前列腺癌的患者。[9]

Jewett 系统是使用字母 A–D 来描述与 TNM 系统中的四个 T 类别基本相似的疾病及程度，只有少数例外。前列腺癌的详细分期可以在《AJCC 癌症分期手册》中找到。[9]

Gleason 分级

除了前列腺癌的分期，Gleason 分级是另一个重要的预测预后的因素。肿瘤的分级方法是在 1 到 5 按肿瘤组织主要结构和次要结构的分化程度来分别评分。然后将两者相加得到一个 Gleason 等级，例如 Gleason 7 级，可以是 Gleason 3+4，或者 Gleason 4+3。因此，最好报告为与该分数相加的总和和单个分数。例如，Gleason 7 级（4+3），这反映了在样本中 Gleason 4 级是主要结构得分，Gleason 3 级是次要结构得分。分化良好的肿瘤一般被认为是 Gleason 2 或 3，中度分化的肿瘤是 Gleason 4 至 6，低分化的肿瘤是 Gleason 7 至 10。虽然某些癌症的分期系统将分级纳入分类定义，但 TNM 系统和 Jewett 系统都没有这样做，但是，Gleason 分级是疾病后期结果的最强有力的预测因子之一。

在治疗计划中，了解疾病局限于前列腺是很重要的。预测肿瘤是否局限于器官的重要因素包括 TNM 的临床分期、肿瘤活检的 Gleason 分级和 PSA 水平。[58] 也许最著名的确定前列腺疾病的模型之一是帕汀（Partin）模型。它利用术前 PSA 水平、活检标本的 Gleason 分级以及 TNM 在一系列患者的临床分期的结果，根据这些因素的多重组合，建立一个广泛的概率表。最近对这些表进行了更新。[59,60] 不断完善这些数据是很重要的，先前的一系列患者数据显示，有相当比例的患者的分期较实际情况低。然而，最近的一项研究显示，只有24%的患者仅使用临床数据作为分期的依据。[61]

就治疗后的预后而言，最重要的预后因素是局部淋巴结远处转移、精囊浸润和手术边缘组织阳性，前两种因素在分期中占主导地位。只有手术边缘组织呈阳性才会逐步增加风险。囊外扩张在预后方面也很重要，但它也被疾病的分期所考虑。[58,62]

前列腺癌的治疗计划必须考虑器官局限性疾病或前列腺包膜以外疾病的可能性。对于局限于器官的疾病，治疗的选择包括根治性前列腺切除术、放疗（外部束或近距离放射疗法）和观察等待。考虑到前列腺癌的诊断率，我们有理由假设针对不同类型患者的最佳治疗方案是已知的。然而，没有临床试验比较这些治疗方案，最佳的治疗方案还没有明确确定，更复杂的问题是生化复发（PSA复发无临床疾病证据）与临床明显复发疾病的对比，以及单一的机构研究与多机构研究。仅有PSA复发的最终含义仍在探索中，尽管越来越多的数据表明它有助于评估风险，如下将有所述。

此外，前列腺癌的自然病史影响了长期结局的确定。不管疾病或治疗的分期如何，将所有病人结合起来观察疾病的结果并不能特别有助于确定风险，但当使用癌症特异性生存率时，它确实提供了癌症的可治愈性。关于前列腺癌的数据表明，它是一种复发和死亡长期风险的疾病。例如，前列腺癌所有分期的5年生存率合计为98%，所有分期的10年和15年相对生存率（疾病特异性生存率）合计分别为84%和56%。[47]

早期前列腺癌的根治术治疗

一个独立机构的研究显示，根治性前列腺切除术患者在术后15年无转移复发的生存率为82%。然而，在近2 000名患者中，有15%的人出现了生化复发，但在这些患者中，只有约三分之一的人在复发后8年内发生了临床转移性疾病。最后，临床明显转移性疾病发生后的中位死亡时间为5年。[56]

对接受根治性前列腺切除术治疗临床局限性前列腺癌的近2 800名患者的另一项大型研究显示，所有患者在5年和10年无生化复发的生存率分别为76%和59%，病理证实为器官局限性疾病的患者无生化复发的生存率分别为82%和68%。随访中约有三分之一患有临床上明显的转移性疾病。[63]

一项比较根治性前列腺切除术和观察等待的临床试验表明根治性前列腺切除术可以降低癌症特异性死亡率，但在8年的时间内不会降低总体死亡率。然而，需要更长时间的跟踪调查才能作出最终的评估。[64]

早期前列腺癌的放疗

前列腺癌的放射治疗以外束或放射源间质植入的方式进行（近距离放射治疗）。通过上述两种途径进行放疗的技术正在不断完善，现代放疗技术的最终影响可能尚未实现。在缺乏随机试验的情况下，比较治疗方法是比较复杂的，但是外束放射治疗和近距离放射治疗的存活率被认为可以与根治性前列腺切除术后的存活率相提并论。例如，一系列研究表明，在低风险特征的患者中，外部束放疗和根治性前列腺切除术的5年特定疾病生存率约为80%。近距离放射治疗也被认为与外束放射治疗的生存率相似，至少在低风险的病人中是这样。[65-69]

早期前列腺癌的观察等待

第三种治疗前列腺癌的治疗方法是观察等待。一项随机临床试验表明，根治性前列腺切除术的疾病特异性死亡率与观察等待相比有所降低，但随访8年时总死亡率没有降低。然而，观察等待组中发生远处转移的概率是根治性前列腺切除术的2倍，分别为27%和13%。这些远处转移的影响还有待观察。[64]

局部晚期前列腺癌

尽管今天诊断出的大多数前列腺癌是器官局限性的，但仍有多达25%的前列腺癌可能被诊断为囊外扩张或精囊浸润。[70]局部晚期前列腺癌最常通过外部放射疗法来治疗，伴有或不伴有近距离放射疗法，伴有或不伴有激素疗法。在接受外部放疗后10年和15年的总生存率分别在33%~45%和18%~31%。[70]激素治疗提高了放疗的效果，可以在放疗之前和/或与放疗时给予激素治疗。近距离放疗法可以与外部放疗联合使用，以加强局部控制。[70]

局部晚期疾病的根治性前列腺切除术比放疗更少使用。在大量患者中，5年、10年和15年的癌症别存活率分别为94%、86%和77%。大约有三分之一的患者接受了外部放疗、雄激素消融术或放疗加雄激素消融术治疗。[71]

虽然单独的雄激素消融术在局部晚期前列腺癌中并不常用，但有证据表明它是有益的。在一大批只在进展时进行雄激素消融或开始就进行雄激素消融治疗的患者中，10年的疾病生存率分别约为35%和20%。[72]

▶▶ 结肠癌

美国癌症协会估计，2004年美国大约有10.6万例结直肠癌病例，超过5.6万人死亡。它是美国男性和女性合并癌症死亡的第二大原因，也是男性和女性分别因癌症死亡的第三大原因。40 岁以后发病率增加，大约 90% 的病例在 50 岁以后发病。[1]总体发病率较 1998—2000 年略有下降。总体而言，从左侧肿瘤发病率高到右侧结肠肿瘤发病率高略有转变。[73]自 20 世纪 80 年代以来，结直肠癌的死亡率一直在下降。[1]约 5% 的病例有结直肠癌家族史。

结直肠癌的一个主要危险因素是存在个人或家族的结直肠癌史，和/或结直肠癌腺瘤性息肉。小于 1cm 的小管状腺瘤不会增加患病风险，而大于等于 1cm 的小管状腺瘤，以及具有绒毛状或管状绒毛状组织的小管状腺瘤则会增加患病风险。[74]

肠炎增加了结直肠癌的风险。全结肠炎的相对风险约为 15，左侧结肠炎约为 3，单是直肠炎可能没有风险。患溃疡性结肠炎 10 年后风险开始持续上升，而左侧结直肠癌的风险通常于患病大约 15 年后开始持续增加。从第 10 年至第 20 年，每年上升的风险约为 0.5%，此后每年上升的风险约为 1%。[75]

结直肠癌遗传学

与家族性腺瘤性息肉病（FAP）相关的结肠癌约占结肠直肠癌的 1%。相关变异综合征包括加德纳氏（Gardner）综合征，特科特氏（Turcot）综合征和家族性腺瘤性息肉病。这些都是由 5 号染色体上 APC 基因（腺瘤性结肠息肉病）突变引起的，尽管基因突变位点因特异性综合征而异。[75,76]遗传性非息肉性结肠直肠癌（HNPCC）是另一种主要的遗传性综合征，会造成结直肠癌的风险增加，约占所有结直肠癌的 2%~6%。有两种类型：林奇（Lynch）综合征 I（位点特异性结肠癌）和林奇综合征 II（结肠癌加上各种其他部位，包括卵巢、小肠、胃、肝和胆道，以及肾盂的癌变）。这些综合征是由于错配修复基因的缺陷造成的。[75,77]

结直肠癌的基因缺陷可能比其他癌症更容易理解。除了 APC 基因和错配修复基因外，结直肠癌的发生过程中还发生了多种体细胞突变。这些包括：致癌基因的激活、肿瘤抑制基因失活、DNA 甲基化异常、染色体缺失或扩增和基因重组。这些突变的数量似乎是造成癌症的关键因素，而非它们发生的顺序。这些分子变化验证了腺瘤—癌序列的流行病学数据，该序列将结直肠腺瘤确定为结直肠癌的主要前体。可以对这个复杂的主题进行更详细的回顾。[78]

分期

对于任何肿瘤，结直肠癌的发病分期是最重要的预后因素之一。虽然阿斯特勒—柯林斯（Astler-Collins）对杜克（Duke）分类的修改产生的分期表（MAC）

已经使用多年，但 TNM 系统现在是首选系统。在 MAC Duke 的系统中，"A"表示肿瘤局限于黏膜，没有淋巴结转移；"B1"表示肿瘤侵犯固有肌层，但不侵犯周围脂肪或区域淋巴结；"B2"表示肿瘤已经侵入了脑周脂肪，但未侵入区域淋巴结，"C1"肿瘤与 B1 肿瘤相同，但累及区域淋巴结；"C2"肿瘤与 B2 肿瘤相同，但累及区域淋巴结；D 代表远处转移。

在 TNM 系统中，"Tis"是指原位癌，并且它对于结肠直肠癌而言与大多数其他癌症不同。对于结直肠癌，原位肿瘤被细分为"上皮内"或"黏膜内"病变。上皮内原位癌局限于上皮层，未侵入固有层，而黏膜内原位癌已侵入固有层，但未侵入黏膜下层。T1 肿瘤侵袭黏膜下层；T2 肿瘤侵袭固有肌层；T3 肿瘤通过固有肌层延伸至浆膜下；T4 肿瘤侵犯其他器官或结构和/或穿透腹膜。[9]

应特别注意最近的 TNM 分类中的淋巴结状态。可以通过组织学以外的方法检测区域淋巴结的微转移，例如免疫组织化学染色，PCR 技术等。仅使用这些特殊方法检测到的 ≤0.2mm 的微转移被认为是 N0，而通过传统组织学方法检测到的 >0.2mm 的微转移是考虑 N1。[9]

转移性疾病的主要部位包括区域淋巴结、肝脏、腹膜和肺部。

基础治疗

结肠癌的主要治疗包括手术治疗，是局部疾病的唯一治疗方法。手术治疗包括切除肿瘤两侧 5cm 正常结肠以及足够的侧缘和切除区域淋巴结[79]。腹腔镜切除术已被证明等同于开放切除术，尽管其结果可能与外科医生的经验有关[80]。对于原位癌的恶性息肉，内镜切除进行治疗已足够。如果肿瘤位于息肉的头部，息肉的柄部不受累，边缘清晰，没有血管浸润，且至少有中度分化，则息肉内浸润性癌也可使用内镜切除。[81-83]

辅助治疗

结肠癌的辅助全身化学疗法涉及许多不同的组合方案，包括：5FU、亚叶酸、左旋咪唑、奥沙利铂和伊立替康。除了这些药物外，至少有两种"靶向"治疗单克隆抗体，即西妥昔单抗（Erbitux®）和贝伐单抗（Avastin®），也在临床试验中使用。仅对于淋巴结阳性的患者，可以将辅助化疗视为标准治疗，其他患者应该考虑进行临床试验后确定。（PDQ）

美国病理学家协会在 1999 年的预后因素共识会议上确定了各种预后因素，并根据发现它们具有预后价值的证据的强度，将它们进行了分类。这些因素是"根据多项统计可靠的公开试验的证据,被明确证明具有预后的重要性,并通常用于病人的治疗",包括局部范围的肿瘤,浆膜受累作为独立于 T 分期的不利因素,区域淋巴结转移、血管侵入和残余肿瘤的存在。[84]

以下为结肠癌患者的 5 年生存率:97% 的 T1 淋巴结阴性肿瘤为 97%;T2 淋巴结阴性肿瘤为 90%;T3 淋巴结阴性肿瘤为 78%;T4 淋巴结阴性肿瘤为 63%。1~3 个区域淋巴结阳性的 T 期肿瘤,5 年生存率为 66%,3 个以上区域淋巴结阳性的肿瘤生存率为 37%。如果存在远处转移,5 年生存率为 4%。[85] 根据 MAC Duke 系统分期的 5 年生存率为:A 为 97%,B1&2 为 78%,C1 为 74%,C2 为 48%,D 为 4%。[85]

以下是直肠癌患者 5 年生存率:淋巴结阴性的 T1 和 T2 肿瘤患者为 72%;淋巴结阴性的 T3 和 T4 肿瘤为 52%;无论 T 分期,淋巴结阳性肿瘤为 37%,远处转移为 4%。[86]

▶▶ 卵巢癌

卵巢癌是美国女性中第五大最常见的癌症,也是第四大最常见的癌症死亡原因。美国癌症协会估计,2004 年美国大约有 2.6 万例新病例,约 1.6 万人死亡。自 1989 年以来,发病率略有下降。尽管遗传性卵巢癌的发病年龄一般在 40 岁到 50 岁,但诊断的平均年龄约为 61 岁。[87] 与典型的卵巢癌相比,患交界性卵巢癌的年龄较小。

大多数卵巢癌起源于卵巢的表层上皮,这些将是讨论的主题。上皮性卵巢癌的病理类型和近似频率是浆液性(75%)、黏液性(10%)、子宫内膜样(10%);而透明细胞肿瘤,Brenner 肿瘤和未分化肿瘤的组合占剩余的 5%。大约 10% 的恶性卵巢癌被称为交界性肿瘤或具有低恶性潜能的肿瘤。这些在组织学上被定义为不侵犯基质的非典型上皮细胞增生。[87]

卵巢癌的发生在很大程度上与影响其发生的激素因素有关,这些因素包括卵泡刺激素、月经初潮早期、绝经后期、排卵期延长以及卵巢癌和/或乳腺癌的家族史。5%~10% 的卵巢癌是遗传性的,可分为三种一般综合征:家族性卵巢癌综合征;BRCA1 和 BRCA2 相关疾病;还有林奇(Lynch)综合征 II(遗传性非息肉病性结直肠癌和其他癌症)。

CA125

肿瘤标志物 CA125 广泛应用于卵巢癌的评估和治疗后的随访。它在一半的 I 期病变中会升高，但在 90% 的晚期癌症中会升高。其他妇科恶性肿瘤（如子宫内膜癌）和非妇科恶性肿瘤（如乳腺、结肠）也可能导致 CA125 升高。此外，妇科良性疾病，包括子宫内膜异位症、良性卵巢肿瘤、功能性卵巢囊肿、平滑肌瘤等，也常导致 CA125 升高。

低恶性潜在肿瘤（边缘肿瘤）

低恶性潜在或边缘性肿瘤以浆液性组织学为主，而黏液性组织学则少见。75% 的浆液性肿瘤和 90% 的黏液性肿瘤为 I 期。这些肿瘤通常偶然被诊断出来，只有大约一半人的 CA125 水平会升高。[87] 一个完整的分期程序并不总是在手术的时候进行，特别是对于看起来很严重的 I 期疾病。事实上，治疗方法可以是单侧输卵管切除术治疗最局限的疾病，也可以是全子宫切除术加双侧输卵管切除术。复发率随治疗时间而异，TAH-BSO 的复发率仅为 6%，而只有超过三分之一的患者能进行肿瘤切除。[88] 术后随访时，应监测 CA125 及腹部、骨盆的 CT。

边缘性肿瘤的预后良好，I 期疾病的 5 年和 10 年的存活率分别为 99% 和 97%；II 期疾病 5 年和 10 年的存活率分别为 98% 和 90%；III 期疾病的 5 年和 10 年的存活率分别为 96% 和 88%；IV 期疾病的 5 年和 10 年的存活率分别为 77% 和 69%。[89] 作为侵袭性肿瘤或进展为侵袭性的肿瘤，复发是很罕见的。[90]

分期

卵巢癌的转移发生在整个腹膜，这对于疾病的分期十分重要。它还可以通过淋巴和/或血源途径传播。可以通过大网膜、肠道表面、骨盆沟、隔膜和肝包膜脱落肿瘤细胞。盆腔和主动脉旁淋巴结是淋巴扩散的主要途径，肝和肺是血行传播最常见的部位。

卵巢癌分期是根据美国癌症联合委员会和国际妇产科联合会制定的规则。该规则使用 TNM 系统的编号 T 类别对应于 AJCC 系统中的编号，例如 T2a 对应于 IIA。完整的分期定义可以在《AJCC 癌症分期手册》中找到，以下概述了局部疾病的特征。[9]

I 期疾病仅限于一个或两个卵巢。

- IA 期（T1a）和 IB 期（T1b）肿瘤分别局限于一个卵巢或两个卵巢，囊完整，卵巢表面无肿瘤，腹水或腹膜洗液中无癌细胞。
- IC 期（T1c）局限于一个或两个卵巢的肿瘤，要么包膜破裂，要么是卵巢表面的肿瘤，要么是腹水或腹膜洗液中有癌细胞。

Ⅱ期疾病与Ⅰ期疾病相同，只是扩散到盆腔和/或浸润盆腔。
- ⅡA期（T2a期）和ⅡB期（T2b期）肿瘤分别累及单侧或双侧卵巢并浸润子宫和/或输卵管或在其他盆腔组织，腹水或腹膜洗液中无癌细胞。
- ⅡC期（T2c）肿瘤为ⅡA或ⅡB肿瘤，腹水或腹膜洗液中有癌细胞。

Ⅲ期肿瘤涉及一个或两个卵巢，伴有骨盆外腹膜转移。ⅢA期（T3a期）、ⅢB期（T3b期）和ⅢC期（T3c期）肿瘤分别有盆腔外的微小腹膜转移、盆腔外2cm或更小的肉眼腹膜转移或盆腔外大于2cm的肉眼腹膜转移。

Ⅳ期肿瘤涉及一个或两个卵巢的远处转移。

基础治疗

正如分期一样，卵巢癌的主要传播途径也解释了治疗方法。该疾病的外科手术原则包括进行准确的组织病理学诊断，彻底的分期，以及最大限度地减少肿瘤脱落，因为它主要是腹膜内扩散，所以完整的分期包括仔细检查整个腹腔和盆腔，切除尽可能多的肿瘤，以及进行卵巢切除术。[87]分期手术后残留的肿瘤组织是决定预后的主要因素，也是选择后续治疗的主要因素。虽然残余肿瘤组织的定义有多种标准，但最佳切除应不留下残余肿瘤组织或留下的残余肿瘤组织小于2cm，而欠佳的肿瘤切除术则会留下大于2cm的残余肿瘤组织。[91-94]

辅助治疗

对于分化良好的早期疾病（IA和IB期），术后全身治疗通常是不必要的，5年生存率为90%或更高。[95]对于Ⅲ和Ⅳ期，全身化疗是必要的。对于高分化的IA和IB病、IC和Ⅱ期患者，最终的治疗方案尚不明确。《国家综合癌症网络指南》建议，观察等待适用于高分化的IA期和IB期疾病，但对于中、高分化期IA期和IB期，所有级别的IC和Ⅱ期，铂类药物与紫杉醇联合化疗是合适的。[96]

结果

不同分期的卵巢癌的5年总生存率如下所示：[97]

IA——90%
IB——85%
IC——80%
ⅡA——70%

IIB——64%
IIC——66%
IIIA——58%
IIIB——40%
IIIC——29%
IV——17%

非霍奇金淋巴瘤

美国癌症协会估计，2004年美国将诊断出大约62 250例淋巴瘤新病例，其中54 370例为非霍奇金淋巴瘤，7 880例为霍奇金病。此外，他们估计有20 730人死亡：19 410人死于非霍奇金病，1 320人死于霍奇金病。[1] 在过去的20年中，发病率一直在快速增长，但在整个20世纪90年代，美国的发病率增长速度已逐渐降至1%左右。

分类

要了解非霍奇金淋巴瘤，关键是要了解分类系统。在过去的40年里出现了许多不同的系统，但是最新的系统似乎满足了病理学家和临床医生的需求。最近一次对淋巴瘤分类的修订是在1994年修订发表的《欧美淋巴瘤系统》（REAL）。[6] 此后，世界卫生组织（WHO）将REAL系统更新为世界卫生组织对REAL系统进行修改的版本，这是当今世界上使用的最受认可的系统。新系统采用组织学和形态学、免疫表型、遗传学和临床特征将淋巴瘤分为20多个亚型，其中有几个是全新的亚型。[8]

以下是非霍奇金淋巴瘤的简要总结。如要深入讨论，读者可以参考原始资料。

REAL系统将淋巴瘤分为B细胞淋巴瘤，T细胞淋巴瘤和自然杀伤细胞淋巴瘤。根据未治疗疾病的自然病史，这些类型可以进一步分为三大类：低度或慢性、中度和高度或侵袭性。

低度恶性或慢性淋巴瘤

慢性淋巴瘤约占淋巴瘤的35%。它们的中位存活时间很长，即使很多情况下没有进行治疗。它们无法通过常规治疗治愈，淋巴瘤对治疗有很高的反应率，但可能持续数月到数年才会缓解。患者最终会复发,需要重复治疗。每次复发后,其后续反应的可能性都会降低。滤泡性淋巴瘤代表了最常见的慢性淋巴瘤,并表现出典型的病程。

慢性 B 细胞淋巴瘤包括 B 细胞慢性淋巴细胞白血病,或其组织对应物,称为:小淋巴细胞淋巴瘤;B 细胞前淋巴细胞淋巴瘤;淋巴浆细胞淋巴瘤;毛细胞白血病;浆细胞性骨髓瘤;滤泡性淋巴瘤;边缘区 B 细胞淋巴瘤(亚型)EYES 包括结外黏膜相关淋巴组织淋巴瘤(MALT)和套细胞淋巴瘤。套细胞淋巴瘤常被认为是一种中度淋巴瘤,也是一种慢性淋巴瘤。

慢性 T 细胞淋巴瘤包括 T 细胞大颗粒淋巴细胞白血病,蕈样真菌病(皮肤 T 细胞淋巴瘤)和 T 细胞幼淋巴细胞白血病。自然杀伤细胞大颗粒淋巴细胞白血病是唯一的 NK 细胞淋巴瘤。

▶▶ 中度分化淋巴细胞瘤

中度分化淋巴瘤有一个未经治疗的以月为单位测量的自然史。在 40%～50% 的病例中,即使到了晚期,也能通过常规化疗治愈。那些未能获得完全缓解的患者的预后不良,中度分化淋巴瘤约占所有淋巴瘤的 50%。弥漫性大 B 细胞淋巴瘤是这类淋巴瘤中最常见的,同时也具有中度分化淋巴瘤的特征。

中度分化淋巴瘤包括弥漫性大 B 细胞淋巴瘤、外周血 T 细胞淋巴瘤和间变性大细胞淋巴瘤,原发于 T 细胞或非 B 非 T 细胞。

高度侵袭性淋巴瘤

高度侵袭性淋巴瘤仅占其中的一小部分。尽管需要强化疗,但在某些情况下它们可能会被治愈。Burkitt 淋巴瘤是此类别中的经典亚型。除 Burkitt 淋巴瘤外,高度恶性或侵袭性淋巴瘤还包括前驱体 B 淋巴母细胞白血病/淋巴瘤和成人 T 细胞淋巴瘤/白血病。

分期

非霍奇金淋巴瘤的官方分期系统仍然是 Ann Arbor 系统,它定义了最初为霍奇金病提出的四个分期阶段。简而言之,第一分期阶段疾病局限于单个淋巴结区域或局限于侵及一个单独的结外部位;第二分期阶段仅限于隔膜同侧的两个淋巴结区域或局限侵犯一个结外部位以及隔膜同侧的区域淋巴结受累；第三分期阶段涉及在隔膜的对侧上的两个或更多个淋巴结区域，具有或不具有局部的额外淋巴受累和/或脾脏受累；第四分期阶段涉及侵犯一个或多个结外部位，有或没有淋巴结受累。[9]

治疗

淋巴瘤的治疗在很大程度上取决于亚型，以及病人个体状况。然而，有一些共同的原则可用于指导低度、中度和高度恶性患者的治疗。

低度或慢性淋巴瘤的治疗

很少有慢性淋巴瘤表现为 I 期或 II 期疾病。大多数表现为广泛性 III 期或 IV 期疾病，但普通滤泡性淋巴瘤的中位生存率仍以年计。接下来的讨论涉及一般的滤泡淋巴瘤。除了一些例外，这些淋巴瘤不能用传统疗法治愈，尽管放疗对真正的 I 期和 II 期病人是有疗效的。[98,99]

对于更为常见的晚期慢性淋巴瘤，化疗起着重要作用。然而，自 20 世纪 70 年代以来，人们就认识到，一些低度淋巴瘤甚至不需要治疗。除非是有症状的，而且对于那些仅有淋巴结肿大症状的患者来说，也没有初级治疗方法。一般来说，对这些病人进行观察，而不是立即进行治疗。大多数在前 3 年需要治疗的患者是由于：进行性淋巴结肿大；并发症进展，如腹膜后淋巴结转移或贫血引起的输尿管梗阻；或肿瘤整体肿大的迹象，如疲劳、体重减轻等。只要在病情进展时开始治疗，延迟治疗对总体存活率没有影响。[100-102]

当需要治疗时，单一的烷基化剂如氯丁胺或联合化疗如 COP（口服环磷酰胺、长春新碱和强的松）是有效的，应答率高达 60%，缓解时间长达 3 年或更长。[103-105] 其他非烷基化剂，如氟达拉滨，也是可接受的初始治疗方案。[106] 单克隆抗体（最常见的是利妥昔单抗）也有效，但它们在患者管理中的确切作用仍不清楚。[107]

中度淋巴瘤的治疗

中度淋巴瘤的治疗以联合化疗为主。弥漫性大 B 细胞淋巴瘤是本组的典型疾病，其治疗将被用来阐明基本的治疗原则。虽然不常见，但可通过放疗加三疗程化疗，或单独化疗（六疗程或以上）来治疗局限性疾病。晚期疾病可单独用化疗治疗，但也有一些罕见的例外。使用化疗时，CHOP（环磷酰胺、多柔比星、长春新碱和泼尼松）是标准的治疗方案，通常的治疗方法是在完全缓解后进行两疗程的治疗，尽管在实践中通常是六疗程。单克隆抗体利妥昔单抗可用于某些亚群中。

高度或侵袭性淋巴瘤的治疗

高度淋巴瘤，包括 Burkitt 淋巴瘤和淋巴母细胞淋巴瘤，需要积极的联合化疗方案，如 CODOX – M 和高 CVAD（环磷酰胺、长春新碱、多柔比星、高剂量甲氨蝶呤和阿糖胞苷）。这些方案可能的存活率在 50% ~ 70%。[108-111]

预后

国际非霍奇金淋巴瘤预后因素项目制定了一个评估侵袭性淋巴瘤预后的评级系统。这被称为国际预后指数，包括 5 个因素：（被列为不利因素）年龄 >60；第三或第四阶段疾病；多个结外病变部位；功能状态不佳（ECOG 评分 2 分及以上，但在床上时间少于 12 小时）；LDH 水平升高。利用这些因素，可以定义四组：低风险（不超过 1 个因素）；低中风险（2 个因素）；中高风险（3 个因素）；高风险（4 ~ 5 个因素）。低风险组 5 年无复发率和总体生存率分别为 70% 和 73%；低中风险组分别为 50% 和 51%；中高风险组分别为 49% 和 43%；而高风险组分别为 40% 和 26%。[112]

相同的预后指数不适用于低度慢性淋巴瘤。然而，最近新建了一种针对滤泡淋巴瘤的指标 FLIPI（滤泡淋巴瘤国际预后指标）。5 个不良预后因素包括：年龄 >60 岁；第三或第四阶段；血红蛋白水平 <12；涉及 4 个以上的淋巴结节；和 LDH 水平升高。使用这些因素可以确定三个风险组：低风险组（不超过 1 个因素）、中等风险组（2 个因素）和高风险组（3 个或 3 个以上因素）。5 年和 10 年的总生存率是：低风险组，91% 和 71%；中等风险组，78% 和 51%；高风险组分别是 52% 和 36%。[113]

阿米蒂奇（Armitage）等人最近回顾了几种淋巴瘤的总体生存率和无复发生存率的数据。各种淋巴瘤大约 8 年的无复发和总生存率如下：弥漫性大 B 细胞淋巴瘤，35% 和 40%；滤泡性淋巴瘤，30% 和 60%；地幔细胞淋巴瘤，小于 10% 和 12%；还有 MALT 淋巴瘤分别是 60% 和 75%。[114]

膀胱癌

膀胱癌在美国男性中发病率排名第四，在女性中发病率排名第十。美国癌症协会估计，2004年美国新增确诊病例为60 420例，男性为44 640例，女性为15 600例；死亡人数为12 710人，男性8 780人，女性3 930人。[1]

百分之九十的膀胱癌是移行细胞肿瘤，其余大多数是鳞状细胞癌或腺癌。[115]

分期

膀胱癌的病理分期是最重要的预后因素，了解分期对评估风险至关重要。75%的移行细胞癌是浅表肿瘤，其余为侵袭性肿瘤。浅表肿瘤侵入黏膜下层，但未侵入肌层；而在其他恶性肿瘤中，向下扩散到上皮下结缔组织层被认为是侵袭性肿瘤。侵袭性和浅表性的区别在于是否侵犯到肌肉层（固有肌层），而不是像大多数其他恶性肿瘤那样侵犯到上皮下结缔组织或黏膜下层。[116]

TNM系统是膀胱癌的主要分期系统。下面总结一下。膀胱癌有6类T，其中2类仅局限于上皮层，1类涉及上皮下结缔组织，3类侵犯肌层或肌层以上。Tis和Ta肿瘤均局限于移行细胞上皮。Ta病变在形态学上为乳头状肿瘤，而Tis病变在形态学上为"扁平"肿瘤。因此，尽管它们在组织学上是相似的，严格地说，它们在形态学上非常不同，更重要的是，在预后上非常不同：

- T1肿瘤已侵入黏膜下层
- Tis、Ta和T1肿瘤被认为是浅表性的
- T2和T3肿瘤已侵入肌层，固有肌层
- T4肿瘤局部侵入膀胱
- T2、T3和T4肿瘤被认为是侵袭性肿瘤[9]

膀胱癌的自然病史

要了解这些浅表性肿瘤的自然病史，有必要了解浅表性膀胱肿瘤表现出的两种主要生物学行为：复发和进展。复发是指肿瘤在原始部位再次出现或在膀胱其他部位发生其他肿瘤。这些复发性肿瘤通常具有相同的病理类型和等级，尽管它们可能比原始肿瘤更高或更低。进展是指在现有的非侵袭性肿瘤中发生肌肉侵袭，或以前治疗的浅表肿瘤复发为肌肉侵袭性肿瘤。

Ta肿瘤的自然史是复发性，通常是多次复发，但这些通常较低级别肿瘤进展为肌肉浸润性疾病的病例不到5%。T1肿瘤也会经历多次复发，高达90%的患者会在5年内复发，而在这些通常高度恶性的肿瘤中进展为侵袭性疾病的50%患者则会在10年内复发。[117-120]

在浅表性膀胱癌的自然史谱的另一端是Tis肿瘤。该病变的典型病程是高达

80%病例会发生疾病进展。[121,122] Tis 肿瘤可以作为孤立的病变发生，或者可能存在多个病灶甚至是膀胱的弥漫性受累。然而，更常见的是它们存在于其他浅表 Ta 或 T1 肿瘤中，甚至与侵袭性膀胱癌有关。当发现其他浅表膀胱肿瘤时，预后是基于 Tis 病变而不是乳头状肿瘤。

因此，浅表性膀胱癌在复发时很少发生侵袭性肿瘤（Ta 肿瘤），在大约一半的病例（T1）复发时发生侵袭性肿瘤，在大多数病例（Tis）中进展为侵袭性肿瘤。在预后方面，这些低风险和高风险的浅表膀胱肿瘤可能被进一步定义。[123] 低风险的肿瘤包括：

- TA 分期
- 3 个或更少的肿瘤，不大于 3cm
- 复发之间的间隔时间很长
- 等级较低（良好/中度分化或 1 至 2 级）

高风险的肿瘤包括：

- T1 期，尤其是如果与 Tis 疾病相关
- 多次复发，间隔时间隔短（每年 2 次或更多次）
- 多于 3 个肿瘤
- 高等级（低分化或 3 级）
- 初次切除不完整

治疗和结果

浅表乳头状膀胱肿瘤的治疗方法是经尿道膀胱肿瘤切除的同时仔细检查整个膀胱上皮和回盲部未受累黏膜的活检。由于膀胱癌的"场效应"，即使进行了回盲部活检，膀胱和输尿管的整个表面上皮也处于危险之中。高风险病变通常在完全切除后进行的膀胱内治疗。虽然可以使用几种代替疗法，但选择的代替疗法几乎是 BCG。尽管尚不清楚进展为肌肉侵袭性疾病的风险是否降低，但辅助卡介苗已被证明可以降低复发风险和延长无病间隔。[124]

由于浅表膀胱癌的自然病史是复发性的，因此完整切除肿瘤后的随访计划与初始治疗同样重要。随访时间有所不同，但第一次随访的膀胱镜检查通常是在最初治疗后 3 个月左右。然后，在术后的 3~5 年里，每 3~6 个月重复 1 次，随访时间通常会比较宽松。

浸润性膀胱癌的器官局限性的治疗方法是根治性膀胱切除术，尽管在某些情况下放疗可能被用作最终的治疗方法。虽然目前正在研究不同的人造膀胱，但在根治性膀胱切除术后使用一段回肠进行尿流改道是常见的。斯登（Stein）报告了 1 000

多名接受根治性膀胱切除术的患者，发现大多数癌症死亡发生在术后5年内，而总体生存率在10年内持续下降。淋巴结阴性疾病根治性膀胱切除术后5年和10年无复发生存率为89%和87%，T3a患者为78%和76%，T4a患者为60%和61%。相似的淋巴结阳性病例在T2患者5年和10年无复发生存率为50%，T3a患者为41%和37%，T3b患者5年和10年无复发生存率为29%，T4a患者5年和10年无复发生存率相同，为33%。[125]这些数字可能比在社区环境中观察到的要高。[126]

如果这种疾病是器官局限性的，但不能选择手术治疗，那么可以使用放射疗法。新辅助治疗、综合治疗和术后辅助治疗的作用尚未明确。

▶▶ 黑色素瘤

美国癌症协会估计，2004年，美国大约有5.5万新确诊的黑色素瘤病例，大约7 900人死亡。黑素瘤的发病率比任何其他癌症都增长得快。然而，现在增长速度已经放缓，每年大约增长3%。自1988年以来，白人妇女和白人男子的死亡率已稳定下来。[47]诊断时的平均年龄是53岁，在白人中发病率是深色人种的100倍。

黑素瘤的危险因素包括皮肤白皙、过度日晒、免疫抑制、家族黑素瘤病史、个人黑素瘤或发育不良痣/非典型痣史。皮肤的基底细胞癌或鳞状细胞癌也会增加患黑色素瘤的风险。[127]

黑素瘤表现出两个生长阶段——径向和垂直阶段。径向生长阶段反映的是横向扩散，而垂直生长阶段反映的是向下通过皮肤层扩散。浅表性传播黑素瘤（约占总数的70%）通常出现在径向生长阶段，随后发展为垂直生长阶段。结节性黑素瘤（占所有肿瘤的15%~20%）最初出现在垂直生长阶段，没有之前的径向生长阶段。肢端扁桃体黑色素瘤发生在手掌和脚底，以及指甲床（舌下黑色素瘤），是深色皮肤的人最常见的发病部位。

分期

2001年确定了一种新的黑色素瘤分期系统，并纳入2002年版的《AJCC癌症分期手册》。这个新系统是在国际黑素瘤数据库中对18 000多名患者进行评估后开发的。[128,129]主要变化包括使用不同厚度测量作为四个病理T类别的主要决定因素，≤1mm，1.01~2.0mm，2.01~4.0mm，4.0mm。根据有没有溃疡，每个T类别进行进一步分层。在对这18 000名患者的评估中，溃疡对预后有显著影响，如溃疡化T2肿瘤的预后与未溃疡化T3肿瘤相似。对于T1肿瘤来说，除了没有溃疡之外，克拉克（Clark）的级别是一个显著的特征。T1a 肿瘤是 Clark 2 级或 3 级，T1b 肿瘤是 Clark 4 级或 5 级。

区域淋巴结的状况发生了显著的变化，以应对在治疗皮肤黑色素瘤中越来越多地使用淋巴管定位和前哨淋巴结活检。每个淋巴结阳性类别首先以淋巴结数量为基础，并结合微小转移（前哨节点阳性）或宏观转移进行分类。此外，存在结块，转移过程中的转移和卫星病变也是 N 类的限定因素。[128,129]

区域淋巴结以外转移的主要部位是肝、肺、骨、脑和胃肠道。[130]

治疗

黑色素瘤的治疗包括切除肿瘤。美国皮肤病学会推荐以下的手术切缘：原位黑色素瘤，0.5cm 的正常皮肤；黑色素瘤小于 2mm 厚，1cm 的正常皮肤；黑色素瘤大于等于 2mm 厚，2cm 的正常皮肤。[131] 此外，临床上有转移迹象时，可进行局部淋巴结清扫。在临床上没有阳性淋巴结的情况下，对于厚度在 1~4mm 的肿瘤，淋巴结清扫可能有生存优势。淋巴管定位和前哨淋巴结活检在黑色素瘤的治疗中广泛应用。如果发现微小转移，则应进行淋巴结清扫。[132]

结果

皮肤黑色素瘤的主要预后因素包括以毫米测量的肿瘤厚度和溃疡的存在。当涉及淋巴结时，微小转移相对于宏观转移的存在，涉及的淋巴结的数量，淋巴结节点的存在，转移过程中的转移，以及卫星病灶也是重要的预后因素。在每个亚组中，躯干的黑色素瘤、男性，60 岁的黑素瘤的预后较差。[128,129,133]

根据 AJCC 分期的 5 年、10 年和 15 年的存活率，见表 22.3。

表 22.3　根据 AJCC 分期的癌症 5 年、10 年和 15 年的肿瘤生存率
（Balch，Buzaid *et al* 2001；Balch，Soong，*et al* 2001）

分期	内容	5 年生存率（%）	10 年生存率（%）	15 年生存率（%）
0	Tis	100	100	100
IA	T1aN0M0	96	89	87
IB	T1bN0M0	90	80	72
	T2aN0M0			
ⅡA	T2bN0M0	78	63	58
	T3aN0M0			
ⅡB	T3bN0M0	63	52	44

续表

分期	内容	5年生存率（%）	10年生存率（%）	15年生存率（%）
	T4aN0M0			
ⅢA	T1a－T4aN1aM0	67	60	58
	T1a－T4aN2aM0			
ⅢB	T1b－T4bN1aM0	53	40	32
	T1b－T4bN2aM0			
	T1a－T4aN1bM0			
	T1a－T4aN2bM0			
	T1a/b－T4a/bN2cM0			
ⅢC	T1b－T4bN1bM0	26	19	15
	T1b－T4bN2bM0			
	AnyTN3M0			
Ⅳ	AnyTAnyNAnyM1	6～18	2～16	

▶▶ 睾丸癌

美国癌症协会估计，2004年美国新增约9 000例睾丸癌病例，死亡人数不到400人。这种发病率和死亡率之间的差异说明了这种癌症的可治愈性。在15～35岁的男性中，癌症的新病例比其他任何病例都多。治疗的进步是癌症的可治愈性的原因。[1]在过去的30年里，睾丸癌的发病率一直在增加，尤其是在西方国家和白人男性中，尽管这种增加的原因尚不清楚。[134]

病理学

大约95%的睾丸癌是生殖细胞肿瘤，其中的精原细胞瘤和非精原细胞瘤比例相似。非精原细胞瘤通常是混合肿瘤，有不止一种组织病理类型，包括一些精原细胞瘤的混合物。常见的非精原细胞瘤的组织病理学类型包括胚胎癌、绒毛膜癌和畸胎瘤等。尽管混合生殖细胞肿瘤可能含有精原细胞瘤和非精原细胞瘤，但它们按非精原细胞瘤处理，以非精原细胞瘤的预后作为其预后。性索间质肿瘤占睾丸癌的5%。[135]

肿瘤标志物

在睾丸癌治疗中有三个关键的肿瘤标志物：人绒毛膜促性腺激素（β－hCG），

甲胎蛋白（AFP）和乳酸脱氢酶（LDH）。AFP 和/或 β-hCG 在非精原细胞瘤中升高至少 80%。在纯粹的精原细胞瘤中，AFP（AFP）从未升高，因此，在组织学上看来纯净的精原细胞瘤中，AFP 水平的升高意味着存在非精原细胞瘤。然而，大约 25% 的纯精原细胞瘤中 β-hCG 升高。LDH 主要作为肿瘤体积的标志。因此，这些标志物的检测可能具有诊断意义，治疗前水平可能具有预后意义，在治疗成功后患者的随访中监测复发是至关重要的。如果排除了其他原因（AFP：肝细胞癌，其他肝脏疾病，胃肠道其他肿瘤；hCG：性腺机能减退，与黄体生成素发生交叉反应）那么 AFP 和/或 hCG 水平的升高表明存在复发性/残留性疾病。[135]

分期

尽管 TNM 分期分类对于睾丸癌来说是很精确的，但最重要的区别在于是否涉及区域淋巴结以及肿瘤标志物 LDH、β-hCG 和 AFP 的水平。鉴于它们的重要性，肿瘤标记物水平在 TNM 系统中有一个额外的类别，即 S 类别。S1 反映肿瘤的 LDH 水平低于正常 1.5 倍，hCG 水平 < 5 000mIU/ml，AFP < 1 000ng/ml。S2 反映肿瘤的 LDH 为正常 1.5~10 倍，hCG 在 5 000~50 000mIU/ml，AFP 在 1 000~10 000ng/ml。S3 反映了肿瘤的 LDH 为正常 10 倍以上，hCG 为 > 50 000mIU/ml，AFP 为 > 10 000ng/ml。[9]

预后组

根据 TNM 分期系统中 S1、S2、S3 组肿瘤标志物的治疗前水平，以及其他标准，国际生殖细胞癌协作组定义了预后良好、预后一般和预后不良的组。

良好预后的非精原细胞瘤包括在 TNM 系统中定义的 S1 类别的标志物水平，加上睾丸或腹膜后的原发部位，以及无非肺器官转移（即肺转移。如果存在远处转移，则仅限于肺部）。预后一般的非精原细胞瘤包括 TNM 分期系统的 S2 类的标志物水平、睾丸或腹膜后原发部位和非肺器官转移。非精原细胞瘤预后不良的定义为：TNM 系统的 S3 分类所定义的标志物水平；或纵隔的主要部位；或者非肺器官转移。[136]

预后良好的精原细胞瘤被定义为正常的 AFP 水平和任何的 β-hCG 或 LDH 水平，没有非肺器官转移，任何位置都可以是原发部位。中度预后的精原细胞瘤是由正常的 AFP 水平和任何水平的 LDH 或 β-hCG 所定义，睾丸或腹膜后是原发部位，以及存在非肺器官转移。精原细胞瘤的预后都良好。[136]

治疗和结果

睾丸生殖细胞肿瘤的治疗取决于组织病理学和疾病分期。组织病理学是通过彻底的腹股沟睾丸切除术而不是睾丸活检来确定的。因此，无论是精原细胞瘤还是非精原细胞瘤，在确定诊断时，局部疾病的治疗已经完成。

精原细胞瘤是惰性肿瘤，具有局限性，只有约5%会发生转移。80%实际上是第一阶段（局限于睾丸），15%是第二阶段（淋巴结累及）。对于临床Ⅰ期和Ⅱ期早期疾病，给予腹膜后淋巴结的放疗即可。但积极监测需用于患高活动性肿瘤且没有不良预后因素患者。在这种情况下，监测被认为是一种积极的治疗方式，因为它严格的密切跟踪，可以尽早发现复发性疾病。这只适用于高风险高活动性的Ⅰ期患者，因为这些患者的复发率高达20%。50%的复发将发生在治疗后的第1年，但后期也可能发生复发。[137]即使在治疗后，对于复发的疾病，化疗仍然有效，从而使总体生存率达到99%。广泛的Ⅱ期疾病是通过化疗而不是放疗来控制的。[135]

早期非精原细胞瘤的治疗选择包括腹膜后淋巴结清扫或监测，在这里采用与精原细胞瘤相同的监测考虑因素。Ⅰ期疾病的总体存活率约为98%。[40]对于术后肿瘤标志物为阴性的Ⅱ期疾病，可采用腹膜后淋巴结清扫或化疗，可根据腹膜后疾病的程度及其他复发危险因素进行选择。[40]

对于精原细胞瘤或非精原细胞瘤的晚期Ⅱ期和Ⅲ期患者，采用化疗。化疗方案需要将铂类药物与另一种药物（最常见的是依托泊苷）联合使用，在不同的治疗方案和剂量下选择使用或不使用博来霉素。在特定的情况下，还可以通过手术切除在其他情况下完全缓解后残留的肿瘤块。Ⅲ期疾病的长期治愈率从高危患者的约90%到高危患者的约70%不等。[40,138,139]

▶▶ 儿童期癌症

癌症是仅次于意外事故的第二大儿童死亡原因，也是儿童死亡的主要医疗原因。然而，由于成功的治疗，越来越多的成年人成为了儿童癌症的幸存者。[1]随着这些幸存者成为年轻人从而成为购买保险的人群，对癌症及其治疗的长期影响的关注变得越来越重要。据估计，每900名年龄在15岁到45岁的成年人中就有一人是儿童癌症的幸存者。[140]另有人估计，美国成年幸存者的数量约为27万人，其中三分之二的人可能至少有受一种晚期效应的影响。[141]

对晚期效应的了解在不断发展。与美国和加拿大的晚期效应相关的主要信息来源之一来自1994年开始的儿童癌症幸存者研究（CCSS），以及1998年开始的英国儿童癌症幸存者研究（BCCSS）。[142]另外一个信息来源是儿童肿瘤学组对儿童、青少年和年轻成人癌症幸存者的长期随访指南。网址为http://www.survivorshipguidelines.org。

虽然复发性癌症是治疗后10年内儿童癌症死亡的主要原因，占死亡人数的67%，与治疗相关的并发症导致的死亡占21%，与非治疗相关的死亡占11%。在一项儿童癌症幸存者队列研究中，第二种癌症的相对死亡风险约为19，其中肺原因约为9，心脏原因约为8，其他原因约为3。[143]

我们目前的一些知识与10~20年前或更早前接受治疗的幸存者有关。随着我们对潜在晚期效应的了解不断增加，我们也在尝试修改治疗方案，以提供同等的治疗效益和更少的毒性。因此，长期风险在未来几年可能会减少。然而，我们必须在评估保险申请人的风险时依据现有的数据。此外，治疗的风险可能会因年龄、性别、遗传、生活方式、合并症发病率、环境暴露和许多其他因素而有所不同。此外，潜在的疾病本身也可能造成晚期效应。

对这一主题的详细回顾超出了本工作的范围，但对于医务主任来说，必须关注这一领域不断变化的文献，并调整风险评估准则，以反映这一不断变化的情况。

▶▶ 参考文献

[1] Jemal A et al. Cancer Statistics, 2004. *CA: A Cancer Journal for Clinicians* 2004; 54 (1): 8-29.

[2] Geraci MW. Practical Cancer Genetics, Genomics and Proteomics. Presentation AAIM Annual Scientific Program, Denver, CO, October 5, 2004.

[3] Ma PC, Carbone D. Overview of gene expression profiling and proteomics in clinical oncology. In: UpToDate, Rose BD (ed), *UpToDate*, Wellesley, MA, 2004.

[4] Umar A et al. Testing guidelines for hereditary nonpolyposis colorectal cancer. *Nature Reviews/Cancer* 2004; 4: 153-8.

[5] Savage DG, Antman KH. Imatinib Mesylate - A New Oral Targeted Therapy. *N Engl J Med* 2002; 346: 683-93.

[6] Harris NL et al. A revised European-American classification of lymphoid neoplasms: a proposal from the International Lymphoma Study Group. *Blood* 1994; 84 (5): 1361-92.

[7] Falini B, Mason DY. Proteins encoded by genes involved in chromosomal aalter-

ations in lymphoma and leukemia: clinical value of their detection by immunocytochemistry. *Blood* 2002; 99: 409 – 426.

[8] Harris NL et al. World Health Organization classification of neoplastic diseases of the hematopoietic and lymphoid tissues: report of the Clinical Advisory Committee meeting – Airlie House, Virginia, November 1997. *J Clin Oncol* 1999; 17 (12): 3835 – 49.

[9] Greene FL et al. *AJCC Cancer Staging Manual*. 6th edn. New York: Springer – Verlag, 2002.

[10] Zimmerman SE. Oncology. In: *Medical Selection of Life Risks*, 4 edn. Brackenridge et al. (eds). London: MacMillan Reference LTD, 1998.

[11] Systemic treatment of early breast cancer by hormonal, cytotoxic, or immune therapy. Part 1. Early Breast Cancer Trialists' Collaborative Group. *Lancet* 1992; 339: 1 – 15.

[12] Systemic treatment of early breast cancer by hormonal, cytotoxic, or immune therapy. Part 2. Early Breast Cancer Trialists' Collaborative Group. *Lancet* 1992; 339: 71 – 85.

[13] Holland JF et al. Principles of medical oncology. In: *Cancer Medicine e. 5*. Bast RC et al (eds). 5th edn. Hamilton, ON: B. C. Decker, Inc., 2000.

[14] Forastiere A, Koch W, Trotti A, Sidransky D. Head and Neck Cancer. *N Engl J Med* 2001; 345: 1890 – 1900.

[15] Brunning RD et al. Acute myeloid leukaemias and myelodysplastic syndromes, therapy related. In Jaffe ES et al. (eds). *World Health Organization Classification of Tumours. Pathology and Genetics. Tumours of Haematopoietic and Lymphoid Tissues*. IARC Press: Lyon 2001.

[16] Ng AK et al. Second malignancy after Hodgkin disease treated with radiation therapy with or without chemotherapy: long – term risks and risk factors. *Blood* 2002; 100 (6): 1989 – 96.

[17] Ng AK et al. Long – term survival and competing causes of death in patients with early – stage Hodgkin's disease treated at age 50 or younger. *J Clin Oncol* 2002; 20 (8): 2101 – 8.

[18] van Leeuwen FE et al. Second cancer risk following Hodgkin's disease: a 20 – year follow – up study. *J Clin Oncol* 1994; 12 (2): 312 – 25.

[19] Swerdlow AJ et al. Risk of second malignancy after Hodgkin's disease in a collaborative British cohort: the relation to age at treatment. *J Clin Oncol* 2000; 18 (3): 498 – 509.

[20] Dores GM et al. Second malignant neoplasms among long – term survivors of Hodgkin's disease: a population – based evaluation over 25 years. *J Clin Oncol* 2002; 20 (16): 3484 – 94.

[21] Maunch 2004.

[22] Mauch PM et al. Second malignancies after treatment for laparotomy staged IA – IIB Hodgkin's disease: long – term analysis of risk factors and outcome. Blood 1996; 87 (9): 3625 – 32.

[23] Hoppe RT. Hodgkin's disease: complications of therapy and excess mortality. *Ann Oncol* 1997; 8 (Suppl 1): 115 – 8.

[24] Henry – Amar M. Second cancer after the treatment for Hodgkin's disease: a report from the International Database on Hodgkin's Disease. *Ann Oncol* 1992; 3 (Suppl 4): 117 – 28.

[25] Michaelson MD, Oh WK. Serum tumor markers in testicular cancer. In: UpToDate, Rose BD (ed), *UpToDate*, Wellesley, MA, 2004.

[26] Russell HV, Shohet JM, Nuchtern JG. Treatment and prognosis of neuroblastoma. In: UpToDate, Rose BD (ed), *UpToDate*, Wellesley, MA, 2004.

[27] Hayes DF. Measurement of prognostic factors in breast cancer. In: UpToDate, Rose BD (ed), *UpToDate*, Wellesley, MA, 2004.

[28] Weir HK et al. Annual report to the nation on the status of cancer, 1975 – 2000, featuring the uses of surveillance data for cancer prevention and control. *JNCI* 2003; 95 (17): 1276 – 99.

[29] Schwartz GF et al. The Consensus Conference Committee. Consensus conference on the treatment of in situ ductal carcinoma of the breast, April 22 – 25. 1999. *Cancer* 2000; 88: 946 – 54.

[30] Pharoah PDP et al. Family history and the risk of breast cancer: a systematic review and meta – analysis. *Int J Cancer* 1997; 71: 800 – 9.

[31] Easton DF, Ford D, Bishop DT. Breast and ovarian cancer incidence in BRCA1 mutation carriers. *Am J Hum Genet* 1995; 56: 265 – 71.

[32] Isaacs C, Fletcher SW, Peshkin BN. Genetic testing for breast cancer. In: Rose BD (ed). *UpToDate*, Waltham, MA, 2001 – 2005 (http://www.utdol.com).

[33] Marcus IN et al. Hereditary breast cancer: pathobiology, prognosis, and BRCAI and BRCA2 gene linkage. *Cancer* 1996; 77: 697 – 709.

[34] Johannsson OT et al. Tumour biological features of BRCA1 – induced breast and ovarian cancer. *Eur J Cancer* 1997; 33: 362 – 71.

[35] Peshkin BN, Isaacs C. Risk assessment in women with an inherited predisposition to breast cancer. In: UpToDate, Rose BD (ed), *UpToDate*, Wellesley, MA, 2004.

[36] Warner E et al. Surveillance of BRCA1 and BRCA2 mutation carriers with magnetic resonance imaging, ultrasound, mammography, and clinical breast examination. *JAMA* 2004; 292 (11): 1317 – 25.

[37] Kriege M et al. Efficacy of MRI and Mammography for Breast – Cancer Screening in Women with a Familial or Genetic Predisposition. *N Engl J Med* 2004; 351 (5): 427 – 37.

[38] Woodward WA et al. Changes in the 2003 American Joint Committee on Cancer staging for breast cancer dramatically affect stage – specific survival. *J Clin Oncol* 2003; 21: 3244 – 8.

[39] Effects of radiotherapy and surgery in early breast cancer. An overview of the randomized trials. Early Breast Cancer Trialists' Collaborative Group. *N Engl J Med* 1995; 333: 1444 – 55.

[40] Savarese DMF, Hayes DF. Overview of breast cancer and treatment for early stage disease. In: UpToDate, Rose BD (ed), *UpToDate*, Wellesley, MA, 2004.

[41] Harlow SP, Weaver DL. Management of the regional lymph nodes in breast cancer. In: UpToDate, Rose BD (ed), *UpToDate*, Wellesley, MA, 2004.

[42] Polychemotherapy for early breast cancer: an overview of the randomised trials. Early Breast Cancer Trialists' Collaborative Group, *Lancet* 1998; 352: 930 – 42.

[43] Eifel P et al. National Institutes of Health Consensus Development Conference Statement: adjuvant therapy for breast cancer, November 1 – 3, 2000. *J Natl Cancer Inst* 2001; 93 (13): 979 – 89.

[44] O'Shaughnessy J. Adjuvant chemotherapy for early stage breast cancer. In: UpToDate, Rose BD (ed), *UpToDate*, Wellesley, MA, 2004.

[45] Tamoxifen for early breast cancer: an overview of the randomized trials. Early Breast Cancer Trialists' Collaborative Group. *Lancet* 1998; 351: 1451 – 67.

[46] Rosen PP et al. Factors influencing prognosis in node – negative breast carcinoma: analysis of 767 T1N0M0 and T2N0M0 patients with long – term follow – up. *J Clin Oncol* 1993; 11 (11): 2090 – 100.

[47] *Cancer Facts and Figures* 2004. Atlanta: American Cancer Society, 2004.

[48] Hankey BF et al. Cancer surveillance series: interpreting trends in prostate cancer – part I: Evidence of the effects of screening in recent prostate cancer incidence, mortality, and survival rates. *J Natl Cancer Inst* 1999; 91 (12): 1017 – 24.

[49] Miller DC et al. Prostate carcinoma presentation, diagnosis, and staging: an update form the National Cancer Data Base. *Cancer* 2003; 98 (6): 1169 – 78.

[50] Thompson 1M et al. The influence of finasteride on the development of prostate cancer. *N Engl J Med* 2003; 349 (3): 215 – 24. Epub 2003 Jun 24.

[51] Catalona WI, Smith DS, Ornstein DK. Prostate cancer detection in men with serum PSA concentrations of 2.6 to 4.0 ng/mL and benign prostate examination. Enhancement of specificity with free PSA measurements. *JAMA* 1997; 277 (18): 1452 – 5.

[52] Ravery V. The significance of recurrent PSA after radical prostatectomy: benign versus malignant sources. *Semin UrolOnco/*1999; 17 (3): 127 -9.

[53] Amling CL et al. TI - Defining prostate specific antigen progression after radical prostatectomy: what is the most appropriate cut point? *J Urol* 2001; 165 (4): 1146 -51.

[54] Consensus statement: guidelines for PSA following radiation therapy. American Society for Therapeutic Radiology and Oncology Consensus Panel. *Int J Radiat Oncol Bioi Phys* 1997; 37: 1035.

[55] Moul JW. Management of rising serum PSA following local therapy for prostate cancer. In: UpToDate, Rose BD (ed), *UpToDate*, Wellesley, MA, 2004.

[56] Pound CR et al. Natural history of progression after PSA elevation following radical prostatectomy. *JAMA* 1999; 281 (17): 1591 -7.

[57] D'Amico AV et al. Surrogate end point for prostate cancer - specific mortality after radical prostatectomy or radiation therapy. *J Natl Cancer Inst* 2003; 95 (18): 1376 -83.

[58] Klein E. Early stage prostate cancer: Predicting the pathologic extent of disease. In: UpToDate, Rose BD (ed), *UpToDate*, Wellesley, MA, 2004.

[59] Partin AW et al. The use of prostate specific antigen, clinical stage and Gleason score to predict pathological stage in men with localized prostate cancer. *J Urol* 1993; 150 (1): 110 -4.

[60] Partin AW et al. Contemporary update of prostate cancer staging nomograms (Partin Tables) for the new millennium. *Urology* 2001; 58 (6): 843 -8.

[61] Grossfeld GD et al. Under staging and under grading in a contemporary series of patients undergoing radical prostatectomy: results from the Cancer of the Prostate Strategic Urologic Research Endeavor database. *J Urol* 2001; 165 (3): 851 -6.

[62] Shipley WU et al. Radiation therapy for clinically localized prostate cancer: a multi - institutional pooled analysis. *JAMA* 1999; 281 (17): 1598 -604.

[63] Amling CL et al. Long - term hazard of progression after radical prostatectomy for clinically localized prostate cancer: continued risk of biochemical failure after 5 years. *J Urol* 2000; 164 (1): 101 -5.

[64] Holmberg L et aI. A randomized trial comparing radical prostatectomy with watchful waiting in early prostate cancer. *N Engl J Med* 2002; 347 (11): 781 -9.

[65] Kupelian P et al. External beam radiotherapy versus radical prostatectomy for clinical stage T1 -2 prostate cancer: therapeutic implications of stratification by pretreatment PSA levels and biopsy Gleason scores. *Cancer J Sci Am* 1997; 3 (2): 78 -87.

[66] Kuban DA et al. Long - term multi - institutional analysis of stage TI - T2 prostate cancer treated with radiotherapy in the PSA era. *Int J Radiat Oncol Bioi Phys* 2003; 57 (4):

915 – 28.

[67] D'Amico AV et al. Biochemical outcome after radical prostatectomy, external beam radiation therapy, or interstitial radiation therapy for clinically localized prostate cancer. *JAMA* 1998; 280 (11): 969 – 74.

[68] Ragde H et al. Ten – year disease free survival after transperineal sonography – guided iodine – 125 brachytherapy with or without 45 – gray external beam irradiation in the treatment of patients with clinically localized, low to high Gleason grade prostate carcinoma. *Cancer* 1998; 83 (5): 989 – 1001.

[69] Ragde H et al. Modern prostate brachytherapy. Prostate specific antigen results in 219 patients with up to 12 years of observed follow – up. *Cancer* 2000; 89 (1): 135 – 41.

[70] Jani AB, Vogelzang N. Management of locally advanced prostate cancer (clinical stage T3) In: UpToDate, Rose BD (ed), *UpToDate*, Wellesley, MA, 2004.

[71] Lerner SE et al. Primary surgery for clinical stage T3 adenocarcinoma of the prostate. In: *Comprehensive Textbook of Genitourinary Oncology*, 2nd edn, Vogelzang NJ et al. (eds), Lippincott, Williams and Wilkins, Philadelphia, 2000; 793.

[72] Immediate versus deferred treatment for advanced prostatic cancer: initial results of the Medical Research Council Trial. The Medical Research Council Prostate Cancer Working Party Investigators Group. *Br J Urol* 1997; 79 (2): 235 – 46.

[73] Troisi RJ, Freedman AN, Devesa SS. Incidence of colorectal carcinoma in the U.S: an update of trends by gender, race, age, sub site, and stage, 1975 – 1994. *Cancer* 1999; 85: 1670 – 6.

[74] Atkin WS, Morson BC, CuzickJ. Long – term risk of colorectal cancer after excision of rectosigmoid adenomas. *N Engl J Med* 1992; 326: 658 – 62.

[75] Matzakos T, Lawrence SP, Ahnen DJ. Epidemiology and risk factors for colorectal cancer. In: UpToDate, Rose BD (ed), *UpToDate*, Wellesley, MA, 2004.

[76] Burt RW, DiSario JA, Cannon – Albright L. Genetics of colon cancer: impact of inheritance on colon cancer risk. *Annu Rev Med* 1995; 46: 371 – 9.

[77] Lynch HT et al. Genetics, natural history, tumor spectrum, and pathology of hereditary nonpolyposis colorectal cancer: an updated review. *Gastroenterology* 1993; 104: 1535 – 49.

[78] Lynch Jp, Hoops TC. The genetic pathogenesis of colorectal cancer. *Hematol Oncol Clin North Am* 2002; 16: 775 – 810.

[79] Nelson H et al. Guidelines 2000 for colon and rectal cancer surgery. *J Natl Cancer Inst* 2001; 93: 583 – 96.

[80] Weeks JC et al. Short – term quality – of – life outcomes following laparoscopic – assisted colectomy vs open colectomy for colon cancer: a randomized trial. *JAMA* 2002; 287:

321-8.

[81] Conte CC et al. Management of endoscopically removed malignant colon polyps. *J Surg Oncol* 1987; 36: 116-21.

[82] Haggitt RC et al. Prognostic factors in colorectal carcinomas arising in adenomas: implications for lesions removed by endoscopic polypectomy. *Gastroenterology* 1985; 89: 328-36.

[83] Wilcox GM, Anderson PB, Colacchio TA. Early invasive carcinoma in colonic polyps. A review of the literature with emphasis on the assessment of the risk of metastasis. *Cancer* 1986; 57: 160-71.

[84] Compton CC et al. Prognostic factors in colorectal cancer. College of American Pathologists Consensus Statement 1999. *Arch Pathol Lab Med* 2000; 124: 979-94.

[85] Cohen AM et al. Prognosis of node-positive colon cancer. *Cancer* 1991; 67: 1859-61.

[86] Jessup JM, Stewart AK, Menck HR. The National Cancer Data Base report on patterns of care for adenocarcinoma of the rectum, 1985-95. *Cancer* 1998; 83: 2408-18.

[87] Chen L, Berek JS. Clinical manifestations, diagnosis, and staging of ovarian cancer. In: UpToDate, Rose BD (ed), *UpToDate*, Wellesley, MA, 2004.

[88] Morice P et al. Clinical outcomes and fertility after conservative treatment of ovarian borderline tumors. *Ferril Steril* 2001; 75 (1): 92-6.

[89] Trimble CL, Kosary C, Trimble EL. Long-term survival and patterns of care in women with ovarian tumors of low malignant potential. *Gynecol Oncol* 2002; 86 (1): 34-7.

[90] Zanetta G et al. Behavior of borderline tumors with particular interest to persistence, recurrence, and progression to invasive carcinoma: a prospective study. *J Clin Oncol* 2001; 19 (10): 2658-64.

[91] Bristow RE et al. Survival effect of maximal cytoreductive surgery for advanced ovarian carcinoma during the platinum era: a meta-analysis. *J Clin Oncol* 2002; 20 (5): 1248-59.

[92] Hoskins WJ et al. The effect of diameter of largest residual disease on survival after primary cytoreductive surgery in patients with suboptimal residual epithelial ovarian carcinoma. *Am J Obstet Gynecol* 1994; 170 (4): 974-80.

[93] Eisenkop SM, Friedman RL, Wang HJ. Complete cytoreductive surgery is feasible and maximizes survival in patients with advanced epithelial ovarian cancer: a prospective study. *Gynecol Oneol* 1998; 69 (2): 103-8.

[94] Hoskins WJ. Epithelial ovarian carcinoma: principles of primary surgery. *Gynecol Oncol* 1994 Dec; 55 (3 Pt 2): S91-6.

[95] Thigpen JT. Limited - stage ovarian carcinoma. *Semin Oneol* 1999; 26 (6 Suppl 18): 29 -33.

[96] Morgan RJ Jr et al. NCCN Ovarian Cancer Practice Guidelines - The National Comprehensive Cancer Network. *Oncology (Huntingt)* 1996; 10 (11 Suppl): 293 -310.

[97] Heintz APM et al. Carcinoma of the ovary. *J Epidemiol Biostat* 2001; 6: 107 -38.

[98] MacManus MP, Hoppe RT. Is radiotherapy curative for stage I and II low - grade follicular lymphoma? Results of a long - term follow - up study of patients treated at Stanford University. *J Clin Oneol* 1996; 14 (4): 1282 -90.

[99] Wilder RB et al. Long - term results with radiotherapy for Stage I - II follicular lymphomas. *Int J Radiat Oneol Biol Phys* 2001; 51 (5): 1219 -27.

[100] Advani R, Rosenberg SA, Horning SJ. Stage I and II follicular non - Hodgkin's lymphoma: long term follow - up of no initial therapy. *J Clin Oneol* 2004; 22 (8): 1454 -9. Epub 2004 Mar 15.

[101] Horning SJ, Rosenberg SA. The natural history of initially untreated low - grade non - Hodgkin's lymphomas. *N Engl J Med* 1984; 311 (23): 1471 -5.

[102] Portlock CS, Rosenberg SA. No initial therapy for stage III and IV non - Hodgkin's lymphomas of favorable histologic types. *Ann Intern Med* 1979; 90 (1): 10 -3.

[103] Baldini L et al. Treatment of indolent B - Ce11 nonfollicular lymphomas: final results of the LL01 randomized trial of the Gruppo Italianoper lo Studio dei Linfomi. *J Clin Oneol* 2003; 21 (8): 1459 -65.

[104] Gallagher CJ et al. Follicular lymphoma: prognostic factors for response and survival. *J Clin Oneol* 1986; 4 (10) : 1470 -80.

[105] Johnson PW et al. Patterns of survival in patients with recurrent follicular lymphoma: a 20 - year study from a single center. *J Clin Oncol* 1995; 13 (1): 140 -7.

[106] Solal - Celigny P et al. Phase II trial of fludarabine monophosphate as first - line treatment in patients with advanced follicular lymphoma: a multicenter study by the Grouped'Etude des Lymphomes de l'Adulte. *J Clin Oncol* 1996; 14 (2): 514 -19.

[107] Leonard JP et al. Phase I / II trial of epratuzumab (humanized anti - CD22 antibody) in indolent non - Hodgkin's lymphoma. *J Clin Oncol* 2003; 21 (16): 3051 -9.

[108] Mead GM et al. An international evaluation of CODOX - M and CODOX - M alternating with IVAC in adult Burkitt's lymphoma: results of United Kingdom Lymphoma Group LY06 study. *Ann Oncol* 2002; 13 (8): 1264 -74.

[109] Spina M et al. Burkitt's lymphoma in adults with and without human immunodeficiency virus infection: a single - institution clinicopathologic study of 75 patients. *Cancer* 1998; 82 (4): 766 -74.

[110] Magrath I et al. Adults and children with small non-cleaved-cell lymphoma have a similar excellent outcome when treated with the same chemotherapy regimen. *J Clin Oncol* 1996; 14 (3): 925-34.

[111] Kantarjian HM et al. Results of treatment with hyper-CVAD, a dose-intensive regimen, in adult acute lymphocytic leukemia. *J Clin Oncol* 2000; 18 (3): 547-61.

[112] A predictive model for aggressive non-Hodgkin's lymphoma. The International Non-Hodgkin's Lymphoma Prognostic Factors Project. *N Engl J Med* 1993; 329 (14): 987-94.

[113] Solal-Celigny P et al. Follicular lymphoma international prognostic index. *Blood* 2004; 104 (5): 1258-65.

[114] Armitage JO, Weisenburger DD. New approach to classifying Non-Hodgkin's lymphomas: clinical features of the major histologic subtypes. *J Clin Oncol* 1998; 16: 2780-95.

[115] Skinner DG et al. Cancer of the bladder. In: *Adult and Pediatric Urology*. 4th edn. Gillenwater et al. (eds) Philadelphia: Lippincott Williams & Wilkins; 2002: 1297-1362.

[116] Cannon SB. Staging and Terminology of Superficial Urinary Bladder Tumors. *Journal of Insurance Medicine* 2001; 33: 360-2.

[117] Herr HW, Jaske G, Sheinfeld J. The T1 bladder tumor. *Semin Urol* 1990; 8: 254.

[118] Soloway MS, Sofer M, Vaidya A. Contemporary Management of stage T1 trasnitional cell carcinoma of the bladder. *J Urol* 2002; 167: 1573.

[119] Smith JA et al. Bladder cancer clinical guidelines panel summary report on the management of nonmuslce invasive bladder cancer (stages Ta, T1 and TIS). The American Urological Association. *J Urol* 1999; 162: 1697-1701.

[120] Shahin O et al. A retrospective analysis of 153 patients treated with or without intravesical bacilus Calmette-Guerin for primary stage Tl grade 3 bladder cancer: recurrence, progression, and survival. *J Urol* 2003; 169: 96.

[121] Cheng L et al. Survival of patients with carcinoma in situ of the urinary bladder. *Cancer* 1999; 85: 2469-74.

[122] Hudson M, Herr H. Carcinoma in situ of the bladder. *J Urol* 1995; 153: 564-72.

[123] Dalbagni G, Herr H. Treatment of superficial bladder cancer. In: *UpToDate*, Rose BD (ed), *UpToDate*, Wellesley, MA, 2004.

[124] Herr H, Lamm D, Denis L. Management of superficial bladder cancer. In:

Raghavan D, Scher H, Leibel S and Lange P (editors). *Principles and Practice of Genitourinary Oncology*, Lippincott Raven, Philadephia, 1997; 273 - 280.

[125] Stein J et al. Radical cystectomy in the treatment of invasive bladder cancer: long - term results in 10,545 patients. *J Clin Oncol* 2001; 9: 666 - 75.

[126] Raghavan D. Bladder, Renal, and Testicular Cancer. In: *ACP Medicine*. Danbury, CT: WebMD Professional Publishing, 2003.

[127] Rhodes AR et al. Risk factors for cutaneous melanoma. A practical method of recognizing predisposed individuals. *JAMA* 1987; 258 (21): 3146 - 54.

[128] Balch CM et al. Final version of the American Joint Committee on Cancer staging system for cutaneous melanoma. *J Clin Oncol* 2001; 19 (16): 3635 - 48.

[129] Balch CM et al. Prognostic factors analysis of 17 600 melanoma patients: validation of the American Joint Committee on Cancer melanoma staging system. *J Clin Oncol* 2001; 19 (16): 3622 - 34.

[130] Shaw JC, Overview of melanoma. In: UpToDate, Rose BD (ed), *UpToDate*, Wellesley, MA, 2004.

[131] Sober AJ et al. Guidelines of care for primary cutaneous melanoma. *J Am Acad Dermatol* 2001; 45: 579.

[132] Brady MS, Coit DG. Sentinel lymph node evaluation in melanoma. *Arch Dermatol* 1997; 133 (8): 1014 - 20.

[133] Schuchter L et al. A prognostic model for predicting 10 - year survival in patients with primary melanoma. The Pigmented Lesion Group. *Ann Intern Med* 1996; 125 (5): 369 - 75.

[134] Huyghe E, Matsuda T, Thonneau P. Increasing incidence of testicular cancer worldwide: a review. *J Urol* 2003; 170 (1): 5 - 11.

[135] Bosl GJ, Motzer RJ. Testicular germ - cell cancer. *N Engl J Med* 1997; 337 (4): 242 - 53.

[136] International Germ Cell Cancer Collaborative Group. International Germ Cell Consensus Classification: a prognostic factor - based staging system for metastatic germ cell cancers. *J Clin Oncol* 1997; 15 (2): 594 - 603.

[137] Warde P et al. Stage I testicular seminoma: Results of adjuvant irradiation and surveillance. *J Clin Oncol* 1995; 13: 2255 - 62.

[138] Jones RH, Vasey PA Part II: Testicular cancer - management of advanced disease. *The Lancet Oncology* 2003; 4 (12): 738 - 47.

[139] Toner GC, Motzer RJ. Poor prognosis germ - cell tumors - current status and future directions. *Semin Oncol* 1998; 25: 194 - 202.

[140] Rose SR. Endocrine surveillance in childhood cancer survivors. In: UpToDate, Rose BD (ed), *UpToDate*, Wellesley, MA, 2004.

[141] Oeffinger KC, Hudson MM. Long–term complications following childhood and adolescent cancer: foundations for providing risk–based health care for survivors. *CA Cancer J Clin* 2004; 54: 208–36.

[142] Hawkins MM. Long–term Survivors of Childhood Cancers: What Knowledge Have We Gained? *Nat Clin Pract Oncol* 2004; 1 (1): 26–31.

[143] Mertens AC et al. Late mortality experience in five–year survivors of childhood and adolescent cancer: The Childhood Cancer Survivor Study. *J Clin Oncol* 2001; 19: 3163–72.

第23章 血液系统疾病

厄体拉·B. 旺德尔（Ursula B. Wandl）

- 血液学的实验室检查意义
- 良性血液学
- 红细胞疾病
- 白细胞疾病
- 血小板、凝血和止血
- 恶性血液病
- 干细胞与骨髓移植（BMT）
- 参考文献

▶ 血液学的实验室检查意义

正常情况下，血液形成于骨髓，在骨髓中多能干细胞产生一系列的祖细胞，主要有三种细胞系：红细胞、白细胞（粒细胞、单核细胞、淋巴细胞）和血小板，它们在骨髓中成熟，然后释放到外周血中。正常的血细胞计数可计量这些细胞成分。此外，外周血涂片是检测红细胞结构和形态异常的重要方法。因此，在常规血液检测中可以检测到血液的构成成分（见表23.1）。

表23.1　血液学的实验室价值

红细胞成分	正常范围	正常范围，国际标准单位	过低	过高
红细胞计数	男性：$4.40 \sim 5.90 \times 10^6/mm^3$ 女性：$3.80 \sim 5.20 \times 10^6/mm^3$	男性：$4.40 \sim 5.90 \times 10^{12}/L$ 女性：$3.80 \sim 5.20 \times 10^{12}/L$	贫血，红细胞丢失（出血）	红血球增多（症），红细胞增多

续表

网织红细胞计数	0.5%~2.5%红细胞	0.005~0.025红细胞	骨髓病变	反应性（溶血、出血）感染，自身免疫性疾病
红细胞沉降率	男性：0~17毫米/小时 女性：1~25毫米/小时	男性：0~17毫米/小时 女性：1~25毫米/小时	无意义	
平均红细胞体积（MCV）	80~100μm³	80~100fl	小细胞性贫血（缺铁）	大细胞性贫血（维生素B12或叶酸缺乏）
血细胞比容（PCV）	男性：41%~53% 女性：36%~46%	男性：0.41~0.53 女性：0.36~0.46	稀释	红细胞增多，高黏度
血红蛋白	男性：13.5~17.5g/dl 女性：12.0~16.0g/dl	男性：8.4~10.9mmol/L 女性：7.4~9.9mmol/L	贫血	红细胞增多，红细胞生成素高值
血小板				
成分	正常范围	正常范围，国际标准单位	过低	过高
血小板计数	$150~350\times10^3/mm^3$	$150~350\times10^9$/升	肝衰竭和骨髓衰竭，中毒，自身免疫性	反应性骨髓增生性疾病
白血球				
成分	正常范围	正常范围，国际标准单位	过低	过高
白血球计数	$4.5~11.0\times10^3/mm^3$	$4.5~1.0\times10^9$/L	中毒，自身免疫，病毒	细菌感染、吸烟者、恶性肿瘤（CML、CLL）
血细胞分类计数				
成分	正常范围	正常范围，国际标准单位	过低	过高
中性粒细胞	40%~70%	0.40~0.70	中毒，骨髓衰竭	感染
带［状核］型（白细胞）	0~10%	0.00~0.10		感染
淋巴细胞	42%~44%	0.22~0.44	病毒感染	淋巴性病毒
单核细胞	4%~11%	0.04~0.11		CML，吞噬作用
嗜酸性粒细胞	0~8%	0.00~0.08		过敏、寄生虫
嗜碱粒细胞	0~3%	0.00~0.03		CML

良性血液学

红细胞疾病

贫血症

铁缺乏症和其他低色素贫血症

缺铁是引起全球性贫血最常见的原因。营养缺乏（饮食中铁含量太少、贫穷、食物营养价值低）、吸收不良（手术、吸收障碍）、[1]生理性需求增加（月经、怀孕、哺乳期、儿童和青少年快速生长期），以及铁储存不足（炎症、恶性肿瘤）都会导致铁元素缺乏。但缺铁的主要原因是有明显的或隐匿性的失血存在（急性或慢性出血、月经过多、胃肠道出血和尿失血、非甾体类抗炎药（NSAIDS）的使用、频繁的静脉切开、血液透析）。甚至有可能出现多种原因共同作用。

在严重的慢性疾病或恶性肿瘤中，低色素性贫血的原因不是由于摄入减少，而是铁储存不足的结果（铁储存减少，转铁蛋白结合度降低，MCV 降低）。

在低色素性贫血的早期阶段，通常没有异常临床表现。随后，缺铁性贫血的症状出现：面色苍白、疲劳和虚弱、工作效率低下、呼吸急促、心悸、食欲下降、（前额）头痛、指甲变脆、巩膜发蓝、无痛性舌炎、口腔炎、唇干裂、食管不适、易食不寻常食物（异食癖），以及极少见到的脾肿大。[2-4]这些临床特征取决于缺铁性贫血的严重程度和持续时间。[5]

缺铁性贫血的诊断依据于临床表现和实验室检查（见表 23.2）。实验室检查表现为：红细胞平均体积（MCV）低、红细胞压积减少、血红蛋白、血清铁蛋白（储存铁的标记物）和血清铁的范围较低，而转铁蛋白水平升高（高铁结合能力）。[6]但检测缺铁性贫血的最佳标志是铁蛋白。[7]当铁缺乏出现时，储存在网状内皮系统中的铁（含铁血黄素和铁蛋白）在贫血症发生之前被完全消耗。血涂片显示小细胞、低色素性红细胞，偶尔伴有靶型红细胞和异型红细胞。网织红细胞计数低，网织红细胞的血红蛋白含量也很低，这是缺铁性贫血的有效诊断指标。[8,9]在慢性病患者中，CRP 或 sTfR（可溶性转铁蛋白受体）应添加到初始实验室评估中。

在慢性疾病患者中，CRP 或 sTfR 应该也作为首要实验室评估指标。正常 CRP、贫血和血清铁蛋白 <30μg/l 是缺铁性贫血的三个必备诊断指标。如果慢性疾病患者出现贫血并且 CRP 升高，则可以通过 sTfR 的升高来证实是否患有缺铁性贫血。[10]

表 23.2　　贫血的血清参数诊断

	减少	增加
血清铁	铁摄入不足 炎症 恶性肿瘤 昼夜变化	铁超载（遗传、反复输血、无效造血） 肝细胞损伤 最近摄取的铁制剂
血清铁蛋白	铁摄入不足	铁超载（遗传、反复输血、无效造血） 炎症 恶性肿瘤 肝细胞损伤 遗传性高铁蛋白血症/白内障综合征
血清转铁蛋白	炎症 营养不良 慢性肝病	铁摄入不足

怀疑有活动性疾病引起的贫血时，应该重视寻找可能的失血源（例如胃肠道、泌尿道），除此之外，需考虑恶性肿瘤、乳糜泻或血管内溶血，[11] 甚至再次怀孕和长时间哺乳期都会导致缺铁性贫血。这些致病性疾病存在死亡风险。

缺铁的治疗包括补足储铁（铁剂治疗）和/或根治病因。在铁剂治疗时，出于方便、成本和安全考虑，首选口服铁剂。因此，可以口服硫酸亚铁（优先选择）或羧基铁，通常持续 6 个月以纠正贫血并补充体内储存铁。少数需要胃肠外应用者，可以使用铁葡聚糖或铁蔗糖制剂。整个怀孕期间的孕妇、早产儿和正在进行常规血液透析的患者，需要进行预防性铁疗法治疗。

评分

- 贫血症的病因明确：按病因评分
- 贫血症的病因是未知的细节：按贫血程度评分

轻度贫血：正常
中度贫血：50%～75%
重度贫血：推迟
（Hb <8g/dl）

巨幼红细胞性（大细胞性）贫血

巨幼红细胞性贫血是一组异质性贫血症，主要影响红细胞及血小板祖细胞，骨髓形态学特征相同。

巨幼红细胞性贫血的主要原因是钴胺素（维生素 B12）和叶酸缺乏症。[12] 其他病因包括干细胞缺陷（如白血病、骨髓纤维化）[13]、服用影响 DNA 合成的药物（如羟基脲、齐多呋定）[14,15] 和酗酒。[16,17] DNA 合成和组装失败是疾病临床表现的根本原因。[18-20]

巨幼细胞性贫血的诊断依据临床表现和实验室检查。外周血的结果是：椭圆形巨细胞；染色质小体；嗜中性粒细胞核分叶增多；外周网织红细胞计数下降和偶尔出现的有核红细胞。与正常母细胞相比，红细胞更大并且具有更高的核—胞浆比率。血红蛋白水平低。由于无效的红细胞生成，血清 LDH 和胆红素通常升高。在严重的情况下会出现白细胞减少症和血小板减少症。骨髓象出现巨幼红细胞前体和巨嗜中性粒细胞形式。

血清甲基丙二酸和同型半胱氨酸是诊断和区分钴胺素和叶酸缺乏症的主要代谢方法。[21] 钴胺素（B12）和叶酸缺乏时甲基丙二酸水平均有升高，[22] 而同型半胱氨酸水平的升高仅在叶酸缺乏时出现，这是因为叶酸不参与甲基丙二酸的代谢[23]。

巨幼红细胞性贫血的症状是：食欲和体重下降；腹泻、恶心、手脚刺痛和麻木、肌肉无力、行走困难、皮肤苍白、疲劳、头痛、心动过速、口舌酸痛、肤色变化，以及抑郁症和神经功能障碍。其他症状还包括精神问题、易感染等。

巨幼红细胞性贫血的治疗应首先确定贫血的病因。因此，其疗法取决于病因。大多数患者只需要使用适量维生素（羟钴胺、叶酸）进行治疗。治疗是否维持取决于当前的疾病。在某些情况下，终身治疗可能是必要的。在患有严重贫血和急需治疗的患者中，两种维生素应同时给予。

维生素 B12（钴胺素）缺乏症和恶性贫血

人体自身产生的维生素 B12 和叶酸并不能满足代谢需要，故两者都必须从食物中额外摄取。口服摄入后，食物中的维生素 B12 与糖蛋白结合。在十二指肠上部，这种复合物被释放出来，并与胃壁细胞产生的内因子（IF）结合。B12-IF 复合物移至回肠末端，与回肠受体结合。维生素 B12 被吸收，然后被一系列载体蛋白质（钴胺传递蛋白）转运到肝脏进行储存，最终由肝脏运到身体的各个功能性部位发挥作用。

维生素 B12 缺乏的原因可能是胃肠吸收不足（例如胃部分切除或远端小肠切除）；需求量增加（怀孕，哺乳期，溶血性贫血）；转运蛋白缺陷或细胞内代谢缺陷。但主要原因是内因性 IF 缺乏（恶性贫血），[24]内因子缺乏通常是由于淋巴细胞介导的免疫反应破坏胃壁细胞所致。[25]少数病例是由基因决定的 IF 缺乏或减少。恶性贫血是获得性 IF 缺乏的典型形式。这是一种老年人易患疾病（高峰发生在 60 岁左右）；女性多于男性（2∶1）。[26]症状通常是非特异性的。患者可能出现：脸色苍白；黄疸和无精打采；舌炎和口腔炎也是常见症状。随着时间的推移，神经功能障碍和精神障碍逐渐明显。在许多情况下，它与其他自身免疫性疾病（如糖尿病、甲状腺功能减退症、白癜风），A 血型人群以及胃萎缩和癌症发病率增加有关。

值得注意的是，严重的钴胺素缺乏症可能导致对称性进行性神经病变，[27]且下肢比上肢更易受到影响。受影响的主要神经元位于外周感觉神经以及脊髓的后侧和外侧。[28]据推测，神经病的病因是由于同型半胱氨酸的积累。[29]

伴随巨幼红细胞性贫血的血、骨髓和生化检查结果，发现血清 B12 水平降低，维生素 B12 吸收试验记录显示 B12 的最小尿排泄量（B12 被吸收）。壁细胞或内因子抗体可以明确诊断。[30]临床维生素 B12 缺乏的其他高敏感指标是血浆总高半胱氨酸和甲基丙二酸的值升高。[21,22]

恶性贫血的治疗包括规律给予肌内注射羟钴胺素直至 V12 水平恢复，然后每月一次，终生注射。肠外注射钴胺素的较好的一个替代方法是高剂量口服钴胺素（1~2mg/d），但这需要患者更好的依从性。[31]伴有缺铁时，应一并给予补铁治疗。为了避免神经功能恶化，最初应避免用叶酸治疗 B12 缺乏症。此外，最初在用 B12 替代治疗期间会发生与低钾血症相关的早期死亡，这是因为巨核细胞迅速增加会消耗大量的钾；推荐替代治疗。在全胃切除术和回肠切除术的情况下用羟钴胺进行预防性治疗。

评分

病程 >1 年
治疗，恢复，持续替代：0~50%
- 未处理：推迟

叶酸缺乏性贫血

叶酸缺乏的血液学表现与维生素 B12 相同，仅从血象和骨象结果较难鉴别。

叶酸在自然界和食物中无处不在，但煮沸条件下会分解。每日需求的叶酸量因年龄而异，在女性怀孕和哺乳状态下会提高，食物中的叶酸多聚谷氨酸必须解除共轭变成单谷氨酸盐才能在肠道中吸收。[32]吸收发生在小肠上部。多种酶参与吸收、代谢和细胞结合。因为血清水平变化很大，红血细胞计数被认为是更好的指标。[33]

由于叶酸在体内有适度的存储，几周内才会出现缺乏表现。可能的原因包括摄入不良（绿叶蔬菜、水果和肉是主要来源），吸收不良状态（直肠、克罗恩氏病），需求增加（怀孕、哺乳期、溶血性疾病），在专门的医疗操作中给予的替代量不足（透析、肠外营养）和干扰代谢任何阶段的药物（抗癫痫药、化疗药）。转运蛋白的缺乏也可能导致叶酸缺乏。酒精摄入增加也是一种常见原因，导致摄入后数小时内叶酸吸收减少。[34]

无论是什么原因，除了血液系统表现，叶酸缺乏的表现还包括舌炎、口炎、色素沉着和胃肠道症状。

怀孕期间叶酸缺乏可导致胎儿神经管缺陷。[35]

根据临床表现、血象和骨髓象和血清或红细胞中叶酸下降水平做出诊断，除非同时伴有维生素 B12 缺乏，否则其水平应不变。

治疗包括应用或口服叶酸直到血中叶酸水平恢复正常。临床症状会迅速在几个月内缓解。在妊娠、透析期间、早产儿和溶血性贫血患者中应该预防性使用叶酸治疗。病因在承保方面至关重要。

评分

- 病因已知：按原因评估
- 治疗效果良好：0~50%

溶血性贫血

溶血性贫血是红细胞破坏增加所致（正常寿命为 120 天）。在溶血性贫血中，我们必须区分是遗传性还是获得性。遗传性溶血性贫血原因包括血红蛋白分子中的膜缺陷（例如球形红细胞增多症、椭圆红细胞增多症、卵圆红细胞增多症）、代谢缺陷和血红蛋白分子缺陷（例如地中海贫血、血红蛋白异常变异）。获得性溶血性贫血大多数情况下是自身免疫性的。[36]它们可以是特发性的，也可以继发于其他疾病［例如系统性红斑狼疮 SLE、感染、淋巴（白血病；CLL）］或药物。[37]

溶血性贫血的临床表现为：黏膜苍白，轻度黄疸和脾肿大。由于尿胆原素升高，尿液静置后变黑。有时色素胆结石会使临床表现更加复杂。在严重的情况下可能会发生肾脏和心脏衰竭。

溶血性贫血的诊断由实验室检测确诊：红细胞分解增加（高血清胆红素、尿胆原和粪胆原增加、缺乏血清珠蛋白、高 LDH）；红细胞产物增加（网状细胞增多症，骨髓红系增生）；和红血球细胞破坏增加［红血球形态变化（小球型红细胞、椭圆红细胞、碎片等），渗透脆性，自体溶血，红细胞存活减少］。[38]在某些情况下，可能需要其他辅助的实验室评估，如直接 Coombs 检测、Hb 电泳、G6PD 检测、红细胞的酶分析和骨髓抽吸或活检。

直接 Coombs 试验检测涂覆红细胞表面的抗体，并可用于鉴别诊断。Coombs 试验阳性的疾病：自身免疫性溶血性贫血（AIHA），药物诱导的溶血性贫血，冷凝集素病或阵发性冷血红蛋白尿的诊断。间接 Coombs 试验检测自由流动的抗红细胞抗体。

自身免疫性溶血性贫血（AIHA）

自身免疫性溶血性贫血（AIHA）是一种重要的溶血性贫血。在这种类型的贫血中，首先发生的是针对自体（自身）红细胞表面抗原的免疫反应。在这种情况下，即使没有溶血发生或者溶血已经得到完全补偿，只要 Coombs 测试为阳性即可诊断为 AIHA。通常，AIHA 有三种类型。

温抗体介导的 IgG 自身抗体在 37°C 条件结合红细胞最佳。临床表现：溶血、皮肤苍白、黄疸、发热和脾肿大甚至出现血栓性静脉炎。最重要的是，抗红细胞抗体可以在细胞表面（直接 Coombs 试验）、血清（间接 Coombs 试验）或在大多数温抗体 AIHA 患者的红细胞洗脱液中发现[39]。治疗取决于溶血的严重程度和潜在的疾病：输血（需要时），使用皮质类固醇（60% 出现应答），对于更严重的类固醇耐药病例和难治性病例的免疫抑制剂行脾切除术。[40] 预后取决于病因。在特发性疾病中，不会出现预期寿命降低。

在**冷凝集素疾病（CAD）**中，冷反应抗体（通常为 IgM 自身抗体）在低于 37℃的温度下与红细胞结合最佳。特发性 CAD 典型特征包括：皮肤苍白、脾肿大、手足发绀、雷诺现象以及皮肤红斑。在严重情况下，会发生突出皮肤表面的坏疽（例如手指脚趾、鼻子、耳朵）。上述症状均出现在寒冷暴露后。通常仅见轻度贫血。治疗的主要手段是避免冷暴露和治疗当前疾病。感染一般可自愈。在严重的情况下，可能需要皮质类固醇，脾切除术，免疫抑制剂或洗涤红细胞处理。慢性特发性 CAD 可能是由于克隆性淋巴细胞的增殖。在这些情况下，寿命缩短。

阵发性冷血红蛋白尿（PCH）是冷 AIHA 的另一种变异型；PCH 是一种罕见的溶血性自身免疫性疾病，其特征在于冷暴露后出现暴发性发作性溶血，以及存在特异性双相 IgG 抗体（Donath–Landsteiner 抗体）。这些抗体是针对红细胞表面抗原。主要病因包括特发性和感染性（病毒性和细菌性）。表现多变，是在急性期出现背部和腹部疼痛，恶心，发热，黑尿（血红蛋白尿）和雷诺氏现象。感染相关病例往往能自愈。特发性病例应避免冷暴露，有时类固醇、脏切除或免疫抑制治疗有效。尽管该病高风险，总体预后仍然不错。

评分

- 特发性疾病：

对治疗反应良好：50%～100%

不需要治疗：0～50%

- 继发性疾病：根据当前疾病进行评分

遗传性球形红细胞增多症（HS）

遗传性球形红细胞增多症是最常见的遗传性溶血性贫血症，北欧人常见。HS出现的原因是血影蛋白分子中的缺乏（红细胞膜的主要结构蛋白）。该疾病主要是常染色体显性遗传。血影蛋白减少的程度与溶血性贫血的严重程度相关。血影蛋白基因内的各种突变是血影蛋白分子缺乏的原因。骨髓产生正常双凹圆盘形的红细胞，但是当通过脾和RE系统循环时，膜开始渗漏并且红细胞变成球形。最终，由于这些球型细胞不能变形通过脾脏而过早死亡。因此，HS典型特征是存在球形红细胞，并且在一些患者中，出现不同程度的溶血、贫血、黄疸和脾肿大。[41]HS临床表现差异很大，从不明显的或完全补偿的无任何临床表现的溶血状态到严重的无法代偿的严重贫血。[42]贫血可在婴儿至老年之间的任何时间表现出来。波动性黄疸、脾肿大以及色素性胆结石频繁发作、再生障碍性危象均可导致贫血症严重程度突然增加。[43]

选择疗法是脾切除术伴每年行预防性肺炎球菌疫苗的接种。对轻度病例可不必行脾切除术可以避免。[43]值得注意的是，虽然脾切除术可以治疗溶血，但红细胞形态保持不变。

评分

- 脾切除后

<2年：50%～100%

>2年：50%

- 未切除脾脏：

特质：正常

中度：正常

如果需要输血：拒绝

否则：推迟到脾切除完成

遗传性椭圆细胞增多症（HE）；遗传性卵细胞增多症（HO）

遗传性椭圆细胞增多症（HE）的原因是编码蛋白质（例如血影蛋白）的基因出现大量不同的突变，这些基因负责细胞骨架与膜双层的垂直关联。[44]红细胞膜的这些改变可能提供对疟疾的抗性。[45]大多数HE突变是常染色体显性遗传。HE除椭圆形而不是球形的红细胞外，具有与遗传性球形红细胞病相似的临床和实验室特征。[46]由于这个原因，其也被称为遗传性卵红细胞症（HO）。有时，红细胞形态会非常奇怪。尽管也有描述认为HE会出现一些威胁生命的突变，但这种疾病在临床上比HS更轻微。[47]只有少数患者溶血明显，其中只有一部分会出现贫血、有症状或需要治疗。诊断基于外周血中发现椭圆形细胞。在溶血的患者中会有溶血状态伴骨髓红系增生的证据，绝对网状细胞增多症和LDH升高。

未发生溶血的或完全代偿的溶血性HE不需要治疗，因其本身并不具有死亡风险。那些溶血的患者需要定期输注红细胞，或者通过脾脏切除术治愈（所有失代偿或有症状的患者）。

评分

- 特质：正常
- 轻度：正常
- 如果需要输血：拒绝
- 严重病例：推迟到脾切除完成
- 脾切除：
- 脾切除后<2年：50%～100%
- 脾切除2年后：50%

葡萄糖-6-磷酸脱氢酶缺乏性贫血

葡萄糖-6-磷酸脱氢酶是重要的参与红细胞代谢的酶，可以将NADP还原成NADPH，并且是红细胞中唯一的NADPH来源的酶。G6PD酶有许多突变体，其活性低于正常的G6PD酶。这种G6PD缺乏症（全世界有200万～400万人患病）是所有红细胞中与酶有关的疾病中最常见的，并且引起红细胞氧化应激，导致红细胞不稳定。[48]X染色体遗传。男性发病，女性是携带者，其一半红细胞G6PD正常，一半不正常。女性杂合子携带者可以抵抗疟疾（恶性疟原虫）。受影响的主要人群是西非人、地中海人以及中东和东南亚人。酶缺乏的程度不同临床表现为完全代偿到危及生命。[49]地中海（尤其是高加索人）临床表现最严重，其次是东方人。轻度的临床表现在非洲黑人中常见。

临床表现发展迅速，常表现为血管内溶血伴有血红蛋白尿。溶血及氧化应激的诱因为细菌、病毒感染、进食蚕豆和某些药物（例如抗疟疾药物和抗蠕虫、磺胺类药物和砜类以及其他抗菌药物、镇痛药、维生素K类似物、萘和丙磺舒）。

在溶血诱因存在时，血细胞计数正常。G6PD缺陷可以通过红细胞的直接酶测定来检测。还有一些筛选实验可以诊断G6PD缺乏（比如免疫印记实验）。[50]溶血

危象时，血涂片可见收缩的红细胞和 Heinz 小体（氧化变性的血红蛋白）。[51,52]

G6PD 缺乏症的治疗目的是为了避免溶血产生的呕吐、维持高尿量、必要时进行输血。一般而言，根据 G6PD 缺乏症相关的临床症状进行治疗。基因治疗在理论上是可以治愈临床表现严重的患者，但仍处于临床前期的实验阶段。[53]

评分

- 轻度至中度：标准
- 每年发生至少 2 次溶血危象：50%
- 急性溶血：推迟至完全恢复
- 严重或必须依赖输血：拒绝

丙酮酸激酶（PK）缺乏性贫血

丙酮酸激酶参与红细胞无氧糖酵解。PK 缺陷是常染色体隐性遗传，因此发病的患者是纯合子或双重杂合子。PK 缺陷性贫血在北欧人中较常见，已有在多个种族和地理位置的报道。[54]

PK 缺陷会导致非球状溶血。临床表现可能从无症状到非常严重。[55]临床发病通常在婴儿期和青春期，很少在年龄较大的时候发生。在初期严重溶血的儿童病例中，三分之一可能会经治疗后会减轻，三分之一会改善，三分之一将会表现为持续严重的溶血。PK 缺陷的诊断依赖于以下发现：非球形溶血，红细胞重 PK 水平降低，血清 LDH 升高和珠蛋白水平降低。可以用直接酶测定法确诊。[56]治疗方法通常包括输血、脾切除和叶酸替代。

一般而言，PK 缺陷的风险与溶血程度和并发症出现成正比。铁超负荷的后果也需要考虑。当溶血活跃并且贫血严重时，风险极高。

评分

- 轻度至中度：标准
- 需要输血：50%
- 严重溶血：100%～200%
- 频繁输血和铁超负荷：拒绝

行军性血红蛋白尿

行军性血红蛋白尿发生在长时间的行军或跑步过程中。通常无临床表现，贫血是在最坏的情况下才出现。停止运动后，通常会立即完全恢复。即使发生溶血，血细胞膜也是正常的。

评分

行军性血红蛋白尿：标准。

阵发性夜间血红蛋白尿（PNH）

PNH 是一种罕见的造血多能干细胞（红细胞、中性粒细胞、血小板、淋巴细胞）的获得性缺陷。基因突变导致磷脂酰肌醇合成的缺陷，磷脂酰肌醇将几种表面蛋白固定在细胞膜上。这种膜缺陷导致这些细胞对补体裂解具有很高的敏感性。大静脉（包括门静脉和肝静脉）发生溶血和血栓形成。临床特征可能包括腹部或背部疼痛、严重头痛、虚弱、肝脾肿大和尿黑。实验室检测显示血清铁含量低（尿失禁）。诊断通过临床表现，特别是通过 Ham 试验（低 pH 血清中红细胞溶解的实验），在低 pH 情况下通过替代途径激活补体。PNH 有时与再生障碍性贫血有关，有时这种疾病可能转化为再生障碍性贫血，甚至急性白血病。治疗选择中包括骨髓移植。

评分

- 轻型：100%～200%
- 与 AA 相关：拒绝
- 如果 BMT 是必要的：按骨髓移植评分

再生障碍性贫血

再生障碍性贫血（发病率百万分之二到百万分之四）是一种罕见的血液学疾病，表现为不伴有脾肿大的全血细胞减少（贫血、白细胞和血小板减少）。全血细胞减少是由骨髓增殖成熟障碍引起的。[57] 病因可能是直接毒性作用或自身免疫机制导致的造血多能干细胞数量大量减少。[58] 该病可分为先天性（范可尼贫血）或后天性（特发性和继发性）。继发性再生障碍性贫血通常是由于骨髓的直接损害造成的，损害可由多种病毒感染和药物（如氯霉素、金、苯丁氮酮）引起。

大多数研究显示男性易发病，这种情况在东方国家更常见。有三个年龄高峰：2～5 岁和 20 岁以下的两个小高峰和一个 55～60 岁以上的大高峰。[59] 危险程度与细胞计数和疾病持续的时间大致成正比。

临床表现取决于骨髓衰竭的程度。具体症状有感染（白细胞计数低）、瘀伤和出血（血小板计数低）、呼吸困难、心血管系统症状和疲劳（红细胞计数低）（见表 23.3）。

表 23.3　　再生障碍性贫血研究组诊断再生障碍性贫血的标准：
如果满足两个标准，患者为高风险患者（严重失语症）

中性粒细胞	$<0.5\times10^9/l$ $(0.5\times10^3/mm^3)$
血小板	$<20\times10^9/l$ $(20\times10^3/mm^3)$
校正网织红细胞	$<1\%$
骨髓细胞结构	$<25\%$ 正常
或 细胞结构	$<50\%$ 正常和 $<30\%$ 剩余造血细胞

再生障碍性贫血的治疗取决于病情的严重程度。短暂性再生障碍者可自行痊愈。轻度持续性再生障碍者可能随时间发展为更严重的形式。但是，持续性再生障碍患者，甚至是明显的慢性疾病患者，可能会出现自发完全恢复或部分造血重建。一般来说，轻度疾病主要需要的是支持性和预防性的护理。中、重度疾病患者应积极干预。

在免疫抑制治疗和骨髓移植作为治疗选择之前，单独使用支持治疗的 4~6 个月死亡率为 50%~60%、1 年死亡率为 90%。

首次治疗包括血小板减少症（$<15\times10^9/l$）的血小板输注。

严重贫血患者（$<7.5g/l$）可输注红细胞。造血生长因子可能对轻度和中度贫血有用。由于白细胞减少而引起的严重感染的概率很高，故白细胞减少的早期治疗必须使用抗生素、抗真菌药或抗病毒药物。免疫治疗最常用的药物是抗淋巴细胞球蛋白（ALG）、皮质激素和环孢素。无反应者接受骨髓移植（BMT）。[60] 经过治疗后 60%~70% 的患者可长期存活。这些病人可恢复正常的生活。

只有治疗成功的病人才能得到保险。对于在接受移植后发生移植物抗宿主病或已有骨髓发育不良、PNH 或急性白血病的患者需要特别谨慎。

范可尼贫血是遗传性的，通常表现在 5~10 岁。它的特点是进展性骨髓再生障碍，先天性骨骼、肾脏系统和皮肤缺陷，生长迟缓，染色体不稳定和易患急性白血病。先天性畸形并不普遍存在。

临床病程差别相当大。范可尼贫血未经治疗会导致早期死亡，这是骨髓衰竭进展的结果。治疗选择是雄激素和/或骨髓移植。雄激素的副作用（男性化和肝脏异常）限制了它们的使用；此外，缓解持续时间不到 2 年。骨髓移植可以治愈病人。

评分

- 先天性 AA：拒绝
  特发性 AA：拒绝
- 免疫治疗：拒绝

- 如果恢复：CMO
- 骨髓移植：按骨髓移植评分

血色沉着病

血色素沉着症是一种铁超载情况，铁沉积发生在组织和器官中。在正常个体中，铁的储存总量约为3～4克，并以功能性和储存形式存在于不同的地点。在血色素沉着症中，已记录到每天1～3毫克的吸收增加，共15～50克，累积超过4到50年，开始发生临床表现。

原发性血色素沉着症的主要病因是遗传性，尤其是在高加索人中（凯尔特病）。该疾病为常染色体隐性遗传，患病率高（同核细胞3‰～5‰，异核细胞占总人口的10%～15%），外显率不高。最常见的遗传缺陷是HFE基因（6p染色体）的突变，它位于HLA-A复合体的附近。[61]该基因产物导致巨噬细胞铁吸收高，血清铁含量高，转铁蛋白饱和度高，铁含量低。遗传和环境因素的结合影响临床表现。

继发性血色素沉着症主要发生在贫血患者。输血的红细胞增加了身体铁的负担。每毫升红细胞中含有1毫克的铁。在遗传形式中，地中海贫血是最普遍的，而在获得形式中，获得性铁粒幼细胞性贫血占主导地位。

血色素沉着症中铁超载的临床表现主要是对受影响的器官系统（铁沉积）的损害。受影响的器官有肝脏（高ALT、纤维化、肝硬化、肝癌）、心脏（限制性/扩张型CHF、心律失常）、关节（关节炎）、内分泌系统（性腺功能减退、糖尿病、继发性闭经、阳痿）和皮肤（色素沉着、皮肤晒黑）。更容易感染传染病和败血症。典型的肝肿大、糖尿病和色素沉着可作为临床诊断。[62]

铁超载的实验室表现为转铁蛋白饱和度升高和血清铁蛋白水平升高。可重复转铁蛋白饱和度男性大于60%，女性大于50%，是血色素沉着症的阳性标志。应该指出的是，筛查针对的是没有炎症、感染、近期创伤或手术的受试者。否则应进行肝活检和定量静脉切除术。肝活检是诊断和评估血色素沉着症严重程度的黄金标准。组织学检查及铁浓度的测定（肝铁指数见表23.4）具有重要的诊断作用。[63]血色素沉着症的治疗包括通过治疗性静脉切除术去除体内铁，最初每周进行一次。[64]这是去除体内铁最有效的方法，以达到临界铁缺乏状态为目标（MCV降低，血清铁蛋白<10ng/ml）。当静脉切除术禁忌或继发性血色素沉着时，铁螯合是首选的治疗方法。

表 23.4　　　　　　　　　肝铁指数作为血色素沉着症的诊断参数

	肝铁指数
正常	<1.0
酒精性肝病	<1.7
血色沉着病（杂合子）	<1.8
血色沉着病（纯合子）	>1.9
高风险的肝损伤	>5.0

未经治疗的血色素沉着症预后不良。患者预期寿命缩短，死于肝硬化、肝癌、糖尿病和心功能障碍。非肝硬化和非糖尿病患者的生存率与年龄和性别匹配的健康对照组几乎相同。[65,66]

肝硬化患者，尤其是糖尿病患者应考虑诊断血色素沉着症。在血色素沉着症的治疗中，早期诊断和早期治疗非常重要。

评分

- 遗传

杂合子形态：标准

纯合形态：有规律的静脉曲张，无铁超载：标准

肝硬化、糖尿病：拒绝

- 其他潜在疾病的继发疾病：按潜在疾病评分

血红蛋白疾患

血红蛋白障碍是由正常球蛋白合成减少或异常引起的疾病，称为血红蛋白病。正常成人血液中含有三种血红蛋白。主要成分是血红蛋白 A（HbA），含有两个 α 和两个 β 链（$\alpha_2\beta_2$）。在 6 个月以上的儿童中，HbA 占 95% 以上。小血红蛋白含有 γ 链或 δ 链（HbA2）而不是 β 链。胚胎或胎儿的其他血红蛋白类型在宫内生活的不同阶段占主导地位。它们被称为 Gower I（ε_4），Portland（$\zeta_2\gamma_2$）Gower II（$\alpha_2\varepsilon_4$）和 HbF（$\alpha_2\gamma_2$）。

血红蛋白异常是由于血红蛋白合成异常或合成 α - 或 β - 珠蛋白链（地中海贫血病）的速率降低所致。

地中海贫血

地中海贫血综合征是一组以 α - 或 β - 珠蛋白链合成减少为特征的非均质性疾病。地中海贫血是人类最常见的遗传疾病之一，它以合成不足的珠蛋白链命名。临床上分为胎儿水肿、α 地中海贫血、重度 β 地中海贫血（输血依赖）、轻度 β 地中

海贫血（中度贫血，通常伴有脾肿大和铁超载）和隐性 β 地中海贫血症（无症状携带者）。

α 地中海贫血综合征

地中海贫血综合征在东南亚、部分地区和加勒比地区最常见。它们是由于位于 16 号染色体上的 4 个珠蛋白基因中的一个或多个缺失或突变导致的珠蛋白链减少而引起的。α 地中海贫血一般可分为隐性携带者甲型 α 地中海贫血和带有地中海贫血特征者以及 H 种红血蛋白疾病。

在大地中海贫血病中，所有四个基因的缺失都会导致胎儿血红蛋白合成失败，并导致胎儿宫内死亡（胎儿水肿）。

H 种红血蛋白病是由三种珠蛋白基因缺失引起的，与小细胞性贫血、低色素性贫血和脾肿大有关。

α 地中海贫血病是由于缺失了两个 α 基因而导致的 α-珠蛋白合成的缺陷或缺失。这种情况会导致各种临床症状，这取决于 α 链缺失的程度。α 地中海贫血病的特点是轻度贫血，MCV 和 MCH 降低，红细胞计数高，血红蛋白过低。

隐性携带者为单一 α 基因缺失，且没有临床或实验室异常。它们常常是在家庭研究的过程中被发现的。其生存是不受影响的。

评分

- 沉默的携带者：正常
- 少许或次要特征：正常
- HbH 疾病：100%～200%

β 地中海贫血

β 地中海贫血在地中海沿岸的土著居民中非常普遍，特别是意大利、希腊和某些阿拉伯国家，以及远东和中东、印度、巴基斯坦和东南亚。在几乎每个种族和每个国家，都有零星的病例。

由于 11 号染色体短臂的基因缺陷，地中海贫血病的 β 链产生可能减少（$β^+$）或完全消失（$β^0$）。有三种临床相关类型：轻度地中海贫血（轻度贫血无症状），中度地中海贫血（严重贫血，但没有输血依赖性）和重度地中海贫血（严重贫血，输血依赖性）。

轻度 β 地中海贫血很少或根本没有贫血症状，也没有体征。临床表现为没有或局限的轻度苍白和脾肿大，血红蛋白浓度一般为 10～15g/dl。典型的实验室发现包括明显的低色素性红细胞指数、正常红细胞平均血红蛋白浓度（MCHC）、靶红细胞和泪滴红细胞，以及血红蛋白电泳发现 HbA2 水平升高，HbF（过量 α 球蛋白可与 β 以外的链结合）不常见。

虽然轻度地中海贫血病孕妇的贫血倾向于比预期的更严重，但存活受到的影响很小或根本没有影响。未被诊断的患者不应该使用铁制剂治疗，因为他们的红细胞指数与铁耗尽时的指数相似，铁制剂治疗有可能使他们变成铁超载。

重度 β 地中海贫血病又称地中海的库利贫血病，是地中海贫血病基因纯合子遗传的临床症状的术语。它在出生后 3~6 个月，即血红蛋白链的转换通常发生的时候变得明显。因此，从幼儿时期开始就可以明显看出，β 地中海贫血是一种严重的血液病，其造血功能和红细胞破坏功能都不佳。没有合成 β 链（$β^0$）或少量（$β^+$）。重度 β 地中海贫血主要表现为严重的输血依赖性贫血、生长迟缓、与骨髓增生、肝脾肿大相关的骨骼改变和器官损害（脾脏、肝脏、心脏、骨髓、内分泌器官、皮肤）、严重的细菌感染发作、血栓栓塞发作和输血依赖性（由于极度的铁超载状态）。这种疾病和不可避免的与输血相关的铁中毒共同导致多器官功能障碍，心肌病特别令人担忧。其他特征包括内分泌功能减退、肺功能异常和血小板聚集性增高。[67,68]诊断基于实验室检测，如血液涂片、血红蛋白电泳和铁状态的评估。有严重的低色素小细胞性贫血伴网织红细胞百分比升高，有正常细胞、靶细胞和细胞的典型嗜碱性点。血清铁、铁蛋白和转铁蛋白水平可以评估铁的状态。血清铁蛋白是测定铁储量最重要的价值。在 β 地中海贫血主要水平高达 1 000~1 500ug/l。血红蛋白电泳显示几乎没有 HbA。血红蛋白 A2 正常或略有升高，HbF 水平升高，血液涂片显示小细胞靶细胞。α 链的沉淀导致红细胞过早破坏。DNA 分析（PCR, Southernblotting）可以直接识别每个等位基因上的缺陷。患者铁螯合功能不足。

治疗包括定期输血（慢性输血），[69]联用酚酸、铁螯合和维生素 C、脾切除术、内分泌替代疗法和护肝。治愈的疗法为造血细胞移植（HCT）没有肝纤维化和肝肿大并接受亲缘全相合的年轻患者预后最佳。[70]

接受治疗的患者的长期存活率约为 80%。[71]随着时间的推移，存活率逐渐提高。低危并接受造血细胞移植患者预后最好。[72]

中度 β 地中海贫血病患者的临床表现较轻。输血取决于贫血的程度，中度地中海贫血包括了遗传缺陷复合杂合性等 $β^+/β^0$ 地中海贫血。临床表现为中度贫血（7.0~10g/dl），不需要定期输血。然而，由于输血引起的铁的吸收增加，可能发生铁超载。

轻度 β 地中海贫血的患者临床症状最轻，基本可以达到正常寿命。轻度 β 地中海贫血包括了患有 δ-β-缺失型地中海贫血病的患者。

综上所述，β（和 α）地中海贫血的预后取决于临床表现和基因组成。此外，值得注意的是，在广泛的疾病地区中，医疗保健的条件并不一致。

评分

- 轻度、最小的或特质的：0~50%
- 中度：100%~200%
- 重度：拒绝
- 骨髓移植成功率：按骨髓移植成功进行评分

镰状细胞性贫血

在人类血红蛋白β链的6个位置，缬氨酸取代谷氨酸，产生一种称为镰状血红蛋白（HbS）的变异型。HbS 不溶于水，在低氧条件下形成晶体。[73] 镰状红细胞，可能阻塞微循环的不同区域，导致各种器官梗死。

纯合子

在纯合子疾病中，两个等位基因都携带 HbS。在世界范围内，这种严重的疾病每年造成大约 10 万人死亡。受影响的人口主要是非白种人，尤其是黑人。与 HbA 相比，HbS 向组织释放氧气相对容易。HbSS 的临床表现是非常多变的，从无症状到发生临床危象并导致死亡。危象包括疼痛，内脏发育不全，再生障碍性贫血或溶血。在长程的疾病中可并发器官功能障碍（特别是肾、视网膜、心脏和肺）。诱因为感染、酸中毒、脱水或脱氧（如海拔、分娩、接触寒冷、手术）等。梗死可发生在多种器官，包括骨骼、肺和脾脏。最严重者发生于大脑或脊髓。

可根据临床表现和实验室（如红细胞镰状）进行诊断。HbSS 患者的血红蛋白电泳可见异常迁移。筛查项目目前已经非常普及。[74]

镰状细胞贫血（SSA）患者的管理包括教育、预防性治疗、良好的卫生保健和免疫接种。[75] 对年轻患者预防性使用抗生素，及时治疗已确定的感染和积极处理临床危象。[76-78] 剧痛时需进行补液和阵痛治疗（首选吗啡）；溶血性和再生障碍性危象需要输血支持[79,80]；脾脏隔离症并不一定需要切除术。输血联合或不联合血液透析治疗在某些特殊情况下有效（如 CVA，妊娠）对于肾脏、心脏或肺功能恶化以及有其他慢性并发症（如腿部溃疡）者应该进行支持治疗。叶酸口服剂量为 1 毫克/天。[81]

采取的一些预防措施都旨在减少红细胞的镰刀化变化。重要的是危机期间的支持性措施，预防保健包括接种疫苗和预防性青霉素使用，以及教育计划和特定情况下的具体措施（例如，怀孕期间的输血计划）。尽管如此，SSA 仍然没有治愈的方法。骨髓移植对于某些患者是一个好的选择。最近的文献表明，使用羟色胺（增加细胞内 HbF）有一定疗效。接受该治疗的患者中，疼痛发作和输血都有所减少。羟基脲是一种 RNA 还原酶抑制剂，能有效提高 HbF 水平。它对每年发生几次栓塞的病人很有帮助，可能有助于预防中风及提高整体存活率。基因疗法等新的治疗方法仍处于试验阶段。

虽然个人活到第五个或第六个十年的情况现在并不少见，但总死亡率仍然很高。一些研究阐述了 SS 疾病的自然病史。在 20 世纪 60 年代，很少有孩子能活到成年，只有 50% 的孩子能活到 20 岁。在 20 世纪 70 年代早期，平均存活时间大约是 15 年。20 世纪 80 年代，89% 的镰状细胞病儿童（SSA 患者中的 85%）活到 20 岁。最近的一项关于 SSA 的研究（1994 年）发现男性的平均死亡年龄是 42 岁，女性是 48 岁。[82]

一般来说，1 到 3 岁的死亡率最高，其次是青春期，然后是第四个和第五个十年。低龄儿童的主要原因是感染（如肺炎、嗜血杆菌、沙门氏菌）。10 岁以上，剧痛伴脑血管意外和创伤最为常见的，可以引起患者死亡。约 18% 的死亡发生在明显器官衰竭的患者。在儿童时期，男孩和女孩的死亡率大致相同。早期死亡的预测因素包括低 HbF 水平，多发的临床症状和异常细胞计数。

评分

无并发症，每年少于 3 次轻微发作：

- 自上次发作以来，5 年：

21 岁及以下：拒绝

22~30 岁：200%

31~40 岁：150%

41~60 岁：75%

- 自上次发作以来少于 5 年：

22~30 岁：400%

31~40 岁：300%

>41 岁：拒绝

镰刀型贫血特征携带者（HbAS）

当镰状红细胞血红蛋白基因从父母一方遗传而来，而正常血红蛋白基因从另一方遗传而来时，它们对 HbS 来说是单杂合子。其结果是 HbAS 或镰状细胞特性，其中约 8% 的北美黑人会受影响。在其他黑人群体中也发现了类似的，有时甚至更高的发病率。HbAS 个体没有贫血。HbAS 在总血红蛋白的 25%~45% 变化。最常见的是由于肾乳头小梗死引起的血尿。通常情况下，血尿并不显著到需要治疗（碳酸氢盐、利尿剂、纤溶抑制剂、输血）。但是在麻醉剂的使用及怀孕期间的照料方面需要注意。

压力，如长时间缺氧（未加压或未完全加压的飞机），临时全身麻醉，以及怀孕都可能导致症状患者的镰状细胞，在这种情况下，有过死亡的记录。习惯上建议在可能缺氧的环境中注意供氧，尽量避免缺氧环境。

最近的一份报告重新引发了关于镰状细胞病患者剧烈体力消耗的争论。[83]众所周知，北美足球联盟的黑人运动员与其他美国黑人一样有同样的HbAS发病率，但在激烈的训练或比赛条件下却没有遭受危机。同样的被认为适用于军事训练（如基础训练），但也有报道说，在这种情况下，有镰状细胞特征的黑人新兵突然死亡的风险比没有这种特征的黑人新兵高28倍，比其他新兵高40倍。[79]这种风险随着年龄的增长而增加。在这个特定的群体中，死亡率为1/3 200，但这并不能评估镰状细胞性状患者的日常活动风险。

评分

总体：正常。

对于那些因工作或职业而出现缺氧情况的镰状细胞特征患者，以及即将接受基本训练的军人来说，必须采取个人谨慎的态度。推迟这些申请人的申请可能是一个有效的决定。

其他血红蛋白疾病

除了HbS和地中海贫血之外，全世界最常见的血红蛋白变异型是C、D、E和这五种血红蛋白的各种组合。一般而言，诊断根据临床表现、种族[84]、血液涂片、镰状细胞病、家族史及血红蛋白电泳。由于筛选电泳不能诊断所有病例，可能需要在不同溶液和不同pH下的不同方法进行鉴别。在实际操作中很少运用。

不稳定的血红蛋白变异体、血红蛋白的氧结合力改变和高铁血红蛋白变异体并不常见，在此不进行讨论。

血红蛋白C疾病

这是一种血红蛋白的遗传缺陷，这种缺陷在西非中很常见，是由于赖氨酸取代人血红蛋白β链上的6个位置的谷氨酸引起的。该基因产物为异常血红蛋白变体HbC，易形成菱形晶体。

HbSC病和HbCC病需进行区分。HbSC病是一种双杂合血红蛋白病，从父母中的一方获得HbS，从另一方获得HbC（另一种β6型）。在黑人中比在白人中更常见。临床表现差异巨大。有症状的个体中，有一半在童年时期发病，其余的出现在青春期或成年时期。临床表现包括：溶血性贫血、脾肿大、肾髓质梗死性血尿、股骨头缺血性坏死、视网膜变化、妊娠和麻醉期间并发症风险高于预期、少见的临床危象，包括脾脏隔离症。实验室研究显示轻度至中度贫血、溶血、充裕的镰状细胞和在血红蛋白电泳中比例大致相等的血红蛋白 C 的。与正常人相比，预期寿命仅略有下降。

纯合血红蛋白 C 的遗传导致了 HbCC 疾病，这是一种临床表现为中等程度的溶血和脾肿大为特征的疾病，一般比较轻。可能发生腹部和关节的疼痛，胆石症可能是由于持续的红细胞破裂引起。轻度贫血常见，可见靶细胞，红细胞内血红蛋白结晶是其特征。极少数患者发生溶血性或再生障碍性危象。一般来说，预后良好，寿命无明显缩短。

评分

按照 SSA 评级的一半进行评分。

血红蛋白 D 疾病

血红蛋白 D 是一些非镰状红细胞血红蛋白变异体的统称。常规血红蛋白电泳中可见其迁移到与 HbS 相同位置双杂合子状态的 HbSD 疾病，通常比镰状细胞性贫血（HbSS）稍轻，但可能导致镰状细胞性贫血，三分之一的患者有脾肿大。

评分

按照 SSA 评级的一半进行评分。

血红蛋白 E 疾病

作为一种 β 链变体（位置 26），血红蛋白 E 是东南亚最常见的血红蛋白变体（中国无），部分地区中 20% 的人群可能携带异常血红蛋白。[85] 杂合性状患者（HbAE）无症状；纯合子（HbEE）有时表现为轻度至中度溶血性贫血。由于 β 链合成的缺陷，红细胞呈小细胞化，在纯合子患者中显著。伴有 β 地中海贫血（HbEβ）者临床症状严重，在这些疾病中，除了地中海贫血病的特征外，血栓栓塞的风险也存在，可能是蛋白质 C 水平降低所致。与其他没有典型特征的血红蛋白病一样，血红蛋白电泳表明存在异常血红蛋白，需要 DNA 分析或专门的蛋白质化学技术来鉴定特定的变异型。

评分

- 杂合体：正常
- 纯合子：75%～100%

- HbEβ：300%

镰状 β 地中海贫血

在美国、西印度群岛、西米里卡和地中海沿岸国家，镰状地中海贫血症的严重程度取决于它的 β 地中海贫血基因的类型。那些患有 $β^0$ 的患者往往很严重，与 SSA 类似，并且由于 β 链缺陷和血红蛋白 A 的缺乏，诊断可能需要特殊手段。$β^+$ 的患者贫血较少，血管阻塞发作较少，器官损伤较小，需要较少的积极治疗。[86] HbS 多于 HbA。

评分

- 镰状 $β^0$ 地中海贫血：按照一半到全部 SSA 的评级评分
- 镰状 $β^+$ 地中海贫血：50%

卟啉症

与血红蛋白病和地中海贫血综合征均因为球蛋白链紊乱引起不同，卟啉症是由于卟啉和相关化合物的过量生产而引起的一组疾病，这组疾病与血红素合成有关。

血红素合成是一个复杂的多阶段胞内过程，由一系列酶催化生物合成途径的不同步骤来调控，这一过程始于线粒体内，结束于细胞质内，中间步骤发生于细胞质内。在通路的任何一步，酶的阻断都会导致前体的生产过剩和随后临床疾病的特定的酶阻断会引起特定的疾病。

除了先天性红细胞卟啉症，其他的遗传性卟啉症大部分是常染色体显性遗传。临床表现差异大，在某些情况下可发病。最后，相关酶学的分析复杂，故诊断通常依赖于检测前体是否生产过剩。

血红素的生成主要发生在红细胞发育和肝细胞中。因此，卟啉症传统上被分为红血球性、肝脏性或者混合性，临床表现为急性突发性症状加重［如急性间歇卟啉症（AIP）、遗传性粪卟啉症（HC）、杂色卟啉症（VP）］或慢性［如迟发性皮肤卟啉症（PCT）、先天性红血球卟啉症（CEP）、红血球卟啉症（EP）］。

红血球性卟啉症

红血球生成的原卟啉症；红细胞肝性卟啉症（EP）。

EP 是由亚铁螯合酶（血红素生物合成途径的终末酶）的遗传缺陷引起的，导致红细胞和肝细胞过度生成原卟啉。原卟啉光激活释放自由基引发组织损伤。发病率为十万分之四左右。大多数病例为常染色体显性遗传，部分患者为隐性遗传，在这些病例中，部分患者出现快速进展的胆汁淤积性肝衰竭。多种染色体18q的铁螯合酶基因突变已经被证实。

发病通常在童年，男性高发，EP的特点是终生的光敏，程度不一，包括瘙痒和水肿、水疱和溃疡和疤痕。部分患者可见色素沉着改变。肝功能障碍并不少见，但肝肿大、肝硬化和肝功能衰竭只影响约5%的患者。部分患者发生轻度贫血和胆石症。

无其他原因引起的原卟啉（红细胞、血浆、粪便、胆囊收缩素刺激后十二指肠液体）水平升高，铁螯合酶缺乏是诊断的基础。

减少日晒、β-胡萝卜素、类黄酮和补骨脂素光化学疗法（PUVA光疗）有一定疗效。血红蛋白和胆甾胺疗法仍在研究中。防晒霜没有保护作用。在肝衰竭患者中，移植是唯一的选择。

评分

- 只适用于皮肤，温和型：正常
- 皮肤严重，肝脏轻度：50%
- 严重肝脏受累：200%
- 胆石症：单独治疗
- 肝移植：年后个人考虑

先天性红细胞卟啉症（CEP）（古勒氏病）

CEP是卟啉症中最严重也是最罕见的一种，是一种常染色体隐性遗传状态，主要表现为尿卟啉原1和粪卟啉原1反弹性过度生成，这是由于尿嘧啶生物合成途径中的第四种酶——尿卟啉原III合成酶的功能缺失所致。

基因型和表型呈多样性[87]，通常在婴儿期或幼儿期表现出明显的107CEP表现，包括极端的光敏性，在阳光照射区域出现水疱和瘢痕，脱发或多毛症，眼睛损伤，骨骼和牙齿荧光染色，骨质减少和硬化，严重的溶血伴尿黑和脾肿大。广泛的毁损是很常见的，尽管偶尔有文献记载表明在成年期包括老年期出现较为轻微的毁损形式，但在中年时期幸存下来的情况还是很罕见的。

正如预期的那样，功能酶水平在患者中显著降低或缺失，在专性杂合子携带者中约为正常值的一半。一些研究中心已经尝试了基因型—表型的相关性研究。

可用的治疗方案包括输血治疗贫血、减少日晒、选择病例行脾切除术和使用消胆胺或木炭，这两种方法都可能减少从肠中重新吸收卟啉。使用血红蛋白、羟基脲和β-胡萝卜素作为治疗方案仍然在研究中。

骨髓移植可以改善疾病的预后，有报道早期将基因转移到受影响的细胞系中也可以改善预后。[88]

评分

治疗 BMT：按骨髓移植评分

否则：拒绝

肝卟啉症

急性间歇性卟啉症（AIP）

急性间歇性卟啉症（AIP）是一种常见的急性卟啉症，它是一种可能危及生命的血红素生物合成障碍，由减少或功能失调的卟啉原（PBG）脱氨酶（羟甲基双链或 HMB 合成酶）引起。虽然大多数病例是低渗透常染色体显性遗传，高达 3% 的所有 AIP 和多达 10% 的散发性病例（总数的四分之一）可能由从头突变引起。[89]几十种基因变异已经被确认，只有 10% 左右的人将会出现症状。美国的患病率约为 5~10 人/10 万。

在女性中更为常见（比例约为 3∶1），通常发生在青春期或成年早期，这一过程与其他肝卟啉有相似，表现多为疼痛、神经精神问题和可诱导性（即由各种因素可能诱导其产生包括一些药物例如酒精、麻醉剂、巴比妥酸盐、抗癫痫药、激素、磺胺类药物）、营养不良，或感染等其他疾病。

临床表现是多种多样的，往往波动，但典型的特征在发作期间包括疼痛（通常是腹部）、多种神经或精神改变、黑色尿液、超或低血压和胃肠道紊乱。临床病程从轻微到危及生命，后者最常见的是大面积瘫痪或呼吸衰竭。光敏性不是一个特征。

诊断依赖于临床表现、家族史（如果存在）、深色尿液、尿样乙酰丙酸（ALA）、PBG（HMB）、尿卟啉和粪卟啉（发作时普遍存在，介于两者之间）以及正常或升高的粪卟啉和原生卟啉。如果测量，酶活性将有一半正常。

随着时间的推移，由于早期诊断、病例、确定有症状的亲属、诱导物的避免、较新的治疗选择和积极的呼吸支持，生存率逐渐提高。

混合型卟啉病（VP）

VP 是一种低渗透常染色体显性遗传性血红素代谢紊乱，与原卟啉原氧化酶（PPO）活性降低有关，具有光敏感性和急性神经精神疾病发作倾向。最近的证据表明，在 1q23 号染色体上有一个密码子 59（R59W）突变，至少在这个基因变异中是这样。[90]

急性发作通常由诱发因素引起，如药物、酒精、吸烟、禁食或类固醇激素改变，可能包括腹痛、呕吐、便秘、心动过速、高血压、精神症状，在最严重的情况下还包括四肢瘫痪。罕见的纯合子可表现为生长迟缓、发育迟缓、癫痫发作、光敏、暴露在较浅区域的皮肤疾病和手部畸形。

PPO 活性测定是诊断 VP 的一项特殊而敏感的技术。等离子体荧光发射试验是廉价的和特异性的，但敏感性差，因此它的价值可能在无症状的家庭研究中有限。由于 PPO 缺陷，原卟啉原 IX、粪卟啉原 III 和尿卟啉原的生产过剩。ALA 和 PBG 也可能增加。

多变的临床表现可能使 VP 很难与其他卟啉类化合物区分开来，包括 AIP 和 HC，最终的区别是生化上的。诱发因素、治疗方法和前景与 AIP 并无显著差异。[91]

遗传性粪卟啉病（HC）

HC 是所有肝卟啉症中最不常见的一种，它是由于线粒体酶粪卟啉原氧化酶活性不足从而导致粪卟啉原及其前体产量过剩引起的。基因缺陷通常以常染色体显性遗传方式传播，通常发生在 3q12。急性肝卟啉症，HC 的临床特征、预防和治疗方案与 AIP 或 VP 相似。遗传多样性和临床变异是 HC 发展的规律。

典型的急性发作可能包括腹痛、发烧、神经病、抽搐、精神病、高血压、黑尿和呼吸衰竭，以及（通常）皮肤光敏缺乏。尿和粪便粪卟啉明显增加，在发病期间，ALA，PBG 和尿卟啉也可能升高。诊断为淋巴细胞粪卟啉原氧化酶减少。但是粪卟啉水平与临床严重程度的关系不大。[92]

除了对症治疗外，在急性危象中，葡萄糖注射液可能是有益的，但精氨酸亚铁血红素是首选。

HC 与 AIP 共存已被证明，同时 HC 也存在多种变异形式，如纯合子隐性血卟啉症。[93] 皮肤受累在 HC 纯合子变异体中更为常见。

HC 患者死亡可能由神经麻痹、呼吸衰竭或肾脏损害引起。

所有肝卟啉的评分

- 40 岁以下：

轻度罕见：50%

更多症状：100%

严重瘫痪发作：200%

- 40 岁以上：

轻微的罕见发作：正常

更多症状：50%

严重的瘫痪发作：100%

- 呼吸器维持：拒绝

延迟性皮肤卟啉症（PCT）

PCT 是肝卟啉症中最常见的一种，是由血红素生物合成途径的第五种酶——尿卟啉原脱羧酶（UROD）活性降低引起的。发生的形式有家族性和散发性，[94]最常见的遗传方式为常染色体显性遗传。虽然在本质上毫无疑问是遗传因素，但是在表现上是生化的，但在某些情况下，外在因素可能是该病发生的必要条件。事实上，我们已经认识到酒精滥用、铁过量、药物摄入（如雌激素）或化学品与该病之间有很大的联系，最近，在 PCT 患者中发现了丙肝病毒抗体有很大比例（约三分之二），尤其是肝损伤患者。

男性的发病率高于女性（约75%），临床发病时间略晚于 AIP。家庭病例的年龄稍小（第5个10年）于散发病例（第6个10年）。临床特征可能包括皮肤光敏、腹痛、肝功能障碍、铁超载以及长期肝硬化或肝癌。相关疾病并不罕见，特别是感染和自身免疫紊乱。

罕见的纯合子（常染色体隐性）病例表现为肝红细胞卟啉症，可表现为溶血、脾肿大和牙齿变色。文献中还记载了一些双斑性疾病的表现（例如 PCT 和 VP）。

PTC 诊断依据是临床表现，尿路卟啉升高，UROD 水平降低，必要时肝活组织检查可见铁沉着和尿路卟啉晶体。虽然所有形式的 PCT 都降低了肝 UROD 水平，但在散发性和一些家族性病例中红细胞水平可以是正常的。

治疗包括避免一些可能产生沉淀的因素，静脉切开术和去铁氧胺输注或低剂量口服氯喹。该病死亡率与铁过量、肝脏受累和相关因素有关，如酒精过量。

评分

纯合子家族病例：拒绝
- 饮酒过量的历史：拒绝
- 非酒精滥用者，但肝功能障碍：200%
- 缺铁，肝功能正常或接近正常：100%
- 肝硬化：拒绝

▶▶ 白细胞疾病

白细胞可分为吞噬细胞（粒细胞，包括中性粒细胞、嗜酸性粒细胞和嗜碱性粒细胞）和免疫细胞（淋巴细胞）。通常只有成熟的吞噬细胞和淋巴细胞是外周血的组成部分。这两种细胞类型都保护人体免受感染，并且与人体两个重要的可溶性蛋白系统（免疫球蛋白和补体）密切相关。

中性粒细胞减少症和粒细胞缺乏症

应该指出，对于中性粒细胞减少症的诊断，健康的北美和欧洲人中性粒细胞的下限大约是 $1.5\times10^9/1$（$1.5\times10^3/mm^3$）。不同种族的统计数字有所不同，尤其是黑人的统计数字明显较低。[95]新生儿在出生后的第一天就可以发现中性粒细胞计数升高。[96]在对抗感染时，需要中性粒细胞有足够数量和相当完整的细胞功能。当中性粒细胞功能正常时，与中性粒细胞数量相关的脓毒症的易感性与计数成正比。当中性粒细胞绝对水平降至 $0.5\times10^9/1$（$0.5\times10^3/mm^3$）以下时，患者很可能出现复发性感染；低于 $0.2\times10^9/1$（$0.2\times10^3/mm^3$）的计数是极其有风险的，尤其患者合并功能缺陷时。[97]

中性粒细胞减少症可以是单发的，也可以是全血细胞减少症的一部分。中性粒细胞减少有许多潜在的机制和原因，如产生减少、破坏增加（机械的、免疫的或自身免疫的、药物诱导的、无效的细胞完整性）、过度利用（病毒或暴发性细菌感染）、血管边缘、池化、骨髓释放到循环中减少或从身体流失。

中性粒细胞减少症有分先天性和后天变异的；后者可能是特发性的或继发性的。在药物等确定的病因下，中性粒细胞减少症可能是可预测的（与剂量相关的）或特异的（不可预测的）。

粒细胞缺乏症是一种急性、严重的中性粒细胞减少症，通常是指由于骨髓生成减少而几乎没有中性粒细胞（中性粒细胞计数低于 500 个/mm^3）。通常伴有发热、临床感染（如咽炎、口炎、肺炎）和感染性休克的症状。非粒细胞增多症最常见的原因是药物的使用。

中性粒细胞功能障碍或显著中性粒细胞减少的主要后果是细菌侵袭和败血症。虽然从技术上讲，粒细胞减少症是一个更为普遍的术语（它包括除中性粒细胞外的其他粒细胞白细胞），但它通常与中性粒细胞减少症同义。

骨髓检查在诊断中性粒细胞减少症时很有价值，因为它可以确定造粒损伤的程度。我们可以区分骨髓前体的减少和外周血中性粒细胞的减少。此外，骨髓活检也可用于良恶性的鉴别诊断。

中性粒细胞减少症患者的治疗取决于病因、严重程度、可纠正性和风险程度。中性粒细胞减少症的重要的治疗原则是要求消除诱因，抗生素支持，抗真菌或抗病毒支持，粒细胞支持感染的耐抗生素个体。

评分

$<1.5\times10^9/l$：重复测试

$1.5\sim2.5\times10^9/l$，重复测试：50%

白细胞增多

成年人正常的白细胞总数为 4 400~10 000 个细胞/μl，其中大多数是成熟的中性粒细胞（约60%）。在男性中，白细胞计数超过 $9\times10^9/l$（$9\times10^3/mm^3$）似乎是超额死亡率的独立预测因子。[98]白细胞增多的主要原因是感染（尤其是细菌）、炎症和组织坏死、代谢紊乱、溶血、使用药物（如糖皮质激素）、髓系生长因子治疗和所有类型的恶性肿瘤。

评分

- 白细胞 $>10\times10^9/l$

已知原因，正常差异计数：正常

原因不明：重复测试

原因不明，差异计数异常：延迟

淋巴细胞减少和淋巴细胞增多

在淋巴细胞增多症中，绝对淋巴细胞计数高于 4 000 个/mm^3（$4\times10^9/l$）。在新生儿和 12 岁以下儿童中，血液中淋巴细胞水平较高（可达 8 000 个淋巴细胞/mm^3）。大多数情况下，淋巴细胞增生常发生在婴幼儿对抗传染病的过程中。而在成人中则是中性粒细胞产生反应。成人淋巴细胞增多症的病因有急性和慢性感染、甲状腺毒症以及恶性疾病（如 CLL 等）。

淋巴细胞减少症（<1 500 个淋巴细胞/mm^3）的原因可能是严重的骨髓衰竭、药物（皮质类固醇、免疫抑制剂），或者是由于病毒感染性疾病，它也发生在各种免疫缺陷综合征（如艾滋病）。

评分

- 淋巴细胞增多 $4\times10^9/l$：延迟
- 淋巴细胞减少 $<1.5\times10^9/l$：重复试验
- 重复测试 $<1.5\times10^9/l$：延迟

血小板、凝血和止血

血小板增多症

正常成人血小板计数范围为 15~45 万/μl（150~450×10^9/l）。因此，血小板增多（症）为血小板计数 >50 万/μl（500×10^9/l）。血栓形成可以是反应性（细胞因子驱动机制）[99]或原发性。反应性或继发性血小板增多症是由多种因素引起的，如术后状态、细菌感染、非感染性炎症、急性失血、缺铁、创伤或脾切除术后。[100]在病因和诱因得到解决后，血小板计数再次恢复正常。原发性血小板增多症是指慢性骨髓增生或骨髓增生异常的一种确诊疾病。[101]在这些克隆生产过剩的情况下，会使血小板产生过剩。与血小板增多相关的慢性骨髓增生性疾病有血小板增多症（ET）、真性红细胞增多症（PV）、特发性骨髓外化生（AMM）和慢性粒细胞性白血病（CML）。[102]

评分

已知原因、反应原因或次要原因：按原因评分
原因不明：推迟或拒绝

出血性疾病

血小板减少症

血小板减少和血小板功能异常有多种原因：中毒（药物诱导或感染引起）；骨髓衰竭（例如在许多恶性肿瘤中，在化疗或放疗后）；血小板消耗量增加（如DIC）；血小板加速破坏（如免疫或自身免疫、感染）；血小板分布异常（脾肿大）；或稀释（将储存的血液输往出血病人）。

诊断方法为外周血计数、血涂片、骨髓检查。血小板减少症的治疗与潜在的原因密切相关。

评分

- 已知原因：按原因收费

- 原因不明：推迟

特发性（自身免疫性）血小板减少性紫癜（ITP，ATP）

特发性（或自身免疫性）血小板减少性紫癜是一种自身免疫性出血疾病，其特点是黏膜皮肤出血和血小板计数低，是由血小板破坏和/或通过特异性IgG自身抗体抑制血小板生成引起的。[103]在没有自身抗体的病人中，有一种替代机制那就是T细胞介导的细胞毒性。[104]ITP的病因被认为包括遗传和环境因素。

一般来说，症状与血小板计数密切相关。血小板计数>5万/μl通常不会引起症状。3万~5万/μl的计数与轻度创伤的过度挫伤有关，而血小板计数在1万~3万/μl，会发生瘀点或瘀斑。低于1万/μl的严重内出血（特别是胃肠出血和神经出血）风险很高。ITP的临床表现也随患者年龄的不同而不同。老年患者有更严重的出血表现，如明显的胃肠出血和颅内出血。[105]当这种疾病伴有自身免疫性溶血时，就有了伊万氏（Evan）综合征。在许多情况下，出血失调导致贫血。

ITP的诊断是通过低血小板计数、血小板减少、循环血小板的增大（由于年轻的血小板流出）。在成人中，ITP通常是慢性的，这意味着血小板增多症持续时间超过6个月。在青年（18~40岁）有一个高峰表现，女性比男性更容易受到影响（比例3:1）。[106]虽然高峰出现是有用的研究概念，但ITP在任何年龄都可能出现；事实上，第三个峰值出现在老年人身上已经被证实。

当血小板计数为>5万/μl时，无需治疗。对于患有急性疾病的成年人，当血小板计数低于3万/μl或出血时，需要使用皮质类固醇激素治疗。四分之三的病人预期会有完全或满意的部分反应。在类固醇失败或频繁复发的情况下，脾脏切除术将有80%的疗效。

在持续时间较长的ITP中，糖皮质激素往往不太有益。脾切除术不完全，则可能需要也可能不需要额外治疗。血小板数量超过3万/μl通常具有良好的耐受性，除非发生意外、拔牙、手术或分娩，在这种情况下，可能需要进行特殊准备。当血小板计数<3万/μl或出血复发时，通常需要额外的治疗。这是一项治疗上的挑战，可根据情况采取以下几种措施：重复使用糖皮质激素；如果发现附脾脏，则去除；长春新碱；静脉注射免疫球蛋白；达那唑；长春新碱治疗血小板；血浆置换；和免疫抑制药物。

大多数急性儿童期病例和对皮质类固醇或脾切除术反应良好的成人预后良好。慢性ITP的整体死亡率约为5%。

有ITP的孕妇是一个值得特别关注的问题，值得注意的是ATP是HIV感染的潜在并发症。已有的报告表明，除非存在ATP或循环抗血小板抗体的诊断，否则孕妇和儿童在妊娠期血小板减少症方面存在相当缓和的过程。

评分

- 急性：推迟
- 慢性：

病情稳定无治疗：100%～200%

正在进行治疗：拒绝

血小板计数＜2万/μl：拒绝

血栓性血小板减少性紫癜（TTP）与溶血性尿毒症（HUS）

这些疾病的特点是严重的血小板增多、碎裂性溶血、紫癜和缺血性器官损害。其发病机理尚不清楚。然而，动脉血栓广泛沉积导致血管闭塞。

这种疾病有时是致命的。治疗包括血浆交换，可能需要重复许多周。[107]大约20%的病人会复发，并发症经常发生，慢性隐袭过程并不少见。已知与怀孕相关的病例会在随后的怀孕中复发。其他有一定疗效的治疗方法有抗血小板药物、血小板输注、脾切除术、IV免疫球蛋白、前列环素类似物和免疫抑制剂。这些疗法对于10%到20%的患者来说尤其重要，这些患者对血浆疗法有短暂的、不完全的或无反应。[108]一个病人对某种治疗的反应可能令人印象深刻，但对另一个病人却毫无帮助。由于个体性差异这一原因，以及在暴发性病例中治疗的紧迫性，大多数患者接受了多药联合治疗。

评分

- 无复发，完全缓解：标准
- 复发，慢性病：推迟
- 长期后遗症：按损害程度评分

凝血障碍

血友病

血友病是一种遗传性出血性疾病，包括凝血因子异常和血小板功能异常。其中最常见的是冯·威尔布兰德病。然而，当使用"血友病"一词时，它通常指以下两种疾病：因子Ⅷ缺乏或血友病A和因子Ⅸ缺乏或血友病B（也称为圣诞病）。很少发现合并血友病A和B（每5 000个男婴出生就有一例）。

血友病的主要症状是出血。最常见的出血部位是关节（尤其是膝盖、肘部和脚踝)、肌肉（尤其是股四头肌、髂腰肌和前臂）以及胃肠道，严重的情况下甚至是泌尿生殖道。有时会发生颅内出血。自发性出血是严重血友病的特征，几乎可以诊断。该疾病的女性携带者具有可变因素；出血不会发生在那些接近正常水平的人身上，但是那些低于50%预期减少的人可能比未受影响的亲属或匹配的对照组出血更多。[109]

传统的血友病 由凝血因子水平降低或功能障碍的性别连锁遗传而成。同样的临床表现可能来自正常遗传因子Ⅷ的后天抑制。严重程度可分为三个等级，一部分临床表现由因子Ⅷ凝血活性决定：重度血友病（<1%）、中度血友病（1%~5%）和轻度血友病（>5%）。[110]

诊断依据是临床图像、家族史、部分血栓形成时间延长（反映内在通路完整性）和因子Ⅷ凝血活性水平。当表明存在抑制时，可能需要记录。

当血友病患者的活动超过5%~10%，可以使用DDAVP（醋酸去氨加压素），这种药物刺激内源性因子的产生，增强血小板功能，并已被证明在特定情况下有用。在牙科工作中，纤维蛋白溶解抑制剂的使用也被证明是有价值的。

除了出血的短期和长期后果（如致残畸形、假肿瘤、神经学）之外，还应增加与治疗相关的风险，特别是与血液制品相关的疾病传播（乙肝、丙肝和戊肝、细小病毒、艾滋病毒等）。在现代体制下，慢性并发症正在减少，而基因工程或超纯化浓缩物有望避免产生天然血液制品相关的风险。重组因子Ⅷ浓缩物现在是在可获得它们的国家的首选治疗方法。[111] 令人感兴趣的是，经蛋白酶抑制剂处理的HIV感染血友病患者自发性出血的风险较高；目前还没有建立因果关系。[112]

与传统血友病A相似的是，圣诞病与Ⅸ缺乏的临床症状相似，遗传和风险也相似，因子分析有助于区分两者。

圣诞节疾病的替代治疗要求使用血浆或Ⅱ、Ⅶ、Ⅸ和Ⅹ因子的浓缩物。同样，使用的数量和治疗时间取决于手头的情况。一种单克隆抗体纯化的Ⅸ制剂，在早期试验中含有可忽略不计的其他维生素k依赖因子，同时基因疗法正在积极研究中。[113]

在引入凝血因子制剂之前，血友病患者的预期寿命很低。严重的血友病患者很少活到成年以后；轻度血友病的存活率约为正常寿命的三分之二。一项覆盖1969—1974年的英国研究表明，A型血友病患者平均死亡年龄为43岁，B型血友病患者平均死亡年龄为34岁。

在1973—1986年期间，荷兰一大批无HIV血友病患者（A和B）的生存数据显示，作为一个群体，观察到超过预期的死亡率为2.1（严重血友病患者为2.9，轻度血友病患者为1.6）。荷兰男性平均死亡年龄为49岁，平均预期寿命为66岁，荷兰男性平均寿命为74岁。[114] 如预期的那样，使用抑制剂的患者情况更糟，其死亡风险是不使用抑制剂的患者的5.3倍。接受预防治疗而没有抑制剂的严重血友病患者比未接受预防治疗的患者情况要好。

死亡原因包括出血、肿瘤、中风、肾衰竭、心肌梗死（MI）、自杀和未知事件（其他系列也显示出肝病的过度）。癌症死亡率更高，心肌梗死死亡率低于预期。在另一项研究中，预期寿命在20世纪80年代实际上下降了（从57岁下降到40岁），当时所有的病人包括艾滋病毒感染者都被考虑在内。[115]

不建议对乙肝或丙肝感染血友病患者额外扣款，因为这些超级感染的死亡含义是争论的主题，而且任何额外的风险都打算由已确定的等级的总体死亡含义所涵盖。

评分

- 因子抗体存在：拒绝
- 艾滋病毒阳性：拒绝

年龄小于21岁：轻度50%，中度150%，重度200%

年龄22~40岁：轻度50%，中度100%，重度150%

年龄>40岁：轻度/正常/中度50%，重度100%

冯·威尔布兰德氏血管性血友病（VWD）

在常染色体显性遗传性出血性疾病中，血小板粘附异常与低因子Ⅷ活性有关。冯·威尔布兰德因子（VWF）是一种由血管内皮细胞和巨核细胞产生的多组分糖蛋白。VWD是由于VWF的定量（Ⅰ型部分和Ⅲ型几乎完全）、定性（Ⅱ型）或选择性亚基（Ⅱ型变体）异常。遗传缺陷位于12号染色体的短臂上。VWD在普通人群中的患病率在1%~0.1%，是最常见的遗传性凝血功能障碍。

出血的特点是多黏膜出血，浅表切口出血，手术或术后出血少。VWD的表现可能大到威胁生命。

VWD的诊断是由于出血时间延长，凝血因子Ⅷ活性低，VWF和瑞斯西丁素（一种抗生素）有缺陷而产生的血小板聚集。

VWD在出血的情况下的治疗或在有创程序的准备必须个性化。出血发作可采用因子Ⅷ（含VWF和因子Ⅷ）或DDAVP治疗。在某些情况下有用的还有纤溶性抑制剂。

还有一种获得型的VWD。临床表现从轻微到严重，它已被确认与淋巴管、骨髓增生和自身免疫性疾病有关。

评分

- 轻度形态：标准

- 重度形态：100%
- 严重形态：200%

血液高凝疾病

蛋白 C 和蛋白 S 缺乏

血栓形成的主要危险因素是血流减少和高凝性。有几种遗传性止血障碍，如蛋白 C 和蛋白 S 缺乏。

蛋白 C 是一种维生素 k 依赖性丝氨酸蛋白酶，在凝血酶（结合内皮蛋白溶栓调节蛋白）激活后，其主要功能使活化凝血因子 V 和 Ⅷ 的蛋白水解酶失活。因此，它是一种天然抗凝血剂。蛋白质 S 是另一种维生素 k 依赖因子，以游离和结合的形式存在于血浆中，作为蛋白质 C 的辅助因子。遗传方式是常染色体显性遗传，外显率可变。其他不太常见的遗传性原因有：抗凝血酶 Ⅲ 缺乏、纤维蛋白原和纤溶酶原缺陷、高水平的因子 Ⅶ 或纤维蛋白原（获得性）。

其他原因，如血液病，必须排除。获得性危险因素有术后血栓、静脉淤血、恶性肿瘤（血栓可能先于疾病发现）、雌激素治疗和"红斑狼疮凝血剂"。

获得性 PC 缺乏症在晚期肝病和地中海贫血和圣诞节等疾病中作为一种共同遗传特征被报道。

PC 缺乏症导致的血栓形成可能与正常数量的蛋白质的功能失调定量（Ⅰ型）不足，定性（Ⅱ型）缺陷，和原本正常的蛋白质有激活或响应的缺陷，如凝血酶缺陷或莱顿第 V 因子，后者影响 3%～5% 的人口和 50 岁以下的一半的深静脉血栓形成患者。[116]

纯合子 PC 缺陷患者有一个明显的缺陷，通常在新生儿期出现广泛的致命的血栓和微血管炎症。除非迅速和积极的治疗，视觉损失和脑损伤是常见的结果，即使在适当的治疗病例。正常情况下 30%～50% 杂合可能会在 40 岁以下出现血栓性发作、血栓形成开始时通常是深静脉血栓形成（通常是自发的，无缘无故的）或更不寻常的肠系膜血栓或 CVA。[117] 尽管血栓形成的风险被认为是杂合子较高（30%～80%），但是一些患者保持无症状，导致怀疑存在至少另一个不为人知的因素可能是同时引发血栓形成的原因。遗传性缺陷患者通常需要终身华法林治疗。

筛选试验有蛋白-C、蛋白-S 免疫功能测定、纤维蛋白原测定和凝血酶时间测定。PS 缺乏的临床事件与 PC 缺乏的临床事件没有显著的不同。[118]

评分
- 纯合：
  治疗，有限后遗症：150%
  治疗后，严重后遗症：拒绝
- 杂合：
  无症状：正常
  单次血栓发作：按血栓评分
  多次血栓发作：100%
- 华法林疗法：按华法林疗法评分

恶性血液病

白血病

白血病是一组以骨髓和外周血中异常白细胞积累为特征的疾病。这导致骨髓衰竭，贫血，中性粒细胞减少和血小板减少。

急性和慢性白血病在发病、病程、治疗方式和预期寿命方面存在差异。

急性白血病

这些都是威胁生命的疾病。临床表现为骨髓衰竭：贫血、出血、瘀伤和血小板增多症引起的紫癜、感染和中性粒细胞减少症引起的发热、苍白和呼吸困难。

血液学实验室检查和骨髓活检是诊断依据。要区分急性淋巴细胞白血病和急性骨髓细胞白血病，必须依赖于白血病细胞的临床特征和形态学。为进一步进行亚型分类，通常采用细胞化学、单克隆抗体测试、染色体和分子分析。法美英（FAB）分类被广泛使用。因此，急性白血病分为急性髓系白血病（AML），有8个亚型（MO－M7），急性淋巴细胞白血病（ALL），有L1，L2，L3，前体－B－ALL，B－ALL和T－ALL。

急性淋巴细胞白血病（ALL）

它们都是最常见的白血病，甚至是儿童时期最常见的癌症（占所有儿童恶性肿瘤的30%），发病率最高的是3～4岁，10岁以后下降。该病在儿童中发生的频率是 AML 的 5 倍。在 40 岁之后有第二个发病高峰。

40 年前，ALL 是迅速而致命的。后来，化疗明显改善了预后（与历史事实相比）。自 1967 年以来，所有治疗原则包括化疗和预防性放射治疗以诱导缓解，治疗潜在的病变（中枢神经系统，睾丸在男孩），巩固或强化和维持化疗。在不同的研究中心，对这一基本治疗原则进行了大量的修改，不断改进以提高生存率，减少治疗后遗症和消除第二次恶性肿瘤的风险。

干细胞或骨髓移植适用于所有具有攻击性 ALL 的患者、缓解后复发的患者和初始诱导治疗未能达到缓解的患者。

在过去 20 年里，所有儿童的存活率有了显著提高，目前的 5 年存活率估计为 78%～5%。[119,120] 目前，被归类为"非高风险"的儿童患者的 5 年生存率可能高达 85%，无事件生存率为 80%，完全缓解率为 90%。良好的预后因素包括女性、年龄在 2～10 岁、细胞计数危象发生率较低、不同程度上没有髓外疾病、更快速的诱导缓解和除成熟 B 细胞外的免疫类型。[121] 全面长期生存（不包括晚期癌症的可能性）的最佳指标是完全缓解诱导后无病间隔的时间。5 年无病生存被认为是治愈。

在成年人中，完全缓解的数字也在稳步提高，目前在 75%～90%。[122] 与儿童相比，根据患者年龄和疾病特点，长期生存率仅为 25%～50%。因此，成年病人的情况更糟。他们可能通过以上列出的化疗原则或异基因 BMT 在首次或后期缓解。完全缓解率约为 75%，5 年存活率约 45%，无病 5 年存活率 40%。长期无病生存的幸存者约占最初进入完全缓解状态的人的三分之一。[123]

急性髓系白血病（AML）

AML 发生在所有年龄组。它是成人白血病的常见形式。AML 患者的中位年龄约为 60 岁，性别发生率相等。儿童很少受到影响（大约 10% 的白血病发生在儿童时期）。

急性髓系白血病的治疗主要包括序贯多药化疗。首选的药物是蒽环霉素和胞嘧啶阿拉伯苷。许多进一步的新药正在不断研究中。根据多种因素，目前最好的化疗方案可使患者完全缓解 60%～90%。5 年生存率约为 40%，较年轻的患者和早期的疾病有较好的预后。大约有 15%～20% 的病人将被治愈。[124,125]

骨髓移植和外周干细胞移植是一种可以降低复发率的治疗方法，但也与较高的发病率和死亡率有关。[126] 完全缓解的成人患者的长期无病生存期约为 45%～65%。[127]

死亡通常由于缺乏疾病控制、复发、细胞并发症，如感染或出血、器官衰竭、治疗并发症，在 BMT 的情况下，死亡通常是由于移植物抗宿主病（GVHD）。

评分

- ALL

童年，>5 年：100%

成人，缓解 >5 年：CMO，至少 50%

BMT 或干细胞移植：BMT 的比率

- AML

成人，缓解 >5 年：CMO，至少 50%

BMT 或干细胞移植：BMT 的比率

慢性白血病

慢性白血病主要是慢性淋巴细胞性白血病（CLL）和慢性骨髓性白血病（CML）。其他类型是毛细胞白血病以及一些非常罕见的亚型。此外，慢性病程也包括多种骨髓增生性综合征。

慢性淋巴细胞性白血病（CLL）

慢性淋巴细胞性白血病是一种慢性淋巴增生性疾病（淋巴样肿瘤），其免疫功能不全的成熟的淋巴细胞在无性系中大量繁殖。它的特征是功能不全的淋巴细胞的逐步积累，这些细胞最初是单克隆的。通常，受影响的淋巴细胞是 B 细胞谱系。CLL 是老年人的一种疾病。

已经设计了几个分期系统来确定与生存有关的因素（Rai，Binet，International）。根据年龄、性别、表现状况、淋巴细胞计数、骨髓细胞数量、附加细胞数量、生化参数、肿瘤体积和淋巴样加倍时间的组合，确定了低、中、高危人群。特别是，血液和骨髓中的淋巴细胞计数较少，正常的红细胞和血小板计数，最小的组织累及和较慢的淋巴细胞加倍时间都表明有更好的风险。

在通常情况下，CLL 的诊断是直接的。绝对持续性淋巴细胞增多、脾肿大、淋巴样骨髓浸润和适度的淋巴结病都是常见的特征。大约有 25% 的病人感觉良好，没有任何症状，当常规的血液计数显示淋巴细胞增多，导致 CLL 的诊断。大约有 5%~10% 的患者出现典型的 B 型淋巴瘤症状（疲劳、体重减轻、发烧和夜间盗汗而无感染迹象）。

所有 CLL 患者从诊断到治疗的总中位生存率为 5~10 年。那些患有隐袭性疾病的人（即轻度绝对淋巴细胞增多症是唯一的异常，而且随着时间的推移几乎没有进展）的存活率与一般人群没有什么不同。只有大约 10% 的患者在诊断的第一年就有很差的预后——死亡。

慢性骨髓性白血病（CML）

慢性骨髓性白血病是一种骨髓增生性和克隆性疾病，起源于造血干细胞。这种缺陷导致了一条异常染色体的产生，即所谓的费城染色体。这条染色体是由相互易位引起的（t 9；22）。Bcr – Abl 融合 mRNA 和 Bcr – Abl 蛋白是导致该病的原因，其特征是高白细胞计数（$>50 \times 10^9/l$）和外周血中完整的骨髓细胞谱。

报告的年龄中位数约为 50 岁，尽管比报告年龄要小得多的患者并不少见。该病有轻微的男性优势。这种病有三相病程。慢性阶段出现在诊断时，然后是加速阶段，最后是爆发危机。通常，脾肿大和白细胞增多伴左移，鉴别慢性期。血小板增多是常见的，白细胞碱性磷酸酶低或不存在。诊断慢性粒细胞白血病的临床表现差异很大。多达 50% 的患者无症状，首次怀疑是通过常规血液测试。在有症状的病人中，全身症状很常见（如疲劳、体重减轻、出汗、腹痛）。平均存活时间只有 3.5 年。少数患者在慢性阶段存活超过 10 年。

由于治疗选择的多样性，CML 患者的治疗是高度复杂的，包括口服化疗（特别是羟基脲、布舒凡）、干扰素和最近的酪氨酸激酶抑制剂。唯一的治疗方法是骨髓移植。CML 中 BMT 的结果与移植时的疾病阶段直接相关。移植在疾病发生第一年，效果最好。[128]

评分

- CLL < 10 年保险间隔：

< 50 岁：拒绝

51 ~ 60 岁：150%

> 60 岁：50% ~ 100%

- CML

慢性疾病：拒绝

完全缓解（> 5 年）：100%

BMT 后完全缓解：按 BMT 评分

骨髓增生障碍

这一术语将一系列具有共同自主克隆过度生产的一种或多种骨髓源性非淋巴细胞系（即红细胞、血小板、粒细胞和成纤维细胞）的疾病集合在一起。

在本项下包括的疾病中，有非白血病性疾病，如真性红细胞增多症（PV）、原发性血小板增多症（ET）和骨髓纤维化（MF）。慢性粒细胞性白血病在别处讨论过。

原发性血小板增多（ET）

原发性血小板增多症（亦称原发性血小板增多症）是一种骨髓增生异常疾病，其特征是循环血小板的数量绝对增加和血栓出血性并发症。血小板增多完全或主要局限于巨核细胞——血小板谱系。ET 和其他骨髓增生性疾病之间通常是有区别的，尽管重叠综合征并不少见。ET 通常出现在中年以上（平均年龄在 50~70 岁），可能影响任何性别（不同系列中男性或女性的略微优势）。

ET 的诊断主要基于血小板计数（>60 万/μl）。典型的血液学表现包括明显的血栓形成、血小板大小的显著变化（包括巨大的形式）、血小板功能障碍和骨髓中巨大的非典型巨核细胞的显著增加。

如果出现并发症就需要治疗。最常见的血管舒缩症状很容易用小剂量的阿司匹林控制。血栓事件和出血并发症太不常见，不值得长期使用化疗药物。[129] 用于治疗特殊高危患者的其他药物有羟基脲、阿纳格雷利德和干扰素。[130]

大多数 ET 患者的预期寿命正常，没有相关的疾病相关并发症。甚至血栓出血性并发症通常也不会致命。[131] 然而，1%~20% 的患者会在发病的前 10~15 年发展成白血病。[132]

评分

- 原因明确：

控制，无症状：50%

未经治疗，控制不良（>1 000×10^9/l）：推迟

并发症或费城染色体阳性：拒绝

- 原因不明：推迟

真性红细胞增多症（PV，PRV）

真性红细胞增多症也是一种慢性骨髓增生性疾病，其特征是红细胞前体的无性系增殖，主要是红细胞生成素产生。PV 的特征是红细胞质量增加。

PV 发生在所有人群和所有年龄组，主要发生在 20~85 岁（仅在儿童和成年早期偶尔发生）。症状从不明原因的不适（如头痛、头晕、出汗过多）到更为特殊的症状 [如瘙痒、红斑性疼痛（手脚烧灼痛伴红斑、苍白或发紫）、胃肠道不适、肝脾肿大和血栓形成]。诊断基于实验室发现，如红细胞数量增加，红细胞质量增加，但也增加血小板计数（>40 万/μl）和/或白细胞计数（>12 000/μl）结合可触及脾肿大。可以进行骨髓穿刺和活检，以检测骨髓细胞增多、铁缺乏和特定的克隆标

记物。

PV 治疗有不同的目标。应尽量减少临床、物理和实验室特征。但主要的治疗目标是预防血栓形成。治疗包括静脉切开术和/或骨髓抑制疗法。

未接受治疗的 PV 患者的中位生存期估计为自诊断之日起 6~18 个月,而目前接受治疗的患者的生存期超过 10 年。[133]在一项研究中,接受治疗的患者的总死亡率是相同年龄和性别正常人群的 1.7 倍。[134]死亡的主要原因是血栓形成和 PV 转化为恶性。[135]

评分

- 诊断后 3 年以下:推迟
- >诊断 3 年:50%
- 风险好(无并发症,无骨髓抑制治疗)

特发性骨髓纤维化(特发性骨髓外化生)

骨髓纤维化(MF)的特征是骨髓反应性纤维化和髓外造血,尤其是脾脏和肝脏。

典型的特发性 MF 表现在中年人或老年人,症状是贫血和广泛的脾肿大。血小板不等红细胞增多可见白细胞分裂血膜。骨髓抽出物通常是干的,活检显示有强烈的纤维化。最初的血细胞计数变化很大,但全血细胞减少并不罕见。

特发性 MF 的病因是巨核细胞异常增生。成纤维细胞可能受到血小板衍生生长因子的刺激。在 MF 过程中并发症通常是全血细胞减少。

支持性护理仍然是治疗的支柱。各种治疗方法(包括细胞毒性、脾放疗、皮质类固醇雄性激素、多次骨髓穿刺等)对特定疾病有一定的缓解作用,但对生存率影响不大、不一致或重现性差。脾切除术可用于控制疼痛、大量生长或使细胞丧失功能,但不太可能影响寿命和肝肿大和疾病进展。干扰素可能对控制血栓形成有好处。[136]骨髓移植有望逆转骨髓纤维化,但由于年龄、缺乏合适的供体或整体状况不佳,只有少数患者可以接受。

MF 的整体前景并不乐观。设计了各种评分系统,以评估总体前景(细胞计数、成核百分比、脾脏和肝脏大小、初始骨髓纤维化程度)。因此,低风险患者平均存活 6~7 年,中等风险患者平均存活 4~5 年,而高风险患者(贫血,脾肿大,尤其是更大的纤维化)仅存活 18 个月。偶然诊断出有症状的病人活得更长。

评分

- 总体上:拒绝

- 对于 BMT：按 BMT（BMT 后 5 年）评分

B 细胞疾病

单克隆丙种球蛋白病

单克隆免疫球蛋白（M 组分）被认为是一种用于血浆或尿液电泳分离的清晰分离带。

单克隆丙球蛋白病通常反映存在原发性血浆细胞障碍（如多发性骨髓瘤、Waldenstrom 巨球蛋白血症、重链病或免疫球蛋白来源的淀粉样变）。或者，其他疾病可能伴随着各种通常认为并非主要源于免疫的疾病，如慢性感染、非淋巴腺肿瘤、自身免疫疾病或脱髓鞘多神经病变。后者可以宽泛地称为次级单克隆配子。

单克隆丙球蛋白病的发病率随年龄增长而增加。MGUS 的发病率在不同人群中是不确定的，但可能影响到 1% 的成年人，大约 3% 的 70 岁以上的人和 4%～5% 的 80 岁以上的人。大多数的 MGUS 患者都是健康的，并有正常水平的免疫球蛋白，随着时间的推移而保持稳定。它们只显示有限数量的尿光链（Bence Jones）和没有并发症。如果 M 分量增加，就有发展成多发性骨髓瘤的危险。

评分

- 长期稳定：标准
- 不稳定：拒绝

多发性骨髓瘤

这是单个浆细胞克隆的恶性肿瘤，产生 M 成分并导致骨髓结构和功能的破坏。

平均存活时间约为 3 年。5 年生存率约为 25%，在过去 10 年几乎没有改善，尽管在支持性护理和一些新的化疗方法的试验方面取得了进展。[137]特别令人失望的是，与几种白血病形成对比的是，大多数白血病患者没有得到一定程度的控制。

近年来，新诊断的高剂量化疗合并自体骨髓抢救患者的存活率约为 50%，无病例生存率为 28%[138]。目前正在等待这方面的新发展。

评分

根据一般经验和已发表的生存数据，多发性骨髓瘤仍然是一种无法投保的疾病。髓质浆细胞瘤对放射治疗反应良好，但复发率高，或可发展为典型的骨髓瘤，也应谢绝投保。在放射治疗后持续缓解的孤立的髓外浆细胞瘤在 5 年无病后可谨慎保证 100% 的死亡率。

干细胞与骨髓移植（BMT）

人的 BMT 或外周干细胞移植（PSCT），在血液学损伤可选择的治疗中，已经达到了可接受（在某些情况下是首选）的状态。作为一种用活的健康细胞重新填充耗尽的骨髓腔室的方法，异基因 BMT 目前主要用在骨髓再生不足（再生缺失）、骨髓替换（白血病）和某些危及生命的遗传疾病（如镰状细胞贫血、地中海贫血主要、免疫缺陷状态、遗传酶病）。对于白血病以外的恶性疾病，在强放化疗后进行自体骨髓或外周干细胞的抢救是另一个问题。

虽然进行 BMT 的疾病状态保留了适当和与移植后进化成比例的承保意义，但移植过程本身可能影响发病率和死亡率，因此需要增加独立评分。对 BMT 患者的考虑是这样的，即一些进行这种手术的疾病在移植成功后是可以治愈的。

简单地说，外周血干细胞或骨髓移植的主要步骤包括：
- 存在一种疾病状态，移植是一种可行的选择。
- 选择合适的供者（年龄、功能状态、病毒血清状态、相关疾病等）。
- 同系（同卵双胞胎）或异系（相关或不相关供体）的鉴定。
- 通过化疗和/或放疗消除宿主骨髓。
- 静脉输注足够数量的供体细胞。
- 移植前、移植期间和移植后的支持和预防措施，包括使用血液产品支持、抗生素覆盖、使用抗排斥药物，有时还包括造血生长因子。
- 持续观察并及时积极治疗，包括排斥反应、各种潜在病原体感染、间质性肺炎等并发症。
- 特别注意急性和慢性移植物抗宿主病（GVHD）。
- 长期随访。

过程是由微调不断修改和完善的准备制度，修改抗感染预防和治疗方案，细化免疫抑制和试验的具体措施如捐赠骨髓 T 细胞清除和抑制白介素 2 和肿瘤坏死因子，以减轻 GVHD 严重性。

最令人关注的并发症包括缺乏移植（罕见），骨髓排斥（罕见），治疗（如免疫抑制）并发症，与低计数（即感染和出血）相关的并发症，GVHD，原发性疾病复发和继发性疾病风险（如白血病）。慢性 GVHD、原发性疾病复发和长期恶性肿瘤风险是最令人担忧的延迟并发症。

皮肤、内脏、肝脏、关节和其他症状的慢性 GVHD 特别令人关注，其影响可能从不便到危及生命。作为一个非常普遍的规则，大约 20% 的 BMT 接受者死于与治疗相关的并发症（非完全相同的不相关捐赠者的死亡率更高），大约 20% 死于血液学疾病的复发。

虽然有时很难区分基本疾病的死亡率与治疗并发症的影响，但在一些已发表的研究中，急性和慢性 GVHD 明显影响 BMT 后的总体生存。

评分

- 移植 5 年后，无复发
- 非 GVHD

正常外周血计数：100%

血液计数低于正常：（CMO）

- GVHD/正常血计数

轻度：50%

严重：拒绝

▶▶ 参考文献

[1] Unsworth DJ, Lock FJ, Harvey RF. Iron deficiency anemia in premenopausal women [letter, comment]. *Lancet* 1999; 353: 1100.

[2] Cook JD, Skikne BS. Iron deficiency: Definition and diagnosis. *J Intern Med* 1989; 226: 349.

[3] Brittenham GM. Disorders of iron metabolism: Iron deficiency and overload. In: *Hematology Basic Principles and Practice*, 2nd edn. Hoffmann R et al. (eds), Churchill Livingstone, New York 1995.

[4] Osaki T et al. The pathophysiology of glossal pain in patients with iron deficiency and anemia. *Am J Med Sci* 1999; 318: 324.

[5] Bridges KR, Seligman PA. Disorders or iron metabolism. In: *Blood: Principles Practice of Hematology*, Handin, RI, Lux, SE, Stossel, TP (eds), 1995, Ch49.

[6] Van den Broek NR et al. Iron status in pregnant women: which measurements are valid? *Br J Hematol* 1998; 103: 817.

[7] Malope BI et al. The ratio of serum transferrin receptor and serum ferritin in the

diagnosis of iron status. *Br J Hematol* 2001; 115: 84.

[8] Mast AE et al. Clinical utility of the reticulocyte hemoglobin content in the diagnosis of iron deficiency *Blood* 2002; 99: 1489.

[9] Brugnara C et al. Reticulocyte hemoglobin content to diagnose iron deficiency in children. *JAMA* 1999; 281: 2225.

[10] Wians FH et al. Discriminating between iron deficiency anemia and anemia of chronic disease using traditional indices of iron status vs transferrin receptor concentration. *Am J Glin Pathol* 2001; 115: 112.

[11] Till SH, Grundmann MJ. Prevalence of concurrent disease in patients with iron deficiency anemia. *BMJ* 1997; 314: 206.

[12] Pruthi RK, Tefferi A. Pernicious anemia revisited. *Mayo Glin Proc* 1994; 69: 144.

[13] Anttila P et al. Idiopathic macrocytic anemia in the aged: Molecular and cytogenetic findings. *Br J Hematol* 1995; 90: 797.

[14] Snower DP, Well SC. Changing etiology of macrocytosis: Zidovudine as a frequent causative factor. *An J Glin Pathol* 1993; 99: 57.

[15] Bums ER, Reed LJ, Wenz B. Volumetric erythrocyte macrocytosis induced by hydroxyurea. *Am J Glin Pathol* 1986; 85: 337.

[16] Savage D, Lindenbaum, J. Anemia in alcoholics. *Medicine* 1986; 18: 167.

[17] Latvala J et al. Acetaldehyde adducts in blood and bone marrow of patients with ethanol – induced erythrocyte abnormalities. *Mol Med* 2001; 7: 401.

[18] Hoftbrand V, Provan D. ABC of clinical hematology. Macrocytic anemias. *BMJ* 1997; 314: 430.

[19] Colon – Otero G, Menke D, Hook CC. A practical approach to the differential diagnosis and evaluation of the adult patient with macrocytic anemia. *Med Glin North Am* 1992; 76: 581.

[20] d'Onofrio G et al. Simultaneously measurement of reticulocyte and red blood cell indices in healthy subjects and patients with microcytic and macrocytic anemia. *Blood* 1995; 85: 818.

[21] Naurath HJ et al. Effects of vitamin B12, folate and vitamin B6 supplements in elderly people with normal serum vitamin concentrations. *Lancet* 1995; 346: 85.

[22] Sumner AE et al. Elevated methylmalonic acid and total homocysteine levels show high prevalence of vitamin B12 deficiency after gastric surgery. *Ann Intern Med* 1996; 124: 469.

[23] Allen RH, Stabler SP, Savage DG, Lindenbaum, J. Metabolic abnormalities in

cobalamin (vitamin B12) and folate deficiency. *FASEB J* 1993; 7: 1334.

[24] Toh BH, van Driel IR, Gleeson PA. Pernicious anemia. *N Engl J Med* 1997; 337: 1441.

[25] Gueant JL et al. Autoantibodies in pernicious anemia. Type I patients recognize sequence 251 – 156 of human intrinsic factor. *Proc Assoc Am Physicians* 1997; 109: 462.

[26] Carmel R. Prevalence of undiagnosed pernicious anemia in the elderly. *Arch Intern Med* 1996; 156: 1097.

[27] Green R, Kinsella LJ. Editorial: Current concepts in the diagnosis of cobalamin deficiency. *Neurology* 1995; 45: 1435.

[28] Hemmer B et al. Subacute combined degeneration: clinical, electrophysiological, and magnetic resonance imaging findings. *J Neurol Neurosurg Psychiatry* 1998; 65: 822.

[29] Selhub J et al. Vitamin status and intake as primary determinants of homocysteinemia in an elderly population. *JAMA* 1993; 270: 2693.

[30] Carmel R. Reassessment of the relative prevalences of antibodies to gastric parietal cell and to intrinsic factor in patients with pernicious anemia: influence of patient age and race. *Clin Exp Immunol* 1992; 89: 74.

[31] Hathcock JN, Troendle, GJ. Oral cobalamin for the treatment of pernicious anemia. *JAMA* 1991; 265: 96.

[32] Bailey LB, Gregory JF 3rd. Folate metabolism and requirements. *J Nutr* 1999; 129: 779.

[33] Tefferi A, Pruthi RK. The biochemical basis of cobalamin deficiency. *Mayo Clin Proc* 1994; 69: 181.

[34] Anthony CA. Megaloblastic anemias. In: *Hematology: Basic Principles and Practice*, 2nd edn, Hoffman R et al. (eds), Churchill Livingston, New York 1995; 552.

[35] Wald JN, Bower C. Folic acid, pernicious anemia and prevention of neural tube defects. *Lancet* 1994; 41 (RR – 14): 1.

[36] Engelfriet CP, Overbeeke MA, von dem Borne AE. Autoimmune hemolytic anemia. *Semin Hematol* 1992, 29: 3.

[37] Myint H et al. Fludarabine – related autoimmune hemolytic anemia in patients with chronic lymphocytic leukemia. *J Clin Oncol* 1998; 16: 1885.

[38] Gehrs BC, Friedberg RC. Autoimmune hemolytic anemia. *Am J Hematol* 2002; 69: 258.

[39] Liesveld JL, Rowe JM, Lichtman, MA. Variability of the erythropoietic response in autoimmune hemolytic anemia: Analysis of 109 cases. *Blood* 1987; 69: 820.

[40] Petz, LD. Treatment of autoimmune hemolytic anemias. *Curr Opin Hematol* 2001;

8: 411.

[41] Lux SE, Palek J. Disorders of the red cell membrane. In: *Blood: Principles and Practice of Hematology* Handin, RI, Lux SE, Stossel TP (eds), Lippincott, Philadelphia 1995; 1701.

[42] Eber SW, Armbrust R, Schroter W. Variable clinical severity of hereditary spherocytosis: Relation to erythrocytic spectrin concentration, osmotic fragility, and autohemolysis. *J Pediatr* 1990; 117: 409.

[43] Bolton–Maggs PH et al. Guidelines for the diagnosis and management of hereditary spherocytosis. *Br J Hematol* 2004; 126: 455.

[44] Maillet P et al. Spectrin mutations in hereditary elliptocytosis and hereditary spherocytosis. *Hum Mutat* 1996; 8: 97.

[45] Nagel, RL. Red–cell cytoskeletal abnormalities–implications for malaria. *N Engl J Med* 1990; 323: 1558.

[46] Tomaselli MB, John KM, Lux SE. Elliptical erythrocyte membrane skeletons and heat sensitive spectrin in hereditary elliptocytosis. *Proc Natl Acad Scie USA* 1981; 78: 1911.

[47] Iarocci TA et al. Hereditary poikilocytic anemia associated with the co–inheritance of two alpha spectrin abnormalities. *Blood* 1988; 71: 1390.

[48] Glader, BE. Glucose–6–phosphate dehydrogenase deficiency and related disorders of hexose monophosphate shunt and glutathione metabolism. In: *Wintrobe's Clinical Hematology*, 10th edn. Lee GR et al. (eds), Williams Wilkins, Baltimore: 1176–90.

[49] Beutler, E. The molecular biology of enzymes of erythrocyte metabolism. In: *The Molecular Basis of Blood Disease*, Stamatpyannopoulos G et al. (eds), WB Saunders, Philadelphia, 1993.

[50] Beutler E, Mitchell M. Special modifications of the fluorescent screening method for glucose–6–phosphate dehydrogenase deficiency. *Blood* 1968; 32: 816.

[51] Jacob HS. Mechanisms of Heinz body formation and attachment to red cell membrane. *Semin Hematol* 1970; 7: 341.

[52] Arese P, De Flora A. Pathophysiology of hemolysis in glucose–6–phosphate dehydrogenase deficiency. *Semin Hematol* 1990; 27: 1.

[53] Rovira A et al. Stable in vivo expression of glucose–6–phosphate dehydrogenase (G6PD) and rescue of G6PD deficiency in stem cells by gene transfer. *Blood* 2000; 96: 4111.

[54] Miwa S, Fujii H. Molecular basis of erythroenzymopathies with hereditary hemolytic anemia: tabulation of mutant enzymes. *Am J Hematol* 1996; 51 (2): 122.

[55] Rothmann JM. Case report: pyruvat kinase deficiency. *N J Med* 1995; 92

(9): 587.

[56] Lestas AN, Kay LA, Bellingham AJ. Red cell 3 - phosphoglycerate level as a diagnostic aid in pyruvat kinase deficiency. *Br J Hemato* 1987; 67: 485.

[57] Young, NS. Aplastic anemia. *Lancet* 1995; 346: 228.

[58] Baum CM et al. Isolation of a candidate human hematopoietic stem - cell population. *Proc Natl Acad Sci USA* 1992; 89: 2804.

[59] Alter BP, Young NS. Bone marrow failure syndromes. In: *Hematology of Infancy and Childhood*, Nathan DG, Orkin SD (eds), WB Saunders, Philadelphia, 1998: 238.

[60] Doney K et al. Primary treatment of acquired aplastic anemia: Outcomes with bone marrow transplantation and immunosuppressive therapy. Seattle Bone Marrow Transplant Team. *Ann Intern Med* 1997; 126: 107.

[61] Edwards CQ, Kushner JP. Screening for hemochromatosis. *N Engl J Med* 1993; 328: 1616.

[62] Niederau C, Strohmeyer G, Stremmel W. Epidemiology, clinical spectrum, and prognosis of hemochromatosis. *Adv Exp Med Bioi* 1994; 356: 293.

[63] Summers KN, Halliday JW, Powell LW. Identification of homozygous hemochromatosis subjects by measurement of hepatic iron index. *Hepatology* 1990; 12: 20.

[64] Barton JC et al. Management of hemochromatosis. *Ann Intern Med* 1998; 129: 932.

[65] Niederau C et al. Survival and causes of death in cirrhotic and in noncirrhotic patients with primary hemochromatosis. *N Engl J Med* 1985; 313: 1256.

[66] Niederau C et al. Long - term survival in patients with hereditary hemochromatosis. Gastroenterology 1996; 110: 1107.

[67] Olivieri, NF. The beta - thalassemias. *N Engl J Med* 1999; 341: 99.

[68] Bunn HF, Forget BG. *Hemoglobin: Molecular, genetic and clinical aspects*. WB Saunders, Philadelphia 1986.

[69] Adams JG III, Coleman MB. Structural hemoglobin variants that produce the phenotype of thalassemia. *Semin Hematol* 1990; 27: 229.

[70] Lucarelli G et al. Bone marrow transplantation in adult thalassemic patient. *Blood* 1999; 93: 1164.

[71] Giardina PJ et al. Mortality and morbidity in thalassemia with conventional treatment. *Bone Marrow Transplant* 1997; 19: 11.

[72] Locatelli F, Stefano PD. New insights into hematopoietic stem cell transplantation for patients with hemoglobinopathies. *Br J Hematol* 2004; 125: 3.

[73] Bunn, HF. Pathogenesis and treatment of sickle cell disease. *N Engl J Med* 1997;

337: 762.

［74］Shafer FE et al. Newborn screening for sickle cell disease: 4 years of experience from California's newborn screening program. *J Pediatr Hematol Oncol* 1996; 18 (1): 36 - 41.

［75］John AB, Ramlal A, Jackson H, Maude GH. Prevention of pneumococcal infection in children with homozygous sickle cell disease. *Br Med J (Clin Red Es)* 1984; 288: 1567.

［76］Falletta JM et al. Discontinuing penicillin prophylaxis in children with sickle cell anemia. Prophylactic Penicillin Study II. *J Pediatr* 1995; 127: 685.

［77］Wong WY, Overturf GD, Powars DR. Infection caused by Streptococcus pneumoniae in children with sickle cell disease: epidemiology, immunologic mechanisms, prophylaxis, and vaccination. *Clin Infect Dis* 1992; 14: 1124.

［78］Marcinak JF et al. Immunogenicity of Hemophilus influenzye type b polysaccharide - diphtheria toxoid conjugate vaccine in 3 - to 17 - month - old - infants with sickle cell diseases. *J Pediatr* 1991; 118: 69.

［79］Platt OS et al. Pain in sickle cell disease: Rates and risk factors; *N Engl J Med* 1991; 325: 11.

［80］Rees DC et al. Guidelines for the management of the acute painful crisis in sickle cell disease. *Br J Hematol* 2003; 120: 744.

［81］Pearson HA, Cobb WT. Folic acid studies in sickle - cell anemia. *J Lab Clin Med* 1964; 64: 913.

［82］Platt OS et al. Mortality in sickle cell disease, Life expectancy and risk factors for early death. *N Engl J Med* 1994; 330 (23): 1639.

［83］Kark JA et al. Sickle cell trait as a risk factor for sudden death in physical training, *N Engl J Med* 1987; 317: 781.

［84］Diallo D et al. Hemoglobinopathies C and S in the Dogons. *Nouv Rev Fr Hematol* 1994; 35 (6): 551.

［85］Tanphaichitr VS et al. Prevalence of hemoglobin E, alpha thalassemia and glucose - 6 - phosphate dehydrogenase deficiency in 1000 cord bloods studied in Bangkok. *Southeast Asian J Med Public Health* 1995; 26 (suppll): 271.

［86］Rogers ZR, Buchanan GR. Bacteremia in children with hemoglobin C disease and sickle beta + thalassemia: is prophylactic penicillin necessary? *J Pediatr* 1995; 127 (3): 348.

［87］Xu W, Warner CA, Desnick RJ. Congenital erythropoietic porphyria: identification and expression of 10 mutations in the uroporphyrinogen III synthase gene. *J Clin Invest* 1995; 95 (2): 905.

[88] Moreau – Gaudry F et al. Metabolic correction of congenital erythropoietic porphria by retrovirusmediated gene transfer into Epstein – Barr virustransformed B – cell – lines. *Blood* 1995; 85: 1449.

[89] Whatley SD, Roberts AG, Elder GH. De – Novo mutation and sporadic presentation of acute intermittent porphyria. *Lancet* 1995; 346: 1007.

[90] Meissner PN et al. A R59W mutation in human protoporphirinogen oxidase results in decreased enzyme activity and is prevalent in South Mricans with variegate porphyria. *Nat Genet* 1996; 13 (1): 95.

[91] Hift RJ et al. Homozygous variegate porphyris: an evolving clinical syndrome. *Postgrad Med J* 1993; 69 (816): 781.

[92] Schoenfeld N et al. Relation between uroporphyrin excretion, acute attacks of hereditary coproporphyria and successful treatment with hem arginate. *Clin Sci (Colch)* 1995; 88 (3): 365.

[93] Lamoril J et al. A mulecular defect in coproporphyrinogen oxidase gene causing harderoporphyria, a variant form of hereditary coproporphyria. *Hum Mol Genet* 1995; 4 (2): 275.

[94] Siersema PD et al. The difference in liver pathology between sporadic and familial forms of porphyria cutanea tarda: the role of iron. *J Hepatol* 1995; 23 (3): 259.

[95] Shoenfeld Y et al. Benign familial leukopenia and neutropenia in different ethnic groups. *Eur J Hematol* 1988; 41: 273.

[96] Manroe BL et al. The neonatal blood count in health and disease. I. Reference values for neutrophilic cells. *J Pediatr* 1979; 95: 89.

[97] Elting LS et al. Outcomes of bacteremia inpatients with cancer and neutropenia: Observations from two decades of epidemiological and clinical trials. *Clin Infect Dis* 1997; 25: 247.

[98] Delabry LO et al. White blood cell count as a predictor of mortality: results over 18 years from the normative aging study. *J Clin Epidemiol* 1990; 43 (2): 153.

[99] Hollen CW et al. Elevated serum interleukin – 6 levels in patients with reactive thrOInbocytosis. *Br J Hematol* 1991; 79: 286.

[100] Buss DH et al. Occurrence, etiology, and clinical significance of extreme thrombocytosis: A study of 280 cases. *Am J Med* 1994; 96: 247.

[101] Schafer AI. Thrombocytosis. *N Engl J Med* 2004; 350: 1211.

[102] Tefferi A. The Philadelphia chromosome negative chronic myeloproliferative disorders: a practical overview. *Mayo Clin Proc* 1998; 73: 1177.

[103] Cines DB, Blanchette VS. lmmune thrombocytopenic purpura. *N Engl J Med*

2002; 346: 995.

[104] Olsson B et al. T‐cell‐mediated cytotoxicity toward platelets in chronic idiopathic thrombocytopenic purpura. *Nat Med* 2003; 9: 1123.

[105] Cortelazzo S et al. High risk of severe bleeding in aged patients with chronic idiopathic thrombocytopenic purpura. *Blood* 1991; 77: 31.

[106] Cines DC, Blanchette VS. Immune thrombocytopenic purpura. *NEJM* 2002; 346 (13): 995.

[107] Remuzzi G. HUS and TTP: Variable expression of a single entity. *Kidney Int* 1987; 32: 292.

[108] Mori Y et al. Predicting response to plasma exchange in patients with thrombotic thrombocytopenic purpura with measurement of vWFcleaving protease activity. *Transfusion* 2002; 42: 572.

[109] Mauser Bunschoten EP et al. Bleeding symptoms in carriers of hemophilia A and B. *Thromb Hemost* 1988; 59: 349.

[110] White GC II et al. Definitions in hemophilia. Recommendation of the scientific subcommittee on factor VIII and factor IX of the scientific and standardization committee of the International Society on Thrombosis and Hemostasis. Factor VII and Factor IX Subcommittee. *Thromb Hemost* 2001; 85: 560.

[111] *Hemophilia today*. Canadian Hemophilia Society 1996; 31: 3.

[112] *Hemophilia today*. Canadian Hemophilia Society 1996; 31: 9.

[113] Lu DR et al. Stage 1 clinical trials of gene therapy for hemophilia B. *Sci China B* 1993; 36: 1342.

[114] Rosendaal FR et al. Mortality and causes of death in Dutch hemophiliacs, 1973 - 1986. *Br J Hematol* 1989; 71: 71.

[115] Chorba TL et al. Changes in longevity and causes of death among persons with hemophilia A. *Am J Hematol* 1994; 45: 112.

[116] Koster T et al. Venous thrombosis due to poor anticoagulant response to activated protein C: Leiden Thrombophilia Study. *Lancet* 1993; 342: 1503.

[117] Van der Bom JG et al. Reduced response to activated protein C is associated with increased risk for cerebrovascular disease. *Amm Coll Phys* 1996; 125: 265.

[118] Blanco A et al. Deep vein thrombosis in a 13 year old boy with hereditary protein S deficiency and a review of the pediatric literature. *Am J Hematol* 1994; 45: 330.

[119] *SEER Cancer Statistic Review*, 1973 - 1999. National Cancer Institute, Bethesda, MD, 2000; 467.

[120] Jemal A et al. Cancer statistics, 2003. *CA Cancer J Clin* 2003; 53: 5.

[121] Wheeler K et al. Treatment related deaths during induction and in first remission in acute lymphoblastic leukemia. *Arch Dis Child* 1996; 74: 101.

[122] Laport GF, Larson RA. Treatment of adult lymphoblastic leukemia. *Semin Oncol* 1997; 24: 70.

[123] Allan NC, Richards SM, Shepherd PC. UK Medical Research Council randomised, multicenter trial of interferon - alpha n1 for chronic myeloid leukemia: improved survival irrespective of cytogenetic response. *Lancet* 1995; 345: 1392.

[124] Devine SM, Larson RA. Acute leukemia in adults: recent developments in diagnosis and treatment. *CA Cancer J Clin* 1994; 44: 326.

[125] Hamblin TJ. Disappointments in treating acute leukemia in the elderly. *N Engl J Med* 1995; 322: 1712.

[126] Edenfield WI, Gore SD. Stage - specific application of allogeneic and autologous marrow transplantation in the management of acute myeloid leukemia. *Semin Oncol* 1999; 26: 21.

[127] Greinix HT et al. Factors affecting long - term outcome after allogeneic hematopoietic stem cell transplantation for acute myelogenous leukemia: a retrospective study of 172 adult patients reported to the Austrian Stem Cell Transplantation Registry. *Br J Hematol* 2002; 117: 914.

[128] Biggs JC et al. Treatment of chronic myeloid leukemia with allogeneic bone marrow transplantation after preparation with BuCy2. *Blood* 1992; 80: 1352.

[129] Watson KV, Key N. Vascular complications of essential thrombocythemia: A link to cardiovascular risk factors. *Br J Hematol* 1993; 83: 198.

[130] Murphy S et al. Experience of the Polycthemia Vera Study Group with essential thrombocythemia: A final report on diagnostic criteria, survival, and leukemic transition by treatment. *Semin Hematol* 1997; 34: 29.

[131] Rozman C et al. Life expectancy of patients with chronic nonleukemic myeloproliferative disorders. *Cancer* 1991; 67: 2658.

[132] Tefferi A, Murphy S. Current opinion in essential thrombocythemia: pathogenesis, diagnosis, and management. *Blood Rev* 2001; 15: 121.

[133] Berk PD et al. Therapeutic recommendations in polycythemia vera based on Polycythemia Vera Study Group protocols. *Semin Hematol* 1986; 23: 132.

[134] Polycythemia vera: the natural history of 1213 patients followed for 20 years. Gruppo Italiano Studio Policitemia. *Ann Intern Med* 1995; 123: 656.

[135] Rozman C et al. Life expectancy of patients with chronic nonleukemic myeloproliferative disorders. *Cancer* 1991; 67: 2658.

[136] Ballarino P, Castello G, Lerza R. Interferon alpha in the treatment of myeloproliferative syndromes. *Recenti Prog Med* 1994; 85: 546.

[137] *Cancer Statistics Review* 1973 – 1987. National Cancer Institute. Division of Cancer Prevention and Control Surveillance Program. USA Dept of Health and Human Services, 1989; IV – 9, V – 33.

[138] Anal M et al. A prospective randomized trial of autologous bone marrow transplantation and chemotherapy in multiple myeloma. *N Engl J Med* 1996; 335: 91 – 7.

第 24 章 传染病

简·冯·奥维贝克（Jan Von Overbeck）

- 监视和反应系统
- 人寿保险业务的风险
- 细菌感染
- 病毒感染
- 真菌感染
- 寄生虫感染
- 性传播疾病（STDS）
- 新发传染病
- 我们需要什么数据？
- 传染性非典型肺炎
- 家禽流行性感冒（禽流感）
- 参考文献

非典对社会和经济领域的影响巨大，尤其在亚洲。虽然这不是新发传染病，但是媒体对此的反应具有重要的影响。为了评估该传染病带来的潜在影响并采取措施遏制它，社会有必要开展大量的流行病调查研究。保险业务也面临同样的挑战，因此需要及早探索合适的保险业务流程。近年来，传染病的威胁在于它明显脱离了以前的流行病学模式。包括已知的病原体在内新的病原体或新近发现的疾病，正以一种空前的速度被报告出来。国际旅行和贸易的显著增长，导致致病菌和带菌者横跨大陆。该现象极大地增加了传染病的爆发、流行，甚至永远留在新的地区的速度和便利性。依靠单独的国家力量很难将这种威胁拒于国门之外。有效的防御措施是建立全球性的系统，以此来收集传染病情报，以便快速发现传染病的爆发，并通过国际合作来遏制它们的传播。

监视和反应系统[1,2]

监视系统使全球保持对传染病的警惕并通过必要的背景资料检测异常事件，它不顾这是否涉及著名地方病案例的暴增、未知病原体的出现或由于故意使用生物制剂制造伤害的爆发。

在2000年4月，世界卫生组织（世卫组织）发出全球疫情爆发警报，反应网络（GOARN）[2]这一机制，密切监视不稳定的微生物世界并确保当疫情爆发时能够迅速发现和控制。该网络实时链接110个现有网络，它们拥有大量数据资料，专业知识和技能，使国际社会保持对疫情爆发的警惕并作好应对准备。

警报和反应程序包括四个阶段：系统收集新疫情爆发的报告或新闻；验证爆发；向被选的合作伙伴和全球传达确认的事实；控制并在需要时协调国际援助。收集实时疾病情报的创新工具为第一阶段提供技术支持。全球公共卫生情报网络（GPHIN），是一个与加拿大卫生部合作为世卫组织开发的电子检测系统。全球公共卫生情报网络通过持续和系统地监控网站、新闻、本地在线报纸、公共卫生电子邮件服务和电子讨论组中的疫情爆发新闻来提高全球对传染病的警惕。通过这种方式，世卫组织浏览全球的新闻，从而对特殊疾病产生怀疑。

确定一个事件是否具有潜在的国际关注度使用以下6个主要标准：
1. 未知的疾病；
2. 严重影响健康或超高的疾病和死亡率；
3. 可能蔓延到国界之外；
4. 可能干扰国际旅行或贸易；
5. 一个国家控制疫情的能力；
6. 疑似意外或蓄意释放病毒。

从1998年7月到2001年8月，世卫组织核实了爆发事件578起，其中56%的事件是最初由全球公共卫生情报网络采集的。132个国家疫情爆发，表明该系统覆盖的地理范围广大。经证实，受到持续冲突影响的22个国家中有10个及以上国家的传染病爆发具有潜在国际意义。报告最频繁的传染病爆发是霍乱、脑膜炎、出血热、炭疽和病毒性脑炎。

在以前，深入研究传染病检测有效性的阻碍因素之一是各国不情愿报告疫情爆发，因为这一消息会给旅行、贸易、旅游业带来负面影响。当耸人听闻的媒体报道煽动人心时，传染病爆发的成本可能会升高。媒体对印度1994年鼠疫疫情的报道由于过于广泛甚至夸大导致贸易和旅游业损失达20亿美元。由牛海绵状脑病引发的公众对牛肉安全性的恐慌促使欧盟采取一系列成本昂贵的控制措施（2001年估算费用为28亿美元）。由于成本如此之高，突发事件的发生一定会导致严重的经济损失，因此经济实力薄弱的国家不情愿报告显得合乎情理。互联网技术日益发达，新兴力量正在开始打破国家不情愿报告疫情爆发的传统。尼帕病毒的爆发和非典的流行是最近报告延误的两例。

▶▶ 人寿保险业务的风险[1]

尽管媒体对非典和西尼罗河病毒（WNV）给予了大量的关注，但是两种疾病都没有达到影响人寿保险定价或常规承保业务的关键质量的程度。然而，针对流行病设计开展的保险业务的一个主要风险是声誉。通过限制性承销和/或大幅溢价增加的方式，对主要风险的过度反应，这会对个别公司，甚至整个行业造成负面影响。相反，低估风险可能会导致很多损失。这些损失通过减少股息或提高保险费的方式，由所有投保人共同分担。保险公司的关键目标是将重点放在从现有数据资料中得出的流行病学结论上并避免受媒体反应分散注意力。良好的数据与有效的分析相结合不仅是公共卫生的先决条件，也是保险风险恰当评估的前提。

死亡例数的增加可能会影响人寿保险。除基本数据以外，寿险公司需要了解发病率和病死率以及这两个变量的人口统计特征；然后，将这些数据与受影响国家传染病流行的正常波动进行比较。流感的流行是具有代表性的示例。对于有效的业务，对可能的储备增加的评估是必要的。为了避免逆选择，针对新业务更新保险准则也是必要的。例如，非典的潜伏期估算是10天，这是处于高风险人群推迟申请的合理时间。在高风险人群不容易识别和潜伏期很长的情况下，问题更加棘手。例如，潜伏期为15年的牛海绵状脑病（疯牛病）可以在疾病被发现之前的一段时间感染受害者，这使得承保和定价几乎不可能实现。

▶▶ 细菌感染

大多数细菌感染可以用抗生素治愈，但少数对抗生素治疗高度耐药。下面按字母顺序列出承保时需要注意的很常见细菌感染。

放线菌病

宫颈表面放线菌病是以脓肿形成、引流窦道和瘘管为特征的慢性疾病。人放线菌主要由衣氏放线菌引起。牙科感染和口腔颌面部创伤是常见的征兆。几乎所有的传播是直接入侵。临床上它容易与许多其他症状混淆，应列入软组织肿胀的鉴别诊断。宫颈表面放线菌病需要长时间的抗生素治疗，手术也可能是必要的。

理赔申请应在完成记录成功的治疗后延期至少1年。此后额外死亡率为100%的报价，所以纳入保险公司的考虑范围。

炭疽病[3]

炭疽病是一种罕见的疾病。2001年CDC报告了22例确诊或疑似病例。从1984—1997年，仅有3例皮肤炭疽病例被上报到CDC。病例较少的原因和炭疽感染的控制与动物进口原材料的减少使用及成功的免疫程序有关。

主要的三种炭疽综合征分别是：皮肤炭疽病、吸入性炭疽病、咽部炭疽病和胃肠炭疽病。这些症状之所以出现是因为炭疽杆菌产生的三种外毒素的作用，该菌是一种孢子形成的革兰氏阳性球杆菌。从感染材料的革兰氏染色上通常可以鉴定出。炭疽杆菌对抗生素高度敏感。

在患者完全恢复后，保险公司可提供标准费率适用。

肉毒中毒（肉毒杆菌）[4]

肉毒中毒是由肉毒梭菌的神经毒素引起的罕见神经麻痹综合征。它虽然罕见但可危及生命，对肉毒杆菌的第一次调查是对19世纪20年代德国数百例患者香肠中毒事件的一系列报道。肉毒杆菌实际上是革兰氏阳性杆状孢子形成专性厌氧菌的异质组。它们无处不在。通常来说任何类型的肉毒中毒都需要住院治疗。患有轻度疾病的患者死亡率低，1~3个月内可完全康复。患有严重疾病的患者可能需要长期治疗并存在神经系统缺陷的后遗症。标准费率可在患者完全恢复后6个月提供。

布鲁菌病

布鲁菌病（也称波浪热、地中海弛张热或马耳他热）是一种人畜共患传染病，可导致多种临床表现。已知下列四种细菌会导致人类疾病：马耳他布氏杆菌（羊型布氏杆菌）、猪布氏杆菌、流产布氏杆菌（牛型布氏杆菌）和杆菌。布鲁氏杆菌是革兰氏阴性兼性细胞。

布鲁氏菌病可引起不明原因发热。布鲁氏菌病症状可能突然或隐匿发作，有可能涉及任何器官系统。因此诊断往往会延迟。几种抗生素治疗方案可以使用，但是由于一些患者在治疗后会复发，因此没有哪种是100%有效的。大多数复发发生在3个月内且几乎全部在治疗完成后的6个月内。

标准费率可在患者完全恢复后6个月内提供。

猫抓病

猫抓病（CSD）的特点是自限性局部淋巴结肿大。猫抓病影响眼、神经和内脏器官。Bartonella（原名称为罗查尔马亚）隐孢子虫是猫抓病（CSD）的病原体。猫抓病通常是由猫抓痕引起的。

猫抓病主要发生在具有免疫活性的个体中，并具有良性的临床过程。猫抓病表现为全身性精神障碍。很少有机体可能传播到其他器官。局部的疾病通常具有自限性病程而播散性疾病可能具有危及生命的并发症。在免疫功能低下的个体中（主要是艾滋病患者），汉赛巴尔通体能引起细菌血管病、肝炎和脾炎。猫抓病的诊断主要是临床诊断。实验室检查可以证实诊断：阳性汉赛巴尔通体抗体检测；对组织标本应用Warthin - stary染色法结果为阳性；阳性聚合酶链式反应（PCR）。猫抓病的鉴别诊断主要包括其他具有传染性的恶性淋巴结病。

在患者完全康复后以及诊断完好的情况下，保险公司可以提供标准费率。

衣原体感染[5]

在男性和女性中，衣原体感染是细菌性传播疾病（STD）的最常见原因。大部分患者很少或没有症状，这为进一步传播提供了充足的准备时间。腹股沟淋巴肉芽衣原体是一种小型革兰氏阴性细菌。

儿童肺炎衣原体引起下呼吸道感染，在65~79岁人群最为常见。按照惯例，非典型肺炎是指由肺炎支原体、军团菌和肺炎衣原体引起的感染。

鸟热（或鹦鹉热，鸟咬病）通常是一种具有明显的表现和一些呼吸症状的疾病。鹦鹉热衣原体主要由鸟类传播给人。通常这种疾病偶尔发生，但其爆发记录在案。

沙眼是颗粒性结膜炎。用抗生素可以有效地治疗它。

保险公司在患者完全恢复后可以为其提供标准费率。

霍乱[6]

霍乱是由革兰氏阴性细菌霍乱弧菌引起的。其主要的临床症状是可迅速产生脱水的严重水样腹泻。霍乱仍然在亚洲和非洲的发展中国家流行。

在过去的10年中，O1血清型的霍乱弧菌在南美和中美洲引发了流行病，而一种具有流行潜力的新血清型O139从印度次大陆蔓延到整个亚洲和中东。只有O1和O139血清型的霍乱弧菌才是造成人类流行性霍乱的原因。所有其他血清型被归类为"非O1"型，并与散发性胃肠炎病例相关。霍乱弧菌O1包括两种生物型，分别是古典型和埃尔托型。

在患者完全恢复后保险公司可以提供标准费率。

艰难梭菌结肠炎（抗生素相关性结肠炎）[7]

艰难梭菌感染是一种常见的医院获得性感染，它影响抗生素治疗后的患者。只有在正常的肠道菌群经抗生素治疗改变后，它才在人体肠道中定殖。其疾病谱非常广泛：无症状的携带状态，伪膜性结肠炎和伴有毒性巨结肠的严重爆发性疾病。感染艰难梭菌可能使溃疡性结肠炎或克罗恩病的病程复杂化。在停止治疗后，治疗艰难梭菌感染的患者中有15%~20%的人会复发。

保险公司在患者完全恢复后可以提供标准费率。如果存在潜在的情况，则应该适当地评级。

肠炎

腹泻是世界范围内第二大常见死因，也是导致儿童死亡的主要原因。大多数急性腹泻病例是自限性的。不同品系的大肠杆菌、弯曲杆菌、志贺氏菌和沙门氏菌是肠炎特别是旅行者腹泻的常见原因。每个人都可能会患严重的痢疾并蔓延到整个身体的各个器官。抗生素既是预防性的（对不明确的适应症而言），也是治愈性的。

在患者完全恢复后保险公司可以提供标准费率。

丹毒

丹毒是一种浅表皮的感染，它使患者产生明显的肿胀。绝大多数病例是由β-溶血性链球菌（主要是A组）引起的。由此产生的局部变化是丹毒特有的，并且是在其他形式的蜂窝组织炎中未见到的。通过抗菌治疗可以迅速控制全身毒性症状。

彻底清除皮肤变化可能需要 2 周或更长时间。

在患者完全恢复后保险公司可以提供标准费率。

幽门螺旋杆菌感染[8]

幽门螺旋杆菌（革兰氏阴性螺旋菌）于 20 世纪 80 年代被发现，识别它的两位科学家在 2005 年获得诺贝尔医学奖。在 1994 年，美国国立卫生研究院共识会议认为幽门螺杆菌是导致胃溃疡和十二指肠溃疡的原因之一。后来，同样在那年，国际癌症研究机构（IARC）宣布幽门螺旋杆菌是胃癌 I 类致癌物。

十二指肠溃疡患者治疗幽门螺杆菌可降低复发风险。治疗也可以降低胃癌的风险，但在考虑广泛预防之前必须解决筛查和治疗方面的困难。

在患者完全恢复后保险公司可以提供标准费率。

气性坏疽

梭菌性气体坏疽在三种不同情况下发生：创伤性、复发性和自发性或非创伤性。后者大多数发生在胃肠道入口如腺癌的患者中。及时的医疗护理，特别是迅速切除失活组织的手术治疗，导致死亡率非常低。标准费率可以在患者完全恢复后提供。

军团病[9]

1976 年在美国费城举行的美国军团大会期间首次发现军团菌。由于虱子卵已被确定为社区获得性和医院获得性肺炎的相对常见原因，因此患者感染军团菌的最常见风险因素是吸烟和慢性肺病。如果未经治疗（或使用无效抗生素），死亡率为 16%~30%。就诊意识，改进的早期诊断方法和更好的治疗已将死亡率降至小于 10%。

只要患者没有基础疾病如慢性阻塞性肺疾病，标准费率可以在其完全康复后提供。

麻风病[10]

麻风是由麻风分枝杆菌引起的一种古老的传染性皮肤病，大众对它仍然知之甚少，并且经常感到恐惧。随着多种药物治疗的推出，患者的预后在过去的 30 年中显著改善。

在疾病流行地区中，任何来自患有皮肤损伤和/或伴随着感觉丧失的神经扩大的流行地区的患者都应该考虑麻风的可能性。

钩端螺旋体病[11]

钩端螺旋体病是由钩端螺旋体引起的多变性人畜共患病。各种哺乳动物是天然的储存宿主。该疾病的同义词包括韦尔氏病、猪瘟、稻田热、切线虫热（canecutter热）、沼泽热、泥热、集中出血性黄疸、斯图加特病和卡尼柯拉热。钩端螺旋体病遍布全球，但大多数病例发生在热带地区。人类接触环境来源（动物尿液、受污染的水或土壤或受感染的动物组织）后会感染。这种疾病通常是偶发性的，但可能会爆发，其中包含一种常见的污染源。

患者完全恢复后，保险公司可以提供标准费率。

莱姆疏螺旋体病[12]

莱姆病是由至少三种密切相关的疏螺旋体属物种引起的多系统炎性疾病，所有这些都广泛地包含在一般术语 B 疏螺旋体（"在广义上"）内。它们通过被感染的硬蜱的叮咬传播：美国东部、中北部和南部的侧带海猪鱼；美国西部的朗氏中喙鲸；欧洲的篦子硬蜱；和亚洲的全沟血蜱。

临床表现可分为三个阶段：早期局限型，早期播散型和晚期或慢性疾病。迁移性红斑（EM）是早期局部疾病的主要特征。高达 90% 的患者通常在蜱咬后 1 个月内出现这一症状。早期传播的疾病在蜱咬后几天至几个月发生。在先前没有迁移性红斑的情况下它可能会出现，并且可能是莱姆病伯氏疏螺旋体感染的首次表现。多达 8% 的未治疗患者出现心脏传导阻滞、心肌炎。心脏症状通常自发消退。多达 10% 的未经治疗的患者出现神经症状。莱姆病所致的脑膜炎可以自发消退。晚期莱姆病在感染发作后数月至数年发生。它可能是第一个表现，而不是先于莱姆病的其他特征（可能已经错过了早期阶段）。莱姆病各个阶段的标准抗生素治疗通常是成功的。复发很少发生，它需要第二疗程抗生素才能治愈。一些居住在疾病流行地区的个体也可能再次感染。在没有感染过莱姆病的情况下，健康个体在接触伯氏疏螺旋体后可能会检测出伯氏疏螺旋体抗体阳性。抗体不能防止未来感染伯氏疏螺旋体或出现该疾病的临床表现。

保险公司可以在患者完全恢复后 3 个月内提供，但如果低等级症状继续存在，则追加 50% 的扣款。

骨髓炎

骨髓炎是骨骼的急性或慢性感染，它导致骨骼的炎症性破坏、骨坏死和新骨形成。血源性传播和局部感染可导致骨髓炎。从临床角度看，因为急性和慢性骨髓炎病因、治疗方法差异很大，所以这两种疾病需要区别诊治。

急性骨髓炎（＜6周）通常是在出现坏死骨前感染的骨髓炎阶段。判断依据是感染部位（例如椎骨感染、骨髓炎），骨破坏强度不同，临床体征的时机不同。相反，慢性骨髓炎（＞6周）通常容易识别。对患有疼痛的整形假体、褥疮溃疡或与周围血管疾病或糖尿病相关的足部溃疡的患者诊断比较困难。治疗慢性骨髓炎需要手术以及长期的抗生素治疗，这具有挑战性。

如果患者已经康复，保险公司可以提供标准费率。如果存在糖尿病或外周血管疾病，则需要特别注意评估风险，并且除血管疾病或糖尿病评分外，还应扣款至少50%。

瘟疫[13]

瘟疫是由有氧多形性革兰氏阴性杆菌耶尔森氏菌鼠疫引起的。瘟疫是一种人畜共患病，主要感染啮齿动物。杆菌的存活依赖于跳蚤啮齿动物的互动。人类成为寄主纯属偶然。大多数大陆都有瘟疫疫源地。最大的地方性瘟疫区域在北美，其次是前苏联。1994年，印度报告了一场瘟疫疫情。瘟疫也被列入可能的生物恐怖主义武器之列。

人类历史上出现过下列不同形式的瘟疫：布氏杆菌、败血症和肺炎。它们在临床特征、严重程度和结果上有所不同。及时治疗感染对预后至关重要。未经治疗的病例估计死亡率在60%到100%，而治疗后的死亡率不到15%。

在证明患者完全恢复后，保险公司可以提供标准费率。

肺炎[14]

社区获得性肺炎（CAP）仍然是一种常见的严重疾病。肺炎是导致死亡的主要原因，主要集中在患病和老年群体。门诊患者的死亡率约为1%，但住院患者的死亡率可高达25%。

肺炎的临床和影像学表现通常不可以根据病因学诊断。血清学研究需要进行病原学诊断，尤其对非典型肺炎。这些测试需要时间，需要连续采样并且价格昂贵。

因此，它们在日常的临床环境中没有用处。肺炎支原体、肺炎衣原体或军团菌属是非典型肺炎的最常见原因，并且可以识别病原体的社区获得性肺炎占7%～20%。

结核分枝杆菌感染仍然是世界范围内一个非常重要的致病原因。感染肺结核（TB）的临床表现包括原发性、继发性、支气管内和肺部下部感染。肺结核的并发症也可能与肺有关，包括咯血、气胸、支气管扩张和某些情况下广泛的肺部破坏。

肺囊虫肺炎（PcP）爆发与艾滋病流行紧密相关。在1981年之前，肺囊虫肺炎仅在具有潜在恶性肿瘤和其他形式的免疫抑制的患者中出现。在1987年至1988年，肺囊虫肺炎的发病率达到高峰，此后由于对肺囊虫肺炎有效预防而下降。

在患者完全康复后，可以提供细菌或病毒性肺炎标准费率。保险机构应对患有其他损伤的患者的肺炎进行仔细评估并对潜在疾病（结核病、艾滋病毒）进行适当的评估。

肾盂肾炎

见第23章。

沙门氏菌病[15]

沙门氏菌引起广泛的感染：肠胃炎，肠热，菌血症，血管内感染和局灶感染（例如骨髓炎、脓肿）。它们属于兼性厌氧革兰氏阴性杆菌，通常通过直肠道传播。它们可以在胃肠道中生存很长时间。2 000多种沙门氏菌血清型可以用三种主要抗原来表征：体细胞O抗原，鞭毛H抗原和表面Vi抗原。O抗原广泛用于将沙门氏菌血清群分类（A，B，C1，C2，D，E）。

伤寒和非伤寒沙门氏菌感染的流行病学是完全不同的。伤寒和副伤寒是以持续发热和腹部症状为特征的严重全身性疾病。病原体是伤寒沙门氏菌或甲型副伤寒沙门氏菌A、B或C。抗生素耐药性的发展和迅速蔓延使得伤寒的治疗变得复杂化。多重耐药（MDR）菌株的发展与印度次大陆、东南亚、墨西哥、阿拉伯海湾和非洲的多次传染病爆发有关。在确认抗菌药物的敏感性之前，需要将氟喹诺酮和第三代头孢菌素一直作为伤寒的首选抗生素。

多年来，非伤寒沙门氏菌病的病例数稳步增加，这与食物处理不当造成的细菌食源性感染密切相关。非伤寒沙门氏菌与动物相关，因此与农产品，特别是鸡蛋和家禽有关。沙门氏菌可以从母鸡经横向传播到完整的蛋壳。据估计，在美国，每年约有200万例病例和约500至2 000例死亡病例与非伤寒沙门氏菌病相关。

海德堡血清型是近年来最常见的血清型。这些肠炎沙门氏菌爆发大多与鸡蛋有关。它也可以通过粪—口途径（人类、动物）获得。

所有类型的沙门氏菌感染，包括伤寒，都会对抗生素产生反应。抗生素耐药开始成为一个重要问题。如果患者的病例记载着完全康复并且没有隐瞒疾病，保险机构可以提供标准费率。

志贺氏菌痢

志贺菌属物种是细菌性腹泻和痢疾的常见原因。细菌不像许多其他病原体那样对胃酸敏感，因此仅需 10～100 个微生物就可以致病。与腹泻相关的发热表明机体感染侵入性细菌（例如志贺氏菌、沙门氏菌、弯曲杆菌、肠侵袭性大肠杆菌），肠道病毒或细胞毒性生物（例如艰难梭菌）。

疾病的严重程度因细菌血清群而异。宋内志贺菌通常引起轻度水样腹泻，而痢疾志贺氏菌或福氏志贺氏菌通常导致痢疾症状（血性腹泻）。在正常健康的宿主中，该疾病是自限性的，并且在未治疗时持续不超过 7 天。它会引发几种可能导致长期发病的肠道并发症。

标准费率可以在患者完全恢复后提供。

破伤风（破伤风梭状牙胞杆菌）

破伤风梭菌分泌的外毒素可引起肌肉间歇性痉挛。由于咀嚼肌通常会受到影响，因此用口噤这个词来形容此现象。下颌僵硬和面部肌肉痉挛之后，全身肌肉出现全面痉挛，导致呼吸窘迫，窒息和死亡。破伤风免疫的广泛使用使得这种疾病不常见。用抗毒素，破伤风类毒素加强注射剂，伤口清创术和抗生素快速治疗可以使其完全恢复。

标准费率可以在患者完全恢复后提供。

中毒性休克综合征

与金黄色葡萄球菌相关的中毒性休克综合征（TSS）首先在儿童群体中发现。1980 年，有 812 例记录了与月经有关的中毒性休克综合征病例。这些大多发生在年轻的白种女性中。在月经期间出现临床疾病，并与使用高吸水性卫生棉条有关。金黄色葡萄球菌中毒性休克综合征也可能与月经出血无关。鉴别诊断的考虑因素应包括链球菌中毒性休克综合征，其常伴有严重的局部疼痛和压痛，通常与局部创伤有关。这种鉴别非常重要，因为链球菌中毒性休克综合征患者通常需要立即手术清除相关部位。

保险机构在患者完全恢复后可以提供标准费率。

密螺旋体病（地方病）

在这组螺旋体感染中，雅司病、品他病或非性病性梅毒（地方性梅毒）被分成不同类别。所有的梅毒检测都呈阳性，并且这些并不是真正的假阳性结果，因为所有常规的梅毒实验室检测都不能区分各种类型的梅毒螺旋体。通过流行病学和临床图片对地方性非性病性松果体病和性病梅毒进行鉴别诊断。这些非性病的螺旋体感染见于温暖湿润的地区，如墨西哥、中南美洲和非洲。它们通过皮肤接触传播并且以皮肤疾病为主，但它们可以形成胶质并影响骨骼。皮肤肉芽肿很常见，并可形成疤痕愈合。它们不是致命的，可以用青霉素治愈。治疗成功后保险公司不需要扣款。

结核病[16-19]

结核病（TB）仍然是全球主要传染病。它在大多数发展中国家流行。显然，发达国家和发展中国家的艾滋病流行与结核病的复发有关。未经治疗的涂阳病人的死亡率从50%到80%不等；而在控制方案不佳的地区，死亡率从30%到50%不等，成功实施直接观察治疗（DOT）时死亡率低于5%。结核病对一线药物异烟肼（INH）和利福平（RMP）的耐药性增加是一个令人担忧的重大公共卫生问题。在这方面，敏感性试验对于选择有效的治疗至关重要。

人体吸入微生物后，肺部是结核感染的主要部位。肺结核是原发性和继发性疾病的最常见表现。识别活动性肺结核患者对于启动迅速治疗以及防止疾病进一步传播至关重要。肺外结核的诊断具有挑战性，并且严重依赖于引起临床怀疑的高指标。艾滋病毒感染者的肺外结核病比较常见，应怀疑患者双重感染。

HIV流行病已经深刻地改变了HIV[18]感染患者的肺部疾病谱。全世界数百万人属于隐匿的双重感染，特别是在发展中国家。结核病在非洲是艾滋病中最常见的肺部并发症，艾滋病毒感染者占病例的至少三分之一。不仅应该怀疑有肺部症状的艾滋病患者，还应该怀疑体重减轻或发热不明的患者。感染结核病严重免疫抑制的患者很可能有非典型的表现（临床，放射性）以及播散性传染病。

保险公司在向有结核病史的病人提供条款之前，应该收集以下信息：诊断标准（肺部、肺外）、治疗（联合和持续时间），HIV检测。对于肺外结核病，必须了解艾滋病毒的状况。如果患者为HIV阴性，治疗结束后1年的延期是必要的（复发风险）。此后，保险公司可以向患者提供 + 50% 额外死亡率，或 2 年临时额外保费（每 1 000 单位元增收 5 单位元）的条件。

兔热病

兔热病是由革兰氏阴性细菌土拉弗朗西斯菌引起的人畜共患病。同义词包括法兰西斯氏病、鹿蝇热、野兔热和大原氏病。已知兔热病主要集中在北半球。在偶然的情况下，在接触感染的动物或载体后，人成为宿主。感染的患者出现发烧、寒战和突发头痛的症状。潜伏期为 2~10 天。一些症状和体征与感染部位以及涉及的主要器官系统有关。研究者从溃疡，腺体，伤寒，肺炎，口咽和眼睛淋巴病变型的患者中识别出六种不同的临床综合征。兔热病的诊断很困难，需要医生充分了解临床表现和流行病学史。诊断可以通过血管凝集或酶联免疫吸附法进行血清学确认。

标准费率可以在患者完全恢复后提供。

立克次体感染

落基山斑疹热（RMSF）是一种潜在致命但通常可治愈的蜱骨疾病，它是由立克次体引起的。这种革兰氏阴性专性细胞内细菌对人类内皮细胞具有偏好性。立克次体的疾病流行范围程度从轻微到爆发。流行性斑疹伤寒是由立氏立克次氏体引起的发疹性疾病，通过潜在致死性虱传播。已知立氏立克次氏体是导致人类疾病的三种立克次体斑疹伤寒之一。鼠（地方性）斑疹伤寒是一种罕见的跳蚤传染病，由伤寒立克次氏体引起。该疾病主要在发展中国家诊断出，可以通过改善卫生和控制大鼠的方式加以控制。

立克次体痘是一种罕见的由螨传播的立克次氏体病，它由蜱立克次体引起。由于其与水痘相似，该病被命名为立克次氏体痘。

标准费率可在患者证明完全恢复后 6 个月提供。

▶▶ 病毒感染

世界上有无数的病毒和病毒性疾病。接种疫苗是一项重要的预防工具，应通过有效的公共卫生计划（如麻疹疫苗接种）广泛实施。常见的呼吸道和肠道病毒感染以及流感，在患者完全康复后投保没有任何问题。

下面按字母顺序列出承保时需要注意的更常见病毒感染。

无菌性脑炎

许多病毒可以引发无菌性脑膜炎。最常见的是肠道病毒；但其他病毒是病毒性脑膜炎的相对常见原因：单纯疱疹病毒（HSV）、人类免疫缺陷病毒（HIV）和淋巴细胞性脉络丛脑膜炎病毒（LCMV）。绝大多数无菌性脑膜炎是自限性的，无须特殊治疗。临床上，医生必须及时识别出现类似症状的患者和需要立即治疗的其他病原体。

在提供完全恢复文件证明后可以对人寿保险验标。

巨细胞病毒

在世界范围内，巨细胞病毒（CMV）感染的血清流行率变化很大，成年人群介于40%～100%。血清流行率与一个国家的社会经济发展呈负相关。与巨细胞病毒相关的疾病谱广泛且多样。急性感染通常无症状或在免疫活性宿主中出现非特异性症状。从轻度病毒综合征到常见的传染性单核细胞增多症，已有相关的各种介绍。在少数患者中，存在明显的全身和器官特异性参与的现象，这可能与显著的发病率有关。免疫力低下患者（移植、艾滋病毒）中的巨细胞病毒感染会导致严重的发病率和死亡率。急性感染的孕妇可能与在新生儿中的先天性巨细胞病毒有关，这可能导致严重的损害。

如果艾滋病毒检测结果为阴性，标准比率在完全恢复后的提供是恰当的。

巴尔病毒[20,21]

巴尔病毒（EBV）是一种广泛传播的疱疹病毒。传播需要易感人群和无症状巴尔病毒发作者之间的密切接触这两个条件。大多数原发性巴尔病毒感染的表现不明显。大约90%～95%的成人测试巴尔病毒阳性。

巴尔病毒是传染性单核细胞增多症的病原体，并且感染的成人的症状不会持续存在。在巴尔病毒感染中，疾病的再活化不常见，这可能与移植受者的严重并发症有关。它与以下肿瘤有关：B细胞淋巴瘤、T细胞淋巴瘤、霍奇金病和鼻咽癌。

在患者的传染性单核细胞增多症完全恢复后，保险公司可以提供标准率。

在赤道非洲，伯基特淋巴瘤（BL）是最常见的儿童期恶性肿瘤。这种在临床上常见的肿瘤通常局限于年轻患者的颌骨中。一个可能的病因是疟疾的反复发作为巴尔病毒感染的B淋巴细胞的增殖提供了一种慢性刺激。

鼻咽癌（NPC）[20,21]是一种很罕见的恶性肿瘤，在亚洲某些地区除外。在中国南方，随着年龄的调整，它的发病率大约是每十万人中有55人患病。鼻咽癌与巴尔病毒之间的联系紧密且持续，巴尔病毒可以在每一个未分化的鼻咽癌细胞中检测到。患有鼻咽癌的病人体内各个部分的巴尔病毒抗体浓度都更高。这些检测对诊断目的有很大作用，但相比之下，它对于筛查普通人群的价值则还在调查之中。在中国台湾的一项研究中，9 699人检测出巴尔病毒IgA抗体和巴尔病毒特异性DNA酶的中和性抗体，在这两项抗体之中，检测出一项或两项标志物的受试者患鼻咽癌的相对危险度是32.8，而一项标志物都没有检测出来的受试者患鼻咽癌相对危险度则为4.0。

非霍奇金淋巴瘤（NHL）在HIV患者身上发生的频率约为预期的60–100倍。这些肿瘤常与巴尔病毒感染有关。

汉坦病毒

旧世界（HFRS肾综合征出血热）和新世界（HCPS汉坦病毒心肺综合征）的汉坦病毒由野生啮齿类动物携带，并可直接传播给人类。

地方性及流行性的发作常与野生啮齿动物的爆发增长有关。患者经啮齿动物排泄物释放的气体而获得感染。病毒的潜伏期大约在1至6周。发烧及渐进性的毛细血管渗漏综合征是主要的临床表现，并首先影响胸膜后间隙、肾功能及肺血管床。死亡率通常很高，但具体情况取决于病毒的种类。完全治愈后6个月则可提供标准费。

乙型肝炎[22-28]

乙肝病毒感染是全球性的健康问题。据估计全球有超过3亿人的乙肝病毒携带者，在这其中每年约有250 000人因乙肝病毒所导致的肝疾病而死亡。不仅如此，在过去十年里，与乙肝病毒相关的住院治疗、癌症、死亡的比例甚至增加了一倍以上。这也许与1991年设立的全球疫苗预防接种计划的延期实施、疾病流行地区的移民的涌入、诊断技术的进步以及对感染病例的文件记录的进步有关。

乙肝病毒携带者的盛行率在低流行地区在0.1%~2%，如美国、加拿大、西欧、澳大利亚以及新西兰；在中等流行地区盛行率在3%~5%，如地中海地区，日本，中亚，中东以及拉丁美洲；在高流行地区则在10%~20%，如东南亚，中国，撒哈拉以南非洲。乙肝病毒可因经皮肤穿刺或黏膜的暴露而通过体液传播，比如通过与感染者的性行为接触以及婴儿通过生产从感染者母亲获得。

在高流行地区，乙肝病毒的终身感染风险大于60%，并且大多数感染都发生在慢性感染风险最高的刚出生时及童年早期。因为大多数幼年期的乙肝病毒感染都是无症状的，所以很少能观察到急性疾病的发作；但是慢性肝病及肝癌的比率很高。乙肝感染的主要决定因素包括与乙肝表面抗原阳性的母亲或家族亲属的接触。而整体而言，围产期传播对疾病总负担的贡献于孕妇中乙肝E抗原的流行有关。在部分地区，有些母亲乙肝表面抗原和乙肝E抗原均呈阳性，她们的婴儿如果未得到免疫性预防措施（如体内抗体和疫苗接种），他们之中的70%~90%都会感染乙肝病毒。在乙肝表面抗原阳性但是乙肝E抗原阴性的母亲的婴儿之中，则大约20%会在出生时感染乙肝病毒。而乙肝表面抗原阳性母亲的婴儿们即使没有在出生时受到感染，在他们的幼年期也依然有与家庭受感染的成员的日常接触之中感染乙肝病毒的风险。

在中等流行地区，乙肝病毒的终身感染风险在20%~60%；而且感染可出现于各个年龄段的人群之中。人们易观察到急性疾病的发作，因为大多数的感染都发生在青少年及年轻成年人之间。成人的急性疾病往往发生在与发达国家相同的风险群体中。通常来讲，在中等流行地区，2%~7%的孕妇乙肝表面抗原呈阳性，而这其中乙肝E抗原呈阳性的人不到20%。因此，经生育传播在慢性感染的人群中仅占很小比例（10%~20%）。

在低流行地区，终身感染风险小于20%，并且大部分的感染发生在成年人之中有明确定义的高危人群。在美国，慢性HBV感染的流行率为0.35%，同时5%的普通人群之中有早期HBV感染的标志。HBV感染的高危人群包括静脉吸毒者、男同性恋者、与多个异性性伴侣发生性关系者、与慢性HBV感染者有家庭间的接触的人群、血友病患者、血液透析病人及工作人员、长期矫正设施的收容人员、职业性暴露于血液及体液传播的人群以及有发育障碍的人群。

乙型肝炎病毒

乙肝病毒是嗜肝DNA病毒家族的成员之一。成熟的乙肝病毒病毒粒子是一个42纳米的球形的双层丹氏粒，外层由一层蛋白质、脂质包裹，核心则是具有高电子密度的28纳米的六边形。HBV的基因组是一个部分双链环状DNA分子，有3 200个核苷酸HBV基因组的组织是独一无二的，因为病毒基因组的所有区域都编码蛋白质序列，包括核蛋白壳（乙型肝炎核心抗原）、包膜糖蛋白（乙型肝炎表面抗原）、DNA聚合酶以及来自X基因的蛋白质。DNA聚合酶具有逆转录酶活性，而基因组复制则是通过一个起媒介作用的核糖核酸模板链进行的。乙肝E抗原是和乙肝核心抗原本质上相同的多肽，它有一个稍长的预塑化区，这会将乙肝E抗原多肽导向血液中的分泌物。受感染的肝细胞能够合成和分泌大量非传染性表面蛋白

(HBsAg)，它在细胞和血清中显示为直径约 22 纳米的球体和小管；这可能发生在复制感染病毒或没有复制的情况下。

当 HBV 进入肝细胞时，基因组进入细胞核并转化为共价闭合的环状 DNA。它被转录来形成一个可以进入细胞质的 RNA 中间产物，病毒聚合酶使用逆转录将其转化为新的环状 DNA。病毒聚合酶是用于治疗慢性乙肝病毒感染的新型逆转录抑制剂的作用位点。

宿主对 HBV 的免疫攻击是肝损伤的原因，它是由细胞对细胞表面的 HBV 蛋白，尤其是 HBcAg 的细胞反应所介导的。霍奇金淋巴瘤限制 CD8＋细胞识别由细胞内处理和由类 I 分子在肝细胞表面表现出来的 HBV 肽片段。这一过程导致了 CD 8＋细胞毒性 T 淋巴细胞直接杀死肝细胞。病毒被彻底清除的病人和没有被清除的病人的不同免疫反应取决于宿主对相容性复合体分子和宿主特定 T 细胞受体的匹配之间的相性。如果发生足够的识别和激活，所有受感染的细胞都被破坏，病毒复制被中止，HBsAg 抗体可以防止肝细胞再次感染。如果反应不充分，感染就会继续。据推测，慢性感染与弱 T 细胞对病毒抗原的反应有关。虽然新生儿对病毒抗原的免疫耐受似乎对出生时感染的人在病毒持久性方面起着重要作用，但对成人的 T 细胞反应不良的基础还不太清楚。

临床表现

乙肝病毒感染的临床表现包括从亚临床肝炎到有症状的肝炎，在极少数情况下，为爆发性肝炎。

急性期肝炎。慢性期可从无症状的携带者状态到慢性肝炎、肝硬化和肝细胞癌（HCC）。乙肝病毒感染的临床表现和结果取决于感染的年龄、HBV 复制的水平和宿主的免疫状况。围产期或儿童感染通常表现为很少或没有症状，但有很高的慢性风险，而成人感染通常表现为有症状的肝炎，但慢性感染的风险较低。

急性 HBV 感染的后果是高度多变的。潜伏期从 6 周到 6 个月不等。症状性感染的严重程度从轻微到爆发性不等。急性 HBV 感染的临床体征和症状包括发热、厌食、恶心、不适、呕吐、黄疸、黑尿、灰褐色或苍白的粪便和腹部疼痛。在 1%～2% 的急性疾病患者的身上会出现爆发性感染，并且病死率为 60%～90%。慢性感染被定义为至少 6 个月的血清 HBsAg 存在或 HBsAg 存在，以及不存在抗 HBc 免疫球蛋白（IgM）。慢性感染的风险与年龄成反比，在围产期期间感染的婴儿最高（90%）。在 1～5 岁的儿童中，25%～50% 的儿童会出现慢性感染，相比之下，严重感染的儿童和成人中有 6%～10% 的儿童患有慢性感染。

慢性乙肝病毒感染的人罹患慢性肝病的风险大大增加，包括肝硬化和肝癌。慢性感染发生的年龄可能会改变患病的风险。前瞻性研究表明，在婴儿和幼儿中获得乙肝病毒感染的人中，有多达25%的人患有HCC或肝硬化；而患有慢性乙肝病毒感染的青少年和年轻人中有15%的人患有HCC或肝硬化。随着慢性乙肝病毒感染的解决，患有肝细胞癌的风险会降低。血清丙氨酸转氨酶（ALT）和其他肝化学成分在正常范围内的持续乙肝表面抗原阳性患者，被称为无症状的HBV携带者或不活跃的HBsAg携带者。这些人中大多数人的乙肝E抗原都是阴性的，而且大多数人在最初的肝评估和肝活组织检查中都有正常或最小的肝功能异常。

实验室检测指标

由于HBV的临床症状与其他形式的肝炎难以区分，因此确定的诊断依赖于HBV感染的血清检测。使用血清学，可以区分急性HBV感染、慢性乙肝病毒感染的复制和非复制阶段，以及恢复阶段。

乙型肝炎表面抗原（HBsAg）是HBV感染的血清特征。在肝症状出现或ALT升高之前，HBV在急性暴露于HBV后1~10周出现在血清中。在随后康复的患者中，HBsAg通常在6个月后无法检测到。超过6个月的HBsAg的持久性意味着慢性乙肝病毒感染的进展。

HBsAg的消失之后出现了乙肝表面抗体（anti-HBs）。在大多数病人中，乙肝表面抗体会持续终身，因此赋予了病人长期的免疫力。然而，在一些患者中，抗乙型肝炎表面抗原抗体可能在几个星期到几个月的窗口期后才会被发现，在此期间，乙肝表面抗原和抗乙肝表面抗原抗体都无法被发现。在此期间，乙型肝炎病毒感染的诊断是通过对乙型肝炎核心抗原的IgM抗体的检测来完成的。

据报道，在大约25%的乙肝表面抗原阳性的个体中存在乙肝表面抗原和乙肝表面抗原抗体共存的现象。在这些情况下，抗体无法中和循环病毒。这些个体应该被认定为乙肝病毒携带者。

乙型肝炎核心抗原（HBcAg）是在受感染的肝细胞中表达的一种细胞内抗原。乙型肝炎核心抗体（抗HBc）可在乙肝病毒感染过程中被检测到。在急性感染期间，抗HBc主要是IgM类（在大多数急性传染病中也是如此）。在HBsAg消失和抗HBs（血清转化）的出现之间，IgM抗HBc是HBV感染的唯一标志。检测到IgM抗HBc表明急性HBV感染。然而，在急性感染后的2年里，IgM抗HBc仍可检测到。此外，在慢性乙型肝炎恶化期间，IgM抗HBc的T浓度可能会增加到可检测的水平。在从急性乙型肝炎中康复的患者中，IgM抗HBc仍与抗HBs继续存在，并且在那些进展到慢性乙肝病毒感染的患者中也与HBsAg有持续关联。

在缺乏HBsAg和抗乙肝表面抗体的情况下，根据报告，在低流行地区的献血者中，有0.4%~1.7%的血液捐赠者和在流行国家的10%~20%的献血者中有抗HBC的孤立存在。检测出抗HBV孤立存在的情况一般有三种：

1. 在急性乙型肝炎感染的窗口期（此时抗 HBC 主要是 IgM 类）；
2. 在急性肝损伤后的许多年里，当抗 HBC 已经降到无法检测的水平时；
3. 经过多年的慢性乙肝病毒感染，HBsAg 浓度降低到检测水平以下。

抗 HBC 孤立存在的临床意义尚不清楚。

乙肝 E 抗原（HBeAg）通常被认为是乙肝病毒复制和具有传染性的标志。乙肝 E 抗原的存在通常与血清中 HBV DNA 的检测和 HBV 感染的高传播率有关。大部分乙肝 E 抗原阳性的患者都有活跃的肝疾病，但是有些在临产期感染 HBV 病毒的并且 HIV 呈阳性的乙肝 E 抗原的患者，可能会有正常的血清 ALT 水平和轻微的肝脏炎症。一般来说，从 HBeAg 到乙型肝炎抗体（抗 HBe）的血清转化与血清中的 HBV DNA 的消失和肝脏疾病的缓解有关。然而，一小部分患者仍有活跃的肝脏疾病和在血清中可检测到的 HBV DNA。后者的患者可能有低水平的野生型 HBV，或者在前核心区域存在终止密码子突变，从而阻止 HBeAg 的产生。

通过定性或定量分析，在血清中检测 HBV DNA 是评估乙肝病毒复制的最好的方法。而这些分析的灵敏度极限取决于所使用的科技，比如 $10^5 - 10^6$ 病毒当量每毫升用于信号放大分析中，$10^2 - 10^3$ 病毒当量每毫升用于 PCR 分析。用杂交的方式和用聚合酶链式反应来检测 HBV DNA 的临床意义是截然不同的。一般而言，聚合酶链式反应在表明目前的 HBV 感染方面具有与乙肝表面抗原检测相同的临床意义。相比之下，杂交检测表明有显著的病毒复制和高概率的活动性疾病（类似于 HBeAg）。

急性乙型肝炎的恢复通常伴有血清中 HBV DNA 的消失，这是由非聚合酶链式反应的化验所决定的；然而，HBV DNA 在使用聚合酶链式反应分析的情况下可能会持续多年。这一观察结果表明，HBV 在临床恢复后仍然存在，但却被免疫系统所控制。类似地，在慢性乙肝病毒感染患者中，自发或治疗诱发的 HBeAg 血清转化通常伴有非聚合酶链式反应检测下的血清中 HBV DNA 的消失；然而，在聚合酶链式反应检测下的检测结果通常仍然是阳性的，除了那些有 HBsAg 血清转化的病人。

血清 HBV DNA 检测的主要临床作用是评估慢性乙肝病毒感染患者的候选资格和对抗病毒治疗的反应。高预处理血清 HBV DNA 水平的患者往往不会对干扰素治疗产生反应。尚不清楚的是，预处理血清 HBV DNA 是否也能预测对核苷类似物的治疗反应。

肝脏活检的目的是评估肝损伤的程度，排除肝脏疾病的其他原因。慢性肝炎的组织学诊断应包括病原学的病因、坏死性炎症活性等级、纤维化程度和范围。目前已经建立了几个数字评分系统，以允许对坏死性炎症活动和纤维化进行统计比较。组织学发现可以帮助预测预后。然而，必须认识到，在对抗病毒治疗或自发的 HBeAg 血清转化进行持续反应的患者中，肝脏组织学可以显著改善。复发性肝炎加重或复发性肝炎或者的肝脏组织学也可能迅速恶化。肝活检也可用于 HBeAg 和乙肝核心抗原的免疫组织化学染色。

诊断

对急性 HBV 感染的血清学诊断是建立在乙肝表面抗原和 IgM 抗 HBc 的出现的基础上的。几乎所有临床表现为急性 HBV 感染的患者都是乙肝表面抗原阳性,然而,在测试期间,大约 10% 的病例会被检测出乙肝表面抗原阴性。对 IgM 抗 HBc 的检测可以识别所有急性感染的患者,不管 HBsAg 是否仍然存在。HBeAg 和 HBV DNA 通常出现在疾病的急性期,但由于它们的识别没有提供多少有用的信息,它们并不会被常规测量。

慢性乙肝病毒感染在操作上被定义为至少 6 个月的 HBsAg 的持续性存在。HBV 持久性的最高风险是在新出生的新生儿中发现的,这些新生儿的母亲具有 HBV 阳性,并且具有高水平的 HBV DNA。在这些新生儿中,80% 到 90% 会进展为慢性感染。相比之下,6 岁之前感染的儿童中只有 30% 的人会发展成慢性疾病。在被乙肝病毒感染的成年人中,超过 95% 的人完全康复。在大约 1%~5% 的情况下,持续性感染可能与慢性肝炎或无症状携带者有关。一般来说,男性比女性和免疫能力受损的人更频繁地出现持续感染。在急性 HBV 感染的成年人中,在感染的头几周内,HBsAg、HBeAg 和 HBV DNA 的高血清水平似乎预示着慢性感染的进展。

慢性 HBV 感染的诊断标准:
1. 乙肝表面抗原阳性大于 6 个月;
2. 血清中 HBV DNA 大于 10^5 拷贝/毫升;
3. ALT/AST 水平持续或间歇升高;
4. 肝活组织检查能够检测出慢性肝炎。

非活性乙肝表面抗原携带者状态的诊断标准:
1. 乙肝表面抗原阳性大于 6 个月;
2. 乙肝 E 抗原阴性,抗 HBe 阳性;
3. 血清中 HBV DNA 小于 10^5 拷贝/毫升;
4. ALT/AST 水平持续性正常;
5. 肝活组织检查证实不存在肝炎。

乙肝慢性感染的治疗

导致肝硬化的肝损伤发生在有积极的病毒复制的病人身上,一些尽管乙肝病毒持续存在,但其 HBV DNA 水平却是阴性的患者身上的肝损伤是最小限度的。因此,有活跃的病毒复制的病人是最需要治疗的。尽管这些病人中有许多人的肝脏炎症的证据很少，但持续的病毒血症的存在预示着肝脏疾病；如果不是现在，那么就是在以后。

疗法的适应症包括正在进行病毒复制的证据：

1. 乙肝 E 抗原和 HBV DNA 的存在超过 6 个月；
2. 肝酶的持续增高；
3. 肝活组织检查有慢性 HBV 感染的证据。

治疗慢性乙肝病毒感染的目标是通过抑制病毒复制或消除感染来阻止肝损伤的进展。活性病毒复制标记（HBeAg、HBV DNA）的持续丢失导致了生化、临床和组织学的缓解。一般来说，从 HBeAg 到抗 HBe 的血清转化与血清中 HBV DNA 的消失和肝脏疾病的缓解有关。

干扰素—阿尔法已经在治疗慢性乙型肝炎的过程中存在了 10 年。对干扰素治疗的有利结果与成人获得的疾病、高基线 ALT、低基线 HBV DNA、无肝硬化和女性性别有关。核苷类似治疗的到来标志着慢性乙型肝炎治疗的新时代。拉米夫定是核苷类似物，是治疗慢性乙肝病毒的第一种特殊口服抗病毒药物。临床研究数据表明，拉米夫定几乎没有副作用；它不仅减少了炎症活动，而且还能逆转纤维化。拉米夫定单药治疗的主要缺点是，在病毒转录酶/DNA 聚合酶的催化领域中出现了耐药 HBV 的出现，即酪氨酸—甲硫氨酸—阿斯帕特—阿斯帕特（YMDD）的突变。在第一年的治疗中，YMDD 变异的发生率从 15% 上升到 32%～69%。

其他核苷类似物，如阿德福韦和替诺福韦是治疗乙肝病毒感染的另一种选择。阿德福韦在治疗上具有有效的优势，尽管存在 YMDD 的突变。

肝癌的定期筛检

在纵向前瞻性研究中，HBV 的携带者明显被证明有增加 HCC 的风险。HCC 可能有一个持续 2 年或更长时间的无症状期。在大多数病人中，癌症开始时是一个经常被压缩着的单一肿瘤。HCC 的倍增时间估计为 2～12 个月，中间值为 4 个月。有相当多的证据表明，在慢性乙肝或丙肝病毒感染患者接受定期筛查时，可以及早发现 HCC。尽管有强有力的证据表明，如果接受外科手术治疗，一些小型 HCC 的患者可以长期存活，但与为进行筛查的患者相比，目前还没有对接受了定期筛查的携带者进行随机对比临床试验的报道。此外，重要的是要注意，在 HBV 携带者中，慢性肝炎或肝硬化的高假阳性率（AFP）可能会导致昂贵的（和危险的）评估，如放射治疗和肝活检。

在已用于筛查的实验室检测中，对 AFP 进行的研究是最广泛的。AFP 测试的灵敏度取决于所使用的截止电平。AFP 的正常水平小于 8～12 毫微克/毫升。如果使用 20 毫微克/毫升，对小型 HCC 的敏感性从 50% 到 75% 不等。在研究中，不仅包括慢性肝炎或肝硬化患者，还包括非活跃状态的携带者，AFP 的特异性超过 90%。阴性预测值则大于 99%。然而，阳性预测值很低，从 9% 到 30% 不等。AFP 水平的上升，强烈表明有 HCC 的存在，具有持续轻微升高的 AFP（<200 ng/ml）的患者，其 HCC 的风险高于那些有单一附加值的人。

超声（USA）是唯——种被前瞻性研究认定为 HCC 监测的成像工具的放射性测试。对小型 HCC 的敏感性从 68% 到 87%，而假阳性率从 28% 到 82% 不等。此外，超声是非常依赖于操作的。然而，超声波对小肝癌的敏感度要高于 AFP，所以 AFP 和超声波结合使用的效果应该比单独使用任意一个的效果更好。

疫苗接种

自 1981 年以来，有效的乙肝病毒疫苗已经问世。最初的疫苗接种策略针对的是高危人群，如静脉注射吸毒者、性病门诊的病人、惩教机构的囚犯、同性恋者、接受血液透析的病人和卫生保健工作者，而这样的策略都是无效的。最近，更广泛地使用疫苗已经开始显著降低感染的流行程度、HBV 携带者的发展以及 HCC 的发生率。

抗乙肝表面抗原抗体是一种保护性的、中和的抗体，它对乙肝病毒的感染具有免疫有作用。被动免疫是由从 HBV 感染中恢复过来的捐助者准备的外源性、预先形成的抗 HBs 来完成的，很少单独使用。活动免疫是使用乙肝疫苗和主动—被动联合免疫（HBV 疫苗和 HBIG）是首选的方法。HBsAg 是市场上可用的酵母重组 HBV 疫苗的活性免疫原材料。这些疫苗含有 HBsAg，但缺乏 HBV DNA、HBcAg、HBeAg 或预 S 序列。它们是安全的，免疫原性的，有效的，但是昂贵的。等离子体衍生的 HBV 疫苗，也含有 HBsAg 颗粒，相对便宜，但与血液制品相关风险也小。接种疫苗对主动免疫的免疫反应仅局限于抗 HBs；对乙肝病毒的自然感染的反应包括对抗 HBc 和抗 HBs 的诱导。在接种后的抗 HBS 的浓度（抗体水平）通常低于自然感染后的水平。接种疫苗者的突破性感染可归因于低反应能力或对 HBV 疫苗的不反应能力。接种疫苗后，抗 HBs 的浓度随着时间的推移而减少。而抗 HBS 的水平也会在自然感染后下降，在几乎所有的自然感染病例中，保护的持续时间都是终生的。

承保乙型肝炎感染

良好的承保需要了解乙肝病毒感染的自然历史和血清学标记。重要的是要认识到慢性乙肝病毒感染在早期是一种无声的疾病。当症状出现时，患者已经处于疾病的晚期，这时治疗已经无效或太晚。肝硬化和肝细胞癌进展的速率因免疫系统的状态、患者的年龄、感染的血液期、地理和遗传因素而异。与正常人相比，HBsAg 携带者死亡的相对风险在 12~79，而 HCC 的相对风险范围从阿拉斯加的 148 到远东的 30~98 不等。

对保险者的挑战在于：

1. 识别和评估慢性乙肝病毒携带者：不活跃的 HBsAg 携带者或慢性乙型肝炎感染。

2. 认识慢性乙肝病毒感染的晚期并发症：肝硬化风险，肝癌风险，以及逆选择。

大多数慢性乙肝病毒感染的患者都是无症状的，除非他们已经发展成肝硬化失代偿期。主要的挑战将是根据当地流行病学、疫苗接种和检测程序来识别潜在的问题。在亚洲这样的高流行性地区，基本死亡率将包括大部分与乙肝相关的死亡率，因此，过高的死亡率必须适应于承保范围的地区。然而，在亚洲，对与 HBV 相关问题的认识也将增加逆选择的风险，因为潜在的保险公司通常已经接受了筛查和调查。这将特别适用于健康的乙肝病毒携带者，特别是 HBsAg 和乙肝 E 抗原阳性客户。因此，必须调整评定等级，不仅要考虑到患病率，还要考虑到医疗界对这些案例的评估。

在接受慢性乙肝病毒感染病例之前，保险人必须收集完整的 HBV 血清学和肝酶资料（如果可能的话最好在 1 年内有 3 套）。如果病人做了活组织检查或其他调查，如 HBV DNA，它也应该在承保阶段提供。如果病人接受慢性乙型肝炎治疗，应提供完整的治疗文件，特别是对复发风险评估的后续研究。

有了这些信息，保险人就可以区分三种不同的风险情况并相应地对其进行评级：

1. 不活跃（健康）HBV 携带者（HBsAg—阳性、HBeAg—阴性、肝酶正常或接近正常）；

2. 慢性乙肝病毒携带者（HBsAg—阳性，HBeAg—阳性，升高的肝酶）；

3. 慢性乙肝病毒疾病。

认识已确定的慢性乙肝病毒感染的晚期并发症

慢性乙肝病毒感染的后遗症包括从无症状的健康携带者状态到肝硬化、肝失代偿、肝细胞癌和死亡的发展。预后似乎随临床情况而异。对 HBsAg—阳性献血者的长期随访研究（大部分为 HBeAg 阴性）表明，大多数人仍然无症状，并且患肝硬化或 HCC 的风险非常低。在流行地区和慢性乙肝病毒感染患者中，乙肝病毒感染者的预后非常不同。据估计 5 年的进展比率是：慢性肝炎至肝硬化的 12%~20%；补偿性肝硬化为肝失代偿的 20%~23%；并以 6%~15% 的比例补偿肝硬化。在患有慢性乙肝病毒感染的中国患者中，与肝脏有关的死亡的终生风险据估计男性为 40%~50%，女性为 15%。

当保险人对慢性乙肝病毒感染进行评估时，必须评估并发症和加重因素（酒精）的潜在存在，特别是当病人年龄较大和为男性时。主要的论点是肝酶的概况，HBeAg的存在与否和主治医师的临床陈述。在有治疗史的情况下，必须给予特殊护理，因为这是疾病严重程度的标志。

丙型肝炎[29-37]

丙型肝炎感染是一种真正的沉默的病毒流行病。对流行病和疾病的清楚了解是良好的承保所必需的。自然历史很难评估，因为急性期通常是无声的发作，以及在慢性感染的早期阶段经常缺乏症状。公众意识将增加对丙肝病毒的检测，因此许多新病例将被诊断出来。为了避免逆选择，保险行业必须做好准备，评估对不同产品的影响，并评估个别案例。

据估计，全世界约有1.7亿人感染了丙肝病毒。在西欧和北美，这一比率约为1%，在一些地中海和亚洲国家为3%~4%，而在中非和埃及部分地区则高达10%~20%。丙肝病毒是非经肠道传播的病毒。1990年，随着血液和血液制品的抗丙肝病毒筛查的引入，新的输血后丙肝病毒病例实际上已经消失，静脉注射毒品已经成为许多国家主要的可识别的传播方式。当前从丙肝抗体阴性的血液中感染丙肝的风险，在美国小于1/103 000输血单位，这是由感染与可检测抗体发展之间的间隔期间发生的献血造成的残余风险（窗口期不到12周）。献血所带来的剩余风险由每单位输血量的0.45%下降到0.001%。

承保的主要问题是为这种无声的流行病建立一个具有成本效益的筛查策略，并为丙肝病毒病例制定一个合理的评估程序。美国疾病控制与预防中心建议，在感染风险增加的患者中，对丙肝病毒的检测应该是常规的，包括那些注射了非法药物的人，在1987年之前就获得了凝血因子，在1992年7月之前接受了血液/器官，长期进行血液透析，或者有肝病的证据的人。还应根据对风险管理的需要进行监测，包括：在针具/黏膜暴露于HCV-阳性血液后，卫生保健、紧急和公共安全工作者，以及HCV-阳性妇女所生的孩子。在以下人群中，对检测的需求是不确定的：移植组织、鼻内可卡因或其他非注射吸毒者，有纹身史、身体穿刺史、性传播障碍史或多个性伴侣的人，以及HCV-阳性患者的长期稳定性伴侣。这些标准也适用于保险目的。

由于缺乏对献血者的系统筛查，发展中国家或传统经济体中丙肝病毒继续不断传播。此外，大规模的免疫接种和肠内治疗方案，以及手术和牙科手术，没有经过充分消毒的设备，一直是这些国家的乙肝病毒的重要传播路线。在包括器官移植在内的医院流程中已经发现了丙肝病毒的传播。来自抗HCV-阳性源的职业针刺损伤导致约3%的受赠者血清转化；因此，这代表了艾滋病毒（约0.3%）和乙型肝炎病毒之间的传播风险（在未接种疫苗的患者中约为30%）。鼻内可卡因的使用被认为是一种可能的传播方式（"吸管共用"）。性传播很少见，与高危性行为有关。已经观察到母婴传播，但除非母亲感染艾滋病毒，否则风险可能低于5%。在传播和分娩的类型和母乳喂养之间没有被证实的联系。家庭传播是不常见的，对于承保而言非常有趣而又重要的是，在临床实践中在多达40%的丙型肝炎患者（"散肝"）中，没有任何流行病学因素可以被发现。

因为许多慢性丙肝病毒感染的患者都是无症状的，因此需要以人群为基础的血清学研究来估计一般人群中最能反映被保险人群的患病率。在献血者中，丙肝病毒的流行并不反映一般人群的流行程度；因为即使是首次献血者也是一个高度选择的群体，他们已经接受了与各种传染性疾病相关的风险因素的筛查。另一方面，肝脏移植患者的患病率被高估了，因为它也是一个高度有偏的病人群体。根据一项基于美国人口的研究（NHANES III），据估计约有270万人长期感染丙肝病毒（阳性RNA检测）。使用非法药物或从事高危性行为的人感染的风险最高。考虑到同样的传播方式，丙型肝炎病毒检测呈阳性的患者，也应该对HIV和乙型肝炎进行检测。

病毒学

丙肝病毒是一种正链RNA病毒，属于黄病毒家族；最密切相关的人类病毒是G型肝炎病毒、黄热病和登革热病毒。丙肝病毒的自然目标是肝细胞，也可能是B淋巴细胞（抗体生成细胞）。病毒复制是非常强大的，据估计，即使在慢性感染阶段，每天也会产生超过10兆的病毒粒子。HCV基因组包含大约9 400个核苷酸，其中一个大的开读帧编码为多肽（大约3 000个氨基酸长），然后被加工成10个成熟的结构和调控蛋白。复制是依赖RNA聚合酶进行复制的，它缺乏一个证明阅读功能，这导致了在受感染的人体内的双节和相关的准物种的快速进化，代表了对丙肝病毒的免疫介导控制的一个主要挑战。

在整个基因组中发现了HCV分离株的核苷酸序列的主要差异，并指出了不同的HCV基因型的存在，其被定义为核苷酸差异超过20%。据报道，不同的基因型可以改变疾病的严重程度，改变治疗反应，并影响病毒—宿主相互作用和疫苗开发的潜力。在美国和西欧，最常见的基因型是1a和1b。据报道，1b基因型与被感染宿主体内更高的HCV RNA水平、更晚期的疾病以及对当前接受的治疗的反应不佳有关；基因型1b、2a和2b在日本和中国台湾很常见；基因型3在泰国、北欧和澳大利亚被描述；基因型4在中东地区占主导地位；基因型5在南非很普遍；在中国香港报道了基因型6。基因型对研究和临床试验很重要，但不是因为测试不容易获得，而且它的临床意义还不确定。

人们目前对急性和慢性丙肝病毒感染的肝损伤的机制知之甚少。在原发性丙肝病毒感染中，肝细胞损伤与宿主免疫反应的发展相吻合，而不是感染和病毒复制。肝脏是这种免疫反应的"战场"，而"受伤"则是肝细胞。肝细胞坏死似乎是由 CD4 + 和 CD8 + T 细胞的细胞机制介导的。这种细胞介导免疫反应似乎是多克隆的，即针对许多丙肝抗原表位（反基因）。此外，持续的病毒复制通常在没有肝细胞损伤的证据的情况下发生，这表明 HCV 并不是直接的细胞病变。因此，对丙肝病毒的免疫反应在丙肝病毒发病机制中起着核心作用，但不会产生保护性免疫。

急性 HCV 感染

在急性感染期，丙肝病毒感染很少被诊断。急性丙肝病毒输血或意外针棒的潜伏期已报告为平均 6～7 周，但可能从 2 周至 26 周不等。在患有急性丙型肝炎感染的成年人中，前瞻性研究报告称，高达 40% 的人患有某种类型的症状性疾病，15%～30% 的人患有黄疸。

急性丙肝病毒的病程是可变的，尽管它最显著的特征是波动的 ALT 模式。ALT 的正常化可能会发生，它表示完全恢复；但随后会出现 ALT 升高（没有进一步的症状），表明这是慢性疾病。急性丙型肝炎病毒感染后的暴发性肝衰竭是罕见的。在大多数人的急性丙肝病毒发作后，持续的丙肝病毒感染会发生，即使是在没有生化证据的人身上也有活跃的肝脏疾病。急性丙型肝炎感染患者的临床或流行病学特征没有被发现是慢性感染的预测因素。此外，在随访中观察到这些患者的各种 ALT 模式显示一些患者可能有长时间（12 个月或更多月）正常的 ALT 活动，尽管他们有组织学确认的慢性肝炎。

慢性 HCV 感染

在一些回顾和前瞻性研究中，分析了慢性丙肝病毒的自然历史。虽然在退伍军人管理局的研究中没有发现死亡率的增加，但其他研究表明慢性丙肝病毒经常会发展为肝硬化和肝癌。另一方面，最近在高度选择的群体中进行的研究再次显示出一种良性的发展。两项研究描述了在 20 世纪 70 年代末接受了 HCV 污染的抗 D 免疫球蛋白的女性，结果显示，在 17～20 年后，超过 95% 的接受肝脏活检的患者有肝炎症的证据，但大多数都是轻微或中度的。其中一半的人患有纤维症，只有 2% 的人有肝硬化，3%～15% 的前肝硬化。尽管这些发现可能总体上让大多数感染者感到安心，但这种疾病的高患病率仍然转化为大量有临床后遗症的患者。此外，这些数字可能被低估了，因为在研究的人群中，有利因素的比例很高，而且随访时间较短。最近的一篇系统文章证明了慢性丙型肝炎感染的疾病进展的估计受到了研究方法的强烈影响。与那些涉及社区研究和新近被诊断为血液捐赠者筛查的人相比，那些经由输血感染的人以及那些被转诊到专业肝脏诊所的人的估计结果更高。以前的研究表明，在个体研究中，慢性丙肝病毒感染的疾病进展有影响，包括老年性感染、男性性别和大量饮酒。

在这篇综述中，[32]每一个因素都与较高的疾病估计有关，并且在不同的研究类型中有不同的分布。年龄较大的感染在很大程度上解释了血液转化为丙肝病毒感染的较高估计，而选择偏差可能解释了肝脏临床系列疾病进展的较高估计。结果根据基于社区的研究的估计，在成年早期感染丙肝病毒的人中，只有不到10%的人会在20年内患上肝硬化。然而，在慢性丙肝病毒感染的第3和第4个10年中，对基于社区的人群进行进一步的随访是必要的。一旦确定了肝硬化，HCC的发展速度是每年1%～4%。丙肝病毒感染似乎是负责大部分最近观察肝癌发病率和死亡率的增加虽然最近的实验证据提出了丙肝病毒可能通过直接操作途径促进肝细胞恶性转化，人们普遍认为，与慢性丙型肝炎相关肝癌的发展通过增加肝细胞更新的一般途径，引起慢性肝损伤和再生，导致多个和逐步基因改变。

慢性丙肝病毒感染已有大量的肝外表现与之相关，包括混合冷血素血症、肾小球肾炎、迟发性卟啉病。在慢性丙肝患者中，有三分之一的患者可以检测到冷球蛋白，而混合冷血素血症的临床症状仅占患者的1%～2%。这些缺陷通常是分开评估的。

诊断和实验室检查

丙型肝炎的诊断是基于检测血清中HCV特异性抗体（抗HCV）和检测HCV RNA的分子测定。

第二代和第三代抗丙型肝炎酶联反应吸附试剂（ELISAs）是一种敏感性高、特异性强的初步诊断方法。抗-HCV在免疫共化个体或血液透析患者中敏感性较低。对于这些患者，ELISA阴性不能排除丙型肝炎病毒感染，还应该进行逆转录聚合酶链反应PCR（RT-PCR）。重组免疫印迹试验（RIBA）是一种可作为确诊ELISA阳性的补充试验，尤其针对于低风险人群。在这种情况下，RIBA阴性就无须再做进一步检查。和乙型肝炎相比较（表面抗原），目前还没有针对病毒抗原的常规血清学检测。

目前常用的分子检测方法是逆转录聚合酶链反应（RT-PCR）和支链DNA（BDNA）分析。运用逆转录聚合酶链反应（RT-PCR），病毒RNA被反转录成互补DNA（cDNA），然后由PCR扩增。在bDNA化验分析中，所捕获的特定结合以及病毒RNA检测探针所产生的信号被加强。由于RNA病毒不稳定，对样本进行适当处理是避免出现假阴性结果的关键。定性的HCV RNA检测是基于PCR扩增技术的，并且每毫升HCV RNA的复制本下限是不超过100。这些是确认病毒血症及评估治疗效果的选择试验。目前有3种有效测定病毒血症的方法（bDNA和两种RT-

PCR)。所有系统均可提供较为可靠的结果，但是由于现阶段还没有建立表达病毒载量的标准化表达系统，因此不易进行比较。病毒载量已经被证实与所进行的抗HCV治疗的结果有关，但不能预测疾病的进展状况。

逆转录聚合酶链式反应最早在HCV感染后的第1至2周及抗-HCV血清转换前4至6周开始呈现阳性。原则上来说，HCV RNA的测定对于选择患者进行抗病毒治疗及评估它的功效十分重要。HCV RNA的测定，不应该作为确认或者排除诊断的初步试验，但可以作为重组免疫印迹（RIBA）试验不确定患者的验证性测试。

肝活组织检查

肝活检标本的组织学检查是诊断丙型肝炎相关肝病活动性的黄金标准。组织学分期是唯一可靠的用以预测预后及疾病进展可能性的依据。肝组织活检可以确定炎症活动（分级）及组织纤维化（分期）；还可以用以明确或者排除同时存在的肝脏疾病（例如酒精性肝病及血色病等）；因此，活组织检查被推荐为是慢性HCV感染的初步评估。然而，在进行治疗之前肝活检并不是强制性的，有些情况下，肝活检仅仅在缓解病情无效时才被建议。

治疗可能性

一般来说，目前治疗仅仅针对于转氨酶水平持续升高（>6个月）、抗丙型肝炎病毒抗体及RNA血清阳性，以及肝活检至少中度脱脂、坏死、纤维化患者。此外还需考虑的因素包括：年龄、患者性别、HCV感染的持续时间、发展为肝硬化的风险程度、治疗可能出现的反应、并发症以及病人的个人条件等。更重要的，要与患者充分交流在治疗时期生活质量下降情况。

目前的标准疗法包括每周3次皮下注射300万单位的干扰素-α同时每天口服1 000~1 200mg的利巴韦林。基因型1的患者需要治疗12个月，基因型2或3的患者需要治疗6个月。干扰素-α和利巴韦林通过直接抗病毒作用和增强免疫防御机制（免疫调节作用）发挥作用。应用干扰素和利巴韦林治疗禁忌症包括失代偿性肝硬化、自身免疫性肝炎以及其他自身免疫性疾病、抑郁症、精神病、妊娠史、缺乏可靠的避孕方法（利巴韦林致畸性）、心肺疾病、白细胞减少症、血小板减少症以及其他影响治疗依从性的条件。

在接受治疗过程中HCV RNA显示阴性的患者，在治疗结束后的6个月后仍有持续反应，通常保持为阴性。治疗结束后HCV RNA阴性，随后6个月中又出现HCV RNA阳性患者被视为HCV复发者。既往干扰素治疗复发者需进行联合治疗。对于无反应者没有既定的治疗方式。这些病人需要被转至特殊医学中心去接受对照临床试验。

使用聚乙二醇（PEG）结合干扰素-a，将会显著提高持续的应答率。和传统的干扰素相比，聚乙二醇化干扰素更有效，由于它们的半衰期长，因此只需要一周注射一次。聚干扰素-α和利巴韦林持续性应答率从35%提升到70%，这比常规的干扰素-a与利巴韦林联合治疗反应率高。但任何详细而具有前瞻性的随机对照的试验结果仍有待公布。

转氨酶持续正常的HCV患者不应该接受治疗。目前可用的抗病毒疗法对于儿童、老年人、急性肝炎患者、HIV感染者、HBV感染者及器官移植接受患者并没有疗效。由于慢性丙型肝炎所导致的肝硬化是许多西方国家进行肝移植的主要指针，不可避免地伴随着同种异体移植的反复感染。然而，和乙型肝炎相比，移植后复发的HCV通常是轻微的，而且进展很缓慢。

丙型肝炎病毒感染

在丙型肝炎血清学阳性患者肝脏疾病谱观察包括肝功能测试正常且无明显症状的无偿献血者的频谱，及急性、慢性肝炎、肝癌以及肝功能衰竭需要肝移植者。良好的承保要求了解HCV感染的不同情况，并且收集足够的数据来做出决定。第一步要做的就是明确HCV感染最初是如何怀疑并被确诊。这就允许如下所描述的风险分类的出现。

高价转氨酶ALTs和ASTs

转氨酶水平是肝细胞损伤的敏感指标，对于肝细胞损伤疾病的认识比如肝炎等是有帮助的。血清中通常有较低水平的转氨酶（AST、ALT），一般低于30~40U/L。不同实验室的正常范围差别很大。当肝细胞膜被损害的时候，两种酶释放到血液中的量都会增加。肝细胞坏死并不是释放转氨酶所必需的。事实上，肝细胞损伤程度和转氨酶水平之间的联系并不大。如果重复检测的结果是异常的，则暗示需进一步评估。第一步是获得一个完全的系统性的病情检查，为了找出导致转氨酶升高的最常见原因：酒精和肝损伤、慢性乙型及丙型肝炎、自身免疫性肝炎、肝炎脂肪变性、非酒精性脂肪性肝炎、血色沉着病。对于丙型肝炎病毒，如果在常规检测中发现升高的氨基酸转移酶，则推荐进行抗HCV抗体检测。如果是抗HCV阳性，那么RIBA对于确认这个发现是有意义的。HCV RNA不应用于筛查病人，而仅仅是用于确认可疑的PIBA检测。

HCV感染没有临床上的症状，丙型肝炎病毒感染的最显著和最令人警觉的方面就是其高持续率和诱发慢性肝病的能力。任何血清学阳性结果都需要做进一步的评估检查。保险业者必须要查找数据来评估慢性肝炎的风险以及肝硬化病情进展速率：转移途径、病情发展阶段、实验室数据。最低限度的数据包括去年的3组转氨酶测试和一项 HCV RNA 测试。如果对患者进行临床调查，所有有价值的数据都将呈现给保险业者，尤其是是否做了肝活检。由于转氨酶和组织学之间的联系较弱，这是至关重要的。如果这些数据没有被提供，那么保险业者就必须要相当谨慎，因为不披露的可能性很大。

无临床症状的 HCV 感染者 HCV

有症状的患者通常有更多的早期疾病，而且在提出治疗之前就进行了充分的检查。这些申请人通常有更大的风险产生并发症，因此在进行治疗之前应当进行仔细的检查。大多数有症状的患者在进行治疗之前都要进行肝活检，因为这项调查对评估风险是至关重要的，它对于保险业者是有价值的。当患者接受治疗时，那么需将申请人延长至完成治疗后的 6~12 个月。

治疗丙型肝炎病毒感染

治疗患者通常是慢性肝炎伴有较高程度炎症及纤维化的患者。其治疗目的在于减轻患者症状或者减慢其病情进展过程。在接受丙型肝炎病史患者之前，保险业者应当充分掌握有关治疗的原因（包括肝活检结果）以及治疗效果（治疗前后 ALT 谱、RNA 值，如果在治疗后做了肝活检）。最关键的问题是治疗前肝炎分期以及治疗后是否出现炎症和复发（停止治疗后 6 个月或 12 个月的值）。

带状疱疹[38]

水痘是由感病宿主的水痘—带状疱疹病毒（VZV）引起的，在感觉神经背根神经节内潜伏感染。这种潜在的 VZV 病毒感染的反应会在感觉神经节内导致带状疱疹，只限于皮肤病。带状疱疹在所有年龄组段均有报道，但年龄较大的人群发病率更高。这与 VZV 特异性细胞免疫功能下降有关。一小部分人群可能有带状疱疹复发。

皮肤细菌重叠感染可能会延长疱疹损伤愈合时间，而且疱疹后神经痛是非常痛苦的问题。带状疱疹几乎很少会扩展到中枢神经系统而导致脑膜性炎症和临床脑膜炎。

HIV 感染者、器官移植接受者及其他免疫抑制患者有较高风险会有严重的 VZV 并发症。

如果没有出现其他疾病并且艾滋病病毒检测为阴性的患者，在完全恢复后将会提供标准费率。

传染性软疣

传染性软疣是由痘病毒导致的慢性局部性皮肤感染。这种感染通常是自限性的，免疫力较强的病人在几个月后可自行解除。但对于免疫系统遭受损伤的患者，病程将会持续更长的时间，范围也更多更广。对于 HIV 感染者，在开始较高活性的抗逆转录病毒治疗后软疣病变可得到缓解。对于免疫系统没有损伤的患者则不会对生活及健康产生任何风险。

脊髓灰质炎[39]

在 20 世纪上半叶，麻痹性脊髓灰质炎是导致全世界发病和死亡的主要原因。1954 年脊髓灰质炎灭活疫苗问世，从而使脊髓灰质炎的发病急剧下降。脊髓灰质炎是一种急性、发热型疾病，会导致无菌性脑膜炎以及肌无力或者瘫痪。它是由嗜中性粒细胞病毒侵袭脊髓前角细胞所引起的，导致相关肌肉的下运动神经元麻痹。现在西方国家已经很少出现普通型脊髓灰质炎病毒所致的感染。世界卫生组织有一个国际根除计划，在世界其他地区取得了很好的效果。但口服脊髓灰质炎减毒活疫苗依旧有例外的情况会发生。

已经康复和正在治疗的申请人可以按照普通的费率接受，但排除残疾阻碍正常机能。对于脊髓灰质感（PPS）患者，如果有评级，取决于残疾程度（例如 ADL 评分）。

狂犬病

被感染的动物尤其是狗等咬伤人之后病毒就会传染，此外蝙蝠、狐狸、臭鼬、浣熊等咬伤也可能会感染。如果不做处理，则有可能导致死亡。在经过适当的治疗完全康复后可以按照标准费率提供。

呼吸道合胞体病毒

呼吸道合胞体病毒（RSV）是 1 岁以下婴儿下呼吸道感染的最常见原因。每年因感染这种病毒住院的儿童多达 80 000 名，有将近 500 名儿童死亡，而且死亡人数还在逐渐增加。当完全治愈后可提供标准费率。

疣

它是由人体乳头瘤病毒所导致的常见的传染性皮肤生长，可自行消失。但是，由某些人类乳头瘤病毒的血清型引起的疣可能是恶性的，尤其是缺乏免疫系统的人。如果没有其他疾病存在，标准费率是适当的。关于生殖器疣的讨论，见性传播疾病一节。

西尼罗病毒

西尼罗（WN）病毒属于黄病毒属，属于日本脑炎病毒的抗基因复合体，是一种分布较为广泛的树状病毒之一。鸟类是最主要的宿主。病毒主要是通过鸟类—蚊子—鸟类途径传播。人类和其他动物如马，都是偶然的宿主，并被认为在传播过程中扮演着次要角色。几乎所有的人感染病毒都是因为蚊虫叮咬。通过器官移植和血液输送传播的可能性也较小。

1999年纽约出现了WN病毒感染，出现62例患脑炎及7例死亡的状况。而导致美国出现感染的确切原因却不得而知。然而，由于它第一次出现在一个主要的国际化区域，因此旅游和商业贸易可能在这个过程中扮演了重要角色。WN病毒的潜伏期大约为3～14天。自1999年以来，由国家检测记录显示因WN病毒引起的疾病，主要是脑炎及脑膜炎：其中，1999年有62例，2000年21例，2001年66例。只有大约20%的感染者有发烧现象，而只有一半人因为这种疾病感染而去就诊。从那时起，病毒逐渐地扩散开来。到2002年9月，在美国许多州都被检测出了有WN病毒活动迹象。

大多数感染者都是没有症状的轻度疾病，被称为WN热，它是一种很难和其他病毒性疾病相区别开来的自我限制性疾病。中枢神经系统的表现很少见但可能会很严重。在当下脑炎或者脑膜脑炎流行比脑膜炎更普遍。WN病毒的感染治疗是支持性的。在完全恢复6个月后可以提供标准费率。

▶▶ 真菌感染

浅表（外部）真菌感染

三种浅表真菌、皮肤癣菌引起的感染主要是：表皮癣菌、毛癣菌、小孢子菌。

这些感染有多种不同的临床表现。不寻常的临床表现和/或治疗无效应该引起怀疑是否有潜在的免疫问题。

念珠菌是真菌感染的另一个常见原因。念珠菌被认为是胃肠道和泌尿生殖系统的正常菌群，其临床表现十分广泛，从局部黏膜感染到广泛传播。念珠菌入侵并引起疾病，通常是在正常生理状态出现不平衡时，特别是当激素或者免疫反应受到影响时。念珠菌珠性外阴道炎是黏膜念珠菌病的最常见形式，与激素失衡有关。抗生素、类固醇、糖尿病、HIV 感染、宫内节育器以及隔板的使用是常见的导致念珠菌珠性外阴道炎的危险因素。慢性黏膜皮肤念珠菌病是一种罕见的综合征，伴有潜在的 HIV 感染以及 T 细胞损伤。通常会在儿童期就有侵袭，但也会在 HIV 感染者中发现。

如果没有潜在的问题出现，那么将提供标准费率。

全身（内）真菌感染

下面讨论的真菌感染主要发生在免疫系统受损的个体身上（包括艾滋病个体）。在健康的人体中，这些有机物可能存在，但不会引起任何活跃性疾病。

曲霉病

曲霉菌在腐朽的植被和堆肥中是非常常见的。在大多数情况下，只有当免疫系统受到损害时，它才会在人体内具有侵袭力。当免疫状态受损的状况已经改善，曲霉病已经治愈时，可以考虑提供保险，在这种情况下，费率取决于对潜在疾病的需求。

曲霉病有时会见于嗜酸细胞性肺炎患者（洛费尔综合征），当嗜酸性肺炎感染得到控制后，对嗜酸细胞性肺炎的评分是必要的。

浅表曲霉菌感染可能发生在外耳，这对生命没有危害。即使在接受治疗的同时，也可以提供标准费率。

芽生菌病

幸运的是，由裂皮病引起的感染并不常见。它是一个渐进的过程，人们感染的机制目前尚不清楚；这种情况在艾滋病患者中很少发生，其治疗是有效的；如果没有潜在的免疫缺陷，康复后一年 +50 适用于 1–2 年。

念珠菌病

当念珠菌病侵入时，病人的免疫系统通常会受到损伤。可在其食道、脑、肠道、肾脏、肺或心脏中发现，它可以被治疗，但结果往往取决于易感条件。如果基础条件得到缓解或者移除，那么一个高标准的报价将会在2年后被考虑。

球孢子菌病

球孢子菌病是由粗球孢子菌所引起的一种自我限制性呼吸道疾病（山谷热）。通常没有什么实际的症状，当完全恢复时可以提供标准费率。进行性球孢子菌病是一种常见的致命性感染，通常与艾滋病有关。如果病情恢复了并且免疫系统没有损伤，那么高标准费率（+200）在完全恢复后两年内是可能的，评级可能在第5年后逐步降低至标准。

隐球菌病

新型隐球菌感染开始于肺部，可能扩散到脑膜从而导致隐球菌性脑膜炎。它还能感染肾脏和前列腺。在患有艾滋病的患者中经常发生这种疾病。如果免疫系统没有潜在性疾病，那么+200的费率将在完全康复后的2年提供。还可以在未来3年逐步降低至标准费率。

农民肺

这是一种对霉变干草中的曲霉孢子的超敏反应。真菌本身不感染病人，治疗方法包括避免暴露和短期服用皮质类固醇。标准费率可在完全治愈后提供。

荚膜组织浆菌病

组织胞浆菌引起的原发性急性感染本身为肺炎。通常不需要治疗就能恢复。除非大量吸入组织胞浆菌，否则这一过程就是良性的。标准费率将在完全治愈后提供。进行性播散性感染通常是致命性的，这在艾滋病患者中较为常见。如果患者完全康复且没有发生免疫系统损伤，那么可在完全康复后2年内收取+200费率，在第5年之后逐步降低到标准费率。

寄生虫感染

虱病

这是一种由虱子导致的疾病，可见于人的头皮、身体或生殖器区，其治疗是有效果的。虱子是导致回归热、流行性斑疹伤寒和海沟热的生物载体，所有这些在北美都很少见。虱病不需要借方。

蛲虫（蛲虫病）

这是一种非常常见的寄生性传染病，多发于儿童。症状是肛周和外阴瘙痒，也可无任何症状。其治疗是有效的，不需要借方。

疥疮

这种皮肤传染病是由疥螨属穿孔疥癣虫所造成的。有强烈的瘙痒感，其治疗是有效的，不需要借方。

旋毛虫病

这种寄生虫感染是由旋毛虫引起的。当人们食用了未完全煮熟的含包膜幼虫的猪肉时会发生这种感染。当囊肿的包膜被胃和十二指肠所消化后，其释放出的幼虫就迅速成熟并且开始产生幼体。其中一些会在血液中迁移到不同器官，但主要是肌肉。主动感染和迁移会引起过敏反应、发烧、嗜酸细胞增多、肌肉疼痛和面部水肿，尤其是上眼睑。在大约需要3个月之后幼虫会被囊化，疾病症状恢复。预后一般较好，无长期并发症。前脑室感染史可按保险费标准费率接受。

滴虫病

见下文关于性传播疾病一节。

其他蠕虫感染

这些感染包括蛔虫、钩虫、蛲虫、鞭虫和绦虫。这些蠕虫感染通常不会影响死亡率，不要求借方。棘球绦虫和血吸虫病会给旅行者带来较大的问题，在热带地区会导致健康问题（见第 25 章）。

▶▶ 性传播疾病

性传播疾病（STDs）是一种具有高度传染及易感性的疾病，在 20 世纪 80 年代中期直到艾滋病被广泛知道时是极其常见的。艾滋病的出现使"安全性行为"的流行趋势上升，因此各类性病的发病率总体下降，尽管在过去的几年里发病率有所增加。由于艾滋病患者的死亡率存在潜在上升趋势，在承保前为 STD 患者做 HIV 抗体检测是明智的。

两个性伴侣同时接受治疗时，很多性病是可以治愈的。如果他们不同时接受治疗，那么就会有乒乓球效应，也就是发生重复感染。

本节所讨论的一些疾病可以在没有性接触的情况下感染。这种情况的出现，将会在有关疾病的讨论中提及。

龟头炎

这是包皮或阴茎龟头的感染，通常出现在未割包皮的男性身上。最常见的病因是酵母菌感染，但也可以由疱疹、滴虫、淋病或梅毒感染，也可以是雷特氏综合征（Reiter's syndrome）的表现（见下文）。在缺乏其他性病证据的情况下，不需要借方。

软下疳

在发展中国家，软下疳是一种较常见的生殖器溃疡病。例如，撒哈拉沙漠以南的非洲，软下疳是生殖器溃疡的主要原因。由于艾滋病毒的出现和艾滋病感染，发达国家的软下腺发病率在上升。由于传播风险显著增加，它是艾滋病感染的一个危险因素。嗜血杆菌是其致病因素。软下腺的潜伏期为 4~10 天。感染最初的症状是红斑丘疹，随后将迅速演变为脓疱，侵蚀成溃疡并通过腹股沟淋巴结排出。它对抗生素较为敏感。

如果没有艾滋病毒感染，标准费率可在康复后 6 个月提供。

衣原体属

衣原体是一种微小的革兰阴性细菌，是导致男女性病感染的常见病因。大多数感染者没有临床症状，因此是感染传播的持续宿主。披衣菌是淋球菌感染后尿道炎的最常见原因。也是导致男性其他综合征的原因，例如直肠炎、附睾炎、前列腺炎以及反应性关节炎等。

许多女性披衣菌感染也是无临床症状的。许多临床症状如子宫颈炎、盆腔炎是导致不孕的重要原因。宫颈感染是最常见的衣原体综合征，但是只有一半的女性患者会表现出症状。治疗衣原体感染对预防盆腔炎和不孕很重要。

性病和 HIV 感染之间可能有某种协同作用。因此，应该对这类患者进行常规的艾滋病毒检测。如果确诊为是艾滋病感染，那么可以提供标准费率。

淋病

淋病的感染菌为淋球菌。它可以导致尿道炎、附睾炎、子宫颈炎、阴道炎以及输卵管炎。可能会导致女性不孕。可能会发生菌血症，少数会导致脑膜炎、心包炎或腔内炎。关节炎是一种偶然的并发症。抗生素治疗是有效的。淋病和梅毒通常会同时发病，因此进行梅毒和艾滋病病毒检测是恰当的。标准费率可在完全恢复后提供。

腹股沟肉芽肿

腹股沟肉芽肿通常在热带地区较为常见。被认为是通过性接触进行传播。男性和女性会阴区红色小结节膨胀成肉芽肿状肿块，这种疾病采用抗生素治疗是有效的。标准费率可在恢复 6 个月后提供。

单纯疱疹

美国血清流行病学调查表明每年有将近 500 000 例新生殖器 HSV 感染病例。大多数情况下这种感染是亚临床状态的，因此不被察觉。当 HSV－1 和 HSV－2 均引起生殖器疱疹感染时，HSV－2 仍然是引起男性和女性生殖器疱疹性溃疡的主要原因。在一些研究中，生殖器溃疡疾病被认为与 HIV－I 传播风险更高有关。在西方国家，大约 75%～80% 的生殖器溃疡性疾病与 HSV 有关。而软下疳和梅毒是其他地区更常见的病因。

如果没有感染 HIV 的风险，那么将可以提供标准费率。

性病淋巴肉芽肿

性病淋巴肉芽肿是一种由沙眼衣原体所导致的生殖器溃疡疾病（包括 L1、L2 和 L3 血清型）。这种感染最常见于热带和亚热带地区。单一的临床诊断很难确诊，需要进行血清学检测。

如果尽早进行治疗，完全治愈后可提供标准的费率。如果感染进展超过了最初的病变，标准费率则应在完全恢复的 1 年后提供。

非特异性尿道炎

至少一半的非特异性尿道炎（NSU）感染是由衣原体所造成的。其他微生物包括毛滴虫，但通常情况下并不明确。排尿困难是最主要的症状，尽管事实上可能没什么关键症状。当完全恢复时可以提供标准费率。

虱病

这种虱病可以通过性行为传播；但很容易处理，因此不需要借方。

梅毒[40,41]

梅毒是由梅毒螺旋体引起的一种慢性感染。这种疾病的变化是非常多变的。梅毒有着极其精彩多变的演变史，首次被描述是在距今约 500 年前。梅毒不能在体外进行培养，这是进行研究的最大障碍。

几乎所有新近的梅毒感染均是由于性传染获得。也有可能通过子宫或者分娩而垂直传播。梅毒在发病早期极易传染（第 1 期和第 2 期），传染率约为 30%。它的传播是在暴露接触物伤口时发生。病毒的潜伏期大约为 10~90 天。

先天性梅毒

如果孕妇在她怀孕期间没有接受梅毒感染治疗，那么梅毒会通过胎盘传递给胎儿。自 20 世纪 80 年代以来，先天性梅毒综合征的发病率增长很快。如果在早期使用抗生素治疗，那么就可能完全康复。确诊为 2 年以上的晚期先天性梅毒患者，需长期使用青霉素治疗，梅毒血清学检查可能始终呈阳性。神经性耳聋是一种后遗症，并且可能是永久性的。标准费率通常将在5岁后进行考虑。

一期梅毒

梅毒的最开始症状是接种部位的丘疹，最为典型的是无痛的。这样很快就会产生典型的梅毒下颚。生殖器或者生殖器外会有1~2厘米的无痛的、凸起的、可硬化的溃疡。溃疡与轻中度的区域淋巴结肿大有关，通常是双侧淋巴结肿大。即使在没有治疗的情况下，也会在3~6周内康复。

继发性梅毒

继发性梅毒是系统性梅毒的一个阶段。它最常发生在25%的未进行治疗的原发性梅毒患者第6周到第6个月。涉及手掌、脚底和黏膜的泛发性丘疹性皮疹是这一阶段的特征，但它在临床上可以被忽略。二次梅毒皮疹通常在第2~6周内自行消退。遗传性淋巴结肿大伴随皮疹。巨大的生殖器病变称为扁平湿疣，它具有很强的诊断性和传染性。在40%~50%的早期梅毒患者的脑脊液（CSF）中可以发现螺旋体，但在这一阶段，神经表现很少见。

隐性梅毒

潜伏性疾病通常是亚临床的，尽管临床上可能会复发。梅毒在潜伏性时期很少传染。但是有在围产期传播的先兆。

三期梅毒

三期梅毒出现在三分之一没有接受梅毒感染治疗的患者中。由于大多数人都是较早治疗的，因此这种疾病现在很少见到。临床表现包括梅毒瘤形成、心血管疾病、中枢神经系统的变化（神经系梅毒）。这种症状通常在疾病潜伏5到20年后发生。晚期梅毒可在从未经历过临床症状性原发性或继发性梅毒的人身上发生。

实验室检测

梅毒不能在实验室培养。目前，这种疾病只能通过直接观察生物体或血清学来确定。通过暗视野显微镜直接观察显示潮湿病变中的螺旋体是确诊原发性和继发性梅毒最快最直接的方法。这项技术需要有经验的工作人员，因此它的使用仅限于专门的性病诊断。血清学检测是一种间接诊断方法，依赖于体液免疫应答。有两种用于梅毒的血清学检测方式：非包膜试验（VRRL：性病研究实验室；RPR：快速血浆反应素试验）和密螺旋体检测（FTA－ABS：密螺旋体荧光抗体吸收；MHA－

TP：梅毒螺旋体抗体的微量血凝检测）。无菌试验（梅毒反应素抗体检测）是以心磷脂胆固醇凝集素抗原的反应性为依据。它们测量 IgG 和 IgM 抗体作为一种筛查试验，因为它们便宜且易于执行。其检测结果报道为抗体效价，用于跟踪治疗的反应。当非应答试验呈阳性时，治疗试验被用作验证性试验。这些定性测试检测针对密螺旋体细胞成分的抗体。梅毒的假阳性试验在一般人群中的比率约为2%，其检测是独立的。这些假阳性试验中有些与无关疾病有关。由于检测结果会重回到阴性，所以在 6 个月以后进行重复检测是必要的。慢性假阳性试验与自身免疫性疾病（尤其是系统性红斑狼疮）、静脉吸毒、慢性肝病和 HIV 感染有关。

如果有梅毒病史，那么在提供一个标准费率前需要对其进行调查，必须进行血清学检测，包括艾滋病毒检测。在完全恢复之后，可以提供标准费率。如果对晚期并发症或治疗不全有疑问，则必须要延迟检测并进行调查。一个积极的性病研究实验室应该向保险业者说明一个人在未来患有 HIV 感染的风险可能。

雅思病，非性病梅毒，品他病

这些现象发生在炎热、潮湿的赤道国家。它们是由螺旋体引起的非性病、地方性、梅毒性疾病（见上面的密螺旋体病）。硬下疳通常出现在腿部而不是生殖器上，但早期皮损上的刮痕显示出螺旋体状螺旋体。梅毒的筛查和特异性检测呈阳性，而最终诊断是根据当地疾病的流行病学和临床模式进行的。

滴虫病

这是由原生动物有机体引起的一种常见的感染。它可能没有症状，也可能会导致尿道炎或阴道炎。用甲硝哒唑同时对两个性伴侣进行治疗是很容易治愈的。不需要借方。

疣

尖锐湿疣是由人类乳头瘤病毒（HPV）感染引起的最常见的病毒性性病之一。人乳头状瘤病毒具有高度传染性，主要由性传播的双链 DNA 病毒传播。大多数感染在 2 年内就会消失。HPV 16 和 18 型持续感染增加了鳞状细胞癌的风险；中间风险亚型可引起高度不典型增生，这种不典型将持续存在而非侵入性阶段；低风险亚型较少与下生殖道发育不良或者良性尖锐湿疣有关。

如果没有潜在的疾病（例如艾滋病毒），在成功治疗之后，可以提供标准费率。

▶▶ 新发传染病[42]

流行性传染病例如霍乱、登革热、流行性感冒、脑膜炎、瘟疫、黄热病和肠道传染病等对人类构成几乎持续不断的威胁。它们很好地适应了在人群间传播，无论是人与人之间的直接传播，昆虫和其他疾病传染媒介的传播，还是食物或环境的污染。这些疾病通常都很好了解，在大多数情况下，有效的措施可以控制它们。

以前未知的感染性物质，跨越了从动物到人类的物种屏障，而导致意想不到的或不寻常的疾病事件。出现在新的地理区域的传染剂也会引起意想不到的事件。最后，生物制剂是被生物恐怖活动行为故意设计并且引入的，从而引起异常疾病事件。能否发现新出现的或意想不到的疾病取决于监测敏感性。关于某一地理区域或特定气候条件下的常见病事件的充分背景数据有助于对异常的认识。

新兴疾病的出现是难以预测的，即便是在发达国家，对于它们的诊断也很困难并且容易产生误诊。例如美国和欧洲在19世纪90年代所出现的艾滋病。这些新的疾病出现时，人们对它们的了解甚少，因此难以进行治疗和控制。当传播的动态未知时，流行病可能需要很长时间才能控制。虽然一些新出现的病原体不能很好地适应人类人口，并且缺乏持续流行的潜力，但由于它们发生在新兴疾病中，通常与高死亡率有关，而且通常是高度敏感的宿主。

▶▶ 我们需要什么数据？

流行病学是基于两个基本假设，第一，人类疾病不是随机发生的；第二，系统地调查不同人群中不同人群和亚群体以及多个地点或时间可以识别因果关系和预防因素。流行病学定义了什么人、在哪里、什么时间、因为什么原因、如何感染某种传染病。这里的"谁"指那些容易被感染的人，"什么"指的是感染的范围和影响，"什么时候"是时间趋势，"在哪里"指的是疾病发生的地理位置；"如何"定义疾病的宿主和传播机制，"为什么"涉及危险因素，或者疾病影响某些人而不是其他人的原因。

描述性流行病学涉及收集和分析描述人群疾病的所有数据。其主要局限性是特定疾病报告不足或病例不足。表明存在流行病的确切病例数量因病原体、人口的规模和类型、以前的经历或疾病的接触程度，以及发生的时间和地点而异。流行病的识别还取决于一年中同一季节特定人群中该区域疾病的背景频率，例如流感。即使是非常少量的未确认疾病的病例，也足以构成流行病。例如，有关艾滋病的第一份报告只涉及年轻同性恋者中的四例卡氏肺孢子虫肺炎。

调查的初始阶段应核实疑似病例的诊断并确认是否存在流行病。初步调查还导致了对疾病来源和传播提出假设，而这反过来可能导致立即采取控制措施。病例定义是一个重要步骤，特别是在当病因没有明确定义时更是如此。案例定义的发展是重要的步骤，可以深刻影响分析结果。例如，严格的临床病例定义可能会限制公认的疾病谱，而宽松的病例定义可能包括患有完全不同病因的患者。与临床医学的诊断测试一样，流行病学中希望具有100%敏感和100%特异性的病例定义。然而，这是不现实的。艾滋病疫情的调查始于艾滋病病毒发现之前，并基于疾病预防控制中心的病例定义，该定义在新数据可用时进行调整。主要目标是标记临床病例并将其分类，以便进一步进行流行病学调查。作为病例定义的一个例子，疑似SARS病例定义为有证据表明发热（体温 > 38°C）、下呼吸道症状，以及与被认为患有SARS或有过往病史的人接触传播（根据世卫组织）。一个疑似病例是胸部影像学检查发现肺炎、急性呼吸窘迫综合征（ARDS）或不明原因呼吸道疾病导致死亡的病例，其中ARDS的尸体解剖没有发现可识别的原因。

与流行病学密切相关的三个重要组成部分：疾病的频率、分布和特征。疾病频率的最基本测量是受个体影响的简单计数。这些信息对于希望确定特定社区卫生保健资源分配的公共卫生规划人员和管理人员至关重要。但是，计数数据本身对流行病学家的效用非常有限。为了调查疾病的分布和决定因素，还需要了解受影响个体的来源人群的大小以及收集数据的时间段。使用这些措施可以直接比较2个或2个以上个体之间的疾病频率。发病率定义为在规定的期限内观察到的人群中发现感染的次数除以当时观察到的人数。对于大多数传染性疾病，发病率按年报告。最常见的情况是，国家法律宣布疾病报告，并建立正式的监测系统。随着时间观察，发病率的变化可以确定新出现的问题或预防或控制措施的有效性。

疾病的分布考虑在人群中谁感染疾病，以及疾病发生的时间和地点。这可能涉及在给定时间不同人群之间的比较或一个人群的亚组之间的比较。这些比较对于描述疾病模式以及制定关于可能的因果或预防性因素的假设至关重要。人口可以通过特定的地理位置、寄主特征或暴露来定义。医院是一个独立的生态系统，拥有独立的人口，独特的病原体和独特的传播机制。在SARS疫情中，医院一直作为强大的疾病传播中心，直到引入控制和检疫。

疾病的特征遵循疾病的频率和分布，因为了解这些知识是检验流行病学假设所必需的。分析流行病学的目的是确定与疾病相关的危险因素。这通常是通过病例控制或队列分析来完成的，以试图识别不同频率或者暴露于病人的和普通人之间的特征。危险因素是病人的典型特征，如年龄、性别、种族、社会经济地位、居住地，以及接触食物、吸烟、药物、非法使用毒品、旅行史或性活动等。在得出某一因素与疾病有关的结论和得出关于某一因素与原因有关的结论时必须非常小心。推断因果关系需要统计和逻辑流行病学联系，但证明往往需要大量额外的生物学研究。

▶▶ 传染性非典型肺炎[43-45]

最近新兴的传染病中有一种是 SARS 流行病。严重急性呼吸系统综合征（SARS）是一种以医护人员传染率高为特征的非典型性肺炎，于 2002 年 11 月在广东省开始传染。继广东之后，香港在 2003 年 2 月中旬出现疫情，病毒传播到 30 多个国家从而造成 5 个大洲的病患者超过 7 900 人。在许多地方，这种感染是由生病的旅行者传染给医护人员和家庭接触者。非典在全球的传播速度空前迅速，在短短几周内就淹没了许多医院和一些公共卫生系统。2003 年 3 月 12 日，世界卫生组织发布了全球范围的非典警报。一种新的冠状病毒（SCoV）被鉴定为是 SARS 的病原体，这种病毒也会在猕猴身上引起类似的疾病。人类 SCoV 似乎是一种动物病毒，近期才传播至人类身上。SARS 病毒可能很早就有能力感染人，但直到最近才遇到有利于助长其蔓延的条件。

东亚受非典影响最严重，截至 2003 年 6 月，中国有 5 328 例，其次是中国香港 1 753 例，中国台湾 680 例。这是近年来东亚第 4 次出现传染病。SARS 爆发前，在马来西亚爆发的尼帕病毒，在中国台湾爆发的 71 型肠病毒，在中国香港爆发的 HSN1 流感，都使地区公共卫生基础设施全部中断。

在亚洲以外，加拿大是受非典影响最严重的国家。截至 2003 年 8 月，加拿大共有 436 疑似严重急性呼吸综合征案例，其中包括 44 宗死亡案例。大部分 SARS 病例以及所有死亡病例都集中在多伦多及多伦多周边大部地区。医护人员的死亡人数很高：超过 100 多人感染，其中导致了 3 人死亡。SARS 的经验表明，加拿大（和其他国家一样）没有充分准备好应对真正的大流行病。为此，加拿大卫生部长于 2003 年 5 月初设立了 SARS 和公共卫生问题全国咨询委员会。委员会的任务是对目前的公共卫生工作和为今后的传染病控制工作吸取的经验教训提供第三方评估。因此，委员会提出了一些战略建议以加强公共卫生系统并使其组成部分更充分地相互结合。这份报告是非常有趣并且有价值的，并且应该成为世界各地其他公共卫生系统的工作工具。

▶▶ 家禽流行性感冒（禽流感）

禽流感是由流感病毒引起的一种感染，自然中发生在野生鸟类身上时没有症状。家禽，如鸡、鸭和火鸡，可被野生鸟类感染，通常是致命的。H5N1 感染已成为亚洲特有的地方病，最近已蔓延到欧洲。世界卫生组织警告称在不久的将来将有很大的风险发生流感疫情，而这很可能是由 H5N1 型禽流感病毒引起的。重要的是，由于流感病毒的不可预测行为，这种大流行的时间和严重程度都无法预测。目前，A 型禽流感病毒很少感染人类，在 1997 年至编写本报告之时（2006 年 1 月 14 日），世界卫生组织报告的 H5N1 病例只有 148 例，其间，79 人死亡。这些病例大多是直接接触受感染的鸟类或受污染的材料，但尚未从人与人之间传播。

当人类病例发生时，需要了解动物、人类以及流行的流感病毒在多大程度上的流感感染情况，以评估疫情。要调查的最重要的问题是，在当地爆发期间是否发生了持续的人际间传播。如果发生这种情况，那么大流行的可能性将会高得多，而紧急的公共卫生措施将是至关重要的。因此，在大流行病毒出现并在人群中传播之前，不能准确预测鸟类流感相关的人类死亡率。虽然最近已经尝试了一些可能伤亡的估计，但所有这些估计都是推测性的，因此应该谨慎评估。

这一章的早期版本是由 Robert TE Bishop 撰写的第四版。本章已被扩展并修改为现在的形式。在此，我们衷心感谢 Robert TE Bishop 的最初贡献。

▶▶ 参考文献

[1] von Overbeck J. Insurance and epidemics: SARS, West Nile virus and Nipah virus. *J Insur Med* 2003; 35: 24 – 33.

[2] www. who. inticrsioutbreaknetworklenl （WHO. accessed 22 October 2003）.

[3] Swartz MN. Recognition and management of anthrax – an update. *N Engi J Med* 2001; 345: 1621 – 6.

[4] Shapiro RL et al. Botulism in the USA: a clinical and epidemiologic review. *Ann Intern Med* 1998; 129: 221 – 8.

[5] Principi N, Esposito S. Emerging role of Mycoplasma pneumoniae and Chlamydia pneumonia in paediatric respiratory – tract infections. *Lancet Infect Dis* 2001; 1: 334 – 44.

[6] Sack D et al. Cholera. *Lancet* 2004; 363: 223 – 33.

[7] Stoddart B, Wilcox MH. Clostridium difficile. *Curr Opin Infect Dis* 2002; 15: 513 – 18.

[8] Suerbaum S, Michetti P. Helicobacter pylori infection. *N Engl J Med* 2002; 347: 1175 – 86.

[9] Fields BS et al. Legionella and Legionnaires' disease: 25 years of investigation. *Clin Microbial Rev* 2002; 15: 506 – 26.

［10］ Ustianowski AP, Lockwood DN. Leprosy: current diagnostic and treatment approaches. *Curr Opin Infect Dis* 2003; 16: 421-7.

［11］ Bharti AR et al. Leptospirosis: a zoonotic disease of global importance. *Lancet Infect Dis* 2003; 3: 757-71.

［12］ Hengge UR et al. Lyme borreliosis. *Lancet Infect Dis* 2003; 3: 489-500.

［13］ Krishna G, Chitkara RK. Pneumonic plague. *Semin Respir Infect* 2003; 18: 159-67.

［14］ Andrews J et al. Community-acquired pneumonia. *Curr Opin Pulm Med* 2003; 9: 175-80.

［15］ Graham SM. Salmonellosis in children in developing and developed countries and populations. *Curr Opin Infect Dis* 2002; 15: 507-12.

［16］ Frieden TR at al. Tuberculosis. *Lancet* 2003; 362: 887-99.

［17］ Tufariello JM et al. Latent tuberculosis: mechanisms of host and bacillus that contribute to persistent infection. *Lancet Infect Dis* 2003; 3: 578-90.

［18］ Davies PD. The world-wide increase in tuberculos is: how demographic changes, HIV infection and increasing numbers in poverty are increasing tuberculosis. *Ann Med* 2003; 35: 235-43.

［19］ Corbett EL et al. The growing burden of tuberculosis: global trends and interactions with the HIV epidemic. *Arch Intern Med* 2003; 163: 1009-21.

［20］ Ayan I et al. Childhood nasopharyngeal carcinoma: from biology to treatment. *Lancet Oncol* 2003; 4: 13-21.

［21］ Chien X et al. Serologic markers of Epstein-Barrvirus infection and nasopharyngeal carcinoma in Taiwanese men. *N Engl J Med* 2001; 345: 1877.

［22］ Fattovich G. Natural history and prognosis ofhepatitis B. *Semin Liver Dis* 2003; 23: 47-58.

［23］ Alter MJ. Epidemiology and prevention of hepatitis B. *Semin Liver Dis* 2003; 23: 39-46.

［24］ Kao JH and Chen DS. Global control of hepatitis Bvirus infection. *Lancet Infect Dis* 2002; 2: 95-403.

［25］ Mahomey FJ. Update on diagnosis, management, and prevention of hepatitis B virus infection. *Clin Microbial Rev* 1999; 12: 351-66.

［26］ Yang HY et al. Hepatitis B e antigen and the risk of hepatocellular carcinoma. *N Engl J Med* 2002; 347: 168-74.

［27］ http://www.hepnet.com.

［28］ von Overbeck J. Hepatitis B infection. *On the Risk* 2002; 4: 50-61.

[29] Flamm SL. Chronic hepatitis C virus infection. *JAMA*. 2003; 289: 2413 - 7.

[30] Alter MJ et al. The natural history of community acquired hepatitis C in the USA. *N Engl J Med* 1992; 327: 1899 - 1905.

[31] Alter MJ et al. The prevalence of hepatitis C virus infection in the USA, 1988 through 1994. *N Engl J Med* 1999; 341: 556 - 62.

[32] Freeman X et al. The natural history of chronic hepatitis C: a systematic review. *Hepatology* 34: 809 - 16.

[33] Kenny - Walsh E. Clinical outcomes after hepatitis C infection from contaminated anti - D immune globulin. *N Engl J Med* 1999; 340: 1228 - 33.

[34] Lauer GM, Walker BD. Hepatitis C virus infection. *N Engl J Med* 2001; 345: 41 - 52.

[35] Pratt DS and Kaplan MM. Evaluation of abnormal liver - enzyme results in asymptomatic patients. *N Engl J Med* 2000; 342: 1266 - 71.

[36] Shakil AO et al. Volunteer blood donors withantibody to hepatitis C virus: clinical, biochemical, virologic, and histologic features. *Ann Intern Med* 1995; 123: 330 - 7.

[37] von Overbeck J. The silent hepatitis C epidemic. *On the Risk* 2001; 4: 58 - 67.

[38] Gnann JW Ir, Whitley RJ. Clinical practice. Herpeszoster. *N Engl J Med* 2002; 347: 340 - 6.

[39] Aylward RB et al. Global health goals: lessons from the worldwide effort to eradicate poliomyelitis. *Lancet*. 2003; 362: 909 - 14.

[40] Golden MR et al. Update on syphilis: resurgence of an old problem. *JAMA* 2003; 290: 1510 - 4.

[41] Walker DG, Walker GJ. Forgotten but not gone: the continuing scourge of congenital syphilis. *Lancet Infect Dis* 2002; 2: 432 - 6

[42] Daszak P et al. Emerging infectious diseases of wildlife - Threats to biodiversity and human health. *Science* 2000; 287: 443 - 9.

[43] Donnelly C et al. Epidemiological determinants of spread of causal agent of severe acute respiratory syndrome in Hong Kong. *Lancet* 2003; 361: 1761 - 6.

[44] Peiris J et al. Clinical progression and viral load in a community outbreak of corona virus - associated SARS pneumonia: a prospective study. *Lancet* 2003; 361: 1767 - 72.

[45] A report of the National Advisory Committee on SARS and Public Health. Learning from SARS. *Health Canada*. 2003. Available at: www. hc - sc. gc. ca/english/protection/warnings/sars/learning. html. Accessed on October 22, 2003.

第25章 妊娠与女性生殖障碍

波利米·M. 加尔布雷斯（Polly M. Galbraith）

- 妊娠
- 女性生殖障碍
- 参考文献

社会经济、文化变迁以及医疗进步，持续提高了女性的预期寿命和生活质量，尤其是育龄女性。在国际上，死亡率、预期寿命和健康预期程度的性别差异是众所周知的。外部可预防的死亡原因，如吸烟和伤害，是导致死亡率性别差异的重要因素。据报道，目前美国女性的预期寿命为79岁，男性为74岁，其他发达国家的预期寿命也类似。由于性别原因，女性的死亡风险更大。绝经期妇女患多种疾病的风险增加，中位年龄为51.4岁。在工业国家，妇女一生中30%的时间是在绝经后度过的。绝经与许多重要的生理和代谢变化相关，其中包括心血管疾病的发病率增加，骨密度降低。心脏病、癌症和脑血管疾病仍然是男性和女性死亡的主要原因。[1]

▶▶ 妊娠

在发达国家，妊娠比以往任何时候都更加安全，总体的妊娠死亡率为9.2/100 000。在发达国家的数百万例分娩中，很大一部分出现一种或多种疾病相关的并发症。产科学、新生儿学、麻醉学和医药学方面的进展促进了产妇和新生儿的健康。医疗条件确实会导致高危妊娠，而妊娠可能会加剧潜在的慢性疾病。随着诊断和治疗技术的改进以及对不孕症更有效可行的治疗，越来越多的人被确诊为高危妊娠。发达国家孕产妇最常见的死亡原因依次是血栓栓塞性疾病、高血压、异位妊娠和出血。[2]

产妇年龄

产妇年龄过高（大于 35 岁）或过低（小于 15 岁）会导致某些妊娠并发症，尤其是先兆子痫。晚育趋势下，辅助生殖技术（见不孕症治疗）导致高龄孕产妇数量显著增加。产妇高龄是以下疾病的重要危险因素：
- 自然流产
- 异位妊娠
- 妊娠糖尿病
- 妊娠高血压综合征
- 胎盘早剥
- 中风
- 双胞胎妊娠[3]

肥胖

妊娠期肥胖越来越常见，尤其是在美国。1997 年后美国妊娠肥胖率在白人女性中增加了 29%，西班牙裔女性增加了 26%，而非洲裔女性则增加了 42%，这些女性更容易出现与肥胖相关的妊娠并发症，如血栓栓塞、妊娠期糖尿病、非胰岛素依赖型糖尿病（NIDDM）、高血压和先兆子痫。此外，妊娠期肥胖女性的剖宫产率和感染率也会增加。[4]

吸烟

怀孕期间吸烟率在各国之间存在显著差异。目前美国的吸烟率似乎已经见顶并开始下降，而在其他国家，吸烟在年轻女性中越来越普遍。母亲吸烟对胎儿的影响已有充分记载，吸烟是流产、低出生体重、围产期疾病以及婴儿猝死的重要原因。吸烟也会加剧怀孕引起的已经增加的高凝状态，通常也与异位妊娠和前置胎盘的风险增加有关。[5]

高血压

妊娠期心输出量增加了 40%，主要是由于每搏量增加。在妊娠中期，全身血管阻力下降，并与血压下降有关。在妊娠晚期，心率每分钟增加大约 10 次。血压

140/90mmHg 被认为是异常升高，并且与围产期发病率和死亡率的显著增加有关。妊娠高血压综合征通常由先兆子痫、慢性高血压、妊娠期高血压或肾脏疾病引起。[6]

妊娠期间先兆子痫的发生率大约为 5%～7%，表现为血压升高超过 140/190mmHg、病理性水肿和蛋白尿。虽然先兆子痫的确切病因尚不清楚，但最终会导致血管痉挛和多器官损伤。先兆子痫与脑循环异常有关，增加了接近正常血压的中风风险。产生先兆子痫的危险因素包括：

- 先兆子痫的既往病史
- 糖尿病
- 肾脏疾病
- 慢性高血压
- 极端产妇年龄
- 肥胖
- 凝血因子 V Leiden 突变
- 血管紧张素原基因 T235
- 抗磷脂抗体综合征
- 多胎妊娠
- 初生

重度先兆子痫表现为中枢神经系统功能障碍，包括：

- 头痛
- 视力模糊
- 癫痫和昏迷
- 血压显著升高
- 重度蛋白尿
- 少尿或肾衰竭
- 肺水肿
- 肝损伤
- 血小板减少症
- 弥散性血管内凝血

HELLP 综合征（溶血、肝酶升高和血小板减少）是重度子痫前期的一个亚类，也是发病率和死亡率的主要原因。血小板和凝血异常显著增加了中风的风险。先兆子痫的治疗方法是分娩，积极控制血压能够降低中风的风险，预防性癫痫治疗也是至关重要的。

先兆子痫可在产后几周内消退。[7]

妊娠期高血压表现为妊娠期间或产后 24 小时内血压升高，无潜在的慢性高血压或先兆子痫相关的其他体征。无并发症妊娠高血压与不良妊娠结局或长期预后无关。

慢性原发性高血压与围产期死亡率增加和胎儿宫内发育迟缓有关。患有慢性高血压的孕妇发生先兆子痫和胎盘早剥的风险显著增加。

妊娠期糖尿病（GDM）

妊娠期糖尿病女性存在胰岛素分泌不足和胰岛素抵抗现象。目前，在发达国家，大多数妇女在怀孕期间接受 GDM 筛查。因此，大多数 GDM 病例正在被诊断和管理，包括轻度或边缘病例。通常这些妇女和她们的婴儿都表现得非常好。然而，GDM 的确诊代表先兆子痫、大于胎龄儿和会阴撕裂的风险增加。早期诊断为 GDM 的妇女属于高危人群，其产科并发症、复发性 GDM 以及非胰岛素依赖型糖尿病发生的发生率均会增加。[8] 对于在妊娠期间需要用胰岛素来控制血糖的对象，在承保时可能需要更加谨慎。重复产后糖尿病监测，在完成之前，可以推迟承保。[9]

非胰岛素依赖型糖尿病（NIDDM）

非胰岛素依赖型糖尿病是最常见的妊娠期糖尿病，与肥胖、年龄和久坐不动的生活方式有很大的关联，糖耐量受损和既往妊娠糖尿病是 NIDDM 发展的有力预测因子。一旦确诊为 NIDDM，妊娠就会成为高风险，往往需要严密监测和干预。诊断也常伴有高血压和高脂血症，最终可能导致严重的微血管并发症。此类人群可以批准推迟承保直至分娩完成，再应用合适的评级。

胰岛素依赖型糖尿病（IDDM）

妊娠胰岛素依赖型糖尿病对母亲和胎儿而言是极其危险的，死亡率增加了十倍，发病率也显著提高。并发症包括酮症酸中毒、肾脏疾病、高血压和先兆子痫。风险的增加需要对此类人群推迟承保直到妊娠结束，然后必须进行适当的评级（见第 19 章）。[10]

心脏病

妊娠期心血管疾病仍然是孕产妇死亡和发病的一个重要非产科原因，约有 1% 的妊娠受到影响。心输出量和血容量显著升高，以及外周阻力和动脉压降低的正常生理变化，直接影响心脏病。

瓣膜性心脏病是妊娠最常见心脏病。二尖瓣狭窄最有可能导致妊娠期间死亡。妊娠长期二尖瓣狭窄可能导致肺动脉高压，还有报道猝死的情况。这些女性患心房纤颤和某些心律失常的风险也会增加。

妊娠期二尖瓣和主动脉瓣反流通常都耐受良好，室上性心动过速是妊娠期常见的并发症，但一般也有良好的耐受性。围产期心肌病是一种罕见的与心肌炎相关的妊娠疾病，许多人完全康复，但有些人出现进行性扩张性心肌病。

妊娠期肺动脉高压是孕产妇死亡的高危因素。在艾森曼格综合征中，母婴死亡频繁发生。

马凡综合征是一种常染色体显性遗传疾病。患有这种综合征的孕妇中有15%最终在妊娠期间会出现严重的心血管症状，但死亡率相当低。主动脉根部直径<40mm被认为是有利的。

妊娠期心肌梗死较为罕见，发病率约为1/10 000，死亡率根据产妇情况的不同，在30%~50%之间。[11]

胃肠道和肝脏疾病

高达90%的孕妇在妊娠早期会出现恶心和呕吐。出现妊娠剧吐的情况需要间歇性补液和营养支持治疗。无法工作的时间可能从一天或两天到整个孕期不等。

妊娠期间胆囊疾病的恶化很常见。妊娠期肝内胆汁淤积症通常出现在妊娠中晚期，通常伴有严重的瘙痒症。

妊娠晚期的三种情况可能表现相似并进展为严重的肝功能异常：（1）妊娠急性脂肪肝，这是一种罕见的并发症；（2）先兆子痫伴肝脏受累；（3）HELLP综合征（见上文高血压）。[12]

妊娠期急性病毒性肝炎是一种全身性疾病，伴有发烧、恶心、呕吐、疲劳和黄疸，肝功能检查指标明显升高。除戊型肝炎外，妊娠期间病毒性肝炎发病率或严重程度不会增加。妊娠期戊型肝炎的死亡率非常高，为15%~27%。[13]在妊娠期间由单纯性疱疹引起的肝炎病例也曾被报道，死亡率为43%。

癌症

妊娠期癌症很罕见，但它是造成育龄女性死亡的第二大原因。乳腺癌是妊娠期最常见的癌症，可能受到晚育的影响，其发病率正在上升。妊娠期间检测到的乳腺癌可能由于诊断延迟，预后也较差。[14]

妊娠对许多恶性肿瘤（如肝细胞癌、鼻咽癌、淋巴瘤和甲状腺癌）的预后有不利影响。

感染

任何数量的感染皆可使妊娠复杂化，但很少会对发病率或死亡率产生长期影响。许多会影响在子宫内或围产期的胎儿，如：
- 巨细胞病毒
- 各类 β 链球菌和许多尿路感染[15]
- 风疹
- 疱疹
- 细小病毒
- 弓形虫病
- 人类免疫缺陷病毒（HIV）

艾滋病病毒显然有很高的死亡率和发病率风险，其他人将根据具体情况具体分析，大多数是标准风险。

产后感染是产妇发病率和死亡率的重要原因。产后子宫感染在阴道分娩后很少见，但有5%的人在重复选择性剖宫产后发生子宫内膜炎，25%的人在紧急剖宫产后发生，大多数患者能够迅速恢复。

异位妊娠

当受精卵在子宫内膜以外的部位着床时会发生异位妊娠，主要由输卵管感染、子宫内膜异常和输卵管解剖异常所致。异位妊娠的病因可能包括：
- 既往输卵管妊娠或手术
- 盆腔感染
- 子宫内膜异位症
- 盆腔粘连
- 盆腔肿瘤
- 隔膜子宫
- 宫内节育器
- 口服避孕药

异常着床部位包括输卵管、间质、卵巢、子宫颈和腹膜。异位妊娠发生率约为20/1 000，服用生育药物的妇女患病风险明显较高。

异位妊娠是早期妊娠相关死亡的主要原因，也是导致显著发病率的原因。它导致10%的孕产妇死亡。年龄较大的女性（30岁以上）的死亡风险高于年轻女性。[16]

不孕不育症治疗

越来越多的生育采用辅助生殖技术或体外受精，其中许多涉及高龄产妇。不孕不育症治疗的妊娠并发症显著增多，容易发生以下情况：
- 流产
- 异位妊娠
- 妊娠高血压综合征
- 前置胎盘
- 妊娠糖尿病
- 剖宫产
- 早产
- 低出生体重
- 死产
- 多胞胎（双胞胎或更多）[17,18]

多胎妊娠有许多相关并发症，除了孕产妇高龄外，初产（首次妊娠）、不孕和卵巢刺激也被认为是辅助生殖技术并发症的病因。产科医生经常将这些孕产妇视作高风险对象进行管理，并建议卧床休息和增加诊断检查与程序。在这种情况下，并发症发病率明显较高，治疗需要孕妇减少工作时间。[19]

异位妊娠

在过去20年中，异位妊娠的发病率在全世界增加了近三倍，它是妊娠早期最常见的死亡原因。过去的腹部手术或盆腔炎症性疾病（PID）是异常的主要病因，其他的历史因素有宫内节育器使用、不孕、子宫内膜异位症、先前异位妊娠、先天性和发育性生殖器畸形。检查中最重要的发现是腹部或反弹压痛伴附件或膀胱充盈。在大多数患者中，超声和敏感妊娠试验可以确诊，如尿β-绒毛膜促性腺激素（ELISA）或血清β-绒毛膜促性腺激素（RIA）。

异常90%发生在输卵管，其余为卵巢、宫角、肠和腹膜。异常似乎也与年龄有关，35~44岁的患者是25岁以下的三倍多。宫外孕的死亡率是正常分娩的10倍，出血是导致死亡的主要原因，产妇死亡率为1%~2%。输卵管异位复发率为10%。既往有治疗的异位妊娠史可能是一个重大的承保风险。目前的治疗趋势是使用全输卵管切除术作为最后的治疗方式。保守性手术治疗（如输卵管切除术）正在推进，实现未来更高的生育率。

申请人的年龄、妇科病史、治疗类型以及残留问题的存在对承保这种疾病很重要。总的来说，完全康复且没有遗留生殖风险或双侧输卵管切除术将适用标准的风险。

女性生殖障碍

盆腔炎（PID）

PID 是一种由子宫、输卵管、卵巢和周围组织的感染引起的严重炎症，会导致生殖系统严重损伤引起不孕、慢性盆腔疼痛和异位妊娠风险。由于屏障避孕法的运用，盆腔炎的发病率有所下降，但据报道仍有 8% 育龄女性受到影响。PID 是女性性传播疾病中最常见和最严重的并发症之一。衣原体和淋病是两种最常见的传染源。40% 的未治疗病例发展为 PID，有些感染可能无症状，但仍会影响生育能力[20]（见上文不孕不育症治疗）。

子宫和卵巢良性肿块

任何盆腔肿块或疑似临床病史都需要适当关注。在所有女性疾病中，50% 的恶性肿瘤死亡是由新的生殖生长所致。区分肿瘤、功能障碍、单纯性或子宫内膜异位肿块或囊肿不能单靠总的特征或症状判断，必须仔细通过适当活检或组织切除后的组织学评估来确认诊断。

随着年龄的增长，女性进行妇科手术的可能性会更大，通常以此提示疾病的症状或检查情况。如果有近期病史，可能需要提供病理报告。囊肿或其他良性肿瘤可伴有急性或慢性盆腔疼痛，月经功能障碍和不育，或者可能完全无症状。所有卵巢肿块在病理确诊之前都是有问题的。50 岁以上的患者卵巢肿块为恶性的概率是 50%。功能性囊肿常见且良性，但如果持续时间超过 2 个月，则必须对诊断进行质疑，并做进一步的评估。

多囊卵巢综合征（PCO）（斯坦—勒旺塔尔综合征）

多囊卵巢综合征是育龄妇女最常见的内分泌疾病。患者可以表现出多种疾病，包括：雄激素过多症、排卵功能障碍、肥胖、高脂血症、胰岛素抵抗和不孕症。在患者经历的后遗症中，胰岛素抵抗与最显著的长期发病风险有关。[21,22]

子宫内膜异位

子宫腔外子宫内膜组织的存在非常普遍，50%的育龄妇女会受到影响，表现为无症状到严重痛经、慢性盆腔疼痛、盆腔肿块和不孕，这些症状会产生非常显著的发病率。有许多关于子宫内膜异位症引起的癌症的文献报道，最常见的组织学肿瘤类型为透明细胞和子宫内膜样，通常处于早期阶段。

据报道，诊断为子宫内膜异位，乳腺癌、卵巢癌、黑色素瘤和非霍奇金淋巴瘤的风险增加，此外，自身免疫性疾病的发病率也会增加。[23]

子宫肌瘤

子宫平滑肌肿瘤常见的有肌瘤、纤维瘤、纤维肌瘤、平滑肌瘤、肌纤维瘤。虽然这些肿瘤是良性的，但有1%假定良性纤维瘤会诊断出恶性皮肤肉瘤。通常，大多数肌瘤是无症状和激素敏感的，25%~50%的患者确实会出现异常出血和盆腔疼痛或不适症状。包括活检在内的各种放射技术对于明确这些肿块的来源是非常必要的。[24]

月经过多、快速生长、疼痛、压力不孕和邻近器官受损可导致显著的发病率。子宫肌瘤切除术、子宫切除术或栓塞术可能是手术所必需的，并导致短期发病。激素、达那唑和GnRh类似物的药物治疗也相当有效。[25]

如果子宫切除术、子宫肌瘤切除术或活检确认无恶性肿瘤，则风险评级为标准。如果子宫肌瘤较小，无症状且受到监控，则风险也应该是标准的。如果肿瘤较大或有明显的症状，投保申请应推迟，特别是年龄超过40岁的。

经前期综合征（PMS）和经前焦虑障碍（PMDD）

大约80%的女性在月经前可能经历情绪和生理变化，她们大多症状轻微，没有发生功能损害，症状可能因个体和周期而异。如果这些人中的25%没有报告症状，通常在月经结束后一周，应评估他们的其他生理和精神疾病。据报道，中度至重度经前综合征影响了20%~40%的女性，死亡率是标准的。PMS的诊断标准差异很大。根据疾病和有关健康问题的国际统计分类（ICD-10），诊断标准心理不适、腹胀、体重增加、乳房胀痛、肢体肿胀、周身疼痛、注意力不集中、睡眠障碍和食欲改变，只要出现至少一种症状即可诊断。[26]这些症状不一定发生在黄体期，也不一定会导致某些功能障碍。美国妇产科医师学会要求症状必须出现在黄体期并导致一些功能障碍。[27]

严重的 PMDD 影响着约 2%～9% 的女性。根据精神疾病诊断和统计手册（DSMIV）的定义，PMDD 需要至少 5 种症状，包括至少一种情绪症状，如情绪波动或易怒。症状必须通过两个月经周期的日常评定进行前瞻性证实，主要是在黄体期。症状必须存在于大多数周期并导致一些功能障碍。有时在黄体期之外的时期出现症状的女性患者应接受重度抑郁、心境恶劣障碍或焦虑症的评估。[28]

精神病诊断、咨询、住院治疗、精神药物治疗，药物滥用或犯罪活动将导致发病率和死亡率的不合格评级或下降，与病情的严重程度和持续时间一致。[29]

子宫内膜增生和月经过多

子宫内膜增生是子宫内膜病变的一种改变，范围可从生理正常到子宫内膜癌，通常与非对抗性雌激素效应有关，无论是外源性雌激素还是内源性雌激素，可能表现为月经过多，特别是围绝经期或绝经期。需要全面评估。[30] 宫颈扩张和分次刮除，子宫内膜活检和血清雌二醇水平可能是排除生殖肿瘤所必需的。如果不经治疗，癌症的患病风险增加，其病理学表现为：隐性增生、腺瘤性增生、非典型增生和子宫内膜息肉。在诊断后的 10 年内，高达 20% 的人被诊断为癌症。

在绝经后出血的女性中，25% 被发现患有非典型增生或子宫内膜癌。与此病症相关的风险因素是肥胖、未生育、60 岁以上、绝经晚期、糖尿病和无拮抗激素如多囊卵巢疾病。绝经前状态下子宫内膜息肉引起的不规律出血对健康影响不大，在绝经后状态中，这些息肉中有 10%～15% 是恶性的，一旦进行活检和治疗，增生性息肉就是标准风险。绝经后妇女的阴道异常出血是导致申请延迟的原因，直到完成对死亡风险的适当评估。非正常出血也会因短期发病而推迟，直到痊愈。

避孕

口服避孕药 40 多年来一直被广泛使用，除了提供有效的避孕措施以限制不必要的和禁忌的妊娠，对健康也产生了一定有益影响。强有力的证据表明口服避孕药的使用降低了卵巢癌和子宫内膜癌的发病率。资料显示，35 岁以下女性患乳腺癌、宫颈癌和肝癌的风险增加。[31-33] 从流行病学的角度来看，风险和收益在统计上很小，可能的净效应可以忽略不计。众所周知，较高剂量的避孕药会增加血栓栓塞、中风和心肌梗死的风险，而低剂量没有显示风险增加。

屏障避孕药的使用，如男用和女用避孕套，减缓了艾滋病毒和其他性传播疾病的传播。然而，女性艾滋病毒感染率在持续上升。由于盆腔炎、败血症、少数死亡等严重并发症的诉讼，子宫内节育器在美国的使用急剧减少。使用特定形式的避孕方法没有合适的死亡率评级，如果有已知的并发症，则发病率和死亡率的评级与并发症一致。

更年期与激素替代治疗

更年期是一种终止妇女生殖能力的生命自然事件，许多人会出现明显的症状，从轻度不适到严重的生理、心理功能障碍不等。雌激素替代疗法已有60多年的历史，经证实的益处包括缓解血管舒缩症状，阴道萎缩以及预防和治疗骨质疏松症。

此前，观察性研究表明，长期使用可使冠状动脉事件减少30%~50%，而乳腺癌则增加8%~30%。妇女健康倡议项目的雌激素加孕激素试验经过平均5.2年的随访后于2002年7月停止，因为健康风险超过了益处。激素的使用增加了冠状动脉疾病、中风、血栓栓塞性疾病和乳腺癌的发生，而结直肠癌、髋部骨折和其他骨折有所减少。[34]心脏和雌激素/孕激素替代研究（HERS）也证明了对冠状动脉疾病缺乏有效性。尽管妇女健康倡议项目的雌激素加孕激素试验宣告终止，但单独的雌激素试验仍在继续，直到2004年2月被国立卫生研究院终止。单独使用雌激素的研究结果表明，单独使用雌激素会增加卒中风险，降低髋部骨折的风险，并且不会影响绝经后女性患者在子宫切除术后平均6.8年的冠状动脉疾病发病率。乳腺癌风险的降低被认为需要进一步研究。使用雌激素治疗的老年妇女比不使用激素治疗的患痴呆症的风险略微增加，其中包括阿尔茨海默病。妇女健康倡议记忆研究（WHIMS）表示，雌激素本身并不能阻止老年妇女的认知能力下降。这也适用于使用雌激素孕激素治疗的老年妇女，使用激素疗法的对年轻女性的认知风险和益处尚不清楚。单独使用雌激素的控制组和安慰剂组的疾病事件发生率相等，未表现出对慢性病预防有明显效用。[35-37]百万女性研究调查了特定类型的激素替代疗法对突发和致命乳腺癌的影响，目前使用激素的人群比从未使用过的人群更容易患乳腺癌并因此导致死亡，过去使用激素的人群意外或致命疾病的风险并未增加。目前使用雌激素的人群发病率显著增加，但同时使用雌激素和孕激素的人群增加幅度明显更大。随着使用时间的增加，乳腺癌患病风险也相应增长。[38]

目前美国食品和药物管理局建议，经历子宫切除术的绝经后妇女仅在最短的时间内、以最小有效剂量使用雌激素治疗绝经期症状。总体情况表明，疾病风险和健康益处之间存在平衡，对总死亡率没有显著影响。

人们再也不能断定接受激素替代治疗的绝经后妇女是更高死亡率风险的特定群体。长期的激素治疗可能与轻微增加的死亡率和发病率风险有关。

参考文献

[1] Wizeman TM, Pardue ML (eds): *Exploring the Biological Contributions to Human Health: Does Sex Matter?* Washington DC, National Academy of Sciences, 2001.

[2] Koonin LM et al. Pregnancy - related mortality surveillance - United States, 1987 - 1990. *MMWR CDC Surveill Summ.* 1997; 46 (4): 17 - 36.

[3] Nybo Andersen AM et al. Maternal age and fetal loss: population based register linkage study. *BMJ* 2000; 320 (7251): 1708 - 12.

[4] Weiss JL et al. Obesity, obstetric complications and cesarean delivery rate - a populations - based screening study. *Am J Obstet Gynecol* 2004; 190 (4): 1091 - 7.

[5] Cnattingius S. The epidemiology of smoking during pregnancy: smoking prevalence, maternal characteristics, and pregnancy outcomes. *Nicotine Tob Res* 2004; 6 (Supp 2): S125 - 40.

[6] Roberts JM et al. Summary of the NHLBI Working Group on research on hypertension in pregnancy. *Hypertens Pregnancy* 2003; 22 (2): 109 - 27.

[7] Zhang J et al. Severe maternal morbidity associated with hypertensive disorders in pregnancy in the United States. *Hypertens Pregnancy* 2003; 22 (2): 203 - 12.

[8] Ben - Haroush A et al. Epidemiology of gestational diabetes mellitus and its association with Type 2 diabetes. *Diabet Med* 2004; 21 (2): 103 - 13.

[9] Xiong X et al. Gestational diabetes mellitus: prevalence, risk factors, maternal and infant outcomes. *Int J Gynaecol Obstet* 2001; 75 (3): 221 - 8.

[10] Evers IM et al. Risk of complications of pregnancy in women with type 1 diabetes nationwide prospective study in the Netherlands. *BMJ* 2004; 328 (7445): 915. Epub 2004 Apr 05.

[11] Lange SS, Jenner M. Myocardial infarction in the obstetric patient. *Grit Care Nurs Clin North Am* 2004; 16 (2): 211 - 9.

[12] Su GL, Van Dyke RW. Pregnancy - related liver diseases. *Curr Treatment Options in Gastroent* 2000; 3: 501 - 8.

[13] KumarA et al. Hepatitis E in pregnancy. *Int J Gynaecol Obstet* 2004 Jun; 85 (3): 240 - 4.

[14] Rugo HS. Management of breast cancer diagnosed during pregnancy. *Curr Treat Options Oneal* 2003; 4 (2): 165 - 73.

[15] Le J et al. Urinary tract infections during pregnancy. *Ann Pharmacother* 2004; 38

(10): 1692 –701.

[16] Anderson FW et al. Sudden death: ectopic pregnancy mortality. *Obstet Gynecol* 2004; 103 (6): 1218 –23.

[17] Venn A et al. Mortality in a cohort of IVF patients. *Hum Reprod* 2001; 16 (12): 2691 –6.

[18] Jackson RA et al. Perinatal outcomes in singletons following in vitro fertilization: meta – analysis. *Obstet Gynecol* 2004; 103 (3): 551 –63.

[19] Blickstein I, Keith LG. Outcome of triplets and high – order multiple pregnancies. *Curr Opin Obstet Gynecol* 2003; 15 (2): 113 –7.

[20] Miller WC et al. Prevalence of chlamydial and gonococcal infections among young adults in the United States. *JAMA* 2004; 291 (18): 2229 –36.

[21] Marshall K. Polycystic ovary syndrome: clinical considerations. *Altern Med Rev* 2001; 6 (3): 272 –92.

[22] Norman RJ. Obesity, polycystic ovary syndrome andanovulation – how are they interrelated. *Obstet Gynec* 2001; 13 (3): 323.

[23] Modesitt SC et al. Ovarian and extraovarian endo – metriosis – associated cancer. *Obstet Gynecol.* 2002; 100 (4): 788 –95.

[24] Koshiyama M et al. The relationship between endometrial carcinoma and coexistent adenomyo – sis uteri, endometriosis extema and myoma uteri. *Cancer Detect Prev* 2004; 28 (2): 94 –8.

[25] Wallach EE, Vlahos NF. Uterinemyomas: an overview of development, clinical features, and management. *Obstet Gynecol* 2004; 104 (2): 393 –406.

[26] *International Statistical Classification of Diseases and Related Health Problems*, 1989 revision. Geneva: World Health Organization; 1992.

[27] Davis AJ, Johnson SR. Premenstrual syndrome. American College of Obstetricians and Gynecologists Practice Bulletin, No. 15. Washington DC: American College of Obstetricians and Gynecologists; 2000.

[28] American Psychiatric Association. *Diagnostic and Statistical Manual of Mental Disorders*, 4the dn. Washington DC: American Psychiatric Association; 1994.

[29] Borenstein JE et al. Health and economic impact of the premenstrual syndrome. *J Reprod Med* 2003; 48: 515 –524.

[30] Pike MC et al. Prevention of cancers of the breast, endometrium, and ovary. *Oncogene* 2004; 23 (38): 6379 –91.

[31] Althuis MD et al. Breast cancers among very young premenopausal women (United States). *Cancer Causes and Control* 2003; 14 (2): 151 –60.

[32] Narod SA et al. Oral contraceptives and the risk of hereditary ovarian cancer. Hereditary Ovarian Cancer Clinical Study Group. *NEJM* 1998; 339 (7): 424 - 28.

[33] Smith JS et al. Cervical cancer and use or hormonal contraceptives: a systemic review. *Lancet* 2003; 361 (9364): 1159 - 67.

[34] Writing Group for the Women's Health Initiative Investigators. Risks and benefits of estrogen plus progestin in healthy posanenopausal women: principal results from the Women's Health Initiative randomized controlled trial. *JAMA*. 2002; 288: 321 - 333.

[35] Effects of conjugated equine estrogen in posanenopausal women with hysterectomy. The Women's Health Initiative Randomized Controlled Trial. *JAMA* 2004; 291 (14): 1701 - 12.

[36] Nelson HD et al. Posanenopausal hormone replacement therapy: scientific review. *JAMA* 2002; 288 (7): 872 - 81.

[37] Margolis KL et al. Women's Health Initiative Memory Study. Conjugated equine estrogens and global cognitive function in posanenopausal women: Women's Health Initiative Memory Study. *JAMA* 2004; 291: 2959 - 68.

[38] Beral V. Million Women Study Collaborators. Breast cancer and hormone replacement therapy in the Million Women Study. *Lancet* 2003; 362 (9382): 419 - 27.

第 26 章　各种类型的损伤

R. D. C. 布拉肯里奇（R. D. C. Brackenridg）

- 眼部疾病
- 皮肤病
- 嗜酸性肉芽肿
- 溶酶体贮积病
- 复发性多发性浆膜炎：家族性地中海热
- 纤维瘤病
- 参考文献

▶▶ 眼部疾病

对眼睛的检查可以为全身性疾病的诊断提供有价值的信息，有时也可以为临床前疾病的诊断提供有价值的信息，例如在年轻时发生的角膜圆弧。在许多眼部异常的症状中，下面只是一小部分：眼球突出、巩膜黄疸、眼球震颤、瞳孔异常、高血压和糖尿病性视网膜病变、脉络膜炎和视神经萎缩。与这些体征相关的疾病已经在前几章中讨论过了。但是，还是有一些纯粹是眼睛局部的疾患，虽然它们对预期寿命影响不大或根本没有影响，但在考虑失能保险和其他形式的保险时可能很重要。

视力水平

在世界各地，视力的表现方式多种多样，表 26.1 比较了表达相似视力水平的不同方法。远视力 20/20 相当于 6/6，代表最佳的平均视力，而表格底部 20/200 和 6/60 代表低水平视力。近视力的最佳平均视力为 20/20，N4 和 J1，低水平视力为

20/100，N18 和 J14。中等水平的视力情况如表 26.1 所示。

表 26.1　　　　　　　　　　　　　　　视力水平的测试

远视	近视
20/20 = 6/6	20/20 = N4 J1
20/25 = 6/7.5	20/25 = N5 J2
20/30 = 6/9	20/30 = N6 J4
20/40 = 6/12	20/40 = N8 J6
20/50 = 6/15	20/50 = N10 J8
20/60 = 6/18	20/60 = N12 J10
20/70 = 6/21	20/70 = N14 J12
20/100 = 6/30	20/100 = N18 J14
20/200 = 6/60	

青光眼

青光眼的特点是眼内压升高，如果不及时治疗，就会导致视力受损甚至完全丧失。青光眼可分为原发性青光眼和继发性青光眼。原发性青光眼可进一步细分，最常见的类型是慢性开角型青光眼。继发性青光眼是由其他眼内疾病引起的，如葡萄膜炎、白内障和肿瘤，以及一些广泛的结缔组织疾病，如马凡氏综合征。

与继发性青光眼不同，原发性青光眼是一种局限于眼睛的疾病，因此，尽管少数人可能完全失明，但这种情况不会影响人们的死亡预期。青光眼的确是一种潜在的严重残疾，只有在排除青光眼或其他眼部疾病的情况下才能提供残疾保险。

完全失明

完全失明与不完全失明相比较为少见，通常人寿保险公司有关完全失明的保险案例很少，即使统计多家公司的总数，数字也相对较少：在 1951 年的"损伤研究"中[1]，完全失明的被保险生命的标准部分太小，无法对死亡率进行分析，尽管不合格部分发现死亡率为 157%。该研究发现了一个异常情况，没有一例因事故死亡，原因尚不清楚。死亡率专著对纽约人寿保险公司（the New York Life Insurance Company）研究完全失明的性别被保险人的结果进行了分析。[2] 标准和非标准的分类结合起来，平均年龄 35 岁，政策年限为 1536 年，其死亡率仅为 130%。1983 年医疗损害研究报告了完全失明对被保险人死亡率的分析结果。[3] 按标准费率投保的人其死亡率为 82%，低于平均死亡率，少数不合格类别的人其总死亡率为 195%。在评估与完全失明相关的风险时，要考虑到几个因素，最重要的是导致失明的原因。当失明原因是糖尿病性视网膜病变、多发性硬化、梅毒性视神经萎缩以及其他本身有高死亡风险的原发性疾病时，自然死亡率将会增加。另一方面，如果疾病只是暂时性的而不再危及生命，或者仅仅局限于眼睛，那么完全失明的风险就不那么显著了。例如脑膜炎、颞动脉炎、青光眼和双侧视网膜脱离等疾病。意外导致的失明人群其死亡风险可能更高。年龄也是重要因素之一。青少年或成年失明的人比那些刚出生或婴儿期就失明的人更可能长寿。虽然失明造成的环境适应问题可能会持续 5 年，但大多数人寿保险公司都将那些能够完全适应环境和自身残疾状况的健康盲人视为标准类别。失明儿童的投保申请应延迟至青春期。残疾人通常会被拒保，但可以考虑提供长期护理（LTC）保险给那些日常生活能力（ADL）和适应能力良好的申请人。

单眼失明

单眼失明的情况相对常见，并且 1951 年的伤害研究和纽约人寿保险公司内部调查显示，此类人群的死亡率仅略高于平均水平（133%）。与完全失明相同，导致超额死亡率的重要因素在于失明的原因而非失明本身。目前意外事故是单眼失明最常见的原因，在这种情况下，承保时可以忽略残疾。常伴有斜视病史的儿童完全单侧弱视并不罕见，在承保时也可以忽略。当单眼失明是由于系统性疾病如动脉炎或脑血管病引起的，其风险与主要原因有关。

暂时性失明

单眼暂时失明持续 1~2 周通常是由于球后视神经炎，这几乎是多发性硬化症的早期征兆。一过性黑矇是指在一段时间内（可能短至几秒，也可能长达几小时）单眼短暂失明，常常是由于同侧颈内动脉粥样硬化和狭窄引起的网膜中心动脉血小板或胆固醇小栓塞引起。一过性黑矇和短暂性脑缺血发作具有同等重要性，虽然在许多情况下，经过主动脉和颈部及心脏大血管的全面检查后仍然无法发现任何原因。在这种情况下，尤其是年轻人群，预后是有利的。

复视

只出现持续几分钟的复视症状通常没有什么意义，而持续数天或数周则可能由于器质性疾病引起，尤其是多发性硬化。暂时复视可能是由于颅内动脉瘤的破裂和泄漏，在这种情况下，它通常突然发作并伴有头痛，不一定严重，有时伴随着意识丧失。可能源于神经炎的复发性复视，有时可能是糖尿病并发症，特别是老年人。

眼肌麻痹型偏头痛引起的复视通常可以通过病史来确定周期性,并且其常常发生在童年或青春期。这种病的特征是周期性严重的头痛,伴有反复的第三神经麻痹,虽然是相对良性的,但最终可能导致第三神经永久性瘫痪。这类型的偏头痛曾一度被认为是颅内动脉瘤造成的,但多数患者动脉正常。复视也可能是重症肌无力的第一症状。当近期出现复视且症状持续时,必须认真考虑颅内肿瘤的可能性,在此情况下,保险申请应推迟到神经学检查之后。

视网膜和脉络膜疾病

视网膜血管炎

视网膜血管炎几乎总是影响视网膜静脉,其特征是血管周围白色的血管鞘和视网膜出血,通常位于中心位置(视网膜中央血管炎)。如果是严重的血管炎,静脉周围炎可导致静脉阻塞和视网膜新生血管。引起视网膜血管炎最常见的全身性疾病是结节病和白塞病,若出现损害视网膜动脉而非静脉的罕见情况,则是由系统性红斑狼疮、结节性多动脉炎和弓形虫病引起的。伊尔斯病是一种只影响眼部但病因不明的视网膜血管炎,主要发生于二三十岁的青年男性。病变位于外围,并产生视网膜和玻璃体复发性出血综合征。它有一种罕见的并发症,即上背部神经系统病变导致截瘫。[4] 视网膜血管炎的评级是因果系统性疾病的评级,作为局部实体的伊尔斯病病史通常符合标准级别。

中心性浆液性视网膜病变

这种病因学不明的病症通常局限于一侧眼睛,以黄斑水肿为特征,通常会出现一个影响中央视力的局部暗点,几周或几个月后才能消退。当确诊为中心性浆液性视网膜病变并且视力恢复正常时,可以按标准费率提供残疾人身保险。

脉络膜视网膜炎

在眼底常规检查中偶尔会查出旧有、治愈的脉络膜炎或脉络性视网膜炎。这些白色和有色斑块,表示透明的白色巩膜的视网膜和脉络膜萎缩,如果它们位于外周,则不会引起明显的视觉缺陷,如果涉及黄斑,则会干扰中心视力。引起脉络膜视网膜炎常见的原因是组织胞浆菌病、弓形体病和弓蛔虫病。非活动期脉络膜视网膜炎旧疾一般可在风险评估中忽略。

老年性黄斑变性

老年性黄斑变性是导致中心视力丧失的原因之一，也是老年人视力减退最常见的原因之一，对男性和女性具有同样的影响。目前尚未发现该病与任何系统性疾病有关，但仍有很强的遗传性联系。最初，视力退化会影响一只眼睛，但每年有13%的概率另一只眼睛也会受到影响。

黄斑是眼睛后部视网膜上的一个小区域，有专门的感光细胞、视锥细胞，可以接收来自中心视野中最细微的图像，如最小的成像或面部特征。当黄斑变性后，人体会出现中心暗点或"盲点"，但仍保留周边视力。在黄斑之外，视网膜主要由作用于夜视的杆状体和一些感光锥状体构成。虽然没有治愈黄斑变性的方法，但周边视力可以取代中心视觉的某些功能。那些患有黄斑变性的人在家或在外都能自如行走，像灯柱或台阶之类的大型物体也不会造成什么阻碍。人们利用大量光学和电子辅助设备放大印刷和数字，从而实现正常阅读、书写和看电视。

因此患者不会有日常生活能力（ADL）方面的问题，可以被长期护理保险和人寿保险视作标准风险。由于黄斑变性主要发生在65岁以后，残疾保险的问题很少出现，如果有，则可以在排除黄斑病和低视力的条件下采取标准费率。

色素性视网膜炎（RP）

这是一种导致视力严重受损、有时甚至完全失明的渐进性双侧视网膜遗传病。它的遗传方式多种多样，可能是常染色体隐性遗传，有时是显性遗传，常与性别相关。退化会首先影响位于视网膜周边的杆状体，然后缓慢向中央推进，直到黄斑的锥状体受损。

RP的第一个症状是夜视困难，可能出现在二十岁出头，但也可能会延迟到数年后。接着，视野逐渐收缩，直到周边视力丧失，视野狭隘。最后，如果黄斑受影响，中心视力丧失，就会完全失明。症状出现得越早，完全失明的可能性越大，而症状出现得越晚，保留视力的可能性就越大。事实上，有些人在病程恢复前会有几年的症状缓解期。在儿童期可以通过视网膜电图（ERG）之类的专业检测对RP进行症状前诊断，后面还可以进行专项的眼底检查和视野检查。

在评价RP患者的人身风险时，应考虑以下因素：（1）RP是一种局限于眼睛的疾病；（2）失明和以前通常被忽视的健康人群有良好的经验死亡率（见上文）；（3）RP完全失明是晚期效应，并不是不可避免的。鉴于这些事实，大多数保险公司都会接受将RP患者作为人寿保险标准风险。对于那些适应工作的人，可以在排除视网膜色素变性和视力受损后为其提供残疾保险（长期护理保险）。

视网膜脱离

视网膜脱离最常见的原因是高度近视、白内障摘除术和眼球外伤。其中，外伤原因导致的视网膜脱离长期预后最好，经过成功的初步治疗不太可能复发。如因受伤而导致视网膜脱离，则残疾保险申请人应延迟 6 个月，然后按标准费率接受。近视或白内障摘除引起的视网膜脱离，未来复发的状况不太确定。因此，除延迟承保，还应排除疾病或视力障碍和（或）视力受损。对于继发于其他疾病的视网膜脱离，如陈旧性出血后玻璃体牵引、糖尿病增殖性视网膜病变或脉络膜肿瘤，应根据根本原因并加上"眼睛排除"进行评级。

视网膜静脉阻塞

视网膜中央静脉血栓形成是阻塞的常见原因，可发生于任何年龄段，但在老年人中最为常见，经常发生在没有明显健康问题的人身上。症状发展没有视网膜中央动脉阻塞突然，受影响的眼睛在几小时内就失明了，更不幸的是，失明会一直持续。相反，视网膜中央静脉分支的血栓形成只会在周边视野中产生无痛性的盲段，这甚至可能被忽视。支流静脉血栓消退后，未造成明显的视力障碍，而且往往没有明显的迹象证明其发生。此外，视网膜中央静脉阻塞可能会在几个月后引起青光眼。

视网膜静脉血栓形成的原因往往难以捉摸，但有时调查发现的原因有无症状的 2 型糖尿病、真性红细胞增多症或凝血功能障碍，如蛋白 C 缺乏症。如果可以排除血栓的确切成因，人寿保险可以以标准条款接受。假设另一只眼睛是正常的，排除眼部疾病后残疾保险评级可以采取 +50 到标准等级。

虹膜炎、睫状体炎、虹膜睫状体炎

虹膜炎、睫状体炎或者更常见的虹膜睫状体炎被称为前葡萄膜炎，炎症通常是非特异性的，是对各种全身性疾病的过敏反应（如类风湿性关节炎、白塞综合征、急性病、原发性肺结核和麻风病），可能伴有眼睛局部病变，如巩膜炎、角膜结膜炎、角膜溃疡和视网膜脱离，以及眼外伤。在许多情况下，虹膜睫状体炎的原因无从知晓。炎症持续数天至数周，可能会复发，在少数情况下，可能发展为慢性病，持续数月或数年。单次发作的虹膜炎或虹膜睫状体炎的病史不能用作人身保险的评级。复发或慢性发作应评定为 +50 至 +25，如果目前正在使用长期的全身性皮质类固醇，应加上适量的分值。如果只是眼睛受到影响，排除附加条款比较适当，如果有潜在疾病导致炎症，则需要额外评级甚至延迟。

皮肤病

大多数原发性皮肤病是良性的且与死亡率无关，其范围从皮疹和简单的过敏性皮疹，到有皮肤性先天应激反应模式的患者发生的湿疹。在这些人中，似乎主要的靶器官是皮肤，尽管其他靶器官偶尔也受到牵连。少数原发性皮肤病病死率很高，将在后文进行介绍。皮肤病是全身性疾病症状表现的一部分，其中一些与高死亡率有关，大多数在前面的章节中已经提到过，此处不再赘述。

天疱疮

死亡率最高的皮肤病的主要病症是寻常型天疱疮（PV）、落叶型天疱疮（PF）、增殖型天疱疮（PVEG）和红斑型天疱疮（PE）。天疱疮主要影响中年人，特别是40岁至60岁的人群，犹太人表现出明显的易感性。PV最常见的临床表现是舌头和脸颊的黏膜病变，罕见完整水泡，但非愈合表浅溃疡周围延伸是常见的。最初皮肤水疱是稀疏的，但是大范围的起泡很快就会发展，松弛的充血大疱迅速转为疼痛的出血糜烂。皮损之间的正常皮肤经常可以用手指用力地剥离。PVEG的病程比PV稍慢，PF与PE则更为缓慢。天疱疮可以通过病变中特异性IgG抗体的定位与较为良性的大疱性类天疱疮（见下文）区分开来。免疫荧光显示，在天疱疮中，抗体恰好位于棘层松解的位置，即基底层细胞，而在大疱性类天疱疮中，它们位于基底膜上。PE的病变形态与红斑狼疮相近，鳞屑和红斑通常占据脸部的蝴蝶区域，粗糙的鳞片掩盖了下面的水泡。这种类型的病变可能表示天疱疮和红斑狼疮的结合。

预后

在糖皮质激素得到应用之前，PV患者平均在14个月内死亡。相反，PF病程相对温和，通常持续十年以上。PVEG比PV生存时间更长，但不使用糖皮质激素治疗，早期死亡是一种定律。PE的病变通常不可避免地扩散到全身。各类型天疱疮的死亡通常是继发感染和体表大面积、裸露和渗出区域引起的代谢效应所致。

评级

尽管使用糖皮质激素和免疫抑制剂（如硫唑嘌呤），天疱疮的死亡率仍然很高，对于目前正在接受抑制治疗的申请人应推迟到病情已经得到控制且持续稳定6个月，之后评级为+150加上糖皮质激素缺点比较适当。对于那些停药1年后被确认治愈的患者，建议在接下来的 3 年内采取 +75 的等级，之后采取标准费率。

大疱性类天疱疮

这是一种老年人的疾病，80% 的患者在发病时超过 60 岁。口腔病变相对较少，水疱主要出现在腹部中部和四肢屈肌部位，往往出血或破裂，糜烂快速愈合，或者自发吸收。该病的死亡率比天疱疮低很多。用糖皮质激素治疗虽然有所缓解，但许多患者需要终生抑制。

申请人在病情缓解和不接受抑制治疗时可以被视为标准的风险。65 岁以下仍有抑制治疗的是优良风险案例，除皮质类固醇外还可采取 +50 的评级。65 岁及以上的申请人最好被评为轻度至中度风险级别。

多形性红斑（EM）

典型的多形性红斑造成细胞损伤的严重程度不同，可以表现为不同的形式。个别病变可能是斑疹、丘疹或有重叠的水疱。EM 最温和与最常见的形式是丘疹，表现为分布在手、脚、手肘和膝盖伸肌表面等更大范围的直径达 2 公分的斑丘疹。更为严重的是，有的可能会出现皮肤大面积起泡，伴随高热和严重的全身症状，这种形式的 EM 被称为 Stevens Johnson 综合征，特点是口腔黏膜上皮几乎完全剥蚀，眼睛表现出严重的结膜炎或角膜损伤，生殖器的病变可能引起尿潴留，肾脏疾病很少发生，但支气管炎或肺炎是常见的并发症。在疾病的急性期有显著的死亡率。

在大多数情况下，各类型 EM 的病因仍然不清楚，已知它会由多种刺激引发，包括病毒和支原体感染、药物敏感、怀孕和放射治疗，潜伏期为 1~3 周，而引起该病的药物有巴比妥类、长效磺胺类和保泰松。这种反应模式表明 EM 具有免疫病理学基础。

预后

全身性皮质类固醇治疗通常会显著改善症状，但是否有降低死亡率的作用仍然存疑。然而，EM 都是自限性的，可以在 2 至 6 周内恢复，除非出现更严重的眼部并发症。EM 有时会复发，但除了禁用违禁药物外几乎无法防止复发。

评级

1. EM，完全康复后，轻度或中度发作：标准；
2. Stevens Johnson 综合征：1 年以内：1 年 5‰；1 年以上：标准。

皮肤 T 细胞淋巴瘤（CTCL）：蕈样肉芽肿病

由于外观形似蘑菇真菌，在 19 世纪早期，皮肤 T 细胞淋巴瘤（CTCL）已成为蕈样肉芽肿的首选名称。[5]它是一种慢性、缓慢演变的疾病，平均发病年龄约为 50 岁。这种疾病相对少见，即使过去 25 年以来发病率不断上升，但美国每年仅报告 1 000 个新病例。[6]CTCL 的病因尚不清楚，但可能与一种类似于人类 T 淋巴细胞白血病病毒 1 型（HTLV1）的逆转录病毒有关。[6]

CTCL 的病程发展的 3 个阶段包括：（1）红斑期；（2）斑块期；（3）肿瘤期。第一阶段的特点是分布在腹部、大腿和上臂的斑点状、不明显的损伤，让人发痒且无明显特征，经常会误诊为湿疹或牛皮癣。随着时间的推移，斑块扩大至几厘米，活检显示出典型的真菌感染前斑块状副银屑病组织病理学图片。该阶段在进一步发展之前可以维持多年（至少 10 年）。第二阶段就是病变扩大、增厚，形成明显的斑块。在最后阶段，块状淋巴瘤肿瘤出现在斑块或其他部位，最终变为坏死和溃疡，损害淋巴管和相关淋巴结，最后侵袭内脏。

预后

CTCL 的预期寿命的估计取决于病程阶段和检测时点。斑块状副银屑病和模糊的活检结果表明最多 30 年的生存期，处于第三阶段的淋巴结和内脏受损患者平均生命预期超过 5 年。虽然多年来各种针对蕈样肉芽肿的新疗法似乎并没有在任何程度上明显改善预期寿命，但是保守的电子束治疗和化疗已经改善了患者的生活质量。与此同时，新的治疗方法正在探索中，如自体骨髓移植、干扰素和单克隆抗体，希望在今后能改善 CTCL 预后。

评级

40 岁以下的早期 CTCL 申请人可以按照 2‰ 的标准向其提供最多 25 年的人寿保险，40 岁及以上的申请人增至 5‰，处于第三阶段的申请人通常会被拒保。

黄瘤病

本节内容建议结合原发性和继发性高脂血症部分一起阅读（见第 20 章）。皮肤黄色瘤是原发性和继发性高脂血症及阻塞性肝脂代谢紊乱的标志，同时也可能与网状内皮疾病有关，如组织细胞增多症。皮肤黄色瘤的形态和分布往往能为高脂血症的性质提供重要线索。

发疹性黄色瘤

发疹性黄色瘤表明人体对甘油三酯的处理异常，出现在婴儿期或儿童早期的通常与Ⅰ型高脂血症有关，而那些成年出现的通常与Ⅳ型或Ⅴ型有关。病变由小的红色、黄色丘疹组成，通常具有红斑晕，往往成群出现，发展迅速，随着年龄的增长而褪去红色色调。常会出现瘙痒症状，高发于臀部、大腿和膝盖的背部、手臂屈肌、身体褶皱处和口腔黏膜。

肌腱黄色瘤：结节性黄色瘤

肘部、膝盖和摩擦区域上的广泛的肌腱黄瘤和大块结节性黄瘤是Ⅱ型高脂血症的特征。结节性黄瘤与腱型不同，它们位于皮肤并且不附着于下层结构。

睑黄瘤

作为独立病变发生的眼睑斑块并非特别诊断特征，通常出现在Ⅱ型和Ⅲ型高脂血症和阻塞性肝病，但在正常个体中也经常发生。

平面黄色瘤

发生在手掌、手指表面、颈部和躯干的扁平斑块是Ⅲ型高脂血症的特征，也会出现在阻塞性肝病中，但未出现在其他四种高脂血症中。

糖尿病黄瘤

病情控制不佳的糖尿病患者可能发展为继发性Ⅳ型高脂血症，其血清甘油三酯显著升高，并且迅速发展为发作性黄瘤（糖尿病黄瘤）。通过适当的糖尿病治疗，血清甘油三酯水平迅速下降，黄色瘤迅速消退。

慢性皮炎：湿疹

各种形式的皮炎和湿疹占临床实践中所见皮肤病的一半以上。除了在少数情况下，皮肤病与死亡率增加无关，但可以导致工作时间大量减少，尤其是在某些职业中，工业制剂导致皮肤致敏或个人在商店、餐馆从事食物处理。在这种情况下，残疾政策可能需要适当的例外条款。风险选择的主要意义是识别，可以在多种多样的皮肤病中，区分出哪些是全身性疾病的一部分，哪些是器质性疾病的先兆。

下面列出一些与全身性疾病无关的慢性皮炎的主要形式。

接触性皮炎

药膏、化妆品、金属、织物和某些植物等化学过敏原接触到皮肤，造成接触性皮炎。皮疹在特定病因消失后自行消退。对光敏性接触性皮炎而言，肥皂、香水和药膏之类的化学品只有暴露在太阳紫外线辐射下才能成为过敏原。

脂溢性皮炎

脂溢性皮炎的皮疹是红斑和鳞状的，发生在天然油性皮肤人群中，最常出现在头皮，弥漫性鳞屑会产生头皮屑。皮疹可能扩散到眉毛、眼睑边缘（慢性睑缘炎）和外耳道（外耳炎）。肥胖人群中可接触性身体褶皱间的擦疹是脂溢性皮炎的另一种表现。

局限性神经性皮炎

局限性神经性皮炎的皮疹特征是与强烈瘙痒相关的增厚、干燥、脱屑的排泄性斑块。心理因素在病因中起很大的作用，但没有过敏基础。精神紧张容易导致皮肤瘙痒，造成划伤，这会引发皮疹，引起瘙痒和抓挠，从而形成恶性循环。神经性皮炎经常发生在枕骨区域，在手臂和腿部前部。肛门外阴瘙痒是局限性刮伤性皮炎的例子，当症状持续时，通常反映个体的压力反应。

药物疹

重复给药或由于以前用药的结果，可能会在不同时间发生黏膜皮肤反应。患有哮喘、花粉症或其他过敏性疾病的人特别容易患药疹。致敏青霉素造成特别严重的荨麻疹或血管性水肿的反应有时是致命的。

光敏反应

磺胺类、复方新诺明、吩噻嗪、噻嗪类、奎尼丁和二甲基氯四环素可能造成光敏反应（除了作为器质性疾病综合征的一部分）。持续使用这些药物可能会对肾脏或肝脏等重要器官造成不可逆转的免疫病理损伤。

银屑病

牛皮癣不会影响总体健康状况，除非伴有关节病变。没有已知的内脏并发症，即使病灶范围广且集中，也没有证据表明寿命受到影响。

无并发症的银屑病患者可被视为标准风险。对于残疾保险，排除"皮肤病"是必要的，否则将使用标准费率。那些有关节病的应根据病情严重程度使用和类风湿关节炎相似的评级。

慢性盘状红斑狼疮

皮肤红斑狼疮（LE）区别于系统性红斑狼疮（SLE），大多数患者仅出现皮肤症状，只有1%~3%的人最终会发展成全身性疾病。然而，由于SLE具有相同的皮肤表现，所以出现类似典型病变症状的人必须接受仔细检查以排除系统病变，通常包括皮肤病变活检、红细胞沉降率（ESR）抗核因子测定、LE细胞、血清差异蛋白估计和肾功能试验。

评级

筛查SLE阴性，无蛋白尿检测；发病6个月内：+50；6个月以上：标准。

疱疹样皮炎

这是一种罕见的疾病，其特征为在表皮连接处形成水泡。主要受害人群为男性，该疾病可能在成年早期、中期或晚期首次出现。水泡对称分布，并倾向于聚集在肘部、膝盖、臀部、上背部和衣服压迫的地方。与大疱性类天疱疮不同，其病变表现为强烈瘙痒，直径为3~10毫米。虽然爆发的严重程度可能有所不同，但一旦发生，很难自然康复。疱疹样皮炎的发作对氨泼尼酮有反应，瘙痒在治疗48小时内消失，但当停止用药时，又会恢复皮疹和刺激性。三分之二的患者有相关的肠道疾病，并且在近端小肠中可以发现乳糜泻的特征性变化。尽管如此，明显的吸收不良表现轻微或不存在，并且无麸质饮食会有作用，症状也可以在无麸质饮食几个月后得以缓解。与疱疹样皮炎相关的风险并不太大，但应注意未经治疗的乳糜泻引起恶性并发症的可能性。仅针对肠病和其治疗的充分性的评估是适当的。

白塞病（贝赫切特综合征）

血管炎是这种慢性复发性疾病病变的基础，其中经典的三联征是肛门溃疡、葡萄膜炎和中枢神经系统（CNS）受损。白塞病的确诊必须包括存在口腔和生殖器溃疡。其他可能的表现有血栓性静脉炎、视网膜静脉血栓形成和炎症性关节炎，特别是影响膝盖，在较小程度上影响踝关节、腕部和手部。在25%的案例中，血管炎对中枢神经系统产生影响，从而产生颅神经麻痹、癫痫、器质性精神病、失语、偏瘫或小脑性共济失调。中枢神经系统病变呈渐进性和致命性。

白塞病的病因不明，虽然已经发现皮肤抗体，表明这可能是自身免疫性疾病。糖皮质激素、苯丁酸氮芥、硫唑嘌呤、环孢菌素等多种治疗方法都获得了成功。

预后和评级

白塞病可能会多次复发和缓解，但病程活动在 15～20 年后趋于减缓，最终停止。病死率相对较高，确诊病例可分为以下几类：

1. 疾病仍然活跃：延迟；
2. 缓解 6 个月：+200；
3. 缓解 3 年：+150，此后逐渐减少；
4. 有中枢神经系统受损历史：拒保。

埃勒斯—当洛斯综合征（EDS）

EDS 包含一系列表现为皮肤脆弱、容易受伤和松弛以及关节过度活动的结缔组织遗传性疾病，它有几种不同的类型（指定类型 Ⅰ－Ⅳ），其遗传方式、临床表现和严重程度均不同。承保中重要的是某些类型的内脏表现。例如，二尖瓣脱垂可能是 EDS Ⅰ型、Ⅱ型和Ⅲ型的并发症，血管脆性是 EDS Ⅰ型和Ⅳ型导致自发性大动脉破裂（特别是 EDS Ⅳ型）颅内动脉瘤破裂的特征。

评级

表现出关节过度活动或皮肤过度伸张而无明显内脏受累者，可根据年龄考虑等级 +75 至 +50，并且终身健康保险需要支付额外保险费以防在几年后可能出现的残障。二尖瓣脱垂应根据其程度来评定。有自发性动脉破裂史或动脉瘤病史者应予以拒保。

▶▶ 嗜酸性肉芽肿

朗格汉斯细胞（嗜酸性粒细胞）肉芽肿目前常用作描述单病灶和多病灶的良性嗜酸性肉芽肿。之前的描述性术语是组织细胞增生症 X，它包括了良性嗜酸性肉芽肿以及莱特勒—西韦病和恶性组织细胞增生症，导致分类相当混乱。

单细胞朗格汉斯细胞（嗜酸性粒细胞）肉芽肿病

这种良性的疾病也被称为骨嗜酸性肉芽肿，发生在婴儿、儿童和青年人群，偶尔发生在较年长人群，特征为股骨、头骨、椎骨、肋骨或骨盆单独的溶骨性病变。朗格汉斯细胞（组织细胞）的增殖开始于骨髓，并逐渐侵蚀皮质、扩展到骨骼。当长骨受影响时，常会出现病理性骨折。通过溶骨性病变的活检确定诊断后，首选的治疗方法是切除或刮除，或对难以触及的病变进行放射治疗。如果在未来3年内定期随访骨检查显示没有额外的病变发展，可以视作治愈。

由于风险微乎其微，有嗜酸性肉芽肿病史的患者可以接受标准费率。

多灶性朗格汉斯细胞（嗜酸性粒细胞）肉芽肿病

这种多灶性形式的肉芽肿通常见于儿童，但青年人也可能受到影响，特征是几乎任何部位都可能出现多发性骨病变，以及肝脏、脾脏、肾脏和肺部的肉芽肿病变（肺组织细胞增多症X）。由于下丘脑肉芽肿引起的短暂性或永久性尿崩症是Hand – Schiiller – Christian 综合征症状（突眼、尿崩症和破坏性骨病变）的经典三联症之一，发生在25%的多灶性嗜酸粒细胞性肉芽肿病例。累及的其他部位是淋巴结和皮肤。与单病灶形式相同，该病没有有效的实验室检查，诊断依赖于典型病理表现。过去，在进行现代化疗之前，多灶性嗜酸粒细胞性肉芽肿在疾病活动期死亡率很高，尽管少数幸存者能够完全缓解。现在，在使用适度剂量的甲氨蝶呤、长春碱或泼尼松龙后，病变通常会消退，最终失去活性。

评级

伴有 Hand – Schiiller – Christian 综合征的多灶性朗格汉斯细胞（嗜酸粒细胞性）肉芽肿病：

- 仍然活跃：延迟。
- 按现行治疗方法控制：+200。
- 退化，不活跃，不治疗：
  1 年内：+150；
  第2和第3年：+100；
  3 年以上：+50 至 0。
- 尿崩症，控制：没有额外的评级。

莱特勒—西韦病

这是一种病因不明的儿童急性综合征，包括影响内脏、淋巴结和骨骼的广泛的网状内皮组织增生症，不同于前述嗜酸性肉芽肿，它更像是一个恶性淋巴瘤，其病死率高，不需要在风险选择的范围内进一步讨论病情。

▶▶ 溶酶体贮积病

这是一系列以各种酶缺陷为特征的复杂疾病，其导致神经组织、腹腔脏器、骨骼和其他部位物质的异常储存，特定物质根据所涉及的酶紊乱而沉积。每种类型都可以通过特异性酶分析鉴定。溶酶体贮积病多为常染色体隐性遗传，发生于婴幼儿期、少年期和成人期。本文只讨论人寿保险中出现的成人形式。

高雪氏症

成人 I 型高雪氏病是最常见的溶酶体贮积病，主要发生在德系犹太人中。葡萄糖苷基神经酰胺贮积在网状内皮系统细胞内，在骨髓活检中显示为独特的泡沫细胞。临床表现包括无痛脾肿大、贫血、血小板减少症和白细胞减少症，继发于脾功能亢进，骨痛严重，可发生病理性骨折，无神经系统病变。

预后

成人疾病的病程多样，但大多数病人都经历了一个缓慢的渐进过程，寿命达几十年，许多人活到老年。脾脏切除术的目的是增加循环血小板的数量或减轻由于器官大小而引起的不适。然而，在脾切除术后的几年内，感染死亡率是可测的（见第 23 章）。

评级

高雪氏病的评级详见表 26.2。

表 26.2　　　　　　　　　　高雪氏病的评级

	40 岁以下	40 岁及以上
优良案例，症状极少	+100	+50
脾切除		
5 年内	+50	+25
5 年以上	不变	不变
有威胁生命的并发症（肝功能障碍，肺或门静脉高压等）	拒保	拒保

II型糖原贮积病（Pompe）

这是一种由于α-葡萄糖苷酶缺乏导致糖原贮积的溶酶体疾病。该病为常染色体隐性遗传，发生于婴幼儿、青少年和成人。成人型临床表现有肝肿大和骨骼肌进行性无力，但不累及骨或血液形成元素，与婴儿型一样，通常不累及心肌。

评级

仅限成人，优良案例，无心肌病，不需要轮椅：+150到+200；其他：拒保。

I型糖原贮积病

Ia型糖原贮积病是由于缺乏葡萄糖-6-磷酸酶引起的。婴儿期出现低血糖和肝肿大的症状，导致生长迟缓和青春期延迟。针对低血糖症和乳酸性酸中毒的特殊给药方案在短期内有效，但对于那些中年幸存的患者，预后因严重的高脂血症和高尿酸血症而恶化，并最终导致心血管发病死亡以及慢性肾脏衰竭。

Ib型糖原贮积病具有略微不同的酶缺乏症，但临床病程与Ia型类似。一般来说，任何一种类型的肝糖原贮积症申请人都应该被拒保。

▶▶ 复发性多发性浆膜炎：家族性地中海热

复发性多发性浆膜炎，又称为家族性地中海热（FMF），是一种遗传性疾病，其特点是反复发作的发热、腹膜炎、胸膜炎，关节炎和皮肤损伤也会发生。通常在儿童期和青春期发病，受影响的人只能在发作期间隔的几天享有正常的健康状态，随着年龄的增长，疾病发作往往变得不那么严重和频繁。

该病主要发生在非犹太人、亚美尼亚和阿拉伯血统人群中，但不一定局限于这些群体。在以色列，该病似乎是一种常染色体隐性遗传疾病，作为晚期并发症的淀粉样变性发病率非常高，当淀粉样变性影响肾脏时，几年内肾衰竭死亡是不可避免的。与此相反，该病在美国呈相对良性，淀粉样变性是非常罕见的，主要的危险是药物成瘾或习惯性治疗中反复性发作的发烧和浆膜炎。

评级

地中海东部和北非土著的FMF患者在申请人身保险时需要接受仔细检查。应对尿液进行双重检查,其中之一依靠可靠的临床实验室检查。如果没有肾脏淀粉样变性的蛋白尿或其他证据,仍然需要大量评级,根据年龄评分从 +200 至 +300 不等,而那些显示蛋白尿的人应该被拒保。

尿检阴性的美国患病人群一般会被评为 +50,有蛋白尿的同样应被拒保。

软骨发育不全

这是一种遗传性的疾病,软骨中形成的骨骼由于内骨化的缺陷而变短,而在膜中形成的骨骼是正常的。软骨发育不全性侏儒的临床表现众所周知,不作赘述。出生率依然很高,许多人在出生后不久就会死亡,但那些活到成年的人预期寿命变为正常。

骨质疏松症

随着年龄的增长,骨组织普遍丧失,这在 40 岁左右的女性和 50 岁以上的男性中变得越来越普遍,这是一种被称为老年性骨质疏松症的病症,是老年人最常见的骨病。加上年龄相关的损失,女性绝经期的骨质流失加速。男性的总体骨质损失在 20%～30%,女性为 40%～50%。女性的骨小梁和桡骨远端,以及男女两性的椎骨和股骨颈的损失往往最严重。骨的净损失可能是骨吸收率增加、骨形成率下降或两者兼而有之的结果,但引起骨质流失随年龄增长的主要原因尚未得知。当然,在许多老年人中,紫外线侵蚀和维生素 D 摄入不足加剧了骨骼状态的持续恶化,这通常被认为是衰老的过程。

骨质疏松症可能以各种方式引起保险公司的注意:放射科医师会通过无其他症状的申请人其骨折或疑似骨折的 X 线片特征作出报告,可能会怀疑是否因为异常的轻微暴力而发生骨折,特别是如果涉及椎骨的压缩性骨折。如有必要,骨质流失量可通过特殊技术测量,例如定量计算机断层扫描,骨密度测定或全身钙测定,若测量结果有效,可显示骨折风险。

鉴于其自然进展,骨质疏松症显然是 65 岁以下成人长期护理(LTC)保险和终身健康保险(PHI)的重要承保问题,而对死亡率问题较少关注。

继发性骨质疏松症可发生于多种全身性疾病病程中,甲状腺毒症、甲状旁腺功能亢进症、库欣综合征、肠道吸收不良(乳糜泻、热带口炎性腹泻)、全身激素治疗和骨软化是部分导致骨质过度流失的原因。椎骨塌陷有时是骨髓瘤的首个征兆。上述任何原因导致的骨质疏松症的承保处理将取决于原发疾病的性质。

骨质疏松性骨折通常发生在腕、髋、下胸部和上腰椎。腕部骨折不需手术治疗就容易愈合，但髋部骨折较麻烦，需要大手术，但老年人不能很好地耐受，很多患者需要长期恢复，有的再也无法恢复完全活动能力。约 20% 人因并发症而死亡。[7] 年龄在 65 岁到 85 岁的患者下肢肌肉力量下降约 35%，[8] 这将导致跌倒和髋部骨折的额外风险。

骨质疏松症最严重的并发症可能是椎体塌陷性骨折，造成的畸形无法修复，导致生活质量逐步降低。驼背导致身高降低，许多患者遭受慢性背痛、僵硬和由此带来的活动减少。

骨质疏松症是自然衰老过程的一部分，人寿保险的保险费率已经反映了老年人可能发生的各种并发症的风险。因此，病情不复杂的骨质疏松症申请人可适用寿险、残疾保险和长期护理保险的标准费率，包括从未发生骨折，以及在腕、肱骨或髋关节骨折后痊愈的人。对于人寿保险，椎骨骨折应根据骨折的数量、畸形程度和持续症状的严重程度进行评级，范围可从接近标准到中等风险类别。对于长期护理保险，保险公司在选择时必须更为谨慎，显示一个或两个椎骨骨折的申请人若没有持续的背痛，并且不需要拐杖来帮助运动，可以接受中低风险的保费类别，其他所有情况都应该拒保。

囊性纤维性骨炎

囊性纤维性骨炎是一种罕见的骨病，并发甲状旁腺功能亢进，并且通常仅在甲状旁腺功能亢进严重或持续时间长的情况下发生，如慢性肾血液透析（见第 23 章）。破骨细胞骨吸收增加导致疏松性骨炎，在受累骨骼的骨髓中形成囊肿和纤维化，放射线照相可容易地区分该疾病。

只有当原发性或继发性甲状旁腺功能亢进得到治疗后才能接受为人寿风险。原发性甲状旁腺功能亢进患者甲状旁腺腺瘤被切除，钙代谢保持正常 1 年，残疾保险可考虑承保。所有继发性甲状旁腺功能亢进症应予以拒保。

▶▶ 纤维瘤病

这是一系列病原学未知的成纤维细胞起源的病症，其重要性在于经常被误诊为恶性肿瘤。[9] 纤维瘤病可以定义为无炎症反应和明显肿瘤特征的浸润性成纤维细胞增殖。这些病变可以以任何程度出现在任何地方。在极少数情况下它们可能会致命，或相对无害，并且从婴儿期到老年都可能发生。诸如肌肉和脂肪的组织被不同细胞的纤维组织所取代或渗透。有时这是一个弥漫性或多灶性的过程，有时是局部的，例如腹膜后纤维化、掌腱膜挛缩和佩罗尼氏病。成纤维细胞分化良好，大小均匀，通常缺乏有丝分裂活性。炎症浸润不是它的特征。然而，在许多情况下，它们显示出明显的复发趋势，从而导致出现难以根除的问题。

肌肉腱膜纤维瘤（纤维瘤）

纤维瘤最重要的是肌肉松弛症，有时称为纤维瘤。肌腱膜纤维瘤的好发位置依次为下肢、胸壁、肩部、头颈部、腹壁、上肢、臀部和背部。纤维瘤的治疗方式可以称为"充分"手术，并且应该由了解这类疾病自然病史的外科医生进行。如果没有切除肌肉腱膜纤维瘤病的浸润性边缘，病情就会复发。在34例临床病例中，38%例复发的需再次切除，另一组56例中至少有41%例复发。[9]然而完全截肢之类的大手术，几乎总能根除这种疾病。如果在腹肌中出现纤维性肿瘤，它可能会渗透到腹膜壁层并累及肠道，需要大范围切除腹膜壁层，并且可能要切除肠段。

风险选择

正确诊断是最重要的，一旦保险人确定该病是非恶性的，至少腹外肌腱膜纤维瘤病的风险不应该超过与重大手术相关的风险。在切除或重新切除后的第一年，可采取2‰或3‰的等级。腹部纤维瘤应该连续2年采取3‰，到第3年则可降为0。

▶▶ 参考文献

［1］1951 *Impairment Study*. New York：Society of Actu – aries，1954.

［2］Singer RB，Levinson L（eds）. *Medical Risks：Patterns if Mortality and Survival*. Lexington，MA：DC Heath，1976.

［3］*Medical Impairment Study* 1983. Vol I. Boston：Society of Actuaries and Association of Life Insurance Medical Directors of America，1986.

［4］Singhal BS，Dastur DK. Eales' disease with neurological involvement. *J Neurol Sci* 1976；27：313 – 21.

［5］Samman PD. Mycosis fungoides and other cutane ous reticuloses. Parkes Weber Lecture 1976. *Clin Exp Dermatol* 1976；1：197.

［6］Lorincz AL. Cutaneous T – cell lymphoma（mycosis fungoides）. *Lancet* 1996；347：871 – 6.

［7］Harrison JE. Osteoporosis：new ideas for an old problem. *Trans Assoc Life Ins Med*

Dir Am 1986; 70: 53 – 71.

[8] Duursma SA. Osteoporosis. *Trans Assoc Life Ins Med Dir Am* 1989; 73: 115 – 20.

[9] Mackenzie DH. The fibromatoses: a clinicopathological concept. *BMJ* 1972; 4: 277.

附录：术语对照表

试验 a	试验指标	常用单位	转换因子	国际单位
Acid phosphatase	酸性磷酸酶	KA units	1.77	IU/l
Alkaline phosphatase	碱性磷酸酶	KA units	7.1	IU/l
Bilirubin P (total)	胆红素 P（总）	mg/dl	17.1	μ, mol/l
Blood pressure	血压	mmHg	0.133	kPa
Calcium P	血浆钙	mg/dl	0.25	mmol/l
Calcium U	尿钙	mg/24hr	0.025	mmol/24hr
Cholesterol S	血清胆固醇	mg/dl	0.026	mmol/l
Creatinine P	血肌酐	mg/dl	88.0	μmol/l
Creatinine U	尿肌酐	g/24hr	8.84	mmol/24hr
Folate P	血浆叶酸	μ, g/dl	2.65	nmol/l
Glucose B, P, CSF	血葡萄糖（全血，血浆，血清，脑脊液）	mg/dl	0.0556	mmol/l
Iron S	血清铁	μ, g/dl	0.179	μmol/l
Iron binding capacity S	血清铁结合能力	μ, g/dl	0.179	μmol/l
Lactate B	全血乳酸	mg/dl	0.112	μmol/l
Lead B	血铅	μ, g/dl	0.048	μmol/l
Lipids S (total)	血清脂（总）	mg/dl	0.01	g/l
Magnesium S	血清镁	mg/dl	0.411	mmol/l
pCO2B	pCO2B	mmHg	0.133	kPa
pO2B	pO2B	mmHg	0.133	kPa
PBI	PBI	μ, g/dl	78.8	nmol/l
Phosphate S (as P)	血清磷酸（及血浆）	mg/dl	0.323	mmol/l
Phospholipids S (as P)	血清磷脂（及血浆）	mg/dl	0.323	mmol/l
Pyruvate B	全血丙酮酸	mg/dl	115.0	μmol/l
Triglycerides S	血清甘油三酯	mg/dl	0.0113	mmol/l
Urate P	血浆尿酸	mg/dl	0.06	mmol/l
Urea P	血浆尿素	mg/dl	0.166	mmol/l
Urea nitrogen (BUN)	尿素氮（BUN）	mg/dl	0.357	mmol/l
Urea U	尿液尿素	g/24hr	16.6	mmol/24hr

缩略语

AA	aplastic anemia	再生障碍性贫血
ABI	ankle/brachial index	踝/肱指数
ABR	auditory brainstem response (test)	听觉脑干反应（测试）
ACTH	adrenocorticotropic hormone	促肾上腺皮质激素
AD	Alzheimer's disease	阿尔茨海默病
ADB	accidental death benefit	意外死亡的好处
ADH	antidiuretic hormone	抗利尿激素
ADHD	attention deficit hyperactivity disorder	注意缺陷多动障碍
ADLs	activities of daily living	日常生活活动
AER	albumin excretion rate	白蛋白排泄率
AFP	alpha-feto protein	甲胎蛋白
AI	aortic insufficiency; apnea index	主动脉瓣闭锁不全；呼吸暂停指数
AIDS	acquired immune deficiency syndrome	获得性免疫缺陷综合征
AIHA	autoimmune hemolytic anemia	自身免疫性溶血性贫血
AIP	acute intermittent porphyria	急性间歇性卟啉病
ALA	aminolevulinic acid	氨基乙酰丙酸
ALG	antilymphocyte globulin	抗淋巴细胞球蛋白
ALL	acute lymphoblastic anemia	急性淋巴母细胞性贫血
ALS	acute lymphoblastic leukemia	急性淋巴细胞白血病
ALT	amyotrophic lateral sclerosis	肌萎缩性脊髓侧索硬化症
AMRA	alanine aminotransferase	丙氨酸转氨酶
ANCA	Access to Medical Reports Act UK	查阅英国医学报告
ANF	Antineutrophil cytoplasmic antibodies	抗中性粒细胞胞质抗体
ANLL	antinuclear factor	抗核抗体
APS	acute non-lymphoblastic leukemia	急性非淋巴细胞性白血病
APVR	attending physician's statement	主治医生的声明
APW	anomalous pulmonary venous return	异常肺部静脉返回
ARC	aortic pulmonary artery window	主动脉肺动脉窗

续表

ARDS	AIDS-related complex	与艾滋病相关的复杂
ARF	acute renal failure	急性肾功能衰竭
AS	aortic stenosis	主动脉狭窄
ASD	atrial septal	心房中隔
AST	aspartate aminotransferase	天冬氨酸转氨酶
AT	ataxia telangiectasia	共济失调毛细血管扩张
ATG	anti-thymocyte globulin	抗胸腺细胞球蛋白
ATIN	acutetubulointerstitial nephritis	阻力指标肾炎也许可以急性
ATP	(idiopathic) autoimmune thrombocytopenic purpurs	自身免疫性血小板减少性紫癜（特发性）
AVC	atrioventricular canal	房室管
AVM	arteriovenous malformation	动静脉畸形
AVNRT	atrioventricular nodal re-entry tachycardia	房室节点返回心动过速
BCG	bacille Calmette-Guerin	卡介苗
BMI	body mass index	身体质量指数
BMR	basal metabolic rate	基础代谢率
BMT	bone marrow transplantation	骨髓移植
BP	blood pressure	血压
BPH	benign prostatic hyperplasia	良性前列腺增生
BSE	bovine spongiform encephalopathy	牛海绵状脑病
	breast self-examination	乳房自我检查
BU	blood urea	血尿素
BUN	blood urea nitrogen	血尿素氮
CABG	coronary artery bypass grafting	冠状动脉旁路移植
CAD	cold agglutinin disease	冷凝集素疾病
	coronary artery disease	冠状动脉疾病
CAH	congenital adrenal hyperplasia	先天性肾上腺增生
CAPD	chronic ambulatory peritoneal dialysis	慢性腹膜透析
CAT	computerized axial tomography	计算机轴向断层扫描
CATT	card agglutination trypanosomiasis (test)	卡凝集锥虫病（测试）
cc	cubic centimeter	立方厘米
CCF	congestive cardiac failure	充血性心脏衰竭
CE	chief executive	首席执行官
CEA	carcino embryonic antigen	癌胚抗原
CEP	congenital erythropoietic porphyria	先天性红血球卟啉症
CERA	cortical evoked response audiometry	皮层诱发反应听力测定
CF	cystic fibrosis	囊性纤维化

续表

CFS	chronic fatigue syndrome	慢性疲劳综合征	
CHF	congestive heart failure	充血性心力衰竭	
CIC	critical illness contracts	重要疾病的合同	
CIN	cervical intraepithelial neoplasia	宫颈上皮内瘤	
CJD	Creutzfeldt-Jakob disease	克雅二氏症	
cl	centiliter	厘升	
CL	confidence limit	置信界限	
CLBBB	complete left bundle branch block	完整的左束分支块	
CLL	chronic lymphocytic (lymphatic) leukemia	慢性淋巴细胞（淋巴）白血病	
CMI	cell-mediated immunity	细胞介导免疫	
CML	chronicmyelogenous leukemia	慢性粒细胞性白血病	
CMV	cytomegalovirus	巨细胞病毒	
CNS	central nervous system	中枢神经系统	
COA	coarctation of aorta	主动脉缩窄	
COLD	chronic obstructive lung disease	慢性阻塞性肺疾病	
COPD	chronic obstructive pulmonary disease	慢性阻塞性肺疾病	
CPAP	continuous positive airway pressure	持续气道正压	
CPH	chronic persistent hepatitis	慢性持续性肝炎	
CRBBB	complete right bundle branch block	完全右束支块	
CREST	calcification, Raynaud's phenomenon, esophageal dysfunction, sclerodactyly, telangiectasia	钙化，雷诺氏现象，食道功能障碍，硬皮病，毛细血管扩张	
CRF	chronic renal failure	慢性肾功能衰竭	
CSF	cerebrospinal fluid	脑脊髓液	
CT	computerized tomography	电脑断层摄影术	
CTCL	cutaneous T-cell lymphoma	皮肤T细胞淋巴瘤	
CTIN	chronic tubular interstitial nephritis	慢性小管间质性肾炎	
CTR	cardiothoracic ratio	心胸比率	
CV	cardiovascular	心血管	
CVA	cerebrovascular accident	脑血管意外	
CXR	chest X-ray	胸部X光片	
DH	diffuse histiocytic (lymphoma)	组织细胞的扩散（淋巴瘤）	
DHF	dengue hemorrhagic fever	登革出血热	
DI	disability insurance	残障保险	
DIP	desquamative interstitial pneumonia	脱皮的间质性肺炎	
D-L	Donath-Landsteiner (antibody)	多纳—兰兹泰纳抗体	

续表

DLB	diffuse lymphoblastic (lymphoma)	弥漫性淋巴细胞（淋巴瘤）
DM	diabetes mellitus	糖尿病
DNA	deoxyribonucleic acid	脱氧核糖核酸
DPD	diffuse poorly differentiated lymphocytic (lymphoma)	弥漫性低分化淋巴细胞（淋巴瘤）
DRE	digital rectal examination	直肠指诊
DSS	Department of Social Security	社会保障部门
DU	duodenal ulcer	十二指肠溃疡
DVT	deep venous thrombosis	深静脉血栓形成
EB	Epstein-Barr (disease)	巴尔（疾病）
EBCT	electron beam computed tomography	电子束计算机断层扫描
ECG	electrocardiogram	心电图
EDP	electronic data processing	电子数据处理
EDR	excess death rate	超额死亡率
EF	ejection fraction	射血分数
EIA	enzyme-linked immunosorbent assay	酶联免疫吸附试验
ELISA	Enzyme-linked Immunosorbent assay	酶联免疫吸附测定
EPO	erythropoietin, aranesp	促红细胞生成素，安然爱斯普
ERG	electroretinography	视网膜电描技术
ERV	expiratory reserve volume	呼气储备数量
ESR	erythrocyte sedimentation rate	红细胞沉降率
ET	essential thrombocythemia	特发性血小板增多症
FA	Fanconi anemia	范可尼贫血
FAP	familial adenomatous polyposis	家族性腺瘤息肉病
FCRA	Fair Credit Reporting Act	《公平信用报告法》
FM	fibromyalgia	纤维肌痛症
FMF	familial Mediterranean fever	家族性地中海热
FSAS	fibromuscular subvalvular aortic stenosis	纤维肌性的瓣膜主动脉瓣狭窄
FSH	follicle-stimulating hormone	促卵泡激素
FTA-ABS	fluorescent treponemal antibody absorption (test)	荧光螺旋体抗体吸收（试验）
FU	follow-up	后续
FUO	fever of unknown origin	原因不明的发热
G6PD	glucose-6-phosphate dehydrogenase (deficiency)	6 磷酸葡萄糖脱氢酶（缺乏）
GDM	gestational diabetes mellitus	妊娠期糖尿病
GGT	gamma-glutamyl transferase	谷氨酰转酞酶转移酶
GGTP	gamma-glutamyl transpeptidase	γ-谷氨酰转肽酶
GH	grow hormone	生长激素

续表

GI	gastro-intestinal	肠道
GnRH	gonadatropin-releasing hormone	促性腺激素释放激素
GRH	grow hormone-releasing hormone	生长激素释放激素
GVDH	graft-versus-host disease	移植物抗宿主病
HAA	hemoglobin acetaldehyde	血红蛋白乙醛
HATTS	hemagglutination treponemal-tests for syphilis	血球凝集—梅毒检查
HBsAg	hepatitis B virus surface antigen (test)	乙型肝炎病毒表面抗原（测试）
HBV	hepatitis B virus	乙型肝炎病毒
HC	hereditary coproporphyria	遗传性卟啉病
	hypertrophic cardiomyopathy	肥厚性心肌病
HCC	hepatocellular carcinoma	肝细胞癌
HCG	Human chorionic gonadatropin	人体绒膜性腺阿托品
HCL	hairy cell leukemia	毛细胞白血病
HCV	hepatitis C virus	丙型肝炎病毒
HCVAb	hepatitis C virus antibody test	丙型肝炎病毒抗体测试
HDL	high-density lipoprotein cholesterol	高密度脂蛋白胆固醇
HE	hereditaryelliptocytosis	遗传性椭圆形红细胞贫血 遗传性椭圆形红细胞增多症
HELLP	hemolysis, raised liver enzymes and low platelet count (syndrome)	溶血、升高肝酶、低血小板计数（综合征）
HHT	hereditary hemorrhagic telangiectasia	遗传性出血性毛细血管扩张
HIV	human immunodeficiency virus	艾滋病病毒 人类免疫缺陷病毒
HLA	human lymphocyte antigen	人类淋巴细胞抗原
HNPCC	hereditary non-polyposis colorectal cancer	遗传非息肉结直肠癌
HO	hereditaryovalocytosis	遗传卵形红细胞症
	home office	家庭办公室
HRT	hormone replacement therapy	激素替代疗法
HS	hereditary spherocytosis	遗传性球形红细胞症
HTN	hypertension	高血压
IADLs	instrument activities of daily living	日常生活的仪表活动
ICIDH	International Classification of impairments, Disabilities and Handicaps	残疾、残疾和残疾的国际分类
IDDM	insulin-dependent diabetes	胰岛素依赖型糖尿病
IF	immuno fluorescence	免疫荧光
	intrinsic factor	内在因素

续表

IGT	impaired glucose tolerance	葡萄糖耐量
IHA	indirect hemagglutination	间接红细胞凝集
ILBBB	incomplete left bundle branch block	左束不完整的分支块
INR	international normalized ratio	国际标准化比率
IPPB	Intermittent positive pressure breathing	间歇正压呼吸
IR	inspection report	检验报告
IRBBB	incomplete right bundle branch block	不完全右束支块
IRV	inspiratory reserve volume	吸气储备数量
ITP	idiopathic (autoimmune) thrombocytopenic purpura	特发性血小板减少性紫癜（自身免疫性）
IV	intravenous	静脉注射
IVDU	intravenous drug user	静脉注射吸毒者
IVF	in vitro fertilization	体外受精
IVP	intravenous pyelogram	静脉肾盂造影照片
IVU	intravenous urogram	静脉注射
JVP	jugular venous pressure	颈静脉压力
k	potassmm	钾
kg	kilogram	公斤
K-W	Kugelberg-Welander (syndrome)	脊髓性肌萎缩
l	liter	公升
L	Roman 50 sometimes used for liter	罗马50有时用于公升
LA	left atrial	左心房
LAD	left anterior descending	左前降枝
LAD	left axis deviation	左轴偏差
LAHB	left anteriorhemiblock	左前分支阻滞
LAP	leukocyte alkaline phosphatase	白细胞碱性磷酸酶
LBBB	left bundle branch block	左束支阻滞小叶原位癌
LCIS	Lobular carcinoma-in-situ	小叶分界
LCX	left circumflex coronary artery	左回旋支冠状动脉
LDH	lactic dehydrogenase	乳酸脱氢酶
LDL	low-density lipoprotein cholesterol	低密度脂蛋白胆固醇
LFT	liver function test	肝功能检查
LGL	Lown-Ganong-Levine (syndrome)	锁闭（综合征）
LH	luteinizing hormone	促黄体激素
LHRH	gonadatropin-releasing hormone	促性腺激素释放激素
LIP	lymphocytic interstitial pneumonia	淋巴细胞性间质性肺炎
LPHB	left posterior hemiblock	左后分支传导阻滞

续表

L-SD	Letterer-Siwe disease	莱特雷尔—西韦病
LTC	long-term care	长期护理
LTD	long-term disability	长期残疾
LV	left ventricular	左心室
LVEF	left ventricular ejection fraction	左心室射血分数
LVH	left ventricular hypertrophy	左心室肥大
μl	microliter (1 cc)	1 微升（cc）
μmol	micromol	小分子
MAR	medical attendant's report	医疗服务人员的报告
MCHC	mean corpuscular hemoglobin concentration	平均血红蛋白浓度
MCV	mean corpuscular volume	意思是微粒的体积
MD	medical director	医疗主任
	muscular dystrophy	肌肉萎缩症
ME	myalgic encephalomyelitis	肌痛性脑脊髓炎
MEN	multiple endocrine neoplasia	多发性内分泌瘤
MF	myelofibrosis	骨髓纤维化
Mg	milligram	毫克
MGUS	monoclonal gammopathy of undetermined significance	无确定意义的单克隆性神经病
MI	myocardial infarction	心肌梗死
MID	multi-infarct dementia	多发脑梗死性痴呆
MMEF	maximum mid-expiratory flow (rate)	中等呼气的最大流量
Mmol	millimol	毫克分子
MND	motor neurone disease	运动神经元疾病
MNR	magnetic nuclear resonance imaging	磁核共振成像
MPD	myeloproliferative disorder	骨髓增生障碍
MR	mortality ratio	死亡率
MRI	magnetic nuclear resonance imaging	磁核共振成像
MS	mitral stenosis	二尖瓣狭窄
	multiple sclerosis	多发性硬化症
MTC	medullary thyroid cancer	髓甲状腺癌
MUGA	multiple gated acquisition (scanning)	多个封闭的收购（扫描）
MVP	Mitral valve prolapse	二尖瓣脱垂
MVR	motor vehicle report	机动车的报告
NER	number exposed to risk	暴露的风险数量
NH	nodular histiocytic (lymphoma)	结节性组织细胞的（淋巴瘤）
NHL	non-Hodgkin's lymphoma	非霍奇金淋巴瘤

续表

NIDDM	non-insulin-dependent diabetes	非胰岛素依赖糖尿病
NOHL	non-organic hearing loss	无机听力损失
NPDL	nodular poorly differentiated lymphocytic (lymphoma)	结节性低分化淋巴细胞（淋巴瘤）
NSAID/M	non-steroidalanti-inflammatory drug/medication	非甾体抗炎药物和药物
NSCLC	non-small-cell lung cancer	非小细胞肺癌
NSU	non-specific urethritis	非特异性尿道炎
NSVT	non-sustained ventricular tachycardia	非持续性室性心动过速
OA	osteoarthritis	骨关节炎
OBS	organic brain syndrome	器质性脑综合征
OCR	optical character recognition	光学字符识别
OGTT	oral glucose tolerance test	口服葡萄糖耐量试验
OHS	obesity hypoventilation syndrome	肥胖低通气综合征
OSAS	obstructive sleep apnea syndrome	阻塞性睡眠呼吸暂停综合征
PA	pernicious anemia	恶性贫血
	pulmonary atresia	肺动脉闭锁
PAN	polyarteritis nodosa	结节性多动脉炎
PAP	pulmonary alveolar proteinosis	肺泡蛋白质沉积症
PAPVR	partial anomalous pulmonary venous return	部分异常肺静脉回流
PC	protein C	蛋白质 C
PCD	plasma cell dyscrasia	浆细胞失调
PCH	paroxysmal cold hemoglobinuria	阵发性冷血红蛋白尿
PCKD	polycystic kidney disease	多囊肾疾病
PCR	polymerase chain reaction	聚合酶链反应
	protein creatinine ratio	蛋白肌酐比率
PCT	porphyria cutanea tarda	获得性迟发性卟啉症
PDA	patent ductus ateriosus	动脉导管未闭
PE	pemphigus erythematosus	天疱疮狼疮
PET	positron emission tomography	正电子发射断层扫描
PF	pemphigus foliaceus	落叶型天疱疮
PHI	permanent health insurance	永久的健康保险
PID	pelvic inflammatory disease	盆腔炎性疾病
	prolapsed invertebral disc	椎间盘突出
PIN	prostatic intraepithelial neoplasia	前列腺上皮内瘤变
PK	pyruvate kinase	丙酮酸激酶
PL	promyelocytic leukemia	早幼粒细胞白血病

续表

PMAR	private/personal medical attendant's report	私人/个人医疗服务人员的报告
PMF	progressive massive fibrosis	进步的巨大的纤维化
PMS	pre-menstrual syndrome	经前综合征
PMT	pre-menstrual tension	经前紧张症
PN	polyarteritis nodosa	结节性多动脉炎
PNH	paroxysmal nocturnal hemoglobinuria	阵发性夜间血红蛋白尿
POD	polycystic ovarian disease	多囊卵巢疾病
PPH	primary pulmonary hypertension	原发性肺动脉高压
PPH	post-partum hemorrhage	产后出血
PPO	protoporphyrinogen oxidase	原卟啉原氧化酶
PRCA	pure red cell aplasia	纯红细胞再生障碍性贫血
PRV	polycythemiarubra vera	真性红血球增多症
PS	protein S	蛋白 S
PS	pulmonary stenosis	肺动脉瓣狭窄
PSA	prostate-specific antigen	前列腺特异性抗原
PSA	pure sideroblastic anemia	纯粹的侧骨性贫血
PSS	progressive systemic sclerosis	进行性系统性硬化症
PTCA	percutaneous transluminal coronary angiography	经皮穿冠状动脉造影
PTH	parathyroid hormone	甲状旁腺激素
PV	pemphigus vulgaris	寻常天疱疮
PVC	premature ventricular complex	过早心室复杂
PVE	pervaginam examination	每次阴道检查
PVeg	pemphigus vegetans	增殖性天疱疮
PVR	pulmonary vascular resistance	肺血管阻力
PVS	persistent vegetative state	持续性植物状态
RA	rheumatic arthritis	风湿性关节炎
RAD	ratio of average death rates	平均死亡率的比率
RARS	refractory anemia with ringed sideroblasts	难治性贫血与环铁粒幼红细胞
RBBB	right bundle branch block	右束支阻滞
RBC	red blood cell	红细胞
RCA	right coronary artery	右冠状动脉
RDI	respiratory disturbance index	呼吸障碍指数
REM	rapid eye movement	快速眼球运动
RES	reticuloendothelial system	网状内皮系统
RF	renal failure	肾功能衰竭
RFLP	restriction fraction length polymorphism	限制部分长度多态性

续表

RIBA	recombinant immunoblot assay		重组免疫印迹分析
RNA	ribonucleic acid		核糖核酸
RP	retinitis pigmentosa		色素性视网膜炎
RPR	rapid plasma reagin (test)		快速血浆反应素（测试）
RSD	reflex sympathetic dystrophy		反射交感神经萎缩症
RSI	repetitive strain injury		重复性劳损
RV	residual volume		残余体积
	right ventricle		右心室
RVEF	right ventricular ejection fraction		右心室射血分数
RVH	right ventricular hypertrophy		右心室肥大
SA	sideroblastic anemia		铁粒幼红细胞贫血
	sipo-atrial		窦房的
SARA	sexually acquired reactive arthritis		获得性的反应性关节炎
SAN	sinoatrial node		窦房结
SARS	severe acute respiratory syndrome		严重急性呼吸系统综合征
SBE	subacute endocarditis		亚急性心内膜炎
SCLC	small-cell lung cancer		小细胞肺癌
SGOT	serum glutamic oxaloacetic transammase		血清谷氨酸草酰乙酸的
SGPT	serum glutamic pyruvic transammase		血清谷氨酸丙酮
SIDS	sudden infant death syndrome		婴儿猝死综合征
SIL	squamous intraepithelial lesion		鳞状上皮内病变
SLE	systemic lupus erythematosus		系统性红斑狼疮
SPECT	single-photon-emission computed tomography		单光子发射计算机断层扫描
SR	survival ratio		成活率
SSA	sickle cell anemia		镰状细胞性贫血
STD	short-term disability		短期残疾
	sexually transmitted disease		性传播疾病
SVPC	supraventricular premature contraction		室上过早收缩
SVT	supraventricular tachycardia		室上性心动过速
TA	tricuspid atresia		三尖瓣闭锁
TB	tuberculosis		肺结核
TEE	transesophageal echocardiography		多角度
TEOAE	transient click-evoked otoacoustic emissions		瞬态点击诱发耳声发射
TF	tetralogy of Fallot		法洛四联症
TGA	transpositionof great arteries		换位的动脉
TIA	transient ischemic attack		短暂性脑缺血发作

续表

TIN	tubular interstitial nephritis	肾小管间质性肾炎
TIPSS	transjugular intrahepatic portosystemic stent shunting	经颈静脉内孔内支架分流术
TLC	total lung capacity	肺活量
TRH	thyrotropin-releasing hormone	促甲状腺激素释放激素
TRUS	transrectal ultrasound	净值长超声
TS	tropical splenomegaly	热带脾肿大
TSH	thyroid-stimulating hormone	促甲状腺激素
TTP	thrombotic thrombocytopenic purpura	血栓性血小板减少性紫癜
TV	tidal volume	潮汐卷
UIP	usual interstitial pneumonia	通常的间质性肺炎
UPPP	uvulopalatopharyngoplasty	横腹咽喉炎
UROD	uroporphyrinogen decarboxylase	尿卟啉原脱羧酶
VC	vital capacity	肺活量
VE	ventricular extrasystole	心室期外收缩
VEB	ventricular ectopic beat	心室异位击败
VLDL	very low-density lipoprotein	极低密度脂蛋白
VMA	vanillylmandelic acid	香草扁桃酸
VP	variegate porphyria	变异性卟啉症
VPC	ventricular premature contraction	心室过早收缩
VSD	ventricular septal defect	心室中隔缺损
VT	ventricular tachycardia	室性心动过速
VWD	von Willebrand's disease	维勒布兰德氏病
VWF	von Willebrand factor	血管性血友病因子
WAN	wide area network	广域网
WBAA	white blood associated acetaldehyde	白细胞相关乙醛
WP	waiver of premium	放弃保费
WPW	Wolff-Par kinson- White（syndrome）	预激综合征

总后记

HEALTH INSURANCE TRANSLATION SERIES

四十载惊涛拍岸,九万里风鹏正举。这是中华民族和新中国历史非凡的40年。当代中国,以对外开放促进改革创新,以思想解放推动社会变革。从学习借鉴他人经验做法,到全面推进理论创新、制度创新、科技创新、文化创新,目的是不忘初心、牢记使命,全心全意为人民谋幸福。习近平总书记在党的十九大报告中指出"人民健康是民族昌盛和国家富强的重要标志"。作为维护全民健康权的重要抓手和媒介手段,健康保险整个行业都必须坚定不移地坚持改革开放、创新发展。但光有理想和热情是不行的,还需要有正确的理论指导。没有理论基础,创新就不可能持久;构建了理论基础,创新才有出路。历史证明,有了正确的保险理论指导,保险业发展的形势就比较好,对经济社会发展的贡献就比较大。

《健康保险系列译丛》,旨在通过引进翻译国外健康保险经典著作,会同之前组织编著的《健康保险系列丛书》,探究并构建起健康保险行业科学、系统的知识理论体系框架,更好地推动专业健康保险公司持续快速协调发展,在国家治理体系中发挥更加重要的作用。

近二十年来,西方保险理论研究有了长足发展,健康保险研究文献与日俱增,但绝大部分研究集中在市场实践和本国制度规制方面,并多以专题研究报告的形式体现,更新速度快但经典性学术专著少,给选版工作增加了难度。在选版过程中,严格对照编委会与学术顾问团确定的基本原则,选取了11本外文著作作为候选翻译著作;后经编委会及学术顾问团的专题研究，确定了5本专著作为译丛首次出版发行的翻译著作。

西学东渐百余年来，汉译西方经典成了一道引人注目的风景线，众多学术大家对经典译丛提出了很多原则和标准，最为有名的当为严复先生的"信、达、雅"原则。学术翻译不同于原创著作，不是单纯地在外国语言和中国语言之间进行简单的文字切换，更是一种中文学术交流融合的过程，是一个全新的语言表达和凝聚译者思想感悟的再创造过程。从根本上而言，这是一次汉语学术专家用汉语对一种异质学术思想的诠解和思考。绝不是无思想的劳作，更不是机械的语言对接，而是学术思想在宏大的文化语境中的审视和转换。在我们看来，此次译丛，"信"和"达"是最重要的。所谓的"信"和"达"不仅是指可信地、准确地传达原著所表达的思想内容，还包括对原文表达方式甚至表达习惯的尊重和尽可能地如实传达。这样一来，对担纲著作翻译工作的译者要求非常高，一方面应当是健康保险领域的专家学者，在健康保险领域具有深厚的学术功底和较高的学术造诣，同时又要在翻译实践方面具备扎实的双语基本功及较强的外语与汉语转换能力，最好还能与原著作者有学术或思想的交流。"谁来译"一度成为译丛项目最大的桎梏。

最终五位潜心学术的专家学者担纲了译丛的翻译工作。《简明健康保险经济学》，由王稳教授负责译校。王稳现任中国出口信用保险公司首席经济学家，对外经济贸易大学教授、博士生导师，沃顿商学院高级访问学者，长期从事保险领域研究，中英文功底深厚，并与该书作者Robert D. Lieberthal博士在沃顿商学院的数位老师有着非常密切的学术交流。该中译本，体现了王稳教授一贯追求的高水准，在忠实原著学术价值的基础上又相当"友好"地照顾了读者的阅读感。

《健康保险》（第2版），由朱铭来教授负责译校。朱铭来为南开大学金融学院教授、博士生导师，美国佐治亚州立大学商学院风险管理与保险学系博士研究生毕业。长期从事健康保险领域理论研究，有多部译著，此英文原著为朱铭来教授国外学习期间的专业书籍。

《人身风险的医学选择》（第5版），由张晓博士负责译校。张晓博士为东南大学副教授、公共卫生学院医疗保险系主任，主持和参与完成了国内第一个医疗保险本科专业课程体系设置与修订，是医学与保险结合领域的专家，有多部学术译作。

《美国医疗卫生服务体系》（第7版），由杨燕绥教授负责译校。杨燕绥为清华大学公共管理学院教授、医院管理研究院教授、博士生导师，美国约翰霍普金斯公共卫生学院特聘教授，与本书作者石磊玉博士是多年挚友和研究同行，同台执教多年，熟谙双方的学术思想。

《欧洲自愿健康保险》，由王国军教授负责译校。王国军为对外经济贸易大学保险学院教授、博士生导师，保险法与相互保险研究中心主任，在保险法学、保险制度规制方面研究经历相当丰富，有多部译著，有关欧洲自愿健康保险的制度规制部分是原著作中的重要部分，正属于王国军教授的研究范畴。

整个翻译工作不但耗费精力巨大，还将不时面临来自行业内专家和读者的"挑剔"和质疑，对于早已"功成名就"的专家来说，世俗标准下的投入与回报严重不相符，未尝不是件"高风险"创作。但五位专家老师和其所带领的研究团队，怀着高度的敬业精神，投入了大量的时间精力到译丛的翻译工作中，字斟句酌，反复打磨，有时甚至为一个词组"兴师动众"地多方查询论证，只是为了保证中文读者与源语言读者以同样的程度理解专著。这一过程是对学术功底和意志力的极大考验，五位专家老师和其研究团队用严谨细致的学术作风和扎实深厚的学术功底，为译丛工作倾力付出，彰显了大家风范。

译丛得以发行出版，离不开众多专家学者以及出版社的倾力支持。李保仁教授、卓志教授、孙祁祥教授、李秀芳教授、王桥教授、于保荣教授、马海涛教授、王欢教授、王绪瑾教授、朱恒鹏教授、朱俊生教授、孙洁教授、李玲教授、李晓林教授、余晖教授、郑伟教授、郑秉文教授、赵尚梅教授、郝演苏教授、庹国柱教授、曹建海教授、董朝晖博士、魏华林教授等专家学者给予译丛工作许多指导和帮助。此外，中国金融出版社魏革军社长、蒋万进总编辑、编辑部王效端主任等为丛书出版提供了大力支持，编辑团队为译丛审校和出版发行做了大量工作，在此一并表示最衷心的感谢！

译丛是项全新工作，难免有疏漏之处，随着中外健康保险的发展与研究的深入，还有很多需要改进与完善的地方。我们也将不断丰富译丛书目，引进更多对行业发展有借鉴指导价值的经典著作。希望《健康保险系列译丛》与《健康保险系列丛书》共同构建起健康保险知识理论体系框架。在中国健康保险黄金发展期，为健康保险行业进一步全面深化改革提供有力保障，成为健康保险发展道路上的基石和动力。